国家出版基金项目
NATIONAL PUBLICATION FOUNDATION

◎知识产权经典译丛
国家知识产权局专利复审委员会组织编译

专利法律与理论

——当代研究指南

竹中俊子◎主编

彭 哲 沈 旸 许明亮 等◎译

向 源 向 虎◎审校

知识产权出版社
全国百佳图书出版单位

内容提要

　　本书分为 26 篇，是当代世界专利法律与理论的具有代表性的研究成果。本书适合作为大学教材，是了解、学习掌握专利制度的理论参考用书。

读者对象： 高校法学专业的师生。

责任编辑： 卢海鹰　胡文彬　　　　　　　　**责任校对：** 董志英

版式设计： 卢海鹰　胡文彬　　　　　　　　**责任出版：** 卢运霞

图书在版编目（CIP）数据

　　专利法律与理论：当代研究指南/竹中俊子主编. —北京：知识产权出版社，2013.9
　　ISBN 978 - 7 - 5130 - 2269 - 9

　　Ⅰ．①专… Ⅱ．①竹… Ⅲ．①专利法—研究—中国 Ⅳ．①D923.424

　　中国版本图书馆 CIP 数据核字（2013）第 217893 号

　　This is a translation of the book Patent Law and Theory edited by Toshiko Takenaka, published and sold by Intellectual Property Publishing House, by permission of Edward Elgar Publishing Limited. The original book is published in 2008.

知识产权经典译丛
国家知识产权局专利复审委员会组织编译

专利法律与理论——当代研究指南

竹中俊子　主编

彭　哲　沈　旸　许明亮　等译
向　源　向　虎　审校

出版发行：知识产权出版社

社　　址：北京市海淀区马甸南村1号　　　　邮　编：100088
网　　址：http://www.ipph.cn　　　　　　　邮　箱：bjb@cnipr.com
发行电话：010-82000860 转 8101/8102　　　传　真：010-82000507/82000893
责编电话：010-82000860 转 8122　　　　　　责编邮箱：huwenbin@cnipr.com
印　　刷：保定市中画美凯印刷有限公司　　　经　销：各大网络书店、新华书店及相关销售网点
开　　本：720mm×960mm　1/16　　　　　　印　张：46
版　　次：2013 年 9 月第 1 版　　　　　　　　印　次：2013 年 9 月第 1 次印刷
字　　数：710 千字　　　　　　　　　　　　　定　价：140.00 元
京权图书：01 - 2011 - 0367
ISBN 978 - 7 - 5130 - 2269 - 9

《专利法律与理论——
当代研究指南》

主　编：竹中俊子

译　者：（按翻译字数排序）

　　　　沈　旸　　向　虎　　许明亮

　　　　李子雍　　韩志华　　朱韶斌

　　　　卞澄宇　　郑立柱　　丛立先

　　　　王颖莉　　徐仰贤　　彭　哲

审　校：向　源　向　虎

当今世界，随着经济全球化进程的加快和知识经济的迅猛发展，知识产权制度在国家经济社会发展中的地位和作用日益突出，国家核心竞争力日益表现为对知识产权的创造、应用、管理和保护能力。2008 年 6 月 5 日，国务院颁布实施《国家知识产权战略纲要》。大力加强知识产权工作，实施国家知识产权战略，成为关系我国经济社会长远发展的一项重大战略任务。

20 世纪 80 年代以来，我国先后制定实施了《专利法》《商标法》《著作权法》等主要知识产权法律制度，并适时加入了各主要知识产权国际公约、条约或协议，如《保护工业产权巴黎公约》《保护文学艺术作品伯尔尼公约》《与贸易有关的知识产权协议》等。从制度建设层面看，我们用不到三十年的时间走过了发达国家百余年的发展历程；在知识产权战略推进、行政管理、司法保护等方面，也取得了举世瞩目的成就，对我国经济社会发展发挥了重要作用。然而，长期以来，知识产权保护问题一直是世界知识产权大国向我国施加经济、文化、外交压力的一个重要筹码。一方面，这是各知识产权大国实行知识产权垄断、以知识产权为武器抑制发展中国家的全球战略的组成部分；另一方面，就我国自身而言，与知识产权大国相比，仍存在着制造力有余而创造力不足、自有知识产权资源稀缺、公众知识产权意识不强等实际情况。因此，要建设创新型国家，使我国成为知识产权大国、强国，获得在知识产权领域与知识产权大国平等对话的地位，仅仅靠几部看得见的知识产权制定法和日常知识产权执法工作是不够的，必须同时加强知识产权理论建设，逐步形成崇尚创新、呵护知识产权的思想基础，为知识产权制度在我国的切实施行和国家知识产权战略的贯彻实施提供社会文化意识保障。

我们还应当认识到，知识产权工作是"实现中华民族伟大复兴"事业的重要组成部分。要实现民族的复兴，国家的富强，除了埋头苦干、扎实做好自身工作外，还要善于用古今中外包括知识产权文化在内的一切优秀文化、先进文化来滋养自己、壮大自己。为此，有必要有计划、成系列地从国外精选一批知识产权经典作品，以满足我国知识产权理论研究和实务工作的需要。国家知识产权局专利复审委员会携手知识产权出版社，组织翻译出版《知识产权经典译丛》，是一项很有意义的工作，可以使我国知识产权文化建设迈上一个新台阶。衷心希望通过这套丛书的出版，让我们品味经典，把握现在，开创未来，继而开阔业界视野，叩响社会共鸣，并以此为契机，促进我国知识产权文化的大发展、大繁荣！

2011 年 12 月

译者序

竹中俊子教授是在美国、欧洲和日本的学术界和实务界享有盛誉的著名专利法学者，她以英语、德语和日语为工作语言。由她主编的《专利法律与理论——当代研究指南》有一支实力雄厚的作者团队，包括来自美国、欧洲和日本的数位专利法的资深学者和卓越的实务工作者。本书由26个专题组成，既探究了专利法传统问题，例如专利实质审查的条件、专利审查程序、专利的保护范围，又讨论了专利法前沿问题，例如工业标准、计算机软件和商业方法等。鉴于本书涵盖了专利以及相关领域的国际热点问题，为专利法的研究方向提供了导引，研习专利法的学者、学生以及实务工作者都可能从本书中获益。

作为竹中俊子教授指导的博士生，本人有幸承担本书翻译的组织协调工作，并承担了部分章节的翻译。本书的译者团队成员散布于中国、美国和日本，他们中间，既有专利法学者，又有承担专利国际诉讼业务的律师。他们凭借对专利法的深刻理解和娴熟的外语能力，在研究或工作的百忙之中，兢兢业业地完成了本书的翻译工作。能与这样的精英团队一起工作，是我的学术生涯中值得骄傲的经历。我从这个团队中获益良多。

本书的翻译历时三年有余，其间我从大洋彼岸学成回国，实现了从学生到青年教师的身份转换。其他的译者，有的经历了从学术到实务的跨越，有的从一个国家迁徙到另一个国家。

其中难以避免的辗转与波折，在此不表。译事艰辛，虽尽全力，仍难免讹误，敬请各位读者批评。如有建议和批评，请发邮件至 pengzhesd@ gmail. com.

最后，感谢竹中俊子教授对本书翻译工作的支持，感谢知识产权出版社副总编辑王润贵先生和编辑卢海鹰女士为本书的翻译出版付出的心血。感谢学术翻译经验丰富的李鸰博士为本书的翻译工作提供的技术帮助。

彭　哲

2013 年 4 月于济南

中文版前言和致谢

我怀着喜悦的心情撰写《专利法律与理论——当代研究指南》的中文版序言。自《专利法律与理论》的书稿交给爱德华艾嘉出版社出版至今已经五年了。在美国、在欧洲、在亚洲，专利的立法和判例都有了许多新的发展。其中最重要的发展之一是2011年9月16日《美国发明法案》（AIA）获得通过，成为了法律。自此，美国宣布弃"先发明制度"而采用先申请制度。所以或许有读者会认为本书中由我撰写的关于美国先发明制度的一章已经过时了。然而，关于美国先发明制度的讨论在未来的二十年里仍然将是现在进行时，因为《美国发明法案》之前的关于新颖性和优先权的规定将仍然适用于在2013年3月16日之前提交的专利申请。另外，《美国发明法案》所规定的新颖性和优先权的规定与《欧洲专利公约》大相径庭，与东亚许多国家的法律也有很大差异。我在本书中的章节提出，美国在《美国发明法案》之前已经大规模地采用了某种形式上的先申请制度，所以关于《美国发明法案》是否真如许多美国专利学者和律师所说对美国的优先权制度作出了重大改变，还有待进一步讨论。

得益于凯尚教授关于美国采用多方异议制度的提议，《美国发明法案》还引进了一个新制度：授权后复审。因为增加了授权后复审制度，美国专利商标局将在决定美国专利有效性的方面起到更大的作用，这使得美国专利制度和世界上其他国家的专利制度更加一致。凯尚教授关于费用转换的分析仍将有益于设计《美国发明法案》所规定的授权后复审制度的程序细节。目前美国专利商标局的收费表草案比欧洲专利局的复审程序和东亚国家的专利局的无效程序昂贵许多，但是费用仍然比法院诉讼的费用低廉，所以仍然可能起到鼓励被告/异议人利用授权后复审制度的作用。新的授权后复审制度将怎样影响美国的专利维权实践，仍有待观察。

虽然有专利法的新发展、新变化，本书中各章节的议题和讨论仍然是正当其时的。现在，本书中某些章节甚至比本书第一次出版的时候吸引了更多的注意力。在全球专利与标准之战蔓延的背景下，美国、欧洲和东亚的专利界就行业标准中的核心专利问题进行着激烈的辩论。美国最高法院 *Mayo v. Prometheus* 案依据美国最高法院 *eBay* 原则拒绝颁发禁令；印度法院最近的判决以药品专利国内实施不足为由颁发强制许可。这些判决再次引发了专利是促进还是阻碍技术创新和药品可及性的争论。

另外一个重要的新进展，是我自己对中国知识产权界的参与。通过最高人民法院和华盛顿大学知识产权高级研究中心的合作，我开始每年访问中国。随着华盛顿大学知识产权高级研究中心和许多中国高校展开合作，我有了更多的机会和中国的学者和学生一起工作。这本书的所有章节都是由华盛顿大学法学院的校友和朋友们翻译的，我为此感到非常骄傲。我在工作中遇到过许多聪明的中国学生，彭哲和向源是其中的佼佼者。彭哲协调了由隶属国家知识产权局的知识产权出版社出版本书中文版的事宜，向源、向虎对全书译稿做了实质性的审校。另外，在本书的定稿阶段，彭哲和向源由于工作安排无法赴京，向虎接手完成了和编辑的沟通、修改等工作。对此，言语无法表达我的感激。

竹中俊子，法学博士
法学教授
华盛顿研究基金科技法教授
知识产权高级研究中心主任
法律科技与艺术部
华盛顿大学法学院
（彭哲 翻译 向源 校对）

原著前言和致谢

润涅·茂方博士任职于研究德国和国际知识产权的马克普朗克研究所（研究所的全名是马克普朗克知识产权法、竞争法与税法研究所），是我多年的好友。这部书就是在和润涅·茂方博士的讨论中诞生的。在 2006 年慕尼黑一个寒冷而安静的下午，我们在他的办公室讨论，认为有必要对和技术以及贸易有关的专利法基础和前沿的问题进行一次全面的检讨。我们设计了一本兼顾学术界和实务界需求的书，并从美国、欧洲和日本三个主要的司法体系中选择了可以就各专题撰写文章的专家。虽然我们给予作者们充分的自由选择自己的写作风格，我们强烈建议他们从比较法的角度探讨他们的专题。

获得主编这本书的机会，我首先想到邀请茂方博士一起合作。我们原本打算分工负责各专题，然后一起主编这本书。遗憾的是，茂方博士繁忙的工作日程以及对家庭的责任使得他无法参与这本书的工作。无论如何，我要为他所提议的富有洞见的专题和所推荐的欧洲专利局的专家表示深深的感谢。

我也要感谢给我主编这本书的机会的杰若米·菲利普教授。这本书是一个图书系列中的一卷，他是这个图书系列的总主编。菲利普教授不仅为本书贡献了一个章节，而且还推荐了来自英国的其他作者，本书因此而囊括了与美国普通法路径所不同的、来自英联邦的普通法路径专利保护。

我也要感谢为我提供了周到而及时的秘书服务的助理露丝·波德斯里女士，以及我的前任研究助理们，尤其是负责了整个编辑流程和作者交流、管理交稿期限的朱莉·吉田女士。

最后，我要感谢我先生久人的恒久忍耐以及对我工作的不懈
支持。

竹中俊子

法学教授

华盛顿研究基金科技法教授

知识产权高级研究中心主任

法律科技与艺术部

华盛顿大学法学院

（彭哲　翻译　向源　校对）

目　录

第三部分　专利性的要求：必要条件

第五部分 未来的核心问题

第一部分 基础理论

第一章 关于专利法律与政策的经济学

作者：斯格特·凯夫（F. Scott Kieff）[*]

译者：朱韶斌 卞澄宇

一、介　绍

尽管重要的文献资料从道德、性别、种族等诸多角度探索专利系统，但大多数工业化国家的大多数专利制度深受一些版本的功利主义法学与经济学看法的影响[①]。这些法律与经济学的方法一般都同意将专利制度视作达到某些特定目标的一个工具；然而一般对这些目标以及专利是否对达到这些目标奏效的看法不一致。

本章探索了关于专利的一些主要法律与经济学方法。特别是，它检视了这些方法所推进的不同的政策目标以及在关于专利的当代政策争议中的重大冲突领域。基本主题是执行专利作为财产权可以有助于改善创新商业化的复杂过程从而改善使用创新与竞争之间的建设性的社会协调。相比之下，避免（把专利当做）财产处理会促进由大玩家之间采用反竞

---

[*] F. Scott Kieff runs the Hoover Project on Commercializing Innovation, which studies the law, economics, and politics of innovation, and is available at www. innovation. hoover. org. Comments are welcome at fskieff. 91@ alum. mit. edu.

[①] See, e. g., Justin Hughes, *The Philosophy of Intellectual Property*, 77 GEO. L. J. 287 (1988). For a discussion of the intellectual history of patents with a focus on the U. S. patent system see, e. g., Adam Mossoff, *Patents as Constitutional Private Property: The Historical Protection of Patents under the Takings Clause*, 87 B. U. L. Rev. 689 (2007); Adam Mossoff, *Who Cares What Thomas Jefferson Thought About Patents? Reevaluating the Patent 'Privilege' in Historical Context*, 92 CORNELL L. REV. 953 (2007); Adam Mossoff, *Rethinking the Development of Patents: An Intellectual History*, 52 HASTINGS L. J. 1255 (2001).

争共谋的"经连会"策略；因而导致破坏性的社会协调②。

二、适用于专利的一些背景经济学

本章提供了一个以系统为基础的③比较制度分析，其使用来源于常与机构、交易成本、行政成本、企业理论、财产理论④的研究有关的被普遍称为"法律与经济学"或"新制度经济学"领域的一套分析工具。在这整个经济学文献中一般讨论的几个基本的经济学概念特别是在专利文献

②　The ideas discussed in this chapter are explored in more depth in earlier work by the present author including F. Scott Kieff, *On Coordinating Transactions in Information*：*A Response to Smith's Delineating Entitlements in Information*, 117 YALE L. J. POCKET PART 101 （Supp. 2007）; F. Scott Kieff, *Coordination, Property & Intellectual Property*：*An Unconventional Approach to Anticompetitive Effects & Downstream Access*, 56 EMORY L. J. 327 （2006）; F. Scott Kieff, *The Case for Registering Patents and the Law and Economics of Present Patent - Obtaining Rules*, 45 B. C. L. REV. 55 （2003）; F. Scott Kieff, *Facilitating Scientific Research*：*Intellectual Property Rights and the Norms of Science - A Response to Rai & Eisenberg*, 95 NW. U. L. REV. 691 （2001）; and F. Scott Kieff, *Property Rights and Property Rules for Commercializing Inventions*, 85 MINN. L. REV. 697 （2001）.

③　See Lynn M. LoPucki, *The Systems Approach to Law*, 82 CORNELL L. REV. 479 （1997）.

④　Some examples of this literature are accessible to a broad audience include the works by Robert Fogel and Douglass North, as discussed in Press Release, The Sveriges Riksbank Prize in Economic Sciences in Memory of Alfred Nobel 1993 （Oct. 12, 1983）, *available at* http：//www. nobel. se/economics/laureates/1993, and the work by Ronald Coase, as discussed in Press Release, The Sveriges Riksbank Prize in Economic Sciences in Memory of Alfred Nobel 1991, *available at* http：//www. nobel. se/economics/laureates/1991. For more detailed discussion *see*, *e. g.*, OLIVER E WILLIAMSON, MARKETS AND HIERARCHIES：ANALYSIS AND ANTITRUST IMPLICATIONS：A STUDY IN THE ECONOMICS OF INTERNAL ORGANIZATION 1 （1975）; Ronald Coase, *The New Institutional Economics*, 88 AM. ECON. REV. 72 （1998）. For a discussion of the relationship between the terms 'New Institutional Economics', 'Law and Economics', and 'Neoclassical Economics', *see*, *e. g.*, Richard A. Posner, *The New Institutional Economics Meets Law and Economics*, 149 J. INSTITUTIONAL & THEORETICAL ECON. 73 （1993）; Ronald H. Coase, *Coase on Posner on Coase*, 149 J. INSTITUTIONAL & THEORETICAL ECON. 96 （1993）; Oliver E. Williamson, *Transaction Costs Economics Meets Posnerian Law and Economics*, 149 J. INSTITUTIONAL & THEORETICAL ECON. 99 （1993）; and Richard A. Posner, *Reply*, 149 J. INSTITUTIONAL & THEORETICAL ECON. 119 （1993）. For examples of recent work applying these ideas to the study of intellectual property *see*, *e. g.*, Robert P. Merges, *Intellectual Property Rights and the New Institutional Economics*, 53 VAND. L. REV. 1857 （2000）; Dan L. Burk, *Intellectual Property and the Firm*, 71 U. CHI. L. REV. 3 （2004）, Mark A. Lemley, *Ex Ante Versus Ex Post Justifications for Intellectual Property*, 71 U. CHI. L. REV. 129 （2004）; John F. Duffy, *The Marginal Cost Controversy in Intellectual Property*, 71 U. CHI. L. REV. 37 （2004）; Oren Bar - Gill and Gideon Parchomovsky, *Intellectual Property Law and the Boundaries of the Firm* （U. of Pa. Inst. for L. and Econ. Res. , Paper No. 04 - 19; Harv. L. & Econ. , Discussion Paper No. 480）, *available at* http：//ssrn. com/abstract = 559195; Clarisa Long, *Information Costs in Patent and Copyright*, 90 VA. L. REV. 465 （2004）.

中被显著地突出了其特色，也将在下面评述。

如果没有专利，那些希望将智慧财产作为一个发明来进行谈判的人们也将面临诸多问题，包括一个通常被称为是阿罗悖论，以 Kenneth Arrow 命名，它认为：信息"基础悖论"在于"对于购买者，信息的价值是不知道的，直到他拥有该信息，但那时他实际上免费获取了该信息"⑤。虽然当事人可以通过合同来减轻这一问题，但是，专利的财产权以多种方式提供了帮助。正如 Robert Merges 所解释的，财产权为执行提供了几种合同法不能提供的选择：契约责任产生前的先诉案件、对第三方提起的诉讼、一个更长的追诉时效、增加了的损害赔偿以及禁令⑥。

但与合同相比，专利所享有的额外的执行特征并不是每一个专利和合同制度所固有的。众所周知，不同的法律系统采用不同的权利执行特征。文献一般将权利执行特征归类为两种典型的规则中的一种：一种囊括了如法律禁令与加重损害赔偿等救济方法，其一般被称为财产规则；而另一种仅限于实际损失的客观衡量标准，被统称为责任规则⑦。尽管许多人认为专利一般通过财产规则来执行而合同一般通过责任规则来执行，但是，任何权利都可运用其中的一种规则来维护。

近期的一些热门案件如专利诉讼威胁关闭黑莓服务⑧，作为以财产规

---

⑤　K ENNETH J. ARROW, ESSAYS IN THE THEORY OF RISK – BEARING 152 (1971).

⑥　Robert P. Merges, *A Transactional View of Property Rights*, 20 BERKELEY TECH. L. J. 1477, 1505 n. 76 (2005).

⑦　The label 'property rule' is used here as it is used in the classic Calabresi – Melamed framework under which an entitlement is said to enjoy the protection of a property rule if the law condones its surrender only through voluntary exchange. The holder of such an entitlement is allowed to enjoin infringement. An entitlement is said to have the lesser protection of a liability rule if it can be lost lawfully to anyone willing to pay some court – determined compensation. The holder of such an entitlement is only entitled to damages caused by infringement. *See* Guido Calabresi and A. Douglas Melamed, *Property Rules, Liability Rules, and Inalienability: One View of the Cathedral*, 85 HARV. L. REV. 1089 (1972). *But see* Jules L. Coleman and Jody Kraus, *Rethinking the Theory of Legal Rights*, 95 YALE L. J. 1335, 1340, 1342 (1986) (offering a 'reinterpretation of the Calabresi – Melamed framework' under which property rules and liability rules merely represent two pieces of a broader 'transaction structure' in that they are two different approaches for setting forth 'conditions of legitimate transfer').

⑧　*NTP, Inc. v. Research In Motion, Ltd.*, 418 F. 3d 1282 (Fed. Cir. 2005), *cert denied*, 126 S. Ct. 1174 (2006). A similar case that also has attracted great attention involves the eBay service, in which the Supreme Court reaffirmed that a trial court is not writing entirely on a clean slate in view of past practices when the court is applying the ordinary four – factor test for permanent injunctions to determine whether a patentee may get a permanent injunction once patent validity and infringement have been adjudicated. *eBay, Inc. v. MercExchange, L. L. C.*, 126 S. Ct. 1837 (2006).

则保护专利而带来负面影响的重要案例，引起了商界的尖锐批评。⑨ 针对此类问题，一些评论者建议专利的执行特征应从更像财产规则向更像责任规则转移。比如 Ian Ayres 和 Paul Klemperer 提倡了一种具有不确定性与延迟特征的专利诉讼制度，他们认为可以此作为一种强制许可的形式或是责任规则。⑩ 另一些人主张对侵权行为采取不同的豁免，例如将一些特定的使用方式视作合理使用。⑪ 当今所提出的一些争议如在整个 20 世纪里所提出的一样，且皆以立法机构、行政机构与法院三大政府部门为目标。⑫

大多数赞成只将专利权作为责任规则来执行的学说是为了避免将其视作财产权利所带来的一系列问题。如下面将详细讨论的，这些问题中的每一个都切实存在，每一个都可以在不同程度上减轻且大多数可以在财产规则与责任规则中并存。此外，比起财产规则，许多问题在责任规则下会更严重。

当任何权利提供给一个社群，就会有产生租值耗散问题的风险。租值是活动收益中的一个术语。私人租值依附于个人而公共租值依附于社会整体。私人租值与公共租值在很多方面的不同可能导致私人以高于或低于社会最优水平来刺激参与租值创收活动。私人租值的可用性给私人

---

⑨　See, e.g., *Patently Absurd*, WALL ST. J., Mar. 1, 2006, at A14（criticizing a set of cases including *NTP*）; Bruce Sewell, *Troll Call*, WALL ST. J., Mar. 6, 2006, at A14（criticizing both the *NTP* and *eBay* cases）.

⑩　See Ian Ayres & Paul Klemperer, *Limiting Patentees' Market Power Without Reducing Innovation Incentives*: *The Perverse Benefits of Uncertainty and Non - Injunctive Remedies*, 97 MICH. L. REV. 985（1999）（arguing that sufficient incentive to invent can be provided without the monopoly power associated with a property right）.

⑪　See, e.g., Maureen A. O'Rourke, *Toward a Doctrine of Fair Use in Patent Law*, 100 COLUM. L. REV. 1177（2000）（offering a fair use exception in response to what are argued to be excessive transaction costs causing too many market failures surrounding patents that are enforced as property）.

⑫　Representative examples from different times throughout the past century include Name of Resolution, the effort by Congress to create the Temporary National Economic Committee（TNEC）, S. J. Res. 300, 75th Cong., 52 Stat. 705（1938）; THE PRESIDENT'S COMM'N ON THE PATENT SYSTEM, REPORT TO PROMOTE THE USEFUL ARTS IN AN AGE OF EXPLODING TECHNOLOGY（1966）; and the year - long set of hearings jointly held in 2001 by the Federal Trade Commission and the Justice Department's Antitrust Division（Notice of Public Hearings, Competition and Intellectual Property Law and Policy in the Knowledge - Based Economy, 66 Fed. Reg. 58, 146 - 7（Nov. 20, 2001））.

获得租值提供了过于强烈的刺激，个人努力可能会最终耗散社会租值。[13] 这是租值耗散的问题，包括在获取租值的竞赛中的过度投资以及投资于不受社会接纳的不良技术以赢得比赛。

Terry Anderson 与 Peter Hill 表明，如果在权利创造之初潜在所有人可以为他们量身定做的话，耗散与产生产权相关的租值耗散问题即可得到缓解。[14] 这一背后的直觉是，这种方法允许所有者在创造时基于这一价值的最佳信息来塑造这一权利（例如，产权精确的轮廓）。权利的定义与它的实际产生上的差距越大（在时间与个人参与者的相关决策上），其与实际需求不匹配的几率就越大。Anderson 与 Hill 指出，这两个核心问题会影响这一不匹配的大小。一个简单的"土地争抢"方法将会导致在争抢中的过度投资因而也过度抢夺实际的土地，这是因为对土地提出权利要求的机会以后会失去[15]。就这一点而言，没有人能够等待直到一种实际的需要被开发出来才对剩余土地提出权利诉求——换言之，没有"剩余权利诉求者"。[16] 此外，一旦政府行为者看到了私人利益在获取权利，官僚主义就会有动机去保留这一权利，除非他们决定一个特定的权利诉求者

---

[13]　For example, an inventor may develop something only slightly better than available options in a way that turns out to cause waste overall. Avinash K. Dixit and Joseph E. Stiglitz, *Monopolistic Competition and Optimum Product Diversity*, 67 AM. ECON. REV. 297 (1977) (showing how it may be profitable for one firm to come to market to get customers, but total industry profits may decline by more than consumer welfare increases). *See also*, Yoram Barzel, *Optimal Timing of Innovations*, 50 REV. ECON. & STAT. 348 (1968) (showing how overinvestment can lead to invention occurring too early); Glenn C. Loury, *Market Structure and Innovation*, 93 Q. J. ECON. 395 (1979) (model showing overinvestment under certain conditions); Partha Dasgupta & Joseph Stiglitz, *Industrial Structure and the Nature of Innovative Activity*, 90 ECON. J.

266 (1980) (same). It also may be possible for the private rents to be too small compared to the social rents. For example, what an inventor gets for herself often is less than what her invention generates for society. *See* Steven Shavell and Tanguy van Ypersele, *Rewards Versus Intellectual Property Rights* (Nat'l Bureau of Econ. Research, Working Paper No. 6956, 1999), *available at* http://www.nber.org/papers/w6956 (suggesting a system of government–sponsored cash rewards instead of, or in addition to, a system of patents to improve the match between the private and public rents associated with an invention).

[14]　Terry L. Anderson & Peter J. Hill, *Privatizing the Commons: An Improvement?*, 50 S. ECON. J. 438, 441, 447 (1983).

[15]　*Id.* at 441.

[16]　Anderson and Hill attribute the term 'residual claimant' to work by Armen Alchian and Harold Demsetz on the theory of the firm. *Id.* at 439 (citing Armen A. Alchian and Harold Demsetz, *Production, Information Costs, and Economic Organization*, 62 AM. ECON. REV. 777 (1972)).

是"值得"的，这反过来也为官僚主义提供一个方便的借口去积聚资源。官僚主义声称判断"价值"需要这些资源。⑰

如果所有其他的条件相同，制度越大程度地允许权利最终拥有者在权利创造之初去塑造这一权利，租值耗散影响也越大程度地得到缓解。即使是一个对不同知识产权体制的快速比较也可以在这一点上揭示出一个鲜明的差别。例如，专利申请者通常是通过起草他们的权利要求来塑造他们自己的知识产权权利的。同样地，商标权利的基本轮廓也是通过权利持有者自身的实际使用来设定的。相比之下，著作权的轮廓通常都是通过中央政权而非个人权利诉求者，而被设定为永恒不变的规则（甚至不是默认规则）。

以交易或分享为目的的权利引发了交易成本的问题，因为为了起到应有的作用，它们必须在任何时候都能够被出售并授权给那些最珍视它们的人。"交易成本"这一术语通常是指个人缔约过程中的所有费用，包括当事人相互之间寻找、应对对方的麻烦，聘请律师及其他专业人员安排交易的费用，以及讨价还价过程本身。交易成本也可被认做包括信息成本，因为在双方决定互动前信息必须被收集与处理。⑱ 这个术语包括成功交易的成本以及交易失败的成本（比如失去的机会）——除了在交易上的成本以外，在某种程度上失败的交易是好事情。

尽管交易有成本，但它们也有收益。第一，交易与劳动的专业化及分工有关联，这两者通常都被认作是好事情。⑲ 通过交易从他人那里获取一个个体最感兴趣或最善于提供的商品及服务以外的商品及服务，就促进

---

⑰ Anderson and Hill, *supra* note 15, at 443.

⑱ *See* Armen A. Alchian, *Information Costs*, *Pricing*, *and Resource Unemployment*, 7 W. ECON. J. 109 (1969); *see also* George J. Stigler, *The Economics of Information*, 69 J. POL. ECON. 213 (1961) (noting that acquiring and processing information about potential exchange opportunities is costly).

⑲ John Joseph Wallis and Douglass C. North, *Measuring the Transaction Sector in the American Economy*, 1870 – 1970, in LONG – TERM FACTORS IN AMERICAN ECONOMIC GROWTH 95 – 161 (Stanley L. Engerman and Robert E. Gallmann eds., 1986). Adam Smith previously articulated the connection between division of labor and transaction costs, including the inevitable limit that transaction costs places on the extent of the division of labor. *See* Harold Demsetz, *The Cost of Transacting*, 82 Q. J. ECON. 33, 35 (1968) (summarizing empirical evidence of transaction costs in the market of the New York Stock Exchange and quoting Adam Smith: 'As it is the power of exchanging that gives occasion to the division of labour, so the extent of this division must always be limited by the extent of that power, or, in other words, by the extent of the market.').

了每一个个体去拥有、磨砺那些特殊技能和品位，以及承受个性化分工。专业化与交易的联系允许了甚至是大量个体通过直接或间接的合作去完成复杂任务。第二，交易在个体之间形成了个人利益交换，这是取得贸易中共同获利的基本要素。[20] 第三，交易在个体之间进行互动时促成了公共利益社会化。这种社会化效果发生是因为，为了从贸易中共同获利，个人之间必须充分了解相互的不同资源以及利用这些资源的个人喜好。[21] 这一了解对方价值的过程是社会化的一个部分。第四，议价过程——对于达成的交易与失败的交易——潜在地诱导出重要的信息，不仅是关于正在商议的特定交易的信息（包括喜好的强度和预算的限制），以及关于与其他可供选择的交易相比较的相对值的信息。

当然，人们都希望利益增加而交易成本下降。但如果使交易成本最小化的努力造成市场中的个体之间的直接交易被法院或代理机构强制和协调的交易（用责任规则取代财产规则）所取代，那么个体之间直接交易所带来的一些好处可能会消失。例如，法院或代理机构强制交易的存在可能会降低个体互动的动力、机会和能力。此外大多数交易成本的可能

---

[20]　See ROBERT C. ELLICKSON, ORDER WITHOUT LAW: HOW NEIGHBORS SETTLE DISPUTES 184 (1991) (pointing out that societies tend to develop institutions – such as norms in the case he is studying – that 'minimize the members' objective sum of (1) transaction costs and (2) deadweight losses arising from failures to exploit potential gains from trade'); see also R. H. Coase, *The Problem of Social Cost*, 3 J. L. & ECON.

　　1, 10 (1960) (noting that the principal condition that must be satisfied for individuals to maximize wealth by engaging in an exchange is that the transaction costs of the exchange must not exceed the gains from trade); Terry L. Anderson and Donald R. Leal, *Free Market Environmentalism: Hindsight and Foresight*, 8 CORNELL J. L. & PUB. POL'Y 111, 113 (1998).

　　[H]umans interact to capture potential gains from trade – the knowledge for this interaction is bounded by transaction costs. The gains from trade (a positive – sum game) result because people place different values on goods and services and because people have different abilities to produce those goods and services. Because of these differences, trade has the potential to make the parties exchanging goods and services – of lower value to each respectively – better off.

　　Id.

[21]　See, e. g., Milton Friedman, *Value Judgments in Economics*, in THE ESSENCE OF FRIEDMAN 3, 5 – 8 (Kurt R. Leube ed., 1987) (discussing the 'role of the market as a device for the voluntary cooperation of many individuals in the establishment of common values' and concluding that '[i]n many ways, this is the basic role of the free market in both goods and ideas – to enable mankind to cooperate in this process of searching for and developing values').

性与有害影响程度在政治市场中通常都被认作比其在经济市场更糟糕。[22]
这种观点背后的直觉是，对于政治市场，被交易的资产——比如承诺作
出某种特定的投票——既更难以评估又更难以执行。因为在谈判之时它
们更不确定、更难以预测、更难以界定、更难以分割、更难以（与其他
交易）捆绑。[23]

多种交易成本的有害影响的可能性和程度通常在较薄的市场中比其
在较厚的市场中更糟糕，这其中"薄"和"厚"指的是资源及参与者的
数量和多样性，包括他们多样可评价的技术以及喜好。[24] 这一教训的背后
给了我们两点基本的直觉：第一，厚度增加了一些个人在市场中即时利
用信息流中的一个缺口，而寻找缺失信息并基于此缺失信息采取行动去
提供一个有吸引力的选择的机会，否则会成为一个不能交易的问题。第
二，与一个较厚的市场相关的讨价还价的增加会减少信息成本。

基础生物技术研究领域的专利的交易成本效应具有指导性。尽管与
专利相关的交易成本有一些恶性影响，但这一影响的程度必须与同样的
问题在没有专利的情况下相比较。专利加入只被学术界定义的市场应该
让市场变得更厚而不是更薄，并因此减少整体的交易成本。

尽管让一个科学家不花钱和时间聘请一个昂贵的律师团队去获取一
个专利技术也许看上去很难，但事实不是这样。事实上，非常低的交易
成本商业模式已经被设计并实施。比如说，在"冷冻库项目"商业模式
中，专利被转让或许可给一个公司，该公司安排获专利保护的生物材料
被以新鲜、冷冻的状态定期直接送到科学家的大学部门或实验室。公司

---

[22] For an in‐depth treatment of the topic, see Douglass C. North, *A Transaction Cost Theory of Politics*, 2 J. THEORETICAL POL. 355（1990）.

[23] *Id.*；*see also* Douglass C. North, *Institutions and Credible Commitment*, 149 J. INSTITUTIONAL & THEORETICAL ECON. 18（1993）（'Political markets are far more prone to inefficiency'）.

[24] The so‐called efficient market hypothesis is based on the view that in a perfectly thick market, assets will be perfectly priced. Paul Samuelson and Benoit Mandelbrot laid the basic theoretical foundation for the EMH. *See* Paul A. Samuelson, *Proof that Properly Anticipated Prices Fluctuate Randomly*, 6 INDUS. MGMT. REV. 41, 48（1965）；Benoit Mandelbrot, *Forecasts of Future Prices*, *Unbiased Markets*, *and* Martingale *Models*, 39 J. BUS. 242, 248（1966）. Eugene Fama added empirical support. *See* Eugene Fama, *Efficient Capital Markets：A Review of Theory and Empirical Work*, 25 J. FIN. 383, 392（1970）.

只从科学家的研究账户中收取实际使用数量的费用。㉕ 与冷冻库项目相关的交易成本甚至比从自动贩卖机里买一瓶苏打水的交易成本还要低。冷冻库项目涉及直接账单，而典型的自动贩卖机要求买家用硬币或小额面值的账单——但这是一种被社会所忍受的更高的交易成本。实际上，冷冻库项目可能提供一系列附加的利益。它们节省了科学家自己获取原料所需的时间和其他资源，并且它们通过提供更同质的资源输入从而减少了科学实验上的变异性，从而帮助了整个科学界。

在一个相关的观点中，交易成本至少部分上源于想要购买或取得许可的一方以及想要卖或授予许可的一方——换言之，侵权人和权利所有人。这帮助解释了为什么许多产权所有人通过广泛授予许可，而不是通过诉讼进行排他，也不是选择使用激进的方法针对某些用户维护他们的财产权利。确实，近期的经验数据表明，远非陷入无止境的停滞和障碍：在工业界和大学，通过采用"许可、专利规避发明、海外外包、开发和使用公众数据库和研究工具、法庭挑战，以及未经许可而简单地使用技术（即侵权行为）"的战略来达到自己特定的目标，研究人员已经克服了专利在该领域内可能带来的任何问题。㉖

并且法律正确地确保了产权所有人不能避免对这些交易成本的分摊。当产权所有人本身不想有因维持他们自身权利而到来的交易成本，而法律使他们面临不同程度的丧失财产的风险。比如说，如果一个专利所有权人对于他人的侵权行为太久不采取行动，之后的维权行为或许可能因

㉕ An online shopping guide for basic scientists provides this description: 'Vendor Freezer and Cabinet programs offer a freezer or cabinet with a customized inventory of the products you use. Companies may provide a complimentary cabinet, freezer, or refrigerator, stock it, and often apply discounts to the host lab.' The Biocompare Buyer's Guide for Life Scientists, http://www.biocompare.com/freezer.asp (listing details of several companies' programs and providing web links); see also Virginia Commonwealth University, Applied Biosystems PCR – Sequencing Reagent Freezer Program, http://www.narf.vcu.edu/abi.html.

㉖ John P. Walsh et al., *Working through the Patent Problem*, 299 SCIENCE 1021 (2003); see also John P. Walsh et al., *View from the Bench: Patents and Material Transfers*, 309 SCIENCE 2002 (2005) (reporting empirical results that demonstrate that 'access to patents on knowledge inputs rarely imposes a significant burden on academic biomedical research'); Timothy Caulfield et al., *Evidence and Anecdotes: An Analysis of Human Gene Patenting Controversies*, 24 NATURE BIOTECH. 1091 (2006) (reviewing literature).

为懈怠而被禁止。㉗如果专利所有人事实上引导侵权人的侵权行为，维权行为可能会因公平禁止反悔原则所禁止。㉘然而，重要的是，无论是懈怠还是禁止反悔原则都不会从根本上威胁到专利体系，因为每个都在专利所有人避免损失的能力之内。

不仅如此，商业法体系中固有的一些特征会给产权人带来比刚开始看起来更高的成本。换句话说，现实世界中对知识产权的完美、有力的财产原则保护在现有的商业法体系中并不存在，原因如下。第一，如同Ayres 和 Klemperer 所指出的，权利在法庭上如何被执行的不确定性在适用责任原则来执行这些权利所起作用是一样的㉙，大部分是由于来自专利怀疑者的压力，存在对于获得知识产权、知识产权交易以及执行知识产权的规则有实质的、越来越多的不确定性。第二，一个侵权者通过企业法和破产法而有效地规避侵权裁决的能力，也可能以一种责任原则的形式作用于财产原则体系。第三，联邦政府的侵权使用或是为了联邦政府的侵权使用享有主权豁免的保护，这会有效地导致强制许可体制。因此，财产规则下的全部的准许限制在一定程度上能被避免，因为至少一些责任规则处理对于专利而言总是适用的。

与交易成本有关的问题是一种"行为（主义）"，涉及所有不能让人类完美地合理作出决定的方法。由于认知偏差、框架效应以及对启发式的偏赖，人类只有有限的理性。㉚一些学者，比如 Richard Posner，已经提

㉗ *A. C. Aukerman Co. v. R. L. Chaides Constr. Co.* , 960 F. 2d 1020 （Fed. Cir. 1992） （en banc） （discussing laches）. The patentee is not required to go after every infringer right away. The laches effect may be put on hold with respect to some infringers where the patentee is kept busy tracking down others and bringing lawsuits against them. *Accuscan*, *Inc. v. Xerox Corp.* , 1998 WL 273074 （S. D. N. Y. May 27, 1998） （presumption of laches rebutted where patentee delayed filing infringement suit in order to avoid the burden of conducting two simultaneous infringement suits and to attempt to negotiate a license agreement with the defendant）.

㉘ *Wang Labs. v. Mitsubishi Elecs. Am.* , *Inc.* , 103 F. 3d 1571, 1582 （Fed. Cir. 1997） （discussing equitable estoppel）.

㉙ *See* Ayres & Klemperer, *supra* note 11.

㉚ For recent reviews of the behavioralism literature, *see*, *e. g.*, Russell Korobkin, *Bounded Rationality*, *Standard Form Contracts*, *and Unconscionability*, 70 U. CHI. L. REV. 1203 （2003） （collecting sources）; Troy A. Paredes, *Blinded by the Light*: *Information Overload and its Consequences for Securities Regulation*, 81 WASH. U. L. Q. 417 （2003）; BEHAVIORALLAW & ECONOMICS （Cass R. Sunstein ed. , 2000）; Christine Jolls et al. , *A Behavioral Approach to Law and Economics*, 50 STAN. L. REV. 1471 （1995）.

出在行为主义条件下的决策制定与在一个积极信息成本的世界中的完美
的理性决策是相同的。[31] 另外一些学者，比如 Oliver Williamson，提议行
为主义涉及更复杂的东西，[32] 包括：（1）简直无法想通的情形；[33]（2）误
解的问题，比如短视以及错误地评估概率；（3）仓促作出决定的问题；[34]
以及（4）语言的限制。[35] 根据 Williamson 的观点，使一套与行为主义相
连问题概念化的一个特别多产的方法就是"将创意作为稀有资源"。[36]

　　不论准确病因，行为主义的问题有大量的表现形式。决策制定过程
显示的战略是，借用 Herbert Simon 的术语，寻求"满意策略"而不是
"最佳化"；或用 Amos Tversky、Daniel Kahneman 和 Paul Slovic 最新研究
成果，用最现代的说法，采用"启发法"。[37] 其他表现包括风险和损失规

---

[31] Posner, *The New Institutional Economics Meets Law and Economics*, *supra* note 5, at 80. This view of behavioralism is consistent with a view that sees information costs associated with obtaining and processing information, which traces its routes back to the work of Herbert Simon. *See*, *e. g.*, Herbert A. Simon, *A Behavioral Model of Rational Choice*, 69 Q. J. ECON. 99, 99 (1955) ('[T] he task is to replace the global rationality of economic man with a kind of rational behavior that is compatible with the access to information and computational capacities that are actually possessed by... man.'); *see also* Press Release, The Sveriges Riksbank Prize in Economic Sciences in Memory of Alfred Nobel 1978 (Oct. 16, 1978), *available at* http: //www. nobel. se/ economics/laureates/1978/press. html.

[32] OLIVER E. WILLIAMSON, MARKETS AND HIERARCHIES: ANALYSIS AND ANTITRUST IMPLICATIONS: A STUDY IN THE ECONOMICS OF INTERNAL ORGANIZATION 109 – 10 (1975).

[33] *Id.* at 109 (citing Herbert Simon, *Theories of Bounded Rationality*, in DECISION AND OR-GANIZATION 161 (C. B. McGuire & R. Radner eds. , 1972)).

[34] *Id.* at 109 – 10 (citing Oliver E. Williamson, *Calculativeness*, *Trust*, *and Economic Organization*, 36 J. L. & ECON. 453 (1992) (problems of being rushed to make decisions)).

[35] *Id.* at 110 (citing MICHAEL POLANYI, PERSONAL KNOWLEDGE: TOWARD A POST – CRITICAL PHILOSOPHY (1962)).

[36] *Id.* (citing Herbert Simon, *Rationality as Process and Product of Thought*, 68 AM. ECON. REV. 1, 12 (1978)).

[37] Paredes, *supra* note 31, at 436 (citing Herbert A. Simon, *A Behavioral Model of Rational Choice*, 69 Q. J. ECON. 99, 262 – 4 (1955); JUDGMENT UNDER UNCERTAINTY: HEURISTICS AND BIASES (Daniel Kahneman et al. eds. , 1982); JOHN W. PAYNE ET AL. , THE ADAPTIVE DECISION MAKER 1 – 2 (1993); HERBERT A. SIMON, MODELS OF BOUNDED RATIONALITY: ECONOMIC ANALYSIS AND PUBLIC POLICY (1982)); *see also* Press Release, The Sveriges Riksbank Prize in Economic Sciences in Memory of Alfred Nobel 2002 (Oct. 9, 2002), *available at* http: // www. nobel. se/economics/laureates/2002/press. html.

避㊳以及各种认知偏见，比如首选和新近㊴、框架㊵、锚定㊶，同样还有过分乐观、过于自信和自我中心主义。㊷另一个构成行为主义问题的是"小组思考"问题。㊸

关于行为主义的文献确实为我们的理解提供了很大的价值，一些政策方针乍一看似乎遵循于它，但似乎并不那么谨慎。试想，比如说，换成责任规则作为一种战略逃避不合理阻塞。我们需要对一些抵消问题进行讨论：第一，如果避免产权规则的能力是寄托在正在进行的交易的失败，那么那些想通过法院命令的条件来获得使用的人具有明显增加的动力来抵制突出的许可交易。一个奖励合作失败的法律检验将导致合作的减少，而非增加。第二，议员、行政官员或法官这些

㊳ For the basic exploration of methods for measuring risk aversion, *see* KENNETH J. ARROW, ASPECTS OF THE THEORY OF RISK – BEARING (1965); John W. Pratt, *Risk Aversion in the Small and in the Large*, 32 ECONOMETRICA122 (1964).

㊴ Jeffrey J. Rachlinski, *The Uncertain Psychological Case for Paternalism*, 97 NW. U. L. REV. 1165, 1169 – 70 (2003) ('psychologists have found that when individuals are asked to memorize a long sequence of words, they are more likely to remember the first few words (the "primacy" effect) and the last few words (the "recency" effect) much better than the words in the middle of the list' (citing EUGENE B. ZECHMEISTER AND STANLEY E. NYBERG, HUMAN MEMORY: AN INTRODUCTION TO RESEARCH AND THEORY 60 – 71 (1982)).

㊵ For empirical evidence of framing effects, *see*, *e. g.*, Daniel Kahneman and Amos Tversky, *Choices*, *Values*, *and Frames*, 39 AM. PSYCHOL. 341 (1984) (framing effects observed in decisions involving lotteries and other risky monetary payoffs); Amos Tversky and Daniel Kahneman, *The Framing of Decisions and the Psychology of Choice*, 211 SCIENCE 453 (1981) (same).

㊶ Rachlinski, *supra* note 40, at 1171 ('When making numeric estimates, individuals will tend to rely heavily on reference points and then adjust from these reference points.') (citing Tversky and Kahneman, *supra* note 41, at 1128 – 30 (explaining anchoring and the related process of adjustment)).

㊷ Tversky and Kahneman, *supra* note 41, at 1172 (defining 'overoptimism, which consists of overestimating one's capabilities; overconfidence, which consists of overestimating one's ability to predict outcomes; and egocentricism, which consists of overstating the role that one has played in events in which one has participated') ; *see also* Paredes, *supra* note 31, at 481 ('Some of the most well – known sources of these deviations from rationality include loss aversion, framing, the representativeness heuristic, the availability heuristic, overoptimism, and overconfidence.').

㊸ *See* Troy A. Paredes, *Too Much Pay*, *Too Much Deference*: *Is CEO Overconfidence the Product of Corporate Governance?* 60 n. 227 (Wash. Univ. Sch. of Law, Working Paper No. 04 – 08 – 02, 2004), *available at* http://ssrn.com/abstract = 587162 (discussing groupthink in the context of corporate governance and as a contributing factor to CEO overconfidence) (citing IRVING L. JANIS, GROUPTHINK (2d ed. 1982), and Marleen O'Connor, *The Enron Board*: *The Perils of Groupthink*, 71 U. CIN. L. REV. 1233 (2003)).

可能被要求决定何时发生的人，他们自身也受到他们自己的行为主义局限性。第三，因为他们是政府行为者，从而会引发本章下文中讨论的公共选择问题。

另外，与交易成本有关的普遍问题也被一些人认为是由于覆盖在同一商品或服务上的多种专利所引起的。这就是 Michael Heller 称为"反公地"⑭ 和另外一些人称为"专利丛林"⑮。但在一个专利被设计并且处理得如同可预知财产的体系中是不会有严重的专利丛林或反公地问题的。正如 Richard Epstein 在他的著作《许可丛林》⑯ 中提到过的和政治经济著作中讨论印度"许可证为王"问题时提到过的，如果有什么区别的话，基于管制和责任规则的方法的灵活性会让这个问题愈发严重。⑰ Michael Heller 最初关于反公地问题的重要作品力求解释为什么在后社会主义经济中有这么多店面被放弃不用。Heller 发现大量的官僚都有权拒绝许可对这些空间的使用，他称这些被导致的没有被充分利用的空间为"反公地"。⑱ 更近期的研究声称在专利上反公地问题错误地强调了权利的分割——换言之，有多少不同的人对资产的使用有话语权——是反公地效果的关键。⑲

---

⑭　Michael A. Heller, *The Tragedy of the Anticommons*: *Property in the Transition from Marx to Markets*, 111 HARV. L. REV. 621 （1998）.

⑮　*See*, *e. g.*, Carl Shapiro, *Navigating the Patent Thicket*: *Cross Licenses*, *Patent Pools*, *and Standard Setting*, in 1 NBER INNOVATION POLICY AND THE ECONOMY 119, 119 （Adam B. Jaffe et al. eds., 2001） （treating a 'patent thicket' to occur when many patents relate to a single product）; James Bessen, *Patent Thickets*: *Strategic Patenting of Complex Technologies* （Research on Innovation and Boston Univ. Sch. of Law, Working Paper, 2003）, *available at* http: //www. researchoninnovation. org/ thicket. pdf.

⑯　Richard. A. Epstein, *The Permit Power Meets the Constitution*, 81 IOWA L. REV. 407 （1995）.

⑰　Sunita Parikh and Barry R. Weingast, *A Comparative Theory of Federalism*: *India*, 83 VA. L. REV. 1593, 1608 （1997） （"This system, known in India as License Raj, means that the center retains control over the distribution of permits and licenses for new areas of economic development through the relevant central ministry"）.

⑱　Heller, *supra* note 45; *see also id*. at 624 （arguing that '[w] hen there are too many owners holding rights of exclusion [in a resource], the resource is prone to under – use'）.

⑲　*See*, *e.g.*, Michael A. Heller, *The Boundaries of Private Property*, 108 YALE L. J. 1163, 1174 – 5 （1999） （describing how 'the proliferation of intellectual property rights in upstream research may be stifling life – saving innovations further downstream in the course of research and product development'）; Michael A. Heller and Rebecca S. Eisenberg, *Can Patents Deter Innovation*? *The Anticommons in Biomedical Research*, 280 SCIENCE 698, 700 （1998） （emphasizing fragmentation and arguing that it creates an anticommons）.

比有多少人有话语权更重要的是这些人是什么类型的人以及他们的话语权的类型。通过专注于使用技术所需要的专利许可的数量，专利评论家已经诱发专利体系制造了反公地问题的观点。

美国专利体系与上述后社会主义经济体系完全不同。正如 Epstein 和 Bruce Kuhlik 所指出的，当后社会主义官僚的许可是必需的，官僚公开以私人利益为目的的交易许可很有可能会导致一系列诸如贪污、贿赂、公共腐败等类似现象。[50] 专利权是不同的，因为一个美国专利所有人有动力参与而不是避免公开交易。专利的交易不仅是容许的；而且对把任何资产包括专利货币化也是很重要的。专利的价值会因为法定有效期以及新技术的竞争而不断贬值，特别是如果只有有限的方法从一种只有排他权而没有使用权的资产中提取价值。专利所有人有很强的动力去鼓励而不是阻止使用。不仅如此，专利交易在法律执行与专利有关交易上也与后社会主义官僚交易不同。与后社会主义国家官僚许可下交易经常失败不同的是，专利更清晰、确定，而它们的所有人十分容易在网上被免费找到。[51] 此外，法庭很乐意执行专利所有人出售的任何许可或转让，不论是针对专利所有人还是与其有紧密法律关系的其他人。

可以想象，能够让贸易实现的专利许可的数量会导致更高的价格和困难来构建所需要的交易。但即便在网上很快地浏览一下就可以发现这个问题并不是真实的。一个典型的笔记本电脑中包含了上千种专利以及其他知识产权许可，但购买这样一个笔记本只需要在网上点点鼠标花个 1000 美元（如果不是更少的话）就可以搞定。确实，最近 Ronald Mann 的实证研究已经发现即便在有争议的商业方法的专利的领域，也没有任

---

[50] Richard A. Epstein and Bruce N. Kuhlik, *Navigating the Anticommons for Pharmaceutical Patents: Steady the Course on Hatch - Waxman* 4 (Univ. of Chicago Law Sch. John M. Olin Program in Law & Econ. Working Paper No. 209 (2d ser.), 2004), available at http://ssrn.com/abstract = 536322 ('But the state bureaucrat is not the owner of any asset whose value will remain unlocked unless he brings it to market.').

[51] *See* U. S. Patent and Trademark Office, Assignment Search Page, http://assignments.uspto.gov/assignments/q? db = pat (free searching of property interests in patents by several fields including patent number); U. S. Patent and Trademark Office, Full Text and Image Database Search Page, http://patft.uspto.gov/netahtml/PTO/search - adv. htm (free searching to yield relevant patents).

何严重的“专利丛林”问题。(52)

“专利魔鬼”与专利中反公地问题相关的是有些人所说的“专利魔鬼”。(53) 论点似乎是“专利魔鬼”控制住的专利既不是为了产品开发也不是为了预期的许可，而仅仅是为了打劫那些意外绊倒在“专利魔鬼”所设路径上的人们。(54) 如果对“专利魔鬼”的担心反映了对专利保护范围的不确定性和有效性，以及对专利诉讼的高额费用的焦虑——这两者会为“专利魔鬼”提供利用甚至弱、低价值的专利榨取利润的潜在的机会——那么处理这个问题的最好的方式就是运用各种工具对坏的专利进行监管，比如减少对有效性的法定推断作为实现专利所有人和侵权者之间费用转换对称性的工具。

但是“专利魔鬼”的有害的影响在很大程度上受限于实用经济因素。第一，所有专利都是递耗资产，它们的生命受限于不到 20 年，并且还得受制于懈怠和禁言抗辩。第二，等待的决定会让“专利魔鬼”失去收入，而这些需要在将来补回；但正如在掠夺性定价的背景下，对那个未来收益的许诺是有风险的。(55) 确实，就像一块休耕的土地会吸引一些开发商的报价，一个在专利局主页发布的专利，并且能够被免费搜寻到足够信息，这就吸引任何有真正兴趣使用该专利所覆盖技术的人。一个不在寻求出售或许可的专利所有人并不是不在想要购买或许可的买家的触及范围。那组作用于双方的经济力量帮助解释了为什么一旦法庭表明一个禁令是迫切的，即便是臭名昭著的苦涩的黑莓服务诉讼都在发生任何服务中断前就达成了和解。此外，在那个案件中的和解价码显著低于反映了拒绝达成协议的风险的独立估计，并且更为显著地低于被许可人的现金储备

(52) Ronald J. Mann, *Do Patents Facilitate Financing in the Software Industry?*, 83 TEX. L. REV. 961, 999 - 1009 (2005).

(53) *See* Brenda Sandburg, *Trolling for Dollars*, RECORDER (S. F., Cal.), July 30, 2001, at 1 (attributing the origin of the term to Peter Detkin, who at the time was counsel at Intel).

(54) *See id.*

(55) *See* Matsushita Elec. Indus Co. V. Zenith Radio Corp., 475 U. S. 574, 588 - 94 (1986) (discussing perils of predatory pricing).

和现金等价物。⑤⑥

确实，原始数据告诉我们导致在黑莓案件中和解迟延的一个未被充分认识的因素也许是对公司控制权之市场造成的制约，而不是反公地、专利丛林或是"专利魔鬼"的问题。实际和解价码显示侵权人或是因为不确定会有禁止令而理性行事（这与财产原则会鼓励交易而责任原则会阻碍交易的观点一致），或是非理性行事而面对如此极具吸引力的价格不迅速完成交易（以此来避免损失在那些害怕失去服务的顾客中的商誉）——而这个极具吸引力的价格符合市场估价并且低于原有的以现金或现金等值物为储备来计算出的私人估价。如果公司控制权之市场运行得更好，或许已经有足够多的收益来更快地和解这个案子——发动突然袭击接管公司、炒掉管理层、与专利权人达成协议。⑤⑦尽早的和解会挽回侵权人的更多商誉，如侵权人黑莓的制造商 RIM 现在有更强的竞争（力）。

正如那些推定的反公地以及"专利魔鬼"的问题往往是更多与谩骂

---

⑤⑥　See Mark Heinzl and Amol Sharam, Getting the Message: RIM to Pay NTP $612.5 Million to Settle Blackberry Patent Suit, Wall ST. J., Mar. 4, 2006, at A1 (noting that settlement estimates ranged to above $1 billion and that infringer's reserves of cash and cash equivalents were about $1.8 billion).

⑤⑦　A quick calculation is instructive. The infringer in that case, RIM, is a publicly traded company whose stock price fluctuated over the year from a low of about $52, to a typical price around $63, and to a high of about $88, which RIM almost immediately regained by the next business day after the settlement. The majority of the outstanding shares (191 million) were in the public float (141 million). If the entire public float were purchased in a takeover by offering a $10 premium over the prevailing price of $63, it would require about $1.4 billion over that price. This new controlling shareholder could then fire management and settle the case. If the settlement were at the estimated high level of $1 billion, then that takeover investor would have invested a total of $2.4 billion over the prevailing price, plus perhaps another $100 million in professional fees and other costs for a total investment of $2.5 billion. If the price then jumped back to its year high after the settlement – which did occur – then this investor would see an increase in book value of about $3.5 billion, leaving a net gain of about $1 billion. If the deal were done as a leverage buyout using the shares themselves as collateral for a loan, then the return on investment would hinge on the valuation used to support the loan, which would determine the size of the loan. If the valuation were set at the generally prevailing price then the return on investment would be measured as a $1 billion gain over an investment of $2.5 billion, which yields the attractive floor for the rate of return at about 40%. If the valuation were set higher, then the rate of return also would be higher. Of course, Wall Street's regular raiders likely did the same math. The point here is that the reasons they may have elected not to dive in likely included anti – takeover provisions in the corporate documents themselves, as well as various regulatory restrictions on the market for corporate control that are designed to decrease takeovers.

而不是与专利的经济学相关，垄断这个术语也往往被附加在专利上却对垄断的实际经济损害没有给予充分的关注。垄断影响的问题往往在专利文献中以两个重要的方式被误解：第一个是忽视了事前和事后的区别，抑或动态和静态效率之间的区别。第二个是忽视了与垄断关联的低效能（与一些人认为是不公正的观点形成对比）的精确的本质。

一个效率的动态方法与效率的多个更为静态的方法形成鲜明对比，动态方法可以在任何时间点观察资源分布是否是最佳的。比如说，许诺把我的车在某一个时间段供你使用也许产生在那个时间段我的车没有人用的条件。在静态意义上，在那个时刻，事实上，它可能看起来好像车被允许去浪费，这将是低效率的。⑤ 然而，如果我为了避免车可能不被使用的风险而被容许安排车做其他用途，那么你关于车会供你使用的期望会落空。甚至，如果你在事前知道了这一切，那你可能根本就不愿意签订合同来预订车；或者你可能愿意付钱订车，但肯定付更少些。因此，在动态意义上，预期的、将来终止供车合同的情形想必会对你我更好，因为我们每一方都会选择一开始就签订合同。这会使合同成为一种我们在事前不太可能完善的合同。因此，随着时间的推移，我们不能从事尽可能多的富有成效的交易。换句话说，存在着动态无效率。⑤

人们认识到，Ian Ayers、Eric Talley 以及 Jason Scott Johnston 近期的作品显示，执行的不确定性如何在一些案件中通过反馈机制减少拒绝达成协议的问题而提升当事人在财产权以及合同中谈判的能力。反馈机制中的不确定性使事后侵权或违约的危险更加可信，这反过来又可能循环会降低权利持有权人事前拒绝达成协议的激励。⑥ 然而，Rachel Croson 和

---

⑧ This gives rise to the approach termed 'efficient breach' in some contract cases. *See* RICHARD A. POSENER, ECONOMIC ANALYSIS OF LAW 117 – 19 (4th ed. 1992) (discussing efficient breach approach); *see also* OLIVER WENDELL HOLMES, JR., THE COMMON LAW 301 (1881) (originating the approach). *But see* Daniel Friedmann, *The Efficient Breach Fallacy*, 18 J. LEGAL STUD. 1 (1989) (criticizing the approach).

⑨ *See generally* David D. Haddock et al., *An Ordinary Economic Rationale for Extraordinary Legal Sanctions*, 78 CAL. L. REV. 1, 16 – 19 (1990) (showing how uncertainty in enforcement discourages investment ex ante).

⑩ *See* Ian Ayres 和 Eric Talley, *Solomonic Bargaining: Dividing a Legal Entitlement to Facilitate Coasean Trade*, 104 YALE L. J. 1027 (1995); Jason Scott Johnston, *Bargaining Under Rules Versus Standards*, 11 J. L. Econ. & ORG. 256, 257 (1995).

Johnston 其他近期的实证作品表明，在其他情况下，不确定性降低了达到动态效率的能力。[61] 确实，Ayres 和 Robert Gertner 的其他作品强调了通过使用他们所说的"惩罚性缺省"规则中存在至少一些确定性的重要性，因为该规则将会有把潜在谈判的信息曝光的作用，并将会帮助避免一方试图"在小合同蛋糕中分到大块"的投机主义。[62] 实际上，在许多情况下，如果财产权可以根据事前可预见的规则而不是事后法官适用的一个标准清晰地界定，那么财产权的私人谈判可以更有效。[63]

在变化本身是令人满意的程度上，动态和静态效率之间的差异的重要性超过了上面所讨论的个别交易的狭隘的设置。比方说，化石之类的资源正在枯竭，我们必须改变，去使用替代能源。随着时间的推移发生的创新，可以通过提供更多的可用选项，扩大每个人的蛋糕。[64] 简而言之，动态和静态效率的区别对于专利来说特别重要，因为专利注重随着时间推移的创新。

事实上是与垄断有关的问题的本质也必须牢记在心。与垄断相联的重要的低效率是通过垄断者自身能力去设定高于边际成本的价格或有权

---

[61] Rachel Croson and Jason Scott Johnston, *Experimental Results on Bargaining Under Alternative Property Rights Regimes*, 16J. L. ECON. & ORG. 50, 67 – 70 (2000).

[62] Ian Ayres and Robert Gertner, *Filling Gaps in Incomplete Contracts: An Economic Theory of Default Rules*, 99 YALE L. J. 87, 127 (1989)

[63] ROBERT COOTER AND THOMAS ULEN, LAW AND ECONOMICS 100 – 01 (1988). *See generally* MARK KELMAN, A GUIDE TO CRITICAL LEGAL STUDIES 15 – 63 (1987) (for a discussion of the broader debate between legal systems based on rules and those based on standards; and describing the basic framework of the debate and collecting sources); Louis Kaplow, *Rules Versus Standards: An Economic Analysis*, 42 DUKE L. J. 557 (1992) (exploring the costs implicated by the choice between rules and standards, and showing: (1) rules are typically more costly than standards to create, (2) standards are typically more costly for individuals to interpret (both by individuals deciding how to act under them and by government decision makers deciding how to apply them), and (3) individuals are more likely to act in accordance with the goals of rules so long as those individuals can determine how they will be applied); Russell B. Korobkin, *Behavioral Analysis and Legal Form: Rules vs. Standards Revisited*, 79 OR. L. rev. 23 (2000) (reviewing more recent literature and collecting sources).

[64] Einer Elhauge, *Defining Better Monopolization Standards*, 56STAN. L. REV. 253, 275 (2003) ((criticizing forms of antitrust enforcement that are motivated by concerns for static efficiency but that may negatively impact innovation collecting sources); *see also* Christopher S. Yoo, *Rethinking the Commitment to Free, Local Television*, 52 EMORY L. J. 1579 (2003) (reviewing tension between static and dynamic efficiency within the context of public goods and monopolistic competition).

力影响价格带来的无谓损失所导致的。⑥ 但有许多理由来解释为什么这种低效率的程度在实践中与理论上不同。

首先，垄断是一个与市场有关、而不是和市场中销售的某个特定的商品或服务有关的术语。⑥ 通常产品或服务市场与知识产权间有区别。比方说，消费者经常购买电脑，其本身基本上就涉及许可上百个知识产权——比如说硬盘、处理器、储存器，以及其他芯片——没有作为任何知识产权持有人的直接客户。

虽然每个财产权可以被认为是一个垄断，只有那些能对整个市场进行有效控制的财产权才能有与垄断相联的困扰的经济低效率。例如，一块假设地产的所有者可以排除他人对这块土地的使用，但一般必须与地产市场上其他土地竞争。事实上，虽然世界上房地产的数量受到了地球表面积的限制，但没理由去认为对于专利，某个特定财产权上的长期垄断的影响可能比房地产更糟糕，相反，其影响可能要小得多。不过，在短期内至少对于有些货物或服务来说，有些专利权的宽广范围可能会传达至有些人会看做是针对有迫切需要的消费者的市场权利（比如说急需一种受专利保护的药品的医疗病人）。

其次，与垄断者对价格的市场权利相联系的经济低效率并不是不可避免的。更具体地说，与完美的市场竞争模式相比，低效率和数量减少的潜在可能性是相联系的（而不是价格的提高）。如果垄断者能够进行完美的价格歧视，那么生产的数量将和有竞争时的一样。此外，尽管至少对有一些消费者收取的价格会更高，但将没有无谓损失的效率低下。虽然完美的价格歧视在现实世界中是不可能的，在垄断者可以进行价格歧视的程度可以减轻与垄断的无谓损失相联系的理论上的静态效率低下的

---

⑥ This deadweight loss represents a collective loss of societal wealth, in that it is not merely wealth that has been shifted from consumers to producers, but rather wealth that is altogether lost from producers and consumers collectively.

⑥ See *Illinois Tool Works*, *Inc. v. Independent Ink*, *Inc.*, 126 S. Ct. 1281, 1284 (2006) (patent does not give rise to presumption that patentee has market power); *see also* Kenneth W. Dam, *The Economic Underpinnings of Patent Law*, 23 J. LEGAL STUD. 247, 249 – 50 (1994) ('[T] he right to exclude another from "manufacture, use, and sale" may give no significant market power, even when the patent covers a product that is sold in the market.').

实际程度。[67]

　　另外一个经常在关于专利的经济学著作中提到的问题是外部效应的问题，往往被用来作为支持专利的理由（而不是由专利引发的问题）。法律和经济学文献中关于财产权的传统观点继承了 Harold Demsetz 在 1967 年的作品中所提出的观点，即把财产权视为将外部因素内部化的工具。[68] Demsetz 的作品基于 1960 年 Ronald Coase 关于外部因素的作品。[69] 而 Coase

---

　　[67] See, e. g., JEAN TIROLE, THE THEORY OF INDUSTRIAL ORGANIZATION 133 – 68 (1988) (providing a basic overview of the economics of price discrimination). It also is recognized that in certain cases efforts to engage in price discrimination may lead to a decrease in efficiency. For example, recent work by Wendy Gordon, Glynn Lunney, and Michael Meurer has shown that while price discrimination by intellectual property owners might lead to more use in certain instances in theory, in practice some price discrimination strategies can result in less output than if such price discrimination were prohibited, depending, in part, on the licensing arrangements employed to discriminate among users). Wendy J. Gordon, *Intellectual Property as Price Discrimination: Implications for Contract*, 73 CHI. – KENT L. REV. 1367 (1998); Glynn S. Lunney, Jr., *Copyright and the Supposed Efficiency of First – Degree Price Discrimination* (Working Paper Series 2002), *available at* http://papers. ssrn. com/sol3/papers. cfm? abstract_ id = 293904; Michael J. Meurer, *Copyright Law and Price Discrimination*, 23 CARDOZO L. REV. 55 (2001). However, as summarized by Richard Posner, Perfect price discrimination would bring about the same output as under competition, because no customer willing to pay the seller's marginal cost would be turned away. But perfect price discrimination is infeasible, and imperfect price discrimination can result in a lower or higher output than under competition, or the same output. Richard A. Posner, *Antitrust in the New Economy*, 68 ANTITRUST L. J. 925, 932 – 3 n. 10 (2001) (citing F. M. SCHERER & DAVID ROSS, MARKET STRUCTURE AND INDUSTRIAL PERFORMANCE 494 – 6 (3d ed. 1990); PAUL A. SAMUELSON, FOUNDATIONS OF ECONOMIC ANALYSIS 42 – 5 (1947); JOAN ROBINSON, THE ECONOMICS OF IMPERFECT COMPETITION 188 – 95 (1933)). 'Many economists believe that even crude discrimination is more likely to expand than to reduce output. ' *Id.* (citing Robinson, *supra*, at 201; Scherer and Ross, *supra*, at 494 – 6; Peter O. Steiner, Book Review, 44 U. CHI. L. REV. 873, 882 (1977)). However, 'there does not appear to be a firm basis for this belief' . *Id.* (citing Hal R. Varian, *Price Discrimination*, in HANDBOOK OF INDUSTRIAL ORGANIZATION 597, 629 – 33 (Richard Schmalensee & Robert D. Willig eds., 1989)).

　　[68] See, Harold Demsetz, *Toward a Theory of Property Rights*, 57 AM. ECON. REV. (PAPERS & PROC.) 347, 356 (1967) (arguing that property rights emerge when the benefits of internalization that they achieve outweigh the transaction costs of recognizing them) [hereinafter *Toward a Theory of Property Rights I*]. For Demsetz's more recent focus on coordination see Harold Demsetz, *Toward a Theory of Property Rights II: The Competition Between Private and Collective Ownership*, 31 J. LEGAL STUD. S653, S657, S664 – 5 (2002) [hereinafter *Toward a Theory of Property Rights II*].

　　[69] See Coase, *supra* note 21 (pointing out how a fully defined set of property rights can allow for externalities to be internalized).

的作品本身又是对于 20 世纪初 A. C. Pigou 关于外部因素的作品的一个回应。⑦

尽管这个传承或许对于那些精通财产权文献的人们所熟悉，但回顾有助于强调一些悬而未决的重要的涉及协调的问题。更重要的是，正如本章的后面所讨论的，多数人关于专利权的观点都是以与该文献所重视的相同的外部因素为前提的，但似乎只是继承与庇古税和津贴相关的开始，却忽视了其关于财产权的精练的部分。

"外部因素"这个术语通常被用来指一些对于某个特定经济决策系统的外部的、而没有被该系统考虑进决策中的成本或收益。⑦ 但是这个术语可能会有点误导，因为如果一个决策过程运作得完美，那么对于个人或市场什么都不会是完全的外部。⑦ 因为在现实世界中的决策是不完美的，Coase 的作品指出了另外两个更重要的关于外部因素的影响：（1）外部效

---

⑦ Pigou saw factory chimney soot as a problem of externalities imposed on others in the environment around the factory and argued that the proper use of taxes or subsidies could be used by the government to encourage such factories to account properly for the benefits and harms they project on those around them. According to Pigou, 'resources devoted to the prevention of smoke from factory chimneys' provide an 'uncompensated service', or what some would call a positive externality, while smoke 'inflicts a heavy uncharged loss on the community', or provides what some would call a negative externality. *See generally* ARTHUR C. PIGOU, THE ECONOMICS OF WELFARE 160 – 1, 166 – 8 (1920); *see also* A. C. PIGOU, WEALTH AND WELFARE (1912).

⑦ Some definitions in the literature seem to define the term in relation to individuals, in that an externality is seen as something external to the decision making of an individual. *See*, *e. g.*, HAL R. VARIAN, MICROECONOMIC ANALYSIS 423 (3d ed. 1992) ('When the actions of one agent directly affect the environment of another agent, we say that there is an *externality*.'). Other definitions in the literature see the term as referring to something external to the decision – making process of the entire market. ROBERT S. PINDYCK & DANIEL L. RUBINFELD, MICROECONOMICS 297, 617 (1989) ('Such costs or benefits are called *externalities* because they are "external" to the market... In this chapter we study externalities – the effects of production and consumption activities not directly reflected in the market.').

⑦ This is one of the insights of the work by Coase that was labeled by Stigler as the Coase Theorem. *See supra* note 5 (discussing Nobel Prize to Coase); *see also* RONALD COASE, THE FIRM, THE MARKET, AND THE LAW 157 (1988) ('I did not originate the phrase, the "Coase Theorem," nor its precise formulation, both of which we owe to Stigler.'); GEORGE J. STIGLER, THE THEORY OF PRICE 113 (3d ed. 1966) (coining the term '[t]he Coase [T]heorem' and writing that it 'asserts that under perfect competition private and social costs will be equal').

应的问题是完全地相互影响的;[73]（2）任何真正的决策过程如何在相互权利诉求人之间最好地分配权利所面临的棘手的问题，需要确定在每一个特定的情况下什么是真正的最好的分配，以及如何最好地确保其实施。[74]

　　Coase 指出，在适当情形下，比如说零交易成本，一个明确定义的在那些受影响人们之间的财产权的分配，将确保这些人直接的相互交易达到 Pigou 追求的同样完美的结果。[75] Coase 的财产权替代的核心益处是它不会要求事前确定在每一个给定情形中什么是真正的最好的分配，因为受影响的各方自己将收集信息和做交易，确保在任何时间内资源被最多最

---

[73]　See Coase, *supra* note 21, at 2, 13 ('If we are to discuss the problem in terms of causation, both parties cause the damage.'); *see also* Terry L. Anderson, *Donning Coase - Colored Glasses: A Property Rights View of Natural Resource Economics*, 48 AUSTL. J. OF AGRIC. & RESOURCE ECON. 445, 448 (2004) ('Coase emphasized that because one use precludes the other, the costs are reciprocal.'); A. W. Brian Simpson, *Coase v. Pigou Reexamined*, 25 J. LEGAL STUD. 53, 60 (1996) (describing one of the core ideas presented by Coase to be that 'the problem of social cost [or externalities] is, at least to an economist, a reciprocal problem'). Even a leading scholar, who is often seen as a critic of Coase, has agreed that this lesson is not merely a question of ideology. *See* Guido Calabresi, *Neologisms Revisited*, 64 MD. L. REV. 736, 738 (2005) (citing Guido Calabresi, *Some Thoughts on Risk Distribution and the Law of Torts*, 70 YALE L. J. 499, 506 n. 24 (1961)). In the case of the externality of soot, for example, the factory's neighbor would see a potential interference with the right to use the air as a reservoir free from emissions while the factory would see a potential interference with the right to use the air as a reservoir in which to place the emissions. In this sense, there is no such thing as '*an* externality' in the singular because externalities only come in pairs. What this means for the externality analysis is that it must be studied from both angles, with the understanding that otherwise the attractiveness of different institutional responses may likely turn on the angle from which the problem is viewed rather than on the proposed solution's overall ability to ensure that resources are used best over time. Put differently, the questions facing society as a whole in this hypothetical case concern both how free the air should be from emissions and how full the air should be of emissions. This is because both parties to the problem are to at least some extent connected to both sides of the problem. For example, as long as the factory has constituencies of owners, workers, and customers having some preference for air that is free of emissions, the factory must consider both its own direct interest in dumping and its indirect interest (through these affected constituencies) in avoiding dumping. Similarly, as long as those constituencies want the investment opportunities, jobs, and products that are associated with a factory having some need to use air as a reservoir into which it can dump, they must consider both their direct interest in avoiding dumping and their indirect interest through their tie to the factory in having dumping.

[74]　See generally Coase, *supra* note 73, at 157 – 86 (responding to a number of common misperceptions regarding the Coase Theorem).

[75]　See Coase, *supra* note 21, at 6 – 8. In the case of the soot, this would be either a right to emit it or a right to be free from it.

佳地利用。Coase 进一步指出，当然世界是完美的，因此由于存在交易成本和其他瑕疵，不是所有的潜在交易都会发生。[76] 因此，他促请应该考虑到与可替代初始分配相联系的整体净成本和收益，包括可能需要的任何后续交易的成本，着眼于确保享有的资源能以一种最有可能将资源本身最多最佳使用的方式分配。[77] 在这点中的重要的政策含有仔细比较现有的制度安排的实际成本和收益，如不同的权利分配、执行规则，以及税收和补贴。[78]

这个 Coase 重视的体系的比较成本，为以后 Demsetz 关于财产权的出现作为良性外部效应内部化的工具的作品奠定了其基石的重要组成部分[79]，这些良性外部效应经常被那些面对 Garrett Hardin 不久之后提出的"公地悲剧"的人们所共享。[80] 关于公地之如此悲剧在于其资源因为一些被称为所谓的搭便车问题或公共货物问题而造成的过度使用或没有充分

---

[76] *Id.* at 16（noting that because of transaction costs,'the initial delimitation of legal rights does have an effect on the efficiency with which the economic system operates'）.

[77] *Id.* at 27（arguing that we should ask 'whether the gain from preventing the harm is greater than the loss which would be suffered elsewhere as a result of stopping the action which produced the harm'）.

[78] Anderson, *supra* note 74, at 452（'Following Coase's lead, we need to carefully examine the institutions...'）. As a qualitative example, consider that the costs of using a government tax or subsidy approach include public choice costs and administration costs, while the costs of using an entitlement de-limitation approach include transaction costs and enforcement costs.

[79] *See Toward a Theory of Property Rights I*, *supra* note 69, at 356（explaining the emergence of property rights in land among Labradorian Indians as a response to overhunting: 'an owner, by virtue of his power to exclude others, can generally count on realizing the rewards associated with husbanding the game and increasing fertility of his land'）.

[80] Garrett Hardin, *The Tragedy of the Commons*, 162 SCIENCE 1243（1968）（elucidating how unrestricted sharing of limited resources can lead to their overuse and depletion）; *see also* THE COMMONS, ITS TRAGEDIES AND OTHER FOLLIES xii（Tibor R. Machan ed., 2001）（providing a critical review of literature on the 'tragedy of the commons'）. For more on the role of property rights in avoiding the tragedy of the commons, see Armen A. Alchian & Harold Demsetz, *The Property Rights Paradigm*, 33 J. ECON. HIST. 16, 23 - 4（1973）（providing the example of a community in which food caught in a hunt for animals may be shared by all and the resulting diminished incentive for individuals in that community to elect to hunt, or in their words 'shirk', absent other inducements such as a state order to hunt or a cultural indoctrination to hunt）, and Michael A. Heller, *The Tragedy of the Anticommons*: *Property in the Transition from Marx to Markets*, 111 HARV. L. REV. 621, 675（1998）（providing the example of a hypothetical community Poach Pond in which underfishing of the pond may occur if the rule were that any community member could appropriate fish until the moment of consumption because people might prefer to wait on shore and poach others' catches rather than invest in fishing itself）.

使用。[31]

Demsetz 认为，产权的出现是在内在化的收益超过了它的成本时，也就是说，当把收益和成本集中于业主们身上使他们更有效地调配资源的好处远远大于与承认这些权利相联的交易成本的坏处时。[32] 根据 Demsetz，财产权在他研究的历史上的北美土著居民间产生：因为没有财产权，对高牧业资源和土地管理资源（技能和劳动力）的不当使用导致了动物资源（食物或衣料）濒临耗尽（或过度使用），而产权的出现激励了人们充分使用一组资源，以使不浪费甚至补充另一组资源。

但是，这给我们留下了一个关于机制（财产权通过该机制运作去实现这一内在化收益）的未解决的问题。当专利领域的学术作品开始建议财产权作用的重点在于促进一项发明的互补用户间的协调时，Demsetz 也开始在他讨论到随着时间的推移发生的提高了的专业化分工时，强调财产权的这个协调职能：

> 制订和执行协议中的困难，以鼓励和促进不同业主间有利于生产力提高的合作在此发挥作用。
>
> ……
>
> ……如果专业化所固有的复杂性是提高工作效率，定义私有制和指导汇率安排的法律制度必须运行。……[33]

---

[31]　Public goods are distinct from private goods in being both nonrival（i. e., inexhaustible）and nonexclusive. A good is considered to be nonrival if consumption by one individual does not leave any less of the good to be consumed by others. Put differently, a good is considered to be nonrival if for any given level of production, the marginal cost of providing it to an additional consumer is zero. A good is nonexclusive if people cannot be excluded from consuming it. National defense, television signals, and police protection are generally considered to be examples of public goods. For a more detailed discussion of public goods and the market failures associated with them, see BRIAN R. BINGER AND ELIZABETH HOFFMAN, MICROECONOMICS WITH CALCULUS 99 – 102, 556 – 85（1988）; Cooter and Ulen, *supra* note 64, at 46 – 9, 108 – 18, 134 – 41（1988）; PINDYCK AND RUBINFELD, *supra* note 72, at 617 – 41.

[32]　*Toward a Theory of Property Rights I*, *supra* note 69, at 353（noting that property rights did not emerge among those living on the southwest plains because the benefits would have been less since there were no animals of commercial importance comparable to the furry animals of the north whose pelts were tradable and because the costs would have been more since the animals that were there tended to wander more）.

[33]　*Toward a Theory of Property Rights II*, *supra* note 69, at S657, S664 – 5.

更明确地说，Demsetz 否定了他之前有关外部因素内在化的关注范围：

> 现在回想起来，在我看来，这个解释中隐含的财产权理论太偏重于外部效应（在以上讨论的情形中，外部效应是今天狩猎对于明天狩猎成本的被忽视的影响）。"走向"开始一篇文章的标题，因此，应该被认真对待。外部效应在此指的是他人面对的生产转型机遇的效果，这样的效果是不承担这种影响的价值后果的人所采取的行动的结果。今天的狩猎导致猎人明天面临的生产机遇的变化。当环境使承受外部效应更昂贵，私人权利调整以减少外部效应的严重性。这是财产权发展的一个重要的模式。然而，即使没有以上讨论的那种外部效应问题，私人所有权安排仍会存在。⑭

根据 Demsetz 的新观点，关键是"在这个意义上的协调展示相互一致的控制决定，但来自不同的人"。⑮ 这与本章后面更充分地阐述的方法一致。本章后面显示了如何借助两个效应而通过财产实现协调。财产把各方聚集到一起（灯塔效应）；一旦把他们聚集到一起后，便帮助他们互动（讨价还价的效应）。这两个效应已经最近在他人的独立作品中被证实。部分"灯塔效应"在 Antoine Bureth、Rachel Lévy、Julien Pénin 以及 Sandrine Wolff 的团队的最近作品中进行了讨论。他们的作品显示公司选择使用专利作为彼此协调的工具。⑯ 这个团队的作品通过展示关于专利权人可以且真正做到用专利作为促进协调的工具的方式的经验数据，印证了本章的重点。

一个经常在专利文献中经常被忽视的最后问题，来自这样一个认知：

---

⑭　*Id.* at S656.

⑮　*Id.* at S664.

⑯　Julien Pénin, *Patents Versus Ex Post Rewards：A New Look*, 34 RES. POL'Y 641 （2005）；Antoine Bureth et al., *Patenting Practices Within the Upper – Rhine Biovalley Network：Exclusion and Coordination Rationales* （Working paper presented at the Workshop on the Law and Economics of Intellectual Property and Information Technology at Università Carlo Cattaneo Castellanza LIUC on July 22 – 3, 2005）, *available at* http：//www. liuc. it/ricerca/istitutoeconomia/laweconomicsjuly2005/papers/Bureth_ et_ al_ LIUCpaper. pdf；Antoine Bureth et al., *The Ambivalence of the Local Practices of Patenting within the Bio-Valley Network*, 58 CHIMIA 796 （2004）.

任何政府行为，无论是用于产生、修改或消除一个权利，都是基于一些潜在的决定去行动。对于这种政府背景中的决定的研究通常被称为"公共选择"或"集体选择"。公共选择[87]正如 Richard Epstein 所指出的，"现代公共选择文献假设所有政治人物都是利己的，并询问他们是如何应对政治游戏规则所创造的激励"。[88]

公共选择问题始于政府角色——行政人员、立法者、监管机构和法官——在准确地确定公众真正想让政府做什么以及在实现这些目标中面临的特别困难。[89] 虽然有些人认为政府的适当作用限于提供因为一些市场失灵而市场无法有效提供的服务，[90] 但是另外一些人则认为政府也（并且应该）提供实现重要的、可分配的社会公正目标的工具。[91] 但不管您喜好的关于政府应该实现什么的理论，政府都有长处和短处。每一个上面探讨的作为一种类型的市场失灵的问题（如信息成本、交易成本、行为主

[87] For an excellent review of the field, *see, e. g.*, PERSPECTIVES ON PUBLIC CHOICE: A HANDBOOK (Dennis C. Mueller ed., 1997); Maxwell L. Stearns, PUBLIC CHOICE AND PUBLIC LAW: READING AND COMMENTARY (1997); Mark Kelman, *On Democracy - Bashing: A Skeptical Look at the Theoretical and 'Empirical' Practice of the Public Choice Movement*, 74 VA. L. REV. 199 (1988); Jonathan R. Macey, *Transaction Costs and the Normative Elements of the Public Choice Model: An Application to Constitutional Theory*, 74 VA. L. REV. 471 (1988).

[88] Richard A. Epstein, *The Perils of Posnerian Pragmatism*, 71 U. CHI. L. REV. 639, 652 (2004).

[89] While the focus of this literature was initially on understanding the behavior of legislatures and agencies, it now also focuses on courts. *See, e. g.*, McNollgast, *The Political Economy of Law: Decision - Making by Judicial, Legislative, Executive and Administrative Agencies* 109 - 25 (Stanford Inst. for Econ. Pol'y Res., Working Paper No. 04 - 25, 2005), *available at* http://siepr.stanford.edu/papers/pdf/04 - 35.pdf (reviewing field and collecting sources). The term 'public choice' is used in this chapter in its broad sense, which encompasses the impact on legislatures, as well as on agencies and courts.

[90] *See, e.g.*, ROBERT NOZICK, ANARCHY, STATE, AND UTOPIA 26 (1974) (setting forth classical libertarian exposition of the role of the minimalist state as 'limited to the functions of protecting all its citizens against violence, theft, and fraud, and to the enforcement of contracts'). For later refinement of the issue, *see* ROBERT NOZICK, THE EXAMINED LIFE: PHILOSOPHICAL MEDITATIONS 286 - 7 (1989) ('The libertarian position I once propounded now seems to me seriously inadequate....'); *see also* MILTON FRIEDMAN, CAPITALISM AND FREEDOM 25 - 32 (1962) (emphasizing that the role of the government can be justified not as a tool for protecting rights in and of themselves but as a tool for protecting rights as a method for solving collective action problems).

[91] *See generally* JOHN RAWLS, A THEORY OF JUSTICE (1971) (expounding a view that justifies a more expansive role of government to protect the disadvantaged). *See also*, AMARTYA K. SEN, COLLECTIVE CHOICE AND SOCIAL WELFARE (1970) (suggesting methods for aggregating values across different individuals and improving welfare distributions through social choice).

义，等等），可以自我表现为一种政府失灵。例如，就像市场上的交易成本包括对财产权讨价还价以及达成和执行合同的成本（其中包括律师、会计师帮助这些流程的成本），政治流程的交易成本包括达成和执行政治交易的成本（其中包括游说团体和政党帮助这些流程的成本）。[92] 此外，经常被忽视的是，政府的交易成本还包括管理特定政府程序的成本。[93] 再举一个例子，尽管行为主义问题可以困扰关于财产权和合同的这些谈判，但它们也可以困扰立法者、行政官员和法官。[94] 第三个例子，类似于市场，政府必须承担获取和处理作出决策所需要的信息之成本，以及确保其决策被执行的代理成本。

但政府中的个人面对的信息和交易成本或许甚至比市场中的个人面对的这些成本要大得多[95]。正如 Douglass North 指出，在政府中"非常难以测量什么正被交换——为了选票的承诺"。[96] 政府也在获得在第一时间作出决策所需要的信息中面临着一个问题。正如 David Haddock 指出："一个瘫痪官僚的缺点是，许多外部成本和收益是主观的因而只可以被需方或供应方知道，而［对于政府］从生产到消费的链接则回避客观的关

---

[92]　*See generally* EIRIK G. FURUBOTN AND RUDOLF RICHTER, INSTITUTIONS AND ECO-NOMIC THEORY: THE CONTRIBUTION OF THE NEW INSTITUTIONAL ECONOMICS 55 – 7 (2005) (summarizing political transaction costs) (citing MANCUR OLSON, JR. , THE LOGIC OF COLLECTIVE ACTION: PUBLIC GOODS AND THE THEORY OF GROUPS 46 (1965)).

[93]　These costs include the costs of obtaining the information needed to carry out government proces-ses, the costs of behavioralism by those charged with carrying out these processes, as well as the costs of transactions that occur when the government attempts to carry them out. In addition, just as transaction costs of the market include the costs of transactions that are efficient but that fail, the transaction costs of govern – ment administration include the costs of failed processes that should have been successful.

[94]　Paredes, *supra* note 31.

[95]　Furubotn and Richter, *supra* note 93, at 26 ('[T] ransaction costs associated with political markets are high, and for this reason institutional inefficiency tends to persist. ') (citing DOUGLASS C. NORTH, INSTITUTIONS, INSTITUTIONAL CHANGE, AND ECONOMIC PERFORMANCE 52 (1990)).

[96]　Douglass C. North, *Institutions and Credible Commitment*, 149 J. INSTITUTIONAL & THEO-RETICAL ECON. 18 (1993) (referring to the information costs needed to engage in exchanges); *see al-so* North, *supra* note 96, at 51 ('[Efficient] markets are scarce enough in the economic world and even scarcer in the political world. ').

联性可能会被观察到的正规市场。"⑰ 虽然政府可以简单地询问个人的所求和感觉，希望他们会准确地披露这种主观信息，但 Haddock 指出："调查的受访者没有说话算数，除了不一致的、不及物的或敏感的要查询顺序和措辞的跨礼仪比较，并经常给出在很宽范围的礼仪的几乎没有变化、零或不切实际的高估值。"⑱

两个最初的问题涉及由于充分反映偏好的强度和相对偏好的能力有限而评估投票的信息内容的一般困难。关于喜好的强度，尽管价格机制提供了表达市场中喜好强度的精细的媒介，但是政治制度中的投票不传达喜好强度的类似细微的表达。例如，在美国，当一个人在一次全国选举中投下一票，该个人只能选择是否对每个投票项目投一票。这个人不能投出一个更大或更小的票。事实上，这是为什么累积投票技术作为一种替代投票系统来减轻这种影响。⑲ 关于相对偏好，虽然市场上的资金和其他资源的可替换性让它们有可能被用在各种竞争性用途上，但是政治体制内的选票只能在任何给定的时间内用在选票上的几个项目，并且使它们变得更具有可替换性的努力，例如通过提供销售，会被强烈劝阻。⑳ 关于投票价格增加的可替换性，有助于价格开发关于更广范围相对偏好的更多的信息。㉑

甚至当可能知道或推测公众一般所好，公共选择文献已经阐明至少两个额外的处理选民输入（投票）面临的问题——利益集团政治公

---

⑰　David D. Haddock, *Irrelevant Internalities*, *Irrelevant Externalities*, *and Irrelevant Anxieties* 9 – 10（Nw. L. & Econ. Research Paper No. 03 – 16, 2003）, *available at* http：//papers. ssrn. com/abstract = 437221（citing Friedrich A. von Hayek, *The Use of Knowledge in Society*, 35 AM. ECON. REV. 529（1945））.

⑱　*Id.* at 10 n. 11（citing Matthew D. Adler and Eric A. Posner, *Implementing Cost – Benefit Analysis When Preferences Are Distorted*, 29 J. LEGAL STUD. 1105（2000））.

⑲　LANI GUINIER, THE TYRANNY OF THE MAJORITY: FUNDAMENTAL FAIRNESS IN REPRESENTATIVE DEMOCRACY 14 – 15（1994）（describing cumulative voting）.

⑳　Kathleen M. Sullivan, *Political Money and Freedom of Speech*, 30 U. C. DAVIS L. REV. 663, 671（1997）（comparing vote markets to price markets）.

㉑　Price is not a perfect vehicle for information. For example, one shortcoming of price is that marginal consumers can have a disproportionate impact on decision making, and Michael Spence has shown that on issues like quality, the preferences of those within the margin may be ignored. *See* A. Michael Spence, *Monopoly*, *Quality*, *and Regulation*, 6 BELL J. ECON. 417（1975）（noting the benefits of rate of return regulation to concerns about quality）.

共选择[102]以及机构捕获[103]。对于少数群体十分关心但多数人不太关心的一个问题，George Stigler 指出，这样的"少数群体实现其有效性，主要是因为多数人反对他们会不经济的"。[104] 当一个少数派的利益集团始终以政府的一个特定部分为目标，那也能有效地捕获政府中的那个部分。

机构捕获的问题因对租金追逐的冲动更为恶化。该冲动是在那些追求此类政府利益者中引发的，从而导致进一步的租金分散。游说和租金分散中的链接由 James Buchanan 和 Gordon Tullock 第一次进行详细阐述。[105]基本的理念是"争取政府支持的竞争……包括在（没有生产效率的）游说活动、贿赂、法律费用等资源的浪费"。[106]

当政府行为者们自己也意识到他们也可从被捕获中获益时，机构捕获的问题更加恶化。Fred McChesney 和 Hernando de Soto 探索了当受益人包括政府行为者们自己的时候所产生的问题。政府行为者们自己可能更喜欢加强的政治捐献或者政治权力。这个问题也可以被看成是委托人－代理人问题中的一种：官方是公众的代理人但是已经追求个

---

[102] For more on interest group politics, *see* Gary S. Becker, *Public Policies*, *Pressure Groups*, *and Deadweight Costs*, *in* THE ESSENCE OF BECKER 608 (Ramon Febero & Pedro S. Schwartz eds., 1995) at 544 (presenting a model of competition among interest groups and showing that '[a] n increase in the deadweight cost of taxation encourages pressure by taxpayers, while an increase in the deadweight costs of subsidies discourages pressure by recipients').

[103] For more on agency capture, *see* Thomas W. Merrill, *Capture Theory and theCourts*: 1967 - 1983, 72 CHI. - KENT L. REV. 1039, 1050 - 52 (1997).

[104] George J. Stigler, *Economic Competition and Political Competition*, *in* THE ESSENCE OF STIGLER 117, 125 (Kurt R. Leube and Thomas Gale Moore eds., 1986) (citing George J. Stigler, *The Theory of Economic Regulation*, 2 BELL J. ECON. & MGMT. SCI. 3 (1971)); Press Release, The Sveriges Riksbank Prize in Economic Sciences in Memory of Alfred Nobel 1982 (Oct. 20, 1982), *available at* http: // nobelprize. org/nobel_ prizes/economics/laureates/1982/press. html [hereinafter *Nobel Prize in Economics* - 1982]; *see also* David B. Spence & Frank Cross, *A Public Choice Case for the Administrative State*, 89 GEO. L. J. 97, 105 n. 37 (2000) (collecting sources and describing two variants of capture: one they attribute to the formation of 'subgovernments' along the lines outlined by Stigler and another that is slightly different in which the general public is seen to lose 'interest in agency policymaking, leaving only regulated interest groups to participate in the process').

[105] *See*, *e. g.*, JAMES M. BUCHANAN AND GORDON TULLOCK, THE CALCULUS OF CONSENT: LOGICAL FOUNDATIONS OF CONSTITUTIONAL DEMOCRACY (1962); TOWARD A THEORY OF THE RENT - SEEKING SOCIETY (James M. Buchanan et al. eds., 1980); *see also Nobel Prize in Economics* - 1982, *supra* note 105.

[106] Furubotn and Richter, *supra* note 93, at 551.

人目的而不是公众的目的。[107] 在这种观点下，"这个问题，然后，是委托人作为……纳税人如何能针对他们代理人（政策权威）的投机行为来保护自己"。[108]

当政府行为者们竞争去榨取这种利益，从而引发 Simeon Djankov、Rafael La Porta、Florencio Lopez - De - Silanes 以及 Andrei Shleifer 团队所称的"收费亭"的问题，这个情况会变得更糟糕。[109] 收费亭问题自身被使命偏离问题——其他政府行为者们转向正在运作的收费亭并且设立他们自己的收费亭——而恶化。那就是，即使当在一个政府机构的人们经历使命不足的期间，该机构仍然有承担更多与成功收费亭同一领域的使命。[110] 该团队最近关于包括美国在内 85 个国家对于进入该行业的政府规章的实证研究，确认了捕获及收费亭问题的程度与性质。他们的最终数据报告显示，公众利益即竞争减少了，而腐败增加了。他们指出："这个证据很难和政府规章的公众利益理论协调，却支持了公共选择的方法、特别是强调政治家榨取租金的收费亭理论。"[111] 这种租金榨取暗示了由选择一个特定法律结果而引起的租金追逐的成本[112]，以及该法律加于缔约和贸易自由的不当限制[113]。

归根结底，公共选择文献陈列出限制政府达到管理目标的能力的许

---

[107]　See Fred S. McChesney, *Rent Extraction and Rent Creation in the Economic Theory of Regulation*, 16 J. LEGAL STUD. 101 （1987） （arguing that politicians and bureaucrats use legislation, regulation, and the threat of both to create rents and to extract them through campaign contributions, votes, political favors, or even bribes）; *see also* FRED S. MCCHESNEY, MONEY FOR NOTHING: POLITICIANS, RENT EXTRACTION, AND POLITICAL EXTORTION （1997） （same and collecting sources）; HERNANDO DE SOTO, THE OTHER PATH: THE INVISIBLE REVOLUTION IN THE THIRD WORLD （1989） （same）.

[108]　Furubotn and Richter, *supra* note 93, at 28.

[109]　Simeon Djankov et al., *The Regulation of Entry*, 117 Q. J. ECON. 1 （2002） （empirical data showing existence and extent of the tollbooth problem）.

[110]　MILTON FRIEDMAN, *Why Government is the Problem*, in ESSAYS ON PUBLIC POLICY 1, 9 （1993） （'If the initial reason for undertaking the activity disappears, [that part of the government has] a strong incentive to find another justification for its continued existence.'）.

[111]　Djankov et al., *supra* note 110, at 35 （citation omitted）.

[112]　James M. Buchanan, *Rent Seeking and Profit Seeking*, in TOWARD A THEORY OF THE RENT - SEEKING SOCIETY, *supra* note 106, at 359 - 67 （exploring rent - seeking effects）.

[113]　JAMES D. GWARTNEY ET AL., ECONOMIC FREEDOM OF THE WORLD: 1975 - 1995 （1996） （comparative study of the effects of reduced economic freedom）.

多参数：（1）票数的信息内容与代价相比；（2）狭隘利益集团的一般主导地位与广大公众相比；（3）特别针对政府某些部门的这个效果使这些部门被捕获的方法；（4）当竞争去取得租金而使集团消散与（机构）捕获相联的租金的方法；以及（5）不同政府部门努力被捕获将会竖立收费亭的方法。这些效果在立法和行政机构的范围内看得见，即通过这些机构能够榨取一些非常显著的利益如票数和金钱的模式。即使终身职的法官们也在一些体制的限制内策略性地行动——这些限制包括正式的核准和推翻，学术界、律师界和媒体的评论，以及各级非正式的社会压力——他们这样做是针对自己的个性化的偏好，如除其他事项外，程序性和实质性的政策、声望、名望、脱颖而出或融入。这些在司法背景下的偏好的目标仍然驱动实际行为，即便这些实际行为比选票数和金钱这些立法和行政模式的象征更有形可触。出于所有这些原因，赋予司法角色们的自由裁量权越大，这让他们有更大的空间来行动，他们将要展示公共选择的问题的机会就越大。这些问题反过来，使政府最容易受到被大的既得利益者们选作对新进者损害、对这些新的商业模式将产生的日趋商业化和由此导致的进入权利的损害。

尽管财产确实引发了一些问题，但上文中的论述阐释了许多在文献中被很好地探索过的缓解这些问题的技术。租金耗散和信息成本的问题可以得到缓解，即通过权利人在产权创造之际便对产权的轮廓用桩标出界限，而不是被一成不变的法规设定。资产的特性和机会主义的问题可以通过确保这些权利的产生并不挫败他人合理的投资支持的期望来缓解。交易成本的问题可以通过确保权利一旦产生便给予其明确和可预见涵盖范围的通知来缓解。垄断效果和反公地效果的问题可以被缓解，即通过保持这些权利的所有权在一个剩余索取权人的手中。该剩余索取权人是通过某种形式的登记机构如专利局而被能公开识别的人，作为一个单独的市场行为者可以就权利谈判和提取价值的人——剩余索取权——选择性地通过执照给予许可或通过转让给予产权，以及被赋予很大的灵活性去分割和聚合这些权利的人。此外，责任规则可能会以比产权规则更显著的方式更容易引发许多这些问题。

虽然专利产权的实际净影响仍然是一个未解的实证问题，这里讨论的经济学确实为专利制度的理论和实践提供了重要的见解。接下来的讨论便会把这些见解适用到关于专利理论的思考中。

三、关于专利目的的互相竞争的经济理论

大多数传统的专利理论关注于提供直接的激励作为一个增加准入的工具或关注于控制租金耗散。但是，这两种方法都没法解释获得专利的积极法律规则。此外，当塑造积极法律制度的详尽的制度框架时，用这些方法将不利于有效增加准入的良好的协调，而是利于有效增加垄断效果的坏的协调。

关于专利制度的传统法律和经济学文献中的大多数意见将政府的作用视作向具体的有创造力的个人提供有针对性的激励，以解决与智力作品相联的公共货物问题，同时通过降低与排他权相联的垄断和交易成本来努力增加准入。[14]驱动这个观点的担忧是由于专利所保护的标的物将会供不应求，因为它具有阿罗信息悖论的特征（即它具有公共货物特性或正外部性）。根据这种观点，鼓励生产是通过对特定的创造性作品的具体奖励来提供。比如说，专利权被作为对发明的奖励，版权被作为产生创造性的表达的奖励。更重要的是，文献并不将奖励仅仅视为对专利的某种辅助效果。相反，文献将奖励视为专利的核心目标。不仅如此，在此观点下，奖励和受领者必须被谨慎地管理，以降低垄断效应和交易成

---

[14] *See*, *e. g.*, Long, *supra* note 5, at 466 ('The conventional theory of intellectual property rights posits that such rights exist to stimulate the creation and distribution of intellectual goods.') (citing Mark A. Lemley, *The Economics of Improvement in Intellectual Property*, 75 TEX. L. REV. 989, 993 (1997) ('Intellectual property [rights are] fundamentally about incentives to invent and create.')). Although there are a number of incentive – based theories for patents that are mentioned in the literature – including 'incentive to invent', 'incentive to disclose' or 'teach', 'incentive to innovate', and 'incentive to design around' – there are essentially three dominant theories today: (1) some version of the 'incentive to invent' and 'disclose' theories treated together under the rubric of 'reward', (2) the 'prospect' theory, and (3) the commer – cialization theory. For a recent review of the patent literature on incentive theories and a collection of sources, see Rebecca S. Eisenberg, *Patents and the Progress of Science: Exclusive Rights and Experimental Use*, 56 U. CHI. L. REV. 1017, at 1024 – 46 (1989); A. Samuel Oddi, *Un – Unified Economic Theories of Patents – The Not – Quite – Holy Grail*, 71 NOTRE DAME L. REV. 267 (1996).

本。[⑮] 比如说，正如 J. Hirshleifer 和 John Riley 总结的那样，"被现代分析师认为的核心问题已经成为了**实现有效使用以前生产的信息与提供生产信息的完美动机**这两个社会目标之间的冲突。"[⑯] Glynn Lunney 称这种奖励和准入之间的冲突或是平衡为"激励－准入范式"。[⑰]

尽管奖励文献很大地帮助我们了解专利，但它也存在一些严重的局限性。其中一种观点认为这些理论专注于政府提供津贴和规则的作用，而不是更少侵入形式的干预，比如制定规则和解决争议。换言之，政府被视为一方面支持那些潜在专利持有人，另一方面也要保持那些专利持有人被制约。另一种观点认为奖励文献过于关注对创造者的直接激励、垄断权和交易成本，都只在一些背景中，却对在其他背景中的这些相同问题关注得很少，也忽视了许多其他重要问题，包括协调的问题以及公共选择的问题。简而言之，激励－准入范式的两个方面都是不合宜的：激励的一面（不合宜）是因为设计一个专利体系去提供直接的奖励是轻率的，而准入的一面（不合宜）是因为产权促进准入。

这个范式的奖励一面的一个问题是直接激励在效果上显得十分草率；有时取得了一些有益的效果，但代价很高。专注于用奖励提供直接的激励有有限的需求、有限的效力，不具有针对性，并有不良的副作用。奖励有有限的需求，因为大部分所需的活动可能发生，而没有奖励所应带

⑮ *See*，*e. g.*，Stanley M. Besen and Leo J. Raskind，*An Introduction to the Law and Economics of Intellectual Property*，5 J. ECON. PERSP. 3，8（1991）（'The patent offers the incentive of the statutory right to exclude as a means for inducing creative activity.'）. Several types of regulatory responses to patent rights are said to be justified by this concern，including liability rule treatment，misuse，and fair use.

⑯ J. Hirshleifer and John G. Riley，*The Analytics of Uncertainty and Information - An Expository Survey*，17 J. ECON. LIT. 1375，1404（1979）（citing Kenneth Arrow，*Economic Welfare and the Allocation of Resources of Invention*，*in* THE RATE AND DIRECTION OF INVENTIVE ACTIVITY：ECONOMIC AND SOCIAL FACTORS 609（Nat'l Bureau Comm. for Econ. Res. eds.，1962）；Fritz Machlup，*Patents*，*in* 11 INTERNATIONAL ENCYCLOPEDIA OF THE SOCIAL SCIENCES 461（David L. Sills ed.，1968））.

⑰ Glynn S. Lunney，Jr.，*Reexamining Copyright's Incentives - Access Paradigm*，49 VAND. L. REV. 483（1996）（reviewing the incentive access - paradigm and highlighting an additional cost of patents to be the opportunity cost of deploying resources toward patents that could instead have been deployed elsewhere）.

来的激励。⑱ 奖励效果有限，因为大部分所需的活动都不是对额外的激励的响应。⑲ 甚至在奖励有一个有益的效果的范围内，很难把奖励的数量和被奖励的活动的优点关联起来，尤其是以一个所有参与人事前都可预测

---

⑱　For example, individuals may be driven by self – satisfaction, a search for knowledge, reputation, etc. Indeed, although the positive shift in 1980 to allow patents in basic biotechnology did lead to some increase in the amount of inventive activity being done in the field, the amount before that time was still quite substantial. This is not surprising given that, in a field with a large number of people having sufficient creative ability working to solve a problem, it is likely the solution will be found. See JACOB SCHMOOKLER, INVENTION AND ECONOMIC GROWTH 215 (1966); see also Robert K. Merton, *The Role of Genius in Scientific Advance*, NEW SCIENTIST, Nov. 2, 1961, at 306 (providing more on the norms of science and the incentive they provide toward discovery).

In the real world, many externalities turn out to be irrelevant to efficient allocation of resources. See Haddock, *supra* note 98, at 1 – 2 (providing examples and models, and referencing James M. Buchanan and William Craig Stubblebine, *Externality*, 29 ECONOMICA 371 (1962)). For example, in the case of positive externalities, such as the pleasure many persons get when they see a visually aesthetic garden even though they likely did not contribute to the garden's upkeep, the keeper of the garden has managed to fund its creation and maintenance without reaping specific contributions from those passers – by. See, e. g., Jeffrey I. Bernstein and M. Ishaq Nadiri, *Interindustry R&D Spillovers, Rates of Return, and Production in High – Tech Industries*, 78 AM. ECON. REV. 429 (1988) (giving other examples of such irrelevant positive externalities and finding that, in recent years, social rates of return significantly exceeded private rates of return in five high – tech industries). The positive externalities the passers – by enjoy have not prevented the good from being produced. In economic terminology, these uses are said to be 'inframarginal', as opposed to 'marginal'. Haddock, *supra* note 98, at 17 ('Transaction cost for collective goods – even those demonstrably enjoyed by millions – are chronically overestimated in policy discussions. Only one or a few strong demands often determine both actual and ideal provision, and even two million demands are irrelevant if inframarginal. '). While the possibility of capturing some benefit from these users of a garden may be a factor that a garden planner might consider when making decisions about how to fund the garden creation and maintenance processes, those gains would have to be weighed against the costs of such metering techniques. Indeed, many such externalities are found in the real world effectively to be irrelevant to decision making because a sufficiently small number of individuals having sufficiently great interest in the externalities are able to engage in sufficient private ordering for the appropriate amount of the desired activity to take place. *Id.* at 1 – 2 (citing Buchanan and Stubblebine, *supra*). This means that in many cases things that generate positive externalities would be made anyway, regardless of whether that positive externality is fully internalized to the producer.

⑲　This may be because the activity is only responsive to alternative inducements, such as self – satisfaction, search for knowledge, and reputation. See, e. g., Besen & Raskind, *supra* note 116, at 6.

Another critical element in deciding how to strike the balance between encouraging creativity and dissemination is the extent to which creative activity responds to economic rewards. The less that innovation depends on the resources invested and the potential economic rewards, the more limited is the case for granting substantial rights to creators.

的方式⑲。最重要的是，努力实现即使是这样草率的奖励效果都要付出严重的代价。一个在文献中被众所公认的观点是，被用来得到奖励的投资的社会成本或许大于被奖励的活动的社会价值⑳。确实，这已经催生了在关于专利制度的传统的法律和经济学文献中的少数人的观点，即侧重于租金耗散，讨论如下。

但在文献中被低估的一个奖励成本被捆绑于理解奖励和被奖励的活动之间的关系的重要性上。这一点十分重要，因为它会帮助决定怎样在实践中设定奖励。如果设定太低，则可能没有足够的积极响应。如果太高，边际超额可能产生太少的边际积极回应，或产生太多的负面影响。㉑虽然简单的指标如过大或过小而可能会变成无所谓，至少一些规格的奖励有所谓，但奖励理论没有对如何沿着该规格设置奖励提供指导。这个问题可以被认为是"筛选"，其解决方法是专注于商业化和协调的一个专利原理的优势之一，这将对规定什么时候有效的专利权存在的制定法规

---

⑲　On the one hand, for example, empirical works by Steven Shavell and Tanguy van Ypersele and by Michael Kremer have shown that, at least for patents, the patentee often does not receive the full social surplus created by the patented invention. *See*, *e. g.*, Shavell and van Ypersele, *supra* note 14, at 1 – 8; MICHAEL KREMER, PATENT BUY – OUTS: A MECHANISM FOR ENCOURAGING INNOVATION 1 – 5 (Nat'l Bureau of Econ. Res., Working Paper No. 6304, 1997), *available at* http: // www. nber. org/papers/w6304. Social surplus is the amount of total social welfare generated by the invention minus the costs of making the invention, such as research by the inventor and the inventor's competitors. Social welfare is the aggregate value of all utility that individuals obtain from the invention. On the other hand, for example, there are important difficulties in developing a theory of just deserts as a basis for government to allocate any reward among potential claimants, whether the reward is a patent or cash.

⑳　This may be because the social costs may trigger rent dissipation – a related concern over the opportunity cost associated with the efforts made towards winning the reward. *See* Lunney, *supra* note 118 (discussing the role of opportunity costs).

㉑　For example, too little positive response might occur because those responding to the rewards might have decreasing marginal desire or ability to respond. Similarly, too many negative side effects might occur if the opportunity costs of the resources being spent responding are too high or their rent – seeking costs are too great.

则有很大的解释权。[123]

　　一些奖励理论家为解决确定奖励的一些问题建议了技术，同时通过建议各种形式的现金奖励、奖金、买断产权或补贴作为专利的替代品，来缓解与专利中产权相联的垄断权和交易成本的问题。[124] 这些奖励或奖品的建议每一个都比起其他建议在发展发现至少在平均水平和理论上"正确"的价格回报的方法更具独创性。并且当 Michael Abramowicz 大量地分析它们缺点的同时，他也提供了解决其中一些问题的潜在方法。[125]

---

[123]　As Merges has pointed out, a related limitation of reward theories is that they seem to view an intellectual property right as somehow having a one – to – one correlation with a good or service that is sold in a market. *See* Merges, *supra* note 5, at 1859 – 60 (criticizing a common view in the literature as assuming a one – to – one correlation). As a result, while on the one hand seeing the transaction costs of property rights as an obstacle to the cumulative nature of intellectual endeavors, the reward theories over – look that this very cumulative nature makes it remarkably difficult to allocate merit among various contributors to an intellectual endeavor. For example, in the model offered by Shavell and van Ypersele, the reward is determined by looking to market demand. *See* Shavell and van Ypersele, *supra* note 14. Yet, the authors do not suggest how to disaggregate demand for licenses to intermittent windshield wiper technology used in cars, for example, from the demand for cars. Put differently, every market having large demand would generate droves of reward claimants each asserting to have made some contribution. What is more, no market participant would have an adequate incentive to provide the government with information relating to the validity of the reward. Only in the rare cases of two individuals claiming to have invented the same exact thing does one individual have an incentive to challenge the claim of the other. When a patent is the focus of a reward, the reward provider must determine how to allocate the reward, and it is likely there will be excessive claimants. When patent rights instead are protected by property rules, the allocation is made among those holding the various patent rights through whatever contracts they entered into so as to obtain commercialization. What is more, in contrast to the difficulties in setting appropriate reward, the positive law rules for obtaining patent rights can serve as remarkably inexpensive screening tools for determining who will even get such a right.

[124]　*See* Michael Abramowicz, *Perfecting Patent Prizes*, 56 VAND. L. REV. 115 (2003) (for an excellent review of these proposals, including in – depth critiques). For convenience, these proposals can be summarized in very brief form as follows: (1) patents are bought out by the government with prices informed by test marketing (Robert C. Guell and Marvin Fischbaum, *Toward Allocative Efficiency in the Prescription Drug Industry*, 73 MILBANK Q. 213 (1995)), (2) awards are given in the place of patents with the amount of reward set by later developed data from actual demand (Shavell & van Ypersele, *supra* note 14), (3) patents are bought out with prices informed by probabilistic auctions (Kremer, *supra* note 121), (4) subsidizing purchases of subject matter covered by patents as a tool for improving effectiveness of price discrimination by patentees (Douglas Gary Lichtman, *Pricing Prozac: Why the Government Should Subsidize the Purchase of Patented Pharmaceuticals*, 11 HARV. J. L. & TECH. 123 (1997)), and (5) the use of retrospective prizes in exchange for efforts to decrease monopoly effects of patents (Abramowicz, *supra*).

[125]　*See* Abramowicz, *supra* note 125, at 211 – 36.

但在这些奖励建议中至少有两个核心问题：第一，它们引发了它们自身高昂的交易成本。虽然它们的长处在于利用市场力量产生更好的信息，具有比被 Coase 和 Demsetz 在处理外部问题上所批判的简单的庇古津贴更少的公共选择问题，但是，它们的弱点是依赖于它们自己广泛的政府调解的抵押品市场，用作本身操作昂贵的专利拍卖和回购。第二，即使这些建议的最好的情况也视它们仅仅是专利体系的辅助，而不是完整的替代品，正是因为它们都以专利首先在某种程度上作为一个协调工具为先决条件。⑫

因此，在文献中被几乎完全忽略了的最严重的奖励成本，是奖励本身没有促进增加下游的发展和准入所需的类型的协调。奖励体系假定这类协调和商业化的存在，但其本身并不做任何事以促进这类协调和商业化。

另外，甚至奖励体系依赖于一些初始的协调也是有益的，因为它强调在激励－准入范式中为什么准入的一面同样的不适当的原因。与产权相联的准入问题可以比与避免产权相联的准入问题被更有效地缓解。

奖励文献十分重视排他权会导致对一个专利保护的主题的不充足使用的危险性，因为存在与专利排他权相联的、潜在的垄断扭曲和交易成本。但是，正如下文中讨论的商业化理论及其在专利背景下的这些和其他社会成本意义，奖励理论对这些成本的担忧在一定意义上来说既被夸大了，即这些成本没有所害怕的那样大，又被打折扣了，即产权可以是缓解这些成本不可缺少的。此外，任何避免产权的方法，不管该方法是否包括奖励，都引发与缺乏协调和商品化相关的自身使用问题。

在关于专利制度的传统的法律和经济学文献中的关注租金耗散的少数派观点，也不能促进使用同时潜在地增加反竞争的效果。专利的租金耗散观点以对代表那些人寻求像专利一样的政府提供的利益的过度和不当的租金寻求的担忧为前提。该理论最早在 1977 年被 Edmund Kitch 第一次阐述并被他命名为专利体系的"前景理论"。这个理论建立在 Yoram

---

⑫ *See*, *e. g.*, *id.* at 115（ultimately concluding that its proposal 'would complement rather than replace the patent system'）.

Barzel 等人的作品基础上，并认为对专利中的使用产权可以避免或者减轻否则与那些奖励相联的租金耗散问题。[127] 一个名为"租金耗散理论"的相似观点在 1992 年被 Mark Grady 和 Jay Alexander 所提出。该观点关注控制专利所有人对下游使用者的控制权来协调那些否则将会是竞争的努力。[128]该前景（或是租金耗散）方法的推动力是产权能够促进协调一个目标资产的竞争用户，以此来避免对其他资产在竞争目标资产过程中的过度使用。[129] Kitch 建议，专利像工具一样使用来降低专利之前和之后的租金寻求。[130] 专利的前景和租金耗散理论作出了重要的贡献，即通过阐述产权可以促进协调一个资产的竞争用户们，从而避免对其他资源的过度使用。从文献看来，在现实世界中专利可能确实有在一定程度上该净有利的影响。

　　但是，对于专利，前景和租金耗散方法仍存在着许多严重的缺陷。[131]归纳起来，这些缺陷包括：（1）一些因素在实践中能减轻租金耗散的效果；以及（2）为了奖品的租金寻求在创新的情况下有抵消的积极效果，因为没有一个单独的奖品甚至一些实际上有限的总奖金。但最重要的是，前景和租金耗散理论无法提供一种方法用勘探（前景）的社会成本的教训去设计为获取专利的法律规则，专利可事前运行去减轻勘探的社会成本。这个最后问题十分重要，因为事前的可预测性对促进业主及其合同

---

[127]　Edmund W. Kitch, *The Nature and Function of the Patent System*, 20 J. L. & ECON. 265, 265 – 7 (1977) (citing Barzel, *supra* note 14).

[128]　Mark F. Grady and Jay I. Alexander, *Patent Law and Rent Dissipation*, 78 VA. L. REV. 305, 305 – 10, 316 – 22 (1992) (building upon the prospect theory by suggesting that the particular contours of the positive law rules for obtaining and enforcing patents are and should be adapted to minimize rent dissipation both pre – and post – patent).

[129]　Kitch, *supra* note 128, at 265, 278 – 9 (citing Barzel, *supra* note 14); *see also* Grady and Alexander, *supra* note 129, at 316 – 22.

[130]　*See generally* Kitch, *supra* note 128, at 276 – 9; *see also* Grady and Alexander, *supra* note 129, at 316 – 22.

[131]　*See* Michael Abramowicz, *Copyright Redundancy*, 10 – 18 (George Mason Univ. Sch. of Law, Law & Econ. Working Paper No. 03 – 03, 2003), *available at* http: //ssrn. com/abstract = 374580 (collecting sources and showing how each of these factors may operate to mitigate rent dissipation effects).

方的私人秩序和减轻第三方的信息成本都至关重要。[⑫] 此外，将这些决定留给政府机构或法庭的广泛自由裁量权内的事后决定，将不可避免地会偏爱大的老牌市场玩家而不是市场新进者。尽管捕获问题与政府机构联系在一起，但一个相关的问题出现在法庭面前，即频繁的广泛自由裁量考量的结果，正如它过去对知识产权所有的，简单地导致大多数的胜利是被大的老牌市场玩家所赢得，它们能够比市场新进者更好地资助受保护的诉讼。最后，如先前所探讨的，避免租金耗散效果的一个有效的方法是允许一个产权的剩余索取人在用桩标出该产权界限时定义它，这是至少目前的专利和商标体系所遵循的一个技术。

与专利的奖励和租金耗散理论形成对比的是，商业化理论认为专利中的产权对增加准入和竞争非常重要。专利的商业化理论认为，被财产规则支持的专利，是促进受专利权保护的标的物的下游商品化的重要工具。正如商业化理论中的登记构成要件中强调的，用来确定什么时候一个有效的专利权可以获得的制定法规则可以保护专利权人和公众的合理的投资支持的期望，从而降低特定资产的投资和投机主义的风险。先前技术规则运作来确保一个专利排他权不会阻挡个人正在从事的活动。披露规则运作确保潜在侵权人可以很大程度上避免在受专利保护的领域的不慎投资。此外，这些制定法的专利有效性规则可以通过相对较低的行政成本和公共选择成本达到这些效果。就这点而言，商业化理论和登记理论实质上是在此探讨的协调观点的两个组成部分。

通过财产规则行使专利权能为当事人的合作提供有效的激励，帮助解决一个会阻碍社会有建设性的协调的关键问题，该协调促进创新的商

---

⑫ In addition, as Henry Smith has pointed out, property rights can be and should be structured so that they impose sufficiently modest information – processing costs on third parties who must evaluate and understand them enough to respect them by avoiding infringement. Henry E. Smith, *The Language of Property: Form, Context, and Audience*, 55 STAN. L. REV. 1105, 1108 (2003) ('If everyone in the world is expected to respect an owner's right to Blackacre, the content of that right cannot be too compli – cated or idiosyncratic without placing a large burden on many third parties.').

[T] he correlation between extensiveness of the audience and mandated unintensiveness of legally significant communication holds in a variety of areas beyond land law, including patent law, copyright law, and innovative forms of intellectual property such as that suggested by the approach of the Supreme Court in *International News Service v. Associated Press*.

Id. at 1114 – 15.

业化。将一个发明推向市场需要其许多互补用户包括开发人员、管理人员、工人、其他技术人员、融资人、制造商、市场营销商，以及经销商之间的合作。这个社会有建设性的协调取决于在至少两个基本方面的期望，专利权将被具有较强的财产保护去执行。

第一，与一个公布的专利相联的排他性的可信的威胁如在黑暗中的一座灯塔，吸引着所有那些对专利标的物感兴趣者。这种灯塔效应激发这些不同的角色之间以及与专利所有权人之间的互动，开始相关当事人之间的对话。提供一个焦点或灯塔，公开记录的专利权帮助这些人中的每一个找到对方。[⑬]

尽管有这么多在专利文献的所谓"支持专利一方"的人，像 Joseph Schumpeter 和 Edmund Kitch，主张专利所有人应该控制使用，[⑭] 但我们应该对哪一方应该控制继起的谈判是不可知的。因为我们事前不能知道谁将是最合适这个角色的，所以我们应该把这个决定留给每个谈判的具体事实。正如上文灯塔效应所强调的，促进各利益相关者之间的协调，比起指定控制权给特定一方比如专利所有人，是一个不太激进的目标。

第二，专利权将被执行，这个普遍预期推动这些当事人中的每个人之间就技术的使用和部署达成一致。如果各方不能确定专利权将被执行，那么这种讨价还价的效果便会土崩瓦解，因为如果那样的话，事前达成一致的需要便会显著减少。对执行不力的担心在一开始便为必需的当事人共同努力制造了一个抑制因素。

专利文献并未对这个发生此故障的机制投入太多的关注。虽然 Merges 侧重于财产规则如何提供给专利所有人比责任规则更多的救济，这反过来又给予他们更大地控制，[⑮] 但是重要的是看财产规则的处置是怎样提高讨价还价过程中对每一方的激励，而不仅仅是对专利所有人。Henry Smith、Merges 和 Epstein 都在他们的学术成果中研究过财产规则的信息成

---

⑬ *Compare* Richard A. Epstein, *Notice and Freedom of Contract in the Law of Servitudes*, 55 S. CAL. L. REV. 1353, 1354（1982）（proposing 'that under a unified theory of servitudes, the only need for public regulation, either judicial or legislative, is to provide notice by recordation of the interests privately created'）.

⑭ JOSEPH A. SCHUMPETER, CAPITALISM, SOCIALISM, AND DEMOCRACY（3d ed. 1950）; Kitch, *supra* note 128.

⑮ Merges, *supra* note 7.

本优势,[134] 并且 Louis Kaplow 和 Steven Shavell 的作品已经探讨了责任规则将会导致因多个占有而造成对产权所有人的补偿不足的风险。[137] 但以上的学者都未专注于采用责任规则而非财产规则如何能阻碍占有者之间的协调并且消散除了专利所有人之外的各方达成协议的激励。

知道有一个很好的机会,法院使用一个责任规则的方法将会设定低于专利所有人会接受的价格,一些潜在侵权人会首先尝试向法庭请求一个低赔偿的判决,而不是先与专利所有人达成一个协议,接着若法院的赔偿判决太高的话再与专利所有人进行协商。侵权对一些人或许是一个有吸引力的选择,这个前景可以降低所有其他方事前尝试或完成协议的动力,因此弱化灯塔效应和讨价还价效应。

不仅如此,虽然责任规则注重价格,但涉及专利的交易往往取决于价格之外的一些复杂的条款,特别是在新技术商品化进程的早期。这些条款经常涉及难以套期保值、多样化或是投保的资产,比如一个特定个体的独一无二的技术、时间和(社会)关系,以及专业的技术支持、使用领域或地域的限制、回授、交叉许可、支付时间和最惠国待遇条款。

问题在于,一个法院加于的赔偿判决,其作为责任规则处理的象征,差不多总是减少到一个简单的货币数目。对一个可能的损害赔偿的一些份额的许诺并不能减轻损失对于专利权所有人或其他涉及方的这些其他相对独特的财产的风险。

正因如此,由 Ian Ayres 所研究的旨在通过责任规则达到类似甚或优越的结果[138]的有用的战略,取决于那些受影响的是否是投资组合玩家。也就是说,Ayres 的战略有利于那些大的、投资组合的大玩家,他们比起只能做独特投资的更小的玩家更容易套期保值、多样化以及投保他们正考虑在这些交易中投资的资产。不过,对于那些更小的玩家和其他依赖于独特资产的参与方,财产规则更有可能保护他们的利益,因此帮助他们

---

[134]   Richard A. Epstein, *A Clear View of the Cathedral*: *The Dominance of Property Rules*, 106 YALE L. J. 2091 (1997); Robert P. Merges, *Of Property Rules*, *Coase*, *and Intellectual Property*, 94 COLUM. L. REV. 2655 (1994); Henry E. Smith, *The Language of Property*: *Form*, *Context*, *and Audience*, 55 STAN. L. REV. 1005 (2003).

[137]   Louis Kaplow and Steven Shavell, *Property Rules Versus Liability Rules*: *An Economic Analysis*, 109 HARV. L. REV. 713 (1996); *see also id.* at 732 – 3 n. 61.

[138]   IAN AYRES, OPTIONAL LAW: THE STRUCTURE OF LEGAL ENTITLEMENTS (2005).

去协调。

也许关于专利的传统文献最令人不安的是它似乎把反公地、反竞争的效果，以及公共选择担忧搞倒了。换言之，通过公共选择问题，由责任规则处理和监管产生的政府反应本身更有可能引发反公地和反竞争效果的真正问题。确实，反竞争效果被实现了，因为协调的不良模式被推动了（即已经存在的各方之间的协调，而不是在那些对正在形成的市场新进者感兴趣者之间的协调）。公共选择问题至少直到最近已经完全逃离了专利文献的关注。㉟ 不过，公共选择问题确实重要，并且必须被考虑在内，因为它与政府行为无法逃脱干系地联系在一块，所以必须被作为抵消因素来权衡，公共选择在监管被作为专利的一个替代的范围内。

要开始专利的公共选择分析，公共选择从现行知识产权法律体系的立法起源入手也许有帮助，它至少暗示了理由去认为，公共选择问题在一些领域里或许比其他领域更大。或许仅仅是历史上的一个偶然㊵，现行

㉟ The recent recognition of public choice problems in the body of intellectual property literature discussing copyright term extensions only scratches the surface. The literature often discusses the recent Copyright Term Extension Act ('CTEA') as an example of public choice pressure from the entertainment industry. While this may be so, it gravely underestimates the public choice problems in intellectual property gener – ally and patents in particular. For examples of the public choice view of the CTEA, see, e. g., *Free Mickey Mouse: Lawrence Lessig Wants Less Copyright Protection, Including for Disney's Famous Rodent*, ECONOMIST, Oct. 12, 2002, at 67; Michael H. Davis, *Extending Copyright and the Constitution: 'Have I Stayed Too Long?'*, 52 FLA. L. REV. 989, 1005 (2000) (arguing that the CTEA provided 'not an incentive, but a gift or windfall'); William Patry, *The Failure of the American Copyright System: Protecting the Idle Rich*, 72 NOTRE DAME L. REV. 907, 932 (1997) ('The real impetus for term extension comes from a very small group: children and grandchildren of famous composers whose works are beginning to fall into the public domain, thereby threatening trust funds. '); Richard A. Epstein, *The Dubious Constitutionality of the Copyright Term Extension Act*, 36 LOY. L. A. L. REV. 123, 128 (2002) (the CTEA 'pads the wealth of the widows and children of the original copyright holders', seemingly creating a 'massive giveaway of public domain resources'); Dennis S. Karjala, *Judicial Review of Copyright Term Extension Legislation*, 36 LOY. L. A. L. REV. 199, 232 – 6 (2002) (setting forth a basic public choice view of CTEA). Larry Lessig has gone so far as to refer to the statute itself as the 'Mickey Mouse Protection Act' in reference to perceived public choice pressure brought by Disney. Doug Bedell, *Professor Says Disney, Other Firms Typify What's Wrong with Copyrights*, DALLAS MORNING NEWS, Mar. 14, 2002, at 3D.

㊵ Heady with success in implementing the Lanham Trademark Act, the present U. S. trademark system, a few years earlier, in 1948, the New York Patent Law Association enlisted Giles Rich to draft for introduction in Congress a bill that eventually became the 1952 Patent Act, the present U. S. patent system.

专利和商标体系的基本框架脱胎于几乎在同一时间（20 世纪 40 年代）、同一律师协会（纽约专利法协会）的一个协调的努力。[141] 重点不是任何特定一批的客户、所有人或侵权人（因为起草者通常代表两者），而是制作一个互相密合的系统；这些努力产生了制度化的框架，其一般紧凑而因此在实现其核心目标是有效商业化。[142]

然而这种在起草这些体制时的纯粹性并没有持续。比如说，对用来管控专利法和食物药物法之间相互作用的成文法体系的称为 Hatch – Waxman 法案[143]的彻底修正，在很大程度上是一个引发大量公共选择、行政管理，以及市场力量问题的集体谈判过程。[144]

同样地，目前版权制度的基本成文法的设计脱胎于大的利益集团之间的一个经典公共选择的讨价还价。每当技术或其他因素足以改变这些利益集团的利益，这些团体经常返回到立法程序去重塑这个框架和达成

---

[141]　The organization is presently called the New York Intellectual Property Law Association. *See* GREGORY J. BATTERSBY ET AL. , A SEVENTY – FIVE YEAR HISTORY OF NYIPLA, *available at* http：//www. nyipla. org/public/01_ history. html.

[142]　The point here is not that these statutes are perfect. The drafters of these statutes, like all human beings, are characterized by human foibles, including behavioralism. Rather, the point here is that because of the way the drafters were organized during the drafting process, the individual incentives they each faced happened to be more consistent with their efforts being directed toward drafting a statute that coherently achieved the coordination function to which they had subscribed than with their efforts being directed toward helping any one class of client. At a minimum, they were largely isolated from public choice pressures.

[143]　Drug Price Competition and Patent Term Restoration Act (Hatch – Waxman Act), Pub. L. No. 98 – 417, 98 Stat. 1585 (1984) (codified as amended at 21 U. S. C. § 355 (2000) and 35 U. S. C. § § 156, 271 (2000)).

[144]　*See*, *e. g.*, FED. TRADE COMM'N, GENERIC DRUG ENTRY PRIOR TO PATENT EXPIRATION (July 2002), *available at* http：//www. ftc. gov/os/2002/07/generic – drugstudy. pdf (describing problems with the Hatch – Waxman Act and collecting sources). While getting interested constituencies together to negotiate a statute sounds attractive, as the basic economics of the drafting constituencies' businesses changes over time due to changing technologies and norms, it should not be surprising that each iteration of the legislative bargain often will be too intensely focused on responding to prior allocations. That is, there is a lag between the change in technology and the change in economics and a subsequent lag between the change in economics and efforts to renegotiate the legislative bargain.

新的妥协。[145] 虽然这种方法做了一个合理的工作将许多当时出席谈判的那些人们的许多集体偏好融入该成文法，但这种方法在融入其他人的担忧甚或同一方稍后时间的担忧方面表现不够好。[146]

版权制度，着眼于政治上强有力的集团之间的平衡被起草并定期重新起草，最终具有更灵活的管控。相比之下，通过 1952 年法案颁布的专利制度，起草时着眼于紧凑一体，最终采用了更加可预见的排他性。虽然进一步的研究可能会比较这些不同制度的运行的立法历史，以确定为什么它们采取如此不同方法及导致如此不同结果的原因，但是这种结果本身是不令人吃惊的。同样不令人吃惊的是，甚至版权管理体制并不总是灵活的。比如说，在制定关于什么构成合理使用、优先以及滥用的永恒而非默认规则时，版权制度保护已有产业，留下潜在市场新进者不清楚什么协调交易可以达成——如果不确定重要的交易不会达成。

认真对待更多并不总是更好的概念，专利学者应当更加注重所授予权益的结构如何，而不是简单的有多少。所授予权益一般变得更容易为多样化的市场参与者使用、并倾向于鼓励经济增长和竞争；这些所授予权益拥有促进可预测的执行、贸易便利、捆绑销售，以及分割的属性越多，它们便会更加迫使那些所授予权益的用户去与私人个体打交道。相反，当所授予权益的属性只能在政府角色的自由裁量下被创造或是改变，否则拥有固定的业主和轮廓，那些所授予权益的用户必须更多地与政府打交道，这倾向于集中财富和权力于政治角色如监管者和有影响力的集

---

[145] *See generally* JESSICA LITMAN, DIGITAL COPYRIGHT 23, 35 – 63 (2001) (reviewing the legislative history of copyright and explaining how since 1909 frequent revisions to copyright law can be attributed to collective bargaining among some of the impacted industries); *see also* Niels Schaumann, *Copyright, Containers, and the Court: A Reply to Professor Leaffer*, 30 WM. MITCHELL L. REV. 1617, 1619 n. 8 (citing the same two exceptions). Even these two revisions that putatively did not emerge directly from interest group pressures may themselves have been driven by concerns for interest groups. For example, I thank Mike Meurer for pointing out the interest Congress may have had in appearing to be sensitive to the needs of small restaurants and coffee shops when passing The Fairness in Music Licensing Act of 1998. *See* David Nimmer, *Codifying Copyright Comprehensibly*, 51 UCLA L. REV. 1233, 1281 (2004) (arguing that the statute 'smacks of special interest legislation for the benefit of a defined class').

[146] In part this is a 'race – to – the – bottom' story and so does not argue that such a process will always yield this bad result. Rather, it explains how one contributing factor may have played a role in this case.

团的手中。

考虑到当前专利法改革的努力，旨在使政府决策者更容易拒绝专利，通常建立在专业上被称为"在先技术"的基础——换言之，要求保护的发明是否以前被知道。这种改变把更多的自由裁量权转移给政府决策者来决定在先技术教了什么。比如说，根据这些建议，专利局审查员便能阻止专利，即根据他们自己断言的在历史上的一个特定的时间的工艺水平是什么，而无需依靠长期以来被要求的事实证明，如文件和产品样品。

这或许是灵活性最明显地暴露了它自身的阿基里斯之踵（即致命弱点）。允许一个政府决策者决定什么是它认为的历史上一个特定时间的工艺水平给了它很大的自由裁量权。因为大公司有比小的创新者更肥厚的游说和诉讼的预算，这种自由裁量权将专利制度转化成一个抑制竞争的工具，使得大公司更加容易捆绑一个新兴创新者所有的任何专利。相比之下，联邦民事诉讼规则谨慎地发展为给予我们必须提供的一个最公平的程序，包括提供共同诉讼、强制反诉、排除的工具，以避免滥用和重复的程序，以及简易判决来避免对重要事实并无真正争论的案件的长期审判。[47]

有一个与知识产权相关的公共选择问题——实际上与任何形式的财产权或政府提供的其他福利相关——是伴随每一个特定权利的产生而来的租金耗散问题。[48] 如果这些权利的潜在所有人能够在产生之际裁剪规范它们，这个问题便可得以缓解。

但专利中的公共选择问题已经延伸超出立法机关而到行政机构和法院。例如，当与专利有关的决策框架对于**独特**决定开放，而不是被适用的成文法框架所引导，法庭和行政机构迅速采取行动去剔除专利的精华。[49] 即使市场影响力、交易成本、反公地或是行为主义的任何问题是应

---

[47] See FED. R. CIV. P. 19 (joinder); *Blonder - Tongue Labs., Inc. v. Univ. of Ill. Found.*, 402 U. S. 313 (1971) (discussing res judicata and collateral estoppel); Fed. R. Civ. P. 56 (summary judgment).

[48] See Anderson and Hill, *supra* note 15, at 443 (showing how less centralization in the definition and enforcement of property rights helps to improve efficiency by avoiding rent dissipation).

[49] Examples in the patent context include the agency and court decisions to prohibit patents in software and modern biotechnology (finally reversed by later court decisions). *See Diamond v. Diehr*, 450 U. S. 175, 187 (1981) ('[A] claim drawn to subject matter otherwise statutory does not become nonstatutory simply because it uses a mathematical formula, computer program, or digital computer.'); *Diamond v. Chakrabarty*, 447 U. S. 303, 309 - 18 (1980) (holding that living organisms are not *per se* unpatentable).

该推动专利监管的一个关切的事，但公共选择添加到该混合（和经常被文献忽视的一个）的核心问题是，往往这些关切的事在一些特殊情况下被唤起，为了一个特定选区或一批选区的福利去事后重组一些特定安排。⑲ 比如说，近期联邦贸易委员会和司法部反垄断部门针对专利所有人在以缓解市场影响力问题、交易成本和反公地问题为名义的所谓"上游"技术的趋势，也许是既挫折的市场进入又打乱整体私人秩序的机构捕获的证据，所有市场参与者意识到随着时间的推移，他们很可能是同义词"东西的购入"和"东西的出售"，通过任何私人聚会能够获得像"上游"和"下游"的条款相对机构的关注。

因为所有市场参与者随着时间的推移意识到像"上游"和"下游"这种术语都是相对的，以至于它们简单来说就是任何私方能得到行政机构注意的"待买物"和"待售物"的同义词。⑳ 只有在文献中要求的政府行为将要消除专利或规范它们，即通过对足够可预测的法律或法规的决策框架的修改，这些类型的公共选择问题以及它们对事前激励和私人秩序的消极影响才潜在地可能被缓解。

如果在任何情况下，一方可能以对于市场影响力、交易成本、反公地或行为主义的担忧作为避免专利的理由，那我们就不应该在看到当事人正是作出如此指控的许多案例时感到惊讶。这些担忧可以被用来告知一组确定有效性的成文法律规则，它们可以根据原被告双方事前知晓的事实以一个可预测的方式运作，从而促进私人秩序。但问题的症结是，用这些担忧去塑造引导向前发展决定的成文法律制度，它们不应该再供使用于在一次性的基础去事后重作决定。

---

⑲　For at least the computer software example, the public choice story has been infamously demonstrated on two occasions: first, in *Gottschalk v. Benson*, 409 U. S. 63 (1972) (holding software to be ineligible for patent protection), and, second, in *In re Alappat*, 33 F. 3d 1526 (1994) (en banc) (reversing Patent Office decision to reconstitute its internal Board of Appeals to hold a rehearing before a specially packed Board designed to reject the patent on a type of software). Some suggest that the problems of agency capture and improper political influence may be playing out in the most recent iteration of the Blackberry dispute – the reexamination of the patents in that suit. *See*, *e. g.*, *NTP Charges Misconduct in PTO's Review of Patents in Blackberry Dispute*, 72 Pat. Trademark & Copyright J. (BNA) No. 1770, at 52 (May 19, 2006).

⑳　*See* Stanley M. Gorinson et al., *Federal Antitrust Enforcers Focus on Intellectual Property Abuses*, INTELLECTUAL PROPERTY TODAY, Aug. 2003, at 38 (Aug. 2003) (providing an excellent and easily accessible review of recent FTC activities and discussing the *Rambus* and *Unocal* cases).

　　表达在文献中对市场影响力、交易成本、反公地和行为主义最令人困惑担忧的是，当这些担忧足够引发政府行为的时候，没有作出任何尝试去建议事前决定的决策框架。这留下回归到当时的可能，即当法院的决策框架要么是如此迟钝以至于没有专利可以满足它们[152]，要么是如此无法被预见性地满足以至于所有受影响的专利权的效率值简单地崩溃为零。[153]

　　可能比有效淘汰专利[154]更糟的是，专利的性质可能通过这个公共选择机制而变得更注重于责任规则和管控，像这种责任规则和管控的方式强烈偏爱能够最好地带来公共选择压力同时实际上妨碍竞争和市场进入的行业中成熟的大玩家。至少已经有一些证据表明这正在发生。

　　考虑处理专利的一个或许被叫做**经连会**的战略。"经连会"这个术语是指在日本的大企业组织，[155] 其专利体系是众所周知地充满了大量的本质上来说弱的专利而没有强大的专利。[156] 尽管担心诉讼和冲突的交易成本，

---

　　[152]　For example, the test for patentability has at different times become so rigid for some courts that no patents were held valid within their jurisdiction. By the early 1940s, the standard had become so vague and yet so difficult to satisfy throughout the U. S. that Justice Jackson remarked, '[T] he only patent that is valid is one which this court has not been able to get its hands on'. *Jungersen v. Ostby & Barton Co.*, 335 U. S. 560, 572 (1949) (Frankfurter & Burton, JJ., dissenting). Even after the statute was amended in response to these cases, the problem persisted in the Second Circuit as late as the 1960s. *See* Gerald J. Mossinghoff, *Side Bar: The Creation of the Federal Circuit*, in PRINCIPLES OF PATENT LAW 30, 31 – 32 (F. Scott Kieff, Pauline Newman, Herbert F. Schwartz and Henry E. Smith, eds., 4th ed. 2008) (former Patent Office Commissioner Mossinghoff recounting that during the confirmation hearings for then – Second Circuit Judge Thurgood Marshall's nomination to the Supreme Court, Judge Marshall responded to a question about patents by saying, 'I haven't given patents much thought, Senator, because I'm from the Second Circuit and as you know we don't uphold patents in the Second Circuit').

　　[153]　This is in effect the 'permit thicket', 'License Raj', or true anticommons problem discussed earlier.

　　[154]　Elimination of patents may not even be bad; in fact, the commercialization theory would embrace a decision to eliminate patents if it turned out that the commercialization benefits were outweighed by the costs of the system. The analysis offered here suggests reasons why that is not expected to be the case. The ultimate question, however, is an empirical one and is not answered here.

　　[155]　*See* Ronald J. Gilson and Mark J. Roe, *Understanding the Japanese Keiretsu: Overlaps Between Corporate Governance and Industrial Organization*, 102 YALE L. J. 871, 872 (1993).

　　[156]　The terms 'weak' and 'strong' are somewhat vague but the general idea is that the patents are either given very narrow scope and so are easily avoided or they are enforced with what amounts to liability rule treatment. *See* Toshiko Takenaka, *The Role of the Japanese Patent System in Japanese Industry*, 13 UCLA PAC. BASIN L. J. 25 (1994) (providing a general overview of the Japanese patent system and collecting sources).

有些人可能期望其会占主导地位，而**经连会**可能更喜欢有一个非常像这个的体系，因为它很容易地有大量的小规模战役，同时避免致命打击的威胁。虽然大量的小规模战役确实具有高额的交易成本，但它们也带来了很好的交易。

第一，它们容许战斗的**经连会**互相沟通，以一种可能比直接对话更直率的方式（它们缓和一个信任问题）。看到对手将要花费资源去战斗的方向比关于哪个领域更令人垂涎的直接对话。与此同时，如此声名狼藉地根植于诉讼中特别是在美国体系中的文件及发誓的询问证词的大量互换，进而帮助那些玩**经连会**战略去交流更详细信息的人。

第二，它们容许战斗的**经连会**互相沟通，以一种可能比直接对话会更可能受保护的方式来避免反垄断审查（因此它们缓和了一个反垄断问题）。与直接对话去划分这些区域相比，通过一系列在法院的战斗占领一个区域而又放弃另一个区域将更容易逃脱反垄断审查——如果任何反垄断诉讼被提起并获胜，也会更容易减轻判给的损害赔偿。在确保每一笔交易在一名联邦法官面前达成的情况下，可以帮助降低反垄断执法者的审查的可能性，和降低一个后来的法官或陪审团会支持那些反垄断执法者并决定该行为是如此恶劣而值得一个特别严厉的民事或刑事处罚的机会。

第三，拥有大量的专利能成为在管控干预后提取更高价格的一个简单工具，因为在针对大型专利所有人的大的反垄断行为中，如著名的 IBM 诉讼[⑤]，管控者容许这些公司收取的金额往往是部分基于专利组合中的简单的专利总数。但对这种**经连会**模式而言至关重要的是，只有弱专利才可利用。

大玩家尤其容易在此**经连会**战略中取得成功，如果它们可以被保证只有弱专利才可利用，因为具有较强财产保护的专利可能会变成大卫用来打倒戈利亚特（巨人）的弹弓。[③]对如此大型老牌企业便利的是，它们通常有强大的游说预算和联系人，通过公共选择过程，来确保弱专利占主导地位。政府立法者、监管机构和法官可能是特别响应于那些能够提

---

⑤ *See IBM Ordered to Offer its Machines for Sale and Open Some Patents to Others in Antitrust Suit Settlement*, WALL ST. J., Jan. 26, 1956, at 3.

③ *See Picard v. United Aircraft Corp.*, 128 F. 2d 632, 643–4（2d Cir. 1942）（Frank, J., dissenting）.

供重要的政治或金融资本的愿望。

这个**经连会**战略至少符合最近专利上的反垄断监管的激增。2003 年 10 月，在进行完为期一年的与司法部（DOJ's）反垄断部门的联合听证会"去获得针对如何管理在反垄断与知识产权法律和政策交接部出现问题的一个更好的理解"⑤⑨，联邦贸易委员会（FTC）发布了一份 300 页的报告，似乎只能代表自己（而不是司法部）关于专利方面的结论和建议。⑥⑩ 报告中的许多重要建议会导致目前的美国专利体系中只会有弱专利。⑥① 有趣的是，这份联邦贸易委员会报告中的建议与 Iain M. Cockburn 和 Rebecca Henderson 近期收集和公布的数据密切关联。⑥② 这些信息收集于对大公司的一群资深知识产权管理人员在 2002 年的调查，该调查由知识产权所有

⑤⑨　*See* Press Release, Federal Trade Commission, Muris Announces Plans for Intellectual Property Hearings（Nov. 15, 2001）, *available at* http: //www. ftc. gov/ opa/2001/11/iprelease. htm（collecting sources, including links to Federal Register Notice and to speech by Chairman Timothy Muris, and questioning these and other aspects of the patent system）; *see also* Competition and Intellectual Property Law and Policy in the Knowledge - Based Economy, 66 Fed. Reg. 58, 146（Nov. 20, 2001）（announcing joint hearings and explaining the reasons for them）.

⑥⑩　FED. TRADE COMM'N, TO PROMOTE INNOVATION: THE PROPER BALANCE OF COMPETITION AND PATENT LAW AND POLICY（2003）, *available at* http: //www. ftc. gov/os/2003/ 10/innovationrpt. pdf; *see* Constance K. Robinson et al., *IP and Antitrust*: *US Antitrust Enforcement Agency Proposes Changes to US Patent Law*, COMPETITION LAW INSIGHT, Dec. 2003/Jan. 2004, at 23（for an excellent and easily accessible brief review of the report and its main recommendations）.

⑥①　For example, the proposed changes on nonobviousness, utility, subject matter, economic impact, more involved examination, and deference would expose small - and medium - sized patentees to the concentrated public choice pressures that have repeatedly injected these pernicious judge - and agency - made laws into our system over the past 100 years. For more on the FTC report, see FED. TRADE COMM'N, *supra* note 161, at 10 - 17（Recommendations 3 - 6, 8 - 10）. Similarly, the proposed changes on increased funding would at worst raise the same objections and at best simply lead to waste because the information needed to determine validity over the prior art is more inexpensively provided by private parties in litigation. *Id.* at 74 - 98. The proposed change to give prior user rights for parties who infringe claims that are disclosed in a published application but not actually added to the claims portion of a patent application until after publication should be avoided because they would totally pervert the nuanced and smooth interaction between patent law's disclosure rules and the notice function of patents. Lastly, the proposed requirement for written notice or deliberate copying before a patentee could win enhanced damages for willful infringement should be avoided because they would make the patent right more like a liability rule and less like a property rule in ways that particularly favor bigger parties.

⑥②　The author is grateful to Iain and Rebecca for generously sharing the results of their data. Interview with Iain M. Cockburn, Professor of Finance and Economics, Boston University School of Management, in Boston, Mass.（Nov. 11, 2003）.

人协会资助。联邦贸易委员会报告中的建议与该调查结果的密切关联，与该领域的一些领头人信奉的行政机构"做对了"的观点一致。然而，这个数据并不表示行政机构是否"正确的理解"对同样的人在不同的时间，或处境不同的人（如那些在小型和中型的企业工作的人或努力来处理这一问题而没有一个具体客户或一个特定议程在心里的人）的观点。确实，大量专利所有人的观点与联邦贸易委员会报告的密切关联，和公共选择机构捕获的故事一致。这支持了联邦贸易委员会报告中的建议将导致美国专利体系比以往任何时候都更具"经连会"方法的看法。换言之，遵循联邦贸易委员会的建议可能会导致一个体系，在该体系下即大的玩家可以定期相互交易大量弱专利而同时阻碍市场进入。[163]

公共选择问题是对规管提案的一个重要的补偿考虑，这些规管提案在整个奖励文献中被建议以响应于对专利中财产权的担忧，包括涉及对价格的权利、交易成本、反公地和行为主义的担忧。在一个比较制度分析中，问题不只是一个特定的问题是否可以被解决，而是是否通过遵循为解决一个特定问题的特定处方，事务的一般状态可以被改善。

对于商业化理论可能最引人注目的，考虑到它在关于知识产权的法律和经济学的传统文献里既不是多数派也不是少数派的观点，是至少目前专利制度即 1952 年专利法案构思背后的核心推动力，同时也是现行商标制度即 1946 年兰汉姆法案后的推动力的一部分。[164] 此外，即便商业化

---

[163] For a more extensive discussion of the many ways corporations can wield influence over legislatures and regulatory agencies, see Jill E. Fisch, *How Do Corporations Play Politics*?: *The FedEx Story*, 58 VAND. L. REV. 1495 (2005) (exploring in detail, through a case study of one corporation over the past 40 years, the numerous mechanisms by which corporations influence government actions, other than by directly buying political favors with campaign contributions, such as lobbying, maintaining general popularity and fame, and doing favors for government officials and organizations).

[164] *See*, *e. g.*, Giles S. Rich, *The Relation Between Patent Practices and the Anti – Monopoly Laws*, 24 J. PAT. OFF. SOC'Y 159 (1942). The article was printed as a series: 24 J. PAT. OFF. SOC'Y 85 (Feb., 1942), 24 J. PAT. OFF. SOC'Y 159 (Mar., 1942), 24 J. PAT. OFF. SOC'Y 241 (Apr., 1942), 24 J. PAT. OFF. SOC'Y 328 (May, 1942), and 24 J. PAT. OFF. SOC'Y 422 (Jun., 1942). The central framer of the present U. S. patent system specifically focused on commercialization:

The third aspect of inducement is by far the greatest in practical importance. It applies to the inventor but not solely to him, unless he is his own capitalist. It might be called inducement to *risk an attempt to commercialize the invention*. It is the 'business' aspect of the matter which is responsible for the actual delivery of the invention into the hands of the public.

Rich, 24 J. PAT. OFF. SOC'Y 159, 177 (Mar., 1942) (emphasis added).

理论在传统文献中被探讨，但它经常在至少两个方面被误解：第一，这个理论本身经常被误解。第二，它提供的解决许多通常被认定为专利权的问题的方法常被忽视。这两种误解都将在下文讨论。

商业化理论注重于为分散的个体提供激励去各自决定以一个推进协调的方式行动。虽然奖励或许为个体奖励接受者提供一个激励去行动，但是，相比用财产权把那个个体带到所有其他互补的用户一起去成功地参与复杂的商业化过程，奖励得很少。⑯ 遗憾的是，商业化理论的协调作用的这个简单机制常在一些作品中从几个方面被误解。

第一，商业化理论与前景或是租金耗散理论之间的联系常被误解。⑯ 简单来说，虽然**商业化**理论关注知识产权去协调一个资产的**互补**用户之间的**增加**对资源的（或是避免不足）使用的努力的能力，而**前景**理论关注知识产权去协调一个资产的**竞争**用户之间的**降低**（或是避免过度）对资源的使用的努力的能力。⑯ 因此，响应于前景和租金耗散理论的关于过度使用的担忧对商业化理论而言是不相干的。

第二，专利上的商业化理论和产权理论之间的联系总体来说是被忽略的。换言之，太多传统的著作总体上都忽略了其中的促进作用，简单

---

⑯　Compare the focus on providing direct incentives to the holder of the patent rights under the reward theories. *See*, *e. g.*, Lemley, *supra* note 5, at 130 (discussing the role of intellectual property as an '[incentive] the right gives its owner').

⑯　*See*, *e. g.*, Lemley, *supra* note 5, at 141 n. 42 (referring to commercialization theory as an 'elaboration' on 'prospect' theory). In addition, unlike the prospect and reward theories, the commercialization theory, and its companion registration theory, has explanatory power for the positive law rules of the patent legal institutions.

⑯　For game theory examples of the formal link between the role property rights can have in these two different settings, described in that article as racing games and mating games, see Dale T. Mortensen, *Property Rights and Efficiency in Mating*, *Racing*, *and Related Games*, 72 AM. ECON. REV. 968 (1982). One additional point about rent dissipation that bears mentioning is that it also teaches something about the coordination theory of property. More specifically, what is often overlooked in viewing property rights as tools for internalizing externalities is that the free rider, tragedy of the commons, and positive externalities problems each can be thought of essentially as an inverse of the problem of rent dissipation. The problems of free riding, commons, and positive externalities refer to cases in which individuals within a group decide not to invest in a given activity for fear that others will benefit but not compensate. As a result, too little of the activity is produced. The problem of rent dissipation refers to a case in which individuals within a group decide to invest in a given activity for fear that others will do the same and win the race for the common prize. In this instance, too much of the activity is produced. In both cases, the failure to coordinate leads to inappropriate amounts of the given activity being conducted.

地将 Kitch 在产权方面的前景理论研究和 Demsetz 在产权方面的外部效应内部化方面的工作混在一块。[168] 然而，正如本章之前所讨论的一样，所有权作为推进补充型用户财产之间协调的工具被专利所保护，这在一定程度上并未被 Demsetz 或是 Kitch 早期的研究所发现。

第三，商业化理论也在被错误地与 Schumpeter 的作品混淆被认为关注于专利所有人对控制的主张。[169] 虽然商业化理论专注于谁将有动力和能力去与谁谈判，但是，对于谁会最终控制那些谈判是不可知的。事实上，决定谁将控制最终是很多因素的作用，而不是仅仅看谁拥有专利。比如说，当事人相对财富效应、谈判地位、谈判技巧、其他资源、坚持不让步的价格和替代选项等因素各自都会影响到控制权的底线问题。在每个市场玩家都可能带来他们自己的技术组合、专利组合、科技组合和其他资产以及拥有开发一个特定的专利标的物的机会的一个世界里，最终谁控制后续开发和使用那个标的物是不清楚的。实际上控制的问题通常是留给市场和私人的讨价还价。

出于这个原因，Robert Merges 和 Richard Nelson 提出的关于专利所有人行使过多的控制是被夸大了。[170] 仅仅一个特定专利权是广泛的这一事实

---

[168] *See*, *e. g.*, Julie E. Cohen, *Lochner in Cyberspace*: *The New Economic Orthodoxy of* '*Rights Management*', 97 MICH. L. REV. 462, 497 n. 121 (1998) (citing work by Demsetz and noting '[s] imilar reasoning underlies Edmund Kitch's proposed "prospect" approach to patents'); Eisenberg, *supra* note 115, at 1040 (citing work by Kitch and Demsetz and noting, 'The prospect theory offers a justification for patents that is in keeping with broader theories of property rights elaborated by Harold Demsetz. . . . '); Neil Weinstock Netanel, *Copyright and a Democratic Civil Society*, 106 YALE L. J. 283, 309 n. 108 (1996) (citing work by Kitch and Demsetz and noting, 'For neoclassicists, therefore, intellectual property is less about creating an artificial scarcity in intellectual creations than about managing the real scarcity in the other resources that may be employed in using, developing, and marketing intellectual creations. '); Arti Kaur Rai, *Regulating Scientific Research*: *Intellectual Property Rights and the Norms of Science*, 94 NW. U. L. REV. 77, 121 n. 236 (1999) (citing Kitch, *supra* note 128, at 276; *Toward a Theory of Property Rights I*, *supra* note 69).

[169] *See*, *e. g.*, Lemley, *supra* note 5, at 139 n. 35 (discussing the role of patentee as coordinator due to the control exerted through the patent and citing Kieff, *Commercializing Inventions*, *supra* note 14; Schumpeter, *supra* note 78, at 100 – 02); *see also* Lemley, *supra* note 11, at 139 – 40 (suggesting that when the government assigns the intellectual property right, it effectively selects who will have 'control over an area of research and development rather than trusting the market to pick the best researcher').

[170] *See* Robert P. Merges and Richard R. Nelson, *On the Complex Economics of Patent Scope*, 90 COLUM. L. REV. 839 (1990) (studying the problem of a single firm controlling development of a particular technology).

并不意味着它的所有人将会在那个同一科技上控制与他人的谈判。就这点而言，专利的协调功能是不同于开放竞争和控制这个极端。专利权促进该资产的竞争和互补用户直接的协调，不用决定任何情形下谁来控制；而专利的商业化观点关注于一个被财产权支持的专利的重要性，作为一个促进这样一个劳动分工以及其他形式的专业化的工具。

第四，商业化理论加于事前、事后之分的重要性可能被最近 Mark Lemley 对这些术语的不同使用而困惑。[171] 根据商业化理论，为了使专利服务于该商业化功能，关于专利怎样被取得和执行的规则必须对所有市场参与者在事前是可知的，以助于他们决定是否采取行动。这意味着，监管和责任规则的处理是可疑的，至少在他们有事后重写合约或是改变规则的效果这个程度上而言。当用在此上下文中，"事前"和"事后"术语用在它们的一般的意义上，这和 Lemley 在最近作品中的用法不一样。[172]

Lemley 在一个特殊的狭义上使用"事前"这个术语去指任何具体的创意作品被制作之前的一个时间段。[173] 同样地，他在一个特殊的狭义上使用"事后"这个术语去指任何具体的创意作品被制作之后的一个时间段。[174] 商业化理论在更一般的意义上依赖于"事前"这个术语去指在任何给定行为发生之前的一个时间段，侧重于可预测性的重要性。例如，这种事前观点专注于促进商业化所需的表面粗糙的合约发生前的时间段。同样地，它在更一般的意义上依赖于"事后"这个术语去指在任何给定行为发生之后的一个时间段，再次把重点放在可预测性。这个事后观点关注于缔约之后的一个时间段。因为这些术语是为了商业化理论的目的而使用，侧重于私人行为者在决定是否或用什么方式在任何具体问题上采取行动之前预测一个法律结果的能力。在商业化观点下，事前可预测性对促进私人秩序至关重要。

第五，一些人建议"如果专利法关心的是确保发明的商业化，那它是既包含过度又包含不足"。[175] 迄今为止这个观点被广泛接受，但它不可

[171]　See Lemley, *supra* note 5.

[172]　*Id.*

[173]　*Id.* at 130.

[174]　*Id.*

[175]　Abramowicz, *supra* note 263, at 174.

能对商业化理论的全部内容作出解释。在包含过度这个问题上，Abramowicz 指出"有时先发优势将超过第二发优势"。[176]

但只有在有足够数量的资产的互补用户相信这是事前情形——并且有足够坚定的信念相信去承担协调角色——没有财产权，协调将会如此容易地发生。这可以，并且很有可能发生。然而，商业化理论的观点是，专利权可以让这在更多的环境中轻易地发生。在包含不足的问题上，Abramowicz 进一步指出对不符合专利保护的成文法规则的标的物商业化的需求。[177] 但专利商业化理论的登记要件的观点是，为了保护第三方的潜在商业化努力的合理的、投资支持的期望获得专利的成文法规则从规范性角度是重要的，简单地说，这些关于专利有效性的制定法规则对使专利制度正常运作是至关重要的。它们留下一些标的物在一定程度上正是探索运用其他工具去帮助那些领域的协调的原因，例如也许是公司，又或是政府。专利并不解决所有问题，而是仅仅被用来作为一个辅助工具帮助解决一些问题。

商业化理论也为与专利相联的深层问题提供了许多被忽略了的解决方案。它们包括交易成本、反竞争作用，以及准入问题。

商业化理论被认为由禁止令的可信威胁支持的专利权在商业化过程中为所有市场参与者发挥一个重要的协调角色。[178] 那些想要在专利权下购买所有权或许可的人必须与专利所有人协商。只要专利权的存在和专利所有人的身份容易识别，商业化过程中每个公认的市场参与者将有各自的激励去寻找并与那个人谈判，并且通过那个人，与每个其他人谈判。

虽然奖励文献强调了关于输出限制或是准入问题的担忧，但以下的讨论会指出为什么这些担忧并没有想象的那么严峻，以及为何在一些情

---

[176] *Id.*

[177] *Id.* at 174 – 5 ('Patent law is underinclusive because commercializers of unpatentable inventions also face the prospect of copying.').

[178] By focusing on the right to exclude, the commercialization theory of intellectual property differs in important ways from the general theory of property in land and goods, which typically consider more than the right to exclude. Adam Mossoff provides an excellent historical account of property theories that emphasizes the failure of approaches that focus only on the right to exclude. *See* Adam Mossoff, *What is Property? Putting the Pieces Back Together*, 45 ARIZ. L. REV. 371, 376 (2003) ('The concept of property is explained best as an integrated unity of the exclusive rights to acquisition, use and disposal; in other words, property is explained best by the integrated theory of property.'). *But see*, *e. g.*, Thomas W. Merrill, *Property and the Right to Exclude*, 77 NEB. L. REV. 730, 747 – 8 (1998) (suggesting the right to exclude is a central feature of property).

况下财产权对缓解它们而言非常重要。它也显示了为什么关于政府及公共选择的担忧不可被忽视，以及这些问题可以被成文法专利体制中的特定方面夸大或缓解的方式。结果，它显示了作为变革候选者的现行成文法体制中的几个方面，因为它们只会恶化反竞争效果和准入的问题。

正如在上文讨论的奖励理论的背景下，大多关于专利的文献着迷于关于限制与财产权相联的潜在垄断力的担忧。然而，实际的经验数据是非结论性的，比如说，关于专利是否被用来促进卡特尔（企业联合）行为。[⑰] 尽管奖励的一个占主导地位的担忧是，专利可以授予针对通常与垄断相联的价格的控制权，该文献勾勒的专利和垄断上的联系在几个方面中是搞颠倒了的。如下文所述，专利通常不授予垄断权力；但是，它们可以作为必不可少的反垄断武器，并且它们获得的可能性可以作为市场的一个有效的反垄断疫苗。

在很大程度上，专利权往往不赋予垄断权力，因为很少有一个在任何特定专利资产与市场直接存在一对一的关联。此外，专利也面临着来自现存的和潜在的替代技术的竞争。例如，即使一个更好的捕鼠器上的专利，也面临来自现有的弹簧和胶水捕鼠器的竞争、将来捕鼠工具的威胁，当然还有来自猫的竞争。

此外，专利可以推动市场的进入，至少只要它们被财产规则支持。因此，专利可以是强大的反垄断武器。例如，商业化理论显示，如果在20世纪七八十年代，即微软反垄断诉讼的时候，有意义的专利权在计算机软件行业里是可用的，那么这个行业可能会呈现中等数量的中型玩家群雄并起的格局，而不是一家独大的局面。

另外有一个例子，考虑到成文专利法在20世纪80年代的转变对竞争的影响：只有美国并且只有自20世纪80年代以来，专利才在当代生物技术中是可用的。虽然美国、欧洲，以及日本在20世纪80年代之前，甚至之后都各自有大型的生物技术公司，这些公司往往被统称为"大制药公司"[⑱]，

---

⑰　*See* Christopher D. Hall, *Patents, Licensing, and Antitrust*, 8 RES. L. & ECON. 59 (1986).

⑱　*NIH: Moving Research from the Bench to the Bedside: Hearing Before the Subcomm. on Health of the H. Comm. on Energy and Commerce*, 108th Cong. 49 (2003), *available at* http://energycommerce. house. gov/108/action/108 – 38. pdf (statement of Phyllis Gardner, Senior Associate Dean for Education and Student Affairs, Stanford University) (detailing the differences between the biotechnology industry and the pharmaceutical industry).

而只有在美国，只有自20世纪80年代以来，生物技术行业也包含了由大约1400个一贯更新的中小型公司组成的稳定的池。⑱

此外，专利权在任何一个时间以及整个时间为竞争和市场进入所提供的收益，在某时间点对某些市场而言一个专利权确实传达了一个垄断的情况下，抵消个体的无谓损失的可能性。在某种程度上，这点与动静态效率的区别是联系在一起的，也就是说，与垄断无谓损失相联的静态无效率可能被与创新和入市相联的动态效率超过。

而且，专利可以并且经常确实运作去促进差别定价，这可以缓解垄断的无谓损失效率的考虑因素。换言之，专利的财产权的使用也和Demsetz另一个基本作品一致，在该作品中，他证明了：（1）考虑到排除非购买者的能力，私人生产商可以高效地生产公共商品；以及（2）差别定价与为了该公共商品的竞争平衡是一致的。⑱ 确实，因为间接侵权原则，专利权通过在绝大多数情况下的捆绑来促进差别定价（包括，例如，捆绑不是被技术限制所促进的）。⑱

---

⑱　*Id.* at 47. At the same time, both Europe and Japan have demonstrated technological capacities in this industry that are comparable to the United States. In addition, both Europe and Japan have comparably developed capital markets. Even if they did not, businesses could operate in Europe and Japan while still having access to the capital markets in the United States.

⑱　Harold Demsetz, *The Private Production of Public Goods*, 13 J. L. & ECON. 293 (1970).

⑱　There are several aspects of the positive law intellectual property regimes that facilitate complex contracting of the type that can both facilitate coordination and decrease output distortions of a property right. For example, the work – for – hire doctrine in copyright law helps concentrate ownership in a work that results from a complex production process. Further, the provisions of Section 271 of the Patent Act insulate patentees from fear of liability for misuse. This allows patentees to elect to sue or to license anyone who would otherwise be liable for direct infringement, induced infringement, or contributory infringement. *See* 35 U. S. C. § 271 (a) – (d). Before the 1952 Act, courts used the misuse doctrine to erode the ability of intellectual property owners to engage in price discrimination or restrictive licensing. Section 271 (d) expressly states that such conduct shall not be misuse. *See Dawson Chem. Co. v. Rohm & Haas Co.*, 448 U. S. 176 (1980) (recognizing impact of Section 271 (d) and its reason for inclusion in the 1952 Patent Act). To be certain this was clear, Congress acted again in 1988 by adding subparts 4 and 5 to Section 271 (d) of the Patent Act to expressly provide that neither a refusal to license nor a tying arrangement in the absence of market power is patent misuse. § 271 (d) (4) – (5) (added by Pub. L. No. 100 – 703, § 201, 102 Stat. 4674 (1988)). The trademark regime allows similar contracting, but because the need to make commercial use of the subject matter protected by trademarks is less compelling than for patents – since functionality is a bar to trademark protection – the impact of any remaining distortion caused by market power is less severe. That is, there is still the potential for static economic deadweight loss, but the alternative moral claims about output effects are mitigated.

虽然专利权确实给予影响价格的一些权力，因此在理论上与一些无谓损失相联，但是，专利的实际垄断效果常被夸大，而专利的反垄断效益常被忽视。在现实世界中，这种为了资本形成和动态竞争的市场力的效益必须与以静态无谓损失为形式的理论上的成本相权衡。实际上，有许多原因来解释为什么避免让反垄断的担忧推动我们过激地响应每一个价格控制权的情形是谨慎的选择。从这个意义上说，奖励文献的关于缓解专利的垄断效果的担忧可被视为过度地称颂静态效率好于动态效率。[184]

虽然商业化理论认为专利的本质对于专利去促进协调的能力至关重要，但是它也认识到，这种协调需要交易。奖励理论其中一个核心重点是与专利相关的交易成本，与一个共享领域相比。因此，将关于专利的产权的交易成本与关于否则会是专利的标的物的交易成本相比较是合适的，但是在一个实际的共享领域内，例如基本学术知识的公认的共享领域。[185] 但是，即使这个所谓的"共享领域"也充斥着更少商业性但重要的被非正式地称为"荣誉"的财产权的自己的形式，它包括了更多私人和更少可替代的资产，一般与学术和公共部门相联，比如名誉利益、声望、晋升、奖项以及称号。一个制度比较分析揭示了为什么，为了在一个公地的背景下的交换与同样的背景下但添加了专利权的交换相对比，没有专利的交换的交易成本比有专利的更糟糕，因为专利给那个市场带来增加了的财富以及多样性。

正如本章前文所讨论的，当一般性地探讨交易成本，交易成本可能在交投清淡的市场中比在交投活跃的市场中更有害，并且专利的使用使市场活跃。此外，Buchanan 和 Yoon 最近的研究对这个分析有补充，即通过指出在此共享领域的交易更容易失败，因为他们所谓的与这些资产相

---

[184] *See*, *e. g.*, STAN J. LIEBOWITZ and STEPHEN E. MARGOLIS, WINNERS, LOSERS & MICROSOFT: COMPETITION AND ANTITRUST IN HIGH TECHNOLOGY [pincite] (1999) (showing that truly inefficient outcomes are extremely rare, and instead, that even situations of serial monopoly may be the best available in reality).

[185] *See*, *e. g.*, Rai, *supra* note 169 (arguing that intellectual property rights impose greater transaction costs than the basic scientific norms in the open 'commons' of academics); Rebecca S. Eisenberg, *Proprietary Rights and the Norms of Science in Biotechnology Research*, 97 YALE L. J. 177 (1987) (exploring the potential negative impact of patent rights on scientific norms in the field of basic biological research).

关的"非经济激励"。⑱ 有理由认为，一个公地的交易成本可能会高于专利。实际上，John Walsh、Charlene Cho 和 Wesley Cohen 近期的实证研究在基础科学里并未发现与专利相关的交易成本问题，这主要是因为潜在侵权人从事低价值的使用只不过从专利权人获得批准被允许侵权，尽管是默示的。⑱

众所周知，规范社区像学术研究内的执行机制确实有比那些在法院的正式法律体系内好的重要效益。Lisa Bernstein 关于在相同社区内的关系合约的研究表明，在规范社区内的执行如何可以引发比正式法律机构更低的行政成本，因为它依赖于非正式的执行机构以及如规范和名声的纠纷解决方法。⑱ 相似地，Barak Richman 近期的研究更接近于公司文献理论，并且着重于私人执行和纠纷解决技巧作为确保更低的行政成本、更

---

⑱　James M. Buchanan and Yong J. Yoon, *Symmetric Tragedies*：*Commons and Anticommons*, 43 J. L. & ECON. 1, 12 (2000).

⑱　John P. Walsh et al. , *View from the Bench*：*Patents and Material Transfers*, 309 SCIENCE 2002 (2005).

⑱　*See*, *e. g.* , Lisa Bernstein, *Opting out of the Legal System*：*Extralegal Contractual Relations in the Diamond Industry*, 21 J. LEGAL STUD. 115 (1992) (showing how some communities opt for informal private enforcement mechanisms for contractual relationships instead of formal legal approaches because the administrative costs can be lower)；*see also* Lisa Bernstein, *Private Commercial Law in the Cotton Industry*：*Creating Cooperation Through Rules, Norms, and Institutions*, 99 MICH. L. REV. 1724 (2001). Bernstein's use of the term 'private governance' to refer to private enforcement is consistent with the use by Williamson, which is narrower than the use in this chapter, which encompasses all private interactions voluntarily entered. *See also* Steven L. Schwarcz, *Private Ordering*, 97 NW. U. L. REV. 319 (2002) (also using the term 'private ordering' to refer to private enforcement or regulation). This chapter's view of property rights differs from both of these perspectives by seeing private ordering in a more general sense than simply private enforcement. Instead, private ordering is seen as the set of interactions among individuals that are more reliable because they are enforced in some way, whether by private informal institutions, such as norms, or by formal legal institutions, such as the coercive power of the state. This view is consistent with traditional liberal views of the rule of law and role of government as the monopoly over the coercive powers, such as force, to back property rights and contractual arrangements. Such backing enhances the overall market economy by enhancing individual liberty to deploy one's resources in whatever way best suits that individual. *See*, *e. g.* , North, *supra* note 96 (elucidating the importance to economic growth of the reliable enforcement of property rights and contracts by formal public legal institutions)；DOUGLASS C. NORTH AND ROBERT PAUL THOMAS, THE RISE OF THE WESTERN WORLD：A NEW ECONOMIC HISTORY (1973) (putting property rights at the center of the explanation of economic performance)；Avner Greif & Eugene Kandel, *Contract Enforcement Institutions*：*Historical Perspective and Current Status in Russia*, in ECONOMIC TRANSITION IN EASTERN EUROPE AND RUSSIA：REALITIES OF REFORM 291 (Edward P. Lazear ed. , 1995) (same)；*see also* Friedrich August von Hayek, *The Principles of a Liberal Social Order*, in THE ESSENCE OF HAYEK 363 (Chiaki Nishiyama & Kurt R. Leube eds. , 1984) (providing general discussion of the theory of liberal government including its use of coercive powers to enforce law).

好的合同执行和增强的交易确定性方式的重要性。⑱

虽然 Barak Richman 已经表明，私人执行机制或许在如小型或同类的社区这种适当的情形下，也以一个更低行政成本提供比公共执行甚至更多的交易安全，⑲ 但是公共执行的选择有益于那些更广义或多样性的情形。正如 Troy Paredes 在公司和证券法中解释的那样："当法律在适当的位置，当事人在交易中可以更少地依赖私人及家庭的关系，容许他们与陌生人进行交易。"⑳ 换言之，紧密结合的规范社区的改善的执行特征的效益取决于对外来者封闭的社区。

完全保持交易在一个特定组织内，如一个公司或是规范社区，也会引发弊端，即 Stephen Haber 称之为"裙带资本主义"的问题。㉒ 在封闭组织内执行的好处是由于社区成员们必须作出投资的明确性，这带来对投机主义的担忧。不仅如此，与社区独特联系的基础，例如家庭、宗教或种族联盟，抑或与社区领导之间的亲密关系，通常是不可替代的，它们不能被容易地交易、分割或是捆绑。

在一个坚持开放源代码理念的社区内，软件如 Linux 的开发可以被认为是发生在围绕类似名声的协调装置而不是围绕着更正式的财产如专利的一个规范社区内的一个协调活动的例子。根据这一观点，Linus Torvalds 的名声容许他控制 Linux 内核的开发来确保它以一种协调的方式发生。为名声或是其他聚焦点去达到协调的能力与财产规则的灯塔论是一

---

⑱ Barak D. Richman, *Firms, Courts, and Reputation Mechanisms: Towards a Positive Theory of Private Ordering*, 104 COLUM. L. REV. 2328, 2332 (2004) ('This Essay argues that concerns over transactional assurance and contractual enforcement, not... administrative costs, drive merchant communities to private ordering (and to vertical integration as well).').

⑲ *But see* Barak D. Richman, *Community Enforcement of Informal Contracts: Jewish Diamond Merchants in New York* 24 (John M. Olin Ctr. for L., Econ. & Bus., Discussion Paper No. 384, 2002), *available at* http://www.law.harvard.edu/programs/ olin _ center/papers/pdf/384. pdf (contrasting benefits and costs of, *inter alia*, private and public enforcement mechanisms under different conditions).

⑳ Troy A. Paredes, *A Systems Approach to Corporate Governance Reform: Why Importing U. S. Corporate Law Isn't the Answer*, 45 WM. & MARY L. REV. 1055, 1064 (2004) (noting that '[s]trong legal protections for shareholders expand the available pool of capital for businesses and entrepreneurs and facilitate contracting by shoring up shareholder rights').

㉒ STEPHEN HABER, CRONY CAPITALISM AND ECONOMIC GROWTH IN LATIN AMERICA: THEORY AND EVIDENCE (2002).

致的。[193]

虽然开放参与似乎是开放源代码的一个试金石承诺，针对几个开放源代码软件项目的一些实证研究已经表明，这种开放在现实中是没有经历过的。在这些案例中对这些实际项目的改变，被限制在用于每一个被研究案例中的不同的、有凝聚力的对照组中的一个非常小的数目的个体。[194] 虽然以可操作的角度从少量人收集信息是有道理的，但与那些华丽辞藻的天壤之别却影响重大。不同于专利的正式的产权，名声作为开放源代码类型的集中协调的关键，更不容易被转让、分割或是捆绑。它对那个社区也是具体的。此外，名声总的来说比起财产更难以获得。它的排他性使得不同的个体更难以获得。实际上，允许一个规范社区中的领导进行控制的要素，无论是名声还是一些其他特殊的社区属性，只能提供给那些内部人员——在 Linux 的案例中，这只包括 Torvalds 和他的首席副官。简言之，上述讨论阐明了一些原因，为什么依靠诸如开放源代码项目的规范社区，对于财产的排他权，会有总体上对新进入者有偏见而偏向于老成员的效果。

四、结　论

尽管许多关于目标的有用的观点在文献中被提供，社会应该牢记，在决定创造一般的财产权和特定的知识产权之前，一个太经常被忽视的目标是协调。本章建议，促进商业化所需要的这种类型的协调是可以通过一般的财产权和特定的知识产权达到目标的。这种类型的协调有益于帮助不同社会成员在技能、资产、喜好方面互相保持多样性，同时作为资产的互补型用户以一种帮助把这些资产带进市场的方式相互之间互动。以关注协调来替代对在文献中已经被建议的其他目标的关注，包括对外部性的内部化、避免租金耗散，以及提供直接激励的关注。此外，财产权被提供为达到这一目标的一个替代工具，与其他机构和组织包括诸如

---

[193]　*See also* Randall L. Calvert, *The Rational Choice Theory of Social Institutions: Cooperation, Coordination, and Communication*, in MODERN POLITICAL ECONOMY: OLD TOPICS, NEW DIRECTIONS 216, 244 (J. S. Banks and Eric A. Hanushek eds., 1995) ('Recognizing or creating focal points is one important way in which the players can successfully coordinate.').

[194]　*See* Jai Asundi et al., *Examining Change Contributions in an OSS Project: The Case of the Apache Web Server Project* (2005) (unpublished manuscript, on file with author) (providing data for the Apache project and discussing numerous examples of empirical studies of other projects).

开放源代码项目、公司和政府等规范社区形成对比。认识到每个机构和组织将会有收益和成本，本章还强调了有助于确保财产权的收益被加强而财产权的成本被减少或否则被架构为更容易承担的策略。严肃地认识到任何效果，包括协调，都可能有好的和坏的形式，本章进一步探讨常被忽略的一些方式；用这些方式，在文献中占主导地位的各种处方可以有适得其反的、阻碍竞争的坏类型的协调效果。本章阐明了为何被专利的传统方法激励的专利制度的机构性选择（侧重于奖励却忽视了协调），已被证明在被它们的支持者所建议的改善准入和竞争方面不太奏效和效率较低。

第二章 专利与技术创新及开发的政策[*]

作者：欧弗·格朗斯特兰德（Ove Granstrand）

译者：沈　旸

一、导　言

在当今，知识经济日益繁荣，很少有人对此产生质疑，但我们依然可以对"新经济"一词提出疑问。所谓的"新"是指经济正在被不同形式的智力资本（包括人力、社会关系、知识财产等）所主导。这些智力资本概括起来可以定义为"非物理，非金融"资本，主要涉及长时期内积累起来的有价值的知识，尤其是像信息及通信技术等科学知识（即科技）以及由企业（entrepreneurs），尤其是公司组织开发的创新技术中所包含的知识。而与此同时，传统的资本主义制度不仅继续存在，而且随着苏联的解体而得到加强并变得国际化。知识财产及与其相关的法定权利（知识产权）也因此变得越来越重要。20 世纪 80 年代包括"亲专利时代"（pro patent era）在内的新专利格局从美国源起并逐步建立起来。它深入影响了各个社会层面，尤其是对国际间的影响尤为突出。现今，以美国和日本为首的各国及各大公司，都用强有力的知识产权武装自己以获得更强的竞争力。而因此，那些曾经被专家们视为次要问题的专利及其他知识产权问题，如今也已经上升为政治及产业运营上紧要的策略性问题。而另一方面，如何让知识产权政策与其他的经济、政治及企业战略相统一仍然存在诸多困难。当然这些困难都将只是暂时的。可以预

＊ The chapter is to a large extent based on research in connection with a Swedish governmental investigation of economic policy issues related to patenting and economic growth in Sweden and abroad. The full report is in Swedish, authored by O. Granstrand, with reference：SOU (2006：80), *Patents and Innovations for Growth and Welfare* (*Patent och innovationer för tillväxt och välfärd*) (Stockholm：Fritzes Publishing Co., 2006).

见，同日本一样，韩国、中国及中国台湾等国家和地区的政府为了增强其科技竞争力，势必会实行更加积极主动的专利政策，以此来追赶甚至领先于其他国家和地区。[①]

进入亲专利时代以后，在专利及其他知识产权领域，人们进行了大量的调查、政策研究和改革。在欧洲，人们对有关共同体专利、专利纠纷解决的统一标准、减少翻译文本数量、计算机相关发明的统一方针等政策性课题进行了研究和尝试，但是收效甚微。而日本和韩国等国家，则导入了强有力的政策手段（measures）。以日本为例，为了将日本转变成一个"以知识产权为立国之本"的国家，日本制定了《知识产权基本法》，建立了一个跨越多个政府部门、直接隶属于首相的"知识产权战略本部"。美国也自 2000 年以来，通过实行一系列细部的调整，来对专利制度进行综合性改革。这一改革现在还在进行当中，且由于改革所牵涉的各主要经济成员的终极利益相互冲突（特别是电子软件产业与化学制药产业之间的矛盾），所以改革的结果现在尚不明了。在所有这些改革中，国民经济因素（national economic aspects）都发挥着重要的作用。而在中国和印度，虽然两国都朝着亲专利的方向发展，且国内的专利申请数量也有实质性的增长，但改革的情形却较不明朗。特别在中国，知识产权的问题已经上升到最高的政策性高度。其原因，一方面在很大程度在于美国在全世界范围内打击盗版的积极举措，另一方面也因为中国国内的权利人对于专利权保护的需求日渐提高。

二、概述：专利、创新、企业经营（entrepreneurship）和成长

我们必须从商业及社会的微观及宏观两方面来对专利与创新经济进行考察。其中的基本概念包括：各种种类（包括科技、组织、金融、产品及方法的创新等各方面）、规模（大型还是小型、基础创新还是改良（incremental））的发明和创新。这些发明和创新由各类研发主体（包括自主主体、公司、政府、高校等）开发后，伴随着对新科技的一定程度

[①] There is by now an abundance of academic as well as popular literature on these developments. For further readings, see Granstrand (2000, 2003, 2004, 2005, 2006, forthcoming 2009), SOU (2006: 80) Guellec and van Pottelsberghe (2007), Jaffe (2000), Jaffe and Lerner (2004), Landes and Posner (2003), Merrill et al. (2004), Scotchmer (2004) and Takenaka and Nakayama (2004). Classic writings on catch‑up dynamics are Abramovitz (1986, 1991).

的模仿，在买卖各方逐步流通扩散。基本模式包括产品生命周期模式和交互创新行为模式。从商业经济角度来看，对新的科技及其开发进行投资的基本投资战略涉及：企业内部的研发、生产及市场营销；成品及副产品；各种形式的合作、合资企业和外部合作；双向技术许可；包括完全转让及保留使用权的方式的科技信息的转让。这些投资战略已经变得越来越普及，且对经济增长和金融带来越来越重要的影响。[②]　此外，融资也有多种基本形式（包括内部或外部的、公募或私募、贷款或股票等）。

专利制度的结构及其程序设计旨在促进发明创新。发明人向公众提供有关发明的信息，作为其对价，专利制度在一个较长的期间内，向这些发明人提供用以对抗仿造品的强有力的竞争优势。专利制度背后蕴藏着几种不同的理论，其制度在几个不同层面上存在着优点和缺点。在此问题上，一直以来都有过许多对专利制度的批判。最常见的包括对专利制度固有的在竞争上的局限性及其垄断性的价格，包括高昂的诉讼费用在内的行政成本及交易成本，由其导致的扭曲效果及权利滥用的可能性。近年还出现批判指出，在许多领域，存在过多质量低下的专利，而它们不仅没有促进科学技术的发展，甚至起到了阻碍的作用，这种现象在电子及通信领域，尤其是软件领域尤为突出。这些现象都使当今对专利制度新一轮批判的声音变得越来越强。持批评意见的人还进一步指出专利制度未能给小公司以公平对待，还使发展中国家变得过分依赖于大公司和发达国家的科学技术。另外，还有人批评，在亲专利时代，专利制度给予发达国家，尤其是美国的大型产业利益过多的关注，而社会对研究与开发的成果的自由利用因此而滞后了。上述这些对专利制度的批判显示，过于强大的专利制度已经制约了静态竞争和动态竞争。这点违背了专利制度通过牺牲一部分静态竞争来促进建立在创新基础上的动态竞争的基本目的。当然，这些批评家们也知道，任何一个独立的专利都将在权利生效 20 年后失效，因此他们的批评也就集中在了 20 年的时间里。

各种有关公司成长的研究（无论是基于以往经验还是理论研究）都

---

②　Note that these strategies represent different degrees of organizational integration or conversely 'openness' (with the current notion of 'open innovation' as a special case). The more open strategies for technology exploitation are usually associated with lower company growth compared to in-house production and marketing, everything else being equal.

明确地显示了科学技术和组织性发展作为不同形式的创新，都对宏观的企业成长起着决定性作用。至今为止，除了化学和制药行业等个别例外，专利制度一直相对较弱，对企业发展只起到了次要的作用。从历史的角度来看，专利制度对经济或科技发展的必要性和重要性基本上都不高。因此，如果说专利制度之目的在于促进科技及那些对经济发展有决定性作用的新技术的发展，不免让人觉得惊讶。在完全的自由竞争市场中，企业不愿意进行有价值但成本较高的创新，而对便宜且易于模仿的技术趋之若鹜是必然的倾向，而一些政府鼓励创新的政策及公司的分配机制则确实减缓了这样的趋势。

在微观层面上，两者的关系更加多样，也更不明了。我们可以通过理论推理得知，各种不同的创新都会对公司发展作出贡献。但是，有时即使有完善的专利保护或商业秘密保护，特别是例如方法创新也未必能对企业的成长作出贡献。而且，从理论上来看，发明也并非必然地同人们期望的那样造福于社会福利。[3]（军事上的发明便是一个例子。）

从以往的经验来看，我们不能说某一部分特定规模的公司或者特定形式的企业对经济增长有着最为显著的作用。相比之下，公司与其在创新制度上的战略产生的协同效果更加重要。例如，近年的研究显示了技术多样性、基础技术和聚合技术，以及"创造性积累"使得公司拥有多种技术，因而对技术型公司具有重要意义。对公司的产品及副产品的结构作出调整也同样蕴含着很大的发展潜力。[4]

以上所阐述的专利在公司成长和发展中的作用总体上还是比较模糊。过去的专利制度较弱，而且专利问题向来由律师及技术许可的专业执行人员来处理，经济学家们对此问题并未显示出很大的兴趣。然而，瑞士及其他国家的研究也显示了，虽然专利和企业成长两者之间的关联较弱，但是还是存在着积极的相关关系。同时，这些研究也显示出了在此问题上存在的"专利的悖论"（patenting paradox）——尤其在化学公司和制药公司，即使它们并不确定被授予的专利权的经济价值，却仍然进行大量

---

[3] *See* Granstrand（forthcoming 2009）for proof of the former statement and Baumol（2002）for proof of the latter.

[4] *See* Granstrand and Sjölander（1990a，1990b）and Granstrand et al.（1997），and Oskarsson（1993）and Lindholm（1994）.

与专利有关的工作。企业的成长促进研究开发，而研究开发又转化成更多的专利。虽然不能一概而论，但这样的关联在跨行业领域中显现得更为明显。可以看出，企业的成长对专利起到了促进作用，而相反，专利对企业增长的作用则显得微弱且更为模糊。⑤

但是，这两者的关系在将来可能会变得明确。因为专利制度和经济发展的关系已经在亲专利时代开始后变得更为紧密了。同时，不同的专利对经济的重要性的差异仍然很大，这一现象阻碍甚至使研究者们无法作出足够有自信的统计结果。

就瑞士而言，瑞士皇家工程科学院（Royal Swedish Academy of Engineering Science）和瑞士专利局在 20 世纪 90 年代前期进行了一项共同研究，研究结果指出，瑞士强健的研发实力和微弱的经济成长之间存在着"成长的悖论"（growth paradox）。同时，瑞士的专利数增长也非常缓慢，特别是和 20 世纪 80 年代在研究开发、工业产品和专利数都有极大增长的日本相比时尤为明显。研究也进一步指出了瑞士的创新及开发制度中，在技术利用上存在的若干不足。⑥

三、专利制度的经济理论⑦

（一）概述

有关专利制度的经典经济理论建立在一个传统的概念上，即如果没有专利制度，则对研究开发和创新的投资就会过少，抑或导致过多的发明被作为技术秘密保护起来。因此需要有一个外部的鼓励机制来促进发明、技术公开和创新行为。而专利权正满足了这一要求。

然而，强有力的专利权作为对最先进行发明的人的奖励，也容易导致对新技术的过度投资和无序的开发。因此人们认为，理想的专利权应该赋予发明人一种排他权，而这种权利能够促使其在更广阔的领域进行更深入的开发，就像是一种矿业开采权，权利人最初获得权利，并利用该权利对矿藏进行充分的开发。以这样的方式，新科技领域的进一步开

---

⑤　See especially the works by Mansfield, Scherer, Griliches and Cohen. For example, Mansfield（1986），Scherer（1983，1984，1999），Griliches（1984，1990），and Cohen et al.（2003）.

⑥　See further IVA（2003）and Granstrand（2000）.

⑦　For a classic qualitative review of theories of the pros and cons of patents, see Machlup（1958）and for a current review（with similar classification of theories）from an economic perspective, see Mazzoleni and Nelson（1998），and from a legal perspective Gutterman（1997）.

发才能够得到更好的协调与管理。⑧ 这些被广泛接受的理论多把焦点聚集在发明、创新、技术传播这一系列过程的不同方面或阶段，关注了各类知识产权作为激励机制和协调机制这两个虽然不同却存在相互关联的重要作用。这些理论结合在一起构成了两个新的完整的理论视角。一种视角将专利视为在整个开发及技术传播过程中，同时鼓励技术开发及技术利用两个方面的机制。另一种视角是将专利（或更广泛的知识产权）看做与有体物的财产权相似（却不相同）的调节或管理模式。

表 2.1 对专利制度的上述基本经济原理及新产生的经济视角作了总结。将专利视为激励创新和技术传播的手段可以很好地整合现在的专利激励机制的基本理论（将公开发明信息视为技术传播），通过该比较，我们可以更好地看出其相互依存，及相关过程的动态变化。借此，我们可以更清楚地理解动态竞争（熊彼特增长）并将其与静态竞争作对比。

表 2.1　专利制度的经济原理

传统经济原理	对于专利的新经济视角
发明激励理论	**作为激励创新与技术传播机制的专利**
焦点：对发明及研发的影响	焦点：通过"连续的"及交错的（互相依存的）创新及技术传播过程对多样的竞争带来影响
问题：●扭曲的研发（例如，过多的替代物/过少的补足物，过于薄弱的基础/过多的应用，过多有专利性的研发/过少无专利性的研发）	问题：●关于对创新的激励
	●效率/技术传播的扭曲
●对竞争造成障碍	●长期发明及创新的相互依存性
●产业/工厂/发明者的不均匀性	（例如，具有连续性的创新）
对信息公开的激励理论	**作为治理机制的专利权及专利信息**
焦点：对保密的影响	焦点：将产权分配和信息公开作为一种通过管理层次结构、市场或混合这两种治理模式对分散治理进行激励和组织的模式
问题：●公开的质与量	
●对研发的影响（例如激励、协调）	
●对技术传播的影响（例如在技术市场上的影响）	

---

⑧　This so – called prospect theory was introduced by Kitch (1977), build ingpartly on Barzel (1968) and earlier works by Scherer, and has been highly cited but also subjected to severe critique, e. g. that a prospect right does not solve the coordination problem but merely pushes uncoordinated overinvestment tendencies to earlier stages in the innovation race, besides the difficulty of identifying early on the few inventions that are generic enough to justify a prospect right.

传统经济原理	对于专利的新经济视角
创新激励理论 焦点：对创新及竞争的影响 问题：• 在发明前及发明后的激励 　　　• 对补充性投资的影响 　　　• 交易成本 　　　• 发明与创新的区别 　　　• 专利的规模及延续时间 **发掘理论** 焦点：资源利用的效率 问题：• 研发的协调及复制 　　　• 开发 　　　• 发展 　　　• 公司战略	问题：• 权利的分配及转移 　　　• 权利的积累及分散 　　　• 权利的相互依存 　　　• 权利的规模及延续时间 　　　• 权利的行使 　　　• 治理效率。例如，协调及交流成本、市场效率、交易成本 　　　• 最优化分散的"关税"或"税费"（通过价格或损害赔偿） 　　　• 治理主体及机构的功能（立法、司法、专利局、专利管理机构、专利池、票据交换所、反垄断行政机构等） 　　　• 替代性治理机制

1. 从管理视角看所有权理论

对于知识产权的财产权理论（property approach），存在着正反两种声音。这些争论，不仅针对财产权理论与其他可行的理论（比如以税收为基础的补贴制度、采购协议等）对创新的激励作用，也针对其是否能解决在创新及技术传播中产生的协调及管理上的问题。有人批评财产权理论并未解决协调上的问题。例如，在连续型或累积型的创新过程、"开放性科学"或复合型科技这类语境中，财产权理论就会导致非公有问题的产生，而且也使得为上述创新过程集约各种必需的知识产权变得困难。

然而，信息和知识以及产生和传播它们的环境都具有不确定性，且它们的性质均由多种不同因素构成。由于这种性质，通过结合多种不同的激励机制来培养适宜创新的环境的做法变得合理。因此，应用财产权理论意味着，将对稀有资源的决定权分散给那些能唯一接触到为作出合理判断所需的特定区域信息（localized information）的权利人（agents），并通过向他们提供由此信息产生的收益来激励他们充分发挥自己的能力。该收益通过允许权利人将价格设定成一个高于边际成本的价格来实现，而该价格足以使权利人收回投资的成本。

这里所说的垄断性价格就是财产权理论的一个缺陷，因为其将一部分收益从消费者转移到生产者，从而导致消费者不得不承担一定的损失。然而，要评价财产权理论，必须将该缺点（成本）与其他理论的相应缺点相比较。如果将实施垄断性的价格视为是税金消费部门所分散的权利（a decentralized right to tax consumers），则该价格实质上相当于私权利人向特定对象课赋的一种营业税。此时，和面向一般对象的公共税收不同，由于其有特定的征收对象，行政费用就会来得相对低廉。⑨ 当然，这时的税收可能会超过最小扭曲（minimally distorting），或者因此产生过度的征收（该观点似乎不存异议）。财产权理论的另一个性质，同时也是它的另一个缺点，即它在权利分配上有很大的灵活性。这使得权利的分布变得过于分散，而权利关系人之间的相互依存度也会变高。这样一来，导致了交易成本变得高昂，甚至抵消了专利制度带来的激励创新的效果及其高效性。加之，使权利再次集中往往比使权利分散来得更加困难，成本也更高。

因此，是否适用财产权理论关键在于应将权利分散到什么程度，及按照什么原则来分散权利。不能因为将权利细分化产生过多独立的财产权而导致交易成本和行政费用过高，甚至超过了专利制度带来的对创新的激励作用及高效性。

但是，这并不表示只要正确处理好集中与分散的问题就能将财产权理论变成所有理论中最好的一种。我们还必须将财产权理论中与其他理论相关的所有的成本及收益都计算在内，尤其是因为作为知识产权理论，其成本及收益往往不能得到准确的理解。运作一个知识产权体系要比运作一个实体财产权体系的成本更高。尽管由于对科技创造的评价过高，其收益值也会因此而被提高（参见 Lande and Posner 2003）。

2. 作为管理机制的专利权及发明的公开

将专利视为一种管理机制事实上结合了专利促进技术合作和促进技

---

⑨　Just to mention one comparable alternative, consider the popular use of R&D tax credits or tax deductions for stimulating innovation, based on the idea of subsidizing R&D inputs through targeted cuts in general taxes. This tax arrangement has significant limitations and hardly qualifies as a minimally distorting tax arrangement (see Mansfield 1982). It could be modified of course, for example, to cover commercial activities as well, not just R&D, but it will still be inherently limited (see Granstrand 1998b).

术创新的两个方面（并因此焦点也聚集在前景理论上）。在一定程度上，将专利及其他知识产权制度视为管理机制的视角和有体物财产权的情况非常相似。当然，从根本上说知识产权和有体物财产权有着本质的不同，而这种不同实际上正印证了知识产权作为管理机制视角的合理性。这一不同与一个简单但重要的事实有关，即与有体物财产（资源、产品）的交换不同，双方权利人通过相互公开自己所有的信息以获得经济利益，而这种公开并不妨碍原所有人对信息的继续享有。由于我们无法从人的大脑中没收已知的信息，而且信息本身也不会因为利用而变少。这些信息由多个主体平等地享有，却由某一方单独地所有，因此，我们需要在长时间内对这些信息进行协调或控制。虽然多少会留有瑕疵，但这一问题可以通过明示或暗示的协议来解决，例如，通过签署授权协议或带有保密义务的雇用合同等方式。如此看来，有体物在其交易以后，除了质量保证、产品责任等后续的责任关系之外的权利义务就通过有体物的转移而用尽了，而知识产权的利用与之相比，会产生更长的后交易阶段的契约关系。

因此，在知识产权市场中的各种（广义的）不同形式的授权和其他形式的合同就对通过经济市场来交易和获得信息资源变得至关重要。

在历史上，为鼓励职业手工艺人及行会公开并传授他们所掌握的秘密的技术工艺，也曾有过类似于专利权的特权制度。[⑩] 技术的公开因此激励及整合了其他人员的研发，加速了技术成果的多样化及积累，刺激了在新领域的开发，有助于防止重复开发，因而使得技术市场变得更加高效。[⑪]

所以，从一开始，将技术公开作为获得专利保护的对价这一思想就成了专利制度的主轴。然而，尽管专利制度有着如此明显的作用，能反映专利制度的功能及价值的系统性证据仍然不多。不过，最近的研究指出，专利制度不仅对公司从事的研发工作有价值，同时，例如在日本，对国家普及新的科学技术同样也起到了很大的作用（参见 Ordover 1991，

---

⑩　Note that the dual functions of patents as incentives and disclosures do notneed to be integrated, that is, a patent system could in principle be designed to offerincentives without requiring disclosure and disclosure could be achieved in other ways.

⑪　There is also a dilemma of growing importance when R&D information protected by patents is used by others in their R&D in a way considered as infringement.

Grandstrand 2000，Cohen et al. 2003）。

四、方法论

（一）有关瑞典研究的指令

瑞典政府于 2004 年任命了一个特别研究小组，来从经济角度研究专利活动在公司成长与发展过程中的作用。该指令指出，专利保护对企业经营及成长极为重要。指令还要求该调查需分析瑞典公司如何将专利活动作为一种竞争手段进行运用，特别是通过与其他地区的国家的比较来进行该分析。该调查将会结合欧盟的最新发展情况，还将包括通过与北约的比较研究来明确北约国家专利市场的问题和机遇。

根据该指令，研究小组的任务可以具体为以下几点：

（1）特别是针对小型的知识集约型企业提出建设性意见，使它们可以对专利活动的经济效益及成本有正确的认识；

（2）对如何激励知识集约型企业将更多的创新技术申请为专利作出总结；

（3）阐释专利活动与经济成长的关系；

（4）分析瑞典专利活动减少的现象并找出该趋势产生的最根本原因。

最后，调查要寻找到一种有充分证据支持的理论以用于政策设计。该理论必须是充分利用现有资源，基于实际经验及理论作出的政策分析，而非仅仅反映各个利益集团的意见。⑫

（二）分析框架及研究方法设计

为了研究专利活动与企业成长之间的各种关系，研究小组为调查设计了一个被称为专利－成长螺旋的关系框架图（图 2.1），该框架图由若干阶段构成，该框架中加入了许多与研发及创新活动有关的变量，各类公司之间的相互影响也被考虑在内。大量的参考变量使该关系框架能够看得更加深入，同时，将创新与企业的全国系统作为一个整体而建立的模型也增加了关系框架所涉及的广度（图 2.2）。该模型并不局限在某一

---

⑫ The evidence－based approach must, however, be adapted to the state of knowledge and access to resources, including time. A good time margin in policy research is advantageous here. Such a margin has not existed regarding economic aspects of patenting, that is, within patent economics, due among other things to the rapid developments in the patent field and to economists' traditional lack of interest in patent issues.

特定国家，它在早些时候被用于一个关于创新与企业经营的跨国研究上。[⑬] 此外，研究方法可以同时适用于现在及将来的跨国比较。如图 2.2 所示，模型中共包括了 3 种类型的企业，即自主经营企业（特别是小型企业）、公司和国家企业（公共所有），为更上一层的分解方法，该模型将高校（学术机构）按照其所有权的类别归类为公司或国家企业。当然，由于存在各种跨组织的合作，也会产生上述分类混合的情况。

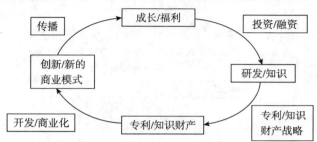

图 2.1　专利－成长螺旋及媒介因素

随后，依照该模型的不同层次及分析单元（国家、产业部门、公司、创新、科技及专利），利用各种不同的数据收集手段（例如，采访、案例研究、问卷调查及统计），进行了大量的分类研究。由于时间、空间所限，在一定程度上，样品选取的基本原则是选择高水平的增长或高水平的专利及研发活动作为分析单元。

调查选取了若干样本数量相对较小的分类研究。而对大公司的问卷调查的样本数量却高达 50 家公司。分类研究不仅对调查本身，而且对寻找到一个证据充分的政策设计方法也具有重要意义。共有 75 人接受了长时间的采访，外加大量的简短的电话采访及谈话，大约 200 家企业参与了问卷调查，表 2.2 显示了调查方法的分类调查的详细分析方法。研究结果将在以下的总结中进行说明，而本章的重点将放在政策性的建议方面。

---

⑬　The European Community Innovation Survey（CIS）was considered too general for probing various patent issues, however, although some of its questionnaire questions were used. Detailed econometric studies of causal links between patenting and growth were also ruled out early on due to insufficient data availability.

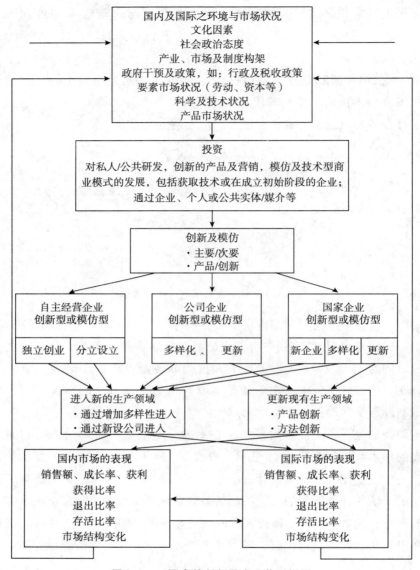

图 2.2　一国内的创新及企业体系概图

注：

（1）此处所示国家企业的分类指国家在企业建立早期直接进行企业运营活动（例如：通过选择产品、市场及技术进行）。当新企业到达有持续性运营能力的状态时，一个独立的企业实体将取而代之成为责任主体。

（2）企业类型取决于所有制（私有/公有）及企业规模（小型/大型）。独立的创新者属于自主经营者范畴，大学企业因其所有权决定其为公司或是国家企业范畴。

表 2.2　实证调查的整体方法论设计

分析层次及单元		附属研究	数据收集方法
国际（欧洲、亚洲、美国）		INT	公共数据、文献、会议
国内（瑞典）		SWE	公共数据、文献、访谈
		IPE	访谈、统计数据、文件
产业部门	服务业（金融、医药、通讯、能源、高校、军事）	TBS	访谈、统计数据
	其他产业（特别是生物制药技术及信息通信技术）	TBI	访谈、统计数据
企业	大型企业	PEX4 – L	调查问卷（信件、电邮）
	中小型企业	PEX4 – SMF	调查问卷（信件、电邮）
		GAZ	访谈
		HIT	访谈、调查问卷
		IPM	访谈
		GGVV	访谈
		IT – SMF	调查问卷
	知识产权咨询企业	PEX4 – PB	调查问卷、访谈
	专利局（瑞典专利局）	PEX4 – PRV	专利统计数据、访谈
创新		SSI	调查问卷、访谈、案例研究
技术系统		BIO – M	访谈、案例研究、统计数据
专利		PEST	调查问卷、访谈、统计数据
		PPP chemistry	专利信息的研究
		案例（Losec，Nokia 等）	访谈、统计数据、专利信息、公共及私人纪录

注释：

INT：国际，SWE：瑞典，IPE：瑞典知识产权教育的有效性研究，TBS：以技术为基础的服务产业的研究，TBI：以技术为基础的生产行业的研究，PEX4 – L：大型企业研究，PEX4 – SMF：中小型企业研究，PEX4 – PB：专利咨询企业研究，PEX4 – PRV：瑞典专利局专利统计数据的研究，GAZ：高速成长"Gazsell"企业研究（根据 Dagens Industri 报纸精选），HIT：高新企业研究（根据 Ny Teknik 报纸精选），IPM：知识产权经营研究，GGVV：格努舍地区研究，IT – SMF：信息技术部门的中小型企业研究，SSI：瑞典的最大型创新的研究，BIO – M：生物材料研究，PEST：对重要专利的应用战略的研究，PPP chemistry：对化学领域方法表征专利的研究。

五、调查的实证结果

（一）瑞典的专利、创新与成长——概述与分析

调查中的许多分类研究都致力于阐明瑞典的研发、专利、创新与成长之间的复杂关系，调查结果反映了各种性质各异的相关关系；因此无法直接形成一个结论。一个有关瑞典的重要创新的分类研究结果指出了瑞典的创新与企业制度（entrepreneur system）中的几个结构性问题。中小型企业的创新频率与比例整体较低。而大型企业在新的商业领域中的根本性创新频度较低，且特别在医药产业中，由外国所有的创新型瑞典企业数量急剧增加。尽管大型企业和小型企业在增长率和进入国际市场的速度上并没有显著区别，大型企业与小型企业之间、高校和公司之间的相互作用在创新及技术传播的过程中非常重要。

另一个分类研究是有关较重要瑞典专利的利用情况的。该研究也同样指出，已成型的大型企业具有主导地位，而小企业即使获得良好的专利保护，也鲜有发展壮大成大型企业的例子。此调查也显示了在较重要瑞典专利中，由外国所有的专利数明显增长的现象。

总体上，小企业能够迅速成长的原因有很多。而专利并不能被证明在这类企业发展中起到了一定作用。相反，它们的专利意识非常薄弱。在原本就很少的样本数中，服务性企业占到了大多数。这一结果提醒我们有必要就有关专利对于快速成长企业所起到的作用作进一步的调查。

而在另一方面，在快速成长的小型技术型企业中，专利毫不意外地显示出了与企业成长之间的明确关系。即使这些企业的专利业务知识不足，它们对专利重要性的意识还是很高的。

对于那些小企业来说，专利对吸引风险投资也有着重要的意义。一个以 IT 小型企业（包括软件公司等）为对象的研究显示，产品创新对公司成长至关重要，而专利活动的重要性则较低。在 IT 企业中，致力于技术许可转让的比例相对较高。在另一个独立的分类研究中，几乎所有受访的公司的专利部门都认为，专利保护对象应该扩大到软件本身。有关这一问题的详细情况，还有几个简单的案例分析可供参考。此外，有一些分类研究在其报告中提醒读者应注意到其调查的样本数量相对较小的情况。另外有一个以 50 家瑞典大型企业为对象的大型问卷调查。其中 38 家企业给出了答复。该调查显示了专利保护及专利活动的可能性对上述

各公司的研发、技术创新及企业成长来说，总体上是非常重要的。

在与其他北欧国家的比较研究中发现，其他国家公司的产品开发比例很高。大部分公司的商品及对产品和方法所作的创新，都得到专利保护。通过对新产品申请专利来延迟或抵御那些依靠模仿的竞争也是一个重要的商业策略。在同美国的比较中也反映出，对于瑞典的大公司而言，该策略已经比以前来得更加重要了。

而在公司的专利－成长螺旋上升曲线中的多种可变关系间的作用力（弹力）也显示出了明确且一贯的积极相互关系。

一些公司自身的研发，有时也会因为其他公司的专利申请而加速。因为它们不得不研究避开那些专利技术的方法，当然，同时，公司自身的研发也会因为其他专利获专利信息而减少。因为虽然重复研发可以避免，但也存在因为对方的专利，而使公司自身的研发活动受到阻碍甚至不得不停止的情况。

最后，专利制度本身对大型企业发明新产品的研发积极性有着很大的影响。如果没有专利保护，发明及研发活动大约会减少 1/3，产品销售额会减少 1/4。

针对大型企业的研究同时也探讨了瑞士专利局收到的专利申请，即瑞士专利数量减少的原因。有关这部分的研究，会在下文中作更详细的说明。

另一个有关瑞典的知识产权教育情况的调查显示，在理工、经济、法学专业的硕士毕业生中，只有不到 10% 的人曾经履修过与知识产权有关的课程。在知识产权经济方面，几乎没有合格的教育课程。调查还显示，虽然在创新领域有着大量的参与者，但却鲜有高质量的有关知识产权整体竞争力的建议。而瑞典的科技企业的经营者也几乎没有接受过任何有关知识产权事务的实质性培训。再者，在瑞典的知识产权专业人士的数量存在着严重的短缺。上述这些情况，都与当下智力资本集约在以知识为基础并衍生自知识产权的经济模式相悖。

（二）专利活动减少了吗？如果是，其原因为何？

作为本次调查的四个根本任务之一，调查需要概述瑞典企业进行专利活动频度，及瑞典专利局收到的专利申请，特别是首案专利申请的数量变化。专利活动频度这一概念在此可以包括专利申请的频度及被授予专利的频度。此外，"频度"的定义为一年中的次数。企业的专利频度和专利偏好，即企业就具有专利性的特定发明来申请专利的频度。其背后存在着多种因素。在确认专利申请数量时，调查应该至少将专利申请按首次提出申请的途径分为四类，即：在瑞典国内的申请、在外国的申请、在欧洲专利局或通过《专利合作条约》（PCT）提出的申请。这几种途径又可以被结合为几种情况。例如专利申请人向欧洲专利局和英国专利局提出申请，其目的在于可以从英国专利局较快地获得专利调查报告以用于向投资人说明，而另一方面又可以最终从欧洲专利局获得较长的专利保护。

像诺基亚这样的大型跨国企业，拥有大规模的国际化研发水平及大量的专利资产，它们正致力于扩大专利申请及专利活动的国际化。而其导致的必然结果是像瑞典这样有大量国际企业的小国的国内专利局接受到的专利申请数变少。然而这并不一定意味着在欧洲专利局申请中指定瑞典保护数量的减少，因为申请被提交给了欧洲专利局而非瑞典专利局。数据还显示了瑞典、挪威和芬兰的国内申请数量在过去的5年中都有所下降，而同时期，在美国、日本和PCT申请的数量则呈直线上升。瑞典的申请数量下降，主要归因于瑞典国内，特别是很大程度上大型企业申请数量的下降。进行专利申请的公司和个人发明家在1998年规模相当。但近年来，其专利申请数量的下降比例几乎相同。而在申请人数上的减少则更大。至少在1998～2004年的7年间，在向瑞典专利局提交的首案申请之中，在之后的4年或7年中，每年提交申请的人数大约只有5%。也就是说，有95%的专利申请人申请的频度低于每年一件。因此，每一个发明主体相对的具有专利性的发明数量便成为一个重要的参考要素，而这主要取决于研发及可用于专利活动的资源。

瑞典专利申请的下降在很大程度上还因技术领域的不同而不同。在2000～2004年，电器与电子领域的申请数量直线下降。该领域的几家大企业——Ericsson、ABB和TeliaSonera是导致该领域专利申请数量下降的主要原因。而这几家公司在1998～2000年，均在向瑞典专利局提交了最多首案申请的20家公司之列。尽管并非所有具体问题都可以归结于此，但是上述事实表明，在IT及电信领域的专利申请数量下降主要归因于Ericsson及ABB在事业上的衰退。

简单来说，我们可以说由于 IT 泡沫的破灭而导致了专利泡沫的破灭。而与此同时，如 Volvo、Scania、Sandvik、Electrolux 和 AtlasCopco 等公司中容易受到商业连锁影响的机械工程部门则提高了它们的专利申请频度。如果除去 Ericsson 和 ABB，这些公司的增长量，几乎可以大致抵消向瑞典专利局提交专利申请频度前 20 位名单中其他公司专利申请数量的减少。

在另一项以中小企业为参照系，针对大型研究开发密集型企业的问卷调查中显示，研究开发资金及专利活动资源的变动，对于大型企业及中小型企业来说，都是导致专利申请频度上升或下降的重要因素。除了此因素外，另一个对专利数量下降的解释是一些公司对专利质量策略的变化。在 20 世纪 90 年代，一些公司更重视专利的数量，而近年来，它们对提出专利申请的发明更精挑细选，使专利政策转变为以质量为重。这一观点在一个以瑞典最大的 14 所专利事务所为对象的问卷调查中得到证实（2001～2004 年，专利事务所的业务量并未下降）。而对中小企业来说，在 IT 泡沫破灭之后，在瑞典的风险投资整体上急速下降，因而专利在中小企业的融资方面所起的作用也随之减小了。

虽然一些利用者指出瑞典专利局的服务还有改善的余地，但大部分大公司都表示对其优质和平价的服务感到满意。调查显示，在 1998～2004 年，瑞典专利局接受瑞典大型企业首案申请的比例基本保持不变。而同时期瑞典大型企业向美国专利商标局（USPTO）提交的首案申请的比例则大幅下降。这一时期大型企业提交的 PCT 申请数量增加，它们向瑞典专利局提交的申请的大部分都是进入国际申请受理部门的。但同时，瑞典专利局接收到的 PCT 申请数量在总量上还是下降了。越来越多的瑞典企业选择向欧洲专利局或者 WIPO 国际事务局提交它们的国际专利申请。

1998～2004 年，虽然在相对数量上瑞典大型企业在美国的专利活动减退了，但平均而言，在绝对数量上没有明显减少。瑞典从 1994 年开始，一直在美国申请专利前 20 位中稳居第 10 位。在另一方面，如韩国、新加坡、中国及中国台湾等亚洲国家与地区的排名均有所上升。它们同日本和中国香港一起，在美国的专利数量排名表上领先于众多的欧洲国家。

六、对投资政策的建议

（一）总体建议

本调查的总体建议主要涉及广义的专利活动——包括研发、创新、经营的发展，及专利活动和企业成长之间的多元化关系。具体的建议主要针对本调查的前两个任务，即加深对专利经济的理解与认识和增加企业的专利活动。由于专利活动在企业成长壮大时有增长的趋势，因此总体建议和具体建议都是相互紧密关联的。下面，我们首先讨论总体建议。

经济越来越显示出趋于以知识为基础、以知识产权为本源以及国际化的特点。它创造了越来越多的机遇，同时也产生对其的控制问题。这同时也要求国家与企业双方都在各自的角色上进行转变，共同合作，以带来更快的增长和更多的社会价值。

瑞典经济有若干个有利于知识经济发展的要素。一方面，它有着以良好教育水平、高度的研发能力、具有多样性及国际化的产业为背景的优良知识背景。另一方面，它有着日、韩等国不具备的丰富的自然资源。我们要更好地利用这些可能条件，例如，可以通过各种方式建立并加强具有瑞典文化特色的知识产权及经营模式，将知识资本与自然资源相结合，以期待两者的相互促进，产生增益效果。而另一方面，关注知识产权问题可以使商业和政治领域产生更多具有经济效应的创新活动，而首先，关注专利质量和领先水平对于提高商业领域的活力及促进其改革等更高目标则起到了指引作用。

瑞典的企业系统，包括瑞典的创新体系，应该通过同时强化国家（公有）企业和私有企业来加强。国家应该直接成为企业的主体而非间接地促进企业活动。应在特殊的经济形势下发挥特殊的作用。该作用在那些以科技为基础的服务部门在经济中占较大比重的小国来说尤为重要。而这些服务部门在很大程度上是公有的。这些部门由大专院校、电信能源、金融、国防安全、医药健康等部分组成。这些以科学技术为支柱的服务行业虽然在专利以及知识产权利用上比较薄弱，但是却具有非常大的创新潜力和商业机遇。

私有企业也应该通过各种方式得到加强。中小型企业的创新性企业经营应该进一步强化。正如在瑞典的大型企业中，除了在现有的经营领域不断提高，开创新的经营领域和进行根本性创新的意愿与能力是这些公司长久以来的优势所在。在此基础上，瑞典的大型企业和中小企业在创新活动上的合作也应得到维持和增强。我们不希望看到新兴的科技企业和大型企业之间产生分歧。同样，也应该避免国内买卖双方的关系网络被削弱。再者，应该更好地利用已经较为成熟、壮大的商业地区及其周边地区的发展机遇。

瑞典的企业系统则应该提高经济竞争力。同时，瑞典财政拨款的增速也应该提高。举例来说，瑞典的研究与开发产业（属于服务行业）取得了增长，但与此同时，技术使用授权的收益及对外国用户和制造商提供研发的占有率并没有刺激国内的增长。在国际竞争中，仅仅依靠优势的服务性研发产业的经济是站不稳脚跟的。

另外，调查结果还明确提出了几个对知识产权行业的总体建议。例如，继续致力于：（a）北欧的合作；（b）将英语作为商业、专利及知识产权的工作语言；（c）在新旧各个方面继续实行和发展国际专利体系，例如，有关 PCT 体系及执行制度的国际协同、合理化及发展，专利的判断标准特别是提高对创新性的要求及进一步明确技术特征的要求；（d）积极地推进瑞典专利局的国际化、多样化和合理化。在此意义上，调查建议对法律作出修改，以使瑞典专利局接受直接用英语撰写的专利申请且不要求后续提交翻译件（也就是在 2000 年伦敦条约未获得全欧洲的完全批准的前提下接受该条约的内容）。同时瑞典专利局也应该根据英国模式，尝试实行不具拘束力的专利有效性及侵权调查。

最后，考虑到在未来的重要性及普遍性，研究提议，建立一个直属于首相职权下的跨部门的专利及创新政策委员会。在实施上述的若干建议时，商业领域及政策相关部门的积极及明确的配合是不可或缺的。

（二）对提高专利意识、对专利的理解及专利活动积极性的几点特别建议

研究提出了一系列特别建议，一部分旨在提高公司对专利经济的理解和认识，另一部分则是为了提高它们申请专利的可能性及意愿。提高对专利经济的认识往往会使公司申请专利的积极性变得更高。由此连带增加专利申请的频度。当然，专利申请的频度，还受到其他几个额外因素的影响。这些因素有些可为企业及国家所控制，有些则不然。而这些因素也成为研究所给出的建议的基础。

对专利经济的理解存在几个基本的难点。专利事务复杂且跨越多个领域，包括各种不同行业的经济、法律和技术要素。成本和回报都需要从长期视角来看，由于对于专利而言，成本显然是要比从它获得的回报来得明显的，因而也就决定了对专利投资的特性。

而且，专利的回报在分布上有很大的不均衡性，如果单纯计算专利数量往往会造成误解。研究指出，瑞典的企业在专利竞争力上存在几个主要的不足，例如，在商业策略及商业经济学上的不足，及由此产生的公司与公司之间的商业策略及知识产权策略的相互统合及合作的欠缺。而且在商业领域，对专利的意识普遍偏低，特别是在中小企业、学术机构及政治活动领域。

关于如何提高专利意识的问题并不是最近才产生的，也并不仅仅局限于瑞典。只是由于亲专利的潮流，使这一问题凸显出来。各个国家都为解决此问题作出了各种努力。以往的经验显示，专利纠纷、大额赔偿、同业企业积极的专利活动等都对提高专利意识和增强对专利的理解起到重要作用，例如，对新型商业模式的模仿或同国内同业竞争者的比较学习（"标杆管理"学习模式）。在这一点上，由国家出面主持或由国家资助的各类为企业提供建议及各类支援的项目可以降低用于企业内部学习等的经费，起到积极的作用。

研究还建议国家采取了一系列的援助和措施，以提高对专利的认识对专利活动提供建议，以及加深对专利活动的理解。这些举措应该与整体的商业发展、创新活动和企业活动的各种内容相结合。具体内容在此就不展开了。我们应该尽快集中开展两项教育性的活动：一是对知识产权专家的培训；二是对知识产权工作的从业人员进行针对欧洲专利代理人资格的培训。这些培训必须保证质量，且有必要在欧洲专利代理人资格之外建立一个专利从业人员的资格认证制度。

除以上这些措施之外，还有一些可以直接促进企业申请专利的可能性及意愿的措施。比如，国家向专利申请活动及专利教育投资，并对研发活动提供支持；促进国内的专利及知识产权专业人士就业的措施；帮助公司董事会及经营者制定有关处理专利及其他知识产权的操作手册以及其他一些特别是针对与公众密切相关的科技服务行业的特别支援。此外，有必要对军事、医药领域的商业发展及知识产权的相关问题进行单独调查。例如，对科技产品的购买及贸易的潜力及形式进行评定等。

由于以上的各种国家支援手段都能与现有的一些国家措施相结合，为瑞典的研发系统提供更多的研发资源，应该拿出专利及知识产权经费的大约 4% 作为研发资金，然后根据公司的类型作上下 1% 的浮动。

同时，中小企业特别在其发展早期，通过民间的风投资金来扩大实力，也是很好的金融机遇。出于此目的，我们提出的建议是，向企业提供条件优惠的特别专利贷款。降低向瑞典专利局申请一次及二次优先申请的费用。由瑞典专利局提供更快捷、优先的服务及更好的指导及咨询服务，包括语言上的支持，这些均需瑞典专利局在规章及操作细则上作出改变。另外，需要建立知识产权评估机制并确保其质量使最新的会计规则可以用于以知识产权为代表的非物质资产。同时，亦有必要提高瑞典对专利及其他知识产权侵权的赔偿额并制定出计算赔偿额的统一标准。对专利及技术许可转让的税收及一系列问题应该进行重新确认。同样，包括与专利发明授权的领域相关的规则等专利制度，也应依照欧盟的标准进行协调和统一。

此外，考虑到平衡和协调在各领域投资的需要，应该对技术特征要件进行重新构建，以此增加对服务性领域创新的投资。而不管技术特征要件以何种形式进行修正，对创造性的要求都应该提高。此外，还应该重新对手术方法、治疗方法、处方方法的可专利性进行讨论。下文中还会对此三者作进一步的探讨。

最后，研究还发现，在进行专利政策的设计及相应的研发、制定创新和发展政策时，人们越来越多地利用专利信息及专利分析结果。这特别是在纳米技术及生物健康技术领域尤为突出。

（三）可专利性标准

在可专利性标准的问题上，长期以来一直存在着许多论点。不同国家的不同时期也产生过许多不同的方案。对于该问题的全面调查不在此次研究范围之内。下列建议都是结合发展并基于现有的基本情况而作出的。同时，我们不应该忘记，瑞典的立法和实务上所要进行的核心及单方面的改变在一个基于国际间进程和对话的较短期间内是受到局限的。

再者，对专利制度中的某个独立部分作修改也会因为专利制度各个部分间紧密的相互作用而受到限制。对专利制度的修改不能影响专利制度的长期发展，但同时又必须着眼于专利制度的整体：包括可专利性的所有要件及其相互之间的协调关系。同时也要考虑制度的经济作用，包括积极和消极的各方面效果。

1. 提高对创造性要件的要求

创造性作为可专利性的要件之一，是被经济学论证并且有着长期的历史背景的。但是，可专利性的各个要件中，建立起该要件的统一规范却是最为困难的。一方面是在经济学理论上的困难，另一方面，在审查过程中，向审查员、法院、律师等提供审查指南及检验标准也很困难。另外，虽然各国的专利法本身并没有很明显的区别，但各国专利局之间对该标准的统一则更是难上加难。专利局的审查程序及利用的文献都有所不同。由于关于专利申请的相关资料在绝对和相对数量上的缺乏，加上为了提高专利申请的积极性，专利费偏低，以及对不当申请的制裁性惩罚较轻，都导致了对专利创造性的要求降低。特别是在新兴科技领域[14]中，因为一些显而易见的原因，文献资料库尚不完善，因而导致了创造性标准过低的倾向尤为明显。从最初开始，创造性的标准就设定得过低，加之，由于新领域中的早期专利申请一般都带有普遍性，即其专利申请的范围大，加之新兴科技的不确定性，使得专利的权利范围很难判断。而其后果就是导致了市场上的交易费用变高，而该费用变高带来的商业交易的迟缓及过度保护足以导致某一领域的成长减缓或不足。该领域中可能存在多个相互竞争的权利人混战的局面，导致交易费用过高且很难与这些权利人进行交涉，特别是对小企业及新进入该市场的企业。就好像是一整片农场被分割成过多的小区块，而使人们无法开展高效的农业生产。在美国，现在（2006年）对创造性要件的要求被认为是大幅下降了。同样，在欧洲的一些国家，也出现了创造性标准变低的现象（在欧洲专利局创设的初期，为了与欧洲标准相统一也是产生该现象的原因之一），当然要作出一个系统的确认性研究还存在困难。要确定一个合适的（最佳的）创造性标准相当困难，对此，仍然存在着许多争论。种种原因

---

[14] See further Granstrand (2003). See also Merrill et al. (2004).

导致该问题还有很大争议的空间。[⑤] 而在美国，通过对一系列由于创造性标准过低导致的可能的现象及风险的评定，提出了一系列修改的意见及建议。[⑥]

人们自然会问，到底该标准应该定得多高才合适呢？关于这个问题，目前仍然缺乏足够的基于事实的分析。今后对此问题，需要结合以往的各领域的合理标准及适当的审查标准和方法，并参考法院及专利审查人员的建议，作进一步的分析。

2. 技术特征要件

在欧洲（包括在瑞典），一项发明如想获得专利授权，必须具有"技术特征"。该要件在实务中具有很长的历史，并且因为历史及语言学上的各种原因，变得非常明确。该要件旨在成为一种类别概念，希望通过此要件限定具有可专利性的发明的范围及每个专利的权利范围，并将专利权与其他知识产权相区分。关于所有用于分类及限定的概念，我们常容易犯两个错误，即将不必要的要素归入，而将必要的要素排除。但是，对于为什么需要技术特征要件，在经济学上尚无明确的结论，其在立法上的目的也相当模糊。在瑞典专利法中，1967 年该要件才替代原本的与产业经济学关系更为紧密的"产业上可利用"要件被载入法律中。[⑰] 在欧洲专利法中（参见欧洲专利法第 52（1）条……"具有产业上可利用性

[⑮]　Another reason is that 'small' patents could be useful for incumbents attempting to 'evergreen' their product protection through repeated patenting of small improvements, when enjoying learning benefits from cumulative production and marketing as described in Granstrand (2003, ch. 10).

[⑯]　See further Granstrand (2003). See also Merrill et al. (2004).

[⑰]　The preliminary work for the patent law of 1967 describes the practice which had been developed over the years, whereby an invention in the sense of patent law was regarded as something with technical character and technical effect, among other things, and which must be reproducible. But it was considered impossible to state suchconditions in the law text. Instead, the text gave a short determination of the object of patent law as being 'an invention that can be utilized industrially'. The expression 'industrially' thereby referred primarily to the requirement that the invention should be of a technical character, whereas other demands in this context were included in the concept 'invention'. That an invention has a technical character was then thought to mean that it solved a problem with the help of natural forces, that is, that it exploited the laws obeyed by nature's materials and energy. The term 'industry' would thereby be interpreted widely and comprise all areas of technology, not limited by the general to, for instance, an optimization problem seems able to be applied industrially, for example, in the financial sector or in manufacturing industry. use of language. (See Hesser and Essén 1968.) Against this background, for instance, a computer program that exploits semiconducting materials in order to find a solution.

的发明"），"产业上的"这一概念一直以来被不断扩大，现在，还包括了例如服务业（服务产业）。除去人格权等因素，专利制度及其基本框架的主要目的是达成经济功能，因此可专利性要件即使并非在经济上最佳，也至少应该能对经济要素有效地发挥作用，尤其是不能起到反作用（例如阻碍经济的发展）。专利制度在那些对研发活动投资过少的领域实现一种平衡功能。较之其他方法，通过利用可专利性来实现这种功能更好，因为它能够避免一些成本较高的副作用产生（例如，用于专利管理或市场交易等的费用）。尽管科技领域中发生投资过少的情况最为实质及频繁，但是类似情况也可能在很多领域中发生。⑱ 鉴于这一背景，我们不应该将可授权专利的对象限制在狭隘的技术发明（具有技术特征的发明）范围中。从性质上看，在可专利性要件的设计历程中可能曾经犯过一些错误，而纠正这些错误所要花费的代价要大于解决这些问题所带来的实际利益。但如果从市场经济角度，特别是在中长期（3～5年）的时间范围来看技术和非技术领域中对研发和创新投资过少的问题时，相较技术特征要件（在美国不存在该要件）重新构建和补充的边际问题，这一观点并不正确。对技术特征要件进行更好的设计，能够降低因为"技术"一词的定义带来的语言上及随之而来的法律上的不确定性。

技术特征要件（迄今为止在瑞典法律中没有明文规定的情况下）产生于实践中。我们可以认为它既不直接被法律文本所支持，从经济学角度来说设计得也并不完备。普遍认为，与计算机有关的发明或者处方方法不应该因为违背技术特征要件而不能被授予专利。该结论并不意味着与计算机有关的发明或者治疗方法必须被授予专利。但是我们可以通过其他标准来对其进行限制。比如，与计算机有关的发明，只要满足新颖性、实用性（产业上可利用性及可以通过无害及适当的手段进行反复实施）及创造性要件，就不存在其他阻碍其被授予专利的限制要件。这些要件非常重要，因为它们可以分辨出那些不需要刺激投资并会导致交易

---

⑱ The theoretically pioneering work is by Arrow (1962), who pointed out that a risk of underinvestment exists for all types of inventive activity in the form of production of new information (including knowledge), that is, not only for technical inventions, due to difficulties of selling information and thereby appropriating profits to cover investment expenses (the so-called 'information paradox'). A positive difference between social and private economic returns on innovations is thereby created, which was later empirically verified by Mansfield et al. (1977) and others.

成本上升的小发明及"垃圾发明"。从这个意义上来说，由于存在限制专利保护范围的原则，技术特征要件的存在意义也不大。如同上文中所提到的，在新领域中，技术特征往往被定义得过大，反而阻碍了该领域中技术的进一步发展。[19]

因此，我们可以有两种方式来着手这项改革：一种是前文中论述的经济学方法；而另一种是通过重新解释"产业上可利用性"，并对"技术"一词作更广义的解释来进行法理上的修正。最后这一项并不难进行论证。[20] 因为几乎在所有领域，技术正在日新月异地发展，因此，在社会科学、人类学、文化生活、艺术形式等各种各样的方面，都在发生着"技术化"。技术院校正在拓展它们的专业领域，不再仅仅局限于计算机工程和信息技术，而几乎所有的公司也都是以技术为基础的。而同时，科学（包括数学）与技术之间的界线正越来越模糊。例如，最新的电脑语言、翻译及运算法则的发展需要大量的资金投入，涉及大量的基础研究，也具有鲜明的技术特征及产业上利用的可能性。技术上的支持几乎在所有规模及形式的研究和发明中都大量存在。

但是我们也不可以低估对"技术"一词进行广义解释存在的困难。[21] 同时，与过去一样，适应新的技术术语仍将是法院及专利局的一项重要工作。

由于缺少经济学上的研究，如何设计一个在经济学上较为完满的补充要件是一项更大更困难的工作。因此我们在此处所提出的建议将是一项着眼于长期的提案。补充要件至少应该考虑包括规模、生产效率及原创的程度（也与生产率相关）在内的发明的投资特点，发明的交易成本

---

[19] Compare the limited geographical scope of a mining right resulting from a discovery of say a copper ore deposit, a right which does not extend far beyond the discovered site and thus does not cover more distant sites subsequently discovered, and in particular not all future copper ore deposits in the whole region or nation.

[20] It can be mentioned that 'technical' etymologically derives from the Greek concept 'techne', which had a much broader meaning in ancient Greece than in presentday interpretations of technical character (see e. g. Peters 1967 and Moravcsik 1992).

[21] Here one should weigh up the costs of a new delimitation and 'border control'. In principle, a theoretically less suitable delimitation may then be economically justified because its application (including border control) leads to lower total costs. In this way, for example, zero - tolerance limits can be motivated in certain cases.

的特点及其金融上的特点。这些类型的要件均与创造性要件紧密相关。最后，应该强调，在投资特点方面对技术特征要件进行重新构建的前提必须是已经满足了创造性要件的要求。即使一个发明满足了技术特征要件，仍然需要对其进行创造性要件的判断。因此，从整体上来说，报告所提出的建议并不意味着应该使获得专利变得更加容易。

3. 手术方法、治疗方法及处方方法

依据欧洲专利法第52条第4项规定，能直接获得医疗效果的手术方法、治疗方法及处方方法在欧洲不具有可专利性。但是医药产品或方法在大部分情况下可以获得专利。如果手术方法、治疗方法及处方方法或程序（"STD方法"或"STD程序"）可以获得专利，将会阻碍伦理上的动机。在这些类型中，非经济性目的必须大于经济目的。然而，经济上的动机也会给个人和社会带来相当大的成本。因为它会减少或推迟新的STD方法的产生，以及为由此而产生的伦理上的问题而所需付的代价。STD方法现在主要由小规模的医药实务人员开发，其开发人员和资源，比如临床实验的规模，都须待增加。而此处我们的问题就是，对STD方法及程序的限制会在多大程度上导致对STD方法等的研究和试验的投资不足。同时，我们还必须考虑现在对可专利对象加以限制而带来的行政成本及随之而来的法律不确定性。而另一方面，不加区别地对所有的STD方法都进行限制的伦理上的动机会增加发展和试验STD方法的成本，因此很难在经济学上被合理化。而在一个整体平衡方案中将伦理上和经济上的考量加以平衡则更加困难。像美国那样，在法律中增设一些限制和合理适用的原则，似乎会使医药方法领域的立法更加完善。②

如果对技术特征要件进行重新构建和补充，则有必要添加更多的区别原则来判断STD方法是否具有可专利性。这些原则不仅仅适用于STD方法，也包括其他所有想要获得专利授权的发明。例如，对商业模式是否可以被授予专利就应该有一个特别的标准。我们上文中所阐述的标准绝不能被全盘照搬到商业模式专利的情况上来。商业模式常常和管理模式的发明有关，而由于这类发明的特殊性，使我们要对其进行特殊的分析。这一问题在此就不展开了。

---

② In these matters, discussions with Bengt Domeij have been very helpful. See also Domeij (2000).

七、专利及创新政策是否具有一国的特殊性

本章中我们所得出的结论、作出的政策性建议是否也能一般性地适用于其他国家？第一，专利政策和知识产权政策在更大程度上是具有国际性的。因为各国都同属于一个国际的知识产权系统，而在该体系中存在着许多寻求共同、统一的条约。因此，有关整个体系的效力问题的要点和建议是可以适用于各个国家的（当然，不包括例如专利局的作用等例外）。第二，许多国家有着相似的经济及科技背景，全球化越来越明显。像瑞典、芬兰、荷兰、瑞士等这样的欧洲小国具有许多相似之处。例如，它们都仰赖若干国内研发占很大份额的大型跨国企业。第三，尤其是在发达国家，在知识型和全球化经济的环境下，许多国家管理上的问题趋于相似。第四，由于欧洲整体上落后于美国和日本，而赶超二者的关键在于技术研发、创新和企业运营等问题，因此在欧洲范围内重要的专利及创新政策基本上可以认为是一致的。第五，通过对几项专利政策及创新政策的研究后发现，尽管在例如专利法、政策结构及工业结构等方面存在着法律、经济学上的不同，但是它们之间还是存在着大量的相似点的，因此我们所提出的建议也基本上具有普遍性。在一些有关国家创新制度的著作中（见 Nelson，1993）也明确地指出了这一点。国家间最主要的区别主要体现在国家的大小及其工业的发展阶段上。

综上，我们有理由相信，整体上来看，此处就瑞典所作出的一系列政策建议同样也可以适用于欧洲的其他国家，特别是一些小国和发达国家。因此本文在附录中添加了一份调查结果的简短概要，该概要并不是专门针对瑞典的建议。

最后，我们还要强调的是，由于针对以科技为基础的企业的专利及创新政策越来越具有国际普遍性，我们可以减少许多国家间的重复劳动。而针对国际间的不同，我们可以作更多跨国的比较法及经济学的研究。总的来说，在专利及创新政策方面，我们需要作更多的跨国家跨领域的研究，并基于实际情况进行政策的制定。不光从政策目的上，同时也在知识产权和创新政策研究的方法上实现国家间的协调统一。

八、结　论

专利及知识产权制度是促进企业活动朝加快经济增长和增加社会福利方向发展的一项机制。而专利制度在各种形式的国家和企业组织（自

治组织、公司、国家、高校、军队等）从事创新和新技术开发时往往存在不同。这一特点使得在越来越国际化以及以知识为基础的经济形势下，产生了许多紧张关系和不相适应的情况。

　　本文根据针对瑞典政策制定所作的实务研究，简要论述了研发、专利、创新、企业活动和经济增长之间的关系。同时也提出了可以普适到欧洲其他国家的几个政策要点，包括例如专利在促进对研发活动投资和各类企业活动、对软件的专利申请活动以及在专利越来越密集的全球环境中，面临掌握大量专利的大型企业及新兴的亚洲国家的市场成员时，中小企业所面临的一些问题。本文总结了一些对瑞典和欧洲国家具有普遍性及若干具有特殊性的政策建议，以使它们的企业活动得到增强。具有特殊性的政策建议包括：（a）由于技术特征要件缺乏法理及经济原理上的正当性，应该取消该要件并对其进行重新构建；（b）提高创造性要件的标准；（c）对手术方法、治疗方法及处方方法的可专利性的限制进行个别的修改。在这三方面，欧洲当前的标准将一些企业（例如服务性企业）排除在狭义范围的技术型企业范围之外，而导致企业活动不能正常开展。

参考书目：

［1］Abramovitz, M., 'Catching Up, Forging Ahead and Falling Behind', 46 J. Econ. Hist. 385 – 406 (1986).

［2］Abramovitz, M., Thinking about Growth and Other Essays on Economic Growth and Welfare (Cambridge: Cambridge University Press, 1991).

［3］Arrow, K. J., 'Economic Welfare and the Allocation of Resources for Invention', NBER 609 – 25 (1962).

［4］Barzel, Y., Economic Analysis of Property Rights (Cambridge: Cambridge University Press, 1968).

［5］Patents and policies for innovations and entrepreneurship 95 Baumol, W. J., The Free – Market Innovation Machine. Analyzing the Growth Miracle of Capitalism (Princeton: Princeton University Press, 2002).

［6］Cantwell, J., A. Gambardella and O. Granstrand (eds), The Economics and Management of Technological Diversification (London: Routledge, 2004).

［7］Cohen, Wesley M., A. Goto, A. Nagata, R. N. Nelson and John P. Walsh, 'R&D

Spillovers, Patents and the Incentives to Innovate in Japan and the United States', in Granstrand, O. (ed.), Economics, Law and Intellectual Property, ch. 6 (Dordrecht: Kluwer Academic Publishers, 2003).

[8] Domeij, B., Pharmaceutical Patents in Europe (The Hague: Kluwer Law International, 2000).

[9] Granstrand, O., 'Multi – Technology Corporations: Why they have "Distributed" rather than 'Distinctive' Core Competence', (co – authors P. Patel and K. Pavitt), 39 California Management Review 4, 8 – 25 (1997).

[10] Granstrand, O., 'Towards a Theory of the Technology – Based Firm', 27 Res. Pol. 465 – 89 (1998a).

[11] Granstrand, O., 'R&D Tax Credits – Why They Mostly Do Not Work and How They Perhaps Could be Designed To Work', Paper presented at the conference on The Economics of Science and Technology: Micro – Foundations and Policy, the 3rd Conference of the European IRD & IT Network, University of Urbino, Italy, 5 – 6 June (1998b). (CIM Working Paper 1998: 02, Dept. of Industrial Management and Economics, Chalmers University of Technology.)

[12] Granstrand, O., The Economics and Management of Intellectual Property: Towards Intellectual Capitalism (Aldershot: Edward Elgar Publishing, 2000).

[13] Granstrand, O. (ed.), Economics, Law and Intellectual Property (Dordrecht: Kluwer Academic Publishers, 2003).

[14] Granstrand, O., 'The Economics and Management of Technology Trade – Towards a Prolicensing Era', 27 International Journal of Technology Management 2/3, 209 – 40 (2004).

[15] Granstrand, O., 'Innovation and Intellectual Property Rights', in J. Fagerberg et al. (eds), Oxford Handbook of Innovation, ch. 10 (Oxford: Oxford University Press).

[16] Granstrand, O., Patents and Innovations for Growth and Welfare (Patent Och Innovationer för tillväxt och välfärd) (Stockholm: Fritzes Publishing Co., 2006).

[17] Granstrand, O. and S. Sjölander, 'Managing Innovation in Multi – Technology Corporations', 19 Res. Pol. 35 – 60 (1990a).

[18] Granstrand, O. and S. Sjölander, 'The Acquisition of Technology and Small Firms by Large Firms', 13 J. Econ. Behav. & Org. 367 – 86 (1990b).

[19] Griliches, Z., R&D, Patents, and Productivity (Chicago IL: Chicago University Press, 1984).

[20] Griliches, Z., 'Patent Statistics as Economic Indicators: A Survey', 28 J. Econ. Lit. 1661 – 707 (1990).

[21] Guellec, D. and B. van Pottelsberghe, The Economics of the European Patent System: IP Policy for Innovation and Competition (2007).

[22] Gutterman, A., Innovation and Competition Policy (London: Kluwer Law International, 1997).

[23] Hesser, T. and E. W. Essén, Patentlagen Jämte Patentkungörelsen och Övriga Följdförfattningar (Stockholm: P. A. Norstedt & Söners förlag, 1968).

[24] IVA, Profit from Innovation (Stockholm: The Royal Swedish Academy of Engineering Sciences, 2003).

[25] Jaffe, A. B., 'The U. S. Patent System in Transition: Policy Innovation and the Innovation Process', 29 Res. Pol. 531 – 57 (2000).

[26] Jaffe, A. B. and J. Lerner, Innovation and Its Discontents. How Our Broken Patent System is Endangering Innovation and Progress and What to Do About It (Princeton, NJ: Princeton University Press, 2004).

[27] Kitch, E., 'The Nature and Function of the Patent System', 30 J. Law & Econ. 265 – 90 (1977).

[28] Landes, W. M. and R. A. Posner, The Economic Structure of Intellectual Property Law (Cambridge, MA: Cambridge University Press, 2003).

[29] Lindholm, Å., 'The Economics of Technology – related Ownership Changes: A Study of Innovativeness and Growth Through Acquisitions and Spin – offs', Ph. D. Dissertation, Department of Industrial Management and Economics, Chalmers University of Technology, Göteborg, Sweden (1994).

[30] Machlup, Fritz, An Economic Review of the Patent System, Study No 15 of the Subcommittee on 96 Patent law and theory Patents, Trademarks and Copyrights of the Committee on the Judiciary, US Senate (Washington, DC: US Government Printing Office, 1958).

[31] Mansfield, E., J. Rapoport, A. Romeo, S. Wagner and G. Beardsley, 'Social and Private Rate of Return from Industrial Innovations', 71 (May) Q. J. Econ. 221 – 40 (1977).

[32] Mansfield, E., 'Tax Policy and Innovation', Science 1365 – 71 (March 1982).

[33] Mansfield, E., 'Patents and Innovation: An Empirical Study', 32 Mgmt Sci. 173 – 81 (1986).

[34] Mazzoleni, R. and R. R. Nelson, 'The Benefits and Costs of Strong Patent Protection:

A Contribution to the Current Debate', 27 Res. Pol. 273 – 84 (1998).

[35] Merrill, S. A. , R. C. Levin and M. B. Myers (eds.), A Patent System for the 21st Century (Washington, DC: The National Academies Press, 2004).

[36] Moravcsik, J. , Plato and Platonism. Plato's Conception of Appearance and Reality in Ontology, Epistemology, and Ethics, and its Modern Echoes (Oxford: Blackwell, 1992).

[37] NBER, The Rate and Direction of Inventive Activity, National Bureau of Economic Research (Princeton, NJ: Princeton University Press, 1962).

[38] Nelson, R. R. (ed.), National Innovation Systems: A Comparative Analysis (New York: Oxford, Oxford University Press, 1993).

[39] Ordover, J. A. , 'A Patent System for Both Diffusion and Exclusion', 5 J. Econ. Persp. 43 – 60 (1991).

[40] Oskarsson, C. , 'Technology Diversification: the Phenomenon, Its Causes and Effects', Ph. D. Dissertation, Department of Industrial Management and Economics, Chalmers University of Technology, Göteborg, Sweden (1993).

[41] Peters, F. E. , Greek Philosophical Terms: A Historical Lexicon (New York: New York University Press, 1967).

[42] Scherer, F. M. , 'The Propensity to Patent', 1 Int'l J. Indus. Org. 107 – 28 (1983). Scherer, F. M. , Innovation and Growth (Cambridge, MA: Cambridge University Press, 1984).

[43] Scherer, F. M. , New Perspectives on Economic Growth and Technological Innovation (Washington, DC: British – North American Committee, Brookings Institution Press, 1999).

[44] Scotchmer, S. , Innovation and Incentives (Cambridge, MA: Cambridge University Press, 2004). SOU (2006: 80), Patents and Innovations for Growth and Welfare (Patent och innovationer för tillväxt och välfärd, Swedish Government Investigation, Nr 2006: 80 (Stockholm: Fritzes Publishing Co. , 2006). (In Swedish.)

[45] Takenaka, Toshiko and I. Nakayama, 'Will Intellectual Property Policy Save Japan from Recession? Japan's Basic Intellectual Property Law and its Implementation Through the Strategic Program', 35 Int'l Rev. Intell. Prop. & Competition L. 877 – 1006 (2004).

附 录

A. 整体建议

1. 在当今趋向以知识为基础、国际化、越来越多来源于知识产权的经济环境下，改变国家与产业的作用和相互关系

2. 建立知识产权及商业发展·企业经营的国家文化

3. 通过以下手段，加强国家的企业系统：

　　3.1　加强国家（公有）企业，特别以技术为基础的服务部门，以及

- 大专院校部门（高校运营的企业）；

- 通信及能源部门；

- 金融部门；

- 国防和安全部门；

- 医药健康部门

　　3.2　加强以创新为基础的企业及中小型企业，考虑下述几种情况：

- 非院校系统的中小型企业；

- 与院校有关联的中小型企业

　　3.3　保护大公司开拓新的商业领域及改进已有领域的积极性及能力

　　3.4　增强大公司和小公司之间在创新活动上的联系

　　3.5　加强地方企业

　　3.6　提高企业系统的经济竞争力，改善金融援助制度

4. 保护国内增长比例

5. 加强北欧及欧洲在知识产权领域及商业发展方面的合作

6. 促进英语成为平行于本国语言的国际通用语言

7. 提高国际专利体系的效率，特别是

- 国际专利系统的协调；

- 国际专利制度及专利局的合理化改革；

- 支持发展 PCT 系统；

- 支持发展统一的专门针对专利案件的欧洲法院；

- 对可专利性的下列几个要素进行评估，包括：

  - · 提高创造性要件的要求；

  - · 重新构建技术特征要件，补充经济及伦理要件；

● ● 　在伦理允许的框架内，提出治疗方法获得专利的经济原则

8. 积极地将国内的商标专利局朝国际化、多领域化、合理化方向转化，将其统合为多国的欧洲专利局。而商标专利局则应该对各国的法律情况进行调查，并研究为使商标专利局能实现下列目标需要如何对国内立法作出修改：

- 提交英语申请书并不需要提交翻译文本；
- 制定不同的价格标准，并按照本调查所作建议对专利申请费用进行补助；
- 按照英国模式，对专利的有效性及专利是否侵权作出不具法律约束力的评估；
- 通过重新解释"产业上可利用性"及"投资性质"，来替代技术特征要件

9. 在更高的政治水平创设欧洲知识产权及创新政策理事会

B. 为增进对专利的理解及提高专利申请积极性的特别建议

1. 提高专利意识的几点建议

1.1　通过下列方式提高专利意识：

- 由国家支援，开展旨在提高专利意识的项目（专利意识项目）；
- 开展"专利年"活动；
- 设立专门的竞赛及奖项；
- 开展全国性的专利研究及问卷调查，并借此提高国民的专利意识；
- 提供媒体支持，出版知识产权方面的出版物

1.2　通过下列方式提出更多建议：

- 援助提案活动的开展；
- 设立若干个专门为知识产权及商业发展提供改进方案的职位（大约每百万人口 2 人）；
- 增强与欧盟在这方面的合作；
- 保证合同中有关专利及授权协议的合同技术，促进统一的欧洲司法

2. 通过下列方法提高对专利的理解：

- 以下述手段建立知识产权及创新经济的教育制度：
  - • 专业硕士课程；
  - • 研究生教育及教师培训；
  - • 最低限度的教育义务（入门指导）；
  - • 提供教育辅助材料及信息；
  - • 针对欧洲专利局认证的专门培训；
  - • 对知识产权咨询人员及知识产权管理人员的培训；
  - • 继续教育；
  - • 企业内部培训
- 为知识产权及创新经济，设立 3~4 个国家级技术中心，用于对专利及创新经济提供教育、指导、开展调查研究；
- 配合国家技术中心，创设 3~4 个专利及创新经济的教授职位；
- 设立专利技能的认证制度

3. 通过下列方式提高公司进行专利活动的可能性及积极性：

- 对上文中所述的专利经济有更高的意识和更深入的理解；
- 配合其他由国家提供的研发资金，建立用于对专利活动及专利教育的开展进行投资的国家基金；
- 促进国内的知识产权专业人士的就业；
- 对公司内部的激励方式及补偿机制进行补充；
- 支持设计专业指导方针用于帮助公司经营和管理人员对专利及知识产权进行管理；
- 采取具有针对性的特别手段；
- 增加对研发活动的投资；
- 提高对中小企业技术开发，特别是研发的早期阶段的融资可能性；
- 减少在专利争端发生时的经济费用；
- 从长期来看，增加可被授予专利的发明的范围；
- 通过进行整合专利信息、研发及创新和增长的政策促进企业取得专利的可能性，例如，通过更好地利用专利信息；
- 将国家对研发活动投资的 4%（上下浮动 1%）用于专利和知识产权的开发

第三章　论专利制度的历史

作者：约翰·N. 亚当斯（John N. Adams）

译者：沈　旸

一、介　绍

商标制度可以在相对初级的社会中发展，因为在初级社会中，商品制造商可以通过人们对其标识的信赖而获得信誉。[①] 著作权制度反映的也是一种作者和其作品之间较为基本的关系。[②] 而与此两者不同，专利制度则可以说是较高级社会的产物。虽然有人指出，专利的最初原型是公元500年古希腊希巴利斯（Sybaris）对新的菜谱授予的在一定期间的独占权。或者也有另一种说法认为专利制度在罗马帝国时期的行会中已经存在，但是，对专利制度唯一确实的史料显示，该制度起源于15世纪的威尼斯。早在1474年威尼斯颁布其专利法之前，即已有若干专利权被授予了。而威尼斯专利法，被认为可能是最早的现代专利法。

在我们中有许多有天分的人，他们善于创造和发现具有独创性的装置；如果你看到我们城市之繁荣和美丽，你会发现每天都有来自各行各业的人在做着这样的创新。那么，如果能有法律保护他们发现或生产的成果，使别人无法轻易仿效并生产同样的产品，从而保护发明者的荣耀，就会有越来越多这样的人愿意贡献他们的才能去发现或者制造更多有用的产品，从而造福所有的人民。因此：

我们以议会的名义立法，在我们的城邦中，所有生产任何不曾

[①] See Schechter 40 HLR 813 (1927).

[②] See Dock, 'The Origin and Development of the Literary Property Concept' [1975]. *Revue Internationale du Droit d'Auteur* 126; Phillips, 'St Columba as Copyright Infringer' [1985] EIPR 350; K. Bowrey [1996] EIPR 322.

在我国生产过的新颖且具有独创性装置的人，在专利发明完成时都
应通知公共福利总署办公室。在其后 10 年内，在我国范围内的所有
其他人，如未获得权利人的同意或授权，都不可以生产与上述产品
相同的装置。③

接下来，专利制度继续在英格兰和威尔士发展。1485 年的波斯沃斯
战役结束了英国内战，同时也宣告了 15 世纪中叶英法大战的告终，都铎
王朝建立。我们对 16 世纪早期英格兰的情况有着比较详细的了解。④ 当
时英国社会较为富足，但是相对于法国，人口依然稀少。从本质上来看，
他们还是一个保留着中世纪时期风气的社会。而到都铎王朝末期的 1603
年这段时间，国家发生了剧烈的变化，大量的修道院解体，使得 1535 年
之后大片原本属于修道院的土地由于英国与罗马教会的决裂而分崩离析。
大量的资产被释放出来。像沼泽地带的排水系统等主要社会公共系统工
程也开始着手进行。此时，各种使英国能成为第一个工业国家的经济发
展的先决条件都已经开始一一具备。

其中一个重要的发展就是现代专利制度的产生。历史学家讨论过向
有贡献的发明人授予专利独占权以作为奖励的做法是如何产生的。我们
可以在向雅格布斯·阿根提斯（Jacobus Acontius）授予的专利中找到预
见这一现代思想的明确记述⑤："……发明人理应就其发明受到奖励并得
到保护以防止别人通过其发明获利。"⑥ 阿根提斯可能对威尼斯专利制度
非常熟悉，无论是否如此，从结果上来看，他使英国专利制度的创立得
到了更多的讨论。⑦ 而在该专利被授予后的几十年间，逐渐形成了两种类
型的专利：一种是将专有权授予已经存在的产品，包括如已经有固定消

---

③ Translation provided by Vishwas Devaiah I., *A History of Patent Law*, Alternative Law Forum
website.

④ See Hoskins, *The Age of Plunder*, Longman: London and New York (1976).

⑤ Acontius was born in Trent in Northern Italy around the end of the fifteenth century. He qualified
as a lawyer, but was also a talented engineer, undertaking amongst other things the fortification of the
town of Berwick on Tweed, and the draining of the Plumstead Marshes - *Dictionary of National Biography*,
vol. I, p. 63.

⑥ Calendar of Patent Rolls, 7 Eliz 331.

⑦ See Phillips [1983] EIPR 41. The grant of patents to foreigners who wished to practise their
crafts in England started in 1331, but it was not linked to any requirement of inventiveness. Indeed the
grant of patents was largely a money - raising device for the Crown.

费群的游戏纸牌的生产⑧；而另一种则授予新发明。前者被国会和公众所不齿，而后者则较能被大众接受。在经历了一系列垄断权案件后，游戏纸牌生产的独占权被推翻，⑨而垄断法典 1023－4 也颁布了。其后，国王所拥有的授予垄断权的权力受到限制，专利的授予范围也被局限于全新的、有用的发明上了。专利法第 6 条规定向真正的第一发明人⑩授予期限为 14 年的对其"任何形式的生产"的保护。⑪该条文的内容明确显示该法是经济政策的一个工具，其旨在促进工业、就业及经济发展。而专利权人的义务是其必须将发明付诸实施。

从垄断法案通过到 1800 年之间的这段时间，苏格兰、英格兰和威尔士联合王国（Union）建立，⑫英国迅速成为第一个工业国。⑬虽然产生现代专利制度的基础在 1700 年前便已经存在，但是该制度在 18 世纪的转型在专利制度的历史上还是有着重大的意义。

二、英国专利制度在 18 世纪的发展

在 19 世纪末 20 世纪初，温德姆·休谟（Wyndham Hulme）和施邦尼·戴维斯（Seaborne Davies）撰写了最早有关专利法历史的文章。⑭赫

---

⑧　*See Darcy v. Allen*（1602）11 Co Rep 84b.

⑨　*Darcy v. Allen*（above）.

⑩　This period seems to have been arrived at on the basis of two apprenticeship terms which were considered sufficient to teach the art to the unskilled. The fact that the term for copyright was set at the same period by the Statute of Anne 1709－10, and that trademarks were renewable for seven－year terms down to the Trade Marks Act 1994 shows the lasting influence of the 1623－4 Act.

⑪　This must be understood as the first introducer of a new technology into the realm, not the first inventor in worldwide terms as is the modern requirement － *Edgebury v. Stephens*（1693）1 WPC 35.

⑫　Through the Acts of Union which were a pair of Parliamentary Acts passed in 1706 and 1707 by the Parliament of England and the Parliament of Scotland respectively that took effect on 1 May 1707. These Acts were the implementation of the Treaty of Union negotiated between the two countries. The Kingdom of Great Britain was created by merging the Kingdom of England and the Kingdom of Scotland. Since the U-nion of the Crowns in 1603, the two countries shared a monarch but retained separate and sovereign parliaments. The Acts of Union dissolved both the parliaments of England and Scotland and replaced them with a new parliament, called the Parliament of Great Britain. This new parliament was（and still is）based in Westminster, the former home of the English parliament.

⑬　*See* Mathias, *The First Industrial Nation：An Economic History of Britain* 1700－1914, Scribners：New York（1969）.

⑭　Hulme（1896）12 LQR 141；（1897）13 LQR 313；（1900）16 LQR 44；（1902）18 LQR 280；（1907）23 LQR 348；（1917）33 LQR 63；Davies（1932）48 LQR 394；（1934）50 LQR 86, 260.

兹吾斯（Holdsworth）在很大程度上参考了这些文章。[15] 赫兹吾斯也同意曼斯菲尔德（Mansfied）大法官在 *Liardet v. Johnson*[16] 案（1778）判决中的意见对现代专利法的发展有着关键的意义。休谟认为，由于 *Liardet v. Johnson* 案，专利法走了弯路。在此判决之前，对发明的新颖性判断是看其是否已经在该领域使用，而在"新"的法律实践中则变成该发明是否已经以任何形式在该领域中被公开（换言之，专利法在朝着现代实务方向转变）。其结果导致：其一，过度夸大了专利说明书的重要性；其二，阻碍了发明人在专利的权利要求中加入未被利用的公有知识。休谟认为，发明人的个人努力及其资本是作为授予发明人专有权的代价，而对发明人这一义务的规定永远也不应该从专利法中消失。[17] 下文中将引述休谟关于 *Liardet v. Johnson* 案重要性的观点。在后文中，将对休谟进行批判，来论证其观点是非常错误的。休谟说[18]：

> 1778 年的 *Liardet v. Johnson* 案必定会成为英国专利法历史上一个称为里程碑式的案件。曼斯菲尔德大法官在判决中给专利说明书赋予了与其导入时完全不同的性质和功能。从（Bramah 的信件[19]）中我们可以看出，通过个人的努力和专利权人的管理来实现对公众的技术指导的理论，从结论上来看明显是支持专利的新颖性理论的。这一功能通过专利说明书来实现，尽管最初导入专利说明书仅是为了让授权变得更加明确。同时，判断发明新颖性的全新标准变得更为彻底。在此之前，只有在该领域中已经有人实施了该发明的情况下，发明才会因为缺乏新颖性而不被授予专利。但是在该案中，法院却在对发明人的在先性判断中采用了一种所谓"拼嵌式预想"（mosaic anticipation）的方法。这种方法彻底地扭转了以往的先例，和此前的判断方法没有任何连续性。也因此，这种判断方法并没有对其后的法律实践产生影响。

---

[15] XI HEL 424 *et seq.*

[16] The references to this case are given under the relevant points in the text.

[17] (1917) 33 LQR 194 – 5.

[18] (1897) 13 LQR 313.

[19] Joseph Bramah was a notable British inventor and the holder of many patents. He was one of the first people to propose the use of the screw propeller for ships.

休谟接着指出，在过去的一个世纪中，在司法的该分支领域中没有出现重要的判决。[20] 因此，在 18 世纪末，普通法法官不得不在没有新近的可作为依据的先例的情况下，通过依靠法理来作出判断。

在 18 世纪的最后 25 年中，都柏林三一学院（Trinity College Dublin）的金斯敦（Kingston）教授及时地在他的提案中对这一问题进行了重新审视。他认为旧制度应该得到重建，而作为对建立新产业的回报所授予的专有权也应该受到限制。[21]

还有一些其他原因也导致了该问题没有产生新的观点。从休谟和金斯敦的时期开始，科学史学家和经济史学家对 18 世纪的专利制度都作了大量的研究。[22] 然而有趣的是，他们都忽略了法律方面的因素。罗宾逊（Robinson）教授在其关于 Boulton 和 Watt 制纸的论文中披露了一些尤为有趣的史料。[23] 曼斯菲尔德法庭的笔记也被发现，其内容中还包括了 Liardet v. Johnson 案两次庭审其中一次的内容以及涉及此案的其他几个案件的资料。此外，弗兰克·康谢尔（Frank Kanshell）也对 Liardet v. Johnson 案的背景作了大量的研究。[24] 最后，通过查阅《18 世纪法律文书目录》[25]，以及英国图书馆目录在线服务提供的 18 世纪参考书目数据库，笔者能够更加便利地收集到许多与法律有关的印刷小册子及英国图书馆所藏的案例资料。这些资料都被用于本文的撰写过程中。

---

[20] There are no reported cases from *Edgeberry v. Stephens*（1693）Salk 447 to *Turner v. Winter*（1787）1 TR 602. However, cases such as *Dolland's*（1766）did find their way at a later date into the specialist series of reports produced by Davies, Carpmael and Webster.

[21] *See, e. g.*, Kingston. 'The Political Economy of Innovation' 15 *R & D Management* 251（1985）. These proposals have been much misunderstood. What Professor Kingston proposes is not replacement of the present patent system, but the introduction of a parallel system to encourage innovation directly（which the patent system only does indirectly）.

[22] *See, e. g.*, Mountfield 2 *Industrial Archaeology*（1978）; Winship 16 *Industrial Archaeology* 261（1981）.

[23] 'James Watt and the Law of Patents' 13 *Technology and Culture* 18（1972）.

[24] Frank Kelsall worked for the Greater London Council as an architectural historian from the 1960s to 1986. He then joined English Heritage as an inspector of historic buildings. Since early retirement in 1998 he has acted as casework adviser to the Ancient Monuments Society and, with Dr. James Anderson, has founded the Architectural History Practice. A copy of his paper was kindly made available to me by the author.

[25] Adams, Averley and Robinson. Newcastle upon Tyne. Avero. 1982.

（一）传统的解释

赫兹吾斯写道：

> 对于专利法，司法机关对立法机关所制定法案作出的最大改变或许是其关于专利权授权的对价是什么的认识。[26] 在以往的法律实践中，对发明人授予专利权的对价是，其公开及实施一种在大英帝国内是全新的产品。
>
> 而在新的实务中，其对价成为了在专利说明书中所包含的专利对发明的书面公开内容。[27]

赫兹吾斯接着指出，为什么法院可以将这一新的原则导入到法律中来，是因为申请专利的发明的种类发生了变化。他接着引述休谟的话：[28]

> 由于以前，独占制度的目的在于建立如发掘铜矿、铅矿、金矿，或者制造玻璃、纸、铝等新工业。所以对其发明的描述停留在大略的记述而非具体内容。但是随着制度的自然发展，发明人逐渐开始对相同类型的相同对象申请专利，后来者为了保护自己的权利，将他们的申请文书撰写成一种可以区别于先于他们的申请者的发明，又可以确保其对其之后申请人保持自己在先性的内容。因此，16 世纪的说明文件（recitals）中，几乎全都只阐述了某种特定产业的所得如何为国家带来收益或者记述了申请人自身如何获得垄断权的步骤。而与此相反，后期的说明文件中却常常描述相关改造的技术特征。而这些说明文件虽然不成为授予专利权的原因的一部分，但是毫无疑问，是现代专利说明书的前身。在 1730 年左右，专利法进行了修改，新的但书中规定，如果专利申请没有附带详细说明，申请将被拒绝。不过到 18 世纪中叶前，在具体的操作过程中，专利说明书还未被视为是关系到专利有效性的关键性文书。

现在，问题就转变为，专利说明书是从什么时候被实际采用在实践

---

[26] That is, the transfer to the courts of the Council's jurisdiction in patent cases.

[27] XI HEL 427.

[28] (1897) 13 LQR 313, 317.

中的。如果这种要求从初始阶段就已产生，则可说明，专利说明书的作用自始以来便是将与发明有关的信息传播给公众，[29] 而这一结论会使 *Liardet v. Johnson* 案的判决看起来并不是完全颠覆性的。而休谟关于专利说明书在实践中的起源有另外的一种解释，他认为，将专利说明书运用到实践中是由被授权人提出的。因为这样，就可以使授权更加明确。这个说法主要基于内史密斯（Nasmyth）的 1711 号专利中的一些记述。该专利是最早附加专利说明书的专利。[30] 特别是在该说明书中，权利人建议应保证赋予的权利应该与书面记载相一致。他的主张还基于 100 多年前斯特蒂文特（Sturtevant）专利中有关附加说明书的预见性记载。但是戴维斯指出休谟对于这些特别事件的重要性作了过高的评价。[31] 但同时，戴维斯又追加援引了两个证据来支持休谟的观点。第一个是如果国王强调了专利申请中必须有说明书，那在其后 20 年左右的时间内，专利申请中不包含说明书，[32] 且直到 1723 年专利法才明确规定了在指定期间内不提交说明书会导致专利无效的现象是不合理的。[33] 第二个是国内政府公报（State Papers Domestic）中发现一封署名为"T. T"的人在 1710 年 5 月 20日寄给国务卿（Secretary of State）波义尔（Boyle）的信，[34] 指出对发明人的模仿的危害性。这说明，当时的发明人们正试图找到解决这个问题的办法。我们将会阐述对于说明书在初期只断断续续地存在及专利说明书的制度直到 1711 年才被确立下来这两个证据也可以用其他方式来解释。对休谟的主张最有利的证据仍然是内史密斯专利中的记述。不过，就如施邦尼·戴维斯指出的，过分依赖史料中的文字记载是危险的。即使在专利法范围内，我们也可以找到例子说明，专利授权中记载的国王的意

---

[29]　The distinction between the description element of the specification and the claim was a statutory crea-tion – Patents Act 1883 s. 5 – First Schedule. Actual practice long pre – dated the Act, however, to the extent that patentees did end their specifications with a statement of the features of the invention that they considered new and important. See *R v. Else* (1785) Dav Pat Cas 144, 1 Web 76, Carp 103; *Bovill v. Moore* (1816) 2 Marsh 211. The requirement of a claim was introduced in the United States by the Act of 1836.

[30]　Patent Roll 10 Anne Part 2.

[31]　(1934) 50 LQR 86, 91.

[32]　It did not become the rule until after 1734, and was not uniformly required until after 1740. There are exceptions thereafter, e. g. Nos. 581 and 653 – Davies, *loc. cit.*

[33]　Davies does not give the reference, but it is in fact Champion's Patent 1723 No. 454. See also Barlow's Patent 1731 No. 526.

[34]　S. P. Dom. Anne, Bd. 12 No. 74.

见实际上是专利权人自身的建议。同样，也有相反的例子存在。⑤

由于没有可以说明这种做法起源的直接证据，我们必须要依靠其他的间接证据。在这一点上，休谟和戴维斯都意外地忽略了两个非常明显的事实。第一，在但书中规定有一个提交专利说明书的时间，但这个时间在一个世纪中对各个专利都是不同的。㊱ 第二，有关简图和机械发明设计图的提交，直到1741年左右才开始增加。

实际上，说明书的提交时间有时是1个月，有时是2个月、3个月、4个月或6个月，这一事实很难用来说明提交说明书是由专利权人自己提议的。㊲ 按照常理，法律应该是规定一个统一的期限的。更重要的是，为什么实际上又有一个针对所有申请人的时间规定？这似乎更像是女王和每一个案件申请者的个别交涉受阻而产生的结果。㊳ 那又为什么在1711～1734年并非所有的申请都附带了说明书呢？我们或许可以在美国早期专利制度中找到线索。1790年美国专利法规定由国务卿（托马斯·杰弗逊）、司法部长及战争部长组成的审查委员会对申请的合法性及新颖性进行审查。然而，事实证明，工作量远远超过了审查委员会的负荷范围。对于这些繁忙的官员们而言，工作量太大，因此，3年后，审查要求下降，转而实行了简单的登记制度。而专利的有效性则由地方法院判定。登记只是一个形式上的行为。㊴ 而在18世纪的英国专利制度中，也与之类似，仅涉及单纯的形式上的行为。科里亚（Collier）在1830年所著的《1803年专利法评述》中所记述的专利授权程序和18世纪初期的相同，在其中对附带提交说明书的要求是不变的，一份附带了在大法官面前宣誓以声明发明新颖性的申请书会被正式地提交给女王。该申请书先由国务卿接手后再转交给司法部长或法务官制成报告。后经专门的法

㉟　(1934) 50 LQR 86, 91.

㊱　Towards the end of the period it is generally, but not always, one month.

㊲　In Nasmith's grant itself, a period of one month was originally fixed, but at his request the period was extended to six months – S. P. Dom. Anne, Bd. 16 No. 88. This is cited by Davies, *loc. cit.* Indeed we can find the odd example of what amounts to a specification being included in the grant itself until quite a late period, e. g. Plenius Patent 1745 No. 613.

㊳　See, e. g., Puckle's Patent 1718 No. 418 which was for a precursor of the Gatling gun. It recites that the Petitioner ' having humbly prated etc. buy thinks it not safe to specify wherein the new Invention consists... ascertained etc.... three months'. A plan of the gun was enrolled.

㊴　See Coryton, *A Treatise on the Law of Letters Patent*, H. Sweet：London (1855).

务官员报给女王来确认其是否将被授予专利。若该报告内容是肯定的，则专利将被授予，然后说明书也必须在规定的时间内提交。法务官员的报告是水到渠成的。[40] 在此过程中，一般不可能对发明的新颖性或说明书是否适当作出实质的判断。专利的有效性只有在专利被起诉时才会被真正审核。有一个证据说明法务官员对专利的审查只停留在非常宽松的水平。1774 年，大法官拒绝在一个专利上盖上国徽，因为它所申请的权利明显是不当的。[41] 对附加说明书的要求的确是在大法院审理阶段，而非在申请过程中，说明法务官员们并不愿意给自己增加额外的行政工作，要知道他们总是在办公室中日理万机，非常忙碌。毫无疑问，附加说明书对发明人自己来说是有利的。这使他们可以更好地向侵权人主张自己的权利，附加说明书也使他们从中获得了一定的金钱收入。[42] 而同时，也有可能是法务官员们开始不满足于专利所传播的信息，而因此让他们想到了要求在他们认为合理的时间和方式附加专利说明书，而这时间碰巧就是在他们尚能真正关注专利制度的时期，亦即制度形成的早期。[43]

另外，我们还应该注意到，在 18 世纪，说明书并不能使本领域一般技术人员实施发明。而在专利侵权诉讼中也无多大意义。这说明附加说明书的要求是对那些一般拒绝公开其发明的发明人所提出的。[44]

对于向无用的发明授予专利，曾经有过两种相反的观点。一种观点认为它并无大碍：如果一种发明取得商业上的成功，则说明它是有用的

----

[40] Godson, *Treatise on the Law for Patents and Inventions*, Saunders & Benning: London, p. 140.

[41] Hannay's Patent 1774. The subject was a protective wash against venereal disease. See also *ex parte Reilly* (1790) 1 Ves Ch 112 – refusal to seal a patent for presenting Italian operas.

[42] *See* Davies (1934) 50 LQR 86 and 260 for possible seventeeth – century anticipations.

[43] Nasmyth's application passed through the hands of the Attorney – General. It is unlikely however that such an innovation would have been made without consultation. In Lombe's Patent No. 422 (1718) which involved the pirating of an Italian machine for making organzine (silk), the discovery of the Italian secret was considered so important that a requirement that models (presumably plans) be permitted to be taken and lodged in the Tower was inserted.

[44] The validity of the patent may not have been of prime importance to many 'inventors'. Merely to describe the goods as 'patented' seems to have had a marketing draw. 'The Patent', a poem by the author of 'The Graces' (1776) contains the following lines: Hail to the Patent! which enables man To vend a folio ... or a Warming – pan. This makes the Windlass work with double force, And Smoke – jacks whirl more rapid in their course; Confers a sanction on the Doctor's pill, Oft known to cure but not unknown to kill. What man would scruple to resign his breath, Provided he could die a Patent death.

（这种观点一直留存至今）；否则，则说明无人有需求因而不会带来实际损害。而另一种观点则认为无价值的专利是一种抑制。[45]

而且，在开始未能提交说明书或者未能提交适当的说明书，会使得专利**在诉讼中**更容易被视为无效。如果附加说明书的要求在最初阶段产生的假设是成立的，那应该不会出现人们不在说明书上提示任何有用信息的情况。如果专利权人想通过说明书使他获得的授权内容更加确实，[46]那又为什么会像前面我们说的那样，存在大量模糊不清、避重就轻的说明书呢？附加这样的说明书会产生什么问题吗？实际上，在1723年[47]之前，说明书并未受到重视，也不会因此而导致专利的无效。

那又为什么会在1711年年底第一次产生提交专利说明书的要求呢？施邦尼·戴维斯所说的发明人开始意识到仿制品的危害可能可以成为一个论据。然而，杰里米·菲利普（Jeremy Phillip）博士所提出的证据更进一步支持了我们的主张。1709年起，一种对书籍的专卖垄断权开始被授予，而该授权使得权利人可以在书籍被复制时提起诉讼，而该"垄断权"的价值根据书的内容而决定。[48] 这种系统很有可能被转到专利法体系中，且实际上在18世纪中也一直存在着对这两种垄断权混同的倾向。例如，在一首题为《专利特许》[49]的诗歌中，作者写道：

> 专利，让人们可以贩卖一个**文件（强调由作者）**或一个平底锅的专利，让它见鬼去吧！

我们认为，另一个重要的原因是在1741年以后，开始出现了提交设计图纸和图示的趋势，这无疑和专利发明越来越强的技术特征有关。这

---

[45] See *Hornblower v. Boulton* (1799) 8 TR 95, 98 per Kenyon CJ (later Lord Kenyon), and see 'Observations on the Utility of Patents' (1791), catalogued in the BL under 'Kenyon, Lloyd', passim, but especially pp. 18 – 19. It is probably by Beetham, the inventor of a washing mill, given the extensive 'plug' given for that apparatus.

[46] Most of the early specifications are vague, but some are particularly so. See e. g. Allen's Patent No. 513 (1729); Churchman's No. 514 (173) and 539 (1733); and Henry's No. 601 (1744).

[47] Champion's Patent No. 454 (1723).

[48] 9 Anne c. 19 (1709 – 10). Copyright is not of course a monopoly in the same sense that a patent is. *Millar v. Taylor* (1769) 4 Burr 2303 illustrates this tendency to equate the two, see especially pp. 2387 *et seq.*

[49] Above n. 44.

些技术特征无法用文字明确描述，然而这一趋势也符合在 *Liardet v. Johnson* 案前，认为说明书应该向公众进行说明的理论观点。

虽然在 *Liardet v. Johnson* 案或其他任何已知的公文中均未明确记载，但通过个人努力或监督进行说明的先前的理论显然已经被废止。而提交图纸的需求也应该越来越大。因为在当时，更多的发明是在现有基础上进行改良而非全新的发明。库克（Coke）法官在 Bircot 案⑤在中曾经作出判决，认为在现有产品上进行的附加不具有可专利性。但是 18 世纪英国的产业环境已经发生了很大变化，这种观点显然不被普遍接受。而实际的操作也对最后产生新的判决起到了重要的推动作用。⑤ 抛开其他的因素不说，如果依据库克的观点，则会导致一个棘手的问题，即如果对现有的机器进行改装而使其成为了另一种机器时到底应该怎样判断。一般来说，从早期开始，对于已经广泛被知晓但是较复杂的机器，其说明书上会标明该机器的重要功能，并对这些特殊部分申请专利。大键琴及钢琴的一些专利中的插图都很好地起到了这样的作用。⑤ 但是，并非所有的专利申请都是这样。在另一些专利中，说明有时候模糊不清、缺乏重点，而如上文中所说，这一现象在一个缺少审查制度的体系中是不可避免的。⑤ 另外，即使在 *Liardet v. Johnson* 案之前，发明人也必须面对一个两难选择，即到底是冒着被许多"发明"进行细微修改的风险提交一份内容明确的说明书，还是冒着可能被宣告无效的危险提交一份权利范围较宽的说明书。这点我们还将在下文中详述。

最后，如果我们说 *Liardet v. Johnson* 案确实有其重要性，那么我们应该能找到它的详细记载，及 19 世纪早期以后的专利文书中对它的引用。但是如我们所见的，事实上并非如此。该判决由于该案所涉及的当事双方而受到了短暂了关注之后，便渐渐淡出了公众的视线。下文中让我们来仔细看一看该案的具体情况。

---

⑤ Inst. 181，182 – 3.

⑤ *Morris v. Branson*（1776）a decision of Lord Mansfield referred to in *Boulton & Watt v. Hornblower*（1795）2 HY Bl 489.

⑤ *See* Nos. 581（1741），613（1745），and 1081（1774）. Similarly，watch patents，e. g. No. 698（1755）. In *Jessop's* case，referred to in *Boulton v. Bull*（1795）2 H Bl 487，489，a watch patent was held void because it extended to the whole watch，not the particular movement.

⑤ *See*，*e. g.*，No. 947（1769）Shudi's Patent for a harpsichord.

(二) 专利内容

1773 年 4 月 3 日[54]，约翰·里尔德 (John Liardet) 就一种混合水泥获得了一项专利授权，按照当时的要求，他需要在 4 个月内提交一份对此发明的说明书。[55] 在他的归化证明书[56]上显示，约翰·里尔德出生于洛桑 (隶属于瑞士伯尔尼)。他的父母是乔治 (George)·里尔德和玛格丽特 (Margaret)·里尔德。他是当时的新教徒且是一名神职人员。1773 年前，他曾在很长一段时间内，"致力于进行旨在发展及提高技术的哲学上及商业上的研究，期冀从那些发现中获得利益和回报，因此他一直紧密地关注着与其有关的探讨及试验过程"[57]，他基于这些研究制造出的水泥获得了专利授权，而这也是构成 Liardet v. Johnson 案核心的专利内容。这个发明被诺森伯兰公爵 (Duke of Northumberland) 所看重。他将里尔德介绍给亚当家族 (Adam family)，[58]公爵建议他们合作，称里尔德是一个"非常学究型的人物，而对贸易几乎一无所知"。1774 年 4 月，梅利本 (Marylebone) 的律师塞缪尔·史密斯 (Samuel Smith) 起草了一份合同。不谙英语的里尔德及里尔德妻子的朋友斯特劳恩 (Straughan) 女士共同签署了这份文件。合作关系开始于 1774 年 5 月 20 日，签署的同时，对方支付100 英镑的对价，之后还将支付 400 英镑的款项。里尔德就这样将专利授权给了亚当家族。

该专利在 1776 年 2 月 10 日重新返还给里尔德，因此里尔德得以依据正好在当时通过的新的国会法律就其专利权保护期限申请延长。该法律将专利权保护期限延长到 18 年，并要求里尔德在 4 个月内提交一份能详细说明他的发明中技术进步的说明书。[59] 里尔德在 1776 年 9 月 4 日提交了这份文件。该法律规定，对任何楼房表面可向公众收取每平方英尺 6便士，而棱角部分则可追加每平方英尺 2 便士的对价。事实上，对于该

---

[54] Part 15 No. 5 ms. 10 – 12.

[55] Enrolled 3 August 1773 – i. e. within the time. 1 Y & CC 527.

[56] 16 Geo III c. 41 passed 25 March 1776.

[57] For the following account of the background to the case, and the subsequent case of *Liardet v. Adam*, we are indebted to Frank Kelsall of the then GLC Historic Buildings Division, and particularly to his paper to the BIBA Library Group on 28 January 1974.

[58] The architects.

[59] 2 B 411 Hil 1777.

专利，亚当家族并未获得正式授权，但是实际上他们却一直在生产和使用这种水泥（应该是获得了里尔德的默认许可）。

约翰·琼森来自莱切斯特，在起诉时，他住在伯纳街。最初，他依靠在伦敦成功地开展建筑工程以及设计若干乡村住宅而发家。他还成为了埃塞克斯（Essex）的房屋测量员。并在切尔姆斯福特（Chelmsford）设计了几处建筑。

那里的市政大厅应该是他最有名的作品。对于琼森的主要指控是说他查阅了发明的具体说明，⑥ 将其复制，并且使用了水泥。此外，指控还涉及他收买了亚当手下的工人以从他们那里获得商业秘密。

1777 年 5 月，里尔德和亚当家族四兄弟——约翰、罗伯特、詹姆斯和威廉，共同起诉了约翰·琼森、爱德华·唐斯（Edward Downes）和爱德华·贝尔曼（Edward Bellman），⑥ 要求其返还所得收益并停止侵权行为。⑥ 并在 1777 年 5 月 27 日提交了一份说明请求理由的宣誓陈述书。琼森作为答复也提交了一份陈述书，主要是试图否定里尔德发明的水泥的新颖性；而同时他也尝试证明自己所实施的内容和里尔德发明的水泥不同，在这一主张中没有直接否认水泥的新颖性。⑥ 原告律师于 1777 年 7 月 12 日在巴瑟斯特（Bathurst LC）对琼森及其下属申请禁令要求其停止制造、使用、销售涉案混合物，并提起诉讼，要求立刻进入审理程序。琼森和贝尔曼⑥于 1777 年 9 月 2 日提交了答辩书。

在琼森的答辩书中，他首先主张，他被告知里尔德既不是发明人，也并未作出"创造性的改进"。他以里尔德提交的说明书中提供的几份相似的成分表作为证据，⑥ 其中包括：（a）约翰·辛顿（John Hinton）于 1751 年出版的《新通用科技辞典》（*A New and Universal Dictionary of Arts*

---

⑥　This allegation presumably referred to the second specification. In fact he appears to have inspected both – n. 66 below.

⑥　That is, a bill in Chancery, a document setting out the plaintiff's case.

⑥　PRO／C. 12／. 1346／22.

⑥　1 Y & CC 527, 528.

⑥　'I suppose though, as no proceedings were had against him, his answer was not stated in the briefs for the Plaintiff' – 1 Y & CC 527, 530. This insertion is presumably the actual reporter of the case, Douglas.

⑥　He also questioned whether the original specification was enrolled in time, but this point does not seem to have got anywhere – 1 Y & CC 527.

and Sciences）及欧文（Owen）于 1764 年出版的该书第二版；（b）查尔斯·劳林森（Charles Rawlinson）关于屋顶石板的混凝土专利（记载于其 1772 年出版的《专利石板说明》（*Directory for Patent Slating*））。另外琼森还主张，他通过在产品中添加血清，对里尔德的发明作了改进因而未侵犯其专利。他承认自己查阅了里尔德的第二份说明书，称其目的是为了确认自己所实施的专利并未侵犯里尔德专利。⑥⑥ 这份答辩是由约翰·琼森及他的律师共同签署提交的。

接到这份答辩后，原告向琼森提起了诉讼。他们的主张主要包括下列四个方面：

（1）"制造、利用及实际使用"里尔德的发明；

（2）"制造、利用及实际使用"里尔德的发明的一部分；

（3）"伪造及仿制"；

（4）"通过冒充其为发明人或为了冒充其为发明人而对发明进行改变或导致其发生改变"。

该案于 1778 年 2 月 21 日星期六在威斯敏斯特（Westminster）市政厅第一次进行审理。进行审理的法官是曼斯菲尔德大法官。庭审持续了 6 个小时，陪审团经过 1 个小时的讨论最终作出了支持原告的判决。⑥⑦ 亚当斯兄弟是苏格兰人，且用他们的水泥帮曼斯菲尔德大法官砌过其在肯晤德（Kenwood）的房子。这一事实带来了一些负面的意见，认为可能引起一些偏袒。⑥⑧ 这也就可以解释，为什么曼斯菲尔德大法官在没有更新的证据的情况下紧接着批准进行了另一场庭审。⑥⑨ 他在批准意见中说，他们应该考虑在第一次审理过程中是否以永久性禁止为前提作了充分的讨论。⑦⓪

---

⑥⑥　Probably both specifications – see *An Appeal to the Public on the Right of Using Oil Cement* (1778).

⑥⑦　*London Chronicle*，Tuesday 24 February 1778，*Daily Advertiser*，24 February 1778. A fuller report combined in the *Morning Post and Daily Advertiser*，23 February 1778，is quoted verbatim by Hulme in（1897）13 LQR 313. Mansfield's own notes of this trial survive in his Notebooks，but not of the second trial.

⑥⑧　Evidence to the effect that Mansfield's house had been done four years previously was given by ［Thomas］Rose，a well – known plasterer.

⑥⑨　This is confirmed by the notes on the first trial taken by Mansfield. The evidence given at the second trial appears in *An Appeal to the Public on the Right of Using Oil – cement or Composition for Stucco*.

⑦⓪　1 Y & CC 526.

1778 年 7 月 18 日曼斯菲尔德又在 Guildhall 主持了第二次审理,[71] 该审理持续了 14 ~ 15 个小时。[72]

（三）涉案的水泥

据弗兰克·凯尔沙（Frank Kelsall）的记载,[73] 这场本该判断有关专利法内容的审理，迅速转变成一场有关水泥的优点的审理。

对房屋外墙进行涂砌，可以追溯到 16 世纪。但是直到 18 世纪才作为帕拉第奥式建筑的流行风格普及开来。但是以往一直存在一个问题，即英国的气候并不像意大利那样适合外墙的涂砌。因此人们开始寻找一种比石灰泥更持久耐用的混合材料。当时普遍的见解认为一种以油为基本成分的水泥似乎更具有耐用性，而在 *Liardet v. Johnson* 案中所涉及的材料也属于这种材质。在布莱恩·希金斯（Bryan Higgins）（本案中的证人之一）[74] 及思弥顿（Smeaton）进行科学试验论证之后，才说明了耐久性的涂料早已出现的理论是错误的。油性水泥是油灰的一种，众所周知，当油干燥之后，会出现裂痕。水会渗入裂纹，当它结霜时，就会使涂层从墙面上剥落。这种情况在使用里尔德发明的水泥时也发生了。而这一现象与在随后进行的 *Liardet v. Johnson* 案中，里尔德试图从亚当家族获得利益而依据的论据相悖。[75]

原告的发明是由白垩粉、沙子、铅（白铅或红铅）、油和干燥材料按一定的配比混合成第一层，并按不同配比混合成第二层。该发明最主要的新颖性在于该发明中添加了干燥材料。而被告则主张其生产的混合材料中包括石灰、沙子、油和血清，换言之，原告的配方中没有血清一项，

---

[71]　It is reported in the *Morning Post and Daily Advertiser* 20 July 1778 and the *Gazeteer and New Daily Advertiser* of 20 July 1778. The Notebook which must have contained Mansfield's notes of the trial is missing.

[72]　Open letter, Joseph Bramah to Eyre CJ, BL Law Tracts 1716 – 1816. Bramah asserts that he was present throughout the trial. 1 Y & CC 526 gives it as lasting from 9. 00 am to 11. 00 pm.

[73]　*See* n. 24 above.

[74]　Higgins was working on his own recipe at the time of the trials and obtained a patent on 8 January 1779. See Gibbs, ' Bryan Higgins and his Circle ', *Chemistry in Britain* (1965), pp. 60 – 63. Reprinted in A. E. Mussan（ed.）, *Science, Technology and Economic Growth in the Eighteenth Century*, London: 1972.

[75]　Complaint of the Reverend John Liardet, 18 December 1782. PRO/C12/921/11. Again Frank Kelsall must be thanked for details of this case. The Answers filed by the Adams complain about the failures of the cement.

而被告的材料中不含铅及干燥成分。但是，在法庭上出具的证据显示，血清其实是一个无用的添加物，而被告的材料中含有铅和干燥成分。希金斯博士分别用原告提供的样本及从琼森涂砌的房屋上采集的样本进行了实验后认为，两者几乎没有区别。⑦⑥

因此，继而产生了关于原告专利的有效性问题。本案中的水泥到底是否具有新颖性？关于这个问题，原告举出了大量的证据，来否认阿尔伯提（Alberti）的一本书，⑦⑦ 在 1726 年出版的词典，⑦⑧ 及 1764 年前的另外四部著作中提出的基于"拼嵌式预想"⑦⑨ 来否认专利发明有效性的理论。在它们提出的以前的配方中，没有一种是包含铅的。此外，他们还提交了埃默顿（Emerton）在 1737 年的专利说明书和劳林森（Rawlinson）1772 年的专利说明书。劳林森的专利涉及一种铺垫在石板下面的灰泥，其原料中不含沙和干燥材料。劳林森声称在 1772 年他就已经使用了和原告配方相似的材料，但是没有申请专利。希金斯博士又对劳林森的三个配方进行了分析，发现他们和原告的配方有着非常大的差异。因此，对于陪审团来说，最终归结到以下的几个问题：（1）被告是否使用了这种

---

⑦⑥   This evidence by Higgins provoked the following lampoon from the Johnson camp：

Mr Alderman Cuttle, of Pudding Lane being much disordered on the morrow of the last city feast, dispatched his apothecary with four ounces troy of the indurated faeces, protruded *a retro* in the form of a Bologna sausage, requesting the Doctor to make an assay of the compound, and return the particulars of the analysis; a request he complied with in the terms and manner following：

Of turtle 3oz 0dt 0gr

Of green fat 0oz 10dt 0gr or more

Of marrow pudding 0oz 0dt 4gr or less

Of crumb pudding 0oz 0dt 4gr or less

Total 4oz 0dt 0gr

Let the world judge if an adept capable of decompounding aliment, so levigated by the animal organs or secretia and excretia as must have been the calipash, palipee, marrow pudding etc above mentioned – Let the impartial world judge, we say, if such an adept in chemistry can be incapable of discriminating in like manner the same quantum of sand, calcarious earth, linseed oils, and calx of lead, made up in the form of stucco.

Magna est veritas et prevalebit

⑦⑦   Presumably the 1726 translation of his works by J. Leoni, see *An Appeal*, p. 52.

⑦⑧   *See An Appeal*, p. 56, and Mansfield's summing up in *A Reply to Observations and Two Trials at Law* (1778).

⑦⑨   According to Hulme, this was a further innovation for which this case was responsible – see text above n. 17.

混合材料；（2）这种材料是否新颖；（3）该材料是否在交易中使用，或它到底是不是一种新发明；（4）专利说明书是否向别的本行业技术人员充分公开了这种混合物的成分。曼斯菲尔德大法官并没有就上述几个问题作出最终判断，但是这四个问题很明显地显示了案件发生当时的一种观点。[80] 陪审团最终作出了支持原告的判断，并由 B 巡回法院在 1780 年 7 月 5 日向琼森作出了永久性禁令。[81]

（四）该案的后续记录

该案一审的法庭审理内容未记载在任何的案例汇报中。但其中的第一次审理在 1778 年 2 月 23 的《晨间邮报》（*The Morning Post*）、同日的《广而告之》（*Public Advertiser*）以及 1778 年 2 月 4 日的 21 号《圣詹姆纪事报》（*St Jame's Chronicle*）上都有登载。[82]

有关第二次审理的情况，基本上是通过该次审理后，案件当事双方发行的宣传资料上的获得的。琼森发表了一篇有关使用油性水泥及涂砌混合物权利的公开声明[83]，而亚当一方也对此声明发表了回应并在其中引述了曼斯菲尔德对陪审团所作的总结及华伦斯（Wallace）向琼森的律师顿宁（Dunning）所作的回复。[84] 约瑟夫·布拉马（Joseph Bramah）在他参与 *Boulton v. Bull* 案时给 B 巡回法院写的一封公开信中也论及了本案。[85]

1787 年 *Turner v. Winter* 案[86]刚结束不久时，Buller J 只论及了这个有关

---

[80] *See* letter written to Wolf in 1769 by William Small, cited in Robinson, *loc. cit.*

[81] 1 Y & CC 526.

[82] Wyndham Hulme records having found only these three reports, having searched the: *Morning Chronicle*, *Gazetteer & New Daily Advertiser*, *Daily Advertiser*, *London Chronicle*, *London Evening Post*, *General Advertiser and Morning Intelligencer*, *General Evening Post*, *Westminster Journal* and *London Political Miscellany* – see the documents placed by him in the Patent Office Library (now the British Library) under the title ' *Liardet v Johnson* ' . It also appears however in the *London Chronicle*, 24 February 1778. It is by no means clear that he realised that a second and longer trial had taken place on 18 July 1778, and that it is that to which the pamphlets mentioned in the following paragraph refer.

[83] Printed 1778 and sold by J. Hand, 409 Oxford Street, J. Ben, Paternoster Row, and J. Pridden, 100 Fleet Street. See also the reports in the *Morning Post* and *Daily Advertiser*, 20 July 1778.

[84] *A Reply to Observations on Two Trials at Law* (1778).

[85] BL Law Tracts 1716 – 1816, *A Letter to the Rt Hon Sir James Eyre CJCP on the subject of the cause Boulton & Watt v. Hornblower & Maberley*, John Stockdale, Piccadilly 1797.

[86] (1787) TR 602, Web 77, Buller J observed that ' Many cases upon patents have arisen within our memory, most of which have been decided against the patentees on the ground of their not having made a full and fair disclosure of their inventions ' – he held the specification bad in that case.

三角结构的案件⑧，而非 *Liardet v. Johnson* 案。但是在 Buller 的《初审法庭》（*Nisi Prius*）第 5 版第 75 页中，却增加了 *Liardet v. Johnson* 案的内容。这无疑说明了，那之后有许多判例很可能也将 *Liardet v. Johnson* 案误认为是三角结构案。事实上 Buller 的《初审法庭》⑧⑧一书错误记载了该案的结果。他的说明主要基于被告宣传册上的内容。⑧⑨ 该说明基于 Carpmael⑨⑩和 Webster⑨⑪专利案。

戴维斯 1816 年出版的判例集中只引用了艾伦博罗（Ellenborough）法官在 *Hamar v. Playne* 案⑨⑫中的一段判决，该判决指出专利说明书应该旨在教导具有实施该专利必要技能的人而非完全对该技术领域一无所知的人。戴维斯在 Rolls Chapel 公司工作，对该案的事实也比较了解。他的案例集中收录了 *R v. Arkwright* 案⑨⑬、*Turner v. Winter* 案⑨⑭及有关瓦特发明的蒸汽机的一系列案件。⑨⑮ 而这些判决的根据均来源于他阐述其法律理论的论文。唯一正确引述了曼斯菲尔德所作出的判决的案件只有前文中所述的 *Morris v. Branson* 案。⑨⑯

Liardet v. Johnson 案在论文中也并未被完尽地阐释。柯利尔（Collier）的论文《专利法小述》（*Essay on the Law of Patents*）⑨⑰中虽然没有在判例索引中列出此案。但是在第 99 页中提到这个案例，但是却匪夷所思地解释说，该案"遵循了先例，对任何已公开的商业行为授予特权都是违反自由贸易的精神，因此是无效的"。在高森（Godson）所著的《专利法论

---

⑧⑦　This appears to involve Brand's Patent No. 996（1771）. The case does not appear in the Mansfield Court Notebooks. It is the only patent case referred to in Sir William David Evans, *Decisions of Mansfield*, vol. 1（1803）, p. 404 under 'Patents'. Evans cites Buller J in *Turner v. Winter* as his source.

⑧⑧　5th ed. , p. 75.

⑧⑨　Hulme（1902）18 LQR 280, 287.

⑨⑩　(1843), p. 118.

⑨⑪　(1884), p. 53.

⑨⑫　At p. 318.

⑨⑬　*Arkwright v. Mordaunt*（1781）, Webster 59, *Arkwright v. Nightingale*（1785）, Webster 60.

⑨⑭　(1787) 8 TR 95.

⑨⑮　*Boulton & Watt v. Bull*（1795）3 Ves Jun 140, 2 H Bl 463. *Hornblower v. Boulton & Watt*（1799）8 TR 95.

⑨⑯　(1776) Webster 51.

⑨⑰　(1803) – see below for a description of this work.

集》（*Treatise on the Law of Patents*）⑱ 及约翰·威廉·史密斯（John William Smith）的《专利相关法律简述》（*Epitome of the Laws Relating to Patents*）⑲ 中，也将此案与三角结构专利案混淆。在卡梅尔（Carpmael）的《专利法》（*Law of Patents*）⑩ 一书中对此案没有提及，而韦伯（Webster）的《专利法律与实务》（*Law and Practice of Letters Patent*）⑪ 一书中虽然正确记载了此案是有关涂砌材料的案件，却错误地记载了其判决结果。希德玛之（Hindmarch）的《专利法论集》（*Treatise on the Law of Patents*）⑫ 中也同样将此案与三角结构案混同了。Billings 的《专利法律与实务》（*Law and Practice of Patents*）⑬ 中，两次提及了此案，⑭ 一次是有关偶然的发现的例子而提及著名的"水纹纱"时⑮，另一次是在阐述说明书的意义在于可以教授他人如何制造授权说明书中所涉及的发明。⑯

有关 *Liardet v. Johnson* 案的唯一法律报道是在《初审法庭》中有关其在一审之后，于 1780 年 7 月 5 日在林肯律师学院大厅举行的上诉法院审理。⑰ 据记载，原告认为本案中的论点还存在争议，而被告则对几位证人进行了取证，主要是几位在之前诉讼过程中已经为被告作过证，且能够提供支持他们向陪审团所作主张的证人。原告只提供了两份支持他们主张的陪审团判决，并称：在经过两次陪审团审理后，不能再对事实真相作出质疑，因此应该将临时禁止命令转为永久性禁止命令。而被告作出答辩称，法庭不能基于陪审团的事实审理结论而作出永久性禁止命令，而应该重新提出案件的论点，如果之前的陪审团判决不能解决该争议，

---

⑱ （1823），p. 12.

⑲ （1836），p. 18. This carries Amos's lectures at London University on Patents as an Appendix. Amos cites Buller's *Nisi Prius* and the case of trusses.

⑩ （1832）.

⑪ （1841），p. 45.

⑫ （1845）.

⑬ （1841），p. 45.

⑭ pp. 25 and 89.

⑮ Cited by Buller J in *Boulton v. Bull* （1795）2 H Bl 487. Mansfield does refer to accidental inventions in *Liardet v. Johnson*, but cites Sir Epicure Mammon's discovery of the cure for the itch （Johnson's *The Alchemist*）not the water tabbies （a kind of watered silk）.

⑯ Citing Buller's *Nisi Prius*.

⑰ （1780）1 Y & CC 527. Counsel for the plaintiffs at this hearing were ［James］Mansfield, MacDonald, Arden, Thompson and Douglas. Counsel for the defendants were Maddocks, Kenyon and Mitford.

则应该就被告提出的对原告说明书的创造性、适当性和明确性作出的全面否定以及被告是否侵犯专利进行审理。B 巡回法院格拉夫（Graves）法官及里兹（Leeds）法官主持了上诉审理，并最终决定批准永久性禁止。可以发现，如果陪审团的审理结果不具有终局性，则原告可能将采取法律行动，而该行动事实上并不能确定原告的权利范围。而 B 巡回法院认为，即使授予禁令，也并不意味着就对原告有利。因为如果被告因此被判定为侵犯了原告的专利权，被告可以向上诉法院举证证明侵权行为并未发生。

该法律报告附加在关于 *Thomas v. Jones* 案[108]的法律报告之后，还附带了一份引自希尔高等律师（Sergeant Hill）的手稿第二十卷的评析。该评析并未被引用在 *Thomas* 案的判决中，但是此案中就是否应该在由原告基于衡平法，而非由法院提出的审理中，根据陪审团判决作出永久性禁令的问题进行了讨论。该报告的作者被记录为道格拉斯（Douglas）。[109]

（五）1800 年专利法

1785 年，为了推动专利法的改革与发展，专利人协会成立。博尔顿和瓦特的律师之一阿伯拉罕·威斯顿（Abraham Weston）在向协会的报告中写道：

> ……书本中没有解答一个问题：什么专利法？自从曼斯菲尔德大法官上任之后的时代中，虽然他作了许多有名的判决，但是在案例汇报的索引中，甚至没有收录"专利"或"垄断"的词条。而且关于这个问题，也没有其他书本提供过任何信息。[110]

---

[108] （1842）1 Y & CC 510.

[109] A technical note on *Liardet v. Johnson*: the lead compounds added to Liardet's composition would act as driers. Johnson's composition seems to have been seriously defective in having no driers. Serum of ox blood was added to cements down to modern times, but for the purpose of causing apparent ageing. It is possible that Johnson's serum of blood was in fact red lead or potassium permanganate, well-known linseed oil driers, and that Johnson was simply trying to conceal his activities.

[110] Observations on Patents Parcel E, Boulton & Watt Collection, Birmingham Reference Library cited by Robinson, *James Watt on the Law of Patent* in *Technology and Culter* (1972), p. 115. The *General View of the Decisions of Lord Mansfield* by William David Evans, which appeared in 1801, gives only Buller J's citation of the case of trusses under the heading 'Patents'. That citation is alleged to have been made in *Farrer* (*sic*) *v. Winter* 1 TR 602.

实际上，直到 *Arkwright* 案及 *Boulton & Watt* 案之后，才出现了一些重要的记述。

一份大约是 1795 年的瓦特的评论中列举了他对"专利的疑问"：

（1）国王是否可以向实施某一机械过程的方法授予专利？

（2）在这种情况下，如果申请人没有提交关于其适当的机器的说明，该专利是否有效？

（3）如果某人在专利权成立后，对其涉及的发明进行改进，是否不侵犯专利权？[11]

（4）如果专利权人拒绝将其专利在旧的机器上使用，是否不导致其专利无效（换言之，未能充分利用其发明）？

（5）专利权人想要从专利权中获得一般合理利益以上的利益，是否无效？

（6）涉及对现有发明所作改进的专利是否有效？

（7）涉及对现有机械的新用法的专利是否有效？

（8）涉及化学方法的专利是否有效？[12]

问题（1）、（2）及（8）实际涉及了瓦特诉讼案，问题（6）在曼斯菲尔德审理的 *Morris v. Branson* 案中已经进行了讨论，并在 *R v. Else*[13] 案中被引述。瓦特本人似乎认为问题（7）的答案应该是肯定的，而事实上也确实如此。问题（3）一直到 1829 年议会下院专门委员会时仍然没有被解答。问题（4）和问题（5）所反映的问题则是关于至今仍在讨论的对垄断及相关问题的担忧。

瓦特本人对专利法的改革非常关心并实际提出了法案，但是未被采纳。可能已有的专利制度在收益上提供了丰厚的利益，导致人们因此对专利法的改革缺少理解和共鸣。

当时有两篇文章，尝试了对专利法在 1800 年以前在立法和实务上的发展进行了评价。休谟是否知道这两篇文章尚不清楚，而且似乎戴维斯和赫兹吾斯也不知道（尽管第一篇被列在旧版的 Sweet & Maxwell 编著的《普通法参考书目》（*Bibliography of the Common Law*）一书中）。两篇文

---

[11] It will be recalled that Liardet had done this, and had his patent extended.

[12] *See* Robinson, *loc. cit.*

[13] (1785) *Dav Pat Cas* 144, 1 *Web* 76, 1 *Carp* 103.

章分别是约翰·代尔·克里尔（John Dyer Collier）的《专利法小述》
（*Essay on the Law of Patents*）（1803 年）和约翰·科勒奈尔（John Clen-
nel）在纽卡斯尔文学及哲学协会杂志上发表的论文《谈公开生产过程的
利弊》（*Expediency of Disclosing the Process of Manufactories*）[114]。

据记载，克里尔是一个专利代理人。[115] 在他写的前言中，他把英国法
（他所指的是英国法的整体，并不仅仅是专利法）的晦涩难懂归咎于法学
家们将其措辞限制为非常专业的用语以及主题本身的无所不包的性质。
他认为，曼斯菲尔德通过向陪审团说明与案件相关的法律原则，促使法
律摘要形成了一种固定形式，而当时有许多案件事实很特殊的案例。他
尝试在书中收集了这样的案例。在前言中另外还有一处，他提到了曼斯
菲尔德。他认为如果授予专利时对所有的发明都进行严格的审查，那无
疑，除少数例外，大部分的申请都将是无效的。该书共有 14 章，并附有
1800 年之后新发明的列表。其中第 4 章之后的内容尤为值得关注。

第 4 章讨论了什么是新的生产这一问题。新的生产是由人完成的。[116]
只有对生产的改良才能够被授予专利。[117] 进口可被认为是新的生产。[118] 偶
然行为不属于新的生产，[119] 生产的产品应该是可以运用于销售的。类似于
生产药物的机械及产生的产品是"生产"。[120] 事实上，化学方法专利相当
于销售用的产品的专利。人们不能就一个引擎而另外申请一个利用蒸汽
的方法的专利。[121] 詹姆斯博士（Dr. James）无法因生产特殊的化合物或粉

---

[114]　I am grateful to Dr F. J. G. Robinson for this reference, which he found in the course of his work on the Nineteenth Century Short Title Catalogue.

[115]　There is a flier inserted at the end of the Bodleian copy of the book offering the author's services, and giving his address as Little Smith Street, College Street Westminster.

[116]　Citing *Hornblower v. Boulton* 8 TR 95.

[117]　There is no citation at this point; *Morris v. Branson* is cited later. See also *Observations on the Utility of Patents*, London (1791), pp. 16 and 54, catalogued under 'Kenyon, Lloyd' in the BL Catalogues.

[118]　Citing *Edgebury v. Stephens* 2 Salk 447.

[119]　*Watt v. Bull*, i. e. *Boulton & Watt v. Bull* (above).

[120]　*Id.* citing Heath J.

[121]　Citing Buller J in *Boulton & Watt v. Bull* (above).

末，对锑的使用方法获得授权。⑫ 这一章还在剩余的篇幅中长篇复述了
Boulton & Watt v. Bull 案的内容。

该书中唯一一次提及 *Liardet v. Johnson* 案，是在接下来的段落中。该
引述也是为了支持上文所述的关于已知的商业行为不应该授予专利的主
张。⑫ 不过，该章节中还提到了另一个重要的问题，即一个发明不能在其
专利授予之前公开发表。因为专利是国王与发明人之间的一个协议，即
发明人将有用的技术秘密提供给公众。如果公众已经知道了该项技术，
则发明人将无法通过授权而获得补偿或回报。⑭ 尽管这一论点与曼斯菲尔
德在 *Liardet v. Johnson* 案中所提到的相一致，且与之前对如何处理发明的
观点不同，但是文中并未将该案作为支持其观点的论据（也未提供任何
其他的案例支持）。如前文中所述，如果该案确实是具有革命性意义的
话，则本文中应该在辞典上对其进行引用。

第5章涉及说明书。文章开头引述了但书中的要求，即在获得授权1
个月内必须提交一份发明的特别说明。⑮ 而关于该说明的详细要求，克里
尔引述了布勒·J（Buller J）在 *R v. Arkwright* 案判决中的意见，指出专利
权人必须"公开他的技术秘密，并且对发明进行详细说明，使其他同行
业者根据专利说明书的教导，可以不进行任何创造性活动或其他附加行
为，就可以实施专利对象的发明"。除了詹姆士博士和道兰德（Dolland）
博士的专利以外，本章节中只引述了上述案件，以及 *Boulton & Watt
v. Bull* 案⑯和 *Turner v. Winter* 案⑰三个案件。而在 *R v. Arkwright* 案中对陪审
团所作的总结陈述则在文中无删节地引用。文中还引用了亚斯特·J
（Ashurst J）对 *Turner v. Winter* 案的评论，他认为，如果专利不是为了使
公众从中获益，则该专利就违背了法律的原则。他还认为在关于外国人

---

⑫ Dr James's Powders were a very popular patent medicine – see 'The Patent', n. 44 above, and
the Torrington diaries. Mansfield in *Liardet v. Johnson* doubted the validity of his patent, and Hulme con-
sidered that it might have been threatened litigation over Dr James's patent which resulted in the transfer of
jurisdiction from the Council to the courts – see （1917）33 LQR 194.

⑬ P. 99.

⑭ *Id.*

⑮ As noted a bove, however, this time varied to the end of the eighteenth century.

⑯ （1795）Bl Rep 479.

⑰ （1787）3 TR 602.

从专利中获利的问题上，也应该同样考虑。⑱

克里尔还在文中指出了几个值得关注的判例中的新要点。其中一个要点是在 *Hayne v. Maltby* 案⑲中判决指出专利被许可人可以申请宣告专利的无效。而相反，专利权人却不能针对专利受让人 的专利申请无效宣告。⑳

他还论述了在完成发明过程中如何保护其在先性的相关程序。㉛ 该程序包括向总检察长或副总检察办公室提交通知手续的申请。该申请在一年内有效，但可以通过更新延长。具体程序为，当第三者提出了专利申请时，提出通知手续的申请人将会收到通知。而关于双方的发明过程的证据将会被提供给检察长，以提供事实来判断到底哪一方的发明在前。㉜

这本书整体来说内容非常粗糙。克里尔在书中长篇引用了 *R v. Arkwright* 案和 *Boulton & Watt v. Bull* 案来填充篇幅。这说明作者所了解的材料数量非常有限。

约翰·科勒奈尔的文章则主要关注了公开发明的重要性。他首先列举了一些由于未被公开而没有被广泛知晓的发明。然后指出，18 世纪的科学发展一直都处于发明未得到公开的状态。而他认为其解决方法应该是建立一个体系，即政府给予发明人奖励，而发明人作为交换将发明内容向公众公开。这个可能是他借鉴了法国的做法而产生的思想。科勒奈尔是否注意到需要提交说明书这点不甚明了。科勒奈尔很可能并没有注意到这一点，因为他提供的另一种选择是在专利权到期后公开发明内容。他可能只是单纯地注意到现存的制度并未发挥效用。总之，他所谈及的包括一般的商业秘密，而非仅指被赋予专利的技术知识。事实上，专利登记簿上记载的专利说明书似乎并未被公众查阅。㉝

---

⑱ P. 173 citing *Ex parte Hoops*（*sic*）（1802）6 Ves 559.

⑲ （1789）3 TR 438.

⑳ *Oldham v. Langmead*，cited in *Hayne v. Maltby* at p. 439.

㉛ As distinct from the period of grace for enrolling the specification, which as we have seen, Mansfield laid down to enable the invention to be perfected.

㉜ This practice led to abuse. So – called 'floating caveats' would be lodged as a means of getting wind of inventions, so that the unfortunate inventor's workmen could be bribed to disclose their master's secrets – John William Smith, *op. cit.*, pp. 15 – 16. Evidence on this was given to the Commons Select Committee on the Law of Patents（1829）.

㉝ The Committee of Patentees formed in 1785 actually strongly objected to the ease with which the specifications could be consulted；see Robinson, *loc. cit.*

克里尔给出了这方面的信息，以及复审办公室（Petty Bag Office）的开放时间㉞。可能相关的信息并未传播到北方的纽卡斯尔，或者作为学校教师和演说家的科勒奈尔对其研究课题的相关信息并未充分了解。

在当时，对专利法的主要批判实际上是人们不知道法院审理时到底要求他们对发明作怎样的说明。㉟ 如果对发明的解说过于清晰，则模仿者可以利用非常微小的改变将他们的"发明"与专利发明相区别。如果太过泛泛，则说明书可能无效。这个问题在瓦特的说明书起草过程中也令他感到困惑。一封 1769 年 2 月 5 日（大约在 *Liardet v. Johnson* 案近 10 年前）的寄给瓦特的信中，威廉·斯莫（William Small）阐述了博尔顿和他的意见。他写道：

> 人们不应该附加任何对特殊机器的图示或描述（如果专利局同意这样的省略），而应该用最明确的表达方式将它说明出来。我们认为他们会尽可能宽泛地对专利进行认定，按照发明的性质，尽可能有效地防止侵权行为的发生。㊱

这一建议随后就认为是错误的，一是不在前面附加图示，二是他显然在试图将一种行为原则而非对原则的应用申请为专利。而其实，该专利在随后的诉讼中几乎被宣告无效。我们还发现，1784 年，阿尔冈（Argand）也同 1769 年的瓦特一样，在如何为他的灯泡撰写说明书的问题上遇到困难。罗宾逊（Robinson）指出，㊲ 在其 6 年前的 *Liardet v. Johnson* 案中，对于解释如何在相关领域中撰写说明书的法律问题上没有作出任何贡献。阿尔冈记述了几项一般定义且没有附图。后来他的专利因为不具有新颖性而被宣告无效。事实上，它也可以因为说明书不够详尽而被宣告无效。

除了我们在上文中所述的当时制度的缺陷，对于发明人来说，另一

㉞ 10.00 – 2.00 and 5.00 – 8.00.

㉟ See Robinson, *loc, cit.*

㊱ Cited Robinson, *loc. cit.*

㊲ *Loc. cit.*

个最为突出的问题是专利申请的费用问题。[138] 这也是上文中提到的诗歌《专利特许》中所涉及的一个内容。在 *R v. Eley* 案[139]中，肯恩（Kenyon）审判长（后来的肯恩大法官）明确地将专利描述为："富有技术者对低等的技术者的压迫。"但也因为他的这一说法，后来一位上文中提到的洗衣机专利的发明人反过来撰写了一本宣传册。[140] 就同上文中所说的，对于专利所投入的大量资金也成为阻碍专利制度改革的一个要素。

（六）总 结

18 世纪的专利法立法和实践的改革当然是逐渐产生的。若干个案例均可能是基于商业上的考量及实务上的经验所作出，而非由于预测或煽动。*Liardet v. Johnson* 案判决，甚至曼斯菲尔德所作的其他大部分判决应该都是这样。或许在这些案件中，对今天的我们来说最值得关注的部分是案件最后结论是根据专家证人的意见作出的这一点上。而在原则禁止专家意见证据的现代法规则产生之后他们仍然被用在案件中，[141] 而且曼斯菲尔德一直坚持认为应该传唤有关技术问题的专家作为证人。[142] 而在 *Liardet v. Johnson* 案中，科技用语的冗长及听证所花费的费用都是异于平常的。虽然这些问题在今天的专利诉讼中也还是存在。[143] 当我们回忆该案时，可能这才是其最为重要的特征。[144]

---

[138] See Collier, *op. cit.*, ch. XIV. According to the evidence given to the Commons Select Committee on the Law of Patents, a simple English patent was about £ 20 but a lengthier one about £ 200. Patents to cover England, Ireland and Scotland cost about £ 300. See also Charles Dickens, 'A Poor Man's Tale of a Patent'.

[139] Unreported. This case is possibly *R v. Else*, n. 113 above, but the citation should probably be *Hornblower v. Boulton* (1799) 8 TR 95, 98.

[140] 'Observations on the Utility of Patents' (1791) catalogued in the BL under Kenyon, Lloyd. See also the report of the *Boulton & Watt v. Hornblower* case, *The Times*, 26 January 1799.

[141] See IX HEL 212.

[142] See, e. g., *Folkes v. Chadd* (1782) 3 Doug 157, 159.

[143] The study of expert witness cases can provide important evidence of the current state of scientific knowledge and opinion on particular topics. For a good example from outside the field of patents see Fullmer 21 *Technology and Culture* (1980), p. 1, which describes the evidence given in the case of *Severn & King v. Imperial Insurance Co*, 11 April 1820.

[144] There is an interesting and lengthy case in Mansfield's Court Notebooks shortly after *Liardet v. Johnson* which also involved technical evidence. The plaintiff, Joseph Medlin, was patentee of a 'compound harpsichord' i. e. an instrument combining the harpsichord and forte – piano action. One Ephraim Coulson had allegedly infringed this patent. John Broadwood (the piano manufacturer), among others, gave expert evidence.

（七）专利制度改革

尽管在 1829 年，对当时专利制度的尖锐批评被提交给了议会下院专门委员会，由于当时英国正在庆祝 1851 年世界博览会上的卓越成就，旧的专利制度并未得到改革，一直延续到 1851 年下院专门委员会的报告提出后，[145] 1852 年专利法修改法令的颁布为止。该修改使获得专利授权的费用降低，[146] 手续也变得简单。申请人可以通过填写一份说明书而简单地获得专利。对发明的新颖性和创新性并没有实质审查。申请人可以首先提交一份简略的说明书，然后在 1 年内提交完整的说明书。不出所料，专利申请的数量显著地增加了。[147] 然而，这个转变显然不是人们希望看到的结果，因为专利制度本来的目的是用以排除其他竞争者而非增加发明数量的。但其后的改革就减缓了。1852 年法令将该制度的具体操作委托给了专门委员会执行，而到 1883 年[148]，该职能被新建立的专利局所取代。[149] 经过这一改革，专利局开始审核申请材料的格式缺陷，及他们提交的专利说明书中的说明是否充分。但是直到 1901 年，弗莱（Fry）委员会提交了一份报告指出在授权专利中有 40% 已经在更早之前的英国专利中出现过，对专利的实质审查才正式开始。[150] 这一审查只是对专利的新颖性审查，而有关专利的自明性和缺乏创造性则仍要通过向法院上诉才能进行判断。[151] 专利说明书中的权利要求的内容也自然而然地变得更为成熟，因为发明内容变得复杂，而且发明所作的改进必然是在现有技术的基础上作出的。然而这只在 1883 年专利法中成为了一项正式法定要求。[152] 在那之后，在专利案件中不再使用陪审团，而这也使许多法学理论可以运用到专利上。其后的 1907 年、1919 年、1932 年及最后的 1949 年法律修订中终于使专利法成文化。最后一次对英国法的主要的修改是 1977 年专利

---

[145] BPP 1851 (486) XVIII.

[146] The initial cost fell to £ 25, the cost under the old system was set out above: for a patent covering the UK it was around £ 300.

[147] *See* Boehm, 'The British Patent System: I Administration', *Economic History Review* (1967).

[148] Patents Designs and Trade Marks Act 1883.

[149] This Act also further reduced the fees payable.

[150] Patents Act 1902. The Patent Office began to search prior British specifications in 1905.

[151] Fox, *Monopolies and Patents*, University of Toronto Press: Toronto, Canada (1947), Part II traces the origins of the doctrine to *Crane v. Price* (1842) 1 WPC 383, 411.

[152] S. 5 (5).

法修改，这次修改对英国国内专利法进行了修改，使之与 1973 年在德国慕尼黑签署的《欧洲专利公约》（European Patent Convention）的内容相一致。该公约同时在慕尼黑创设了欧洲专利局，并在 1978 年 6 月 1 日开始运作。

三、专利制度的传播

（一）概　述

本章仅对专利制度的传播进行概述，有关各国专利制度不同之产生的详细内容，请参见本书的其他章节。

（二）美　国

当美洲殖民地从英国独立，建立一个独立的专利制度也是这个国家所面临的问题之一。1787 年联邦宪法中规定："国会有权通过保护发明人对其发明的排他权来促进科学和技术的发展。"这一条款即宪法第 1（8）.8 条一直为联邦专利法及著作权法提供宪法依据。1790 年专利法也是基于该宪法条文创设的。这一宪法依据同时给今天的美国的专利制度带来了独特性，即它所采取的是最先发明制度，而非最先申请制度。

对审查要求的下降导致了"寻租现象"的产生，专利的申请数量一下子大幅上升：到 1812 年已经达到了 238 仲（而当时工业化程度更高的英国，也只有 119 仲）。这种现象显然不能令人满意，因此，在 1836 年通过了一部法案，而该法案的内容也形成了现今专利制度最为核心的结构。特别是 1836 年专利法创设了专利局，而专利局中负责审查专利申请的职员都是经过培训并具有一定技术能力的人员。专利局职员不能够获得专利。为了防止专利局审查员进行主观武断的判断，申请人有权就专利局所作的决定向衡平法院提出异议，并最终可以上诉到联邦最高法院。

（三）法　国

法国最早的专利法于 1791 年生效（分别在 1800 年和 1844 年进行过修改）。专利权人通过简单的申请程序提交申请且无需说明他们的发明有何新颖之处（即无权利要求），甚至，当收到警告认为其专利可能无效的情况下依然可以获得授权。在所有的专利文件中都印有下面的警示："政府在授予专利时未进行事前审查，该授权不以任何形式证明其优先性、优越性或专利有效性。"发明人有权决定获得为期 5 年、10 年或 15 年的专利，专利的内容只有在司法程序中才能得到判断。专利保护覆盖所有生产方法及产品，但是没有实践应用的理论及科学发现、金融方法、医药，以及著作权法保护的对象被排除在外。

1791 年专利法按照权利要求项目（declare term）将专利费用规定在 300 里弗尔至 1500 里弗尔不等，费用相当昂贵。在 1844 年专利法中也按照相同政策，分别规定 5 年的专利费为 500 法郎（大约合 100 美元），10 年的专利费为 1000 法郎，15 年的专利费为 1500 法郎。专利费可以按年支付。为了防止法国的技术发明在别的国家扩散，在 1844 年前，如果专利权人曾试图在外国就同一发明获得专利，则其在法国的专利就将无效。而相反，第一个引进涉及国外专利发明的人将可以享受与发明人相同的"自然权"。

专利权人自获得专利权起 2 年内必须对其实施，否则，除非专利权人可以证明有不可预见的原因阻碍其依法实施其专利，其专利可能面临审判并被撤销。此外，如果专利权人的权利和法国政府所控制的特殊的产品，例如打印机和火警警报器，发生冲突，其专利权将受到限制。

专利权人在获得上述独占权的同时，须向本行业技术人员说明该发明使其能实施该发明，且有关信息应该公之于众。然而，法律没有对专利的说明及公布作详细的规定。至少在 1902 年 4 月 7 日施行的专利法之前，人们只能在专利局拿到最初提交的手写的专利说明书原本。而在印刷出版的资料中只有专利索引中列举的简略标题内容。而另一个阻碍人们尝试获得现有技术的原因来自对查看原稿的限制：查看人必须说明其调阅的目的，而外国人则必须在法国代理人的辅助下才能查阅。且在专利权到期之前，人们无法对原本进行复制。

政府仍然通过对专利权的授予政策参与到发明创新活动中。第一，专利法并未将对发明公开的回报方式限制在专利的财产权上。如果发明人公开了一项被证明有用的发明时，他可以选择获得专利授权，或者将发明捐赠给国家，而作为回报，可获得国家为促进产业发展而设立的基金给予的奖励。第二，如国家产业促进协会等的研究机构每年向各领域中他们认为值得推广的新发明及有价值的发明人或生产者颁发数个奖项。第三，对发明人及其家庭成员提供补助及发放退休金的制度一直持续到 19 世纪。第四，有时国家产业促进协会也会购得专利权并将专利提供给公众使用。

现代法国专利制度的基本原则在早期的法国专利法中就明显得到体现，而在其后的几次修改中都得以保持。直到 1978 年法国专利法制度为了与《欧洲专利公约》相一致而进行了修改，不进行事前审查一直被认为是"法国专利制度"的最典型特点。而讽刺的是在旧制度（ancien régime）时期的法国或许是最早开始对专利申请进行审查的国家。

（四）德　国

在德国第一次统一之前，尽管若干个州曾经形成过统一的联合，但那时德国并不是一个国家。1871 年 1 月 18 日，普鲁士首相俾斯麦将几个独立的州联合，德国统一。在那之前，知识产权的立法由各个独立州分别进行。统一后的德国在 1877 年制定了统一的专利法，该制度的基本原则是强制的审查制度，为世界上最早开始该制度的国家。

德国专利政策鼓励为促进经济发展而对特定产业进行普及、创新及发展。食品、医药、化学产品不能获得专利授权，但是其生产过程中涉及的方法可以得到保护。人们认为，对技术创新的利用不设限制，及鼓励对现有方法申请专利的政策提高了这些产业的生产效率，并促进了技术的普及。政府进一步在专利授权之前就通过公开专利的权利要求及说明书来确保专利信息的普及。德国专利制度很早就应用了"职务发明"理论，允许企业获得专利权并从雇员的发明中获益，以此使企业能更容易地利用发明。虽然德国专利制度和美国专利制度接近，但是德国的专利制度更为严密，其专利授权数量虽然较低，但是平均水平却应该较高。

1891 年，德国还引进了实用新型法，该法提供了较为简略的登记制度。该制度通过向那些创新程度较低、可以通过图示或模型说明的小发明提供为期 3 年（可更新一次，最长至 6 年）的专有权保护。在 20 世纪 30 年代前叶，实用新型专利的数量为发明专利的两倍。

四、《保护工业产权巴黎公约》

此处必须重申，本文只提供简要的概况，其具体内容请参见本书的其他章节。在 1880 年于巴黎召开的外交会议后，世界上第一部关于知识产权的国际条约——《保护工业产权巴黎条约》于 1883 年由 11 个国家共同签署，这些国家是：比利时、巴西、法国、危地马拉、意大利、荷兰、葡萄牙、萨尔瓦多、塞尔维亚、西班牙和瑞士。《保护工业产权巴黎公约》分别于 1900 年 12 月 14 日在布鲁塞尔、1911 年 6 月 2 日在华盛顿特区、1925 年 12 月 14 日在海牙、1934 年 6 月 2 日在伦敦、1958 年 10 月 31 日在里斯本、1967 年 7 月 14 日在斯德哥尔摩进行了修改，1979 年 9 月 28 日进行了全面修订。该公约现在是世界知识产权组织（WIPO）负责管理的国际条约之一。

《保护工业产权巴黎公约》是一个重要的进步。通过该公约，任何一个协约国，包括专利制度在内的工业知识产权制度都向其他协约国提供国民待遇[63]。该公约还创设了优先权制度：公约优先权，也被称为《保护工业产权巴黎公约》优先权或联盟优先权。该制度规定在某一个协约国提交专利申请后，在另一协约国申请专利时，可以根据其申请日主张优先权。在首次申请提交后，外观设计或商标的申请人可以在 6 个月内，发明专利及实用新型专利申请人可以在 12 个月内主张其优先权。

五、《专利合作条约》

WIPO 还可以根据《专利合作条约》对专利申请进行管理。该条约于 1970 年在华盛顿特区签署，并于 1978 年 7 月 1 日生效。该条约使申请人可以通过一个申请获得多个成员国授予的专利。该条约的第一章创设了国际调查制度。该制度由澳大利亚、日本、俄罗斯、美国、欧洲专利局，以及奥地利及瑞士专利局的一部分共同组成。该制度使得申请人通过一个申请即可在各成员国同时调查现有专利的情况，并且在提交申请 30 个月以内决定是否接受专利授权审查以节省专利申请费用、代理人费用及高昂的翻译费用。

该条约第二章则创设了国际初步审查制度。成员国并非必须符合该两章的规定，申请人也并无必须接受国际初步审查的义务。

六、TRIPS 和世界贸易组织

《保护工业产权巴黎公约》等国际条约的一个弱点在于，其不具备要求成员国实现条约规定的最低保护标准的强制力。《与贸易有关的知识产权协定》（TRIPS）是世界贸易组织（WTO）负责管理的一个国际条约。该条约规定了多种知识产权保护的最低标准。成员于 1994 年在世界关贸总协定乌拉圭回合的最后对条约内容进行了协商。该条约中的有关专利权利客体及公开等的条款都与《欧洲专利公约》有很大的类似性。同样，

㉓　On this principle as it affects patents see Evans［1966］EIPR 149.

专利权期间及权利范围内容也很相似。(154) TRIPS 还对成员授予强制许可的权力作了限制。由于 TRIPS 特别要求成员遵守《巴黎公约》及《伯尔尼公约》等条约中设定的最低保护范围，因此一些时候它也被称为“巴黎附加”（Paris plus）（或“伯尔尼附加”（Berne plus））

七、结　语

或许在现代专利制度最早产生的英格兰及威尔士的专利制度中，其早期所显示的最突出的特点是它很早就从对改良的保护转变为对发明的保护。虽然像休谟这样的历史学家对此可能表示遗憾，且现代经济学家金斯顿教授也认为存在一个需要弥补的空缺，但这一进程却有其必然性。负责该制度运行的官僚体制的局限性注定了制度只能对发明进行保护。然而，在当今的专利制度中，最主要的利用者毫无悬念地变成了那些改良和发明之间差距较小的行业业者，比如医药行业和航天器等。依靠 TRIPS，现在的专利制度还可能在将来发展成世界专利制度。(155)

(154) But rights do not have to be defined by reference to claims in a specification – Articles 28, 30, 33 and 34.

(155) See Cornish and Llewellyn, *Intellectual Property*, 5th ed., Sweet & Maxwell/Thomson (London: 2003), 3 – 21 at p. 123.

第四章　是天使还是恶魔？
专利与知识产权制度

作者：杰瑞米·菲利普斯（Jeremy Phillips）

译者：沈　旸

一、概　述

现在，人们在用"专利"一词时，已经完全使用它的引申义且对其有了一套主观的认识，因此我们很难准确地评价它到底是什么。对于某些人来说，专利制度是资本主义贪婪的一个缩影。因为它赋予了一部分人垄断实施专利的权利，允许他们对专利权的权利范围所覆盖的市场进行完全的控制。并且他们也无须向所在的市场或社会进行任何利益的还原。而对另一些人来说，专利制度则是一种单纯的激励机制，它通过对发明人开发创新成果所投入的时间及努力进行保护，鼓励人们公开自己的创新成果，分享其利益。

本章将把专利权融入各种境况，来分析它的局限性及例外。我们应该在一个较高层次展开讨论，也就是将市场视为一个存在着其他知识产权的流动市场，其他权利可能通过促进或限制他人对权利保护对象物的利用而增强或减弱专利权的效果。比如说，下文中我们将把专利看做是法律工具箱中的工具之一，而工匠将选取该工具来辅助或者对抗一个永远处于变动状态的对象——消费者。对法律有所了解的读者会注意到本章的大部分内容都是在一个一般的、被广泛接受的认识基础上，而非局限于某一个法域中。考虑到本书将要呈现给世界各国的读者，本章将更多地运用在国际条约的文本中所形成的专利法各项要素的判断标准，以使本文内容能够更好地在各个法域中得到运用。当然，由于本章认为专利法是在当前的经济和工业活动背景之下极具活力的组成部分，所以如果本章中所记述的内容与某一个国家的实务情况不相符也不足为奇。

二、专利权的战略优势

专利权带给权利人的潜在利益是巨大的，概括来说，可以有以下几个方面：

- 专利权赋予专利权人一种禁止权。他人在未获得授权的情况下不得实施专利发明的内容。非法侵犯专利权人所有的专利权，构成专利侵权。而专利权的权利范围由专利说明书中包含的权利要求书及详细说明的内容加以限定。一旦实施行为落在专利的权利要求范围内，专利法所提供的禁止权就可以适用于该行为。因此，无论侵权人是否知道专利权本身的存在与否，也无论其实施行为是否有侵权的故意，该行为都是侵权的。而且作为附加的权利，甚至在竞争者对专利内容进行了少许改变甚至添加了某些新的特征，使其实施内容落在专利说明书描述的发明内容范围之外时，专利权人仍然可能行使专利权。① 以土地所有权为例加以说明，可以理解为，如果所有权人拥有一块土地，他将不仅有权不让他人进入自己的土地，还可以禁止他人进入与土地非常接近的区域。

除非有相反的证据证明，否则专利将被视为有效。在专利权授权之前，会对专利申请进行深入及严格的专业审查，来考察其与专利申请时社会公众可获得的整体知识是否相当，是否仅仅是将现有的知识与本领域一般技术人员的常识和技能拼凑产生。这样的审查还会在专利申请文件公布时进行。任何人都可以提出申诉，要求否认专利申请的有效性。如

---

① The extent to which the construction of patent claims may confer rights that are not literally within the scope of the patent as drafted is the subject of a vast literature. See for example the case law and academic writing directed towards the interpretation and application of the Protocol to Article 69 of the European Patent Convention ('EPC') in its original 1973 and revised 2000 versions (the speech of Lord Hoffmann in *Kirin – Amgen Inc. and others v. Hoechst Marion Roussel Limited and others*; *Kirin – Amgen Inc. and others v. Hoechst Marion Roussel Limited and others* [2004] UKHL 46, 21 October 2004) provides a good overview of the position in Europe). In the USA an equally vast body of analysis has both led to and followed from bellwether litigation such as *Festo Corp. v. Shoketsu Kogyu Kabushiki Co.* ('*Festo III*') 535 US 722 (2002). For a helpful note of post – *Festo* developments, culminating in *Primos Inc. v. Hunter's Specialties Inc.* 451 F. 3d 841 (Fed. Cir. 2006) see David Berry, '"Tangential Relation" Criterion Clears Way for Infringement of Amended Patent Claim Under Doctrine of Equivalents' [2006] JIPLP 631 – 3. A good comparison of the US and European approaches is that of Toshiko Takenaka, 'Claim Construction and the Extent of Patent Protection: A Comparative Analysis of the *Phillips en banc* Federal Circuit Decision' [2006] JIPLP 119 – 30.

果一项发明顺利地通过这一系列的审查，则其将被授予专利权。如果该判断是在专利审查标准最高的法域范围内作出的，那其在相似的法域范围内都基本可以被认为是有效的。另外，专利面临的另一项挑战是在严格的审查过程中，专业的审查人员通过提出现有的技术文件来拒绝对发明授予专利。

- 当专利从一个独立的权利成为一个专利权资产组合中的一部分时，其力量将呈指数增长。许多经济分析家在分析实务操作系统时都基于某种特定的模式。该模式建立在一种未被论证的假说上，即一个专利和一个产品或方法之间是呈一一对应的关系。但是这样的模型并不能反映像电信及日常电子用品等现代产业部门中所存在的复杂性。在这类产品中，每一项产品都会包括大量的单个的专利发明。同样，在医药部门，一项产品可能涉及一个基础发明，以及后续的为改良药物所做创新的专利发明，及涉及生产方法的专利发明在一一对应的模型下，一个专利一旦失效则和它相关的产品都可以自由利用其技术内容，但是事实上，一个产品中包含着大量的专利发明，即使其中的一项专利失效，该产品仍将在专利权人的控制之下。而这一原理同样适用于不是单个专利权人而是由一群权利人组成的情况。他们组成一个集团，提供一种统一的产业标准，而其他的生产者也可以通过授权形式共同在此标准下进行生产活动。[2]

三、专利权的战略弱点

由于专利强大的市场支配力，它始终面临着各种被验证的风险，包括对其专利性的严格检查，以及竞争对手对专利有效性的审视。每一种对它的检验本身都是具有合理性的，但是整体上来说，它们作为一些负面的因素，使专利权削弱了。但是总体上而言，它们勾勒出一幅图画，即权利受到各种限制，使其看起来相当脆弱。这一情况还因创新市场的商业现实而加剧：专利并没有要求任何人必须要使用或者购买专利发明，对专利使用和购买的行为完全出自消费者的意愿，同时专利权保护还可能通过利用那些不由专利权人控制的技术创新而回避。

---

[2]　For a good review of patent standards and their potential for use and abuse see Piotr Staniszewski, 'The Interplay between Intellectual Property Rights and Competition Law in the Context of Standardization' [2007] JIPLP 666–81.

简而言之，在考虑专利的战略弱点时，有以下几个要点：

• 专利权是一个消极的权利。专利权人可以限制他实施落在其权利范围内的发明，但专利并不赋予专利权人任何积极意义上的权利。在医药、农业等部门，想要使用某项与专利发明有关的产品，同时还必须满足安全性、产品使用效果等的规范和要求。③ 在这两个部门的专利权人都必须有充分的心理准备，由于不能满足这些要求，而使得专利发明不能获得经济效益。

• 专利权是一种脆弱的权利。虽然专利被承认有效并获得专利授权，往往要经过一个相当长甚至是极其漫长的审查过程，但是专利权人仍然需要对其有效性进行防御。专利的有效性会在若干个方面受到挑战④，且任何人都可以对其有效性提出质疑。即使专利有效性在被质疑后得到肯定，只要有任何否认该发明新颖性或创新性的新证据产生，它的有效性就会不断地受到新的质疑。

• 专利只在一国内有效，至多是一个地域性的权利。没有一个专利赋予专利权人在全世界范围内保护其发明的权利。除了少数几个例外⑤和美国以外⑥，权利人必须在每一个国家获得相应专利，受到该国的行政管理并接受该国的保护。虽然《专利合作条约》建立了一个体系，使得

---

③ Regulatory conditions are monitored by organisations such as the Food and Drug Administration in the United States, the Pharmaceutical and Medical Devices Agency in Japan and the European Medicines Agency in the European Union. As in the case of patents there is a degree of cooperation between the major regulatory agencies, but the agencies are generally free to establish their own criteria at national level, thus increasing the cost and expense of clearing a patent for use and increasing the risk that exploitation of a patented invention will be prohibited.

④ These grounds broadly fall into three categories: failure to meet the criteria of patentability, failure to disclose the claimed invention sufficiently and a deficiency in title to the invention.

⑤ The African Intellectual Property Organization (OAPI) grants a single patent right that covers the territories of Benin, Burkina Faso, Cameroon, Central Africa, Congo, Cote d'Ivoire, Equatorial Guinea, Gabon, Guinea, Guinea Bissau, Mali, Mauritania, Niger, Senegal, Chad, Togo. Also, under the Eurasian Patent Convention a single patent application will cover the territories of Armenia, Azerbaijan, Belarus, Kazakhstan, Kyrgyzstan, Moldova, the Russian Federation, Tajikistan and Turkmenistan.

⑥ The separate states within the United States may not grant their own patents, as the power to legislate for patents and some other intellectual property rights is a subject of federal pre-emption: see *Sears, Roebuck & Co. v. Stiffel Co.*, 376 US 225 (1964), *Compco Corp. v. Day-Brite Lighting, Inc.*, 376 US 234 (1964), *Bonito Boats, Inc. v. Thunder Craft Boats, Inc.*, 489 US 141 (1989), cf. *Kewanee Oil Co. v. Bicron Corp.*, 416 US 470 (1974) in which it was held that the protection of patentable trade secrets under state law was not pre-empted.

专利权人只需要向一国的专利局提交申请就可以指定任何希望获得专利的国家，[⑦] 但是对同一个专利申请，当其进入到某一国的国内审查阶段时，其审查标准仍然按照该国的法律规定和解释，包括对专利侵权的判断及其他的问题也都在该国的法律及经济环境背景下进行。

* 专利权的保护期限较短。和其他的知识产权相比，专利权的保护期限相对较短。商标注册后，如果对其进行妥善的权利管理，通过权利更新，其权利可以是永久性的。[⑧] 而著作权则可以长达一个世纪或更久。[⑨] 与之相比，专利权的保护期限短得多。其最大保护期限一般为自申请之日起 20 年，实质保护期限为 16.5～17.5 年。大多数专利都会在权利到期之前失效或被放弃。数据显示，专利在第 12 年后继续更新的数量很少。打个比方，一项专利的寿命大概和一条贵宾犬的平均寿命差不多。[⑩] 在医药和农业部门，由于申请获得相应许可的时间事实上阻碍了专利权人获得合理的商业回报，因此在一些国家，允许这类专利权得到一定期限的延长[⑪]——在美国，当专利权的授权过程中遭遇了行政上的延迟或者手续上的干预，该专利权也可能获得一定程度的延长[⑫]——但是这类期限延长本身的时间也相对较短。

* 获得专利授权的费用昂贵。在获得专利权以外的知识产权时，几乎不需要为获得权利支付任何费用，即使需要其费用也很低。但是为获得专利所要支付的费用相对来说就相当高，对于权利人来说会成为预算上的一项负担。虽然申请及审查的费用相对较低，但是撰写一份能囊

---

⑦　As of 9 July 2007 this figure stood at 137 countries.

⑧　The norm for the term of trade mark protection may be found in the Agreement on Trade – Related Aspects of Intellectual Property Law (TRIPS), Article 18: 'Initial registration, and each renewal of registration, of a trademark shall be for a term of no less than seven years. The registration of a trademark shall be renewable indefinitely'.

⑨　The British author Barbara Cartland, who died on 21 May 2000, published her first novel, *Jigsaw*, in 1923. As the law stands at present, copyright in her works will expire on 31 December 2070, giving *Jigsaw* a remarkable copyright term of 147 years.

⑩　See 'Life Expectancy in Dogs – How Long will my Dog Live?', < http: // www. pets. ca/pet-tips/tips – 46. htm > (accessed 9 July 2007).

⑪　See, for example, in the European Union, Council Regulation 1768/92 concerning the creation of a supplementary protection certificate for medicinal products and Regulation 1610/96 concerning the creation of a supplementary protection certificate for plant protection products.

⑫　35 USC 154 (b).

括专利发明所有特征的说明书以及起草一份限制权利范围的权利要求书的工作必须由受过良好训练的专利代理人进行。为了避免将已经公开的技术作为专利申请而花费不必要的费用，申请人必须对公开文献进行调查。这项活动也相当耗费金钱，尤其是在相关的文件用外语撰写的情况下。另外，如果发明人的发明是一项组合发明，则其中的各项产品或方法都需要单独进行专利申请，而这也将使申请费用增加。提出申请后，为避免因与已有专利的范围重合或者因现有技术信息，而导致其创造性被否定，专利申请人或其专利代理人将与审查员之间进行非常繁琐的辩论来减缩或调整权利要求书所要求的权利范围。在此过程中，专利申请人原本所预想的商业计划中所需的专利技术范围可能被缩小，因而带来一些预想范围之外的费用。

- 维持专利权的费用昂贵。当专利获得授权，专利权人需要每年或者按一定期限缴纳专利费用。客观上来看该费用并不高，但是如果一项产品由多个单独的专利部件组成，则对该产品所支付的累计费用也不可小觑。[13]

- 维护专利的费用昂贵。当专利的有效性受到挑战，专利权人并无义务必须应诉。但是一旦专利权人决定进行防御，则必须准备好为此支付一笔昂贵的费用。一般来说，专利权人需要支付的费用中包括进行法律辩护的费用，如果需要还要额外支付获得专家证言及进行证明实验的费用。虽然，如果辩护成功，则在此过程中专利权人所支付的费用将由挑战者承担，但是在实务上，一般来说只能获得一部分费用上的补偿。由于专利权强大的市场控制力，作出一个维持一项专利有效性的判决，常常需要另外支付一次或更多次上诉程序的费用。

- 行使专利权的费用昂贵。和维护专利权的情况相同，对侵权嫌疑人行使专利权也需要高昂的费用。这一因素使得专利权人可能容忍规模较小或者商业份额较小的侵权人的侵权行为，因为维权所支付的费用可能高于通过维权所获得的利益。对那些中小企业，专利诉讼保险并未得到广泛利用。因为对于较小的商业预算来说保险费还是相对昂贵的，

---

⑬ Curiously, TRIPS, Article 32, confers upon the patent owner an automatic entitlement to a right of appeal in the event that a patent is held invalid or forfeited, while no corresponding entitlement to appeal is given to the party that has unsuccessfully challenged it.

因为保险费需要反映保险公司所承担的风险，按照保险的代位原理，如果保险范围覆盖了该内容，则保险公司可以代替被保险人处理侵权案件，而在此过程中，保险公司所采取的手段可能和被保险人的商业利益相违背。例如，保险公司向侵权嫌疑人授予专利使用许可，使其可以正当地实施他原本想要就其有效性进行申诉的专利。

- 专利可能成为强制许可的对象。专利权人的商业计划是在专利不被任何第三方实施的前提下制定的，而如果当竞争者、替代产品市场的经销商、甚至是国家机关获得权利以按次付费的方式获得实施原本应该由专利权人垄断使用的专利发明时，该前提就不复存在了。这种情况可能发生在专利发明没有被利用，或者没有被充分利用，特别是在国家处于战争或某种紧急状态下而不允许专利权人独自享有该权利的情况。[14] 并非所有的专利都会成为强制许可的对象。根据 2001 年多哈宣言[15]，健康保障领域的专利特别容易在没有双方同意的情况下，得到国家单方面的强制许可。因为该领域的发明聚合了一些别的工业领域所没有的特点，比如，在各国市场上其价格和生产成本的巨大差异、发展中国家控制疾病及防止传染病传播的需要。而在多哈宣言提出之后，越来越多的政府以多哈宣言为依据授予强制许可，使得关于政府是否在 TRIPS 的限制范围内对专利授予强制许可的问题日益突出。[16]

四、从历史看专利：日益增加的作用

专利在各个方面都发挥了不同作用。无论是同威尼斯那样需要公开，还是同伦敦那样不需要公开，专利权赋予发明人在一个法域中排他性地使用其发明的权利，这使得专利制度成为吸引外国发明人将其发明转让到另一国的机制。最初，专利以"开封特许"[17] 的形式出现，这种特许文

---

⑭　Relatively detailed provisions regarding the entitlement of member states to provide for the compulsory licensing of patents on various grounds are articulated in the Paris Convention for the Protection of Industrial Property, Article 5A (2), and TRIPS, Article 31.

⑮　Doha Declaration on the TRIPs Agreement and Public Health, 14 November 2001.

⑯　See Lisa Peets and Mark Young, 'Is the Exception Becoming the Rule?' (2007) 195 *Patent World* 21 - 4.

⑰　Latin for 'open letters'. Unlike a letter that was folded closed or placed in an envelope and then sealed, the patent was an open letter in which the seal did not close the letter but was placed at the bottom of the page. Retained in scrolled form, the letter could be opened and re - opened without breaking the seal - which had to be kept intact because it bore the authority of the monarch's signet.

件赋予了权利人一种特权，即当那些因为新技术的导入，而使其生计受到威胁的本地行会成员或商人出现时，权利人就可以以这份特许为证据，主张自己实施行为的合法性。⑱ 而当人们意识到，为了将专利发明和现有技术，或者更重要的，即将它与市场上的竞争对手已被赋予的专利内容相似的发明相区别，需要提交一份专利申请来描述发明的技术信息后，专利制度的作用就转变为了一种信息承载的工具，这些信息包括专利发明本身的特征或者有关如何实施这些发明的方法的信息。而当专利分类标准产生后，专利的这种作为信息共同体的功能显得越来越明显，尤其是国际专利分类标准系统⑲产生后，任何进行检索的人员只要输入专利分类号码，就可以查找到所有的已知技术形式。

从更近的时期来看，专利制度又成为了一种动力，促进发明创造，促使专利权人公开专利发明的有用信息，促进为专利发明提供资金并保障投资的不断增长。虽然关于专利制度作为激励发明创造制度获得许多赞扬，但是当我们为专利制度只将实施权利授予专利权人的伦理基础辩护时，实际上很难找到证据，来说明专利促使本来并不具有创新能力的人具有了创新能力，或者提高了发明者的创新能力。此外，由于（1）绝大多数的专利是授予公司而非个人的，⑳ 以及（2）许多专利都是由一个多人共同开发小组联名共同申请的，很难说专利制度是否真正激励了参与在发明过程中的个人——而因此个人对在此过程可以得到的报偿的期待应该也是较低的。关于专利制度的其他的作用也有许多相关的资料，例如对专利作为投资因素的作用也有大量的文献

---

⑱ The importance of developing a structure for the identification and retrieval of patent information was first recognised by Bennet Woodcroft, who founded the Patent Office Library in London, England, becoming Superintendent of Specifications in 1952.

⑲ The Strasbourg Agreement concerning the International Patent Classification (IPC) was concluded in 1971, since which year the scheme of classification employed throughout the patent – protection zones of the world has run to its eighth edition. The scheme is constantly under review in light of the invention of new technologies and experiences derived from working with the scheme.

⑳ The author is not aware of any accurate and contemporary figures relating to the proportion of patented inventions made by inventions in the course of their employment; anecdotal evidence suggests that, at least in Europe, the figure is likely to be around 90 per cent. This would suggest that the offer of a patent to an inventor by way of incentive is about as efficacious as trying to incentivise a donkey to pull a cart by offering a carrot to the cart's owner.

作了阐述。[21]

五、从经济角度看专利[22]

作为一个垄断权，专利权人可以将竞争对手排除在市场之外或者通过对方支付实施许可费的形式允许其使用专利发明。经济学家将专利视为一项重要的经济活动的指标：人们可以从市场中专利授予及被更新数量的增加或减少来判断研发活动的水平及随之而来的生产销售等一系列活动的水平。大致看来，如果专利活动在整体上减少，则可以说明对研发活动投入的人力、物力、财力上的不足，而如果市场上存在大量的有效的专利则说明利用创新产品或者更具有吸引力的产品或方法来获取市场的过程中有很强的竞争力。

但是将专利授予数量的统计结果作为经济行为的一项指标的说法存在很大缺陷。其原因主要有以下几方面：

- 上文中关于在获得专利保护过程中所需要的费用的论述中提到，由于一些产品可能包含多个专利发明，而另一些可能涉及许多不同领域产品的生产，因此很少出现专利和产品数量一一对应的情况。在科技史上，一直以来，都存在着脱离简单机械的科技趋势，一方面由于聚合技术的水平，另一方面是因为公开使用，发明可能在原本发明人并不关心的领域获得进一步的开发。举一个简单的例子，一个世纪前，一个新颖且具有非自明性的牙刷，相对于其竞争商品具有优越性，因而可以对其授予专利；而在今天，我们可以想象，这把牙刷上聚合多个相关的专利，分别涉及包括它的形状、手柄、刷头、刷毛的材质等各个部分，以及如何将这些部分组装成一把牙刷的工艺和过程，甚至还包括将用户使用牙刷获得的参数提供给信息交互系统，以及驱动该交互系统的软件程序。

---

[21]　A particularly good source of current news and analytical articles relating to the patent in terms of asset management and investment is the bi - monthly journal *Intellectual Asset Management*, published by Globe White Page Ltd.

[22]　There is a vast literature on topics such as the economic analysis of the effect of the patent and the use of patents as a measure of economic and/or innovative activity. A recent compendium of writings on the subject is John Cantwell（ed.）, *The Economics of Patents*（Cheltenham, UK and Northampton, MA: Edward Elgar, 2006）. The first volume is subtitled *The Patent System and the Measurement of Invention*, the second *Corporate Patenting*. This collection, and the works referred to by its contributors, reflect scholarship that goes back to the first half of the twentieth century and data that goes back to the nineteenth. How much of this scholarship remains relevant to the current patent system and economic structures that relate to it is however open to question.

- 许多专利在其有效期内从未被利用。因为专利权人没有实力对专利进行进一步融资并将其从技术构想到实现产品化。

- 另外还有一些专利，虽然其在技术上具有优势，但是由于它们不符合顾客的需求或者不能激发顾客的潜在需求，而未被实际利用。

- 虽然一些创新在技术上已经满足了专利权的保护要求，但是其商业价值已经通过其他知识产权的形式被开发过了。

- 当某一技术还在它的发展初期时，在该领域中的专利数量很少，但是每个专利的权利范围都比较大；反之，在一个成熟或者已经衰退的技术领域，专利数量非常大，但是其技术创新的程度却都非常微小。

- 除了受投入—发展—市场这一循环的影响，专利数量还受到法律及行政标准的影响。例如，如果法律修改了专利法中关于可专利对象的范围，则会影响司法上对专利权侵权范围的判定。而新的审查指南的颁布或者为统一审查判断标准而实行培训，同样也会使专利活动在特定范围内发生数量上的变化。

专利诉讼的数量对于经济活动来说同样也必然是一个不准确的指数。在许多国家，在竞争企业之间，甚至在生产企业和研究机构或者"专利流氓"（Pantent trou）之间产生的专利侵权诉讼的数量，和实际侵权发生的数量来比简直是微不足道。许多本来应该提起诉讼的纠纷实际上通过仲裁或调解得到解决，而未使问题表面化。而这类案件的数量都未被计算在诉讼数量之内。

六、专利与创意

专利的权利要求，有时候可能使专利权人可以对发明的创意进行垄断性的使用，或垄断地发掘其商业价值。但是专利法本身并未对此提供支持，而且该形式在国际条约中或者通过国内立法将其纳入国内法层面的规定中也都找不到根据。[23] 其原因在于，专利法要求发明人公开一种体

---

[23] Protectable subject – matter must be a product or a process, not an idea. See for example Paris Convention, Article 1: '（2）The protection of industrial property has as its object patents, utility models... and the repression of unfair competition；（3）Industrial property shall be understood in the broadest sense and shall apply not only to industry and commerce proper, but likewise to agricultural and extractive industries and to all manufactured or natural products, for example, wines, grain, tobacco leaf, fruit, cattle, minerals, mineral waters, beer, flowers, and flour'. TRIPS, Article 27（1）: '... patents shall be available for any inventions, whether *products or processes*, in all fields of technology, provided that they are new, involve an inventive step and are capable of industrial application'.

现了发明创意的产品或方法，并且对这种产品或方法实施保护，而非对创意的概念本身提供一种垄断利用的权利。如果专利授权的效果是对发明背后的创意提供一种垄断性的权利，而该创意和实施该发明所涉及的方法之间有着直接且必然的联系，则授予该专利是错误的。

七、专利和传统知识

专利是设立最早的知识产权，但在许多发展中国家，传统知识的出现远早于专利法的产生，而这些传统知识为现代医药提供了富有价值的补充和廉价的替代品。[24] 在这些国家中，对传统知识的情感和专利权之间存在着紧张的关系。[25] 一方面，传统知识的保护者们因为担心这些已经久经考验的治疗方法会受到外国公司的垄断性专利权的威胁，而创造并传承了这些传统知识的团体将不会从中得到任何回报，所以他们会提出专利申请。而另一方面，制药公司和生物开发公司则主张，由于发明要获得专利授权，必须具有新颖性和非自明性。而传统知识的创造团体可以通过主张它们的在先使用而阻碍专利权的授予从而维护传统知识，所以制药公司和生物开发公司坚持认为不会发生垄断权被错误授权的情况。此外，他们还认为，专利制度提供了促进创新的动力，使他们投入人力财力，对那些孤立的、简单的植物和草药的有效治疗成分进行研究，使传统知识中具有价值的信息被充分理解利用并造福更多病患，提高传统知识本身的质量。

八、专利，信息的保密和公开

从信息管理政策角度来说，专利制度是一个成功的制度，它成功创设了一条通道，使大量具有科技和商业价值的信息先成为完全私有领域的专利垄断权，继而进入完全非排他的公共领域。在专利权授予之前，法律要求专利申请对象必须是不被公共所知晓的内容。否则，无论从经济角度还是从道德角度，都失去了对专利申请赋予对其对象产品进行完全独占地获取其经济利益的权利的正当性。而当专利保护期限结束时，专利说明书中所公开的有关发明内容的信息将可以被所有人自由利用：

---

[24] On the farmer's right to harvest a crop grown from patented seed – a classic point of conflict between modern patent philosophy and traditional knowledge – based practice – see Elizabeth Verkey, 'Shielding Farmers' Rights' [2007] JIPLP 825 – 31.

[25] The use of terms such as 'bio – piracy' is to be deprecated because it seeks to stigmatise a practice which is lawful and potentially beneficial to a wider audience than the community that considers itself to have been dispossessed of an important intellectual asset.

此时，其性质已经从一种私有权利进入了公共领域。

在专利授权的过程中，专利的内容是向公众公开的，因此它可以教育、促进和激发公众的创新思维。然而，专利制度又对落在专利保护范围内的实施行为进行了严格的限制，即在未获得专利权人允许的情况下，任何人都不能实施直接和专利说明书中所涉及的新颖和创造性内容相关的行为。这一原则也可表述为"只可远观，不可亵玩"。也因为此原则的存在，使发明人有足够的勇气将发明内容向包括其竞争对手在内的公众公开。

对专利权人而言，有时候会出现希望将技术保密和提出专利申请之间的矛盾。如果发明人将其通过职务上的性质或者其与保有秘密者之间特殊的关系而获得的技术秘密申请专利，则技术秘密将会被公开给公众从而失去秘密性。在保护技术秘密信息的私有利益与通过专利体系正式将技术信息公开的公共权益之间，应该更优先哪一方呢？

一方面，在普通法国家，关于信息保密的私有权利是得到衡平法的支持的，也可以通过合同上关于保密义务的明示条款而得到支持；同时，有关保护个人尚未公布信息的权利也作为一项基本的人权受到保护。而另一方面，专利制度明确表明了通过公开具有显著意义的技术创新来保障公共利益，且发明人也可以基于同为基本人权的公众信息传播权来要求申请专利。从结果来看，保护技术秘密的权利可能胜于发明人主张公开发明的权利。在英国这一结论受到具体法律规定的支持，[26] 但是在大陆法系国家，在此种情况下主张申请专利的权利可能被认为是权利滥用而得不到法律的支持。

九、发明专利、著作权与外观设计

专利保护的对象与著作权所保护的各种作品的种类有着明确的区别。但是由于最终产品中可能同时涉及专利法和著作权法中的权利，因此两种权利的重叠以及冲突是普遍存在的。比如，计算机程序作为《伯尔尼公约》中规定的文学作品，[27] 一般被认为是著作权法的保护对象。然而，

---

[26] Patents Act 1977, section 42 (3), applying in respect of information communicated within the employment relationship.

[27] Berne Convention on the Protection of Literary and Artistic Works (1886). TRIPS, Article 9, requires TRIPS members to comply with the substantive provisions of the Berne Convention, and Article 10 states: '1. Computer programs, whether in source or object code, shall be protected as literary works under the Berne Convention (1971)'.

当这些程序符合专利发明的标准并不包含其他应该排除在"发明"㉘ 概念之外的理由时，则也具有获得专利授权的可能性。因此，就产生了一个明显的问题，即实施一个行为时，该行为可能被认为侵犯了一个尚未超过保护期限也未被宣告无效的专利，而该行为的实施同时又是对一个由著作权法规制的权利的实施。没有任何一个法律原则会同意，仅因为专利所覆盖的一部分或全部已经失效，就应该剥夺该产品上所涉及的著作权人的著作权。能否自由利用这样的作品，涉及相关的专利权人和著作权人是否相同，以及是否有默示许可或默认的存在等问题。㉙

和专利与著作权之间存在的问题一样，在那些有外观设计权利的国家，同样也存在与专利的关系的问题。尤其是，当一项专利的新颖性是由它的特殊构造产生，而第三者的外观设计所涉及的产品又是以专利说明书中的略图或图示为基础时，此类问题就会经常发生。

十、发明专利与实用新型

知识产权中的灰姑娘——实用新型，与她的表兄——小发明及德国式的实用新型专利㉚，在现在的专利制度的讨论中常常被忽视。虽然在1883 年的《巴黎公约》中，实用新型作为一项工业所有权得到承认，但是在 TRIPS 中并没有相应的章节，而且在欧盟范围内，虽然在各个国家中都有某种保护实用新型专利的国内法，却没有任何关于它的严格、可靠的各国间的协议或类似的立法。㉛ 而在各种知识产权中，相对于发明专利，实用新型专利是最具有可比性的：其有效性的判断标准基本上与

㉘　See EPC, Article 52 (2) (c).

㉙　Section 39 (3) of the Patents Act 1977 in the United Kingdom Provides that nothing done in the course of filing a patent application or working a subsequently granted patent shall be regarded as the infringement of any copyright or design right in 'any model or document relating to the invention', but that provision applies only where the patent applicant/proprietor is an employee and the owner of the copyright or design right is his employer.

㉚　The *Gebrauchsmuster*, a form of utility model developed in Germany and Austria, has proved influential in other jurisdictions too, notably Japan.

㉛　A Proposal for a European Parliament and Council Directive approximating the legal arrangements for the protection of inventions by utility model (COM (97) 0691 final – Official Journal C 36 of 3. 2. 1998) was presented by the European Commission in 1997, which would require member states to implement utility model protection measures. Work on the proposal was suspended in March 2000, most member states taking the view that priority should be given to introducing a Community patent. In 2005 the Commission withdrew the proposal on the ground that it was unlikely to advance further in the legislative process.

专利相同或类似，包括新颖性、创造性及产业可利用性等要件；它的垄断权的范围也和发明专利一样，是基于专利申请人对其申请的权利范围的解释来决定的。但是两者还有着显著的不同，即实用新型较容易取得，因为除非实用新型专利的有效性在纠纷中受到挑战，其有效性将不会受到实质审查。保护期限也相对较短，一般来说，实用新型的保护期限为授权之日起10年。如此看来，和经过严格审查的专利权所受到20年的保护期限相比，实用新型的保护期限过短，但是如果考虑到有4/5的发明专利在其最长的保护期限到来之前已被撤销，或许看法也就会不同了。

实用新型作为发明专利申请的一种补充而存在，但其实它也完全可以作为一种替代性的制度来利用。㉜ 在存在实用新型制度的国家中，对其利用都相当活跃。例如在中国、韩国、日本以及德国，都充分利用实用新型专利制度，其大部分的申请都来自国内。它创设了一种虽然容易受到挑战，却较容易取得的独占权，使得国内的本土企业可以以此来对抗外国进口的商品，确保它们的国内市场。

十一、发明专利与商标

虽然专利法与商标法的保护客体完全不同，但是法律本身却有着千丝万缕的联系。例如在商业领域，在非专利药品产业壮大之前，医药公司都会为了在专利法规定的专利垄断权的保护期限结束后寻求更长时间的独占使用权，即通过药品商标的知名度，使更多的患者使用该药物或使更多的医生开出该药品的处方。两者的另一个交叉领域是关于立体产品的部分。这种商品或它们的包装，在其形式上具有新颖性和创造性，在其外观上同时具有显著性。但是两者间所存在的上述联系，在对专利系统进行实际操作中并未产生非常明显的影响。因为两者在操作方式上存在着很大的差异：专利因为发明的功能性而保护发明所具有的功能，

㉜ For a recent review of the utility model in Europe and beyond see Uma Suthersanen and Graham Dutfield, 'Utility Models and Other Alternatives to Patents' in the book edited by them, *Innovation Without Patents: Harnessing the Creative Spirit in a Diverse World* (Cheltenham, UK and Northampton, MA: Edward Elgar, 2007).

该功能使得发明具有专利发明所特有的新的生产方式㉝或产业可利用性㉞。而竞争者由于无法利用该功能而不能直接与专利权人产生竞争关系。而商标权则与此不同。它之所以能提供保护是因为商标本身不具有功能性㉟。它不过提供了一种用以识别商品或服务的方式，它并不排斥他人复制商品的功能，因此也就不能起到阻止特定商品或服务进入市场的作用。在同一件商品上的专利权和商标权，所起到的作用完全是不同的。在美国联邦巡回上诉法院最近作出的判决中指出，如果没有证据表明侵权行为对专利权或者商标权构成了侵害，则得出的损害赔偿的总额应该反映出两种权利的权利人并非受到单独损失的事实。㊱

十二、作为财产的专利权

欧洲人权法院已经承认，法律规定的知识产权是一种享受《欧洲人权条约》规定的所有权的财产权。㊲虽然在初期存在过分歧㊳，但欧洲人权法院还承认了为获得这些权利的申请权也是一种"财产"，尽管从性质上来说，在申请被拒绝或撤回的情况下，不会产生垄断权。欧洲人权法院判决的重要性并不在于它创立了一种新的规则，而在于它确认了这一在商业实务领域长期存在的现象的有效性。专利及专利申请在大多数国家的国

㉝　The term 'manner of new manufacture' was first employed in England in the Statute of Monopolies 1623, section 1. It was later exported to many common law jurisdictions that were influenced by English legal principles.

㉞　This terminology is employed by TRIPS, Article 27. It appears to have its origins in the EPC, Article 52 (1), which borrowed it from the Convention on the Unification of Certain Points of Substantive Law on Patents for Invention, Strasbourg, of 27 November 1963. The Paris Convention of 1883 lays down no corresponding requirements of patentability.

㉟　Functionality as a ground for disqualifying a sign from being registered as a trade mark is either the subject of explicit legislative provision or case law doctrine. Typical of the former is Council Regulation 40/94 on the Community trade mark, Article 7 (1) (e) (ii), which absolutely bars the registration of '... the shape of goods which is necessary to obtain a technical result'.

㊱　*Aero Products International Inc and Chaffee v. Intex Recreation Corp*, *Quality Trading Inc. and Wal - Mart Stores Inc.*, 466 F. 3d 1000 (Fed. Cir. 2006).

㊲　European Convention on Human Rights, Protocol 1, Article 1: see *Anheuser - Busch Inc v. Portugal* [2007] ETMR 24.

㊳　See *Anheuser - Busch* [2007] ETMR 24; *ITP SA v. Coflexip Stena Offshore Ltd* (First Division, Inner Court, Court of Session, Scotland, 19 November 2004), ¶ 25. The human right to the enjoyment of property in a patent does not however confer upon national courts any jurisdiction over the European Patent Office, a creation of international convention under human rights legislation (*ITP, ibid.*) or through the invocation of natural justice: see *Lenzing AG's European Patent (UK)* [1997] RPC 245 at ¶ 21 - 2.

内法中被作为一种财产权来处理。这些法令大都规定专利可以被授权、许可、抵押、质押，以及以同其他财产类似的形式被使用。专利与实体财产的最主要的区别在于，前者需要对权利进行登记，而后者一般不需要。

对专利权的权属、交易以及法律状态的变更进行登记一般来说给专利交易的有关各方都带来了不便，且由于大量的备案及修改所产生的手续费用也给各方带来经济上的负担。虽然登记并非是证明专利权属的唯一有效纪录，但是对于那些想要调查有关专利现在及过去的商业状况的人来说，这些文件就具有非常重要的意义了。

十三、专利和博弈理论

博弈理论是一种提示在决策过程中参与各方在各种状况下所作决策的方法论。任何一方参与者的决定都会因其他参与者的决定而受到影响，而在一方参与者作出自己决定的时候，其一般不知道其他参与者作出了怎样的判断。专利（也包括其他所有的知识产权）在商业或法律争端中出现的形式，以及对其调整部署的结果，都可以成为博弈理论适用的对象。[39]

如果博弈理论被正确运用，其重要性主要体现在以下几点：它使权利人、其竞争者、被许可人、直接或间接侵权人各方：（1）在作出以专利及创新为基础的商业决定时，了解到有关进一步行动所需的信息；（2）实施一系列既定的行为，例如提起侵权诉讼，提起专利无效申请等，由于该行为在概率论上得到充分的肯定，且法律意见也同样支持他们这样做；（3）对竞争者出乎意料的行为作出坚决果断的回应。

众所周知，想要在一个创新活动活跃的环境中获得商业上的成功，对专利法有充分的理解是一个必要条件，但是并非充分条件。了解其他商业对手是否侵犯专利权在商业上是有益的，但并不意味着提起专利侵权诉讼就一定是明智的行为。同样，了解到对手的专利无效也并不一定说明值得去提起专利无效申请。例如，竞争者 B、C、D 认为 A 所有的专利是无效的。B 是一家实力雄厚的大企业，在市场上占有主导地位，而 C、D 则是小企业，缺乏足够的资金和资源，通过昂贵的无效申请程序去挑战 A 专利的有效性。而 B 则可能希望单独挑战 A 专利的有效性，或通

[39] For an IP – friendly introduction to game theory for intellectual property analysis see Jeremy Phillips, 'How to Win at Monopoly: Applying Game Theory to the Enforcement of IP Rights' [2007] JIPLP 540 – 552.

过向 A 说明如果专利被宣告无效，则 A 将会损失为了辩护其专利有效性所花费的所有费用且仍然使得 C、D 可以加入到竞争市场中来，以谋求与 A 缔结免费的专利实施许可。A 因此会考虑两者所承担的风险大小，来决定是选择回应 B 提起的无效诉讼还是和 B 签署免费实施许可。或者，A 也可以选择第三种策略，即：（1）向 B 提供一种非免费的实施许可，但是对 B 而言，要比提出专利无效申请相比明显更加有利的条件；（2）向反垄断法主管部门报告 B 滥用市场垄断性地位的行为；[40]（3）向 B 支付一定费用，使其既不提起专利无效申请，也不实施专利发明；[41] 或者更甚者（4）B 退出该竞争市场，将专利拍卖。[42] 在任何一种情况中的不确定性结果，都可以通过博弈理论的概率论来计算。由此可见，通过运用博弈理论的原则，行为者可以在不基于法律、经济中的任何一方因素，而通过更广义的心理及战略因素来决定自己要采取的行为。

十四、专利的力量

如果在操场上有人欺负弱小用棍子打了一个孩子，那这个孩子很容易就能从人群中认出攻击他的人来。但是当一个大型的、过度竞争的商业主体利用专利打击一个小企业时，受害人更倾向于归咎于专利权本身，而不是运用专利权的主体。因此，专利制度中充斥着许多公司、企业的不规范的行为，无论是否需要通过法律制裁，这些行为都并非专利制度本身所期冀的行为，而是由于利用专利制度的方式而导致的行为。因此，利用反垄断法等竞争法制度来抑制垄断权人进行不利于竞争的行为会更加有效。因为竞争法制度的法律内容本身的特性，以其他跨越法学和经济学领域的专业特点，它通过平衡不利于竞争的行为的优缺点，以及从

40　For a recent example of this strategy see the decision of the Italian Competition Authority A364, *Merck – Principi Attivi*, 21 March 2007, *Boll.* 11/2007, discussed in depth by Rita Coco and Paolisa Nebbia in 'Compulsory Licensing and Interim Measures in *Merck*: A Case for Italy or for Antitrust Law?' [2007] JIPLP 452 – 62.

41　On this strategy, which may invoke the involvement of competition law authorities, see Alden F. Abbott and Suzanne Michel, 'Exclusion Payments in Patent Settlements: A Legal and Economic Perspective' [2006] JIPLP 207 – 22.

42　The patent auction is currently in its infancy as a means of disposing of patents in an open market. For some early comments see Hidero Niioka, 'Patent Auctions: Business and Investment Strategy in IP Commercialisation' [2006] JIPLP 728 – 31 and Jeremy Phillips, 'A Bid for Recognition' [2007] JIPLP 499.

一个更为复杂的视角对市场进行分析，从而能够更好地解决垄断权阻碍竞争的问题。

就这个问题，我们可以以在合同中附加不争执条款的问题为例。作为授予专利许可的条件，专利权人要求被许可人不对专利的有效性提出争议。如果按照合同自由的原则，则此类条款是有效的，专利法的效力不能阻却合同条款的效力。但竞争法制度可以确认专利权人的行为是否合理且确实必要，或者该行为是否构成了权力滥用，从而将被许可人置于一个较未接受许可的第三者更为不利的地位。在美国联邦法院的判例法中有过这样的案例，即在被许可人提起专利无效申请之前，专利权人基于许可合同向被许可人提起诉讼。如此双方就在合同法和专利法原则下对被许可人课加不争执义务，而避开了像欧洲那样将其作为竞争法原则下的问题来处理。[43] 该判例已经被美国联邦最高法院推翻。[44]

另一种在实务上不能接受的行为是，专利权人向那些批发商、经销商或零售商等第三方提起没有根据的侵权诉讼。这些对象通常仅仅以某种形式经手可能侵权的产品，而其自身并未进行生产。

例如，它们销售的数百种商品中，有一种可能是涉及侵犯了专利权的产品。在这种情况下，经销商往往只需将商品中可能侵权的产品用其他产品代替即可，而要其投入大量的时间精力和金钱去应诉显然是不合理的。由此，可以很容易地理解如何通过虚假的专利侵权诉讼去维护市场地位。没有任何一个国际条约或协议作出明文规定，要求协约国采取措施保护贸易商免受无理诉讼的威胁。但是有一些国家的专利法中作出了这样的规定[45]，而在另一些国家，人们可以以反不正当竞争法或反不正当市场行为法等为依据对上述行为提起诉讼。

战略攻击性强、具有丰厚的资金和资产基础的贸易商倾向于不考虑

---

[43] Commission Regulation 772/2004 of 27 April 2004 on the application of Article 81 (3) of the Treaty to categories of technology transfer agreements, Article 5, regards no – challenge clauses as being absolutely unacceptable in intellectual property licences to which the Regulation applies.

[44] *MedImmune Inc v. Genentech Inc*, 127 S. Ct. 764 (2007), discussed in Scott T. Weingaertner and Christopher C. Carnaval, 'US Supreme Court Holds that Patent Licensee Need Not Repudiate Licence Before Challenging Licensed Patent in Court' [2007] EIPR 278 – 86.

[45] See for example the Patents Act 1977, section 70 (United Kingdom); Patents Act 1992, section 53 (Ireland).

其所拥有的知识产权资产的性质，而重视大范围地抢占市场。因此，一方面，像 IBM 和微软这样的公司，凭借它们强大的专利资产实力，在技术复杂性高且市场参与成本高的市场内占据了绝对主导的地位；另一方面，像麦当劳、沃尔玛、可口可乐、星巴克等公司则在并未利用专利权的垄断能力的情况下，在参与门槛较低或极低，且加入市场的成本也相对低廉的市场中获得了同样程度的深度和占有率。

而对于所谓的"专利流氓"，又有另一种不同的考虑。这种事业本身几乎没有能力获利，也不能生产产品或提供服务，它仅仅是通过向那些落入其专利资产范围的侵权者收受许可费来获利。[46] "专利流氓"一词本身就带有被人厌恶的感情色彩。这一用语未被用于其他形式的财产上。例如，如果一个房东出租自己所有的一间空房来换取每月的租金，他也不会被称为"公寓流氓"；同样例如著作权集中管理组织其目的也仅仅是集中管理著作物，来收取使用费，但也没有产生"著作权流氓"这样的说法。

"专利流氓"们也许确实可以像其他的权利人那样，选择更加积极的方式从其所有的专利权中获得市场利益。

但是专利流氓的存在本身在法律上是无可厚非的，从经济角度上来讲也未必一定是有害的。我们可以认为存在这样的情形，即专利流氓支付了专利的市场费用，因而使前任专利权人从专利中获得一定回报，处理掉一些潜在维护费用很高的资产，因而可以利用闲置的资源进行新的研发或其他能够进一步创造企业价值的活动。

十五、一件工具

本文试图通过将专利权与其他知识产权相比较，从而将专利权作为一种可广泛运用的法律手段的角度对其进行考察。通过考察，专利的长处和短处都得以显现。事实上，专利在社会经济学的工具箱中并不是某一个小配件，放在法律领域中来看，它能发挥多种多样的功能，几乎可以作为任何一种工具来使用。它之所以能够实现这些功能只是因为我们并未想到其潜在的功能并进行发掘。最重要的是，我们必须认识到专利既不是一个天使，也不是一个恶魔，它只是我们实现或好或坏的目的时使用的一件工具罢了。

---

[46]　For an account of the manner in which patent licensing businesses manipulate local legislation and market forces, offering a tabular scheme of trolling tactics, see William Cook and Dafydd Bevan, 'The Ultimate Leverage Tacticians' [2007] Managing Intellectual Property 24 – 8.

第五章 国际条约与专利法统一：现状与展望

作者：宫本友子（Tomoko Miyamoto）

译者：沈 旸

一、概 论

国际专利法制度自 1883 年《保护工业产权巴黎公约》（以下简称《巴黎公约》）签署逐渐发展成型。越来越多的国家创设了共通的国内专利法。然而，在当今时代，由于各国越来越认识到专利制度在知识型经济所起到的作用，设立国际间的统一标准正面临着新的挑战。一方面，在越来越广的地域范围中，专利保护范围被扩大到更多的产业和商业部门。[①] 在这一意义上，专利制度取得了成功。而在另一方面，对于专利制度的社会功能、经济功能等方面也产生了许多担忧。在现今社会，各种创新勾勒出了社会的形态，而无形信息正成为创新的核心要素。因此，有人甚至对信息时代下无体财产的概念提出疑问。

在漫长的人类历史上，曾经有过许多理论，尝试为无形技术创意的

---

* The statements and views expressed in this chapter are solely those of theauthor and do not represent any official position of WIPO. This chapter is partly based on an earlier article, Philippe Baechtold and Tomoko Miyamoto, 'International Patent Law Harmonization – Search for the Right Balance' (2005) Journal of Intellectual Property Rights, 10: 177 – 87.

① *WIPO Patent Report – Statistics on World Patent Activities* 2006 (WIPO Publication No. 931) shows that the use of the patent system internationally has increased markedly in recent years. This can be seen in the growth rate of patent filings by non – residents (7.4% average annual increase since 1995) and in the increase in patent filings in countries such as Brazil, China, India, the Republic of Korea and Mexico (http://www.wipo.int/ipstats/en/statistics/patents/).

垄断权利提供正当化理由。② 其中，经济刺激理论是一种被广泛接受的理论。该理论认为，专利制度的主要目的是鼓励创新、促进技术发展以及加快创新知识在公众中的传播。③ 由于这些目的都与国家的科技发展、经济发展、公共福利的政策和策略有着紧密的关联，一国的专利政策往往是国家长期经济政策与策略的组成部分。有的知识产权学术论文对创新、知识产权法及经济这三者之间的相互作用进行了研究，结果显示，近年来法律与经济之间的相关关系越来越紧密。④

因此，各国政府都采取措施，促进技术创新、技术转移及传播。由于专利权具有地域性，因此当国家间的社会、文化、经济壁垒较高时，一国的立法者就可以将注意力主要集中在如何平衡本国专利制度的权利平衡的问题上。产生较高壁垒的原因主要包括各国间地理条件带来的交通不便，以及人为制定的如通过提高进口关税等方法来限制货物流通的法规的存在等。

然而，现在对国内法是否合理有效地对专利进行了保护，应该更多地从国际角度来考察。由于国家间的社会、文化和经济关系的相互依存度越来越高，国内立法也都需要在此基础上进行。因此，当工业革命之后的国际间技术贸易的大潮出现时，第一部有关知识产权的多国公约——《巴黎公约》在 19 世纪末签署也绝非偶然。⑤

二、国际条约：框架的制定

《维也纳条约法公约》第 2 条（1）中将"条约"定义为："国家间所缔结而以国际法为准之国际书面协定，不论记载于一项单独文书或两

②　Robert P. Merges, Peter S. Menell and Mark A. Lembley, *Intellectual Property in the New Technological Age* (2nd edn, Aspen Law & Business, New York, 2000) pp. 2 – 21.

③　Article 7 of the Agreement on Trade – Related Aspects of Intellectual Property Rights (TRIPS Agreement) states that 'The protection and enforcement of intellectual property rights should contribute to the promotion of technological innovation and to transfer and dissemination of technology, to the mutual advantage of producers and users of technological knowledge and in a manner conducive to social and economic welfare, and to a balance of rights and obligations'.

④　Ove Granstrand, 'Innovations and Intellectual Property Studies' in Ove Granstrand (ed.), *Economics, Law and Intellectual Property* (Kluwer Academic Publishers, Dordrecht, 2003).

⑤　It is interesting to note that, in his book, *Treaties and Alliances of the World* (3rd edn, Longman, Detroit, 1981), Henry W. Degenhardt described the earlier conventions for protection of intellectual property as one of the early international agreements, along with the agreements on the conduct of war and treaties concluded in the wake of World War I.

项以上相互有关之文书内，亦不论其特定名称如何。"在实务中，具有法律效应的国际法文书，可以有很多称呼，例如"条约"、"协议"、"公约"、"协定"、"共同纲领"、"议定书"或"宣言"等。一些词语也可用于一般性意义的语境，但在选择这些词的时候会依据惯例或者文书对签约国双方而言的特殊性质、重要性或者正式程度来决定。⑥ 不论最终选用了那一种用语，该文书都将在签约国正式经国家批准后才能成为具有约束力的文本，并在多国间创设权利与义务关系。

虽然在世界知识产权组织（WIPO）管辖下的条约都是由其成员国全会一致赞成通过的，但任何一个主权国家都有权决定是否要加入一个国际协约。因此成员国并无批准这些条约的义务。但根据《维也纳条约法公约》第18条（a）的规定："如一国已签署条约或已交换构成条约之文书而须经批准、接受或赞同，但尚未明白表示不欲成为条约当事国之意思时，该国负有义务不得采取任何足以妨碍条约目的及宗旨的行动。"虽然条约机制在时效性及效果上明显存在不足，但是由于条约体现了各国之间的合意，是具有约束力的文本，从此意义上来说，可以促进各方达成国际条约而非通过没有法律约束的软法来解决问题。

在专利领域，国际间达成了多个多国条约，以试图解决那些由一国的国内立法不可能解决或者无实际操作性的问题。这些问题根据参与国际法律框架制定的国家在特定时期的具体的技术、政治或经济环境所决定。因此，可以说，国际条约从其本质上来说并不是恒定不变的。它们会随着社会发展的需要不断地进化和逐步发展。因此，无论文本是否能反映各国的共同社会利益，为制定一个国际标准而在国际层面就国际条约内容进行交涉的进程总是非常缓慢的。但是即使如此，只要各国间能够就专利制度的主要目的，如鼓励创新、促进技术进步、加快创新技术在公众间的传播等，达成一致，它们就能够在建立国际标准的若干个共同目标上达成一致。其中包括：

- 在国际层面上，提高法律的确定性，保障对公平与公正的保护。
- 对专利的授权、权利的维护、权利的形式建立一套高效的国际

---

⑥ United Nations Treaty Collection, Treaty Reference Guide provides the overview of various terms which are employed to describe international binding instrument (http: //untreaty. un. org/English/ guide. asp).

机制、以创设一套更便利、更经济的国际专利制度。

　　● 　提高公众利用国际专利信息的便利性。

　　关于保障国际层面专利保护的公正性，必须在国际专利框架中加入平等对待各国专利的基本原则。在《巴黎公约》第 2 条及第 3 条中规定了"国民待遇"原则，即《巴黎公约》的任何一个成员国必须给予其他成员国的国民（包括非成员国中，在任何一个成员国的领土内设有住所或有真实有效的工商业营业所的国家的国民）以同本国国民相同的权利。《巴黎公约》签署前，由于没有这样多国间的法律框架，使得国家之间缔结了许多双边协议来保证在互惠原则下双方的平等待遇。而《巴黎公约》中所规定的义务可以充分保证此种互惠关系。⑦ 对非国民的非歧视待遇并非绝对。即使一国的法律要求其国民在国内有居所或者建立其工商业事业所，以主张其在该国的工业产权，这种要求对于其他成员国的国民也并不具有强制性（《巴黎公约》第 2 条第 2 项）。而且，每个国家都有在司法及行政程序、管辖权，以及制定送达地址或委派代理人的规定上对国民和非国民进行区别对待的自由（《巴黎公约》第 2 条第 3 项）。《与贸易有关的知识产权协定》（TRIPS）第 3.1 条规定，《巴黎公约》第 2 条和第 3 条所规定的国民待遇适用于所有世界贸易组织（WTO）的成员。

　　然而，如果将《巴黎公约》第 2 条第 3 项和 TRIPS 第 3.2 条的文本相比较，可以发现，后者在对非国民的歧视性待遇上的规定更为严格，其规定只有"不对贸易造成明显限制的方法实施此类行为"才是被允许的。

　　在专利领域缔结国际性文件的另一个好处是，可以促进国际水平的法律的确定性，提高利用国际专利制度的便利性。最典型的，例如国家间可以达成共同协议，使两国的法律规定更加接近。另一方面，各个国家可以根据国际条约所做的规定，施行相同或相近的法律标准。在现有的与专利有关的条约中，《巴黎公约》、TRIPS 及《专利法条约》（PLT）中，有关各成员如何将条款使用在国内法律体系中的问题，无论是直接或者间接地通过国内立法实现，对该问题的规定是共通的。

　　另一种在国际水平上获得统一标准的方法是，建立一个"系统"，在

---

　　⑦　G. H. C. Bodenhausen, *Guide to the Application of the Paris Convention*（BIRPI 1969, WIPO reprinted 1991）p. 12.

该系统下，所有的成员国在对本国专利提供保护时，都相互承认其他成员国所进行的程序或采取的行为。考虑到各国间专利法之间具体内容的不同及国家主权在获得专利权上的重要性，迄今为止，国家之间只在有限的范围内相互承认。典型的例子如《巴黎公约》第 4 条规定的优先权，即要求成员国在国内法中承认申请人在其他成员国中进行的在先申请的日期为申请日。此外，例如在《国际承认用于专利程序的微生物保存布达佩斯条约》中，成员国必须承认在任何"国际保存机构"（IDA）所进行的微生物保存在专利申请程序中的效力。

另一个国际合作的例子是《专利合作条约》（PCT），该条约通过创设一个国际平台，使国际申请、公开、检索、审查成为可能，从而在国际水平上建立了一个简捷、价格低廉的专利授权体系。尽管 PCT 协约国并无义务必须接受在国际阶段进行的 PCT 国际检索及国际初步审查的结果，但 137 个 PCT 协约国达成共识，在国际申请时运用统一的格式及内容，并在国际阶段采用相同的程序。

专利制度的目的是促进技术信息的传播，以避免"重复开发"，因此，通过国际性文件帮助和促进公众更好地利用专利文件，也对全球专利制度发挥其功能起到了重要的作用。

尽管不像别的国际性文件那样受到关注，《国际专利分类斯特拉斯堡协定》（IPCA）及 WIPO 有关专利信息及文书的标准、建议及指南在专利共同体中所发挥的作用仍然是不可否认的。IPCA 对技术的所有领域进行分级分类。国际专利分类对专利文件的检索已经是不可或缺的了。由于可通过在线搜索专利信息的数据库中所包含的数据越来越多，因此，为保证系统的可操作性，使全球的用户都能查询到专利信息，在分类制度上建立国际标准将变得越来越重要。

虽然大量的国际共同规则已经基本上建立了国际专利标准，但是我们还是注意到，事实上，国际性文件仍然只就专利系统的有限的一部分进行了规范。国际条约等的成员国仍然享有很大的自由立法的空间以满足其本国利益及政治上的优先事项。诚然，在各国的国内法中有越来越多的相同点，然而，在现阶段，专利法离一个全球性的制度还相去甚远，且在短期内形成这样的国际法律框架的可能性也很小。在下文中，我们首先就现有的国际标准按照时间先后顺序作一个梳理，以确认在国际法律框架中有哪些已经作出规定，有哪些尚未进行规定。

除全球性的国际文书外，我们也不能忽略地区间有关立法的统一协定。一般来看，地区性的合作条约的目的主要在于建立一个低成本的专利体系（或其他体系）以加速地区内的贸易与投资。通过建立共同的专利局⑧或采用共同的规则⑨，国家立法的统一在任何一个区域体系的建立中都是一个重要的先决条件。当然统一的程度由各个区域性协定的性质所决定，本文对这一问题将不深入涉及。

三、2000 年前设定的国际标准：概述

（一）《巴黎公约》

19 世纪后期，许多国家认识到专利制度在技术进步及经济发展上的价值。因此，纷纷在本国内建立起保护发明的制度。由于当时没有保护知识产权的国际公约，在外国获得专利保护相当困难，例如，严格的实施要求⑩或者对国内专利和外国专利的区别对待的情况等。而且，为了防止在一国的专利申请所公布的文书破坏另一国专利申请的新颖性，申请人必须几乎在同一时间，在各个国家分别提出专利申请。⑪ 由于对外国专利保护的不充分，国外的发明人拒绝参加由奥地利和匈牙利政府主办的1873 年在维也纳召开的一次国际博览会。这一事件促使奥地利国会于1873 年对专利法进行改革，而《巴黎公约》，事实上也于 1883 年被采纳。如前文中反复提到的，《巴黎公约》中规定的基本原则至今仍在国际工业产权制度中发挥着基础性作用。

在当时的历史背景下，政府需要建立一个国际框架来保护申请人的权利，使其所有的工业产权在国外也能获得恰当的保护。这一要求使

---

⑧　The African Intellectual Property Organization （ARIPO） and the Organisation Africaine de la Propriété Intellectuelle （OAPI） in Africa, the Eurasian Patent Organization （EAPO） in the Eurasian region, the European Patent Organisation （EPO） in Europe and the Gulf Cooperation Council （GCC） Patent Office in the Gulf region.

⑨　For example, Bolivia, Colombia, Ecuador and Peru form the Andean Community which harmonizes the national legislation of those States via Community Decisions.

⑩　A government may forfeit a patent where a patented invention has not been worked by the patentee in the country concerned. Austrian law had a one – year period to work in the country.

⑪　*WIPO Intellectual Property Handbook* （WIPO, Geneva, 2004） p. 241. Christopher May and Susan Sell, *Intellectual Property Rights – Critical History* （Lynne Rienner Publishers, London, 2006） pp. 111 – 20 also describes the situation up to the adoption of the Paris Convention.

《巴黎公约》的基本原则之一即国民待遇原则被采纳。此外，为了减少为准备国外申请所需的费用及额外的操作，国际优先权制度也作为基本原则之一被采纳。

除上述原则之外，《巴黎公约》还提出了一些必须或者被允许的共同规则，对国内立法进行了补充。在专利领域，包括专利发明人的署名权（第4条之3）；专利物品的进口，专利发明的不实施及强制许可（第5条A）；缴纳权利维持费的宽限期（第5条之2）；对专利产品在运输过程中临时入境情况下专利权行使的限制（第5条之3）及国际展览会上展示的物品之临时性保护（第11条）。这些规定大多保留着交由国内立法自由规定的事项。例如，第11条要求成员国对在国际展览会上展出的物品进行临时性保护，但是将保护手段留给各国国内法自行决定。⑫《巴黎公约》还将一些有关专利法的根本问题留给成员国自行规定，例如专利性要件、保护期限、专利权的内容及权利的行使等。各国关于决定是否授予专利的主权在第4条之2中有简要提及。该条指出，在一个成员国中申请的专利和在另一国中就相同发明获得专利是独立的。由于各国国内法之间存在严重分歧，奥地利国会提出，通过国际文书来统一规定各异的国内法的理想主义愿望最终必须归结为现实的条文，以使条约的参与国将其采纳为具有强制性的国际条约。然而这并没有降低《巴黎公约》的重要性，它仍然为国际专利制度提供了重要的基础。⑬

（二）《专利合作条约》（PCT）

尽管《巴黎公约》制定了一系列基本原则和实质性的规则，但国内程序与其实质性规则仍然存在着显著的差异。而与此同时，自从《巴黎公约》生效起，货物和服务的国际流通的规模已经明显扩大。应运而生的就是1970年签署的PCT。该条约旨在构建一个统一的国际层面的专利授权程序，为文件提交、检索、专利申请的初步审查、包括专利申请文书在内的技术信息的传播在各国间形成的国际合作协议。PCT于1978年由18个缔约国签署并正式生效。由于满足了专利申请人的需求，该条约截至2006年，已有138个签约国，接受了145300项国际专利申请，俨然

⑫ National legislation may, for example, grant a right of priority, consider the public disclosure through such exhibition as not destroying novelty or recognize a right of prior use in favor of the exhibitor.

⑬ The text of the Paris Convention is available at: http://www. wipo. int/treaties/ en/ip/paris/.

成为国际知识产权领域最为成功的国际条约之一。⑭

　　PCT 的目的可以从条约序文中总结出来。序文中写道，签约国"有志于对科学和技术的进步作出贡献"，"改善对发明的法律保护，使之完备"，"为要求在几个国家取得保护的发明，而简化取得保护的手续并使之更加经济"，"便利并加速公众获得有关所发明的资料中的技术情报"，"通过采取旨在提高发展中国家为保护发明而建立的国家和地区法律制度的效率的措施，来促进和加速这些国家的经济发展"。

　　PCT 规定的制度包括两个阶段：国际阶段及国家阶段。国际阶段的程序包括以下内容：

　　● 申请文件提交——在签约国范围内，无需向想要获得专利的每一个国家提交该国的国内专利申请，只需向一个专利局（以下称"受理局"）提交一种语言的申请；

　　● 形式审查——受理局进行形式审查，来检查申请是否符合在专利合作条件下申请的形式要求；

　　● 国际检索——"国际检索单位"（ISA）（符合 PCT 要求并被PCT 大会指定为 ISA 的专利局之一）提供一份国际检索报告，注明相关的现有技术，并对该申请获得专利授权的可能性出具意见；

　　● 国际公布——自优先日起 18 个月后，将尽快就专利申请文书及与其相关的检索报告进行集中的国际公布；

　　● 国际初步审查——如申请人提出申请，"国际初步申请局"（IPEA）)（符合 PCT 要求并被 PCT 大会指定为 IPEA 的专利局之一）将对专利申请进行额外的专利性分析。该分析将基于专利权人依据 ISA 出具的检索报告及意见作出补正后的权利要求进行。

　　国际阶段的申请程序结束后，申请人在参考国际检索报告及初步审查结果基础上，决定是否申请专利；如决定申请，将在哪个国家继续专利申请手续。只有在其决定向某一签约国申请专利时，申请人才需要继续完成国家阶段的申请，满足国内专利的授权要求。这些要求包括向想要获得专利的各个国家缴纳国内申请手续费，在一些国家，还需要申请人提交申请文件的翻译或授权该国的专利代理人。原则上，这些程序必须

⑭　Information regarding the PCT is available on the WIPO web site：http：//www. wipo. int/pct/en/.

在优先日起 30 个月内完成。在国家阶段，各国的专利局都有义务以本国或者本地区的有效专利法对国际申请进行审查以确定其应向其颁发专利授权还是应该拒绝授权。

对申请人来说，PCT 制度使他们有较宽裕的时间来决定是否在外国申请专利。他们可以将希望得到外国专利保护的意愿和需要为此而付出的费用，包括准备翻译、支付国内专利费用及准备专利申请答辩所需费用等进行比较，然后再作出是否进行申请的决定。申请人可以准备一份能被所有签约国接受的统一标准的申请格式文件，然后，PCT 系统将给申请人一个机会，允许其在进入各个国家专利局进行国内申请阶段前，在收到的事前检索和初步审查结果的基础上对自己的申请进行完善。而对各国专利局而言，它们所需进行的对格式的审查、申请的公告、检索及审查等相关的工作也将大幅度地减少。尤其是，国际阶段所进行的检索和审查报告可以为国内专利局在判断是否授予申请人专利权时，提供与发明的可专利性有关的有价值的信息。

PCT 统一了专利申请的格式与内容，并且建立了一个国际框架，该国际框架就专利申请程序的一部分进行了专门化和统一化。PCT 第 27 条第 1 款规定："任何国内法均不得就国际申请的形式或内容提出不同于本条约及其附属规则所规定的，或其他额外的要求。"[15] 但另一方面，PCT 明确指出，签约国可以对专利授权的实质性要件作出自由规定（PCT 第 27 条第 5 款），而因此 PCT 不能对与国内的实质性专利法作出规定，比如对现有技术的定义、新颖性和创造性的规定。因此，PCT 国际阶段所做的检索及初步审查对在国内审查阶段中有关发明是否具有专利性的判断并不具有强制的法律效力。PCT 本身对"专利申请的形式及内容"以及"可专利性的实质条件"并没有作出规定。因此，理论上来说，PCT 给签约国的权利和义务也带有不明确性。

（三）专利法律整合条约 1991 年草案及《专利法条约》

虽然 PCT 在很大程度上简化了国际阶段专利申请的程序。但是可专利性的实质要件在各个不同法域之间还是存在很大差异。此外，还存在

---

[15] PCT Article 27 (4), however, provides that the national law may provide for requirements regarding the form or contents of applications which, from the viewpoint of applicants, are more favorable than the requirements under the PCT.

着大量的并未通过 PCT 系统进行的国际申请。⑯ 在 20 世纪 80 年代中期，这一情况使得各国间进行了新一轮的国际协商，就一系列实质性问题进行讨论，这些问题对建立一个更加完善的国际专利体系是不可或缺的。讨论的第一个议题是有关尚未在国际上统一的专利新颖性宽限期的问题。如果专利申请人进行申请专利的国家中有任何一国不承认专利新颖性的宽限期，则专利申请人必须避免自己的发明在提交所有专利申请前被公之于世。国际协商还包括一系列其他的议题。同时在 1991 年于海牙举行的外交会议的第一部分日程中与会各国还讨论了起草《与专利有关的巴黎公约补充条约》（专利法律整合条约 1991 年草案），条约草案的实质性条款⑰包括专利申请、审查程序⑱、获得专利的标准⑲、专利权内容和损害赔偿⑳及授权后的程序㉑等一系列专利法问题。

外交会议的第一部分日程没能解决两个主要问题，即在世界范围内导入新颖性宽限期制度及申请在先原则。一部分欧洲国家㉒认为，关于宽限期的条文中包含有关在先使用权人权利的强制条款，如果接受了这一条款，也就意味着接受了申请在先原则。美国不愿意接受这点是因为该条受到了尤其是国内个人发明家们的强烈反对。虽然此次外交会议的第

---

⑯　Among the patents which were granted to non – residents, 50% in China, 32% in Brazil, 56% in Japan and 82% in the United States of America were patents granted with respect to national applications filed by non – residents not using the PCT system (source：WIPO Industrial Property Statistics, 2005：http：//www. wipo. int/ipstats/en/ statistics/patents/).

⑰　The Draft Patent Harmonization Treaty is found in the Records of the Diplomatic Conference for the Conclusion of a Treaty supplementing the Paris Convention as Far as Patents Are Concerned (WIPO Publication No. 351).

⑱　Article 7：Belated Claim of Priority；Article 8：Filing Date；Article 15：Publication of Application；Article 16：Time Limits for Search and Substantive Examination.

⑲　Article 3：Disclosure and Description；Article 4：Claims；Article 5：Unity of Invention；Article 6：Indication and Mention of Inventor；Declaration Concerning the Entitlement of the Applicant；Article 9：Right to a Patent；Article 10：Fields of Technology；Article 11：Conditions of Patentability；Article 12：Disclosures Not Affecting Patentability (Grace Period)；Article 13：Prior Art Effect of Certain Applications；Article 14：Amendment or Correction of Application.

⑳　Article 19：Rights Conferred by the Patent；Article 20：Prior User；Article 21：Extent of Protection and Interpretation of Claims；Article 22：Term of Patents；Article 23：Enforcement of Rights；Article 24：Reversal of Burden of Proof；Article 25：Obligations of the Right Holder；Article 26：Remedial Measures Under National Legislation.

㉑　Article 17：Changes in Patents；Article 18：Administrative Revocation.

㉒　Belgium, Denmark, Finland, France, Norway, Sweden.

二部分日程已经决定，但是由于美国在 1993 年声明将不准备在国内专利制度中导入申请在先原则，使得专利法律整合条约陷入了僵局。

与 WIPO 所进行的多国整合条约的交涉进行的同时，在《关税贸易总协定》（GATT）框架下也同时进行着另一场国际交涉。随着 1986 年 GATT 乌拉圭回合谈判的展开，有关 TRIPS 的谈判也正式启动了。在 TRIPS 谈判的起初几年，发展中国家主张，只有 WIPO 才有资格对知识产权的实质性规定和标准进行讨论，因此将除了有关仿冒商品（唯一被认为与贸易有关的商品类型）谈判的内容排除在了讨论范围之外。然而，发展中国家的地位逐渐变弱，在 1991 年 12 月准备的草案（邓克尔草案）中规定的内容已经与最终的 TRIPS 内容相差无几了[23]。由于 GATT 中发生了这样的变化，当 1992 年决定外交会议第二部分日程时，巴黎联盟（Paris Union）同时也决定了删除专利法律整合条约中的一些已经被 TRIPS 规定了的条文。[24] 1991 年专利法律整合条约的发起人很可能已经认为试图让 WIPO 作出让步几乎没有好处，而且也已经没有进一步商讨的动力了。

两年后 TRIPS 被采纳，而关于国际统合问题的探讨也在 WIPO 重新启动。这一次，各国试图通过另一种方式来实现国际间的协调，即将谈判的范围限制在国内及地区专利申请的程序问题上。关于 PLT 的讨论从 1995 年开始，至 2000 年 6 月结束。通过明文排除了若干实质性要件，与国内专利及地区专利相比，PLT 简化了其本身的程序要件并且使在国内或地区中获得专利、维护权利的程序进行了改革以使其更为顺畅。在 PLT 问世之前，在商标领域，国际商标条约（TLT）于 1994 年正式获得通过。该条约促进了国内及地区商标制度中程序要件的统合。毋庸置疑，TLT 的成功也启发了人们在专利领域也要制定出与其相类似的国际条约的想法。[25]

---

[23] Daniel Gervais, *The TRIPS Agreement – Drafting History and Analysis* (2nd edn, Sweey and Maxwell, London, 2003), pp. 31 – 2 paragraph 2. 01.

[24] Article 10 (Fields of Technology), Article 19 (Rights Conferred by the Patent), Article 22 (1) (Term of Patents), Article 24 (Reversal of Burden of Proof), Article 25 (Obligations o the Right Holder) and Article 26 (Remedial Measures Under National Legislation) were removed from the Basic Proposal. In addition, following a proposal by the United States of America, the Assembly noted the need to consider the possible removal of Article 20 (Prior User) in conjunction with the removal of Article 19.

[25] The TLT also provides provisions concerning, for example, a filing date (Article 5), a signature (Article 8) and a change in ownership (Article 11) and sets out the Model International Forms which shall be accepted by the Contracting Parties.

1991 年专利法律整合条约中就已经包含了如确定申请日及主张优先权的要件等有关的程序问题。而 PCT 中除了这些问题之外，还包括了代理、签字、更换姓名与住址、更改所有权，以及专利权到期延长的限制及权利的复苏等相关论点。专利的程序要件往往被人认为比专利的实质要件的重要性要低，因为其不涉及要求获得权利的发明是否具有"专利性"的问题。然而，如果不遵守程序要件同样会导致专利申请遭到拒绝，因此程序要件的重要性不应该被忽视。PCT 的根本思想是：从专利程序要件并不影响发明的创造性（发明人对现有技术所作出贡献的程度）的视点来看，签约国能在其国内或地区立法中对程序要件所能作出的最大限度的规定是什么。

除了 PLT 第 5 条（申请日）之外，其规定了各签署成员专利局可作限制的最大程度，即各国专利局在本条约所涉及的程序要件之外不得再设置别的限制。换言之，PLT 并未为签署成员提供一套创设好的完整程序，但是签署成员可以在条约规定的基础上减少要件，或是变为更加有利于申请人的规定。

PLT 第 5 条"申请日"是 PLT 的关键条款之一。在专利法律整合条约 1991 年草案中，第 8 条及第 7 条草案也包括对申请日进行规定的条款。比较这两个文本，不难看出对这一问题的处理所发生的变化。

对获得优先日权利所需的最低限度的要件与在专利局继续进行专利申请程序要件之间的区别变得更加明确。有关要获得优先日的权利，是否需要提交一份权利要求书和缴纳申请费的规定是一个很好的例子。专利法律整合条约 1991 年草案第 8 条第 2 款为签约国提供了一个可能性，使它们能够拒绝承认那些在一定时间期限内，未能提交权利要求书的专利申请或者未缴纳专利申请费用的申请获得优先日的权利。第 8 条第 2 款中还规定，如果在一个确定的期限内，上述的这些要求未能被满足，则优先日日期应该为最低标准要件（一份已提交专利保护申请的证明，能确认申请特性的证明以及对此进行描述的说明书）完全得到满足的日期。这一条款实际上是一项妥协的结果，因为有些国家愿意承认那些在申请书中不加入专利权利要求及未及时缴纳专利申请费用的申请的优先日权利，而有些国家则不然。在 2000 年的 PLT 外交会议上，该问题也成为激烈讨论的对立问题之一。最终，代表团得以通过了第 5 条 1 款，此款规定要想获得优先日的权利，必须满足三个最低标准要件（一份已提交专利保护申请的证明，能确认申请特性或者使专利授权机关可以联系到专利申请人的证明以及对此进行描述的说明书）。只要一项专利申请的说明书中就专利进行说明，则毫无疑问这份申请在提交时就包含了该项发明。因此，对其授予优先日的权利就是正当的，权利人也可将该日期作为其主张优先权的日期。而权利要求及专利申请费用，可以和专利的翻译文本一样，在这个申请日之后再提交。而不满足其他的程序要件，将不会溯及申请日使之失效（尽管这样的申请可能被拒绝授予专利权），因此这样的申请仍然有权主张其优先权。

另一个有关优先日要件的争议点为：为获得优先日的权利，在一份申请中引用在先提交的申请是否能作为专利申请的主要内容。在专利法律整合条约 1991 年草案中，提供了两个可能的方案：一个是要求签约国承认为取得优先日权利所引用的申请具有优先日的效力；另一个是将这一内容交由各签约国自行决定。

PLT 中对该问题的解决方法是在条约中加入了强制条款，要求签约国接受为取得第 5 条第 7 款规定的优先日而引用在先申请的效力，但其也另附规定，允许各签约国附加其他的要件。所谓的其他要件包括要求申请人提交在先申请的公证副本以及对同一申请引用在先申请的次数作出限制。

关于优先日的要件，PLT 中还有另外一条规定。这条规定在专利法律整合条约 1991 年草案中并不存在。为了不让申请人由于疏忽而丧失自己的实质权利，PLT 第 5 条第 6 款（b）中规定，如果提交专利说明书或图示的不足部分是为了对已经提交的专利申请进行改正，使其能够根据一个更早的申请来主张优先日，则当说明书或者图示的不足部分完全包含在更早的申请中时，当前申请的申请日应该是申请人所主张的优先日所需要满足的最基本要件得到满足之日，而非一般原则中所说的不足部分的提交之日。签约国可以就认定申请日的环节附加其他条件，例如要求申请人提交先前申请的翻译件，或者在申请中附加文书来说明在先申请中的内容包含在当前申请的相关部分中。这样规定的目的在于，如果不足部分的内容已经包含在先前申请的内容中时，则在后一申请提交日，该申请无疑已经包含了不足部分中的技术知识。因此，在该种情况下，申请后再填补不足部分并不导致优先日的丧失。

除了有关申请日的条款，PLT 的另一个主要条款是为申请人或权利人提供了一套修改错误的机制。该机制同时考虑了第三者在法律上的稳定性、预见性，以及行政部门的工作量。为了避免实质权利由于不满足形式要件而导致不合理的权利丧失，PLT 特别规定了：（1）通过延长或者继续办理的形式实际上来放宽时间期限（第 11 条）；（2）尽管不是由于故意或者在已经尽到该情况下应尽的注意义务时，专利申请人或者权利人仍然未能遵守规定期限提交申请，直接导致权利丧失的情况下，应恢复其权利（第 12 条）；（3）在申请日之后更正或添加优先权主张（第 13 条（1））；（4）对因为不知道未能满足期限的要求而丧失优先权的情况进行救济。关于第（4）点，专利法律整合条约 1991 年草案第 7 条（2）㉖中也包含了相关规定。该规定允许申请人通过一个在后申请来获得在先申请的申请日的优先权。如果一个申请主张了或者可以主张将在前申请的申请日作为优先日，则如果其他所有条件都满足，则当它尽到应尽的注意义务却仍超过了自申请日起 12 个月的期限的情况，则它仍可以在超出期限后 2 个月内提交申请来获得在先申请的申请日的优先权。虽然该条款是被明确设计为用来应对不可抗力的情况的，但是因为该条款修改了《巴黎条约》中规定的获得优先权的 12 个月期限的原则，大部分的代表团都反对在条约中加入该条款。9 年后的 2000 年，在采纳 PLT 的外交会议上也进行了类似的讨论。而这次，大部分的协约国代表团都承认该项救济的设置旨在应对特殊情况，而非为延长《巴黎公约》中所规定的 12 个月期限。㉗

由于 PCT 已经对国际申请的形式要件作了详细的规定，因此在 PLT 中创设一套全新的可适用于国内及地区申请的国际标准显然是不合理的。因此，除了 PLT 第 6 条（1）中的细微例外之外，凡是与 PCT 规定的国际

㉖ The provision was placed within square brackets. According to the Rules of Procedure of the Diplomatic Conference, a text presented within square brackets is not part of the basic proposal. In order to be discussed at the Diplomatic Conference, it has to be proposed as an amendment to the basic proposal by a member delegation and supported by another member delegation.

㉗ In order to confirm the understanding that the PLT provision does not alter Article 4 of the Paris Convention, the words 'Taking into consideration Article 15' was included at the beginning of PLT Article 13 (2) at the Diplomatic Conference.

申请的形式及内容相关的要件，在其国际阶段和国家阶段，PLT都通过引用使其与PCT保持一致。因此，关于国内或地域申请，PLT签约国不能实施或添加与PCT中规定的国际申请的要件不同的要件。PLT中"申请的格式及内容"一词与PCT第27条第1项中的对应概念采用相同的定义。在PLT的交涉过程中，WIPO的成员国曾为明确PCT中有关"申请的格式及内容"一词相关的要件作出尝试。然而由于发现在实际操作中很难对其进行界定，该尝试并未成功。这场谈判的唯一成果是最终各方认为更为英明的是不再纠缠该问题。因此，虽然对这一词条缺少确切的定义，却并未在PCT及之后的PLT的谈判过程中就该词条的解释而产生更多的争论。当然，在将PCT的规定适用到PLT时，仍然存在一些模糊的概念。

PLT通过引用的方式不仅保持与PCT中的相关条款一致，同时也保持与PCT实施细则及行政规程相关条款的一致。该实施细则及行政规程的条款经常被追加或修订。

当PCT相关的法规中与PLT一致的部分作出了追加或修订，PLT大会就要决定是否在PLT中适用这些追加或修订。由于对"申请的形式或内容"以及"可专利性的实质性条件"的区别没有明确划分，至少在理论上，PLT大会是否采纳PCT的追加或修订并没有一个明确的标准。

PLT通过为专利申请人提供具有可预见性及简便的程序，并鼓励专利局提高行政效率，借此来降低专利申请的成本及避免权利丧失。PLT虽未达成完全的统一，但通过对各国实际使用的法律设定一个要件的最大限度，的确使各个签约国/地区的法律更加接近了。尽管如此，PLT中也包含一些条款来确保专利申请人不至于承担过大的形式上的负担。对于专利局而言，减少在申请程序上不必要的形式要求显然会使它们的工作效率大大提高。而另一方面，由于各专利局都必须按照PLT，重新创建起一套便于用户使用的新机制，例如引用文献、期限的延长及特定情况下重新获得权利等的问题，执行这些程序，也给它们带来了更多的行政工作。但PLT中并未禁止，甚至在很多情况下是明确允许专利局就这些行政工作收取手续费的。

（四）TRIPS

1994年4月15日，在马拉喀什进行的多边贸易谈判乌拉圭回合，通过了建立世界贸易组织协定（WTO 协定）。TRIPS 作为附录也包括在该协定中，并于 1995 年 1 月 1 日生效。TRIPS 建立在《巴黎公约》及《伯尔尼公约》的基础上，但是其覆盖范围、规模、具体性及执行力都是前所未有的。[28]

在地理覆盖范围内，TRIPS 对所有的 WTO 成员都具有约束力。WTO 管辖国际层面上各成员的贸易活动中的规则，而遵守 TRIPS 是各国/地区加入 WTO 的前提之一。虽然知识产权及其在贸易活动中的影响从很早开始就被大力宣传，但 TRIPS 却是第一部聚焦在与贸易相关的知识产权上的国际条约。由于考虑到各国对在国内法水平上与 TRIPS 保持统一进行的"准备"程度有所不同，TRIPS 在成员加入 WTO 后设定了特定的延缓期限，在该期限到来时，各成员必须使国内法与 TRIPS 规定相统一（第 65 ~ 66 条）。该期限按照国家的发展水平分别规定为：发达国家（1996 年 1 月 1 日前）、发展中国家（自 TRIPS 对其生效后 5 年内）、最不发达国家（自 TRIPS 对其生效后 10 年内）。事实证明，对最不发达国家设定的最终目标日 2006 年 1 月 1 日无法达成，因此该日期已经被延长至 2013 年 7 月 1 日。[29]

与其他在 WIPO 体系下制定的条约不同，TRIPS 在单一的协定下包含了众多的知识产权。"知识财产"一词包括 TRIPS 第二部分第 1 节至第 7 节所规定的所有对象，即：著作权及相关权利、商标、地理标识、工业品外观设计、专利、集成电路的布图设计（拓扑图）以及未公开的信息（第 1 条第 2 款）。在第三部分中，TRIPS 还提出要求，应设置一定的程序使能够对侵犯知识产权的行为采取包括边境措施在内的有效处理手段。这些程序适用的方式应避免对合法贸易造成障碍，并应提供保障以防止其滥用（第 41 条第 1 款）。此外，第四部分还包括了与工业产权的获得

---

　　[28]　As regards detailed analysis of the TRIPS Agreement, reference is made to Jayashree Watal, *Intellectual Property Rights in the WTO and Developing Countries* (Kluwer Law International, The Hague, 2001), Gervais, n. 23 above; Carlos Correa and Abdulqawi Yusuf (eds), *International Trade*, *The TRIPS Agreement* (Kluwer Law International, The Hague, 1998).

　　[29]　WTO document IP/C/40. With respect to pharmaceutical products, leastdeveloped country members are not obliged to implement Sections 5 and 7 of Part II or to enforce rights provided for under these sections until January 1, 2016 in accordance with the Doha Declaration on the TRIPS Agreement and Public Health.

及维护程序有关的一般条款。

与在 WIPO 体系下制定的条约相比较，TRIPS 的特点在于，其是在 WTO 协定框架下建立起来的争端解决机制。在《关于争端解决规则和程序的谅解备忘录》中详细说明并适用了的 1994 年 GATT 第 22 条和第 23 条（除第 23 条 1（b）及 1（c）外），也适用于在 TRIPS 的磋商及争端解决的情况。这意味着，在另一个贸易领域中的所享受的利益，如果因违犯了 TRIPS，也可能受到相应的报复措施（即所谓的跨协定报复措施）。

TRIPS 中包含的许多实质性法律条款都是由已有条约中规定的原则发展而来的。首先，TRIPS 中几乎引用了《巴黎公约》、《伯尔尼公约》及与集成电路的布图设计（拓扑图）有关的《关于集成电路知识产权条约》（IPCP）③ 中所有的实质性条款来与上述条约保持一致。由于在与 WTO 的争端解决机制相结合时，违反上述 WIPO 各条约时可能导致贸易制裁，因此将上述这些条约中的条款引用到 TRIPS 中，使得这些条款能够得到有效的执行。此外，TRIPS 适用于所有 WTO 成员，因此使知识产权在各个领域都得以进一步整合。

在专利领域，TRIPS 制定了专利有效性、专利权的权利范围及实施等的标准，包括：（Ⅰ）可专利性的基本标准及对可授予专利的主体的限制列表（第 27 条）；（Ⅱ）专利的获得和专利权的享有，不应因发明地点、技术领域以及产品是进口的还是本地生产的而受到歧视（第 27 条第 1 项）；（Ⅲ）专利授予的权利（第 28 条）及授予权利的例外（第 30 条）；（Ⅳ）在专利申请中公开发明的有关情况（第 29 条）；（Ⅴ）强制许可（第 31 条）；（Ⅵ）对撤销专利或者使专利丧失的任何决定，均应提供司法复审的机会（第 32 条）；（Ⅶ）保护期间（第 33 条）；及（Ⅷ）判断某一产品是否包含专利方法时的举证责任（第 34 条）。有关可授予专利的主体及其例外、专利权人所享有的权利内容、专利保护的期间、授予强制许可的条件及背景等议题，无论是在与专利整合条约 1991 年草案还

---

③　Members of the WTO shall comply with Articles 1 through 12 and 19 of the Paris Convention in respect of Parts Ⅱ, Ⅲ and Ⅳ of the TRIPS Agreement, Articles 1 through 21（except Article 6*bis*）of the Berne Convention and its Appendix and Articles 2 to 7（other than Article 6（3）），12, and 16（3）of the IPIC Treaty.

是在巴黎公约修正案的协调中，一直以来都是在 WIPO 的议题中被集中讨论的具有争议的论点。而 TRIPS 就这几个问题设定了国际统一的标准，这是一个极为重要的成果。当然，争论本身并没有由于 TRIPS 的成立而消失。如下文中所述，对与专利有关的条款的重新探讨一直在进行中。

四、21 世纪的国际任务目标：《实质专利法条约》（SPLT），政策探讨及不确定因素

在总结了 2000 年专利法律条约之后，相当多的 WIPO 成员国都明确表示了希望就有关统一专利法实质要求的议题进行探讨的意愿。这并不意味着成员国单纯只是回到了专利整合条约 1991 年草案的原点并对其进行重新讨论。国际格局已经发生了显著的变化。首先，TRIPS 的产生，将国际环境中知识产权保护和贸易的相互关系进行了明确的阐述，改变了国际知识产权的整体构架。有关 TRIPS 的种种摩擦正反映了当今国际社会中存在的两个主要挑战。第一个挑战是对知识产权的保护和其他的社会、经济及文化议题之间的相互作用越来越受到关注，特别是在专利领域，有关公共政策的问题，例如公共健康、环境保护、食品安全及对基本检索的利用等，已经被提上了国际协商的议事日程。

第二个挑战是我们自身在各个领域的行为更加趋于区域化和国际化。特别是商业的国际化，对国际专利体制的构建及实际操作带来了新的挑战。在国际层面上的贸易流通要求对专利资产进行超越发明人本国领域的国际性保护。这不仅局限于发达国家中多边的大规模贸易，对相对较小规模的贸易同样也如此，因为区域性贸易与经济活动同样需要对知识产权进行跨国保护。在现有的专利保护构架中，跨国保护意味着为了在各个国家获得、维护及行使专利权保护，因而需要更高的费用。为获得外国的专利保护所消耗的费用，至少在一定原因上是因为各个国家国内专利法的不同造成的。加上例如各国所要求的申请语言的不同等形式特征上的不同、实质要件的不同、对申请的权利要求的格式及对权利要求的解释的不同都要求专利申请人必须按照各个国家的国内法要求来进行具体的调整。这样的调整不仅要求申请人对各国法律有详尽的理解，也耗费申请人大量的精力和时间，即使如此，世界范围内的专利申请数量仍然在不断增加，而各国的专利局也不得不以其有限的人力、物力资源

应对越来越大的工作量。㉛

第三种挑战是在专利实务中如何提高授权专利的质量。虽然如何建立一个专利制度，来使真正值得保护的发明获得专利的问题并不是新问题，但是，当所有的 WTO 成员，无论是发展中国家还是最不发达国家，都必须使其国内的专利法制度与 TRIPS 一致，在这样的情况下，该问题就显现出其重要的意义。而更进一步，与新兴科学技术有关的专利的质量也将是一个新的挑战。在过去的经验中，我们已经将"专利法"的一系列制度设计为具有足够灵活性和一般性的一套法律，但是它对于信息技术和生物技术也同样适用吗？在科技发展之外，所谓的"服务"行业也日渐成为我们经济生活中的重要组成部分。而专利制度是否有能力促进该领域的创新活动呢？另外，有关经营模式的创新活动也日益增加。在如今的知识经济环境下，产生和管理新的创新变得越来越制度化和系统化，因此也使专利数量及立法数量越来越多。专利制度是否能够应对这样错综复杂的新局面呢？

当然，这些问题现在还没有确定的答案。但是在各种相关的议论和探讨中，关于专利制度统一的国际讨论一直在进行中。在本节中将主要论述三个主题，即 PCT 改革、SPLT，对 TRIPS 和多哈宣言的重新审视及修正。

（一）PCT 改革

在 20 世纪 90 年代，为了使 PCT 的制度进一步成为更高效、更便于使用的国际法律框架㉜，国际社会作了大量的努力。但是，构成 PCT 基础构造的条款并未发生什么变化。其中一个原因是成员国对将 PCT 制度拓展到专利法的实体部分都持保守态度。另一个困难在于 PCT 制度大部分被条约的具体条文所规定，而要想对这些条文进行修改，需要召开修订

㉛　The number of patent applications filed worldwide remained around 900, 000 per year between 1985 and 1994. In 1995, the number exceeded one million applications per year, and in 2004, 1,599,000 applications were filed worldwide (source：WIPO Patent Statistics).

㉜　The International Bureau of WIPO explored the possibility of a 'PCT Certificate of Patentability', which could be obtained, if an applicant so wished, from the International Bureau on the basis of the results of an international preliminary examination by extending the international operation of the PCT system further into the national phase. The Certificate would have the same effect as national or regional patents of the countries which participate in the new system.

会议来批准。即使修订被批准，在各成员国将其导入国内法之前，由于各国专利法使用的条约内容不同，还是会有一段时期存在差异。这会使管理 PCT 制度产生困难，且即使只是暂时的，也可能进一步导致系统变得更加复杂而不是得到简化。PCT 改革计划始于 2001 年，计划分两步完成：第一步是通过修改 PCT 实施规则来改进 PCT 制度，第二步是进一步研究受影响的 PCT 条约条文的改革。㉝ 但是，由于存在上述列举的难点，关于 PCT 改革的协商还局限于那些不涉及影响 PCT 条文的实施规则的修改。

PCT 改革的目的包括：对原有的 PCT 制度进行简化及合理化，以降低费用，减轻专利局及相关部门的工作负荷，避免专利局进行重复劳动，也使工作量适应各国专利局的规模。截至 2008 年 1 月 15 日，PCT 的成员国已经达到 138 个，因此最后一点很具有现实意义。在过去的 6 年时间里，PCT 制度在上述各方面都作出了一些改革，主要的变化可以概括如下：

（Ⅰ）第 22 条第 1 项中规定的期限，从自优先日起 20 个月调整到了 30 个月，因此，一般来说，国际申请在第一章程序（不接受国际初步审查的情况）和第二章程序（接受国际初步审查的情况）中均自优先日起 30 个月内进入国家申请阶段；㉞

（Ⅱ）由于国际检索系统被扩大，因此国际检索局将在国际检索报告以外，另准备一份书面意见；

（Ⅲ）现行系统中提交一份国际申请就能具有指定所有 PCT 成员国的效力，因此申请人可将申请国的指定推迟到国家申请阶段进行；

（Ⅳ）为与 PLT 保持一致所作的若干修改，例如：延长提交国内申请手续的期限，重新获得在先申请中的优先日，及补充已经包含在在先申

㉝　Working documents and reports of the meetings relating to PCT Reform are available at: http://www.wipo.int/pct/reform/en/.

㉞　Prior to the modification, a number of applicants request the IPE only for the purpose of 'buying time' before the national phase entry which requires the applicants to submit translations, if needed, and pay national fees. Aligning the time limits for both Chapter I and Chapter II allows an applicant to request the IPE only where he is interested in obtaining the result of the preliminary examination. For the purpose of entering the national phase in Luxembourg, Switzerland, Uganda and United Republic of Tanzania, the time limit under Article 22 is still 20 months (as of February 8, 2008).

请中、但在国际申请中遗漏的要素及部分（该在先申请的优先日的主张并不影响国际申请提交日）；

（Ⅴ）大韩民国的专利文献被纳入到 PCT 国际审查局进行国际审查所使用的文献最低文献量中。

（Ⅵ）将阿拉伯语、韩语、葡萄牙语㉟列为在阿拉伯、韩国及葡萄牙进行国际申请的公用语言。

（Ⅶ）修改了国际审查局/国际初步审查局的最低要求，相关专利局必须具有相当资质的管理系统且能够进行内部审阅。

在作出上述各项改进后，PCT 改革于 2007 年完成。

（二）SPLT

2000 年 11 月，由 WIPO 成员国及政府间及非政府组织组成的专利法常务委员会（SCP）决定就实质专利法要件的统一进行讨论。讨论的主要目的是寻求如何降低获得国际专利保护的成本，以及如何促进各国专利局的合作以使各国专利局制作的专利审查报告能够得到更好的利用，从而减轻各国专利局面临的巨大的工作量㊱。当时的 SCP 指出，SPLT 草案中应该包括与专利授权直接有关的项目，包括关于现有技术的定义、新颖性、创新性（非自明性），产业可利用性（有用性）、申请中发明的公开充分性，以及权利要求的结构及解释的条款㊲。其后，SCP 还追加了几个额外的项目，例如，先申请主义对先发明主义；专利申请在申请日（优先日）后 18 个月强制公开制度，以及授权后的异议制度等也将下一阶段进行讨论。

就先申请主义对先发明主义的问题，虽然没有明文规定，SPLT 草案将申请日作为确定现有技术、新颖性及创新性的重要日期。

在其后的会议中，SPLT 草案接受了若干个代表团的建议，在各方面都取得了进展，在 2004 年 SCP 第 10 次会议上讨论的 SPLT 草案中，除了上述的几个问题，还包括了关于条约适用的例外情况、申请专利的权利、

㉟　As regards publication in Korean and Portuguese, it is applicable to international applications whose international filing date is on or after January 1, 2009.

㊱　All working documents, including the draft SPLT and the reports of the SCP meetings are available at: http://www.wipo.int/patent/law/en/scp.htm.

㊲　WIPO document SCP/4/2.

发明的组合、专利说明书的内容、形式及顺序、专利申请及已授权专利的改正、可专利对象、拒绝授予专利及已授权专利无效的理由等。而SPLT 草案内容持续地增加，也使条约的交涉难度变大。

第一个难点是关于权利要求的解释、可专利对象及其例外的论点。虽然这些问题在世界各国的专利法中都有规定，但由于各个国家的社会及法律文化不同，各国的规定也都因此作出了相应的调整。同时它们和专利法的核心问题也有着紧密的联系，即：在专利权人的专有权和公众的利益之间的平衡问题。所谓的"南北问题"并不必然导致法律规定的不同。在发达国家，有几个亟待解决的基本问题，例如，SPLT 草案第 11条第（1）项规定"权利要求应该定义发明的（技术）特征中要求得到专利保护的主体"。而在美国的规定中，则无"技术"一词，因而使"非技术"发明也可以申请专利保护。而由于在各个法域中分别发展起来的等同理论，想要在实施规则第 13 条第（5）项中规定的在解释权利要求时应该在多大程度上考虑等同要素的问题上达到国际统一成了另外一个问题。

第二个难点有关遗传资源或传统知识，即当专利申请设计的专利以遗传资源或传统知识为基础，或者由此衍生出来的时候，对原本的遗传资源及传统知识的公开问题。[38] 一些国家主张建立具有国际拘束力的机构，要求成员国设立公开的强制性要求，那样，发展中国家作为产生此类发明申请的主要国家，就有义务在其国内法中加入这样的义务性条款。该要件最主要的目的是为执行《生物多样性公约》（CBD）[39] 提供必要的支持手段。在 CBD 中专门规定：（Ⅰ）国内政府有权决定对遗传资源的利用（access）；（Ⅱ）利用遗传资源应该在提供了该资源的合约各方基于事前说明后所同意的条款范围内；（Ⅲ）相关的合约方必须采取法律、行政或政策手段，对利用合约方提供的资源进行的研究开发的成果进行共享，并将通过商业及其他利用方式获得的利益进行分配；（Ⅳ）每个合约方都应该鼓励对国内法规定的原始知识进行利用所获得的利益进行公平

---

[38]　As regards detailed analysis of the disclosure of the origin of genetic resources and associated traditional knowledge in patent applications, reference is made to WIPO Technical Study on Patent Disclosure Requirements Related to Genetic Resources and Traditional Knowledge (http: //www. wipo. int/tk).

[39]　The text of the CBD is available at: http: //www. cbd. int.

的分配。这样规定的思路是，如果进行专利申请时就其依据的遗传资源的来源进行公开，那该申请将通过公开而获得公众的监督，从而能更容易地发现非法利用遗传资源的情况。这样规定还能促使专利申请人积极获得提供遗传资源国家的基于事前说明的同意。另一方面，有其他一些国家认为，与 CBD 有关的事项应该在专利法范围之外单独处理。它们认为，除非对遗传资源的公开是基于判断可专利性的需要，例如为满足公开可能性要件等，否则，就不应该在专利法中要求对遗传资源的来源进行公开。另有一些国家并不反对为使专利法与 CBD 中先行规定的条款得以统一而加入相应规定，但是它们认为，对于未能满足相关要求的专利申请的制裁，应该在专利法框架之外进行，即不应因此而拒绝授予专利权或者认定已获授权的专利无效。一些国家希望将新的公开要件添加到 SPLT 草案的文本中，而另一些国家则认为该问题已经通过 WIPO 的另一个平台——关于知识产权、遗传资源、传统知识及民俗文化的政府间会议（IGC）得到了妥善解决，而在 SCP 中不应该就相同问题进行重复的探讨。

第三个难点是为顺应各国政策而需保留一定的灵活度，比如，为保护公共健康及营养的措施，或者促进在社会经济及技术发展领域的公共利益。由于不违反现有国际条约规定的任何变通的限制，例如 TRIPS 第 8 条，有几个国家支持在 SPLT 草案中加入明文规定说明 SPLT 草案不会原则上否认上述与国内政策有关的变通。

出于同样的原因，一些国家反对草案中有关拒绝向发明授予专利的理由（SPLT 草案第 13 条），宣告已授权的专利无效或将其撤销的理由（SPLT 草案第 14 条），由于它们认为上述条款规定了签约国对拒绝授权或宣告专利无效理由的最大限度列表是有疑问的。因此，它们建议加入一条新的规定，允许签约国将国内法律与各自国家的不同政策性事项保持一致。

将这些问题的来源归结于 SPLT 草案的范围并不公平。SCP 中反映的许多问题，在专利法整合条约 1991 年草案的交涉过程中也曾经被重点讨论过。例如，SPLT 中关于另一现有技术的专利申请是在涉案专利申请的发明作出之前提交，但在专利申请之后公开的情况下，审查专利申请（优先）日的规定（草案第 8（2），实施规则第 9 条），对该规定的讨论也产生了与 1991 年草案中相同的 4 个问题：（Ⅰ）是否应该禁止美国的所谓"希尔默原则"（Hilmer Doctrine）；（Ⅱ）此类现有技术是否应该列入判断专利发明新颖性和创新性的判断材料；（Ⅲ）PCT 国际申请中，尚未进入国内申请阶段的申请材料是否应该列为现有技术；（Ⅳ）如果在先申请的申请人或发明人与待审查专利的申请人或发明人是同一人，该在先申请是否应该作为现有技术进行考虑。同样，有关丧失新颖性的宽展期（grace period）的规定（草案第 9 条）也包含几个未解决的问题。例如：（Ⅰ）宽展期的时间应该是 6 个月还是一年；（Ⅱ）宽展期是否应该覆盖专利申请人或其权利继受人所作的另一项专利申请，抑或只包含在此期间所作的本不会发生的公开；（Ⅲ）发明人或其权利继受人是否应该在一定的时间范围内作出声明来援用宽展期的效力；（Ⅳ）如果有人在导致宽展期发生的公开之日到专利申请日之间善意地实施了申请所涉及的发明，其是否应该获得先使用权。

由于在讨论中产生的众多的不同使得 SCP 很难取得进展，2004 年 5 月，美国、日本和欧洲专利局提交了一份共同议案，建议将焦点重新集中到最初的有关在先申请的一系列问题上，即现有技术、宽展期、新颖性和创新性的定义问题。该议案指出，只有当各国对上述这些概念的理解达到统一，SCP 才能进一步解决与此相关的，例如公开要件、权利要求的起草、组合发明等问题。选择上述四个基本概念的原因在于：（Ⅰ）有关该问题讨论的成熟度及各国代表团之间取得一致的程度；（Ⅱ）相关条款的性质以及其不受政治因素影响的程度；（Ⅲ）各条款与增进多国专利局共享检索及审查成果可能性的关联程度；以及（Ⅳ）所有国家就此问题达成一致所能带来的好处。

另一方面，被称为"发展之友集团"的一系列国家，包括阿根廷、玻利维亚、巴西、古巴、多美尼亚共和国、厄瓜多尔、埃及、伊朗伊斯兰共和国、肯尼亚、秘鲁、塞拉利昂、南非、坦桑尼亚联合共和国和委内瑞拉，则建议将下列事项列入 SCP 的议事日程，包括如何提高灵活性以及灵活性的政策空间、可专利性的排除事项、专利权行使的例外情况、违反竞争的实施行为、对资源来源的公开、给予事前说明的同意及利益共享、对专利有效性提出异议的有效机制、技术转移，以及促进创新的可行模式。发达国家将技术性问题列为优先事项，以使各国专利局能够更加容易地对专利检索及审查结果进行共享。而发展中国家，相较于在专利局进行程序性问题，更加关注 SCP 的政策性议题。由于双方不能达成妥协，SCP 的官方交涉，一直中断到 2005 年。

2005 年，被称为"B + 集团"的多国集团的形成打破了这一僵局。B + 集团由多个发达国家及其他成员组成，具体包括：澳大利亚、加拿大、日本、新西兰、挪威、美国、欧盟/欧洲专利条约成员国、欧盟委员会及欧洲专利局。这些国家就统一各国的现有技术、宽展期、新颖性及创新性的定义进行尝试，他们已经召开了多次会议，并以 SPLT 草案规则及相关文件中的条约规定为基础展开交涉。但是，如前文所述，各国对在先申请中的现有技术及宽展期的理解上长期以来存在分歧，想要达成一致依然困难重重。

（三）对 TRIPS 和多哈宣言的重新审视及修正

根据 TRIPS 第 71 条第 1 款，TRIPS 委员会可以就 TRIPS 的实施进行评估并根据任何将导致条约的修订或增补的相关发展对条约进行审阅。在专利法领域，TRIPS 第 27 条 3（b）规定，在 WTO 协定生效起 4 年后，要对协定条款进行重新审阅。

在依据 TRIPS 第 27 条 3（b）规定所进行的对条约的重新审阅过程中，除了动植物的可专利性及通过"特殊立法"对植物新品种进行保护的议题以外，TRIPS 与 CBD 之间的关系，对遗传资源的利用及利益共享，对传统知识、民俗文化的保护等很快成为了 TRIPS 委员会的主要讨论内容。因此，2001 年多哈宣言向 TRIPS 委员会进行授权⑩，在进行第 27 条 3（b）及第 71 条第 1 款规定的审议及对主要的实行问题进行交涉时，可以对 TRIPS 与 CBD 的关系、对传统知识及风俗文化的保护及成员，依据第 71 条第 1 项所作出的有关的最新进展间的关系进行重新审议。在进行此项工作时，委员会必须以 TRIPS 第 7 条及第 8 条规定的目的及原则为行为准则，而且要充分考虑将来发展的尺度。⑪ 有关遗传资源来源的公开和

---

⑩ The WTO Secretariat issued documents summarizing the issues raised and points made with respect to the review of the provision of Article 27. 3（b）（IP/C/W/369/Rev. 1），the relationship between the TRIPS Agreement and the CBD（IP/C/W/368/Rev. 1 and IP/C/W/368? Rev. 1/Corr. 1）and the protection of traditional knowledge and folklore（IP/C/W/370/Rev. 1）.

⑪ WTO document WT/MIN（1）/DEC/1，paragraph 19.

专利申请中相关的传统知识，巴西、中国、哥伦比亚、古巴、印度、巴基斯坦、秘鲁、泰国和坦桑尼亚提出议案要求新增第 29 条之 2[42]，新增的第 29 条之 2 主要规定：（1）成员应考虑 TRIPS 的目的与原则以及 CBD 的主旨；（2）当发明是由生物资源或者相关的传统知识发展或衍生而来，成员应该要求专利申请人公开向其提供生物资源的国家，或它们从何处获得传统知识，并经过合理调查后所确认的其来源国家；成员还应要求申请人提供证明说明它们就生物资源利用以及其利益的公平分配获得了基于事前说明的同意；（3）申请人和专利权人应该提交任何新获得的与（2）有关的信息；（4）成员应该将上述公开的信息广而告之；（5）成员应该设置有效的执行措施。特别是，当申请人在明知的情况下违反义务对信息进行隐瞒，或者故意公开错误的或有瑕疵的信息，政府有权停止该申请人之后的申请程序、不进行授权或宣布授权专利无效。虽然有一些成员支持添加新的 29 条之 2，也有反对意见认为，有关遗传资源或有关传统知识来源公开已经在 IGC/WIPO 中进行了充分的讨论，因此不同意对 TRIPS 进行此项增补。

2001 年，有关 TRIPS 与对药物的利用，特别是在发展中国家及最不发达国家的利用的关系，被提上了 TRIPS 委员会的议事日程。在 TRIPS 被采纳之前，许多发展中国家及最不发达国家对专利药品不提供保护。因此，其中具有药品生产能力的国家就可以合法地生产药品并以低廉的价格向其他发展中国家及最不发达国家销售非专利药物。但是 TRIPS 要求所有成员在经过一个过渡阶段后，都必须对医药产品提供专利保护，因此阻断了这条供应链。那么，要如何使专利药品能够在国际层面上以可接受的价格实现所需要数量的供应呢？而如果允许了特别是最不发达国家对药品的国际购买，其后果又会是什么呢？

面对这样的问题，多哈宣言指出，在 WTO 的规则下，只要不是在相同条件下对其他国家采取不公平的歧视手段或者不是明显限制国际贸易的手段，且不违反 WIPO 协议的规定，[43] 任何国家都不应该禁止旨在保证公共健康的合理规定。"有关 TRIPS 及公共健康的多哈宣言"[44]，也作为独

---

[42]　WTO document WT/GC/W/564/REV. 2，TN/C/W/41/REV. 2，IP/C/W/474.

[43]　WTO document WT/MIN（1）/DEC/1，paragraph 6.

[44]　WTO document WT/MIN（01）/DEC/2.

立的宣言被采纳。后者确认 TRIPS 应该以支持公共健康的形式实施。多哈宣言还重申了成员有充分利用 TRIPS 所提供的灵活性空间的权利，包括：（Ⅰ）TRIPS 的条款应该在其所明示的，特别是第 7 条、第 8 条所规定的目的和原则基础上进行理解；（Ⅱ）授权强制许可的权利以及决定以何种理由授予该许可的权利；（Ⅲ）决定授予强制许可所需的视为国内紧急情况或其他极端紧急情况的条件的权利（公共健康危机可以视为条件之一）；（Ⅳ）每个成员国都有建立本国用尽制度的自由。同时，宣言还指出，在 2016 年 1 月 1 日前，最不发达国家没有实施第二部分第 5 节（专利权）及第 7 节（未公开信息）或者执行这几章中规定的与医药产品有关权利的义务。有关延长过渡时间期限的问题，总理事会作出单独决定，宣布对于最不发达国家，第 70 条第 9 项（排他性市场权利）规定的有关医药产品的义务在 2016 年 1 月 1 日前将不会生效。[45]

有关 TRIPS 及公共健康的多哈宣言第 6 节中还涉及了一个重要的议题。根据 TRIPS 第 31 条第 f 款规定，如果成员国在未经权利人授权的情况下以所谓的强制许可或者非营利性的公共使用形式使用专利权所保护的发明，该使用行为应该主要为了满足强制许可授予国国内市场的供应。这意味着，关于医药专利，如果一个国家不具备充分的生产能力，则该国就会面临无法利用强制许可的困境。因此多哈首脑宣言敦促委员会为 TRIPS 找到一个解决该问题的方案。此后，大会就数个方案进行了讨论，总委员会最终决定采纳 2003 年 8 月的关于履行多哈宣言第 6 节的决定。该决定允许 WTO 成员在一定条件下，以向不具备或不充分具备生产医药专利产品能力的国家出口为目的，授权强制许可。[46] 之后，这一获得同意的方案被作为正式条款添加到 2005 年 12 月总委员会采纳的 TRIPS 修订议定书中。[47] 新第 31 条之 2 规定，成员可以对以生产医药产品为目的的行为以及向合法的进口国出口产品的行为授予强制许可。如果这样的强制许可获得授权，并且专利在出口成员及合法进口成员的双方都存在，则

---

[45]　WTO document WT/L/478.

[46]　WTO document WT/L/540. Insights into the Decision by one of the negotiator are found in Paul Vandoren and Jean Charles Van Eeckhaute, 'The WTO Decision on Paragraph 6 of the Doha Declaration on the TRIPS Agreement and Public Health' (2003) The Journal of World Intellectual Property, 6 (6): 779 – 93.

[47]　WTO document WT/L/641.

在出口成员中专利权人应该获得适当的补偿，补偿额应该考虑出口成员赋予合法进口成员使用的权利的价值。而在进口国一方不再需要进行补偿。此外，出于促进规模经济的考虑，为提高购买力，促进当地生产，如果发展中国家和最不发达国家为区域贸易协定的成员国，且其中有半数以上的成员国为最不发达国家时，一国可以在强制许可授权下向区域贸易协定的另一成员国出口、生产或进口专利医药产品。新条文还规定，对任何依据 TRIPS 第 31 条之 2 及 TRIPS 附录所采取的措施，均不可以提起非违反之诉。⑧ TRIPS 附录中特别规定了合法进口成员的定义及其他防止对强制许可下的进口商品进行再出口的具体制度。"合法进口成员"指的是最不发达国家成员及其他任何已向 TRIPS 委员会进行申告的成员。⑨在采纳该议定书时，总委员会主席将会宣读反映成员共识的文本。只要在 150 个成员中，有 2/3 的成员接受该议定书，它就将取代总委员会于 2003 年 8 月所做的决定。⑩ 对其余成员，总委员会 2003 年 8 月所做的决定将继续适用，直至它们接受新的修正案为止。

五、结 论

国际专利法发展的历史告诉我们，国际协调本身并非其根本目的或终点。国际协调一直以来都是在国际问题的解决方案遇到挑战时的一个协调工具。由于国际协调是指出问题的一种方法，而并非一个结果，因此最重要的问题是："什么才是我们面对的国际性挑战，以此为前提，我们应该怎样促进国际协调？"

有关实体专利法的协调被反复提上国际议事日程，最近一次是 SPLT 草案的讨论。国际协调所面临的最初的问题是对于同一个发明，若干个国家的专利局重复进行检索与审查。讨论 SPLT 草案的目的之一也在于创

---

⑧ This is necessary since a decision on the applicability of Article 64.2 has not been taken by the TRIPS Council, although a temporary moratorium on non – violation complaints under the TRIPS Agreement is currently in place.

⑨ A number of developed countries announced voluntarily that they would not use the system to import. Some other members announced that they would use the system as importers only in the case of national emergency or other circumstances of extreme urgency.

⑩ The United States of America, Switzerland, El Salvador, the Republic of Korea, Norway, India, the Philippines, Israel, Japan, Australia, Singapore, Hong Kong – China, China, and the member states of the European Communities have accepted the amendment (updated January 17, 2008) (http://www.wto.org/english/tratop_ e/ trips_ e/amendment_ e. htm).

造一个国际法制度环境，以更好地促进专利申请的检索与审查的国际合作。虽然 TRIPS 已经就包括专利授权要件，即新颖性、创造性（非自明性）、产业上可利用性（有用性）及充分公开（可公开性）等专利法的基本法律框架进行了统一。但是仅限于上述基本法律框架的统一，对于实际利用在其他法域中所作出的检索及审查报告来说还是不够的。因此，各国建议，除了统一法律框架以外，就检索及审查的具体操作也应该实现更深度的统一。

对 SPLT 草案的讨论无疑加深了各成员国对其他法域中所进行的审查的具体操作的理解。例如，在修改 PCT 国际检索及审查指南时，也考虑了涵盖在 SPLT 范围内的指南草案中的内容。然而，在 SCP 所进行的审议中，委员会未能贯彻制定 SPLT 草案的主要目的。为什么我们要对实体专利法的统一进行讨论？一些国家看到专利法中对各个公共领域所作出的多角度的规定，将 SPLT 视为超越 TRIPS，规定了新的专利保护国际义务及严格标准的国际文件。在一些国家对委员会讨论的大方向的质疑声中，委员会确实未能取得任何进展。再者，我们至少可以问，为了能够利用在其他法域所作的审查报告，在全球范围内对专利审查实务进行统一是否绝对必要？在国内立法层面，例如新颖性、创新性等的认识在很大程度上达到了统一，而在各国立法之间存在的分歧，例如在专利申请前提交但在其后公开的在先申请是否应该并入专利审查中作为参考的现有技术，这些问题可能导致在各国专利审查中的不同结果，但是这仅涉及很少的个案。此外，被普遍接受的国内法解释，原则上，是基于国内法法院所作出的并且被各国专利局适用于审查的具体操作过程中的判决内容的。虽然，没有法律约束力的国际实务指南可能会增进对专利法高度技术性要素的理解，但在现阶段，由于各法域中有关审查具体操作的理解都是长久以来根据那些反映了科技和社会发展的"现实世界"中的案件所陆续积累而来的，要建立一套具有国际约束力的条文规定还是不现实的。虽然有关实体专利法的统一的探讨停滞不前，但是与此同时，PCT 改革所作出的进步也显示了，现在的国际专利法领域还存在着进一步发展的空间。WIPO 与其成员国一起建立了现有技术文献的数字检索服务，各国专利局可以在数字图书馆中查阅被收录的现有技术文献。因此申请人无需实际获得相关文件，也无需将获认证的在先申请的复印件分别上

交给各国专利局。[51] 数字检索服务有利于促进在《巴黎公约》、PCT 及 PLT
中建立起来的有关主张优先权的现有国际法律框架下，利用信息技术来执
行优先权申请程序。同样，在不改变现有的国际法律框架的前提下，也
可以通过充分利用信息技术来简化和提高国际专利申请程序的效率。例
如，一国的专利局允许公众或他国专利局从其服务网站上获得专利申请
的全套文件。这意味着，其他国家可以在该国专利局处获得近似申请的
检索及审查报告。这种服务可以发展成一个联网系统，以便对检索、审
查信息的利用。在现在的国际专利的探讨中存在着两股针锋相对的力量，
一是朝着国际统一的方向的力量。由于越来越多的申请人希望获得国际
专利保护，人们希望国际专利法体系能够更加简洁，并且廉价高效。而
国家、地区专利法之间的国际统一被视为建立一个更易利用、更直观、
更廉价高效的国际专利法体系的有效方法。国际间的统一还有利于提高
法的安定性，保证专利的质量，促进国际合作，而另一股力量则是提高
多样性及灵活性的趋势。对于知识产权对科学、文化及社会发展的重要
性的认识越来越高，因此当今国际专利体系当中的参与者也更多样化。
各国的政策目的和优先事项不尽相同，因此有必要按照国家的发展水平
对各国采取不同的措施。在全球提交的专利申请中，1995～2004 年，三
大专利局（日本特许厅、美国专利与商标局、欧洲专利局）的份额从
62% 下降到了 57%，另一方面，到 2004 年，前五位的专利局（日本特许
厅、美国专利商标局、韩国知识产权局，中国国家知识产权局及欧洲专
利局）的申请数量的比重从 71% 增至 75%。[52] 这意味着专利的地理分布
越来越多样化，更重要的是，专利信息的语言也更多样化，在国内专利
法的改革过程中，我们也可以看到，对于不同的技术领域中所产生的创
新来说，理想的专利法制度并不完全相同。因为在不同领域，其专利的
经营战略也都有所不同。

　　而如何在这样两种不同的力量中找到实际操作专利法的原则及国际
层面实际操作的共同基础并非易事。以史为鉴，《巴黎公约》之所以能够
获得长期的成功，主要归功于两个主要因素：即对远景的构想及适度的

---

[51]　http：//www. wipo. int/patentscope/en/pdocforum.

[52]　WIPO Patent Statistics（http：//www. wipo. int/ipstats/en/statistics/patents/）.

范围。㊿ 在后 TRIPS 时代，这两点仍然是构建国际专利法体系的关键所在。单边或双边的制度设计存在着削弱弱势参与者维护其立法权利的风险，因此，从长远来看，一个多边的、朝着维系国际间平衡的适度的方案，更有利于国际社会的利益。国际专利体系一步步地建立起来。尽管每一步都很小，但随着时间的发展，将每一小步逐渐汇总起来，它将会为实现一个能服务全社会、支持持续创新的专利制度作出巨大的贡献。到那时，社会也必将从创新及技术进步中获益。

㊿　François Curchod 'Is the Paris Convention for the Protection of Industrial Property Still Relevant Today?' in Gert Egon Dannemann et al. , *Global Perspective of Contemporary Intellectual Property Issues: A Collection of Works Written in Commemoration of the Seventieth Birthday of Peter Dirk Siemsen* (Dannemann, Siemsen, Bigler & Ipanema Moreira, Rio de Janeiro, 1999).

第二部分　国际法和比较法维度：专利审查程序问题

第六章　欧洲专利局的审查程序

作者：彼得·沃驰恩（Peter Watchorn）*

译者：许明亮

一、引　言

2000 年 11 月，《欧洲专利公约》在一次于慕尼黑所召开的外交会议上被修订。修订《欧洲专利公约》的法案于 2000 年 11 月 29 日通过，根据修改后的《欧洲专利公约》① 和 1973 年《欧洲专利公约》第 173 条第（3）款，该法案规定，15 个国家根据修改后的欧洲专利公约第 165 条第（2）款②将对于修订文本的批准书或加入书提交德意志联邦共和国政府两年后，修订后的公约文本将生效。希腊于 2005 年 12 月 13 日才提交批准书，这意味着修订后的《欧洲专利公约》最晚将于 2007 年 12 月 13 日生效。

《欧洲专利公约》的变化源自下述几个原因。第一，《欧洲专利公约》的修订是为了与专利法条约相协调。这一点特别体现在一些形式程序的变化上，包括申请日的取得、提交遗漏的申请文件，以及提交申请后的手续（例如要求优先权）。对于因错过期限而申请通过后续程序和权利恢复来获得法律救济的内容也作了修订，涵盖了一些此前 1973 年《欧洲专

---

* The views and opinions expressed in the present chapter are those of the author and do not necessarily reflect the official policy or practice of the European Patent Office.

① Note that all references to the revised European Patent Convention are denoted 'EPC' and all references to the previous version of the European Patent Convention are denoted 'EPC 1973'.

② Alternatively, the revised text would have entered into force on the first day of the third month after the last Contracting State deposited its instrument of ratification or accession, if this had been an earlier date (Art. 8 (1) of the Act revising the EPC of November 29, 2000). However, this did not occur, since the last ratifications/ accessions occurred shortly before December 13, 2007. Had any state not ratified the new text in time, it would have ceased to be party to the EPC (Art. 172 (4) of the EPC and EPC 1973).

利公约》所未涵盖的期限。第二，《欧洲专利公约》中的一些条款被移到实施细则中。这样做是为了修订后的《欧洲专利公约》更加灵活，使得法律的修订只需通过欧洲专利局行政委员会的投票，而无须另行举行外交会议。③ 第三，《欧洲专利公约》的修订也考虑到使用该公约的相关群体的需要，尤其是增加了权利人可以对其所享有的某项欧洲专利进行主动限制保护范围或主动撤销的新程序，④ 以及请求扩大的申诉委员会对法律申诉委员会或技术申诉委员会的决定进行审查的内容⑤。

本章的目的是解释这些影响欧洲专利局审查程序的程序法和实体法上的变化，并将修订后的《欧洲专利公约》的新程序与1973年的《欧洲专利公约》的程序进行比较。

二、形式审查和实质审查的重叠

（一）取得申请日的条件

在修订后的《欧洲专利公约》中，取得一项欧洲专利申请的申请日需要向欧洲专利局提交如下资料:⑥（1）希望获得一项欧洲专利的意思表示；（2）可以确定申请人身份或联系到申请人的信息；（3）最重要的是，对于一份在先申请的描述或引述。⑦ 因此，不同于适用1973年《欧洲专利公约》时的情况，在修订后的《欧洲专利公约》之下，一项欧洲专利申请不一定要包含权利要求书才能取得申请日。这一变化是为了使《欧洲专利公约》能与专利法条约接轨。⑧ 虽然申请欧洲专利仍然必须提交权利要求书，⑨ 但是没有权利要求书并不影响申请日的取得，尽管权利要求书必须在晚些时候提交。若一项专利申请没有包含权利要求书，欧洲专利局会在申请日后的形式审查阶段⑩提示申请人，并要求申请人在两个月内提交权利要求书。⑪ 若申请人没有及时补正（即提交权利要求书），将

---

③ Art. 33（1）（c）and Art. 35（2）EPC.

④ Art. 105a – c EPC.

⑤ Art. 112a EPC.

⑥ The application may also be filed at the national offices of those Contracting States which permit it – Art. 75（1）（b）EPC.

⑦ Art. 80 EPC and Rule 40（1）EPC.

⑧ Art. 5（1）（a）PLT.

⑨ Art. 78（1）（c）EPC.

⑩ Rule 57（c）EPC.

⑪ Rule 58 EPC.

导致申请被驳回。⑫ 若申请人在规定期限内提交了权利要求书，那么这些晚交的权利要求将被视为对原始提交的申请文件的修改，因此不得包含超出原始提交⑬的申请文件所记载的任何实质性内容，也就是说，这些晚交的权利要求必须能够直接地并且毫无疑义地从原始提交的说明书和附图的内容中得出。⑭

这就意味着，有关不被允许修改的问题可能在欧洲检索之前就已出现，这对直接向欧洲专利局提出的专利申请来说还是第一次。对于通过《专利合作条约》进入欧洲阶段且受制于补充检索的国际申请来说，这个问题在 1973 年《欧洲专利公约》之下就已经存在，⑮ 因为这些国际申请有可能在国际阶段⑯或者在进入欧洲阶段⑰时被修改。但是，这种情况此前对于直接向欧洲专利局提出的专利申请来说是不存在的，因为在欧洲检索之前是不允许对申请文件进行修改的。⑱ 这意味着，一项直接向欧洲专利局提出的专利申请，若其晚交的权利要求涉及不被允许的主题，在进行欧洲检索时其检索范围会受到限制。⑲

然而，申请人也许能够在后续的审查程序中说服审查部，使其相信权利要求中的主题是基于原始提交的申请文件，例如提供能够证明隐含的技术特征属于普通技术人员所掌握的公知常识的确凿证据。申请人还可能接着推翻用来支持欧洲检索的各种限制的理由。⑳ 这样的话欧洲专利局将在审查阶段作进一步的检索，且不另外收取费用。㉑ 对于直接向欧洲专利局提出的专利申请来说，在适用 1973 年《欧洲专利公约》时，以上一系列事件只可能发生在基于不清楚或者未得到说明书支持㉒或者没有充分公开要求保护的发明㉓的反对理由而根据 1973 年《欧洲专利公约》实

---

⑫　Art. 90 (5) EPC.

⑬　EPC Guidelines A – III, 15；B – XII, 2.2 and C – IV, 6.3.

⑭　Art. 123 (2) EPC.

⑮　Art. 157 (2) EPC 1973 and Art. 153 (7) EPC.

⑯　In PCT Chapter I under Art. 19 PCT or in PCT Chapter II under Art. 34 PCT.

⑰　Rule 107 (1) (b) and 109 EPC 1973；Rule 159 (1) (b) and 161 EPC.

⑱　Rule 86 (1) EPC 1973.

⑲　EPC Guidelines B – XII, 2.2 and Rule 63 EPC.

⑳　EPC Guidelines C – VI, 5.4.

㉑　EPC Guidelines B – II, 4.2 and C – VI, 8.2.

㉒　Art. 84 EPC.

㉓　Art. 83 EPC.

施细则第 45 条对检索范围作出限制的情况下，且申请人接下来会在审查程序中成功驳倒这种限制。

（二）优先权要求

在以前的制度下，有关在申请日以后修改和增加优先权要求的案例法有很多。1973 年《欧洲专利公约》并没有明确对申请日后增加优先权要求作出规定；的确，1973 年《欧洲专利公约》的实施细则第 38 条很明确地规定：

（1）公约第 88 条第 1 款所指的优先权声明中应当注明在先申请的日期和所在国家，并注明申请号。

（2）在先申请的日期和国家应于提出欧洲专利申请注明……
【着重号为原作者所加】

因此，从理论上说，优先权要求的三个要件中的两个（日期和国家）应当在提出欧洲专利申请的当天得到满足。申请号（优先权要求的第三个要件）则可以在最早的优先权日[24]起的 16 个月内提交，这和优先权申请文件副本[25]一样。在旧制度的实践中，如果优先权要求的增加和修改不损害公众利益的话，申诉委员会对于增加新的优先权要求和修改已有的优先权要求是予以认可的。这意味着增加或修改优先权要求的请求必须足够早，使得有关优先权的警告能够与欧洲专利申请一起公开[26]；否则，只有在不损害公众利益的情况下，才能增加或修改优先权要求，因为此时所公开的优先权要求与实际情况明显不符。[27]

修改后的《欧洲专利公约》包含了有关增加优先权要求[28]和修改已有

---

[24] Rule 38 （2） EPC 1973.

[25] Rule 38 （3） EPC 1973.

[26] See decisions of the Legal Board of Appeal J3/82, J4/82 and J14/82. If the applicant wanted to be sure to have a warning published with the application, he had to make his request for addition or correction before the end of the technical preparations for publication （Rule 67 EPC）. This is the point in time up to which the EPO can guarantee the ability to change the content of the published application and expires five weeks before the expiry of the eighteenth month after the filing date or, if claimed, earliest priority date （OJ EPO Special Edition 3/2007, Decision of the President D. 1）.

[27] See decisions of the Legal Board of Appeal J3/91, J6/91 and J2/92.

[28] Rule 52 （2） EPC.

的优先权要求^㉙的法定期限的规定，无论是增加优先权要求还是修改已有的优先权要求，一般都必须在最早的优先权日起 16 个月内，这里所指的最早的优先权日有可能就是被增加的优先权要求的优先权日。^㉚ 在这个方面，修改后的《欧洲专利公约》与《专利合作条约》是一致的。^㉛ 如果对于欧洲专利申请的检索是在增加优先权要求之前进行的（由于增加了一项优先权要求的申请将利用一整年的优先权期限，因此检索必须在欧洲专利申请提出之日起 4 个月内进行），并且申请人在优先权期限内公开了自己的发明创造或者在优先权期限内出现了其他与该发明创造高度关联的出版物，那么检索部门将找出这些相关文件并停止检索，因为在这种情况下是不太可能找到更加相关的文件，没有必要再作进一步检索。^㉜ 如果申请人在此之后增加了一项优先权日早于上述高度关联的文件的公开日的优先权要求，并且是在检索以后增加该项优先权要求的，那么只要这项优先权要求实质上是有效的，该份文件将不再是相关文件，^㉝ 可能需要进一步检索在新的优先权日之前公开的相关文件。在这种情况下，欧洲专利局需要在审查程序中进行一项免费的额外检索，^㉞ 这样该申请的实质审查才能继续下去。

虽然上述事件在 1973 年《欧洲专利公约》之下有可能根据已建立的法律制度发生，但是在当时申请人并没有增加和修改优先权要求的权利，如今修改后的《欧洲专利公约》已赋予申请人在申请日之后增加和修改优先权要求的权利。

（三）遗漏部分的补交

新制度中还有一些更加复杂的方面，说明书遗漏的部分或遗漏的附图的补交就是其中之一。这是对专利法条约所规定的提交程序的施行。^㉟ 例如，某个申请人以传真方式提交申请，由于他的传真机一次同时拽出两张纸，结果提交给欧洲专利局的说明书少了一页。在这类情况下，申

㉙ Rule 52 （3） EPC.

㉚ EPC Guidelines, A – III, 6.5.1.

㉛ Rule 26bis PCT.

㉜ EPC Guidelines B – IV, 2.6.

㉝ See decision of the Enlarged Board of Appeal, G2/98 and Art. 87 （1） EPC.

㉞ EPC Guidelines C – VI, 8.2.

㉟ Art. 5 （6） PLT.

请人可以在申请日之后提交说明书遗漏的部分或遗漏的附图。但是，该规定仅适用于补交说明书遗漏的部分或遗漏的附图，不适用于权利要求。㊱ 该申请人即可以主动在申请日起 2 个月内补交；㊲ 也可以在收到欧洲专利局受理处关于提交遗漏部分的通知书之日起 2 个月内补交，㊳ 如果欧洲专利局发现申请文件中存在遗漏部分的话。通常情况下，遗漏部分的补交会导致申请日变更为收到说明书遗漏的部分或遗漏的附图的日期。㊴ 申请人将会收到欧洲专利局有关新申请日的通知，申请人可以在收到该通知之日起一个月内撤回补交的说明书遗漏部分或者补交的附图，这样的话原来较早的申请日将被保留。㊵ 在 1973 年《欧洲专利公约》下，申请日后只能补交附图，㊶ 而且也会导致申请日变更为收到补交的附图的日期，但申请日后不能补交说明书的遗漏部分。

　　该问题在大多数情况下会被受理处在申请日检查时解决，㊷ 因此不会涉及审查程序。但是，有一个重要的例外，这在 1973 年《欧洲专利公约》中是没有的。在某些情况下，申请人有可能加入说明书的遗漏部分或者遗漏的附图却又不变更申请日，这往往是基于优先权要求。申请人在上述期限内不仅提交了说明书的遗漏部分或者遗漏的附图，而且还提交了关于补交的说明书遗漏部分或者遗漏附图享受已主张的优先权的请求、优先权文件的副本、优先权文件的译文（如果该文件不是英文、法文或德文）以及对于补交的说明书遗漏部分或者遗漏附图在优先权文件及其译文中的出处的说明。如果这些形式要求得到满足并且补交的说明书遗漏部分或者补交的附图"完全包含"于所说明的优先权文件的相关部分，那么欧洲专利局受理处将保留原来的申请日。㊸ 有关补交的说明书遗漏部分或补交的附图应"完全包含"于已主张的优先权文本中的要求是指：对于说明书的遗漏部分来说，所指明的优先权文件或者其译文

㊱　Rule 56 (1) EPC.

㊲　Rule 56 (2) EPC.

㊳　Rule 56 (1) EPC.

㊴　Rule 56 (2) EPC.

㊵　Rule 56 (6) EPC.

㊶　Rule 43 EPC 1973.

㊷　Art. 90 (1) EPC and Rule 56 (1) EPC.

㊸　Rule 56 (3) EPC.

（如果需要翻译的话）的相关文字部分必须与加入的遗漏部分的文字内容相同；而对于遗漏的附图来说，所指明的优先权文件中的相关附图必须与新加入的附图相同，且二者的标注也相同。[44] 专利法条约的初步文本明确规定，对于"完全包含"要求的检查应当仅限于书记员般的检查。[45] 这意味着这项要求比对于审查程序或异议程序所作修改的要求更严格，在审查程序或异议程序仅要求技术上相同，允许使用不同的文字表述。例如将"H_2O"改为"水"在审查程序中是可接受的修改，如果一个出现在优先权文件中，另一个出现在补交的说明书遗漏部分中。

有些情况下，即使受理处在申请日的检查中发出了肯定的决定，审查部仍有可能再次对申请日问题进行调查，并审查受理处所作出的已满足"完全包含"要件的决定是否正确。审查部接下来有可能对申请日进行变更，除非申请人撤回补交的部分。[46] 如果受理处一开始就作出不利于申请人的决定，而申请人又提出申诉（假设有关"完全包含"要件的非终局决定允许单独提出申诉[47]）的话，审查部将不得对申诉委员会的终局决定提出质疑。[48]

一方面，申请日的变更，无论是将申请日提前到 12 个月的优先权期限之前使得已经要求的优先权日无效，[49] 还是在没有要求优先权或者没有有效的优先权日的情况下将申请日提前到该相关文献的公开日之前，都会使可被考虑的高度相关的现有技术的公开日被往前推。在此类申诉案件中，审查程序将不得不推迟到申诉委员会解决该问题之后。另一方面，如果受理处所作出的有关"完全包含"要件的否定决定不允许单独提出申诉的话，[50] 那么在申请日语境下有关"完全包含"要件的问题将成为审查程序最终决定不可缺少的一部分。这只发生在以下情形中，即一项申

---

[44] EPC Guidelines A – II，5.4.2.

[45] PT/DC/5，p.37，paragraph 2.04.

[46] EPC Guidelines C – VI，3.1.

[47] Art.106（2）EPC.

[48] EPC Guidelines C – VI，3.1 – where a decision taken by the Receiving Section is appealed，the ratio decidendi of the decision of the Board is binding on the Examining Division，even though this is a first instance department of the EPO different from the one which took the original decision（Art.111（2）EPC）.

[49] Art.87（1）EPC and Art.4 of the Paris Convention.

[50] Art.106（2）EPC.

请被驳回[51]的原因是其相对于某项在先技术缺乏新颖性[52]并且/或者缺乏创造性[53]，而该申请之所以相对于该项在先技术缺乏新颖性并且/或者缺乏创造性又是因为申请日的变更以及相应的优先权损失。如果关于"完全包含"要件的决定不允许单独提出申诉，而且在申请日变更并且/或者优先权受到损害的情况下并没有增加相关的在先技术，申请人将不能对受理处的决定提出申诉，因为此时还没有出现终局的否定决定使得审查程序终止。由于没有驳回决定，至少是没有与申请日问题相关的驳回决定，而且即使根据较晚的申请日来授予专利权并不会对申请人造成不利影响，因此对于此类决定的申诉是不被接受的。[54]

以前扩大的申诉委员会认为，优先权文件不能被用作补正或修改欧洲专利申请文件的基础。[55] 这条原则将在审查程序和异议程序中继续沿用，因为上述特别程序只在受理处进行申请日检查的过程中才适用，[56] 虽然检查的结果可在审查程序中进行复审，但是这个特别程序将不会被审查部在随后的审查阶段启动。因此，由扩大的申诉委员会所确立的不得使用优先权文件作为补正或修改欧洲专利申请文件的基础的禁止性原则将继续沿用，而且受理阶段的这个特别程序将被看做是该项原则的一个例外。[57]

（四）优先权文件的翻译

如果某项申请要求优先权，则有可能需要判断该项优先权要求的实质有效性。在以下两种情况下需要判断优先权的有效性：一是检索到的文献公开于优先权期限内；二是在判断两项等待授权的欧洲专利申请中哪一个申请的相关日（参见下文）更早时需要确定优先权的有效性。接下来需要判断与欧洲专利申请"相同的发明创造"[58] 是否在优先权文件中披露。欧洲专利局在这方面采取了一种严格的标准，认为只要欧洲专利申请的主题没有在优先权文件中披露，"相同的发明创造" 这一要件就没

---

[51]　Art. 97 （2） EPC.

[52]　Art. 52 （1） EPC and Art. 54 EPC.

[53]　Art. 52 （1） EPC and Art. 56 EPC.

[54]　Art. 107 EPC.

[55]　See the decisions of the Enlarged Board of Appeal, G3/89 and G11/91.

[56]　EPC Guidelines C – VI, 5. 3. 1.

[57]　*Lex specialis derogat generali* – specific legal provisions take precedence over more general ones with which they would otherwise conflict.

[58]　Art. 87 （1） EPC.

有满足。例如：

优先权文件：　　　　　产品 A

用于制造产品 A 的方法 1

欧洲专利申请：　　　　权利要求 1：产品 A

权利要求 2：用于制造产品 A 的方法 1

权利要求 3：用于制造产品 A 的方法 2

在这个例子中，发明在于产品 A。欧洲专利申请中所要求保护的两种制造产品 A 的方法是具有单一性的发明。但是，由于方法 2 没有在优先权文件中披露，因此欧洲专利申请的权利要求 3 不享有有效的优先权。这是因为，虽然该制造方法与优先权文件中所披露的内容十分接近，但是这并不足以满足"相同的发明创造"这一要件。㊟

如果在审查程序中需要核实优先权的有效性，且该优先权文件不是使用欧洲专利局官方语言㊱中的一种，审查部将会要求申请人在规定期限㊲（例如欧洲专利局所指定的期限）内提交一份该优先权文件的上述一种官方语言的译文。若申请人未及时提交译文，在优先权有效的情况下本不会被用来判断专利性的现有技术将会被引入。㊳ 虽然该程序没有被改变，但是修改后的《欧洲专利公约》提供了对改正未及时提交译文的缺陷作进一步处理的法律救济手段，㊴ 这在旧的制度中是没有的。㊵

在 1973 年《欧洲专利公约》下，如果在审查程序中没有被要求提交优先权文本的译文，则申请人应当在审查程序结束时提交该译文，具体时间就是在提交对审查部建议的授权文本的同意书的期限内（参见下文）。㊶ 申请人如果不能及时提交，将丧失优先权，虽然这并不影响授权，

㊟　See the decision of the Enlarged Board of Appeal, G2/98.

㊱　Art. 14 (1) EPC, the official languages of the EPO are English, French and German.

㊲　Rule 53 (3) EPC.

㊳　EPC Guidelines C – V, 3. 4.

㊴　Art. 121 EPC, Rule 135 (1) EPC and EPC Guidelines A – III, 6. 8.

㊵　Art. 121 (1) EPC 1973 – under EPC 1973 this legal remedy did not apply to a partial loss of rights such as the loss of designations or of the priority right. This is no longer the case under the revised EPC. Although certain time limits in relation to the priority are specifically excluded from further processing by Rule 135 (2) EPC (including the time limit for making or correcting the priority claim under Rule 52 (2) (3) EPC), the time limit for filing the translation of the priority is not so excluded.

㊶　Rule 38 (5) EPC 1973 – the translation had to be filed by the end of the time limit under Rule 51 (4) EPC 1973.

因为若该优先权文本与专利性的判断有关，该译文在审查程序中会更早被要求提交。然而，如果还有其他现有技术在优先权期限内被公开或者在优先权无效的情况下出现了与一项有着更早的相关日的欧洲专利申请所产生的权利相关的争议（参见下文），这会对后来的授权后的异议程序造成不利影响。在新的制度下，如果审查部没有在授权前的审查程序中要求申请人提交译文，则申请人在整个审查程序中都不必提交。由此导致的结果是，申请人必须在授权后的异议程序中提交该译文，⑥⑥ 这在 1973 年《欧洲专利公约》中是不可能的。但是，在这种情况下若专利申请人未及时提交译文，进一步的处理程序将不适用，因为这个法律救济手段仅适用于授权前的程序。⑥⑦

（五）　缺乏单一性与在欧洲提出的 PCT 专利申请

如果国际检索报告是由欧洲专利局所作出的，那么在专利申请进入欧洲阶段以后将不会再有补充检索报告。⑥⑧ 只要在进入地区阶段以后提出审查请求，包括缴纳审查费，专利申请就直接进入审查部的职责范围。⑥⑨ 这种情形在以前的制度中也存在。国际检索报告取代欧洲检索报告。⑦⑩ 实践中存在国际检索不完整的情况，原因是，作为国际检索机构（ISA）的欧洲专利局认为要求保护的发明缺乏单一性，要求申请人缴纳额外的国际检索费用，而申请人在国际阶段没有及时足额缴纳该费用⑦①。在以前的制度下，这一类申请在进入欧洲阶段后，申请人可以有缴纳额外检索费用的第二次机会。⑦② 如果没有抓住这第二次机会为没有进行检索的发明缴纳检索费用，则申请人在接下来的审查程序中就不能再要求对这些发明进行审查以获得保护，⑦③ 虽然申请人仍可以就这些发明提出分案

---

⑥⑥　EPC Guidelines D – VII, 2.

⑥⑦　Art. 121 (1) EPC only refers to applicants, not patent proprietors.

⑥⑧　Art. 153 (7) EPC and EPC Guidelines B – II, 4.3.

⑥⑨　See the decision of the legal Board of Appeal, J8/83, reasons for the decision 10.

⑦⑩　Art. 153 (6) EPC.

⑦①　Art. 17 (3) (a) PCT and Rule 40 PCT. The ISA does not then search those inventions in respect of which no additional search fee has been paid.

⑦②　Rule 112 EPC 1973. The applicant was sent an invitation giving the reasons behind the lack of unity and inviting payment within a period of two to six weeks. This was the EPC implementation of Art. 17 (3) (b) PCT.

⑦③　See the decision of the Enlarged Board of Appeal, G2/92.

申请。㉔ 如果申请人缴纳了额外的检索费用，则所涉及的发明将会被检索并在审查程序被审查。

在新的制度下，在申请进入欧洲地区阶段后，对于那些在国际阶段没有被作为国际检索机构的欧洲专利局检索的发明，申请人将不会再有机会缴纳额外的检索费用。申请人只能对在国际阶段被欧洲专利局检索过的发明请求保护。㉕ 唯一的例外是申请人能够使审查部相信该申请事实上是符合单一性要求的。㉖ 针对这项新的程序有个过渡性的规定，即对于那些在修改后的《欧洲专利公约》的生效日（2007 年 12 月 13 日）之前没有收到缴纳额外检索费用的通知的未决申请，不会再通知其缴纳，而是直接适用新的程序。㉗ 如果在欧洲阶段中修改后的公约生效日之前收到缴纳额外检索费用的通知，那么检索将会针对已经支付检索费用的发明，即使检索是在修改后的《欧洲专利公约》的生效日之后进行。

如果欧洲专利局进行了补充检索㉘并发现该申请缺乏单一性，则欧洲专利局将只对在权利要求书中最先提到的发明进行检索,㉙ 而在以前的制度下，申请人被通知针对权利要求书中除最先提到的发明以外的发明缴纳额外检索费用。㉚ 在国际检索报告（对于在 2005 年 7 月 1 日或之后提出的申请，将由除欧洲专利局以外的国际检索机构公布国际检索报告）的准备阶段有关单一性问题的意见将不会影响该程序的适用。㉛ 申请人此

㉔ EPC Guidelines, 2005 version, C – III, 7.11.1 state that the Examining Division must agree with the unity objection and EPC Guidelines C – III, 7.10 also state that if the applicant can convince the Examining Division that the unity requirement is met, theEPO will perform an additional search free of charge.

㉕ Rule 164（2）EPC.

㉖ EPC Guidelines C – III, 7.11.1（ii）.

㉗ See the EPO publication, 'Implementation of the Decision of the Administrative Council of 28 June 2001 on the Transitional Provisions under Article 7 of the Act Revising the European Patent Convention of 29 November 2000' available at: http://documents.epo.org/projects/babylon/eponet.nsf/0/B06BBB6AE8C22ECCC 125735 B0052AD12/MYMFile/EPC _ 2000 _ Transitional _ Provisions _ en.pdf.

㉘ Art. 153（7）EPC and EPC Guidelines B – II, 4.3. This is where the ISA was not the EPO, or where the international application was filed before July 1, 2005 and the ISA was neither the EPO, nor the patent office of Austria, Spain or Sweden.

㉙ Rule 164（1）EPC.

㉚ Rule 46（1）EPC 1973 and EPC Guidelines, 2005 version, C – III, 7.11.2.

㉛ EPC Guidelines B – VII, 2.4.

后将不能请求对在权利要求书中除最先提到的发明以外的任何发明（这取决于补充检索的情况[82]）进行保护，但还可以针对这些发明提出分案申请。在此类案件中，如果申请人能够使审查部相信权利要求书中的发明确实满足单一性要求，审查部在审查程序中将会一并审查其他发明，并且还可能进行免费的额外检索。[83] 针对这项新的程序也有过渡性的规定，对于未决案件，如果其补充检索报告在修改后的《欧洲专利公约》的生效日（2007 年 12 月 13 日）之前还未准备好，则适用该项程序。

三、实质审查程序

欧洲专利局各个部门之间的职责划分是十分重要的，因为这决定着各种程序事项何时发生。当专利申请刚被提交时，是由欧洲专利局受理处进行形式审查，尤其对申请日及其他形式要件的审查。[84] 对专利申请进行检索的工作也是由受理处负责，直到申请人提出实质审查请求时，[85] 该专利申请才由审查部负责处理，[86] 审查部的职责就是对专利申请进行实质审查。[87]

如果申请人在欧洲专利局向其送达检索报告之前就提出实质审查请求，则与上述情况不同。这样的话，申请人是在对审查程序中将有可能面对的现有技术还不了解的情况下提出实质审查请求。因而，欧洲专利局在向其送达检索报告后，会通知申请人就是否继续进行专利审查程序作出表态。[88] 在这种情况下，只有申请人确认其愿意继续进行专利审查程序，该专利申请才会转送审查部进行处理，[89] 因为如果申请人没有及时回应该通知，该专利申请将被视为撤回[90]（该申请人可能已经因为检索报告中所涉及的十分相关的现有技术而丧失利益）。申请人如果在检索报告送

---

[82]　EPC Guidelines E – IX，5. 7.

[83]　EPC Guidelines C – III，7. 10.

[84]　Art. 16 EPC.

[85]　Rule 10（1）EPC.

[86]　Rule 10（2）. EPC.

[87]　The Examining Division consists of three technically qualified examiners and may be enlarged by a legal member – Art. 18（2）EPC. Enlargement occurs in particular in cases where complex legal issues arise which are not addressed in Board of Appeal case law or in the EPC Guidelines – EPC Guidelines C – VI，7. 8.

[88]　Rule 70（2）EPC.

[89]　Rule 10（3）EPC.

[90]　Rule 70（3）EPC.

达之前提出实质审查请求，可以放弃接收此项通知的权利，在这种情况下，该专利申请将在检索报告送达申请人时立即转送给审查部处理。⑨（"放弃的情况"）

发生于实质审查程序中且需要审查部反馈（例如发出审查意见通知书指出专利申请所存在的缺陷，并要求申请人进行答复）的行为，⑨ 只有在审查部承担起对专利申请进行处理的责任时才会发生。

这一程序在修改后的《欧洲专利公约》中并未改变。然而，与此有关的条款已从《欧洲专利公约》转移到实施细则中。

（一）欧洲检索意见（ESOP）与首次实质审查行为

对于 2005 年 7 月 1 日以后提出的专利申请，欧洲专利局在准备一份欧洲专利检索报告（ESR）时，还会准备一份欧洲专利检索意见⑨，该检索意见将对该发明的专利性以及该专利申请是否符合《欧洲专利公约》的规定作出详尽的论述。欧洲专利检索报告和欧洲专利检索意见一起构成扩展的欧洲专利检索报告⑨（EESR）。在 2005 年引入这个新制度以后，实质审查程序的第一个阶段就提前到了检索阶段。⑨ 这也使《欧洲专利公约》的程序与 PCT 的程序取得一致，PCT 在 2004 年就引入了国际检索机构⑨的书面意见（WO-ISA）。申请人对于扩展的欧洲专利检索报告的答复，既可以是作出修改⑨，也可以是提交意见陈述，或者两者兼有，而且可以在提交实质审查申请之前或者缴纳审查费之前作出答复。⑨ 但是，对扩展的欧洲专利检索报告的答复并非强制性的，如果申请人当时没有对其进行答复，当专利申请进入实质审查程序之后，⑨ 欧洲专利局将会自动

---

⑨ EPC Guidelines, C-VI, 1.1 and Rule 10 (4) EPC.

⑨ Art. 94 (3) EPC.

⑨ Rule 44a EPC 1973, Rule 62 EPC, and OJ EPO 1/2005, pp. 5 *et seq.*

⑨ EPC Guidelines B-XII, 1.

⑨ EPC Guidelines B-XII, 1.1.

⑨ Rule 43bis PCT.

⑨ Rule 137 (2) EPC.

⑨ EPC Guidelines B-XII, 9.

⑨ However, in the waiver case (vide supra) this is not an ESOP, but a communication from the Examining Division under Art. 94 (3) EPC and Rule 71 (1) (2) EPC. The applicant must respond to this within a time limit or the application will be deemed to be withdrawn under Art. 94 (4) EPC (EPC Guidelines B-XII, 8).

发出第一份通知书，该通知书仅仅是引述欧洲专利检索意见的内容[100]并指定一个答复期限。如果申请人对这份自动发出的审查意见通知书没有及时答复，其专利申请将被视为撤回。[101] 如果申请人对扩展的欧洲专利检索报告进行了答复，无论是作出修改，或是提交意见陈述，还是两者兼有，欧洲专利局在该专利申请进入实质审查程序时就不会向申请人自动发出引述欧洲专利检索意见的通知书。审查部将会在考虑了申请人的上述答复的基础上发出第一份审查意见通知书。[102]

这一程序对申请人来说是有好处的，2005年之前的程序中是没有欧洲专利检索意见的。[103] 首先，申请人在这一程序中很早就能了解到其发明是否具有专利性以及其专利申请是否符合《欧洲专利公约》的要求。其次，扩展的欧洲专利检索报告的发布意味着申请人有效地获得了修改其专利申请的额外机会，以应对欧洲专利局有可能提出的详尽的否定性意见。虽然在检索报告准备好并送达给申请人之前，专利申请并未进入实质审查程序，[104] 但是扩展的欧洲专利检索报告的组成部分欧洲专利检索意见包含了审查意见通知书可能包含的详尽的否定性意见。[105] 申请人可以针对扩展的欧洲专利检索报告修改其专利申请，另外《欧洲专利公约指南》还允许申请人提交针对该检索报告的意见陈述。这意味着申请人有两次机会可以修改其专利申请并针对论述详细的通知书提交答辩意见：一是针对扩展的欧洲专利检索报告[106]（实质审查程序开始之前）；二是针对审查部发出的第一次审查意见通知书。[107] 2005年之前，申请人也可以针对欧洲专利检索报告修改其专利申请，[108] 但由于没有扩展的欧洲专利检索报告，申请人不可能获得欧洲专利局论述详尽的通知书，缺少进行修改和

---

[100] EPC Guidelines C – VI, 3.5.

[101] Art. 94（4）EPC.

[102] EPC Guidelines C – VI, 3.5.

[103] With the exception of European applications not claiming priority, for which an opinion was drafted 2003 onwards, see OJ EPO 5/2003, pp. 206 *et seq.* However, for these cases, no automated first communication was sent in subsequent examination proceedings.

[104] Except in the waiver case (*vide supra*).

[105] EPC Guidelines B – XII, 3.

[106] Rule 137（2）EPC.

[107] Rule 137（3）EPC.

[108] Rule 137（2）EPC.

答辩的基础。应当注意的是，申请人在实质审查程序中答复欧洲专利局的第一次审查意见通知书后，审查部就有权不再接受进一步的修改。[109] 这一般是针对存在权利滥用的专利申请案，尤其是申请人试图重新引入之前已被其删除的不具备专利性[110]或不允许授予专利的主题。[111] 但是，如果申请人对扩展的欧洲专利检索报告作出回应，则欧洲专利局不能调用这一有关申请人在实质审查阶段对答复第一次审查意见通知书的规则，即使这是申请人针对欧洲专利局详细的通知书所提出的第二轮修改，因为不允许一次以上的修改的裁量权仅适用于实质审查阶段而不适用于对扩展的欧洲专利检索报告的答复。

（二）审查部进一步的审查意见通知书

如果申请人对扩展的欧洲专利检索报告和第一次审查意见通知书分别作出答复后，专利申请仍然存在缺陷，审查部将有权决定"在必要时"发出进一步的审查意见通知书。[112] 在许多专利申请案中，申诉委员会认为，在审查部仅发出一份审查意见通知书后就驳回一项欧洲专利申请是合理的[113]（虽然这些决定是在扩展的欧洲专利检索报告出现之前发布的，但是仍然可以适用，因为审查部在发出驳回通知之前应当至少发出一份审查意见通知书，该份通知书并不包括扩展的欧洲专利检索报告）。需要特别指出的是，上述专利申请案所形成的案例法，其基本前提并非是基于申请人是否对克服专利申请所存在的缺陷作出了善意的尝试，而是基于申请人所提交的答复是否导致需要被克服的缺陷的出现，或者基于这些缺陷的法律背景和技术背景是否未被该答复实质性改变。[114] 如果申请人的答复改变了这些缺陷的法律或技术背景，例如为了证明具有预料不到的技术效果提交实验结果，以克服不具备创造性的否定性意见，那么这就意味着根据《欧洲专利公约》第 94 条第（3）款欧洲专利局有必要发出进一步的审查意见通知书。[115] 申诉委员会在决定是否应当根据《欧洲专

---

[109]　Rule 137 （3） EPC.

[110]　Art. 52 – 57 EPC.

[111]　EPC Guidelines C – Ⅵ, 4.7.

[112]　Art. 94 （3） EPC and Rule 71 （1） （2） EPC.

[113]　See the decision of the Technical Board of Appeal, T201/98.

[114]　See the decisions of the Technical Board of Appeal, T201/98, T63/93 and T66/83.

[115]　See the decision of the Technical Board of Appeal, T921/94.

利公约》第 94 条第 （3） 款的要求发出进一步的审查意见通知书时，所采用的另一个标准是，该专利申请是否具有一个合理的授权前景，⑯ 虽然这多少存在一些主观因素，因为该标准在某种程度上取决于申请人的行为。在某些专利申请案中，审查部发出了驳回通知，而在后续的申诉程序中申诉委员会认为应当根据《欧洲专利公约》第 94 条第 （3） 款的要求发出进一步的审查意见通知书，审查部的行为将被认为是实质性的程序违法，申请人所缴纳的申诉费应当被退还，⑰ 因为审查部没有尊重申请人对驳回决定所依据的理由和/或证据发表意见的权利。⑱

（三） 口头程序

在《欧洲专利公约》下，⑲ 申请人有权以口头方式在审查部面前就其专利申请案进行陈述。在欧洲专利局所举行的实质审查中的口头程序，在英国常被错误地称作 "口头听证"，意为申请人的 "出庭日"⑳。这是申请人亲自或通过其代理人在欧洲专利局负责处理其案件的审查部面前陈述意见的机会。㉑ 虽然该程序在修改后的《欧洲专利公约》中并无变化，但它仍然是欧洲专利局实质审查和异议程序的重要支柱之一。申请人在审查部面前进行口头程序的权利是绝对的，一旦申请人提出口头程序的请求，欧洲专利局就必须予以尊重。在实践中，大部分申请人及其代理人在实质审查程序中与欧洲专利局进行书面通信时会提出一项有条件的请求，即如果欧洲专利局打算驳回其专利申请，那么申请人就请求

---

⑯ See the decisions of the Technical Board of Appeal，T84/82，T161/82，T243/89，T300/89，T640/91 and T793/92.

⑰ Rule 103 （1） EPC.

⑱ Art. 113 （1） EPC.

⑲ Art. 116 （1） EPC.

⑳ Although an elegant English expression，'court' is not an accurate description of the first instance departments of the EPO，rather these are administrative instances. The Boards of Appeal as the appellate instances are the true courts of the European patent system. The Boards are also required to hold oral proceedings on request – Art. 116 （1） （4） EPC.

㉑ In fact，if the applicant is neither a resident，nor has his principal place of business in an EPC Contracting State，he is required to employ a professional representative，i. e. a European Patent Attorney or possibly a legal practitioner of a Contracting State （Art. 134 （8） EPC） to present his case both in writing and in any oral proceedings （Art. 133 （2） EPC）. However，parties to the proceedings，including an applicant in examination proceedings，may appear at the oral proceedings in addition to their representative （T621/98） and may also make submissions （see decision of the Enlarged Board of Appeal，G2/94 and EPC Guidelines E – III，8. 5）.

进行口头程序。[122] 为了确保该项请求能够阻止欧洲专利局直接发出驳回通知，申请人需要在答复审查部的第一份审查意见通知书时提出该请求。[123] 这意味着，只要专利申请中还存在缺陷，申请人要么会收到审查部发出的进一步审查意见通知书，要么会被通知参加口头程序。[124] 一般很少有申请人提出无条件的口头程序请求，即无论审查部是否打算驳回申请都请求进行口头程序，如果申请人提出这样的请求，但审查部又打算授予专利权从而认为没有必要进行口头程序的话，审查部会通知申请人并建议不进行口头程序。[125]

　　对于快速解决那些突出的影响授权的反对意见来说，口头程序是十分有用的，因为如果申请人在口头程序之前或口头程序进行中无法解决所有突出的反对意见的话，那么审查部将在口头程序结束时发出驳回申请的决定[126]，口头程序之后申请人若想推翻驳回决定只能通过申诉。[127]

　　当审查部决定进行口头程序后，审查部将向申请人发出参与口头程序的传票，[128] 并在传票中指明日期。审查部至少应提前两周通知申请人，[129] 但不需要就口头程序的具体日期征求申请人的意见，申请人只有具备正

---

[122]　EPC Guidelines E – III, 2.

[123]　See decision of the Technical Board of Appeal, T300/89.

[124]　Where a further communication is sent, the application is not being granted, but since it is also not being refused, the conditions for holding the oral proceedings are not satisfied and the Examining Division need not appoint them. However, if the Examining Division wishes to refuse the application it has to appoint oral proceedings before it can do so. Applicants and representatives make this conditional request in order to delay a potential refusal.

[125]　EPC Guidelines E – III, 2.

[126]　Rule 111 (1) EPC.

[127]　See the decision of the Enlarged Board of Appeal, G12/91.

[128]　Rule 115 EPC.

[129]　Rule 115 (1) EPC. According to Rule 126 (2) EPC a summons sent by the EPO is deemed notified to the applicant ten days after its date of posting if its actual date of receipt is no later than this date. If it arrives later than ten days after posting, the actual date of receipt constitutes the legally binding date of notification. As a result, if a summons to oral proceedings is posted less than two months and ten days before the date of the oral proceedings, then the two months' notice under Rule 115 (1) EPC has not been observed and the summons is not valid. The two months' notice can be curtailed if the applicant consents, but the Examining Division must be able to demonstrate this consent – see the decisions of the Technical Board of Appeal, T772/03 andT111/95.

当理由才能变更口头程序的日期，而工作繁忙并不在正当理由之列。[⑬] 口头程序的传票还会列明讨论的要点并指定在口头程序前提交意见陈述书的期限，[⑬] 该期限一般是距离口头程序举行前一个月。[⑬] 申请人若不想参加口头程序，可尝试在指定的期限届满前提交包含论述意见和对申请文件的适当修改[⑬]（尤其是后者）的意见陈述书。但是，如果这些意见陈述无法克服审查部已经提出的所有否定性意见，那么口头程序还将如期进行，无论申请人是否参加，[⑭] 且专利申请有可能被驳回。

申请人若要在口头审理前提交意见陈述书（包括事实、证据以及对专利申请的修改），必须确保在指定的提交意见陈述书的期限届满前提交。如果申请人在该期限届满后提交，审查部可以不予接受。[⑬]

如果申请人在口头程序前提交包含专利申请修改或实验结果的意见陈述书，且这些内容改变了否定性意见所依据的法律或技术背景，而申请人又未参加口头程序，那么在申请人未参与的口头程序中所发出的任何驳回决定都将侵犯申请人的听证权利。[⑭] 若驳回决定所依据的否定性意见是针对不可接受的修改，则不受此项原则的约束，这里所说的不可接受的修改是指，申请人在答复口头程序的传票时对申请文件作了修改，

---

⑬　OJ EPO 2000, pp. 456 *et seq.*

⑬　Rule 116 (1) EPC.

⑬　EPC Guidelines E – III, 5.

⑬　Rule 116 (2) EPC.

⑭　Rule 115 (2) EPC.

⑬　Rule 116 (1) EPC applies to new facts and evidence presented after this date (these do not include amendments; see decisions of the Technical Board of Appeal, T133/92 and T771/92) and allows the Examining Division to refuse to consider them on the grounds that they are late (Art. 114 (2) EPC). Rule 116 (2) EPC provides the same system of discretionary power for acceptance of late filed amendments to the application. EPC Guidelines E – III, 8. 6 give further guidance on how this discretionary power of the Examining Division is to be exercised.

⑭　The right to be heard is a fundamental principle of the EPC and is enshrined in Art. 113 (1) EPC, which provides that decisions of the EPO can only be based on grounds and evidence on which the parties (in this case the applicant) have had the opportunity to present their comments. If a party does not attend oral proceedings, then G4/92 finds that a decision which adversely affects him, i. e. for an applicant a refusal, cannot be based on facts or evidence on which he has not yet had a chance to present his comments, even though he could have commented had he chosen to attend. See also T951/97, where a new document was used, even when the applicant was in attendance this was considered to violate his right to comment, since he was not given enough time to study it – this is all the more case when the applicant is not present.

且这些修改引入了在原始提交的申请文件中不存在的新主题[137]。在那些申请人于口头程序之前提交了对申请文件的修改但又选择不参加口头程序的案例中，申诉委员会已经作出认定，审查部可以在申请人缺席的口头程序中审查这些修改内容是否可以被接受，申请人对此不应感到意外。以修改超出原始公开的范围为理由的驳回决定并未侵犯申请人的陈述意见的权利，申请人对此不应感到意外。[138]

不参加口头程序并不值得推荐，因为即使审查部所作出的决定是依据新的事实或证据以至于引发是否侵犯申请人陈述意见的权利的争议，申请人仍然得通过申诉来恢复自己的权利。申请人虽然有可能获得初次复审的机会，[139] 但不能确保一定可以获得，而且无论如何申请人都必须支付申诉费并为达成申诉的目的准备申诉的理由。

如果申请人参加了口头程序，审查部有可能就悬而未决的事项提出问题并要求申请人进行解答。申请人可以提出修改意见并作出进一步的解释或论证，但没有增加新的观点的义务。[140] 申请人可以仅仅重复此前的意见，并为现有的申请文件符合相关规定进行辩护。

如果口头程序结束时，对于一份经过可接受的修改的申请文件已形成一致的肯定性意见（这些申请文件可能在口头程序之前已经存档，或者已经在口头程序中提交），口头程序并不是以发出授权决定而告终，而是由审查部发出一项声明，表示其意图以书面形式继续审查程序，并着眼于在同意的文本的基础上授予专利权。这是因为专利权的授予必须经过特定的手续，申请人必须在法定期限内办理这些手续，只有这样才能发出授权决定（参见下文），而这些手续审查部又无法在口头程序中要求申请人去完成。如果发出的是驳回专利申请的决定，则会在口头审理结

---

[137] Art. 123 (2) EPC.

[138] See the decision of the Technical Board of Appeal T341/92. This case related to non – allowable amendments and non – attendance at oral proceedings by the patent proprietor in opposition, but the same principles should apply to oral proceedings in examination.

[139] Art. 109 EPC. This is where an applicant appeals against a decision to refuse the application; the grounds of appeal are forwarded first to the Examining Division which may rectify its decision if it finds that the appeal is well founded. If the Examining Division does not find that the grounds of appeal cause it to change its decision, then the case is remitted to the Board of Appeal.

[140] See the decision of the Technical Board of Appeal, T125/89.

束时通知申请人，因为在这种情况下没有进一步的手续需要办理。[141] 随后申请人将收到一份详细论述驳回理由的书面决定，[142] 申请人可以就此提出申诉（参见下文）。

口头程序的结果并不总是意图授予专利权的声明或者驳回决定。在某些情况下，审查部会要求申请人对于在口头程序中未充分解答的问题作出进一步的解答，并且审查部可能会决定继续以书面方式进行审查。在这种情况下，审查部将会把口头程序的备忘录发给申请人，并指定期限要求申请人答复。但是，如果是这样的话，申请人将丧失要求进一步的口头程序（若该程序的主题没有变化）的权利。[143] 申请人在这种情况下要求进行口头程序，无论是否附带条件，都不会影响驳回决定的作出。

四、专利权的授予

当一项专利申请符合授权条件时，审查部将向申请人发出一份书面通知，征求申请人对拟授权文本的意见。审查部也会要求申请人将权利要求书翻译成欧洲专利局的另外两种官方语言，并缴纳已到期的授权费、印刷费[144] 和权利要求附加费[145]。另外，申请人必须支付在授权前到期的任何续展费或指定费。[146] 申请人在 4 个月的期限内作出回应，该期限不

---

[141]　Rule 111 (1) EPC – The announcement of the decision to refuse in oral proceedings ends the examination procedure – see the decision of the Enlarged Board of Appeal G12/91. The applicant cannot make any further submissions after this point, unless he files an appeal. The author once participated in oral proceedings, after some hours of debate where the applicant's representative refused to make the necessary amendment to overcome an outstanding objection, the chairman of the Examining Division announced ' The application is r. . . ' at which point the applicant's representative proposed the amendment which the Examining Division had insisted on throughout the entire procedure, since the word ' refused ' was not uttered by the chairman, the submission had to be considered, since although a late submission it was prima facie very relevant (it constituted the amendment which the Examining Division had already indicated would overcome the only outstanding objection).

[142]　Rule 111 (2) EPC.

[143]　Art. 116 (1) EPC, for example the provision of fresh evidence can change the subject of the proceedings and justify further oral proceedings; see the decision of the Technical Board of Appeal, T731/93.

[144]　Rule 71 (3) EPC.

[145]　Rule 71 (6) EPC – claims fees are due for the sixteenth and subsequent claims (Rule 45 (1) EPC); if the applicant did not already pay sufficient claims fees when filing the application, because the application on filing contained fewer claims than when proposed for grant, then the excess of claims fees not paid on filing must be paid at this stage.

[146]　Rule 71 (8), (9) EPC.

可延长。[147] 若申请人未能及时回应这份通知书，将导致申请被视为撤回。[148]

这份通知书应当基于申请人所提交的一套申请文件。欧洲专利局无权对申请文件进行修改。提交一份自认为是符合《欧洲专利公约》要求的申请文件一直都是申请人的责任。[149] 但是，如果申请人所提交的申请文件中仅需要细微的修改就可以符合《欧洲专利公约》的要求，那么为了使申请文件能够提供给申请人决定是否以此文本进行授权，审查部可以进行一些必要的修改和补正。但是，这些修改只能是那些能够合理预期申请人会接受的修改。[150]

申请人如果及时提交了权利要求书的翻译文本并缴纳了授权费和印刷费，将被视为同意以审查部所建议的文本进行授权。在此之后，欧洲专利局将向申请人发出授予专利权的决定。不久之后授予专利权的决定将在欧洲专利公报上公告，[151] 公告日是授权决定的生效日，[152] 也是计算对授予专利权提出异议的 9 个月期限的起始日。[153]

在对这份通知书作出回应时，申请人可以有条件地（即欧洲专利局接受对申请文件的进一步修改或补正）认可授权文本。[154] 如果欧洲专利局同意申请人对欧洲专利局建议的授权文本所作的改变，那么授权程序将继续进行，且审查部不会再发通知征求申请人对授权文本的意见，也不会再通知申请人缴费[155]（当申请人提交此类修改时，其有义务提交修改后的权利要求书的翻译文本并在原来的 4 个月期限内缴纳授权费和印刷费）。

审查部如果不同意申请人对审查部所建议的拟授权文本的修改，它将向申请人发出通知，指出缺陷所在，并给予申请人对不接受拟授权文本的理由进行陈述的机会。这样申请人就又多了一个由欧洲专利局所指定的答复期限。申请人可以提出进一步的修改、撤回修改的要求或者坚持修改的要求并试图说服审查部其修改是可接受的。无论怎样，申请人

---

[147] EPC Guidelines C – VI, 14.1.

[148] Rule 71 (7) EPC.

[149] Art. 113 (2) EPC.

[150] EPC Guidelines C – VI, 14.1.

[151] Art. 98 EPC.

[152] Art. 64 (1) EPC.

[153] Art. 99 (1) EPC.

[154] Rule 71 (4) EPC.

[155] EPC Guidelines C – VI, 14.4.

都必须在指定的期限内提交其所建议的拟授权的权利要求书（被申请人再次修改过的）的翻译文本。^⑤ 如果建议授予专利权的通知是审查部所发出的第一份通知书，那么申请人在此阶段享有对拟授权文本提出修改建议的权利。在这种情况下，申请人所提出的修改建议不得以不被允许为由被拒绝，但可以不符合《欧洲专利公约》为由被拒绝^⑤。

上述规则不适用于以下情况，即申请人反对审查部对申请文件所做的修改时，申请人没有认可审查部所建议的拟授权文本。如果是这样的话，申请人在答复审查部对拟授权文本的建议时，可以要求将申请人此前所提交的申请文件（已被审查部修改）作为授权文本。申请人不会被要求提交权利要求书的翻译文本或缴纳授权费和印刷费。虽然申请人不这么做并不会导致申请被视为撤回，^⑤ 但是如果申请人不能说服审查部完全接受其所建议的授权文本的话，实质审查程序将重新启动。

另外，申请人对审查部所建议的授权文本的认可并不具有约束力，^⑤申请人可以在欧洲专利局将授予专利权的决定交付内部的邮政服务之前对申请文件提出进一步的修改建议。^⑥ 然而，在如此晚的阶段对申请文件所作的修改一般会受到严格的条件限制，因为这些修改会推迟授权决定。^⑥

五、申请的驳回

在授权之前的程序中，包括申请提出之后的形式审查程序和实质审

⑯　Rule 71（5）EPC.

⑰　Rule 137（3）EPC and EPC Guidelines C – VI, 4.9.

⑱　EPC Guidelines C – VI, 14.4.1 and C – VI, 4.9.

⑲　See the decision of the Enlarged Board of Appeal, G7/93.

⑯　See the decision of the Enlarged Board of Appeal, G12/91 and the decision of the Technical Board of Appeal, T798/95.

⑯　The decision of the Enlarged Board of Appeal G7/93 gives some examples of amendments which could be considered admissible at this late stage, in particular corrections which do not appreciably delay the decision to grant and amendments to take account of prior national rights. Prior national rights are national patents or patent applications of EPC Contracting States which have an earlier filing date or valid priority date than the European application – Article 139（2）EPC – which although not causing legal impediments to the grant of a European patent by the EPO, may prejudice the rights of the applicant in the state in question in national nullity proceedings according to Article 138 EPC（see EPC Guidelines C – III, 8.4）. Any such changes made at this late stage must also be accompanied by translations of the claims – EPC Guidelines C – VI, 4.10.

查程序，一项专利申请的终结有两种方式。一是专利申请被视为撤回。这项制裁是用于申请人没有遵守《欧洲专利公约》中的一些期限规定的情况下，例如没有及时答复审查部所发出的通知⑯，或者是没有及时缴纳实质审查费⑯、检索费或申请费⑭。

对于《欧洲专利公约》中的一些要求，申请人没有满足的话，并没有明确的制裁。例如，专利申请缺乏新颖性或创造性就没有明确的制裁。若申请人没有满足这些要求，审查部将依据《欧洲专利公约》中的一个总括性的规定驳回专利申请，该规定涵盖所有没有明确特定制裁方式的缺陷。⑯ 正如上文所讨论的那样，在对申请人不利的决定作出之前，必须确保申请人有机会对该决定所依据的理由和证据发表意见。如果对于某些理由和证据申请人放弃发表意见的权利，审查部还是可以依据这些理由和证据驳回申请人的专利申请。⑯ 但是，在《欧洲专利公约》下，任何权利的放弃都不能由欧洲专利局的职能部门进行推定。相关当事人对其权利的放弃必须是根据其清楚和明示的声明才能生效⑯（这里的相关当事人即申请人）。

专利申请只能作为一个整体被驳回，而不能仅有其中一部分被驳回，⑯ 因为专利申请要么是符合《欧洲专利公约》的要求，要么是不符合《欧洲专利公约》的要求，即使只有说明书中的一部分或者一项权利要求存在缺陷（例如一项权利要求不清楚，不具备新颖性或者不具备创造性等）。如果专利申请中有任何一个缺陷没有被克服，专利申请将被整体驳回。⑯ 驳回决定必须有充足的理由，⑰ 驳回决定缺乏充足的理由属于程序

---

⑯　162 Art. 94 (4) EPC.

⑯　Rule 70 (3) EPC.

⑭　Art. 78 (2) EPC (the time limit is given in Rule 38 EPC).

⑯　Art. 97 (2) EPC.

⑯　See decision of the Technical Board of Appeal, T685/98.

⑯　See the decision of the Enlarged Board of Appeal, G1/88 – *a jure nemo recedere praesumitur*.

⑯　The same applies when a patent is revoked in opposition proceedings (Art. 101 EPC). However, where a European Patent is challenged in proceedings before the courts of the EPC member states, it is possible for it to be revoked in part (see Art. 138 (2) EPC and the decision of the Technical Board of Appeal, T162/97).

⑯　See decisions of the Technical Board of Appeal, T5/81 and T162/88 as well as Legal Advice from the EPO 15/05 (OJ EPO 2005, pp. 357 *et seq*).

⑰　Rule 111 (2) EPC.

违法，申请人可以此为由要求就后续申诉程序所发生的费用获得赔偿。[71] 驳回决定的起草必须达到这样的程度，即驳回决定的理由对于申诉委员会（以及申请人）来说是易于理解的，使得申诉委员会能够对首次审查部门所作出的结论是否正确进行认定[72]（也使申请人可以表达其申诉的理由）。为了满足理由充分的要求，只需要有一个不授予专利权的理由在决定中被充分论述就可以驳回专利申请。[73] 此外，如果审查部在论述驳回决定的理由时引用了其先前的通知书（可称之为"以引用方式进行论述"），那么，只有清楚地说明是"借用"审查部先前通知书中的哪个理由来构成该项决定的基础，才算是满足了理由充分的要求。[74]

申请人自己也可以请求以其专利申请档案的现有状况作出一项决定。申请人这么做是为了尽快获得一项决定以便能够提出申诉。[75] 审查部如果同意该项请求，就会以一种标准形式作出一项驳回决定，该决定仅仅是引用审查部先前的通知书，指出专利申请中现有的缺陷。然而，这种驳回决定的作出仍然要尊重申请人陈述意见的权利，因此申请人还未能有机会陈述意见的理由和证据不得作为驳回决定的基础（参见上文）。正因为如此，只有申请人没有同时提交任何意见书（尤其是对申请文件的修改）的情况下，欧洲专利局才有可能同意此类请求。[76] 这是因为，如果申请人改变了针对专利申请的否定性意见所基于的法律框架或事实框架，申请人请求对专利申请以现有的档案状况作出决定，并不意味着其放弃对该申请案已改变的法律框架或事实框架陈述意见的权利，因而审查部在作出驳回决定之前必须给予申请人就这一新的状况陈述意见的机会。[77]

六、实体专利法的变化

虽然《欧洲专利公约》的变化主要集中在程序部分，从而导致实质审查程序随之变化（参见上文），但是《欧洲专利公约》的修订也涉及有

[71] See the decision of the Technical Board of Appeal, T493/88.
[72] See the decision of the Technical Board of Appeal, T278/00.
[73] See the decision of the Technical Board of Appeal, T859/97.
[74] See the decision of the Technical Board of Appeal, T234/86; this was a decision of an Opposition Division, but the same principles apply to the Examining Division.
[75] EPC Guidelines E – X, 4.4.
[76] EPC Guidelines C – VI, 4.5.
[77] See the decision of the Technical Board of Appeal, T1360/05.

关实体专利法和实质审查程序规定的一些变化。这些变化大多是程序上的简化，虽然某些程序简化有复杂的过渡性条款。

（一）在先权利——《欧洲专利公约》第 54 条第（3）款

《欧洲专利公约》第 60 条第（2）款规定：

"如果两人或者两人以上各自独立地作出了一项发明，取得欧洲专利的权利属于提出具有最早申请日的欧洲专利申请的人；但是，只有该第一个申请已经予以公布，本规定才应予以适用。"

为了达到上述规定的目的，如果有优先权要求的话，那么在适用上述规定时应考虑该优先权。⑩ 因此，拥有《专利合作条约》所称的较早的"相关日"⑲ 或者《欧洲专利公约》指南所称的"有效日"⑩（申请日或有效的优先权日）的申请人将获得对该发明的专利申请权。

这就是欧洲的"先申请"制度的核心。美国的"先发明"制度则与此不同，它要求世界上的科学家们对于他们的研究活动保留详细的记录，因为如果科学家们申请一项美国专利，就可能遭遇关于谁是第一个发明者的争议，这需要通过诉讼来解决，那么这些详细记录就是决定这场诉讼的胜负以及专利的最终归属的重要证据。美国的"先发明"制度代表着一种纯粹的道德观点，因为它将权利授予第一个作出发明的人，不考虑其申请日或优先权日为何时。欧洲的"先申请"制度迫使申请人必须十分小心地考虑何时应当提出申请，权衡申请太晚或申请太早的风险。申请太晚所存在的风险是，竞争者有可能率先提出申请并获得专利权，或者其他科学家公开了与拟申请的主题相同的内容从而影响后来的专利申请的新颖性或创造性，即使该科学家并未申请专利。⑱ 申请太早所存在

---

⑱　Art. 89 EPC.

⑲　Rule 64. 1（b）PCT.

⑳　EPC Guidelines C – IV, 6. 3.

㉑　Unlike in the USA, there is no automatic grace period for disclosures by the inventor or the applicant. Under certain limited circumstances, the applicant or his legal predecessor can display the invention up to six months before the European filing date without prejudicing the novelty of his application（not the priority date – see the decisions of the Enlarged Board of Appeal, G3/98 and G2/99）. This is provided that he does so at a recognised international exhibition according to the Convention on International Exhibitions signed at Paris on November 22, 1928 and last revised on November 30, 1972（Art. 55 EPC）. He must declare this fact on filing and provide a certificate to this effect within four months of the date of filing（Art. 55（2）EPC and Rule 25 EPC）. If he fails to fulfil these requirements, then his own disclosure will prejudice his European application.

的风险是，欧洲专利的 20 年寿命将会被所发明的早期研发阶段所占据，[182] 如果该发明需要较长的研发时间，那么该专利的有效寿命将被严重缩减。另外，欧洲专利局还有可能认为专利申请没有充分公开发明内容，[183] 因为研发工作所处的阶段还太早以至于实施发明所需的细节内容还未完成，这些细节内容是本领域的技术人员无法通过其所掌握的一般知识就能填补的。[184] 欧洲制度的优点在于执行起来十分简单。确定谁的申请日或优先权日更早比确定谁是第一个发明人要容易得多，成本也低廉得多。虽然在一些罕见的案例中，第三方对于一项已经存在的欧洲专利申请的实际申请人的权利提出异议，但这不是基于"先发明"原则，而是基于其他方面的理由，例如雇员与雇主之间的合同、违反保密义务、申请人窃取发明构思等。然而，这些关于专利权属的决定并不是由欧洲专利局作出的，而是由《欧洲专利公约》各个缔约国的当局作出的。[185]

"先申请"制度是通过新颖性要求来执行的。一项欧洲专利申请所要求保护的主题，相对于一项虽然没有在其相关日之前公开但拥有较早的相关日的欧洲专利申请来说，应当具备新颖性。相关例子参见表 6.1。

表 6.1 根据《欧洲专利公约》的在先权利

专利申请		日期	主题	公开的位置
EP2 公开		2009.8.5	A 或 B	权利要求 1
EP1 公开		2008.5.1	A	说明书、权利要求书或附图
EP2 提出申请	要求享受 GB2 的优先权	2008.2.1	A 或 B	权利要求 1
EP1 提出申请	要求享受 GB1 的优先权	2007.11.1	A	说明书、权利要求书或附图
GB2 提出申请	EP2 的优先权	2007.2.1	A 或 B	说明书、权利要求书或附图
GB1 提出申请	EP1 的优先权	2006.11.1	A	说明书、权利要求书或附图

在这个例子中，欧洲专利申请 EP2 在权利要求 1 中限定了发明的两种可选择的实施方式主题 A 或主题 B。EP2 拥有一个有效的对于这两个可

---

[182] Art. 63（1）EPC.

[183] Art. 83 EPC.

[184] EPC Guidelines C – II, 4.1 and 4.9.

[185] Art. 61 EPC and the Protocol on Recognition. The Protocol is an integral part of the EPC（Art. 164（1）EPC）and indicates which state has jurisdiction to decide who has the right to the patent.

选择的实施方式的优先权日 2007 年 2 月 1 日,⑱ 也就是 EP2 的权利要求 1 的相关日。EP1 的申请日是 2007 年 11 月 1 日,其拥有一个有效的对于实施方式 A 的优先权日 2006 年 11 月 1 日,也就是 EP1 的相关日。由于 EP1 对于实施方式 A 拥有一个较早的相关日,它就破坏了 EP2 的权利要求 1 中实施方式 A 的新颖性,即使它直到 EP2 的相关日之后才公开。⑱ 需要注意的是,用 EP1 来破坏 EP2 的新颖性,并不要求其所公开的相关主题 (主题 A) 是在 EP1 的权利要求书中公开。它可以是在说明书、权利要求书或附图中的任何地方公开。关于这一点,在起草 1973 年《欧洲专利公约》过程中发生了许多争论,并且在 2000 年《欧洲专利公约》中也是如此。最后该问题确定于目前所采用的 "全部内容公开的方法"。这是一个符合逻辑的结论,因为即使 EP1 没有要求保护主题 A,在这一案例中申请人仍可以在后来将此引入 EP1 的权利要求书中,如果这一修改是可接受的话。⑱ 还有另一种选择就是,EP1 的申请人可以在某个时点提出一项分案申请,该分案申请可以要求保护这一主题,并享受 EP1 的申请日和优先权日,尽管是在几年之后才提出分案申请。⑲ 这就意味着 EP1 的申请人有可能就主题 A 获得专利权。⑲ 这一特殊的新颖性要求可以防止两项要求保护相同主题的专利申请被同时授予专利权,从而使先申请制度得以执行。⑲ 这一新颖性要求的特殊之处并不在于其与相对于相关日之前所公开的在先技术具有新颖性的要求所采取的评价方式有所不同,而在于其所采用的导致新颖性丧失的文件并不是在相关日之前公开的。虽然这些文件被用来评价新颖性时所采用的方式与其他在相关日之前公开的文件是相同的,但它们却不能用于创造性的评价。⑫

这一严格的对于拥有较早相关日的专利申请的新颖性要求,与日本

---

⑱　See decision of the Enlarged Board of Appeal, G2/98 and Art. 87 (1) EPC.

⑱　Art. 54 (3) EPC.

⑱　Rule 137 (4) EPC – to be admissible, unsearched subject matter A introduced from the description or drawings into the claims would have to be unitary with the originally claimed invention.

⑲　Art. 76 (1) EPC.

⑲　See also the comments of the Indian group of the AIPPI relating to opinions on the Substantive Patent Law Treaty, Q170, April 2004, available at: http://www.aippi.org/reports/q170/quest04/q170_india.pdf.

⑲　See decision of the Enlarged Board of Appeal, G1/03, reasons for the decision 2. 1. 1.

⑫　Art. 56 EPC.

所采用的制度形成鲜明的对照，在日本的专利制度中相对于同时存在的拥有较早相关日的专利申请有一个特殊的"扩展的新颖性"的概念。这个"扩展的新颖性"的概念包含了任何可以从拥有较早相关日的专利申请中推导出来的内容，这里所说的推导是在考虑或借助以下几种技术信息的基础上作出的：提出申请时本技术领域的一般知识，或者本领域的技术人员凭借他的一般知识可以得到的信息，或者在较早的专利申请中提到的其他参考文献。[193] 在使用本领域技术人员的一般知识进行评价时，往往会与创造性要求的评价重合。因此，《欧洲专利公约》第56条将这一评价方式排除于欧洲制度之外，该条款禁止使用这些在评价创造性时才使用的文件。在欧洲的新颖性评价制度中，一般知识仅能用于填补隐含的技术细节，例如，"自行车"这一术语对于本领域技术人员来说隐含了两个轮子的存在。[194] 但是，欧洲的新颖性评价制度不允许本领域技术人员寻求在较早的专利申请所公开的技术特征的等同物，[195] 所以"自行车"这个术语并不能使"摩托车"或"独轮车"被视为已经公开，这在日本的"扩展的新颖性"制度下却有可能被视为已经公开。

在1973年《欧洲专利公约》的旧制度下，这一否定新颖性的理由只适用于两项专利申请都指定相同的国家的情形下。[196] 如果拥有较早权利的专利申请（EP1）针对某个缔约国的指定失效，那么对于那个已失效的指

---

[193] For more details on this topic see Helfgott, Bardehle and Hornickel in WIPR 01/04, pp. 22 *et seq*.

[194] See the decisions of the Technical Board of Appeal, T677/91, T465/92 and T511/92.

[195] See the decisions of the Technical Board of Appeal, T517/90 and T928/93.

[196] Art. 54 (4) EPC 1973 – The EPC is a multilateral treaty with various Contracting States, whereby the applicant designates those states in respect of which he is interested in obtaining patent protection – Art. 79 EPC. In the current system, the applicant is deemed to have designated all EPC Contracting States when filing the request for grant form (Art. 79 (1) EPC). Since this is a mandatory form (Art. 78 (1) (a) EPC) then by definition in every case all Contracting States are designated. However, certain designations may lapse for non – payment of fees (Rule 39 (2) EPC) or may be actively withdrawn by the applicant (Art. 79 (3) EPC). Under EPC 1973, the time limit for paying the designation fees expired after the publication date of the application (Art. 79 (2) EPC 1973) and so applications were published with all states indicated as designated in the application. Any states whose designations subsequently lapsed for non – payment of designation fees then had their effects under Art. 54 (4) EPC 1973 retroactively removed (Rule 23a EPC 1973). Although the time limit for payment of designation fees is the same under the revised EPC (Rule 39 (1) EPC), this is no longer relevant, since common designations are no longer an issue here.

定，较早的专利申请将不再破坏拥有较晚的相关日的专利申请的新颖性。[197] 这会导致较晚的专利申请对于受较早权利影响的国家和未受较早权利影响的国家提出不同的权利要求，[198] 在这种情况下，对于那些受到在拥有较早相关日的专利申请中公开的较早权利影响的国家，较晚的专利申请（EP2）的权利要求将有所不同（不包括主题 A 而只要求保护可选择的主题 B），而在那些未受影响的国家，权利要求将没有变化（仍然可以要求同时保护 A 和 B）。在新的制度下，两项专利申请是否指定相同的国家并无区别。[199] 对于较晚的专利申请（EP2），这一否定新颖性的理由将适用于所有的指定国，因此不会再产生对于不同的指定缔约国提出不同的权利要求的现象。[200]

这一变化在很大程度上简化了《欧洲专利公约》中有关在先权利的制度，同时也反映了这一事实，即当欧洲专利申请被提出时，所有的《欧洲专利公约》缔约国都将被自动视为指定国。从一个更深刻的层面来说，这反映出《欧洲专利公约》的缔约国之间的融合更进了一步。1973年《欧洲专利公约》中关于在先权利的旧制度体现了欧洲制度与各个缔约国的法律制度之间的一个主要区别，事实上就绝大部分问题而言并不存在这样的由地域不同所产生的差异。

欧洲制度也不同于美国制度，在美国制度下先发明制度意味着源自较早的美国专利申请的较早权利与引发新颖性问题[201]之间的关系并不是一个简单的对于专利的权利的实现。这是因为，导致缺乏新颖性的较早的专利申请所要求保护的发明可能是来源于这样的研究活动，该研究活动所得到的发明与申请日较晚的专利申请所要求保护的发明相同，但其作出该发明的时间却较晚。因此，对于发明的权利与申请的先后顺序之间

---

[197] Rule 23a EPC 1973.

[198] Rule 87 EPC 1973 and EPC Guidelines C – III, 8.1.

[199] Art. 54（4）EPC 1973 has been deleted.

[200] Art. 118 EPC provides that, unless otherwise provided, the text of the European application and the European patent must be same in respect of all designated states. Under the previous regime Rule 87 EPC 1973 explicitly provided that earlier rights under Art. 54（3）EPC were one such exception where only certain states were affected under Art. 54（4）EPC 1973. As an implementation of the deletion of Art. 54（4）EPC 1973, the corresponding Rule 138 EPC of the revised Convention no longer specifies this exception.

[201] 35 USC § 102（e）.

的关系在先发明制度中是更加复杂的。此外，在欧洲制度下，较早的专利申请对于新颖性的影响将考虑较早的专利申请的优先权日，[202] 无论该优先权源自哪个国家或地区，但是在美国所采用的希尔默原则（Hilmer Doctrine）在"专利冲突"案件中采用相应的美国规定来评价新颖性时却不考虑外国优先权。希尔默原则是如此重要，以至于在《专利合作条约》的保留条款中都执行该原则。[203]

（二）对于医疗用途的权利要求

根据《欧洲专利公约》第 53 条第（c）款，对于以下内容不应授予欧洲专利：

"对人体或者动物体的外科或者疗法的治疗方法，以及在人体或者动物体上施行的诊断方法；这一规定不适用于在这些方法中所使用的产品，尤其是物质或者组合物。"

这一规定排除了以下权利要求类型的可专利性：

"化合物/组合物 X 在治疗疾病 Z 的中的应用。"[204]

在旧的制度下，这些方法仅仅是被排除出可应用于产业上的发明的范围。[205] 在修改后的《欧洲专利公约》中，这些方法从整体上被排除出可授予专利的发明的范围。然而，用于限定被排除的主题的用语并没有被改动，而且无法预见欧洲专利局在实践中所发生的变化。[206] 有大量的案例法用于解释什么是治疗方法和什么不是治疗方法。例如，导致实验动物死亡的方法不属于治疗方法。[207] 为了美容减肥目的所采用的治疗方法也同

---

[202]　Art. 89 EPC.

[203]　Art. 64（4）（a）PCT.

[204]　EPC Guidelines C – IV, 4.8.

[205]　Art. 52（4）EPC 1973 excluded these methods from an industrial application under Art. 57 EPC 1973.

[206]　See CA/100/00 and MR/2/00, Art. 53, point 5 – the change in excluding methods of treatment from patentability as a whole rather than from industrial application resulted from a change in philosophical outlook. Art. 52（4）EPC 1973 was based on old German case law which found that a doctor does not practice an industrial activity – Beschluss des Bundesgerichtshofs, 26.09.1967, la ZB, 1/65, GRUR 1968, 142（Glatzenoperation）, whereas a more modern understanding is to free medical practitioners from the interference of patent rights in their professional activities – see decision of the Enlarged Board of Appeal, G1/04, reasons for the decision, 4.

[207]　See the decision of the Technical Board of Appeal, T144/83.

样没有被排除。[208] 但是，对动物体所施行的既有治疗效果（免疫刺激）又有工业效果（肉产量的提高）却被排除在外。[209]

无论是在以前的制度中还是在如今的制度中，都存在一个相同的问题：一种已知的化合物或组合物的新的医疗用途发明，该发明若包含与医疗方法有关的特征从而导致其权利要求可能指向被排除的主题，要如何才能获得专利。为了解决这个问题，《欧洲专利公约》第 54 条第（4）款和第（5）款对上述排除进行了缓和：

"（4）第（2）款和第（3）款[210]不应排除已经属于现有技术中的任何物质或者组合物在第 53 条第（c）款所述方法中的用途的可享专利性，但以该物质或者组合物在该款所述的任何方法中的用途没有包括在现有技术内为限。

（5）第（2）款和第（3）款不应排除第（4）款所述的任何物质或者组合物在第 53 条第（c）款所述方法中的任何特定用途的可享专利性，但以该用途没有包括在现有技术内为限。"

请注意上述规定所使用的相同用语。《欧洲专利公约》第 53 条第（c）款规定，物质或组合物在治疗方法中的"用途发明"不应被排除可享专利性。除此之外，《欧洲专利公约》第 54 条第（4）款和第（5）款规定，如果物质或组合物在某一治疗方法中的应用是未知的，则该物质或组合物在这一治疗方法中的"用途发明"是具有新颖性的。第 54 条第（4）款指的是未曾被发现过任何医疗用途的化合物的医疗用途（第一医疗用途）的新颖性，而第 54 条第（5）款所提到的情况是某种已知药物被应用于之前该药物未曾治疗过的疾病的治疗中（第二医疗用途）。

第一医疗用途　在下述案例中，化合物/组合物 X 从未被用于任何医疗活动中，《欧洲专利公约》第 54 条第（4）款规定这一类权利要求具有新颖性：

用于医疗目的的化合物/组合物 X。

---

[208]　See the decision of the Technical Board of Appeal, T780/89.

[209]　See the decision of the Technical Board of Appeal, T780/89.

[210]　Art. 54（2）（3）EPC defines the state of the art, Art. 54（2）EPC defines prior art published before the relevant date, and Art. 54（3）EPC is discussed in detail above.

这也是以前的制度中所提到的情况。

第二医疗用途　在下述案例中，化合物/组合物 X 从未被用于细菌感染的治疗中，《欧洲专利公约》第 54 条第（5）款规定这一类权利要求具有新颖性：

用于治疗细菌感染的化合物/组合物 X。

在 1973 年的《欧洲专利公约》中，这些权利要求曾被认为从整体上与"用于医疗目的的"的一般化合物/组合物是相同的，而且，如果上述例子中的化合物/组合物 X 已经有一个不同的治疗用途为人所知的话，这一权利要求仍然是缺乏新颖性的，[211] 即使它限定了一个特定的条件。在修改后的《欧洲专利公约》中，这一权利要求被认为是具有新颖性的，如果上述例子中的化合物/组合物 X 在现有技术中有一个已知的不同的治疗用途（例如作为一种消炎药）。[212]

在 1973 年《欧洲专利公约》下，为了保护一种已知药物的第二医药用途，采用的是瑞士类型的权利要求。该权利要求是属于以下类型的：

化合物/组合物 X 在制造治疗疾病 Z 的药物中的应用

相对于化合物/组合物 X 在其他不同的病症的治疗中的应用，这一权利要求被视为具备新颖性。[213] 对于一种已知的具有治疗作用的化合物或组合物的第二医疗用途的权利要求来说，为了满足新颖性的要求，虽然不需要再采用瑞士类型的权利要求的形式，但欧洲专利局仍然会继续认为这样的权利要求具备新颖性。[214]

七、结　论

为了与专利法条约相协调，《欧洲专利公约》的程序法从整体上来说变得更加宽松和灵活了。这也导致了专利形式与实质审查部门的工作之间出现了一些新的重合，这些重合可能会使实质审查程序更加复杂。但是，这类情况将会是例外而不会是规则。从更广的范围来说，《欧洲专利公约》的实体法的两个重要方面的简化将产生有益的效果，这里所说的两个重要方面是指《欧洲专利公约》第 54 条第（3）款中的在先权利以

[211]　EPC Guidelines, 2005 version, C – IV, 4.2.
[212]　EPC Guidelines, C – IV, 4.8.
[213]　See decision of the Enlarged Board of Appeal, G5/83.
[214]　EPC Guidelines C – IV, 4.8.

及第 54 条第（4）款、第（5）款中的医疗用途。除此之外，通过为《欧洲专利公约》的管理部分规定更多的立法程序，《欧洲专利公约》的立法灵活性大大增强，这将使得《欧洲专利公约》能够以一种更加迅速以及更加彻底（如果有必要的话）的方式去适应国际上知识产权领域的发展。

附　录

EESR	Extended European Search Report（consisting of a European Search Report and a European Search Opinion）
EPC	European Patent Convention, as revised by the act of November 29, 2000 and the Implementing Regulations thereto as in force on December 13, 2007（http：//www. epo. org/patents/law/legal – texts/html/epc/2000/e/contents. html）
EPC 1973	European Patent Convention, as signed on October 5, 1973, subject to the revision of Article 63 EPC which entered into force on July 4, 1997 and the Implementing Regulations thereto in force on December 12, 2007（http：//www. european – patent-office. org/epo/pubs/oj007/08 _ 07/special _ edition _ 4 _ epc_ 2000_ synoptic. pdf）
EPO	European Patent Office（http：//www. epo. org）
ESOP	European Search Opinion（http：//www. epo. org/patents/law/legal – texts/html/epc/2000/e/r62. html）
ESR	European Search Report（http：//www. epo. org/patents/law/legaltexts/ html/epc/2000/e/ar92. html）
ISA	International Searching Authority as provided for under Article 16 PCT

第七章 在欧洲专利局的申诉程序

作者：安德里亚·委罗内塞 (Andrea Veronese) *

译者：许明亮

一、引 言

受欧洲专利局第一审级部门的决定的不利影响的当事人，有机会向申诉委员会对该决定提出申诉和挑战，这也是欧洲专利局的第二审级和最后审级。申诉委员会的决定是终局的，不能被进一步上诉。作为一个例外，根据修改后的《欧洲专利公约》第 112 条第（a）款，基于在申诉程序中存在不可接受程序缺陷或者有犯罪行为影响决定的作出的理由，申诉委员会的决定还是可以被上诉到扩大的申诉委员会的。但是该请求并不是一种改变申诉委员会对于实体法的适用的途径。除了个别适用该救济方式的案例以外，申诉委员会的决定不受制于任何进一步的法律程序，并且拥有既判力。但是，如果一项欧洲专利由该委员会授予或维持，该既判力并不会限制在该专利效力所涉及的国家有权机关所进行的旨在撤销该专利的任何后续法律程序中。[1][2]

为了确保法律适用的统一，当各申诉委员会的案例法变得不一致，或者出现了重要的法律问题时，扩大的申诉委员会可以被请求[3]来作出一

---

* The author would like to thank Dr. R. Moufang member of the EPO Board of Appeal, for his useful advice for preparing this chapter. The views and opinions expressed in the present chapter are those of the author and do not necessarily reflect the official policy or practice of the European Patent Office.

[1] Art. 138 EPC lists the grounds upon which a European patent can be revoked by the national authorities of the states where the patent has effect. Such revocation proceedings are however not centralized, and only have effect in the Contracting States where the decision is made. See also decision of the Board of Appeal T694/01, r. 2. 12.

[2] See decision of the Enlarged Board of Appeal G1/99, r. 13. 1.

[3] Art. 22 EPC and Art. 112 EPC.

项决定或针对相关问题发表意见。然而，这些只能被申诉委员会或欧洲专利局局长启动，并不能被解释为在申诉委员会之后的一个附加的司法层级。

各申诉委员会虽然被设置于欧洲专利局的组织机构当中，但其所扮演的角色却是一个独立的司法主体。各委员会的成员的任期为 4 年④，而且只有依据严格的理由才能予以免职。任免决定由欧洲专利局的行政委员会在扩大的申诉委员会的提名的基础上作出。为保证其独立性，各委员会的成员不能是任何第一审级部门的成员，⑤ 并且有义务保持公正。⑥ 另外，在作出决定时，各委员会的成员只遵从《欧洲专利公约》的规定，⑦ 而不受任何指令（例如欧洲专利局的指导方针）的约束。各委员会采取各自的程序规则，⑧ 并且必须受这些规则的约束，"只要这些规则不会导致违背《欧洲专利公约》的精神和目的的情况发生"。⑨

目前有 24 个技术申诉委员会、1 个法律委员会、扩大的申诉委员会以及一个纪律申诉委员会。各委员会每年接收大约 2000 件新案件并解决近 1600 件。⑩

现在正在谈论有可能将各申诉委员会从欧洲专利局中分离出来并成立一个新的独立机构"欧洲专利申诉法院"来负责申诉案件的审查。人们认为这样的结构会与各委员会的司法职能更相称，更能反映各委员会的司法职能。实施这一计划还需要一场外交会议和《欧洲专利公约》的改变。⑪

---

④ Art. 23 (1) EPC.

⑤ Art. 23 (2) EPC.

⑥ Art. 24 (1) EPC.

⑦ Art. 23 (3) EPC.

⑧ The Rules of Procedure of the Boards of Appeal (RPBOA) are adopted according to Art. 23 (4) and R. 12 (3) EPC by the 'Presidium of the Boards of Appeal', an autonomous authority composed by a restricted number of members of the Boards appointed under R. 12 EPC, and must be approved by the Administrative Council. The rules were substantially amended in 2003; further amendments were required to take into account the changes in the revised European Patent Convention. The latest version of the revised and renumbered rules entered in force together with the revised European Patent Convention (Official Journal of the EPO, 11/2007, pp. 536 ff.).

⑨ Art. 23 of the Rules of Procedure of the Boards of Appeal (RPBOA).

⑩ Information available from the internet site of the European Patent Office: www. epo. org.

⑪ For more information see the EPO site: http: //www. epo. org/patents/law/ legislative - initiatives/autonomy. html.

二、提出申诉的目的和效果

以消除被质疑决定的不利影响为目的的申诉，遵循的是适用于行政法院的一套程序。申诉程序是完全独立的，相对于在第一审级的程序，申诉程序的司法性质要强于其调查性质。一项申诉一旦被提起，除了被申诉的第一审级部门作出中间修改以外，该申诉将被送到申诉委员会，而第一审级部门不再有义务，也不再有办法介入该委员会的决定（"权力转移效果"）。[12]

上面提到的中间修改[13]是适用于在没有相对方的程序（被称作"单方当事人程序"）中所作出的决定，大多数情况下是审查部驳回申请的决定。一项申诉被提起后，若适用中间修改，该部门会重新考虑该决定，申诉人为解释该决定为何应当被撤销的申诉理由所作的陈述会被该部门研究。若该部门认为申诉是可接受的并且理由充分，该部门将纠正它的决定；否则该部门3个月的期限内将该案移交给申诉委员会且不做任何评论。[14] 由于第一审级部门对于案情十分熟悉，中间修改将避免结果十分明显的案件进入申诉委员会。但是，如果允许中间修改的条件没有满足，那么申诉案件还是会被交给各申诉委员会并由其进行处理。

提起申诉具有暂停的效果，[15] 它能阻止存有争议的决定发生效力直到该申诉被解决。例如，如果一项专利在异议程序中被取消且该决定被申诉，在终局决定作出或者申诉被撤回之前，该专利仍然被认为是受到保护的。

所谓的"当事人处分原则"，即当启动程序的程序性行为被撤回时，公共机关或法院不再继续相关程序，在欧洲专利局的申诉程序中占有重要的地位。根据这一原则，扩大的申诉委员会[16]曾经判决称，当唯一的申诉人撤回其申诉时，就被申诉的决定所解决的实体问题而言，申诉程序应当终止。这对于"单方当事人程序"和"多方对抗性程序"都适用，而不论是否有证据表明受质疑的决定是存在缺陷的。在这种情况下申诉

---

[12] See decision of the Board of Appeal T473/91.

[13] Art. 109 EPC.

[14] For more information concerning the application of Interlocutory Revision by the first instance departments refer to the EPO Guidelines, E–XI, 7.

[15] Art. 106（1）EPC.

[16] See decisions of the Enlarged Board of Appeal G7/91 and G8/91.

委员会是不能根据自身意愿⑰继续申诉程序的。

三、可申诉的决定

欧洲专利局以下部门所作出的决定⑱可以被申诉：受理处、各审查部、各异议部和法律部。上述列举是穷尽式的，不包括各申诉委员会和各检索部，前者的决定是终局的，后者并不作出"决定"。的确，检索部在检索阶段所作出的缺乏单一性的认定以及缴纳额外检索费的通知是不能被申诉的，而只能面对审查部对其提出质疑，如果专利申请已进入实质审查阶段的话；如果审查部决定驳回申请人的专利申请，申请人可以对此提出申诉。

没有限制的可申诉决定包括：受理处以不符合形式要件为由所作出的驳回欧洲专利申请的决定、⑲ 审查部以专利申请不符合可授予专利的要件为由所作出的驳回申请的决定、⑳ 异议部所作出的撤销专利㉑或驳回异议㉒的决定，以及法律部对转让专利申请的登记请求所作出的驳回决定。修改后的《欧洲专利公约》开始施行以后，审查部对于限制一项已授权的专利的请求㉓所作出的驳回决定也可以被申诉。

可申诉的决定必须理由充分并采取书面的形式，相关当事人应当被告知决定的存在以及申诉的可能性。㉔ 这些决定还应当包含若干法律上可行的选择。㉕ 欧洲专利局的各部门还有可能作出中间决定，此类决定不会终止关于其中一方当事人的程序；对于此类决定可以提出最终将导致终

---

⑰　According to Art. 114 (1) EPC in proceedings before it, the EPO examines facts of its own motion, and is not restricted to examining facts, evidence and arguments provided by the parties and the relief sought.

⑱　Art 106 (1) EPC.

⑲　Refusal according to Art. 90 (5) EPC.

⑳　Refusal according to Art. 97 (2) EPC.

㉑　Revocation of the patent according to Art. 101 (2) or Art. 101 (3) (b) EPC.

㉒　Rejection of the opposition according to Art. 101 (2) EPC.

㉓　According to Art. 105b EPC as entered into force with the revised EPC, after grant a proprietor may request at any time that the patent is limited. This request may be refused according to R. 95 (2) EPC, for example if the text proposed extends beyond the application as originally filed (Art. 123 (2) EPC), or extends the protection beyond that conferred by the patent as granted (Art. 123 (3) EPC).

㉔　R. 111 (1–2) EPC.

㉕　See decision of the Board of Appeal T934/91, point r. 5.

局决定的申诉，或者也可以提出一项独立的申诉。㉖ 例如，当一项专利在修改的基础上被维持有效时，各异议部作出一项可以单独提出申诉的中间决定，这种情况在实践中就很普遍。㉗ 这一决定将终止对实体问题的辩论并确定修改后专利的文本，但并不正式结束异议程序。只有在因为没有提出申诉而使得有关实体问题的决定成为终局决定以后，或者如果一项申诉是在其已经被申诉委员会解决以后提出的，权利人才会被通知去作出终止程序的终局决定所需的其他形式性要求（如提交已修改文本的译文）。这一做法避免了权利人在终局决定确定最终文本之前必须缴纳费用和提交译文。

异议部对于在所有的指定国都已放弃或失效的专利所作出的决定也可能被申诉。㉘ 此类决定之所以允许申诉是因为，如果权利人积极地放弃其专利或者不缴纳续展费而使专利失效，专利的放弃或失效是自当时起对以后产生效果，并不影响此前所存在的权利。异议申请人若在异议程序中未能成功撤销某个专利，其可以就异议部的决定提出申诉，以便自始消除在失效或放弃之前所剩余的专利权。相反，专利权人若在异议程序中其专利被撤销，其可以通过对撤销决定提出申诉来争取恢复其在放弃或失效之前的权利。

被申诉的决定的种类和作出该决定的部门的组成决定了申诉委员会的组成。㉙,㉚ 例如，如果一项申诉是针对某个异议部的一项决定所提出的，该异议部是由三名具有技术资格的成员组成，那么申诉委员会将由两名具有技术资格的成员和一名具有法律资格的成员组成，但如果该异议部曾增加一名法律成员，那么申诉委员会将由三名具有技术资格的成

㉖　Art. 106 (2) EPC.

㉗　See decision of the Enlarged Board of Appeal G1/88 and EPO Guidelines, DVI, 7.2.1.

㉘　R. 98 EPC.

㉙　The compositions of the different Boards of Appeal are defined in Art. 21 EPC. Reference is made to this article for further information.

㉚　Note: the decisions of the different Boards of Appeal are identified by different letters. Decisions from a Board comprising technical members (Technical Board) are identified by the letter 'T' (e. g. T473/92). Decisions from a Board composed of legal members only (Legal Board, 'Juristische Kammer') are identified by the letter 'J', e. g. J02/01. Decisions of the Enlarged Board of Appeal ('Große Beschwerdekammer') are identified by the letter 'G', e. g. G01/05. Decisions from the disciplinary Boards are identified by the letter 'D'. All decisions, irrespective of whether they were published in the EPO Official Journal, can be retrieved from the Internet site of the EPO: www. epo. org.

员和两名具有法律资格的成员组成。若是处理对受理处或法律部所做决定提出的申诉，申诉委员会将由三名具有法律资格的成员组成。

四、申诉的权利和作为当事人参加程序的权利

提出申诉的只能是参加了与被申诉的决定相关的程序并受到该决定的不利影响的当事人。[31] 如果有超过一方当事人参加了该程序且其中一方当事人提出申诉，未提出申诉的其他当事人将成为就该项申诉"依法当然的当事人"。若受决定不利影响的其中一方当事人提出申诉，其将取得后续的申诉程序的申诉人身份，而另外两方将以"依法当然的当事人"的身份参加。

根据已确立的《欧洲专利公约》的案例法，一方当事人受到某个决定的"不利影响"，只有在该决定没有同意其要求的情况下其才能提出申诉。为了确定该条件是否满足，需要将该方当事人的目的与该决定的实质内容进行比较，从而判断当该决定作出和申诉被提出时其是否受到不利影响。[32] 必须考虑这些标准的一个典型例子是，当申请人或权利人在提出一项主要要求的同时又提出一个或多个范围逐渐缩小的附加要求（其表现形式是相互独立的多套权利要求，所限定的要求保护的发明的实施方式逐渐具体化）。在这种情况下，如果第一审级的决定没有同意申请人或专利权人的主要要求或位于被同意的要求之前的附加要求，那么申请人或专利权人就是受到了不利影响。[33] 这又进一步受到以下告诫的限制，如果当事人在面对第一审级部门的程序中，对于一项被提议的决定明确表示认可，并且该决定又是基于较低的要求所作出的话，那么当该决定作出时该当事人就不能被视为受到不利影响，即使该决定并未满足其原先更高的要求。[34] 因此，第一审级中的当事人若想保留其申诉的权利并取得申诉人身份的话，应当避免明示放弃其较高的要求。这在接下来将要考虑的一些案例中可能是十分重要的。

有趣的是，尽管专利的授予在大多数情况下是满足申请人的要求的，但是，如果由于差错所授予的专利并非是基于申请人此前所认可的

---

[31]　Art. 107 EPC.

[32]　See decision of the Board of Appeal T244/85, point r. 4.

[33]　See decision of the Board of Appeal T234/86, point r. 5. 8.

[34]　See decision of the Board of Appeal T244/85, point r. 4.

文本，㉟ 则该授权决定对其造成了不利影响，从而会成为一项可接受的申诉的对象。㊱

在多方当事人程序（如异议程序）中，如果异议申请人的主要要求是撤销整个专利，而权利人的要求是维持专利被授权时的状态（即驳回异议），那么在限定修改的基础上维持该专利有效的决定对于双方当事人来说都是不利的，双方都可以申诉。

若因继承、收购或合并而使权利人发生变更的话，确定提出申诉的权利将会十分复杂。在这类案例中，必须确保提出申诉的人是参加了第一审级程序的当事人的法律上的继承人。如果当事人是申请人或专利权人，新的权利人应当在提出申诉之前就专利申请或专利的转让向欧洲专利局进行登记㊲，或者证明提出申诉的人是原来当事人的"法定继承人"。㊳ 异议申请人的身份在提出申请之前发生转让也是有可能的，但只能在有限的情形下，这取决于与转让相关的当事人的身份和关系。㊴

由于各申诉委员会的职能如同法院，平等对待法院程序中的各方当事人这一原则在申诉程序中也是适用的。因此，各方当事人都应被给予平等的机会来维护其自身利益并受到公平对待。这意味着各方当事人拥有相同的听证权利和参与口头程序的权利。然而还是存在一些程序上的差异，这使得提出申诉的当事人的地位与"依法当然的当事人"的地位有所不同。第一个不同是，提出申诉并缴纳申诉费的一方可以单独决定其申诉是否必须停止。㊵ 这在申诉人只有一个的情况下是十分重要的，因为如果该申诉人撤回申诉，则申诉程序将终止，无论所达到的阶段、可能的结果和其他方"依法当然的当事人"的意愿为何。

第二个不同是，如果异议部在限制性修改的基础上决定维持专利有效，由该决定所引发的多方当事人参加的申诉程序中，申诉委员会不得

㉟　According to Art. 113（2）EPC, the EPO shall examine and decide upon the EP application or patent only in the text submitted to it, or agreed, by the applicant or proprietor of the patent.

㊱　See decisions of the Board of Appeal J12/83, J12/85, T1/92.

㊲　See decision of the Board of Appeal T656/98.

㊳　See decision of the Board of Appeal T15/01.

㊴　See decisions of the Enlarged Board of Appeal G4/88, G2/04, and decision of the Board of Appeal T298/97.

㊵　See decision of the Enlarged Board of Appeal G2/91.

对被质疑的决定作出不利于唯一的申诉人的修改。[41] 例如，对于在限制性修改的基础上维持专利有效的决定，如果只有权利人提出申诉，申诉委员会不得作出撤销专利或以更加局限的形式维持专利有效的决定。也就是说，没有提出申诉的一方将被限制在维护原来的第一审级决定的范围内。这遵循的是"上诉不加刑"或"禁止处境恶化"原则。有限的例外还是存在的，如果在异议程序中专利曾以一种不可接受的方式被修改，而这又是审查部所犯的错误所导致的，那么上述原则将不再适用。[42] 如果专利在修改的基础上被维持有效，并且相对的双方都提出申诉，那么在这种情况下"上诉不加刑"原则也不适用。因此在这些案件中提出申诉并取得申诉人的身份是具有战略价值的；正因如此，欧洲专利局也曾在决定中指出，如果不止一个当事人提出申诉并缴纳申诉费，在第一个缴纳的费用以后缴纳的任何费用将不会被退还。[43]

五、提出申诉的程序

为了针对欧洲专利局的一项决定提出有效的申诉，需要完成以下三个事项：

（1）在有关该决定的书面通知后 2 个月内提交申诉通知书[44]，并明确申诉人、申诉所针对的决定和申诉的主题；[45]

（2）在相同的 2 个月期限内缴纳申诉费；[46]

（3）在有关该决定的通知后 2 个月内提交有关申诉理由的书面意见[47]，指出该决定应当被撤销的理由或者该决定应当如何被修改，并提供

---

[41] See decisions of the Enlarged Board of Appeal G9/92 and G4/93.

[42] See decision of the Enlarged Board of Appeal G1/99.

[43] See decision of the Enlarged Board of Appeal G2/91.

[44] Art. 108 EPC and R. 99（1）EPC.

[45] The expression 'subject of the appeal' was introduced in new R. 99（3）which entered into force with the EPC 2000 on 13.12.2007. The Official Journal of the EPO, 2003, Special Edition No. 1, p. 183, which commented on some changes in the EPC indicated that the subject of the appeal 'defines the framework of appeal proceedings', and that 'as a rule the notice should already clarify whether the decision is contested as a whole or only partially, and define the extent of the issues raised in appeal proceedings'. Future case law will have to clarify the minimum requirements for the 'subject of the appeal' to be sufficiently defined when a notice of appeal is filed.

[46] Art. 108 EPC; the prescribed amount of the appeal fee is actually 1065 Euro（Rules fees 2（11）EPC）.

[47] Art. 108 EPC and R. 99（2）EPC.

申诉所依据的事实和证据。

设定这些不同的时间限制的理由在于，尽快（2 个月内）告知受影响的相关当事人和公众该决定已经被提出申诉并且暂未生效，同时也给予申诉人充分的时间（4 个月）来起草其意见陈述。

如果申诉人未在期限内提交申诉通知书或缴纳申诉费，该申诉将被视为未提出，而如果有关申诉理由的书面意见没有及时提交，该申诉将以不可接受为由被驳回。在这类案例中，唯一的法律救济就是"权利恢复"，只有请求人能够证明尽管其穷尽了所涉及案件所要求的所有合理注意仍然未能避免错过上述期限，该救济才得以适用。⑱ 此外，权利恢复仅适用于专利申请人或权利人，作为一个例外，也适用于未在规定的期限内提交申诉理由书面陈述的异议申请人。⑲

申诉通知书或申诉理由意见陈述中的缺陷，若没有在指定的期限内改正，也可能导致申诉被视为不可接受。⑳ 若发现所针对的决定是不可申诉的或者提出申诉的人并无提出申诉的权利，申诉也会被视为不可接受。在这些情况下，程序将结束，而申诉也不会再被审查。

六、申诉程序的法律结构和事实结构

在申诉理由意见陈述中，申诉人应当明确且详尽地阐述其所申诉的决定为何应被撤销或修改的原因，并清楚地说明所依据的所有事实、理由和证据。㉑ 例如，申请人可在其意见陈述中解释为什么说第一审级部门错误地解释了现有技术的教导或者没有认识到该发明的某些特征。未在第一审级程序中提出的证明发明具有不可预见的技术效果的更多的参数或对比试验也可以被提交。有必要注意的是，被质疑的决定不一定是错误的；例如，申请人或权利人可以不对决定的正确性提出质疑，而是对专利申请或专利进行修改，以满足作出相反决定的条件，从而使被申诉的决定丧失法律基础。㉒ 但是，应当一直牢记的是，申诉不能被认为是启动另一个全新的案件的机会或者在第一审级部门所进行的程序的延伸。

---

⑱　Art. 122 EPC and R. 136 EPC.

⑲　Art. 122 EPC and R. 136 EPC.

⑳　R. 101 （1） EPC and R. 102 （2） EPC; for a list of deficiencies leading to the appeal being deemed inadmissible and the periods prescribed for correction, reference is made to these regulations.

㉑　R. 99 （2） EPC and Art. 12 （2） of the Rules of Procedure of the Board of Appeal.

㉒　See decisions of the Board of Appeal T1197/03, T717/01, T139/87, T729/90.

申诉委员会的程序规则[53]全面地述及了在申诉程序的不同阶段所提出的新意见的可接受性问题。根据该规则,[54]申诉理由的意见陈述,若有超过一方的当事人,则还包括其他当事人对申诉理由意见陈述的任何书面答复,必须包含该方"当事人的全部情况",指出为何被质疑的决定应当被撤销、修改或支持的理由,并清楚地说明所依据的所有事实、理由和证据。

提及是否有可能提交未在第一审级程序中提交或被接受的事实、证据(如新的现有技术的文献)或者请求(如新的权利要求),各申诉委员会有权决定是否接受这些事实、证据或请求。[55]权利人明显为了克服撤销请求所依据的理由提交新的权利要求,[56]或者被驳回异议申请的异议申请人为了论述在异议理由论证过程中被遗漏的环节提交的新的现有技术,[57]一般都是可被接受的。通常情况下,如果撤销决定的理由成立但因为新提交的意见导致新的问题出现,申诉委员会将会把该案交给第一审级部门,由该部门先作出决定。这一程序将在下文讨论。

但重要的是,当事人若有任何新的意见应当在申诉刚开始时提交,也就是在该方当事人的案件情况被确定下来(通过申诉理由意见陈述或者对此所作的答复)时提交。根据该程序规则,[58]各申诉委员会有权决定是否接受对当事人案件情况的后来修改;其行使这一自由裁量权时会考虑到:所提交的新主题的复杂程度、该程序所处的阶段、程序节约的需要,以及其他一些因素。这些规则背后的理念是,当事人不应拥有迟交相关信息的自由,因为这会被当做一种策略或使得其他当事人措手不及,从而干扰申诉程序的顺利进行。

根据现有的程序规则生效前所确立的案例法,[59]从表面看来是否具有相关性曾是决定是否接受迟交的事实和证据时所考虑的最重要因素。然

---

[53] Art. 12 RPBOA:'Basis of the proceedings' and Art. 13 RPBOA 'Amendments to a party's case'.

[54] Art. 12 (2) RPBOA:see definition of the 'party's complete case'.

[55] Art. 12 (4) RPBOA.

[56] See decision of the Board of Appeal T1197/03, point r. 1. 3.

[57] See decision of the Board of Appeal T1248/03, point r. 2. 6.

[58] Art. 13 (1) RPBOA.

[59] See decision of the Board of Appeal T1002/92.

而，在最近的一些决定中，各申诉委员会对新的程序规则的适用十分严格，拒绝接受在申诉程序进行过程中所提交的新的现有技术文献，理由是这些文献的迟交没有正当理由；相关性并未被考虑。[60]

在口头程序已被安排后对当事人案件情况的修改，其被接受的条件更加严格。根据该程序规则[61]，如果这些修改产生了新的问题，而且可以合理地被预料到，这些问题对于申诉委员会或其他当事人来说若不暂停口头程序就无法处理，那么这些修改就不能被接受。所提交内容的相关性并不是问题所在。这一规则最近也被解释得十分严格；结果对于专利申请和专利的修改以及新的证据都没有被接受。[62]

在扩大的申诉委员会的决定中所发展起来的一些附加的程序原则，进一步划清了申诉程序的法律结构和事实结构的界限，也限定了该委员会行使权利的界限。

例如，申诉的范围不得超出申诉人一开始所请求的内容。如果申诉人的请求是撤销决定的一部分（这可能是与被要求保护的发明的特定实施方式有关的一部分），其限定了讨论的主题范围，那么超出该范围的请求则是不可接受的。根据同样的原则，如果异议处维持一项经过修改的专利有效，在针对该决定的多方当事人参加的申诉程序中，申诉委员会不得主动或根据未申诉一方的请求对该决定作出不利于唯一的申诉方的修改（即上文提到的"上诉不加刑"原则）。这样做将使申诉超出申诉人所设定的范围。[63]

有关异议部决定的申诉程序还有另外的限制：如果异议申请人在提交异议通知书时将其异议申请局限于专利的一部分（例如针对发明的某些实施方式的权利要求，而不是针对其他实施方式的权利要求），那么异议部在异议程序中、申诉委员会在已经进行的申诉程序中，都没有权力对超出该申诉范围的主题进行审查或作出决定。[64] 在 G9/91 号决定所涉及的案件中，涉案专利是关于两种不同结构的聚合物。异议申请人在提交

---

[60]　See decision of the Board of Appeal T1248/03, points 2. 1 to 2. 12.

[61]　Art. 13（3）RPBOA.

[62]　See decisions of the Board of Appeal T764/03, points 6 ff.; T1192/03, see points 3 ff.

[63]　See decisions of the Enlarged Board of Appeal G9/92 and G4/93.

[64]　See decisions of the Enlarged Board of Appeal G9/91 and G10/91.

异议通知书时只请求在第一种聚合物的范围内撤销该专利。在后续的异议申诉程序中，其又提出撤销整个专利的请求。根据 G9/91 号决定所阐述的原则，该请求被认为不可接受。

另外，在审查针对异议部的决定的申诉时，申诉委员会可以对一项新的异议理由[65]进行审查，前提是专利权人同意这么做。[66] 新的异议理由是指既不是在异议通知书中所提到的理由，也不是由异议部在异议程序中所引入的理由。[67] 虽然在异议程序中异议部有权决定是否接受新从表面上来看具有相关性的理由，但是在申诉程序中新的异议理由的提出是受到严格限制的。例如，如果一项异议是以缺乏新颖性为由提出的，而且在异议程序中也没有新的理由被提出，那么在申诉程序进行过程中异议申请人不得以缺乏创造性或公开不充分为由提出新的异议，除非专利权人同意引入这一新理由。[68] 确立这些标准的决定发布时，扩大的申诉委员会曾指出，对于权利人来说，在申诉程序很晚的阶段未经其同意引入新的异议理由，将会导致不可预料的复杂情况。但是，还需要说明的是，如果专利在异议程序或申诉程序中被修改，这些修改是符合《欧洲专利公约》的所有要件也是应当被审查的。对这些修改进行的审查时可能会超出异议理由的范围。

如果申诉是就审查部驳回专利申请的决定所提出的，各申诉委员会的权利将受到较少的限制。在这种情况下，申诉委员会可以将审查范围扩展到审查部在实质审查阶段没有认为已经满足的专利性要件。[69] 申诉的范围并不局限于决定所提到的理由或者审查部曾考虑过的事实。有可能发生这样的情况，就是审查部认为专利申请不符合新颖性要求，而申诉

---

[65]　According to Art. 100 EPC a European Patent can only be opposed on the grounds that: (a) the subject matter is not patentable under Arts. 52 − 7 (i. e. any of the following: it is not new, it does not involve an inventive step, it is not industrially applicable, it may not be regarded as an invention, it concerns subject matter excluded from patentability), (b) it does not disclose the invention in a manner sufficiently clear and complete to be carried out by a skilled person, (c) the subject matter extends beyond the content of the application as originally filed, or if the patent was granted on a divisional application or on a new application filed under Art. 61, beyond the content of the earlier application as filed.

[66]　See decisions of the Enlarged Board of Appeal G9/91 and G10/91.

[67]　See decision of the Enlarged Board of Appeal G1/95.

[68]　See decisions of the Enlarged Board of Appeal G1/95 and G7/95.

[69]　See decision of the Enlarged Board of Appeal G10/93.

委员会却认为该申请符合新颖性要求但不符合创造性要求或充分公开的要求。当申诉委员会有理由认为专利申请没有满足另一个不同的专利性要件时，其将决定对该异议理由进行进一步审查并作出相应裁决，或者将该案移交至审查部由审查部对该新问题先作出决定。

因此，依职权审查原则在单方当事人程序中比在多方当事人程序中采用得更加广泛。这一程序上的差别来源于授权前程序的性质，授权前程序并不是辩论式的，而且其目的是确保专利性要件得到满足。

七、对于申诉的决定何时可以作出

《欧洲专利公约》并未规定申诉委员会何时可以作出决定并终止程序，但申诉委员会程序规则[70]指出，只要符合以下条件，一项决定可以在任何时候作出：对于该决定所依据的理由和证据当事人已经获得过陈述意见的机会、[71] 决定所依据的文本是由申请人或专利人所提交或认可的、[72] 参加口头审理的权利已经实现，[73] 以及为当事人陈述申诉理由和答复该陈诉（若当事人不止一方）所指定的期限已届满。

决定常常在口头程序中作出。当事人在申诉委员会面前参加口头程序的权利是绝对的，也就是说，若一方当事人请求进行口头程序，就必须予以满足。通常当事人会提出有条件的请求，其效果是，只有在申诉委员会不打算满足该当事人的其他请求（如有关实体性问题的请求）时，进行口头程序的请求才会被提出。根据申诉委员会程序规则，[74] 当必须举行口头程序时，申诉委员会会发出一份通知，该通知将把当事人的注意力集中到看起来具有相关性的事项上或者某些问题看起来不再存有争议的这一事实上，或者包含其他有助于口头程序有效进行的意见。从本质上来说，已经合法传唤的当事人的缺席，并不是推迟口头程序中的任何步骤（包括决定的作出）的充分理由。根据该规则，各申诉委员会应当确保在口头程序结束时做好作出决定的准备，这样的话在审理结束时就可以宣布决定。[75]

---

[70]　Art. 12 (3) RPBOA.

[71]　Art. 113 (1) EPC.

[72]　Art. 113 (2) EPC.

[73]　Art. 116 EPC.

[74]　Art. 15 RPBOA

[75]　Art. 15 (6) RPBOA.

一旦所有要求的条件都得到满足，申诉委员会将决定是否同意申诉⑦⑥或驳回申诉并支持被质疑的决定。申诉委员会若认为申诉是正确的，将全部或部分撤销被申诉的决定。例如，一项基于一个主要要求和一个附加要求的专利被驳回，在对就该驳回决定所提出的申诉进行裁决时，申诉委员会可能认为审查部的决定中有关这两个要求的部分都是正确的，从而支持该决定；或者，申诉委员会也可能认为该决定中有关主要要求的部分是正确的，而有关附加要求的部分不正确，从而部分撤销该决定；或者，申诉委员会还可能认为该决定中有关这两个要求的部分都是错误的，从而撤销整个决定。

八、行使第一审级部门的权力或者移交案件

根据《欧洲专利公约》，⑦⑦ 在对申诉作出决定时，申诉委员会既可以行使作出被申诉决定的第一审级部门职能范围内的权利，也可以将案件移交给该部门做进一步审查。

在第一种情况下，申诉委员会并不局限于一个司法主体的角色，其还可以就在申诉程序中首次提交的新事项作出裁决。例如，各申诉委员会可以决定接受并审查：在申诉理由意见陈述中首次提出的新的权利要求⑦⑧，第一审级部门错误地没有接受的权利要求⑦⑨，或者在申诉程序中首次提交的新的现有技术文献。⑧⑩,⑧①

在第二种情况下，当申诉委员会决定将案件移交到第一审级部门作进一步审查时，其将在一份命令中指明后续程序的进程：例如申诉委员会可能接受一套新的权利要求并指令第一审级部门继续审查程序以确定这些权利要求是否可以被接受，或者要求先对这些权利要求的可接受性作出一项决定，再对这些权利要求是否能够被授权作出决定。⑧② 移交案件

---

⑦⑥　Art. 111 (1) EPC.

⑦⑦　Art. 111 (1) second sentence.

⑦⑧　See decision of the Board of Appeal T1197/03.

⑦⑨　See decision of the Board of Appeal T989/99, point r. 2 ff.

⑧⑩　See decision of the Board of Appeal T98/00, points r. 9.1 and 9.2.

⑧①　Note however that the admission of new submissions, in particular after the party's case has been defined, is always at the Board's discretion according to the Rules of Procedure discussed above. Submissions not made at an early stage of the appeal, or filed after oral proceedings have been summoned may be considered inadmissible by the Board.

⑧②　See decisions of the Board of Appeal T63/86 and T746/91.

的另一种情形是对说明书进行适应性修改。当申诉委员会认为一项专利在一套特定的权利要求的基础上应当被授权（在实质审查程序中）或被维持有效（在异议程序中），其将指令第一审级部门在此基础上授权或维持该专利，并仅仅为了对说明书进行适应性修改而继续审查程序。

由申诉委员会行使第一审级部门的权力会使程序迅速结束并得出终局决定，但存在的缺陷是少掉一个审级。案件的移交将确保新的主题被两个审级部门审查，并提供给当事人更多的机会去考虑可能的退路和适当的答辩意见。[83]

在决定是否移交案件时所考虑的因素有：[84] 进一步调查的需要、决定所依据的事实发生改变、减少一个审级的后果、程序的延迟。但是，如果新提交的内容形式上不利于一方当事人（如提交新的现有技术文献），但该新提交的内容显然不会对该方当事人造成不利影响，则申诉委员会将决定接受这些新提交的内容并作出有利于该方当事人的裁决，而不会移交该案件[85]。

根据申诉委员会程序规则，[86] 如果在第一审级部门所进行的程序中很显然存在重大的程序性缺陷，案件也必须被移交，除非有不这么做的其他理由。这种情况下的案件移交，赋予受影响一方的是依照正确的程序标准再次讨论该案件的机会，以及一次公正的审理。[87] 在这类案件中，申诉委员会也可能判决赔偿申诉费。[88]

九、申诉委员会决定的约束力

根据《欧洲专利公约》，[89] 当一个案件被移交给第一审级部门进行进一步审查时，该部门受申诉委员会的决定理由的约束，只要相关的事实相同。例如，如果申诉委员会将一个案件移交到异议部，并指令其在某一套权利要求的基础上维持专利有效并以对说明书进行适应性修改为唯一目的继续审查程序，由于以上所述的约束力，进一步的审查程序不允

---

[83] See decisions of the Board of Appeal T361/03，point r. 5. 3；T592/04，point r. 3.

[84] See decision of the Enlarged Board of Appeal G10/93，point r. 5.

[85] See decision of the Board of Appeal T416/87，point r. 9.

[86] Art. 11 RPBOA.

[87] See decisions of the Board of Appeal T1065/99，point r. 13.

[88] R. 103（1）（a）EPC.

[89] Art. 111（2）EPC.

许异议申请人对申诉委员会所确定的权利要求提出质疑，即使能举出新的事实或证据。⑨

但是，需要注意的是，上述约束力仅在个案中适用于作出被质疑的决定的特定部门。⑨¹,⑨² 因此，如果一项专利是根据申诉委员会所确定的文本授权的，在后续的异议程序中异议部并不受申诉委员会的决定理由的约束，即使相关事实是相同的。⑨³ 反之，将使异议程序变得毫无意义；然而异议部必须牢记申诉委员会的决定，避免背离该决定，除非有重大理由这么做。

另外，某个申诉委员会在一个案件中的决定对于任何其他第一审级部门或者任何其他处理不同案件的委员会也不具备约束力，即使问题是相同的。申诉委员会的程序规则⑨⁴考虑到这个因素从而规定，如果一个委员会认为有必要背离该委员会对《欧洲专利公约》的一项解释，应当说明之所以背离的理由，除非该理由遵循的是扩大的申诉委员会的一项在先决定。

尽管各申诉委员会关于相同问题的较早决定在法律上对于第一审级部门和各申诉委员会并无约束力，但第一审级部门和各申诉委员会仍应遵循，除非有正当理由不这么做，这都是为了保持实践的一致性。如果关于某个特定问题的案例法已成为在欧洲专利局所进行的程序中建立的惯例的一部分，并且已被纳入如欧洲专利局指导方针之类的官方文件中，上述原则就更为重要。但是，约束力的缺乏使得背离性决定的出现成为可能，这可以促进案例法的发展。

十、扩大的申诉委员会的决定和意见

当案例法变得不一致，或者有一个重要的法律条款需要说明时，扩大的申诉委员会可以被请求对如何适用法律发表意见。这些请求可以根

---

⑨ See decisions of the Board of Appeal T694/01, point r. 2. 8 and 2. 24; T843/91, point 3. 4. 2; T153/93, T063/92.

⑨¹ See decision of the Board of Appeal J27/94, point r. 3.

⑨² The only exception to this is given by Art. 111 (2), second sentence which indicates that if a decision emanated from the Receiving Section, the Examining Division (dealing with the case) is also bound by the *ratio decidendi* of the Board.

⑨³ See decision of the Board of Appeal T26/93, point r. 2. 1.

⑨⁴ Art. 20 (1) RPBOA.

据以下所述的机制由各申诉委员会或欧洲专利局局长来提出。

在申诉程序中，作出决定之前，申诉委员会如果认为有利于法律适用的统一，或者因为某个十分重要的法律条款需要说明，可以就某个问题求助于扩大的申诉委员会。⑨⑤ 该求助既可以由该申诉委员会主动提出也可以根据申诉程序一方当事人的请求提出。但是提出请求的当事人并没有绝对的权利请求就某个问题进行求助；决定是否求助的自由裁量权在于该申诉委员会。求助请求若是关于没有普遍利益的特定技术问题或者该申诉委员会可以自行解决的问题，都将被拒绝。只有那些有助于确保法律适用统一的问题或者十分重要的法律条款，才能求助于扩大的申诉委员会。另外，虽然申诉委员会在扩大的申诉委员会对相关问题作出决定之前暂停审查，但处于申诉程序中的某个特定案件仍在该申诉委员会的管辖范围。与申诉有关的当事人也是在扩大的申诉委员会进行的程序的当事人，并且有机会介入该程序，该程序将就与其案件有关的法律问题作出裁决。⑨⑥

一旦重要的问题已被解决，申诉程序将重新启动，而且申诉委员会也将根据扩大的申诉委员会的决定理由对该案作出决定。尽管扩大的申诉委员会的决定仅对提出求助的申诉委员会就所涉及的申诉具有约束力，⑨⑦ 但该决定应当被欧洲专利局的所有部门在遇到适用该相关的法律问题的案例时普遍遵循。申诉委员会程序规则指出，当一个申诉委员会认为有必要背离扩大的申诉委员会的一项较早的决定时，该委员会应当就相关问题求助于扩大的申诉委员会。⑨⑧

当欧洲专利局的案例法变得不一致时，欧洲专利局局长也可以就法律问题求助于扩大的申诉委员会。⑨⑨ 在这种情况下不存在对于某个特定的被申诉案件的直接约束力。这个可供选择的机制确保可以就某个法律问题提出求助，而无需等待某个启动性的案件出现在该委员会面前。

到目前为止（2007 年 11 月），扩大的申诉委员会已经有超过 70 项决

---

⑨⑤　Art. 112（1）（a）EPC.

⑨⑥　Art. 112（2）EPC.

⑨⑦　Art. 112（3）.

⑨⑧　Art. 21 RPBOA.

⑨⑨　Art. 112（1）（b）EPC.

定和意见。其中一些案件因为涉及相同的问题而在合并的程序中被处理。扩大的申诉委员会的一项决定推翻了其此前的一项决定⑩的情况，在欧洲专利局的历史上只出现过一次。

十一、费　用

原则上，在面对欧洲专利局的程序中的各方当事人应当承担自己的费用。然而，如果程序是关于一项异议，有关费用分摊的决定可能因公平原因而有所不同，⑩，从而使得一方当事人必须承担由另一方所支出的费用。决定内容部分首先确定费用应当由哪方当事人承担，再确定费用分摊的比例，然后根据当事人的请求再考虑费用账单和收到账单的当事人所提交的支持账单的证据的基础上确定具体数额（"决定确定的费用分摊"）。申诉委员会与异议部一样，有权就与异议程序有关的费用分摊作出安排并确定下来。⑩ 确定费用分摊的终局决定由欧洲专利局发布，执行的目的在各缔约国进行处理，就像执行地所处缔约国的民事法庭所作出的终局决定那样。⑩

需要注意的是，不得仅仅以一方当事人败诉为由而裁定由该方当事人承担该案的相关费用。费用的分摊只能依据"公平原则"，如果这些费用的产生因为一方当事人的不当行为而导致该程序中的其他当事人必须支付额外的费用。这一情况的发生可能是由于不负责任的行为或恶意的行为。正因如此，即使是胜诉方也有可能被要求承担由败诉方所支出的费用。在任何情况下，欧洲专利局为进行程序所支出的费用都不应当要求由当事人承担。

根据申诉委员会程序规则，⑩ 各申诉委员会可因下述事由进行费用的分摊：就一方当事人的案件情况提交修正内容（例如在申诉的较晚阶段提交新的现有技术文献）、期限的延长、对口头程序及时有效地进行造成

---

⑩　In decision G9/93 the Enlarged Board outlawed self – opposition, overruling the *ratio decidendi* of G1/84.

⑩　Art. 104 (1) EPC and Art. 16 (1) RPBOA.

⑩　Art. 16 (2) RPBOA. Note that the Boards have the power to apportion and to fix costs because under Art. 111 (1) they may exercise the powers of the department which issued the contested decision (see also decision of the Board of Appeal T323/89).

⑩　Art. 104 (3) EPC.

⑩　Art. 16 (1) RPBOA; the reasons mentioned not being limitative.

不利影响的行为或不作为（例如没有依照承诺提交译文导致口头审理延期）、没有遵循申诉委员会的指示以及滥用程序。从整体上来说，任何干扰申诉程序进行并导致费用增加的行为都是进行费用分摊的理由。另外，申诉委员会可以就与产生被质疑决定的第一审级程序有关的费用作出分摊决定，甚至还可以就与案件移交到第一审级部门后有可能发生的程序有关的"未来费用"作出分摊决定。

只有那些为了维护一方当事人的相关权利所必需的费用才能进行分摊。[105] 这些费用可能包括代理人向一方当事人索取的费用、证人或专家的费用或者其他由该方当事人所支出的费用[106]（例如到欧洲专利局的交通费和住宿费）。

在修改后的《欧洲专利公约》生效之前，只有在获取证据和参加口头审理过程中所产生的费用才能被分摊。这一限制目前已被解除，因此被分摊的费用不再需要与这些程序有关。为确保权利受到适当保护所产生的任何种类的费用都可以被分摊。案例法的未来发展将明确这些影响深远的新规定应在何种程度上被适用。从理论上说，当事人的所有法律费用都可以被分摊。

十二、复审请求

在修改后的《欧洲专利公约》生效之前，申诉委员会的一项决定不可能被修改，该决定所具有的已决案件的效力也不可能被推翻。在 G1/97 号决定中，扩大的申诉委员会认为，即使一项请求是以违反基本的程序原则为由提出的，也应当被视作不可接受的请求而驳回。[107] 然而扩大的申诉委员会也曾建议立法机关规定一项机制，以便在申诉程序中发生无法容忍的程序违法行为的特定案件中，用于对各申诉委员会的终局决定进行复审。

随着修改后的《欧洲专利公约》生效的新的第 112 条第（a）项，就起到了这样的作用，使得受到不利影响的当事人可以就申诉委员会的决定向扩大的申诉委员会提出复审请求。但是这一程序的适用条件十分苛刻，只有在申诉委员会具有实质性的程序违法行为以及相关决定受到犯

---

[105] R. 88 EPC.

[106] Art. 16（2）RPBOA.

[107] See decision of the Enlarged Board of Appeal G1/97.

罪行为的影响时，才能提出复审请求。针对实体性问题的复审请求是不可接受的，因为该请求并不是修正各申诉委员会对实体法适用的一种方式。

以下是当事人可以调用的实质性程序违法行为的限制性清单：[108] 申诉委员会的成员违反有关中立性要求的规定没有回避，一名曾经被排除出申诉委员会的成员又参加了该委员会，非申诉委员会成员的人参加了该委员会；没有根据一方当事人的请求安排口头程序；没有对于一项与所做决定有关的请求予以考虑。

如果提出复审请求的理由是该决定受到某个犯罪行为的影响，那么，只有在该犯罪行为被有管辖权的法院或官方机构的终局裁决认定的情况下，该复审请求才是可以被接受的。判处刑罚并不是适用该项救济方式的必要条件；但没有判处刑罚可能导致无法适用这项救济方式，例如，实施犯罪行为的人死亡或者不承担法律责任（如由于精神病）。《欧洲专利公约》没有规定何种罪行可能对申诉委员会的决定造成影响，但是扩大的申诉委员会在 G1/97 号决定（参见上文）中曾提及伪造文件和提供虚假的口头证据。

与提起申诉不同的是，提起复审请求并不会中止被质疑的决定的效力。但是，如果扩大的申诉委员会认为复审请求应当被接受和支持，申诉委员会的决定将被撤销，相关程序将重新启动；在这种情况下，申诉所具有的中止效力将再次发挥作用，中止第一审级部门较早的决定的效力。

提出复审请求的期限取决于请求所依据的理由的种类。如果以程序违法为由提出请求，则应当在申诉委员会决定的通知之日起 2 个月内提出；另外还有一个限制是，如果该方当事人在申诉程序中可以提出却没有提出该项异议，则其复审请求也是不可接受的。如果复审请求的理由是存在犯罪行为，则应当在犯罪行为被认定之日起 2 个月内提出，但无论如何都不应晚于申诉委员会的决定通知发出后 5 年。

提出复审请求必须完成以下两个事项：

（1）在规定的期限内提交一份论述详尽的意见陈述，[109] 明确请求人的

---

[108]　Art. 112a（2）EPC，R. 104 EPC，R. 105 EPC.

[109]　Art. 112a（4）EPC and R. 107（1）EPC.

身份、请求复审的决定、撤销该决定的理由以及提出请求所依据的事实和证据；

（2）在相同的期限内缴纳复审请求费。[⑩]

如果复审请求符合要求，由两名具有法律资格的成员和一名具有技术资格的成员所组成的扩大的申诉委员会将首先对其进行审查。如果提出的请求"明显不可接受或者不应被支持"[⑪]，所有成员一致认为该请求应被驳回，则该请求将被驳回；这一决定将在该请求的基础上作出而没有其他当事人的参与。[⑫] 如果由上述人员所组成的委员会没有驳回该请求，则将案件提交给一个由四名具有法律资格的成员和一名具有技术资格的成员所组成的扩大的申诉委员会。

如果新组成的扩大的申诉委员会认为该请求可以接受并且应当被支持，其将撤销该决定并重新启动在相关的申诉委员会进行的程序。[⑬] 扩大的申诉委员会的该项决定具有推翻原有决定的效力，可推翻申诉委员会决定所具有的既判力。在这种情况下请求费也会被赔偿。[⑭] 扩大的申诉委员会还可能进一步作出决定，将参与作出被撤销判决的申诉委员会成员更换。

《欧洲专利公约》还规定，[⑮] 在某个指定的《欧洲专利公约》成员国里，某人善意地使用了一项已公开的欧洲专利申请或欧洲专利所要求保护的发明或者为使用发明做了有效且认真的准备活动，如果该行为是发生在申诉委员会作出决定和扩大的申诉委员会对复审请求所做决定在欧洲专利公报上公开之间的这段时间内，则此人可以继续该使用行为而无需支付费用。这类人有可能是在申诉委员会决定驳回专利申请或撤销专利以后，认为被要求保护的发明已经不受专利保护，从而开始使用或为使用该发明做准备。由于重新启动在申诉委员会进行的程序有可能恢复本来已被认定为丧失的专利权，这一规定是为了保护第三方的利益。

[⑩] Art. 112a （4） EPC. Rule fees （Rfees） 2 （11）: the petition fee amounts to 2500 Euro, the second highest fee charged by EPO.

[⑪] R. 109 （2） （a） EPC.

[⑫] R. 109 （3） EPC.

[⑬] Art. 112a （5） EPC and R. 108 （3） EPC.

[⑭] R. 110 EPC.

[⑮] Art. 112 （a） （6） EPC.

十三、供进一步研究的参考文献

为了了解有关欧洲专利局申诉程序的更多信息，可以参考下列文献。但是，这些文献中的绝大部分并未考虑在 2007 年 12 月生效的《欧洲专利公约》的变化。

参考书目：

[1] B. Günzel，'The treatment of late submissions in proceedings before the boards of appeal of the European Patent Office'；Official Journal of the EPO, special edition No. 2, 2007 – 13th European Patent Judges' Symposium（pp. 30 – 47, concerning late submissions in appeal proceedings）.

[2] P. Messerli, GRUR 2001, p. 979, 'Die überprüfung von Entscheidungen der Beschwerdekammern des Europäischen Patentamts nach dem neuen Art. 112a EPü'（concerning the petition for review by the Enlarged Board of Appeal）.

[3] R. Schulte, *Patentgesetz mit Europäischem Patentübereinkommen*（Carl Heymanns Verlag KG, 2005）. See § 73, Art. 106 – 112 EPC（by R. Moufang, concerning appeal proceedings before the EPO）.

[4] M. Singer and D. Stauder, *The European Patent Convention*（Carl Heymanns Verlag KG, third edition, 2003）. See Part V, Art. 106 – 112 EPC（by U. Joos, concerning appeal proceedings before the EPO）.

[5] M. Singer and D. Stauder, *Europäisches Patentübereinkommen*（Carl Heymanns Verlag, 4. Auflage, 2007）. See Art. 106 – 112 and Art. 112a EPC（by U. Joos, concerning appeal proceedings before the EPO）.

[6] A. Veronese and P. Watchorn. *Procedural Law under the EPC* 2000：*A Practical Guide for Patent Professionals and Candidates for the European Qualifying Examination*（Kastner Verlag, 2008）. See Chapters XIX – XXIII concerning appeal proceedings before the EPO.

第八章　专利局异议程序和法院专利无效程序：互补还是替代？

作者：杰·P. 克森（Jay P. Kesan）

译者：许明亮

一、引　言

一项专利可以是一个强有力的工具。专利赋予其拥有者对于一项特定技术的排他权利，其拥有者可以排除其他人使用该技术。专利使发明者可以对其技术实施单方面的控制，通过向他人授予使用其发明的权利（即专利许可）来收取费用。或者，发明者还可以对该技术进行独占，针对他人未经许可不得生产的某个货物或服务索取超出市场竞争价格的使用费。通过这两种方式，专利权人都可以保持对其发明的独占控制。

从制度角度来看，专利制度是一种包含两个阶段的交易。在第一个阶段，美国专利商标局（以下简称"专利商标局"）对现有技术和专利申请进行审查以确定专利性要件是否得到满足，然后向发明者授予专利权。在第二个阶段，为了实现被授予的专利权，专利权人必须求助于联邦法院和针对专利侵权行为的诉讼。被控侵权人应诉时可能会在法院质疑在第一个阶段被授予的专利权的范围、有效性和可执行性。因此，专利制度本身为法院设定了一个对专利商标局的工作进行复审的角色。

专利制度所产生的利益要大于其所带来的成本这一经济学论据常被用来说明专利制度的正当性。专利权人获得高额利润和许可费用的可能性确保任何有价值发明的创作者能够收回成本，从而产生投资于新技术研发的动力。但是，专利制度的这些利益不能仅仅大于上述直接成本，而应当大于直接成本与该制度所带来的间接的"社会成本"之和。例如，其他发明者为防止落入专利保护范围进行"避开工程"时，其不得不面临更高的研究开发费用。在某些技术领域也许根本无法再作开发或改进，可是竞争者们还在努力避免与已经受专利保护而其在法律上又无权使用的技术发生撞车。为了能使专利的社会利益超过其所有社会成本，有一个基本的交易原则应当坚持，那就是专利只能被授予那些新的、有用的并且非显而易见的发明。另外，即使应当授予专利，所授予的专利权也不应过度宽泛。例如，一项专利不应覆盖该技术中不属于发明的"非显而易见"贡献的方面，以免对那些更应当属于公共领域的技术设置障碍。最后，一种专利制度所授予的专利若是没有根据或过度宽泛的话，将会鼓励"使专利权利要求在专利审查员面前过关"的做法，而不是鼓励有价值的研究活动。因此，一套专利制度若授予了许多"坏"专利，从社会利益角度来说将是代价高昂的，这会把间接的和直接的成本都强加在受该专利制度影响的许多人身上。

鉴于上述理由，只有在可专利性的条件都得以满足的情况下才能授予一项专利。专利商标局的审查员的职责是确保所授予的专利权具有适当的保护范围。然而人们越来越担忧，过宽专利或者所谓的"坏"专利的数量可能在增长。

长久以来一直有评论者在对专利商标局所授予的专利的质量进行抱怨。很多人暗示称，专利商标局所颁发的专利"从表面上看"是无效的或者比在专利申请中公开的实际创新内容的范围更宽。这两个问题都源自专利商标局不能准确地确定已经处于公共领域的信息或者属于其他专利的保护主题的信息（如相关的现有技术）的范围。为了说明问题，假设有一个发明者就一个带有一个把手、一个盖子和一个喷口的桶申请专利，专利商标局可能无法确定这项发明的哪个方面是新的且非显而易见的——是桶本身还是仅仅喷口或盖子？很显然，若认为申请人发明的是桶，在此基础上所授予的排他权利的范围，与仅就喷口或盖子所授予的排他权利的范围，二者之间有很大的不同。这种现象尤其发生在如计算机软件这类通常难以区分相关的现有技术的领域。①

这些问题不一定是专利商标局的能力不足所造成的。某些评论者已指出，由于专利商标局的预算十分紧张，目前人们只能要求其创造奇迹。

---

① Jay P. Kesan，*Carrots and Sticks to Create a Better Patent System*，17 BERKELEY TECH. L. J.，763，765（2002）.

专利界人士都清楚，专利商标局审查一项专利申请所花费的时间，从初步审查到颁发专利，差不多是一个律师在专利诉讼的第一周里检索相关现有技术所花费的时间。因此，即使一个典型的专利审查员审查一个专利的时间增加一倍，相对于在诉讼中研究现有技术所花费的时间，仍然是十分有限的，除非专利审查员所取得的信息的质量得到改善。

　　缺乏资源所造成的问题又因为技术知识的局部化性质和"坏"专利的社会成本而进一步恶化。首先，我们必须考虑专利审查员自己在审查每个专利申请时为了判断是否具备专利性必须了解的技术知识和专业性知识的性质。在包括信息科学、知识管理和信息经济学在内的某些学科领域中，人们已经充分认识到科学技术知识的局部化现象。例如，理查德·索尔·沃尔曼（Richard Saul Wurman）② 在他的《信息焦虑》（*Information Anxiety*）一书中，将所有类型的信息以一系列由内向外发散的同心圆的形式进行分类——最里面的那些同心圆被内部的谈话类信息占据，而最外围的那些同心圆则被普遍的文化类信息占据。科学技术类信息占据的是内部同心圆中的一个，因为这类信息并没有被太多人所了解；这类信息只有那些从事特定领域工作的那些人才会接触到。③

　　同样的道理，信息科学和知识管理方面的研究者已提出，在任何技术学科内，技术人员都形成了所谓"无形学院"的子群体。这些子群体是松散却有效的沟通网络，位于其中的技术人员互相分享信息。在每一个子群体中，为了明确信息收集的协议，成员们形成了一整套的惯例、习惯、机制和传统，包括接收和筛选信息的机制。许多这样的子群体相互之间都不存在交集，因而与其技术活动最相关的知识仅在本群体内部传播。

　　说明技术知识的局部化性质已被充分认识的第三个例子就在《社会中的知识利用》（*The Use of Knowledge in Society*）④ 一书中，在该书中，著名的经济学家弗里德里希·哈耶克（Friedrich Hayek）认为科学知识不可能被广泛传播。相反，控制科学知识的很可能是特定的几个人，即所谓的该知识所属领域的"专家"。另外，哈耶克有一个观点很有说服力，他认为任何一个行政当局都不可能掌握分散在多个主体之间的有关某个

---

② Richard Saul Wurman, *Information Anxiety* (Bantam Books, 1990).

③ Ibid. , 766.

④ AMER. ECON. REV. 519 – 30 (1945).

特定事实的所有信息。

从这些观点可以清楚地看出，与任何专利申请相关的现有技术的信息很可能只有专利权人和其竞争者才了解。因此，专利商标局不可能对相关的现有技术十分了解，这使得专利权人与专利商标局之间产生了信息不对称。结果，在许多案件中，尤其是那些存在大量未受专利保护的现有技术的领域中，所面临的问题不仅仅是如何为专利商标局提供更多的资源使其能够更彻底地进行现有技术的检索。的确，专利审查员甚至有可能在用尽传统的专利数据库后还不知道去哪里寻找所相关的现有技术。所以，专利商标局会授予无效或过度宽泛的专利一点都不奇怪。

另一个基本问题是，授予专利过滥产生了很多的社会成本，包括：（1）原本可通过理性地授予许可的方式而不是旷日持久的诉讼解决问题的许可人所收取的带有投机性质的许可费（包括交叉许可）；（2）对于在受专利保护的发明基础上作进一步创新的抑制，即专利权人的竞争者因担心侵权而放弃研究活动所产生的社会成本；（3）竞争者为防止侵权进行避开设计所浪费的成本；（4）诸如风险投资人的租金寻求者的成本，这些租金寻求者可能选择对以"坏"专利为基础的刚起步的公司进行投资，使得真正的企业家无法获得资源；（5）由于缺乏不侵权的替代产品，基于"坏"专利的产品价格高于市场竞争价格所产生的社会成本；（6）为解决专利商标局的疏忽而提起诉讼和进行后续程序所产生的成本。⑤

在1980~1996年这段时间里，专利申请和授权专利的数量已经翻了一番。伴随这一数量增长的是人们对于专利申请审查资源水平的抱怨和对专利审查员的培训、激励和程序的抱怨。⑥ 在过去的20年里专利申请已经变得更加复杂，而授予专利的技术领域也比以前更宽。有人担心，随着专利申请的数量增长和授予专利的技术领域的拓宽，过宽的专利或者"坏"专利也会增加。因此，如今更需要有一种撤销此类过宽专利的有效机制。

美国目前有两种挑战专利有效性的方法：一个是专利商标局复审程序；另一个是法院无效程序。专利商标局目前有两种关于专利复审的机

---

⑤ Ibid. , 767 - 8.

⑥ Jay P. Kesan and Gwendolyn G. Ball, *How are Patent Cases Resolved? An Empirical Examination of the Adjudication and Settlement of Patent Disputes*, 84 WASH. L. REV. 237 (2006).

制。最初的复审程序设立于 1980 年，是检验专利有效性的一种较为经济的方式。但是，这一程序受到较多限制，因而没有被广泛采用。第三方可以基于"新"的现有技术请求对一项专利进行复审，现有技术的形式一般是未在初始的审查程序中被考虑的一项专利或者公开出版物。请求人无法像在法院程序中那样提交实物证据或专家证言。即使专利商标局认定存在"关于专利性的实质性新问题"，第三方在专利复审程序中的角色仍然是极其有限的。实际上，该程序效仿初始的审查程序，仅涉及审查员和专利权人。如果该专利全部或部分被撤销，专利权人可以提出申诉，正如其在初始的审查程序中那样，而第三方则没有机会申诉。而且，如果该复审程序没有撤销任何专利权，那么在复审中所提交的任何现有技术在后续的诉讼程序中的价值都会减少，因为法院很可能认为专利商标局已认定这些现有技术没有说服力。

因此，无论是请求复审的理由还是该程序的性质，都使得该制度对相关的第三方来说毫无吸引力。结果，复审案件的数量只有立法时所预计的 20%——每年 200～400 件。所以，当美国授权专利中面临复审程序的不到 1% 时，而欧洲专利中面临异议程序的大约有 8%。显然可以认为，美国的复审制度在清除过宽专利或无根据专利方面并不成功，除非美国的专利审查员比其欧洲同行在工作准确度方面高 20 倍。[7]

为了缓解这些问题，另一种机制被建立起来。在 1999 年引入的多方当事人的复审程序中，第三方被赋予了更多的角色。然而，第三方对该程序所得出的裁决的申诉权利十分有限，且这些第三方于后续在法院进行的侵权诉讼中又受到专利商标局复审程序的限制。毫不奇怪，这一制度的利用率比最初的复审制度更低；在其开始实施后的 5 年时间里，多方当事人的复审案件只有 26 件。[8] 因此，由于在专利商标局挑战授权后的专利的机会十分有限，撤销过宽专利的责任将在专利侵权诉讼（或确认之诉）案件中由法院来承担。在应对这类案件的起诉时，被控侵权人首先提出的抗辩理由可能是涉案专利的部分或全部权利要求不应当得到授权。法院若认为专利商标局授予专利权有误，可以宣布该专利的部分或全部权利要求无效。因此，法院是专利制度中不可分割的一部分，其

---

⑦　Ibid.

⑧　Ibid.

在整个制度中所起的作用不仅是保护和实现有效的专利权，还有维持专利授权程序的完整性。

但是，专利诉讼制度作为撤销无效专利的一种机制也有其不足之处。侵权行为是启动一场专利诉讼的唯一理由，而挑战一项专利的有效性既可以作为一项反诉请求，也可以是应对侵权诉讼威胁所提起的确认之诉的一部分。然而，在不存在侵权指控的情况下，第三方无法在法院挑战一项专利。即使在一项控诉被提起之后，为了无效掉一项专利，法院还要求有清楚且令人信服的证据。在现行的法律下，专利被"推定有效"，任何对专利有效性的挑战都必须有"清楚且令人信服的证据"予以支持，光有"优势证据"是不够的。重要的是，这些限制因素都可以通过适当的专利立法来处理。

关于将法院作为撤销不当授予的专利权的一种机制，还存在其他更基本的问题。与专利诉讼相关的成本十分高昂，这一点已成为共识。曾经有人在其著作中引证，专利诉讼的诉讼费用为每个案件 50 万～300 万美元，或每一方每个涉案权利要求 50 万美元。[9] 这些成本促使当事人通过协商解决纠纷，而不是让法院对实体问题作出最终判决。经历整个诉讼，根据法庭调查的结果，法院对涉案专利权利要求的解释、对于即决判决动议的裁定、对于暂时禁令的裁定等，当事人将对其所处地位的优势有更清楚的认识。从经济学理论的角度来说，当某个专利很可能被无效掉时，提供一份较为廉价的许可以便维持其专利权不受损害显然对专利权人最有利，而接受这样的一个提议而不去花费更多的诉讼费用显然对被告最有利。尤其是在许可费用低于后续的诉讼费用的情况下，接受这样的许可对于被控侵权人来说是符合其利益的。只有那些难以预计谁将胜诉的专利案件，才有可能一直进行到对实体问题作出最终判决的地步。

然而，此类纠纷通过正式的判决予以解决可能更符合社会的经济利益，但这一点并不为法院和当事人所考虑。当双方当事人都认为和解的利益将大于他们继续进行诉讼各自花费的私人费用时，他们会选择和解。简而言之，正如其他作者所指出的那样，专利无效制度的运作受到"搭

---

⑨　Ibid.

便车者"问题的制约。虽然一个公司可能承担诉讼费用，但没有承担任何费用的公司也将获益。因而，每个人都希望由其他人来承担这个责任。所以，即使被"坏"专利所垄断的技术十分有用或十分有价值，也没有一个公司或一小群公司会去寻求无效掉这个专利。换句话说，关键不仅在于某个专利的价值有多大，还在于对谁来说有价值。

法院在消除急于提出无效请求的诱因方面几乎无所作为，因为法院为了减少审判活动或漫长的诉讼给公众带来的代价，总是促使当事人达成和解。审判活动的费用高昂，而法院所拥有的资源又十分有限，因此在民事案件中，以和解方式解决纠纷从而省去漫长诉讼所需的费用，显然是更为有效的一种方式。事实上，鼓励当事人在庭外解决其纠纷是有效的法院管理的一个重要标志，因为诉讼费用对于社会来说也是一种损失。但是，无论是法院还是当事人，都没有将撤销一项"坏"专利对社会的益处作为各自在决定如何合理地使用其资源时的考虑因素。作为第三方的公司仅仅断定，为一项错误授予的专利支付许可费或者绕开该专利进行开发设计所付出的成本要低一些。在作出这些决定时，他们并不会考虑合理地限定专利保护范围对于其他公司或整个社会的益处。因此，只有极少数专利的有效性将受到法院的实体性审查。

二、美国专利纠纷的实证研究

笔者和鲍尔此前对专利诉讼的实证研究表明，目前的美国专利制度倾向于以和解方式解决纠纷，而所提供的由法院在专利授权后进行有效性和侵权问题的审查机制则十分有限。

我们的分析的第一步是建立资料库。我们与其研究长期以来的大量专利案件，不如研究从近几年中选取的三个年份里所提起的专利案件。将精力集中在较少的案件（约6300件）上，相对于面对一个巨大的资料库，这能使我们更加详细地审视每个案件的历史。尤其是使我们不仅可以充分利用已公开的可用数据，还可以仔细研究每个案件的诉讼进程报告。我们的最终目标是明确专利案件是如何解决的，包含哪些成本，以及法院是如何履行其排除"坏"专利的职责，而极其详尽地了解每个案件的历史有助于我们达到最终目标。[⑩]

[⑩]　Ibid.

本研究追踪了 1995 年和 1997 年所提起的所有专利诉讼的整个案件历史。1995 年和 1997 年符合两个重要的标准：一是该段时间内累积了大量需要终结的案件；二是能反映现行的专利法和民事诉讼程序。1995 年和 1997 年所发生的诉讼案件受到专利法的最新发展的影响。例如，我们发现在 1995 年提起的案件中只有 23 件在马克曼决定之前终结。但我们也发现，从这些年开始的案件中只有很少一部分没有终结：只有 1 件 1995 年的案件和 12 件 1997 年的案件在本文写作时还处于诉讼中。我们也收集了在 2000 年提起的案件资料，这些案件更能代表目前的专利案件。但是，在这些案件中，有 62 件（或原始数据的 2.5%）在本文写作时还未终结。[11]

一旦选定了这三个年度，我们需要对专利案件进行分类，并收集有关这些案件是如何被解决的信息。为此，我们依赖以下三个来源：(1) 由美国联邦法院的行政管理办公室所编制的案件资料；(2) 通过 PACER[12] 系统可以在网上获取的诉讼进程报告；以及 (3) 美国专利季刊（U. S. Patents Quarterly）。官方数据显示，在 1995 年有 1707 个专利案件被提起，1997 年有 2127 个专利案件被提起，2000 年有 2476 个专利案件被提起。在每个年度中，我们将那些编写错误或缺乏资料的案件排除。为了避免重复计算，我们将那些被移送到其他地区或者与其他案件合并的案件排除。经过上述排除，我们的分析将基于 1995 年的 1369 个案件、1997 年的 1756 个案件和 2000 年的 2081 个案件。[13]

（一）有多少案件在实体问题上作出判决

我们的研究结果显示，在实体问题上进行判决的专利案件（包括在审判之前的阶段作出即决判决和经审判作出判决）的数量比通常想象的多得多。我们的研究结果表明，除了少数专利案件（约 5%）进入审判程序以外，很大一部分案件（6% ~ 9%）是通过即决判决从实体上解决的。因此，我们的分析所得出的最值得注意的结论是，最终以对实体问题进行判决的方式解决的案件的比例比之前的文献所暗示的大得多。尽管如此，数据仍然显示，所有专利案件中约有 70% 以和解方式结束。大体上

---

[11]　Ibid

[12]　PACER 系 Public Access to Court Electronic Records 的缩写。——译者注

[13]　Ibid.

的结论仍然是，大多数专利案件是以某种非判决的协议的形式终结。⑭

（二）有关侵权行为和专利无效的判决

尽管法院系统在审查与专利有效性有关的所有证据方面具有较强的能力，但是每年似乎只有一小部分专利被"铲除"。再加上经过法院的再度审查而被全部或部分撤销的专利很少，看来在 20 世纪 90 年代中期每年只有 300 件专利被无效掉，而每年约有 30 万件专利被授权。⑮ 很容易推断，在面临很可能失去部分专利权的处境时，专利权人通常会给予被控侵权人一项其认为比继续进行代价高昂的诉讼程序更为有利的许可。这种情况正好强调了我们在本文中所讨论的基本经济学计算：被判断为侵权者从而承担原告所提出的赔偿金的可能性，使得一项专利全部或部分无效（或使其不能强制执行）的可能性，双方当事人因诉讼所产生的费用，以及接下来还可能支出的诉讼费用。

认定侵权成立的判决和认定专利无效的判决出现的诉讼阶段也有实质性的区别。相对于认定侵权成立的判决，认定专利无效的判决一般出现在较早的诉讼阶段中。很多情况下，当一项专利被判决全部或部分无效时，该案件将以一项有利于被控侵权人的审前判决告终，尽管在某些时候将以和解结案或者继续就其他问题进行审理。这一结果似乎令人鼓舞，因为这意味着无效的专利将被法院撤销而无须诉诸成本昂贵的审讯。然而，获得一项审前判决，尤其是与专利无效有关的审前判决，其代价将是十分高昂的。简而言之，诉讼程序在早期阶段终止并不意味着解决该案件的"成本较低"。

（三）专利案件中的一般费用

我们特别感兴趣的是，如何衡量前一部分中所提到的与解决案件有关的费用。遗憾的是，直接衡量一般专利案件的诉讼费用几乎是不可能的。为了解决这个问题，我们设定了代表诉讼成本的三个因素：终结案件所花费的时间长短、提交法院的文件数量，以及案件是否进入到请求作出即决判决的阶段（对于 1997～2000 年的案件来说）。

这三个衡量标准表明，所有专利案件的平均花费水平相对来说不是很大。但是，法院在庭审后作出的最终判决或者即决判决的取得，其代

---

⑭　Ibid.

⑮　Ibid.

价是十分高昂的。也就是说，即使没有到达庭审阶段但以成功申请到即决判决而告终的案件，也需要花费一笔可观的费用。因此，我们此前所认为的，专利无效的判决通常出现于即决判决阶段的观点，可能有些令人误解或者至少是不完备的：案件在庭审前较早终结，并不一定意味着费用支出会很少。[16]

（四）专利案件中的费用水平

1995 年、1997 年和 2000 年起诉的案件的持续时间表明，平均来说，专利案件中的费用并不是非常高。在这三年中，50% 的案件在 10 个月之内了结。[17] 但是，有一小部分案件的持续时间特别长。尤其是 1997 年的曲线有一个稍微长一点的"尾巴"。在该年度所提起的案件中有 66 个案件的持续时间不少于 5 年。

衡量案件费用的第二个标准记录的是在案件进展报告中所提交的文件数量。提交的文件数量可以更好地反映出当事人"应付费的小时"的数量，从而反映出直接费用的情况。专利案件中所提交的文件数量证明，大多数案件的费用并不是那么高。所提交文件的平均数量约为 65 份，而三年间所有案件的中间值为 25 份。[18] 至于结案所需的时间，案件中所提交的文件数量里有一个文件数量多的案件的"长尾巴"。然而，按照这一衡量标准，无论是在数据分布方面，还是在描述该分别情况的简要统计信息方面，这三个数据组中的专利案件费用都惊人的相似。

最后，我们确定提出即决判决动议的案件数量。如权利要求解释或者申请即决判决的动议之类的必然事件表明，当事人在诉讼中投入了大量的费用。我们发现，在 1997 年数据组的 473 个案件中——约占该年度所提起的所有案件的 27%——申请即决判决的动议被提出。在 2000 年数据组中，有 490 个案件申请了即决判决的动议，占所有案件的 24%。[19]

（五）专利案件中的费用如何因结果而异

可以预料到的是，进入到最终的法院实体判决阶段的案件，相较于和解的案件，所需费用会更高。在所述的三年中，以判决形式终结的案

---

[16] Ibid.

[17] Ibid.

[18] Ibid.

[19] Ibid.

件的持续天数的平均值比以和解形式终结的案件多 30% ~ 50%。⑳ 如果以提交文件的数量作为费用的衡量标准的话，这一反差同样很明显。在以判决形式结案的一般案件中，所提交的文件数量是以和解形式结案的案件的 3 倍以上。㉑ 这一结果意味着大部分以判决形式结案的案件中，所提交的文件数量超过 50 份，而只有很小一部分以和解形式结案的案件的文件提交数量达到这一水平。

考虑到与专利案件的费用相关的"长尾巴"，我们比较和解案件和判决案件之间的费用分布情况。结果显示，所有专利案件的平均费用相对较低是由于和解案件的费用低。此外，从所有我们的评估工作可知，专利案件的费用之所以相对较低，是因为，至少部分是因为当事人更倾向于和解解决案件而不是走到庭审这一步。

（六）不同类型判决所产生的费用：庭审和即决判决

从总体上说，费用最为高昂的案件是经过庭审的案件。我们的研究结果证实了这一点。但是，很显然，因申请即决判决的动议成功而终结的案件也需要付出相当大的代价。在 1995 年，通过庭审形式终结的一般案件的持续时间仅比通过即决判决形式终结的案件多 2 个月，而在 1997 年却多出 4 个月。㉒ 若以文件提交数量作为衡量标准，庭审所花费用与即决判决所花费用之间的比例的下降就更加明显。在 1995 年，以庭审形式终结的案件中所提交的文件平均数量是以成功的即决判决形式终结的案件的 2.5 倍（中间值大约是 3 倍），而在 1997 年，前者仅比后者多 60%（中间值大约是 2 倍）。㉓

从某种程度上说，这些研究结果表明，两种类型的判决之间可能存在着费用水平的一种趋势。无论用何种费用衡量标准，庭审的所有成本似乎以一种相对较低的速度在增长，而即决判决的所有成本则增长很快，仅在 1997 年比庭审的成本低一些。这些研究结果表明，庭审案件的时间变得越来越长，而在即决判决案件中这种转变更加明显。

1997 年中以即决判决结案的案件在持续时间和提交文件数量方面与

---

⑳　Ibid.

㉑　Ibid.

㉒　Ibid.

㉓　Ibid.

1995 年案件的巨大差异，是源自马克曼决定㉔所带来的变化。马克曼决定确立了将权利要求解释作为专利案件的先决法律问题的原则。马克曼决定加强了在处理侵权或无效问题之前先解释权利要求的重要性，这就需要在提交即决判决动议之前（或同时）在权利要求解释这一步骤上投入大量资源。因此，1997 年起诉的案件比 1995 年起诉的案件花费更多的资源在诉讼的早期阶段也就不足为奇了。

这些研究结果使得我们有必要探讨一种普遍观点，即进入庭审的案件比在庭前阶段得出最终的法院判决的案件的费用昂贵得多。在 1995 年，大部分以最终判决终结且持续了 2 年或更长时间的案件进入庭审程序。但是在 1997 年，大部分此类案件以庭前最终判决的形式终结。如费用以提交文件的数量来衡量，结果是相似的。㉕ 当然，两个年度并不足以真实地反映出长期趋势的任何形式。尤其是考虑到来自 2000 年数据组的最贵案件有很大一部分是悬而未决的，以及来自该年度的初步数据对于 1995 ~ 1997 年趋势的存在所提供支持并不十分有力。然而，从这些研究结果可知，专利案件中的费用可能并不如一般所想的那样与庭审程序的启动密切相关。

（七）专利无效的判决：撤销一项不当授予的专利的成本

我们不再认为以审前判决终结的案件所花费的成本一定比进入庭审阶段的案件少得多。若考虑到资料中所看到的专利无效判决的微小数量以及作出这些判决所处的阶段，这一事实就尤其令人担忧。我们前面曾提到，这些专利无效判决往往出现在诉讼的较早阶段。以对庭审成本的传统眼光来看，这一结果或许可以被认为是振奋人心的，因为这意味着法院可以在诉讼程序的较早阶段解决专利有效性问题。如果是这样的话，我们就比较不担心寻求一项专利无效的判决对于被告来说真的是费用过高。但是，考虑到以简易判决终结的案件的费用支出趋势，显然仍然有担心的理由。尽管无效判决往往是在没有庭审的情况下较早地作出，但是它们并不比专利侵权判决更加节省费用，虽然后者似乎来得比较晚。

这些结果显示，在当事人面对陪审团之前，与专利诉讼有关的费用

㉔　Markman v. Westview Instruments, 52 F. 3d 967, 977 – 79（Fed. Cir.）, cert. granted, 116 S. Ct. 40（1995）.

㉕　Ibid.

中的很大一部分早已发生。就专利无效问题请求简易判决的过程中，涉及对相关在先技术的详尽调查和研究，包括第三方的活动以及专家证人的证词。专利诉讼涉及大量的交易成本，因为与根据其他理由作出的简易判决相比，在专利无效基础上作出的简易判决所需费用更高。随着费用的增加，侵权诉讼中的被告所接到的专利实施许可的要约经常会变得越来越诱人。而被告在考虑是否接受这样的要约时，只会考虑其自身的成本，而不会考虑潜在的对于社会的益处或成本。

从总体上说，我们的研究结果表明，与专利诉讼有关的交易成本十分可观，而由法院就专利有效性、专利侵权以及侵权救济（例如禁令或损害赔偿）所作出的实体判决则较为罕见、昂贵，且并不是大多数当事人所追求的。大多数专利诉讼在原告起诉后反而很快就解决了（12～15个月），从而使专利诉讼的实际成本大大下降。[26]

经济学理论暗示，在专利案件中的高和解率，是当事人为了避免高额的诉讼成本所采取的途径。如果一项判决——尤其是关于专利无效的判决——最终将耗费大量成本，通过和解解决纠纷的动机将会很高。当事人将会权衡继续进行诉讼的个人收益与成本。但是，当事人将不会考虑研发成本降低或产品价格下降这样的公共利益。因此，既然判决——特别是关于专利有效性的判决——成本很高，很少有案件为了充分清除"坏"专利一直进行到专利有效性或专利侵权的最终判决作出。

三、"改造"专利商标局

不当授权的专利可能一直留在市场上不受司法审查，即使该项发明创造既无新颖性也无创造性。一项用于研究专利权人与被控侵权人/无效宣告请求人之间的交互作用的博弈论模型，显示出专利制度在专利商标局的行政阶段和在法院的执行阶段产生的交易成本所具有的负面影响。该项研究特别指出，对于现有制度下不当授权的专利，现有制度本身缺乏有效的制约措施。

每当专利商标局颁发一项不当授权的专利，专利权人就从资源的不当分配中获得将产生私人及社会成本的财产权利。一项"坏"专利的存在，除非被成功地无效掉，否则将产生私人成本：相关的企业不得不支

---

[26]　Ibid.

付许可使用费来使用该技术，并且消费者也不得不支付更高的价钱来购买专利权人的产品。一项"坏"专利也将产生社会成本，即所有私人成本的总和加上对于竞争企业的投资过程的外部效应。

司法体系传统上能避免某些不当授权的专利留存在市场上。法院提供给竞争企业和发明者一个评价及严格限制专利权人对于其发明创造的权利的途径。但是，诉讼的代价是高昂的。正如我们在我们的模型中所指出的那样，诉讼的高成本使得大量不当授权的专利能够留存在市场上。

请考虑以下所述的专利商标局授予一项"坏"专利的情形。我们一开始假设专利商标局授予一项专利给 J 公司，即专利权人，一个竞争者 I 公司受到该专利的影响。一旦专利商标局授予该项专利，I 公司必须决定是向法院提出无效宣告的诉讼还是让 J 公司继续享有专利权。根据我们的分析，我们认为挑战一项不当授权的专利的有效性有三种不同的结果。第一，该专利可能因为没有竞争者提出任何质疑而维持有效。这种结果将发生在"坏"专利所造成的利益损失小于诉讼所产生的成本的情况下——对于质疑该项专利的竞争者来说，维持该项专利的现状要比提起一项费用高昂的诉讼来说更为划算。第二，该项专利可能在没有任何私人协议的情况下直接在法院被提出挑战。发生这种结果要么是因为 I 公司拒绝 J 公司的要约，要么是因为 J 公司从未向 I 公司提出要约。最后，当事人之间的一项私人协议将使该专利免于在法庭上的彻底裁断。在这种情况下，虽然这项"坏"专利仍然维持有效，但提出挑战的一方可减少由"坏"专利带来的成本。综上，"坏"专利只有在一种情况下才会真正受到挑战，那就是挑战者 I 公司放弃挑战将损失的利益，大到足以弥补诉讼的高成本，并且专利权人没能促成一项可以分享部分利益的私人协议。[27]

如果挑战该项专利的预期收益大于诉诸诉讼的预期成本，I 公司会倾向于向法院提起诉讼。相反，如果预期收益太小，以至于与预期成本相当，I 公司则倾向于支付许可使用费或者改变投资方式以免使用新取得专利的技术而被认定违法。在后一种情况中，不当授权的专利产生了低效的经济后果，那就是昂贵的诉讼和允许"坏"专利存在的专利审查程序

---

[27] Jay P. Kesan and Andres A. Gallo, *Why 'Bad' Patents Survive in the Market and How Should We Change? – The Private and Social Costs of Patents*, 55 EMORY L. J. 61, 77–80（2006）.

所产生的巨大的交易成本。

专利诉讼成本和判决质量的变化也会影响到挑战专利的动机，从而影响到一项专利被维持有效的概率。诉讼成本是决定一项专利是否会在法庭上受到挑战的一个重要因素。撤销"坏"专利所需的巨大交易成本将降低社会福利。在许多案例中，专利没有受到挑战正是因为挑战者的诉讼成本太高。诉讼成本并不仅限于参与诉讼程序的直接成本，还包括诉讼成本的外部性所带来的间接成本、"坏"专利的存在，以及挑战者的机会成本。因此，专利商标局授予"坏"专利或不必要的专利，给希望该专利无效的企业和消费者带来了巨大的损失。[28]

目前美国的专利制度很大程度上依赖司法系统来解决不当授权的专利所带来的问题。[29] 但是法院并不一定十分了解或者有足够能力去评价专利的有效性。在过去的几十年里，有关互联网商务方法和软件技术的专利不断增加，开辟了许多法官们并不熟悉的专利技术领域。因此法院常常无法消除"坏"专利。相反，"坏"专利往往能够保持有效，即使经过了法院的司法审查。

专利商标局原本设想，"坏"专利会在法庭上受到挑战，然而正好相反，大部分不当授权的专利并没有在法庭上受到挑战。事实上，不当授权的专利可以一直存在于市场上，给社会造成长期的福利损失。而且，整个专利制度仅仅依靠司法审查，对于纠正专利审查程序中的错误是远远不够的。所以，提出新的机制以改进专利商标局所采用的行政程序是十分必要的。特别地，增加行政程序中对专利申请的质疑，例如专利异议程序，通过纠正和限制不当授权专利的数量，可以改进专利商标局所发挥的作用。

专利权人与被控侵权人之间在战略上交互作用的博弈论模型，强调了交易成本的重要性，也突出了降低授权后专利有效性挑战程序的成本的必要性。近几年来，上文提到的专利商标局在运作过程中的问题，促使许多学者和评论者提出了一些有关专利授权和管理方面的新制度。许多提议中都包括了在专利商标局内部建立一个异议体系。

在这样一个异议体系中，一旦一项专利被授予，或者在被授予之前，

[28] Ibid., 87.

[29] Ibid., 90.

设有一个期限可以让企业或个人对专利的有效性提出质疑。如果有人提出质疑，专利商标局将审查自己针对该受质疑的专利或商业方法所作出的决定。如果在法定的期限内该专利没有受到挑战，则此后的挑战就必须在法庭上提出。即使专利商标局宣告一项受挑战的专利有效，提出挑战的公司和个人可以决定继续提起诉讼。但是，我们认为，一旦专利商标局审查某项专利并维持其有效，该过程中所产生的信息以及所作出的决定将使法院更有可能作出一项明智的判决。因此我们认为，在专利商标局挑战专利有效性的制度将是司法无效制度的重要补充，而不仅仅是一个附属。㉚

首先，关于异议制度的成本，关键是提供一个成本低于司法无效制度或者典型的许可协议的异议机会。㉛ 如果向专利商标局挑战一项不当授权的专利的成本大大低于达成一项许可协议的成本，则挑战成功的几率将会更高，而"坏"专利被维持有效的几率将更低。在我们的模型中，较低的异议成本使得不太可能成功的异议个案数量减少。较低的成本使得异议制度的运用次数增加，也使得达成许可协议的可能性降低。因此，我们有理由相信，在针对不当授权专利的异议程序中，专利商标局完全可以达到比现有专利制度下更高的水平。

其次，专利商标局在异议程序的制度设计方面，应当以改进信息公开程度和提高效率为目标。㉜ 在异议制度下，促使专利权人在申请专利之前进行更加彻底的现有技术检索是十分重要的。在现有技术检索过程中所获取的信息在异议程序中是很有价值的。这些信息可以使专利商标局加快审查程序，并减少作出一项明智的决定所需的工作量。异议制度的另一个重要方面是其速度。为了提高效率，这项新的制度应当对挑战新专利设定一个期限。过了这一挑战期限，此后的挑战由法院来裁决。设定挑战新专利的期限将缩短新专利的有效性处于不确定状态的时间。为了给潜在的挑战者提供利用异议制度的平等机会，专利商标局应增加公开的内容，并提供在审查过程中曾考虑过的现有技术。改进信息公开程度和提高效率这两个因素之间的平衡，是建立一个良好运作的异议制度

㉚　Ibid. , 96.

㉛　Ibid. , 108.

㉜　Ibid. , 108.

的关键要素。

最后，专利商标局的决定理论上可以减少在法院挑战专利有效性的个案数量。[33] 例如，如果一项专利在专利商标局受到挑战，则其后来在法院受到挑战的机会将会较小，如果专利商标局在分析该案件并收集相关信息后作出维持专利有效的决定的话。有了这一特殊的保护，法院将拥有关于该专利及其质量的更多信息。因此，对于此前已被专利商标局维持有效的专利，挑战成功的难度较大。此外，专利商标局还将提供给法院有关一项在异议程序中被维持有效的专利的质量的可靠信息，这将减少法院的工作量。在我们的模型中，若专利商标局维持一项被挑战的专利有效，该决定将使挑战者在司法程序中无效该专利的成功几率降低。因此，我们可以预见，在专利商标局驳回其异议请求后，挑战者将不太可能会继续进行诉讼程序，除非其有充足的理由。

为专利商标局设计异议制度需要考虑有可能影响该制度异议效率的几个问题。这些问题之一是如何在授权前异议制度和授权后异议制度之间进行选择。虽然两种制度都有其明显的优点和缺点，但授权后异议制度被大多数国家的专利局采用，例如日本、德国和欧盟。

授权前异议制度有几个重要的优点。首先，该制度将促使专利商标局客观地分析异议请求。从总体上说，在授权后异议制度下，很难让组织成员撤销一项之前已经授权的专利。因此，在授权前异议制度下，异议请求更有可能被公正处理。其次，一旦专利商标局授予专利，该专利的有效性将更强，因为它获得的不仅仅是来自颁发专利的专利商标局的认可，还有来自异议制度的认可。这一加强的有效性将有助于应对未来在法庭上受到的挑战。最后，既然专利还未授权，自然人发明者或公司就必须利用异议制度来挑战专利的有效性而不是求助于法院。例如，在日本和德国，由授权前异议制度到授权后异议制度的转变，使得法院审理的专利无效案件增加，而异议案件的数量却减少。[34]

授权前异议制度也存在许多缺点。首先，拥有大量资源且实力雄厚的公司会更加频繁地对较小的发明者提出异议，以便阻止其获得专利。对于日本特许厅（JPO），转而采用授权后异议制度，实际上是美国公司

---

[33] Ibid., 108.

[34] Ibid., 109 – 10.

抱怨和极力游说的结果，这些美国公司认为日本公司在利用授权前异议制度来阻止其获得专利。其次，授权前异议制度所需的早期信息公开程序可能将保密信息泄露给专利权人的竞争者。这一信息公开会诱使竞争者战略性地开展行动并将投资转向给定的技术。相反地，早期公开制度的拥护者认为该制度会鼓励科技进步。最后，授权前异议制度会鼓励竞争者通过隐瞒可能使专利无效的现有技术来削减费用，他们宁愿等待该专利被授权。㉟

授权前异议制度的缺点可以通过以下方式进行改善：（1）采取特殊措施以避免旨在阻止新技术获得专利的过度异议行为，例如限制第三方可以提出异议的次数，禁止仅仅基于堆积的证据的重复异议，建立仅基于预期证据或类似证据的授权前异议制度；以及（2）在公开专利申请时一并公开专利商标局在审查过程中所引用的在先技术。㊱

授权后异议制度也有很多优点。首先，由于在授权程序中没有早期信息公开的要求，发明者的技术将处于受保护状态。其次，任何公司无法利用异议制度来阻止竞争者获得专利。挑战一项专利只能是在授权之后，这也就避免了授权前异议制度所存在的这种问题。最后，对于某些专利来说，是否挑战一项专利的决定可能随着时间发生变化。例如，一家公司可能就一项显而易见的技术获得专利，在开始时没有受到挑战，原因是该专利的价值不高。然而后来该项专利可能变得很有价值且对竞争的公司构成威胁。因此，授权后异议制度有助于提供一种在专利被授权后的一段时间可以提起的廉价的挑战制度。尽管如此，无论是在授权前异议制度中还是在授权后异议制度中，挑战者均可在法庭上对一项"坏"专利提出质疑。㊲

授权后异议制度有两个明显的缺点：其一，专利局为了维护其之前授予专利的决定，会更倾向于驳回异议申请。对于授权后异议制度，其运行过程中存在一个固有的矛盾，因为负责授予专利的同一班人马现在又要审查其所授予的专利的有效性。结果，审查员对于质疑其所批准的专利有效性的请求，会更愿意予以驳回。为解决该问题，可以任命一个

㉟　Ibid. , 110.

㊱　Ibid. , 110－11.

㊲　Ibid. , 111.

由独立于专利商标局审查部的行政异议法官所组成的异议委员会。其二，一旦某项专利被授予，对其所提出的异议相较而言会比较少。因此，对于挑战者来说，要想在对一项已授权的专利的复审中获得成功是困难的。[38]

在对两种异议制度进行仔细的利弊分析后，大部分观察者会倾向于选择授权后异议制度，而不是授权前异议制度。异议制度的一个重要特征是禁止反悔的适用范围，即异议委员会的决定可以在多大程度上限制在法院的后续诉讼。一种极端是，在异议程序结束后，任何类型的请求都可以向法院提出。另一种极端是，不允许继续向法院提出任何类型的请求。

在上述第一种情况下，由于没有禁止反悔规则，遇到困境的不仅是专利权人，还有异议制度的有效性。如果异议制度不能给法院的诉讼提供任何有效信息，或者至少使已经成功维护了自身专利的专利权人增加胜诉几率的话，那么异议制度作为一种评价专利有效性的手段就没有价值。在上述第二种情况下，如果挑战者不能在法庭上继续提出请求，那么异议制度就会沦为一种没有后续审查的一锤定音的游戏。任何极端的禁止反悔规则或者缺少禁止反悔规则都是不可取的，我们建议采用一种折中的解决方式，即异议制度可以产生司法先例，但并不禁止挑战者寻求司法复审。[39]

异议制度的另一个重要特征是其形式，是书面审查还是口头审理。在审查书面文件后就作出决定可以使证据的处理和审查更加快速，而且异议制度的费用也不多。相反，若异议制度可以批准完全的听证和现场作证，不仅更加繁琐，而且也会增加异议程序的费用。

所使用的费用安排的类型对于异议制度的建立以及专利权人和挑战者所受到的激励都会有所影响。正如本文其他地方所提到的，在专利挑战程序引入费用转移制度将增加专利挑战的数量，并改变专利权人和挑战者所受到的激励。特别地，如果我们希望引导专利有效性挑战的发展方向，当某项专利在诉讼程序或异议程序中被宣告无效或撤销时，我们可以考虑一种单向的仅有利于答辩人（或挑战者）的费用转移制度。对

---

[38]　Ibid.，111－12.

[39]　Ibid.，113.

于专利权人来说，如果异议制度所需的费用较低，且专利权人有可能必须承担异议程序的所有费用或者诉讼程序的所有费用，这将迫使专利权人努力获得质量更好的不太可能被异议的专利。对于挑战者来说，如果异议制度所需的费用较低，并且当一项专利被认定无效时挑战者有可能无须承担异议程序的费用，这将使挑战者更加愿意挑战无效专利。[40]

正如在我们的模型中所看到的，是否愿意利用专利异议制度，在很大程度上取决于该制度是否能为诉讼程序节省费用。因此，我们应当设计一种费用低廉的专利撤销制度，以便为诉讼程序提供一种有效的替代制度。否则，利用异议程序费用的增加将会对整个审查程序的效率产生不良影响。

四、在日本特许厅和日本法院进行的专利无效程序

若能在专利商标局中谨慎设计一套专利异议制度，第三方挑战已颁发专利的几率就会增加，获得一项针对此类异议的有关专利有效性的实体性裁决的几率也会增加。在过去的 5 年里，日本尝试采取一种双轨制的专利无效程序，挑战者对于已颁发的专利，既可以在日本特许厅提出挑战，也可以在日本法院提出挑战。针对在日本施行的双轨制无效程序的比较研究显示，两种程序是相互补充且有必要的。

在 2000 年之前的日本的专利侵权诉讼中，在日本特许厅作出专利无效的决定并且撤销一项已颁发的专利之前，该项专利应当被视为有效。2000 年 4 月，日本最高法院在 *Kilby* 一案的判决中认为，在专利侵权案件中法院在某些情况下可以审查专利的有效性，从而不受有冲突的先例的约束。在 *Kilby* 一案中，日本最高法院总结道，若一项专利很有可能被认定为无效，则执行该专利将构成"专利权滥用"，因此应当被法院禁止。需要澄清的是，"专利权滥用"这一术语与美国的专利滥用原则并不一样或者说并无关联。这一术语仅仅是涉及在日本法院的专利无效制度。在这种背景下，"无效"这一术语并不使用，因为在日本专利法中专利无效问题纯粹是日本特许厅要解决的事情。因此，日本最高法院在 *Kilby* 一案的判决中将法院所作的专利无效判定视作法院对专利权滥用行为的矫正。2005 年 4 月 1 日，*Kilby* 一案的判决所建立的允许法院判定专利无效的规

---

40 Ibid. , 115.

则被纳入日本的专利法中。[41]

直到不久前，日本特许厅还提供两种挑战已颁发专利的机制，即授权后异议制度和对专利无效问题进行审查的制度。这两种机制现在已经合并为一个在日本特许厅对专利无效问题进行审查的单一程序，该制度向第三方提供了通过行政途径挑战已颁发专利的机会。

表8.1以汇总重要的区别点和相似点的形式对日本特许厅所采用的专利无效程序和日本地区法院的"专利权滥用"程序进行了对比评析。

表 8.1　日本特许厅和日本地区法院的专利无效程序的比较

	在日本特许厅的专利无效审理程序	在地区法院的"专利权滥用"程序
可以提起无效宣告请求的主体	任何人任何时间	只有在侵权诉讼或确认不侵权诉讼中
无效的理由	日本特许厅看起来更擅长处理那些他们所熟悉的专利性标准	所有可用的理由
无效的标准	基本的专利性标准	无效的标准可能从理论上来说更高，要求"明显无效"，但实际上该标准可能与日本特许厅所采用的标准并无太大区别
无效程序的费用	相对较低	明显较高
无效程序的持续时间	大约 1 年	15～16 个月，但这一期间在逐渐缩短
判决的效力	判决对整个公众有效，而且保护范围会通过发布新的权利要求书而缩小	判决只约束当事人，而且法院并不发布保护范围更窄的权利要求书
作出决定的人	由 3 名或 5 名成员组成的审查员小组	地区法院法官和若干技术助理
判决的上诉	可以上诉到高级法院	可以上诉到高级法院
赔偿	不能判决赔偿	可以判决赔偿

日本特许厅对于专利无效的审理是一个费用相对低廉的程序。日本弁理士协会 2003 年的调查报告显示，在日本特许厅的专利无效审理中，

---

[41]　Ibid. , 116－17.

平均到每一个权利要求上所需的费用为 377534 日元（约合 3500 美元），这其中有超过 75% 是对应于该调查报告所显示的平均律师费，数额在 360000 ~ 420000 日元。根据日本弁护士联合会（Nichibenren）所发布的"民事诉讼律师费指引"，我们可以清楚了解到在日本进行一项专利诉讼可能需要的费用。该指引建议，若原告的赔偿请求在 3000 万到 3 亿日元，则起步费用为［3% + 69 万日元］，而胜诉费用为［6% + 138 万日元］，这相当于成功代理一个赔偿额约为 300 万美元的专利诉讼案件所收取的律师费，约 32.5 万美元。总之，一个专利诉讼案件所需的一般费用可以比在日本特许厅的专利无效案件贵上 100 倍。[42]

日本特许厅的专利无效程序在任何时候向任何人开放，法院有关专利无效的程序只在专利侵权诉讼或确认不侵权诉讼中才会出现。就挑战一项已颁发的专利的理由而言，人们更加信任日本特许厅处理诸如新颖性、创造性和实用性等这些由专利审查员日常处理的专利性问题的能力，而不是涉及与在先专利或出版物不同的证据形式的其他无效理由。此外，日本特许厅的审查小组所考虑的证据并不仅限于由当事人所提交的证据，因为审查员可以自己进行在先技术检索，若他们认为必要的话。因此，在日本特许厅的专利无效程序由于费用相对低廉得多，受到了第三方的青睐，若第三方的无效请求是基于缺乏新颖性或创造性则尤为如此。

在日本一个典型的专利诉讼案件的持续时间目前是 15 ~ 16 个月，但这一时间正在逐渐缩短为 1 年。这与日本特许厅的专利无效案件 1 年的持续时间相差无几。因此，最近几年，在同一纠纷中，日本法院在对专利有效性问题作出自己的判断前已利用了日本特许厅有关专利有效性的决定。

此外还有其他程序上的区别，例如这两类案件中的裁决效力是不同的，因为法院的判决只约束案件当事人，而日本特许厅的专利无效决定对于整体公众都有效。另外，日本特许厅中作出决定的人可能是一个审查员小组，而不是单独一个地区法院法官。地区法院的法官在对专利有效性作出评价时会有一名技术助理进行协助，这名技术助理通常是曾在日本特许厅任职的审查员，并被日本特许厅派往法院约 3 年时间。这一做法在日本似乎并没有引起人们有关权力分立的担忧，因为在日本，公

---

[42]　Ibid. , 119.

务员与私人代理人的区别，比起政府机关与法院之间在制度上的分离显得更为重要。最后，日本特许厅的决定与地区法院的判决都可以被上诉到高级法院。

对于那些为了成功地无效掉一个专利的一项或更多的权利要求而不断地提出无效请求的挑战者，日本特许厅显然没有一个可以防止重复的无效请求的机制。将来或许有必要考虑建立某种机制，以便促使挑战者在一个专利无效程序中提出其所有的无效请求，避免挑战者基于"新"的在先技术重复提出无效请求，而这些"新"的在先技术相对于已经提出的无效请求所依据的证据来说仅仅是堆砌的证据。

表8.2和表8.3总结了2000年4月至2003年11月之间与日本特许厅和地区法院的双轨制无效制度有关的统计数据。

自2000年4月以来的统计数据显示，在地区法院所进行的所有专利诉讼中的69%，专利无效问题或者在日本特许厅被提起，或者在地区法院被提起，或者在两个场合都被提起。在这69%的案件中，只有7%的案件在地区法院这一层级涉及专利无效问题。因此，在所有涉及专利无效的案件中，约90%在日本特许厅启动了专利无效程序。此外，在所有涉及专利无效请求的案件中，约有48%的案件，专利无效问题既在日本特许厅被提起，也在地区法院被提起。如上所述，在所有涉及专利无效的案件中，只有约10%的案件，专利无效请求只向地区法院提起。这些数据表明，尽管法院的无效程序最近被采用的频率有所增加，但是在日本，日本特许厅的无效程序似乎是挑战专利的一个更加可靠和有效的途径。[43]

表8.2　从2000年4月至2003年11月期间地区法院所审理的相对于日本特许厅专利无效程序的270个专利案件中不同类型的诉讼

31%（84个案件）	仅在地区法院进行的侵权诉讼
33%	既涉及日本特许厅的无效程序，也涉及地区法院对"专利权滥用"请求的审理
29%	仅日本特许厅的无效程序
7%	仅涉及地区法院的"专利权滥用"程序

[43]　Ibid. , 120.

表 8.3　从 2000 年 4 月至 2003 年 11 月期间日本特许厅和
地区法院就专利无效问题所作出的 71 个裁决的对比

单位：件

		地区法院	
		有效	无效
日本特许厅	有效	18	5
	无效	9	39

2000 年 4 月至 2003 年 11 月这三年间，当同样的专利在日本特许厅和地区法院都被提出挑战，其结果基本是相同的。由此可见，在大部分案件中（约 80%），日本特许厅和地区法院的意见是一致的。在大约 19.7% 的案件中，日本特许厅与地区法院对于相同的专利权利要求的有效性判断得出了不同的结论。虽然这一意见的分歧值得注意，但是两种决定都可以被上诉到高级法院，因此这两种不同的意见可以在上诉阶段得到调和。此外，这一意见的分歧大致与日本特许厅的决定在高级法院的上诉阶段中被撤销的比例相当（分别是 20% 和 18%）。简而言之，大约 20% 的案件最终结果不同的现象是可以理解的，并可以归因于日本特许厅和地区法院在审查所提交的证据方面所存在的结构和制度上的差异。这一分析结果暗示，这两个系统在处理专利有效性问题上是比较谨慎的。

通过这两个专利无效程序的细节和上述统计数据，我们还可以了解到更多信息。日本所采用的包括日本特许厅和地区法院的双轨制无效体系表明，这两种关于专利无效的方案是互为补充的，并有助于增加被第三方挑战的已颁发专利的数量。从以上所述的两种专利无效制度之间的具体区别可知，虽然在大部分案件中一项专利在两个地方都可以被挑战，但从经济和制度的角度来说，我们仍然有理由维持或建立一项既可以在专利局挑战专利的有效性也可以在法院挑战专利的有效性的专利制度。

五、结　论

专利制度所带来的关键性挑战依旧是：我们如何赋予发明者与其技术创新相称的专利权？令人十分担忧的是，专利商标局由于不能准确地确定已经处于共有领域或者属于其他专利的保护客体的技术信息的范围，授予了许多保护范围过宽的专利。目前的专利制度使得不当授权的专利留存在市场上，而这些专利又带来巨大的社会成本。最应当在法庭上对不当授权的专利提出挑战的当事人（例如被控侵权人和被告）担心的是私人成本而不是社会成本，因此有许多"坏"专利没有在法庭上受到挑战。而且，对一项"坏"专利的潜在挑战者经常为了节省诉讼开支而选择以和解方式结案，而不是以审判方式结案。支持这一推断的是，统计数据显示，诉讼开支低乃是因为大部分案件以和解方式结案。专利诉讼是这样一种解决问题的机制，当事人利用该机制先起诉，但经常以和解方式而不是审判方式解决他们之间的纠纷。因此，很少有针对侵权认定、专利无效或已颁发专利不可执行的判决出现。我们目前的专利制度允许"坏"专利存在于市场，而这一专利制度不应当仅依靠法院来清理低质量的专利。

一种当事人之间互相对抗的异议制度可以增加对专利的挑战。设计这样一套制度将使掌握专利商标局或法院都无法取得的局部性知识的当事人更多地对专利提出挑战。这一异议制度应当费用低廉，在授权后异议制度中引入行政异议法官，并且包含一种防止利用重复请求来进行拖延和骚扰的有限的禁止反悔规则。日本的双轨制无效制度表明，专利异议程序和法院的专利诉讼是互为补充且有必要的。

第九章　三边合作①——专利局之间
着眼于建立合理化的工作共享机制
检索与审查结果的互相利用②

作者：小野新次郎 （Shinjiro Ono）③

译者：许明亮

一、引　言

自 1983 年开始，三大专利局——美国专利商标局、欧洲专利局和日本特许厅——中的每一个都主持和参加过一年一度的为寻求解决每个专利局都共同面临的挑战和问题的合作方法的三边会议。在 20 世纪即将结束之际，一个共同面临的挑战是建立一个"无纸化专利局"。21 世纪初期，为减轻由全球专利申请增长所带来的不断增长的工作量，在采用工作共享机制方面的努力已逐渐成为关注的焦点。

二、历史背景④

在 20 世纪 80 年代初期，三大专利局已面临专利申请数量的急剧增长。日本特许厅在 1982 年收到超过 41 万件的发明专利申请和实用新型专利申请，这一数字相当于申请数量每年增长 15%。因此，日本特许厅预

---

① The Trilateral Cooperation, the website of the Trilateral Cooperation （2007）, at http：//www. trilateral. net.

② Shinjiro Ono, *Cooperation the Key to Reducing Pendency Times*, INTELLECTUAL ASSET MANAGEMENT MAGAZINE （August/September 2006）, at 11.

③ Shinjiro Ono, INTERVIEWS FOR THE FUTURE 301 – 6 （European Patent Office, 2006）.

④ Press Release, European Patent Office, '20 Years of Co – operation Between the European – Patent Office and the Patent Offices of the USA and Japan' （2002）, at http：//www. epo. org/about – us/press/releases/archive/2002/04112002. html.

测，若不采取措施，专利申请的审查时间将由 2 年增加到 7 年，同时，2800 万份纸质文件的存档量将在 10 年内扩大到 5000 万份。当时的日本特许厅长官 Kazuo Wakasugi 后来承认，这些预测清楚地说明了整个专利行政体系在未来的崩溃，当时的专利行政体系完全是建立在纸质文件的基础上。

类似的问题也出现在美国专利商标局和欧洲专利局的面前。1981 年美国专利商标局面临的情况是，每年的专利申请量超过 10 万件。为了形象地表达所涉及的文书工作的数量，若将这些数量的专利申请文件一个接一个地叠放起来，所达到的高度将大于帝国大厦的高度。然而，这个问题还远不止是单纯的文书工作量巨大这么简单。

在 1981～1982 年，美国专利商标局局长杰拉尔德·J. 莫兴霍夫受"无纸化专利局"愿景的启发，与 Wakasugi 先生和欧洲专利局局长范·边沁先生一起，发起了一系列会议，旨在提出合作方案以解决各个专利局所共同遇到的挑战。经过一系列双边会议，各方很容易且很快明白，各个专利局都有着相同的问题和目标。因此可以得出的是结论，如果在实现专利局自动化方面进行大量投资，则作为投资成果的为自动化目的所建立的制度应当是互相兼容的。该成果是建立一个独特且高效的国际合作框架：三边合作。第一届三边会议于 1983 年在华盛顿举行。从那时开始，三大专利局轮流主持两个专家会议，其中一个会议同时也是专利局首脑会议。上述想法被记录在第一次谅解备忘录中。这些会议设想在三大专利局之间就实现自动化、文件分类与索引、文件和电子数据的交换以及一些共同项目进行合作。

除了在自动化、专利文档编制和专利信息传播等方面进行合作，三大专利局还在专利实践方面进行合作。在第一届三边会议中，与会者相信，在协调专利法律和程序方面进行合作是十分必要的。因此，从三边合作初期开始，已有许多有关三大专利局的专利法律和实践的比较研究的项目在进行。2001 年在东京举行的关于减少专利局工作量和相关费用的三边会议上，三大专利局决定努力开发可以减少各自工作量的合理措施。

三、前所未有的案件拖延和不断增加的专利申请积案

在 2006 年会计年度，美国专利商标局有记录显示的专利申请数量超过 44 万件，除此之外，当时超过 70 万件的专利申请积案还在等待第一份审查通知书的发放。从 2005 年开始，平均审查时间已超过 30 个月。日本特许厅和欧洲专利局都遇到了类似问题。目前国际专利制度所面临的与案件拖延和专利申请积案增加有关的危机是前所未有的。的确，主要的几个专利局所维持的实质审查体系是否还能够满足专利申请人在速度和质量方面的要求，尤其是满足那些寻求全球专利保护的申请人的要求，已经令人怀疑了。美国专利商标局前局长布鲁斯·雷曼从目前的情况中看到，已有证据显示，国际专利体系正在面临一个逐渐逼近的危机。⑤

为了解决各自遇到的困境，三大专利局已开始实施战略性的规划，例如美国专利商标局的"21 世纪战略性规划"⑥、日本特许厅的"战略性计划"⑦，以及欧洲专利局的"控制工作量"计划。这些战略性行动方案的共同愿望是，训练并雇用更多的专利审查员，改进审查员和其他专利局官员的工作效率，以及为自动化和文档制作加大设备和资源的投入。虽然这些努力十分重要，但三大专利局都认识到，为了解决和克服目前的工作量问题，除了加强合作以外还需要以一种协调的方式采取行动。专利局之间工作共享的概念已经被包含在三大专利局各自的战略性规划中。

重复检索与审查

当许多专利局已经历并继续经历着拖延和积案所带来的问题时，三大专利局所受到的影响尤其大。考虑到 2005 年有超过 75% 的全球专利申请在这些专利局提出，这一事实就更加明显。然而有趣的是，在三大专利局所提出的所有专利申请中，约有 23 万件至少在三家专利局中的两家提出。这表明在三大专利局中存在大量的相同申请。总的来说，相同的专利申请在三大专利局中占三大专利局所收到的所有专利申请的 26%。

---

⑤ See Bruce Lehman, *Tackling the Shadow Over the International Patent System*, INTELLECTU-AL ASSET MANAGEMENT MAGAZINE (August/September 2006), at 8; Ciaran McGinley, *A European Perspective on Global Patent Workload*, INTELLECTUAL ASSET MANAGEMENT MAGAZINE (April/May 2007), at 9. European Patent Office, SCENARIOS FOR THE FUTURE (2007).

⑥ United States Patent and Trademark Office, 'The 21st Century Strategic Plan – Revised' (February 3, 2003), at http：//www. uspto. gov/web/offices/com/strat21/ stratplan_ 03feb2003. pdf.

⑦ Japanese Patent Office, ' IP Strategic Program 2003 – 2006 ' (last visited November 3, 2007), at http：//www. ipr. go. jp.

以美国专利商标局为例，在美国专利商标局所提出的所有申请中，约 50%的申请先前已在另一个专利局提出。而且在 2005 年，大约一半的外国申请，总计约 9 万件，最开始是在官方语言并非英语的国家里提出的，例如日本、韩国和中国（参见图 9.1）。

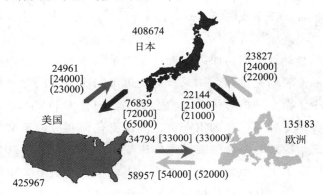

图 9.1　三大专利局的专利申请情况

注：2006 年的数字以不带括号的形式显示；2005 年的数字以方括号的形式显示；2004 年的数字以圆括号的形式显示（单位：件）。

来源：日本特许厅年度报告、美国专利局年度报告以及欧洲专利局 2004～2006 年度报告。

四、为考查检索和审查结果的相互利用的试点项目

专利申请在三大专利局之间的重复提出，显然提供了一个通过合作达到互惠互利的一个机会。考虑到三大专利局所面临的工作量方面的挑战，在维也纳举行的第 20 届三边会议的与会者同意启动一个双边项目，以便考查通过建立一个主要目的在于共享在先技术的检索和审查结果的技术性和程序性框架来促进三边合作的可行性。

在 2003 年年初，三大专利局逐步启动了"巴黎途径"（利用《巴黎公约》途径的国际申请）双边计划，包括欧洲专利局与日本特许厅、欧洲专利局与美国专利商标局以及日本特许厅与美国专利商标局，并将重点放在检索与审查结果的相互利用上。第一阶段，选取 25 个由两个专利局分别进行审查中的案件（总计 50 个案件）；第二阶段，选取 100 个由两个专利局分别进行审查中的案件（总计 200 个案件）。这些双边计划执行的方式类似于 1999 年"巴黎途径"并发检索试点项目，该项目只选取了 15 个案件，但选择的技术领域的数量和范围更大。三大专利局各自完

成对双边试点计划的评价，并在 2004 年 5 月的三边会议和 2004 年 9 月于东京举行的有关战略议题和工作成功共享的工作组会议上发布各自的最终结果报告。2003 年在东京举行的第 21 次三边会议发布的初步结果报告与该最终结果报告基本相同。这些结果报告足以为采用一项新方法制定基本原则，包含"三个支柱"。三大专利局正是在这一基础上从事进一步的工作。

这些试验性计划表明，如果受理首次申请的专利局可以及时向受理第二次申请的专利局提供检索结果，则受理第二次申请的专利局的工作负担将会减少，而专利的总体质量也会提高。三大专利局都意识到，欧洲专利局和美国专利商标局的审查员在对没有任何相应的英文同族专利的日文文本进行检索时都面临着巨大的挑战。在当时，大约 20% 的日本国内申请都提出了国际申请。在这种背景下，在检索整个文本的英文译文时，进行文本检索既不可行也不可靠，而且这样的文本检索实际上局限于检索这一文本的英文摘要（日本的专利摘要）。

时间问题

不用说，要达到上述目的，受理首次申请的专利局对申请进行检索必须是在受理第二次申请的专利局开始对相应的申请进行审查之前。遗憾的是，日本特许厅有关请求审查的制度允许申请人推迟专利审查长达 3 年（在 2001 年之前允许推迟最长 7 年），这一制度使得日本特许厅很难将检索结果及时移交给其他专利局。调查结果显示，当日本特许厅在该计划中属于受理首次申请的专利局时，只有极少数的指定申请（利用"巴黎途径"的国际申请）在受理第二次申请的专利局开始审查之前足够早的时间从日本特许厅获得现有技术检索结果。很显然，这一时间问题是三边合作有效进行的一个主要障碍。

为解决这一时间问题所提出的方案之一是，增加利用 PCT 途径的日本专利申请的数量，其理由是，若采用 PCT 途径，受理第二次申请的专利局获得包含意见的检索报告的日期将远远早于在直接申请的情况下。为此，日本特许厅和日本知识产权协会已经采取措施促使日本申请人采用 PCT 途径。

它们的努力已使得采用 PCT 途径的日本申请人数量大增（超过两倍）；这一数量已从 2001 年的 11700 件增至 2006 年的 26000 件。但是，进一步的分析指出，最多只有 50% 的日本国际申请会最终使用 PCT 制度，这一比例大约相当于欧洲主要国家的专利申请中通过 PCT 途径向美国专利商标局提出申请的比例。因此，如前所述，为解决工作量问题所开发出来的一项新方法包含三个支柱。第二个支柱就是专门针对时间问题，尤其是对"巴黎途径"的申请（参见图9.2）。

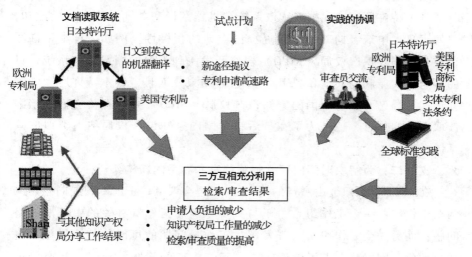

图 9.2　为了互相利用工作成果的三方努力

五、支柱一：包含机器翻译的档案读取系统的开发

第一个支柱是开发一套用于读取日本特许厅专利申请档案信息的基础设施。档案读取系统是一个在线文件夹查阅系统，可以使各个专利局获取其他专利局发出的审查文件。在这方面，美国专利商标局和欧洲专利局分别提供了名为 PAIR 和 Epoline 文件检索的公共网络服务。2004 年10 月日本特许厅启动了其供公众使用的档案读取系统，即高级工业产权网络（Advanced Industrial Property Network，AIPN）。

AIPN 与 PAIR、Epoline 的功能相同，但有一个关键区别，AIPN 还提供所有档案文件的机器翻译。因为日本特许厅使用日语作为正式的工作语言，故有必要将某个档案的历史内容，例如驳回理由，翻译成英文以供其他专利局使用。因此，日本特许厅增加了一个机器翻译系统，该系统已经用于知识产权电子图书馆（IPDL）之中，可将日本专利文献翻译成英文。另外，三大专利局正在合力改进 AIPN 的功能。这些改进包括，通过建立和改进科技专业词典来提高翻译质量，以及优化可供欧洲专利局和美国专利商标局使用的反馈系统。作为这些努力的成果，AIPN 的一个升级版本在 2006 年 3 月启动，该版本具有一个与美国专利商标局和欧洲专利局所使用的界面相同的界面。通过这一相同的界面，如今三大专利局之间的数据共享达到了一个从未有过的水平。

日本特许厅新一代档案读取系统在机器翻译和共同界面方面的成功，引发了日本申请者向其他专利局提出申请的积极性。例如，日本特许厅正在与韩国知识产权局（KIPO）合作开发一种类似的档案读取系统，目的是与三大专利局共享和利用检索/审查结果。而且，日本特许厅和韩国知识产权局已开始与中国国家知识产权局（SIPO）共享有关它们的档案读取系统的信息，也是为了在日后将中国国家知识产权局纳入类似的共享体系中。

六、支柱二：为解决时间问题并加强共享和利用的新构架

在 2001 年于旧金山举行的第 19 次三边会议上，三大专利局同意建立两个工作组：一个工作组致力于与减少专利局工作量有关的中长期战略问题；而另一个工作组负责开发解决工作量问题的可能的技术措施，例如自动化、网络化、电子申请等。关于新构架的问题，美国专利商标局和日本特许厅首先采取了行动，因为日本申请者所提出的美国专利申请的数量（2005 年有 72000 份申请）在美国非本国申请者中排首位。而且，在 IT 行业中的大部分日本申请者倾向于采用"巴黎途径"而不是 PCT 途径。因此，时间问题在各个专利局之间至关重要。

2006 年 3 月 30 日，美国商务部（DOC）与日本经济贸易产业省（METI）发布了一个为加强美国与日本在知识产权保护与执行方面合作的 DOC - METI 共同倡议。⑧ 这一共同倡议包括了两项为建立一个解决时间问题的有效机制的两项措施：（1）专利申请高速路；（2）新的法律框架。

（一）专利申请高速路（Patent Prosecution Highway，PPH）试点计划

2006 年 5 月 22 ~ 24 日在日本举行的三边技术会议上，美国专利商标

---

⑧ Press Release，United States Department of Commerce，'The U. S. Department of Commerce and Japan's Ministry of Economy，Trade and Industry Announce a Joint Initiative for Enhanced Cooperation on IPR and Other Issues' (March 30，2006)，at http：//www. commerce. gov/opa/press/Secretary_ Gutier-rez/ 2006_ Releases/March/30_ DOC - METI - Initiative_ FINAL. htm.

局与日本特许厅共同宣布了专利申请高速路试点计划。[⑨] 针对以"巴黎途径"提出的申请的专利申请高速路试点计划始于 2006 年 7 月 3 日，并持续一年时间。若申请人的权利要求对于受理首次申请的专利局来说必定是可接受的/可授予专利的，则专利申请高速路试点计划允许其相应的申请在受理第二次申请的专利局中优先于其他申请得到处理，同时还允许受理第二次申请的专利局利用受理首次申请的专利局的检索和审查结果。该计划还特别鼓励日本申请人尽早提出审查要求，因为在专利申请高速路计划下审查进度的加快将有赖于关于权利要求的意见陈述书的提交，这与详细论述要求保护的主题相对于引用文件为何是可授予专利的不同，目前的要求是如此（参见图 9.3）。

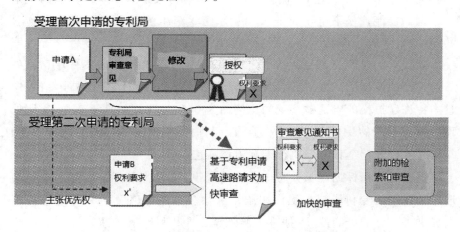

图 9.3　专利申请高速路（PPH）流程图

　　在美国专利商标局，专利申请高速路计划最初的通知书要求申请人提交一份来自每个包含可接受/可授予专利的权利要求的日本特许厅申请的所有专利局文件的副本以作为一项请求的基础，还要求提交一份这些文件的英文译文以及该译文的准确性声明。美国专利商标局 2007 年 7 月 3 日宣布将不再要求申请人提交一份"授予专利决定书"的副本，该决定书的英文译文以及译文准确性的声明。而将由美国专利商标局通过档

---

⑨　United States Department of Commerce，'Patent Prosecution Highway Pilot Program between the United States Patent and Trademark Office and the Japan Patent Office'（last visited Nov. 3，2007），at http：//www.uspto.gov/web/offices/pac/dapp/opla/ preognotice/pph_ pp.pdf .

案读取系统获取"授予专利决定书"的副本以及一份由机器翻译的英文译文。⑩ 这一修改后的要求在发布通知的当天就立即生效。

专利申请高速路计划的要求于 2007 年 6 月 12 日的修改是为了使某些基于 PCT 途径提交的申请能够符合参加专利申请高速路试点计划的条件。考虑到最近的这次修改，美国专利商标局和日本特许厅决定将试点计划延长 6 个月直到 2008 年 1 月 3 日。⑪ 各个专利局将在这 6 个月结束时评价该试点计划的结果，以决定是否以及如何充分执行该计划。

根据日本特许厅⑫关于试点计划从 2006 年 7 月 3 日至 2008 年 1 月 3 日的执行结果，国外申请人，例如微软、IBM、GE、ASML 荷兰和 BOSE（总共 42 个申请人）在日本特许厅提交申请的数量为 189 件；国内申请人，例如佳能、松下电子工业公司、东芝、精工爱普生和电装公司（总共 60 个申请人）向日本特许厅提交的申请的相应数量为 276 件。等待第一份通知书的时间大约是从请求之日起 2 ~ 3 个月（在普通案件中，第一份通知书的发出大约是在递交审查请求之日起 26 个月）。国外申请人向日本特许厅提交的申请被接受的比例约为 64%，该比例高于 2006 年所处理的所有申请的比例（49%）。美国专利商标局和日本特许厅已从 2008 年 1 月 4 日开始全日制地执行专利申请高速路计划。⑬

美国专利商标局局长乔恩·杜达斯说道："试点计划表明专利申请高速路为我们的专利局减少工作积压，消除多余工序以及更有效地进行审查提供了充分的可能性。"他进一步强调："专利申请高速路计划的执行是建立专利局之间的合作网络十分重要的第一步，这对于把工作成果共享机制在全球范围内完全变为现实来说是十分必要的。"

---

⑩　United States Patent and Trademark Office, *Revised Requirements for Requesting Participation in the Patent Prosecution Highway Pilot Program in the USPTO* 1319 OFF. GAZ. PAT. OFFICE 63 （June 12, 2007）.

⑪　United States Patent and Trademark Office, 'Extension of the Patent Prosecution Highway Pilot Program between the USPTO and the JPO' （last visited November 3, 2007）, at http：//www. uspto. gov/web/offices/pac/dapp/opla/preognotice/ pphextension. pdf.

⑫　Yukari Terakawa Yukari, Patent Prosecution Highway Program, the Whole New Approaches - The Outline of PPH and Result of the Pilot Program between the JPO and the USPTO, PATENT, 61/2 （February 2008）, at 26.

⑬　Press Release, 'USPTO and JPO to Implement Patent Prosecution Highway on Full - time Basis, at http：//www. uspto. gov/web/offices/com/speeches/07 - 50. htm.

专利申请高速路计划的执行是 2007 年 1 月美国商务部与日本经济贸易产业省之间关于加强知识产权保护的合作倡议的一个基石。该倡议要求美国专利商标局和日本特许厅展示出领导作用，采取积极主动的措施改进国际专利制度下的惯例和程序，以便在世界范围内促进快速、便宜和高质量的知识产权保护。

虽然欧洲专利局还未加入该试点计划，但三大专利局还在继续评估该试点计划的当前状态，考虑来自使用者的意见和对专利申请高速路体系的进一步修改。另外，三大专利局正考虑与三大专利局以外其他专利局在执行专利申请高速路计划方面进行合作。日本特许厅 2007 年 4 月启动了与韩国知识产权局的专利申请高速路试点计划，[⑭] 2007 年 7 月与英国知识产权局启动了该计划。[⑮] 2007 年 9 月，美国专利商标局也与英国知识产权局启动了为期一年的试点计划。[⑯] 美国专利商标局局长乔恩·杜达斯说道："与英国知识产权局的这一试点计划建立在我们与日本特许厅的工作基础上，并将有助于建立一个更加合理的国际专利制度。"2008 年 1 月，美国专利商标局将专利申请高速路网络扩展到加拿大和韩国的专利局。[⑰] 日本特许厅将从 2008 年 3 月开始将专利申请高速路网络扩展到德国专利商标局（GPTO）。[⑱]

（二）建立一个新的法律框架

为建立一个能将国际合作在专利申请高速路计划基础上更进一步的新的法律框架，目前已有三项提议；其中，两项是由美国专利商标局提出，一项是由日本特许厅提出。美国专利商标局的提议仍处于发展的初期，而日本特许厅的提议则展示出一条十分详尽的专利国际申请新途径。

---

⑭　Japanese Patent Office, 'Patent Prosecution Highway' (last visited November 3, 2007) at http: //www. jpo. go. jp/cgi/link. cgi? url = /torikumi/t_ torikumi/patent_ highway. htm.

⑮　UK Intellectual Property Office, 'Patent Prosecution Highway' (last visited November 3, 2007) at http: //www. ipo. gov. uk/patent/p – applying/p – after/p – after – pph. htm.

⑯　Press Release, United States Patent and Trademark Office, 'USPTO and United Kingdom Intellectual Property Office to Pilot Patent Prosecution Highway' (Sepember 4, 2007), at http: //www. uspto. gov/web/offices/com/speeches/07 – 37. htm.

⑰　Press Release, 'USPTO Expands Patent Prosecution Highway Network to Canadian, Korean Patent Offices: Trial projects will promote efficiency, higher quality', at http: //www. uspto. gov/web/offices/com/speeches/08 – 04. htm.

⑱　PPH pilot program between the JPO and the GPTO, at http: //www. jpo. go. jp/ rireki/index. htm.

新途径提议 针对向国外提出的申请的"新途径"提议是一项具有创新性的框架，在该框架下，受理首次申请的专利局的检索和审查结果根据一个国际性协调时间表被传送到受理第二次申请的专利局。在这一新的框架下，对于申请的全面有效的相互利用应该是可以实现的。

以下是新途径提议的基本概念（参见图9.4）：

（1）一份通过新途径向受理首次申请的专利局提出的申请，被视为在向受理首次申请的专利局的提出申请之日，已向受理第二次申请的专利局提出申请。一份向受理首次申请的专利局提出的新途径申请，在受理第二次申请的专利局的地位与一般的国内申请相同（"一份申请"）。

（2）一份新途径申请一旦被提出，第一步由受理首次申请的专利局进行国家/地区检索和审查。国际阶段的审查和国家/地区阶段的审查之间不存在冗余（不同于PCT途径，新途径没有国际阶段和国家/地区阶段的区分）。

（3）申请人提交译文的期限是从申请日/优先权日开始30个月。此外，受理首次申请的专利局的检索和审查结果远远早于30个月最后期限之前就发布，这样申请人就可以充分考虑是否有必要继续向受理第二次申请的专利局提出申请（"30个月的延缓期"）。

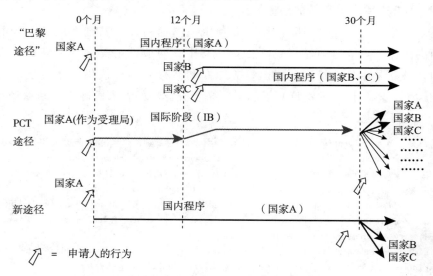

图9.4 "巴黎途径"、PCT途径与新的专利申请途径提议的比较

　　新途径被设计成一个由若干国家之间的协定所建立的多边框架,其目的是为现有的申请途径提供补足。可以说,这一新途径是"巴黎途径"和 PCT 途径最佳部分的结合。虽然新途径在很多方面与 PCT 途径相似,但它可以向申请人进一步提供巨大的便利。考虑到欧洲专利局的保留,三大专利局在认识到有建设性地探索用户的其他选择的重要性的同时,继续讨论日本特许厅的提议。日本的信息技术和汽车行业所提出的申请占据了日本向美国专利商标局提出的所有申请的大部分,但却没有像化学行业或制药行业那样利用 PCT 途径。2007 年 5 月在亚历山大市所举行的三方专家会议上,美国专利商标局和日本特许厅同意启动一项被提出的类似的新途径试点计划,该计划是为了在两个专利局中评估基于在现有法律体系 (PCT) 下的两种现成申请方案的新途径框架的优劣,因为根据设想,新途径框架要求对美国专利商标局的法律进行变更。[19] 这两种可以参加新途径试点计划的申请方案是:

　　(1) 一项优先权申请向第一个专利局提出,而要求享受该优先权的一项 PCT 申请以该第一个专利局作为受理局提出;如果优先权申请的检索和审查结果能在其申请日起 26 个月获得,且对应的 PCT 申请在第二个专利局进入了国家阶段,则该国家阶段的申请可以参加新途径试点计划。

　　(2) 一项 PCT 申请向作为 PCT 受理局的第一个专利局提出 (这里不存在优先权申请),然后该 PCT 申请在第一个专利局较早地进入国家阶段;如果该国家阶段申请的检索和审查结果可以在国际申请日起大约第 26 个月前获得,且该 PCT 申请在第 30 个月前在第二个专利局进入国家阶段,则在第二个专利局的国家阶段申请可以参加新途径试点计划。

　　新途径试点计划于 2008 年 1 月 28 日在两个专利局启动。[20] 一旦每个专利局作为受理第二次申请的专利局所受理的申请有 50 件参与了试点计划,或者一年期限届满后 (届满日为 2009 年 1 月 28 日),该计划将结束,具体的结束日期以二者中先到者为准。

---

　　[19]　Twenty – fifth Trilateral Conference – Washington, November 7, 2007, 'Summary of the 25th Trilateral Conference Alexandria, Virginia' (November 9, 2007), at http: //www. uspto. gov/web/offices/pac/dapp/opla/preognotice/new_ route_ pilot_ 012008. pdf.

　　[20]　New Route Pilot Project between the United States Patent and Trademark Office and the Japan Patent Office, at http: //www. uspto. gov/web/offices/pac. dapp/opla/preognotice/new_ route_ pilot_ 012008. pdf.

"三途径"提议 2005 年在慕尼黑所举行的第 23 次三方会议上美国专利商标局提出了一项三方检索共享计划，通过该计划三大专利局将应申请人的申请，进行连续但紧密衔接的、互为补充的检索，并将检索重点放在各自能够取得的文献上。三大专利局确信，美国专利商标局的提议对于那些希望得到高质量的检索结果的申请人来说将是一个有用的选择。有关"三途径"计划的讨论还在继续，尤其是从减少工作量和满足用户需求的角度。

面对快速审查的专利申请战略性处理 (Strategic handling of applications for rapid examination，SHARE) 2006 年在东京举行的第 24 次三方会议上美国专利商标局提出了一个新的工作共享概念以供参考和讨论，在该概念中专利局将主要精力放在首次提出的申请上，只有在能从受理首次申请的专利局取得检索/审查信息时才开始处理第二次提出的申请。第 24 次三方会议也决定建立一个"关于加强工作共享的工作组"，该工作组将致力于尽最大可能进一步推动对其他专利局所作出的检索和审查结果的共享与利用。除了在三方会议上，它们还继续在工作组中继续讨论面对快速审查的专利申请战略性处理。

2007 年在亚历山大市举行的第 25 次三方会议决定对首次申请的每个专利局的可行性进行研究，目的是协调 2008 年 4 月开始的试点计划。在这点上，日本特许厅提出一个"日本专利快速信息发布战略"（JP – Fast Information Release Strategy，JP – First）的概念。日本特许厅优先考虑那些先在日本特许厅提出，之后又在其他国家的专利局提出并要求日本优先权的专利申请的审查。这类首次申请若是在 2006 年 4 月 1 日提出且在两年内提出实质审查请求，则自动获得 JP – First 的资格（申请人无须作出任何行动）。日本特许厅打算原则上在提出实质审查请求之日起或申请公开之日起 6 个月启动审查程序，以最先发生者为准且不晚于申请日起 30 个月。也就是说，第二个专利局最晚可以在申请日起 18 个月获得第一次审查行动的结果，这样通常可以在第二个专利局及时启动审查程序，如果申请人享有《巴黎公约》所赋予的 12 个月的优先权期限的话。

七、支柱三：专利法律及实践的协调

（一）专利实体法协调的迫切需要

工作共享机制的有效性受到各国法律与实践之间的区别的限制。所以，即使一个专利局可能已经对一项申请进行检索和审查，但目前各国专利制度的区别可能导致这样的情况发生，那就是，一个专利局认为一份文件可作为现有技术，而另一个专利局却不这么认为。若想在各个专利局之间实现检索和审查结果的广泛且有效的分享与利用，实体专利法及实践的协调是一个迫切的目标。例如，审查员交流计划已经开始进行（参见图9.5），并且在实现专利局实践的协调和促进对其他专利局所提供的审查结果的相互信任方面具有十分重要的意义。

※ 参与审查员交流计划的审查员数量（件）

FY	JPO → EPO	EPO → JPO
1998	2	2
1999	3	3
2000	30	11
2001	32	31
2002	27	30
2003	32	28
2004	33	19
2005	16	16
2006	17	15
Total	192	155

三大专利局审查员交流

JPO — USPTO — EPO				
2004年4月 @USPTO	4	→	←	4
2004年10月 @EPO	4	→	4	→
2005年4月 @JPO	←	4	←	4

2005年、2006年情况也相同

※ 与日本专利局进行审查员交流的专利局

- 欧洲专利局（双边和三边）
- 美国专利商标局（三边）
- 英国专利局
- 韩国知识产权局

- 德国专利商标局
- 丹麦
- 瑞典

图9.5 与其他专利局的审查员交流

实体专利法中迫切需要协调的另一方面是，国家法律中的某些规定被认为是解决时间问题的障碍。例如，美国法院（在Hilmar原则下）以及美国法典第35篇第102章第（e）节（35 USC §102（e））拒绝承认外文形式的未正式出版的现有技术。这将促使外国申请人尽可能早地向美国专利商标局直接提出申请。日本申请人向美国提出的国际申请中约有20%是在其优先权日起8个月内向美国专利商标局提出的。也就是说，这一在后的申请体现了想获得国际专利保护的日本申请人有效利用PCT途径的一个主要障碍。

为解决实体专利法协调问题，世界知识产权组织（World Intellectual

Property Organization，WIPO）已开始主持采取进一步措施。为了解决目前在国际领域所存在的实体专利法的差异，美国和日本在 2004 年代表世界知识产权组织的 B 集团向专利法委员会和会员大会提出了一个"缩减包裹"计划提议。该提议主要是协调实体专利法的四个关键领域：（1）现有技术；（2）宽限期；（3）新颖性；以及（4）非显而易见性/创造性。也就是说，这四个关键领域对于实现合理的工作共享是十分重要的。遗憾的是，该提议被世界知识产权组织所搁置，在基于"缩减包裹"计划的协调方案方面并未达成一致意见。自 2004 年起，三大专利局以及欧洲专利局的成员国（B＋集团）一直在讨论"缩减包裹"计划，为的是达成一个相互都能接受的文本。

（二）由欧洲工业及雇主协会联盟（Union of Industrial and Employer's Confederation of Europe，UNICE）、美国知识产权法协会（American Intellectual Property Law Association，AIPLA）、知识产权权利人协会（the Intellectual Property Owners Association，IPO）和日本知识产权协会（Japan Intellectual Property Association，JIPA）所组成的三大行业联盟提出的标准格式提议

2005 年，三大行业联盟向三大专利局提出一项建议，即各专利局以 PCT 格式为基础改进专利申请格式标准。这样的话，一个申请人将可以只准备一份申请文件且能被各个专利局所接受。经过 2006 年三次工作组会议的详细讨论，三大专利局已就起草反映用户需求的专利申请标准格式的问题达成了共识。三大专利局确认，它们将于 2007 年协同用户一起实施相关的试点计划。这一标准格式方案将使得向三大专利局提出的专利申请更容易，也将提高专利申请人乃至三大专利局的效率。

八、结 论

任何一个专利局都无法凭一己之力应对这一危机，只有各个专利局之间以合理的工作共享为目的的国际合作才能提供出路。再加上目前在世界知识产权组织的谈判停滞不前以及与发展中国家就专利法律改革问题越来越难达成一致，美国专利商标局、日本特许厅和欧洲专利局必须在寻求解决目前的专利局危机的多方合作方案的过程中起到带头作用。在这三个国家的专利制度的大部分使用者的引导和支持下，这三个专利局最适合带头探寻有效的解决方案。世界上最大的五个专利局，即美国专利商标局、欧洲专利局、日本特许厅、韩国知识产权局和中国国家知识产权局的领导们于 2007 年 5 月聚集在夏威夷讨论进一步合作改进专利局效率和质量的方法，以应对日益增长的国际专利申请（参见图 9.6）

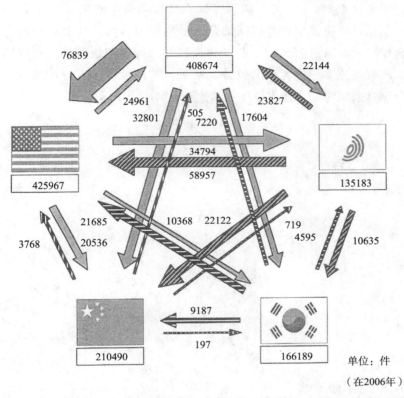

单位：件

（在2006年）

从 〉 到	日本	美国	欧洲	中国	韩国
日本	347060	76839	22144	32801	17604
美国	24961	221784	34794	20536	10368
欧洲	23827	58957	65606	22122	10635
中国	505	3768	719	122318	197
韩国	7220	21685	4595	9187	125476

图 9.6 2006 年在三大专利局、韩国和中国之间互相提出的专利申请

专利申请的不断国际化所产生的需求如何通过合作来处理，未来这方面的机遇如何是讨论的重点。世界知识产权组织曾预计，1985～2004年世界范围内专利申请的数量从 884400 件增长到约 160 万件。世界知识产权组织的报道进一步指出，1994～2004 年，向韩国知识产权局提出的申请增加了 488%，而向中国国家知识产权局提出的申请增加了 643%。这一增长态势使得与这些国家的合作显得更加迫切。五个专利局一共收到全球专利申请的 75%。这些专利局同意与韩国知识产权局和中国国家知识产权局分享三方合作的经验及结果，并继续探讨进一步的合作。上述会议对未来将三方合作扩展至其他专利局起到了示范作用。

第十章 "迷失在翻译中"：专利翻译错误对权利要求范围的法律影响

作者：唐纳德·奇瑟姆（Donald S. Chisum）

斯泰瑟·法莫（Stacey J. Farmer）

译者：郑立柱

真正的艺术在于选择和释义，却很少给人以逐字的翻译。

Thomas Bailey Aldrich，美国诗人（1836～1907）

一、导 论

对于刚刚构思出一项开创性发明的发明人而言，其发明具有大规模地影响全球市场的潜力，毫无疑问，他首先要做的工作就是向专利局申请专利。发明人定会竭力在撰写得很好的专利申请文件中详细阐述其发明构思。假设发明人在其最具价值的国外市场上获得专利授权之后，却发现相关的专利说明书具有致命的翻译错误，该错误如此严重以致它缩小了最初披露的发明范围并且导致要求保护的发明变成了一项毫无意义的构思。

遗憾的是，当一项专利在不同的国家和地区的专利局之间进行跨国申请时，上述情况时有发生。发明人因相同的发明构思在各个国家获得授权的保护范围可能是千差万别的。这不一定是因为这些专利局在批准授权时采用了不同的专利性标准，而是因为尽管翻译者出于一切应尽的谨慎，但是翻译后的专利说明书仍偶然会包含一个或多个翻译错误，而这些错误会不适当地缩小专利范围。换句话说，即发明构思变得"迷失在翻译中"了。①

　　另外有一种情况可能并不普遍，翻译错误可能导致一项专利要求比它在任何其他国家与之相应的专利更宽的范围，从而给予不适当的保护，这种情况能够导致专利部分或全部无效，因为翻译后的说明书中的主题超出了提出的申请（或者超出了相关的优先权文献记载）的范围。当然，这种错误也会导致一项专利申请在被授权之前即被驳回。

　　在我们开始讨论翻译错误的潜在影响之前，首先要问：术语"翻译"的真正含义是什么？翻译过程基本上包括解释第一语言（源文字）并且产生新的第二语言（目标文字），其目的在于提供分别表达相同含义的两种不同的文字。理想情况下这个过程应该包括对任何文化的、语法的和语境的差异的外部考虑，否则直接——对应的翻译会造成不精确甚至荒诞无意的结果。**翻译**和**解释**的区别在于，翻译时词语被机械地从一种语言转化为另一种语言，而解释则需要考虑其他重要方面的交流，比如说话时的语音变调或者肢体语言，因此解释可以实现目标文字包含源文字中完整、本来的含义。只有在正确的解释下，源文字翻译中的真实含义才能准确地被目标文字捕捉到。

　　在撰写一份专利申请时（用源文字），通过其专利代理人发明人可以作为他自己的"词典编纂者"自由地为任何单词或词组定义已知的或替换的含义——尽管在特定的申请中可能并不清楚撰写人是否实际上已经使用了"字典编纂许可证"。② 即使清楚地提供了明确的定义，源文字仍然会给寻找创造出——对应的目标文字的专利翻译者带来许多问题。这些问题可能包含习语（或俚语）的使用、拼写错误、语法错误（例如残缺句、词序）以及特殊技术术语的使用（例如侧面的、可操作地接合、化学改性）。使翻译工作进一步复杂化的是，一个单词在不同的文化中通常可以产生截然不同的理解。例如，意大利、德国、日本以及美国的人们对"面条"的理解就很可能不同。甚至看似简单的常用词都能给翻译

---

　　① 本章的标题借用了 2003 年在日本东京拍摄的电影名称。该片由喜剧演员 Bill Murray 出演，Sofia Coppola 担任导演和编剧，该片曾获得奥斯卡最佳原创剧本奖。参见 www. lost - in - translation. com。

　　② 法官 Rader 在 *Merck & Co. v. Teva Pharmaceuticals USA*, Inc., 395 F. 3d 1364（Fed. Cir. 2005）一案的反对意见中强调了该实务中意想不到的困难。Citing Bell Atlantic Network Services v. Covad Communications Group, Inc., 262 F. 3d 1258, 1268（Fed. Cir. 2001）。

者造成巨大的困难。例如，"去"（to go）、"有"（to have）、"玩"（to play），以及"大约"（about）③ 只有考虑词语出现处的语境才能进行有效的翻译——从这些词语的众多可能的含义中选取适当的。

　　源文字可能还会包含一些概念的表达，而这样的表达在目标文字中是完全不存在的。例如，法语中的代词"tu"和"vous"都被翻译成英语中的"你"（you）。但是，这个独特的翻译不知不觉地改变了法语词汇中所固有的一项重要的含义："vous"作为"你"的正式用法是对于刚刚认识的人或者年长者的敬称。相反，"tu"是"你"的非正式称呼，在家人和密友之间使用更加合适。英语中与"tu"对应的词是"thou"——该词除了在英格兰和苏格兰的少数地域方言中使用外，当代英语已不再使用。类似的翻译问题也存在于德语之中，其中代词"Sie"与法语代词"vous"的使用方式相似，并且德语代词"du"与法语代词"tu"相同。当使用这些代词的源文字被翻译成缺少与之对应的表达的目标文字时，例如在选择正式的还是非正式的代词时，很容易忽略伴随其中的文化和其他语法上的微妙之处。广义上而言，在任何技术领域或非技术领域内解释语言时，清楚的是，在存在此类差异的地方进行翻译，重要语义的细微差别（例如，社会地位、语调情况、亲密程度、情感因素等）必将变得"迷失在翻译中"。

　　简而言之，翻译可能是不准确的，这不仅是因为翻译者犯了简单的语法错误，还是因为翻译者未能在适当的语境下恰当地解释术语。翻译者必须精确地将构成一项发明构思的基础的复杂技术特征从一种语言转化成另一种语言，考虑到其所承担的艰巨的任务，我们应该非常详细地探究该主题。

　　全世界的专利制度都要求专利申请明确发明的界限。申请不但必须阐明（可能用实例）发明的技术说明，而且还必须包含"权利要求"，即包含词语以及诸如数字和公式等其他可能的定义符号的精确的句子，以

---

③　参见 Merck & Co. v. Teva Pharmaceuticals USA，Inc.，395 F. 3d 1364（Fed. Cir. 2005）。在 Markman 程序中，联邦地区法院判决权利要求中的术语"大约"已经由专利权人在说明书中特别定义为"恰好"。联邦巡回法院反对，裁决认为"大约"并没有在说明书中被清楚地重新定义，因此应该给予其通常且被普遍接受的含义，即"近似"。该具有冲突的解释最终导致了专利无效的裁决。

确定作为一项"知识财产"权的发明的界限（例如："我要求保护方形的面条……"）。权利要求类似（但只是大致类似）对不动产（一块土地）范围的法律说明。不像不动产以及其他有形财产界限通常能够用适当的精确度衡量和说明，定义一项发明的"界限"是件难得多的任务。专利说明书通常会以阶梯式的方式提供至少一项宽泛的独立权利要求以及一项或多项相关的从属权利要求用以限制发明（例如，"权利要求1所述的面条，其中所述面条长度大约5厘米"或者权利要求1或2所述的面条，其中所述面条选自由意大利面、乌冬面和鸡蛋面疙瘩所组成的组群）。实质上，该组权利要求构成了发明构思的法律定义。文本，特别是权利要求文本，必须经过专利局审查员的初步审查以确定发明在事实上能否被授予专利权——随后经过法官的详细审查，出于认定侵权的目的（即，是否存在被控"侵权人"非法侵入财产？）以及有效性评估的目的（即，经过适当解释的权利要求是否具有与现有技术相区别的新颖性和非显而易见性，并且是否满足其他法律要求？）来确定权利要求的范围。

大部分专利制度都设计了某种保护措施确保一项发明的实质不会"迷失在翻译中"。但是，这些保护措施不是始终完美的并且不能充分防止因为无意的翻译错误而导致的权利要求保护范围的丧失。由错误翻译导致的对权利要求保护范围的潜在损害的范围从（1）过渡语中看似无害的错误（但在法律上确很严重）（即，"包含"变成了"由……组成"④）到（2）在一个或多个发明实施方式中完全遗漏了必不可少的技术特征。⑤

本章关于国际专利制度的"迷失在翻译中"问题的讨论是初步的，因为正如即将表现出来的那样，此问题复杂并且需要从国家、地区和全球的视角进行进一步的研究和分析。但是，本章的讨论基于一项清晰且简单的基本的政策前提：包含发明的原始披露内容的"源"文献代表了获知发明人的实际发明内容的最好尝试。专利制度应该与其他价值观念一致，诸如向潜在的竞争者明示专利权的范围，尽力保证不会因为语言

---

④　因为"包括"被赋予了比"由……组成"更宽泛的含义，这种错误在欧洲实务中能够产生严重的后果——在化学领域，"由A、B和C组成"意为排除了其他组分并且A、B和C的百分比之和一定是100%；参见欧洲专利局上诉技术委员会得判决：T 759/91 和 T 711/90。

⑤　专利要求必须包括发明所有的必要特征，在欧洲，这样的省略对权利要求来说是致命的。如果获得专利依靠的是经特别说明的技术效果，那么权利要求必须包括那些对实现技术效果必不可少的特征；参见欧洲专利局的判决：T 32/82。

翻译过程中的不精确的天性而使实际发明"丧失"或者被曲解。

我们还会探究三个主要的专利制度（欧洲、美国和日本）以及国际专利申请程序（《专利合作条约》或 PCT）是如何处理翻译错误的。当翻译错误无意地改变要求保护的发明的范围或实质时，针对发明人可能加以利用的救济进行简短但非详尽的评论。对于美国，我们沉醉于探究一种不同却具有启发性的专利语言翻译问题，即美国的"披露义务"是否要求申请人对提交给（通常是）只懂一种语言的美国专利审查员的非英语的（例如，德语或日语）现有技术参考进行准确说明。

二、欧　洲

起草于 1973 年并于 1977 年生效的《欧洲专利公约》（1973 年 EPC）只有 7 个原始缔约国。自此之后，许多其他欧洲国家已经加入 EPC，从而将各种各样的国家官方语言引入欧洲专利制度之中。⑥

1973 年 EPC 的起草者力图充分解决与获得和实施欧洲专利相关的程序中预计（projected to）产生的复杂的翻译问题。这项任务承担了极为重要的政治意义，因为公共政策要求个人和公司的利益一样不应该仅仅因为欧洲专利的权利要求用"外"语公布而被置于被侵权的风险之中。⑦1973 年 EPC 中规定的早期条款管辖的欧洲专利制度包含全面的、如果不是有点复杂的法律框架，用以规制贯穿于欧洲专利的申请提交、审查、批准授权以及授权之后的程序的翻译问题。

鉴于 EPC 缔约国大量增加以及自从 EPC 实施以来欧洲专利授权数量的稳定提高，注意到 1973 年 EPC 能够得益于与时俱进的上述现实情况，欧洲专利组织行政理事会作出重大努力对 EPC 进行了修改。修改的目的是在使欧洲专利制度现代化的同时保留 1973 年 EPC 中规定的专利实体法以及专利程序法中经过证明的基本原则。修改后的 1973 年 EPC（2000 年

---

⑥　原始缔约国（自 1977 年 10 月 7 日）为比利时、德国、法国、卢森堡、荷兰、瑞士及英国。目前有 34 个缔约国以及签署了 EPC 的 4 个延伸国。2008 年 8 月 1 日，34 个缔约国包括：奥地利、比利时、保加利亚、克罗地亚、塞浦路斯、捷克共和国、丹麦、爱沙尼亚、芬兰、法国、德国、希腊、匈牙利、冰岛、爱尔兰、意大利、拉脱维亚、列支敦士登、立陶宛、卢森堡、马耳他、摩纳哥、荷兰、挪威、波兰、葡萄牙、罗马尼亚、斯洛伐克、斯洛文尼亚、西班牙、瑞典、瑞士、土耳其以及英国；四个延伸国包括：阿尔巴尼亚、波斯尼亚和黑塞哥维那、前南斯拉夫马其顿共和国和塞尔维亚及黑山。

⑦　当然，论证所依据的假设在很多情况下是不可靠的。有多少丹麦和瑞典的工程师不能理解其专业领域内的英文技术文件呢？我们提交很少。

EPC）由缔约国代表团、世界知识产权组织（WIPO）以及其他各方于 2000 年 11 月在位于慕尼黑的欧洲专利局（EPO）总部召开的外交会议上制定。2000 年 EPC 的特征在于其对规制语言和翻译要求的条款进行了显著的修改，这些修改内容可能会对发生翻译错误的情况产生显著的实际影响。为了保证完整性，故 1973 年 EPC 仍然适用于所有未决的欧洲专利申请以及在 2000 年 EPC 生效时（2007 年 12 月 13 日）已经授权的专利，本章将牢记两个版本的 EPC 出现的差异，简明地解决复杂的欧洲翻译问题。

在深入研究 EPC 的授权和授权后的程序中与翻译有关的内容之前，我们提供两个具有启发性的"迷失在翻译中"的例子来介绍欧洲的翻译问题。首先，我们调查 EPC 本身（1973 年 EPC 第 69（1）条）出现的翻译问题。其次，我们思考翻译者所犯的一个看似无害的错误是如何引起大规模抗议并且激起公众对干细胞技术专利的激烈争论的，该技术在欧洲境内仍然存在争议。

EPC（1973 年版和 2000 年版）用英语、法语和德语全部三种 EPO 的官方语言公布。EPC 第 69 条及其相关的解释议定书规定了在国家层面给予欧洲专利要求的保护范围，特别是在专利陷入国内侵权诉讼的国家内。[8] 1973 年 EPC 第 69（1）条提到"欧洲专利或欧洲专利申请给予的保护范围取决于请求权项的**术语**……"[9]（着重强调）。EPC 的此项基本原则已经通过斯特拉斯堡公约第 8.3 条落实到大部分 EPC 缔约国的国内法之中，第 8.3 条的规定与 1973 年 EPC 第 69 条在措辞上实质是相同的。

---

⑧ 《欧洲专利公约第 69 条解释之议定书》规定："第 69 条不应在以下意义上予以解释，即一项欧洲专利所赋予的保护范围，应被理解为是由权利要求措辞的严格的和字面的含义所界定的。它也不能在以下意义上予以解释，即权利要求仅仅是作为一个指南（用于解释）（相反）它应该以居于这两个极端之间的方式进行解释。这种居间方式综合了对专利权人的公平保护和使第三方有合理的确定性。"此议定书的目的是避免不考虑专利说明书的情况下过分强调权利要求的措辞的字面含义——并且避免在现有技术之上扩大总的发明构思，这将不可避免地忽视作为对所披露发明进行公平定义权利要求。

⑨ EPC 第 84 条（两个版本）补充了 EPC 第 69 条的措辞并规定："权利要求书应确定请求保护的内容。权利要求书应清楚、简明，并以说明书为基础。"从实务上讲，用在权利要求书中的"诸如"、"优选地"以及"例如"的表述不具备含义上的限制效果，EPO 审查指南（2007），C－Ⅲ，4.9。同样地，包括"以 Y 方式使用的 X"通常将被解释为"（仅仅是）X 适合以 Y 的方式使用"——"Y"不被解释成是对"X"的限制。EPO 审查指南（2007），C－Ⅲ，4.13。不清楚这些权利要求范围的构建是否简化了翻译者的工作，但是，在这些细微差别未完全被目标文字捕捉到的地方，包含这样的词组的任何权利要求的含义可能会被出乎意料地改变。

讽刺的是，正是 EPC 第 69（1）条规定的指引告诉我们专利保护范围取决于"请求权项的**术语**"（英文版），或许该规定本身就是"迷失在翻译中"的。在德文版和法文版的 1973 年 EPC 第 69（1）条中与"请求权项的**术语**"对应的分别是"**Inhalt** der Patentansprueche"和"**teneur** des revendications"。有趣的是，对于掌握多种语言的读者来说，"Inhalt"和"teneur"具有更宽的解释，因此他们必须考虑术语出现的语境，否则可能会赋予英语"术语"更宽的字面含义。自从 EPC 第 177（1）条规定 EPC 的全部三种官方版本（英文版、法文版和德文版）具有等同的效力，当读者查阅 1973 年 EPC 第 69（1）条试图适当地解释欧洲专利的权利要求时，读者可用的法律上的指导会"消失"。2000 年 EPC 修改的起草者敏锐地意识到了这个问题，修改第 69（1）条为"欧洲专利……所给予的保护范围取决于权利要求"的简单描述，从而在各个的译本中完全删去了单词"术语"（以及"Inhalt"、"teneur"）。

用于强调欧洲的翻译问题的第二个例子是臭名昭著的"爱丁堡"专利，这个例子描绘了一个翻译中看似无害的疏忽是如何迅速引起了不但是绿色和平组织而且数个欧洲国家政府注意的。在这个案例中，含有相对易懂的术语（"动物"）的专利权利要求变得极其迷失在翻译中。

1999 年，EPO 批准将主题为"动物转基因干细胞的分离、筛选和繁殖"的 EP0695351 专利授权给苏格兰的爱丁堡大学。该发明最初要求保护的是分离和/或增浓和/或选择性地繁殖**动物**干细胞的方法，以及在这些方法中使用的经过基因修改的**动物**细胞及**动物**。观察员立即注意到被授权的专利权利要求（英文版）能够合理地解释为覆盖了人类克隆。绿色和平组织以及德国、荷兰和意大利政府迅速提出了正式的授权后异议，因为该专利严重违反 EPC 规定的专利性规定（在本案中，权利要求与"公共秩序"或者 1973 年 EPC 第 53（a）条规定的道德相悖）。出现该错误的原因是专利权利要求的翻译者（翻译成 EPO 的另外两种官方语言，法语和德语）未能加上一个关键的限定词确保被授权的专利限制为非人类动物。以下是用三种官方语言撰写得不精确的权利要求（权利要求 47、48）的措辞：

（德文）："Verfahren zur Herstellung eines transgenen **Tieres**"

（法文）："Procédé de préparation d'un **animal** transgénique"

（英文）："A method of Preparing a transqenc **animal**"

为了指导对权利要求的解释，被授权的专利说明书解释到："在本发明中，术语'动物细胞'是为了包含所有的动物细胞，特别是哺乳动物种群，包括人类细胞"（【0011】），因此相当清楚，专利权人意图将要求保护的特征"动物"包含哺乳动物种群中所有**动物的细胞**，包括人类单能和多能细胞以及由此衍生的胚胎干细胞（参见【0012】）。

至少从英文版的专利文件来看，合理的权利要求的解释将引导读者将专利范围适当地解释为包含了克隆人类的方法，这不但直接违反了 EPC 明确的那些可被授予专利权的要求，而且甚至违抗了欧盟指令。⑩ 相反，分别在德文版和法文版的权利要求中使用的"Tieres"及"animal"被理解为只包含非人类的动物。不论该翻译错误是由 EPO 工作人员的疏忽还是外部的翻译者的错误造成的，被授予专利权的转基因"动物"的预想（整体的）意思显然是含糊不清的。经过修改，将术语"非人类"引入到不精确的权利要求之中并且删除了所有涉及人类或动物胚胎干细胞的披露内容，最终欧洲专利局异议处维持了修改后的专利——虽然该专利仍然有效地保护修改后的人类和动物的**除**胚胎干细胞之外的干细胞。

考虑目前约有 30 种语言，针对在欧洲专利局提出申请、审查以及授权后的程序性阶段，EPC 先于 EPO 提供了规制贯穿整个过程之中的语言和翻译问题的框架。该框架广泛地基于两个不同的种类：（1）EPO 官方语言；以及（2）可受理的特定的 EPC 缔约国认可的非 EPO 官方语言。1973 年 EPC 第 14（1）条规定：一项专利申请，不论来源国，提出欧洲专利申请必须使用三种 EPO 的官方语言之一——英语、法语和德语（"默认"规则）。1973 年 EPC 第 14（2）条规定了该规则的一项例外，自然人或法人在 EPC 缔约国的领域内有住所或主营业所的（以及该国国民居住于国外的）可以使用**该国**的任何官方语言提出欧洲专利申请。该项例外同样适用于欧洲分案申请——译文应用在先"原案"申请的程序

---

⑩　该被授权的专利显然违反了 1973 年 EPC 第 53（a）条及欧盟生物技术指令第 6（1）条下可被授予专利权的例外（两部法律都禁止违反"公共秩序"或道德的发明获得专利——保护社会的公共健康、安全、福利以及个体的身体健全）。EPO 最终维持了一组修改后的权利要求，但仍然坚定地确认驳回任何违反了道德的包含人类胚胎干细胞被披露的实施方式（1973 年 EPC 第 53（a）条及其实施细则第 23d（c）条）。

中最初用语言提出（1973 年 EPC 实施细则第 4 条/2000 年 EPC 实施细则第 36 条）。申请人想利用 1973 年 EPC 第 14（2）条的，就必须在规定的期限内提交一份使用欧洲专利局一种官方语言的译文；否则就有丧失被赋予的欧洲申请日的风险。⑪

2000 年 EPC 第 14 条大幅减轻了由 1973 年 EPC 的相应条款赋予的严格责任。与之相协调，2000 年 EPC 第 14 条第 1 款和第 2 款清楚地规定申请人能够以任何语言（例如日语）提交欧洲专利申请。但是，为了避免视为丧失申请，仍然要求在一定的期限内提交一份使用 EPO 任何一种官方语言的译文。

谢天谢地，在欧洲专利局的授权前和授权后的程序中，EPC 给予申请人根据原始申请文本更正错误的翻译的机会。⑫ 正如我们将在下文中更加详细地考察的那样，该更正机制适用于当原始申请从提交申请的语言（例如瑞典语）翻译成欧洲专利局在申请程序中使用的三种官方语言（英语、德语、法语）之一时产生错误的情形。

EPC 第 70 条具体指定了欧洲申请以及由申请产生的专利的正式文本，由于该条款，EPC 第 14 条对欧洲专利申请的最终范围的潜在影响开始得以显现。对于试图确定提出的申请的主题内容的 EPO 审查员来说，知道哪个文件被视为正式文本是至关重要的（例如，发明构思的原始范围）。（两个版本的）EPC 第 70（1）条确定了一项推定，即用 EPC 程序中的官方语言（英语、法语或德语）撰写的欧洲专利申请或欧洲专利的文本为所有与 EPO 和相关的国内的程序中的正式文本。该推定不仅适用于已经公开的欧洲专利说明书，还适用于当专利申请被修改或以其他方式被改变时所处的各个程序阶段。EPO 进一步预设提交的译文与原始的

---

⑪ 1973 年 EPC 第 14（2）条的期限规定在 1973 年 EPC 实施细则第 6（1）条：译文应在提出欧洲专利申请后的 3 个月内，或在自优先权日起的 13 个月内提交。2000 年 EPC 实施细则第 6（1）条将期限缩短至从提出欧洲专利申请后的 2 个月内。大部分缔约国的国家专利局都受理第 14 条第 1 款和第 2 款所认可的语言提交的欧洲专利申请。有一些例外，在希腊，只能用希腊语提出欧洲专利申请；但是，如果申请人同时提供希腊语译文，希腊专利局将会受理英语、法语和德语的申请（另一项例外参照"与 EPC 相关的国内法"（2006），表格Ⅱ，3/4 栏）。

⑫ 参见 1973 年 EPC 第 14 条第 2 款和第 123 条。EPO 将拒绝会改变整体申请内容的改正请求。在不允许修改之处，专业人员不能得到从申请中直接且毫无疑义地推论出的信息，该信息包括任何对于所述技术领域的技术人员来说的隐含特征。在确定申请"内容"时，EPO 可以不考虑任何非技术特征，因为该种特征对发明没有作出技术贡献。参见扩大上诉委员会的决定，G 1/93。

欧洲申请文本是一致的（1973 年/2000 年 EPC 实施细则第 7 条），但是倘若有任何怀疑，EPO 可以要求申请人证明译文翻译的准确性（1973 年/2000 年 EPC 实施细则第 5 条）。

特别地，在专利申请人适用于 1973 年 EPC 第 14 条第 2 款的语言条款提交非 EPO 官方语言的申请时，1973 年 EPC 第 70 条第 2 款（2000 年 EPC 第 70 条第 2 款的平行条款）明确规定原始的文本（而非译文）应构成确定欧洲专利申请或授权后专利权的译本的主题是否超过所提出的申请内容的基础（注意，该条款不适用于不能利用 EPC 第 14 条第 2 款的欧洲 – PCT 的申请人）。该项内容评估是至关重要的，因为如果专利申请的主题超出了原来提出的申请所披露的内容，则构成了反对授予专利（EPC 第 100 条第 c 项）和/或在国内程序中撤销有效的欧洲专利的正当理由（EPC 第 138 条第 1 款第 c 项）。出于认定发明是否具备（两个版本的）EPC 第 54 条第 2 款和第 54 条第 3 款规定的新颖性的目的，欧洲专利申请的原始文本的内容在用于确定现有技术方面也是具有决定性作用的。

因此，在特定情况下，EPC 给予申请人程序上的保障，允许其重新获得任何可能在授权之前的程序中已经由于翻译问题而丧失的主题。虽然欧洲专利授权后的修改**在理论上**是允许的（如，根据专利申请的原始文本修改译文），但是如果提出的修改可能超出欧洲专利被授权时确定的保护范围，这样的修改将会被欧洲专利局异议处或上诉委员会驳回——无论申请的原始文本披露的是何内容。⑬

相反，如果欧洲专利申请或专利译本的内容导致了缩小的范围，原始文件的内容则可能不会自动被视为正式文本。（两个版本的）EPC 第 70 条第 3 款规定，缔约国的国家专利局可以要求专利申请人翻译权利要求（以获得 EPC 第 67 条规定的临时保护）或者专利所有人将整个专利说明书（EPC 第 65 条）翻译成可适用的官方语言。如果该译本无意中缩小了原始文本内容的范围，那么在该司法管辖区内，该译本实际上将成为限定保护范围的正式文本。大部分缔约国已经适用 1973 年 EPC 第 70 条第 3

---

⑬ （两个版本的）EPC 第 123 条第 3 款规定："欧洲专利的权利要求不应被……修改，以此扩大专利权赋予的保护范围"，因此，主题可能的扩大取决于**被批准的专利**的内容；相反，EPC 第 123 条第 2 款考虑的是欧洲专利申请在申请日时的内容。参见 EPO 审查指南 D – V, 6.2（2007）。

款，除了比利时和德国——两国都将正式文本定义为用 EPO 程序中的语言撰写的文本。

从（两个版本的）EPC 第 67 条第 1 款的角度来看，EPC 第 70 条获得了特殊的意义，该条明确规定给予公布的欧洲专利申请与在所有有效指定的缔约国内获得授权的专利同等程度的权利和保护，虽然是"临时"的（申请人通常享有宽泛的临时保护权，因为大多数申请都指定了所有可能的 EPC 缔约国——2000 年 EPC 在修改后的第 79 条第 1 款中将此规定为一项默认做法）。

欧洲申请的临时保护理论上于公布日生效，通常为自申请日或最早的优先权日起 18 个月。但是，（两个版本的）EPC 第 67 条第 3 款条授权不以 EPO 程序中使用的语言作为官方语言（例如希腊语）的缔约国（例如希腊）可以根据专利申请人是否提交以该国的官方语言撰写的权利要求书的译文的情况来决定是否给予所要求保护的发明以临时保护。目前，所有缔约国（和延伸国）都要求提供未决权利要求的译本，从而给予那些可能不懂权利要求的公布语言的公众以公平的告知。因为 EPO 会提前通报专利申请的公布日期，所以担忧会引起潜在的侵权人注意的申请人拥有宽裕的时间提交所有必需的译本，从而使临时保护从公布的指定日期起即刻生效。

依据 PCT 第 29 条，临时保护还适用于 PCT 程序中公布的国际专利申请；EPC 的条款只在当 PCT 申请进入欧洲地区阶段的情况下才能适用。如果一项 PCT 申请未以申请人希望获得专利保护的 EPC 缔约国的官方语言公布，临时保护只有在用该国的官方语言公布权利要求之日起才能生效（1973 年 EPC 第 158 条第 3 款、2000 年 EPC 第 153 条第 4 款）。

鉴于临时保护的重要性，当权利要求的译本具有重大错误并且第三方除了侵犯原始专利说明书之外实际上并未侵犯由公布的权利要求所限定的发明范围时，将会怎么样？

如果用译文的语言所写的专利文本授予的保护范围较用 EPO 的程序中的语言所写的专利文本授予的保护范围狭窄，多数 EPC 的缔约国（和延伸国）会将译本视为专利说明书的正式文本。于原始文本已经迷失在翻译中之处，EPC 规定任何执行翻译要件的缔约国必须提供给申请人向国家专利局提出欧洲专利申请的更正译文的机会（两个版本的 EPC 第 70

条第 4 项第 a 款）。遗憾的是，在多数情况下，该更正译文的法律效力不能溯及至原始的公布日。只有在更正后的权利要求公布之日，临时保护才会在该特定的国家生效。当在侵权人未经许可使用发明的情况下来确定侵权行为和申请人获得损害赔偿或合理补偿的权利（由国内法规定）时，该项原则对于试图确定临时保护的生效日的法院来说是至关重要的。我们又一次领会了翻译错误是如何改变要求保护的发明所具有的法律影响的：不仅是在侵权行为会如何以及何时被依法评判方面的影响，还有在对申请人于特定市场卓有成效地将其发明构思进行商业化的能力的影响。

根据（两个版本的）EPC 第 70 条第 4 款第 b 项规定的"继续使用原则"，"延迟"临时保护的概念事实上可能赋予善意侵权人一定的利益，该利益被大多数的 EPC 缔约国承认。欧洲专利申请（权利要求）的公布译本反映的范围比原始文件更小之处，所述原则允许任何根据该较小的范围已经正在使用一项发明的（或已经为使用一项发明进行了大量准备的）人继续如此使用而**不需要向专利权人支付任何费用**。甚至在更正后的专利申请文本在缔约国生效之后，该原则也仍然适用。当然，为了能够适用该原则，"侵权人"必须实际上没有侵犯第一次公布的欧洲申请的错误译本。而且，继续使用原则要求侵权人在侵权的过程中一直出于善意。因此，恶意的侵权人明知并且利用翻译错误，其不能在侵权诉讼中主张该抗辩。

我们调查了欧洲专利申请的"迷失在翻译中"的译本在公布之后对临时权利产生的重大影响。这些原则多数适用于按照（两种版本的）EPC 第 65 条授予的欧洲专利。例如，EPC 第 65 条第 1 款授权缔约国可以要求欧洲专利权人提交用其中一个缔约国的官方语言书写的完整的被授权的欧洲专利的译文。为了使欧洲专利被认定为"有效"，翻译的过程构成了国家阶段程序中的一个重要部分。如果缔约国施加这样的要求（大部分缔约国都是如此），对于潜在的原始文本的翻译错误来说，这提供了另一个忠实的说明请求保护的发明的机会。目前 34 个缔约国中至少有 28 个[14]已

---

⑭ 目前要求提交欧洲专利的完整译本的缔约国包括：奥地利、比利时、保加利亚、塞浦路斯、捷克共和国、丹麦、爱沙尼亚、芬兰、法国、德国、希腊、匈牙利、冰岛、爱尔兰、意大利、列支敦士登、立陶宛、荷兰、挪威、波兰、葡萄牙、罗马尼亚、斯洛伐克、斯洛文尼亚、西班牙、瑞典、瑞士、土耳其以及英国。

经根据 EPC 第 65 条第 1 款的规定制定了法律条款。除了斯洛文尼亚和立陶宛（如果欧洲专利以英文文本授权，还有冰岛）只要求权利要求的译本，以及摩纳哥和卢森堡根本不需要提交译本之外，每个缔约国目前都要求提交完整的欧洲专利说明书的译本。在大多数情况下，未能在国家规定的期限内提交译本将导致欧洲专利在该国**自始**无效。对于已经加入于 2008 年 5 月 1 日生效的伦敦协定（在后文中讨论）的国家，我们注意到这种情况已经发生了巨大的改变。

当根据（两个版本的）EPC 第 70 条第 3 款的规定确定"正式文本"时，欧洲专利与欧洲专利申请相比，一个显著的差异出现了。EPC 第 70 条第 3 款规定，具有缩小专利保护范围的翻译错误的国内有效的欧洲专利应该作为国家撤销程序的主题，EPO 程序中的语言（并且是非限制性的翻译）对确定授予保护的翻译将是决定性的。但是该条款并非普遍适用于专利范围——因此，善意的第三方侵权人可以依据原始公布的（非错误的）专利继续侵权使用而不需要向专利权人支付使用费（EPC 第 70 条第 4 款第 b 项）。上述规定同样适用于"修改后"的欧洲专利，这样的修改是在根据 2000 年 EPC 中的新条款第 105a 条和第 195c 条的规定新近引入的**单方面**中心限定程序中作出的。

我们注意到欧洲专利使用程序中的语言公布，而权利要求则使用全部三种 EPO 的官方语言公布（1973 年 EPC 第 14 条第 7 款、第 97 条第 5 款；2000 年 EPC 第 14 条第 6 款、EPC 实施细则第 71 条第 3 款），并且大部分缔约国要求将专利翻译成国家的官方语言（两个版本的 EPC 第 65 条第 1 款）。实践中，对于一个希望在整个欧洲对自己的发明进行商业开发的发明人来说，与翻译欧洲专利有关的费用可能是一个巨大的障碍，因为该费用能够占到全部专利授权费用的 40%。

认识到联系日益紧密的欧洲市场以及欧洲在全球经济舞台上的强势地位，为了在实质上降低获得欧洲专利授权的相关成本，一些 EPC 的缔约国缔结了伦敦协定，并于 2008 年 5 月 1 日生效，[⑮] 伦敦协定明确在已经批准或加入该协定的国家内建立一个新的翻译体制，适用于所有授权

---

⑮ 目前有 14 个签字国：克罗地亚、丹麦、法国、德国、冰岛、拉脱维亚、列支敦士登、卢森堡、摩纳哥、荷兰、斯洛文尼亚、瑞典、瑞士和英国。瑞士议会已经批准了伦敦协定并且相应地修改了瑞典专利法，但尚未交存批准书。

信息于协定生效日当日或之后公布于欧洲专利公报的欧洲专利（注意，瑞士／列支敦士登和英国已经制定了过渡条款，其中规定伦敦协定将适用于 2008 年 2 月 1 日当日或之后公布授权信息的欧洲专利）。伦敦协定规定以 EPO 的官方语言之一（英语、法语、德语）作为本国官方语言的签字国必须**完全放弃** EPC 第 65 条第 1 款规定的翻译要求（伦敦协定第 1 条第 1 款）。⑯ 伦敦协定中任何不以 EPO 的官方语言之一作为国家官方语言的成员国可以要求专利权人提供用国家官方语言之一书写的已经授权的欧洲专利权利要求的译本（伦敦协定第 1 条第 3 款）。⑰ 可选择地，这样的国家可以通过该国的规定要求提交使用 EPO 的官方语言写成的欧洲专利说明书。⑱

但是，EPC 第 65 条的翻译要求并未完全消除——如果发生纠纷，被控侵权人或国内法庭可以要求专利权人提供使用相关国家官方语言写成的被授权的欧洲专利的完整译本（伦敦协定第 2 条）。

我们考虑提供给希望更正专利申请或授权后的专利文本中翻译错误的欧洲专利申请人或专利所有人（在未决的异议／上诉／限制程序中）一项最终的程序保障。该保障是由 1973 年 EPC 实施细则第 88 条（2000 年 EPC 实施细则第 139 条保留）规定的。错误的更正不是成员国的权利；恰恰相反，更正完全基于 EPO 的自由裁量——为了平衡当事人和公众的利益冲突。

2000 年 EPC 实施细则第 139 条第一句允许申请人／专利权人更正"语言差错、抄写差错以及递交给 EPO 的任何文件中的错误"。实践中，语言差错是指在语言中的错误（例如被调换的文字）；抄写差错是指打字错误（像实验参数中被调换的数字）；而错误是指否定专利文件递交人的真实意图的差错（例如丢失的或错误的文件），"第一句类型"的更正必

---

⑯ 目前，该条款适用于如下国家：法国、德国、列支敦士登、卢森堡、摩纳哥、瑞士和英国。

⑰ 如下国家要求提交用其国家官方语言书写的权利要求：克罗地亚（克罗地亚语）、丹麦（丹麦语）、冰岛（冰岛语）、拉脱维亚（拉脱维亚语）、荷兰（荷兰语）、瑞典、斯洛文尼亚（斯洛文尼亚语）。

⑱ 如下国家规定了英语：克罗地亚、丹麦、冰岛、荷兰和瑞典。此外，如下国家尚未规定伦敦协定第 1 条第 2 款规定的任何语言，因此不需要向该国的专利局提供说明书译本：拉脱维亚、斯洛文尼亚。

须是不言自明的并且可能会凭借完全的溯及力将文件恢复到当事人希望的形式的。当通常按照（两个版本的）EPC 第 14 条第 2 款规定更正欧洲申请文件的翻译错误时，可能援用 EPC 实施细则第 139 条用于更正在欧洲专利批准授权程序中递交的后续文件中的错误，同样适用于欧洲国际专利申请（在下文讨论）。

2000 年 EPC 实施细则第 139 条第二句涉及欧洲专利（申请）中的说明书、权利要求书或附图中的错误更正并且要求所述更正明显"不会产生申请人未考虑过的内容"。对于熟知该项技术者能够从递交的申请文件披露所得出的内容来说，"第二句类型"的更正必须是显而易见的，并且此项更正将不会改变专利范围。从根本上说，想要实现更正，申请人必须证明：（1）递交的文件事实上出现了错误；以及（2）申请人/专利权人在向 EPO 提交的原始文本中以明显的意图表达修改意见的内容。

虽然到目前为止我们已经讨论的所有的保障，但是翻译错误可能总是会以某种方式使欧洲专利申请被撤回、视为撤回或者被驳回，或者原始申请的译文未及时提交至 EPO，申请人可能拥有一个最后的机会拯救要求保护的发明的权利。这个机会在于有（两个版本的）EPC 第 135 ~ 137 条规定的"转换程序"，该程序允许专利申请人（所有人）将失败的欧洲申请（或被撤销的欧洲专利）转换成在（专利）申请中有效制定的任何缔约国的国内专利申请。申请人或专利权人必须在 EPO 决定撤回欧洲专利申请后或撤销欧洲专利通知后的三个月内向 EPO 提出转换请求（除了在一些与国家安全有关的少数有限的情况）。

转换程序的法律基础在于（两个版本的）EPC 第 66 条，该条规定有效递交的欧洲专利申请等同于缔约国的国内申请，意味着"转换后"的国家申请具有与欧洲申请相同的申请日（或者在适用的情况，优先权日）。对于转换申请人，幸运的是，国家专利局不能规定转送的专利申请的形式需以与 EPC 规定不同的本国法形式要求为准；但是，国家专利局可以要求提交用本国的官方语言写成的欧洲专利申请的原始文本的译本。这里需要特别注意保证提交的译本尽可能的准确，从而首先避免可能导致欧洲专利消亡的隐患。

三、PCT 专利申请

寻求在很多管辖区内获得专利保护的发明人可以利用由《专利合作

条约》（PCT）提供的集中程序，PCT 由位于瑞士日内瓦的世界知识产权组织（WIPO）的国际局（IB）执行。PCT 允许申请人递交一项"国际"专利申请，该申请有可能在批准 PCT 的国家内（目前拥有超过 130 个签字成员国）获得多个国家和/或区域专利。

PCT 程序始于申请人向合适的 PCT 受理局递交一份专利申请（国际申请），向哪个受理局递交申请取决于申请人的住所地、营业地或至少一个专利申请人的国籍地。申请递交后，由选定的受理局承认的合格的 PCT 检索单位（国际检索单位）将完成完整的对专利申请的现有技术检索。如 PCT "第 1 章"所述，这些步骤发生在 PCT 第一阶段。

国际检索一旦完成，正式的"官方检索报告"发送给申请人，然后申请人可以通过以下两种方式之一决定是否继续专利程序（因为没有发现威胁到可专利性的现有技术）：（1）提出审查要求从而进入该程序的第二阶段（PCT "第 2 章"）；（2）完全跳过审查程序并且在相关国家/地区的专利局规定的最后期限之前（除很少的例外，最后期限通常为从 PCT 的申请日或最早的优先权日起 30 个月或 31 个月）使 PCT 申请进入国家/地区阶段。如果申请人积极地选择进入第二阶段，然后国际申请将被送至 PCT "国际初步审查机构"，由该机构评估申请是否符合 PCT 规定的可专利性要求。在有关期限之前，申请人必须决定使专利申请进入区域阶段（EPO 阶段）和/或任一希望获得专利保护的国家阶段（日本特许厅（JPO）或美国专利商标局（USPTO）阶段）。

PCT 申请通常不是首次专利申请，而是要求在先申请的优先权（例如，根据《保护工业产权巴黎公约》第 4 条的规定）。如果在先申请递交给申请人有住所或营业地的 PCT 成员国所承认的受理局，申请时不需要递交译本。例如，申请人用印地语向印度专利局递交一项 PCT 申请并要求在先的印度（国内）专利申请的优先权，不必向作为 PCT 受理局的印度专利局提供译文。在第一阶段期间，PCT 申请自申请日或最早的优先权日起大约 18 个月公布（通常在国际检索完成后）。因为 PCT 只承认公布的 8 种语言，⑲ 所以可以要求申请人向受理局提供以公布语言写成的译文（PCT 实施细则第 12.3 条）。如果将要执行检索的国际检索单位不接

---

⑲ PCT 的公布语言是：英语、德语、法语、日语、俄语、西班牙语、汉语以及阿拉伯语，PCT 实施细则第 48.3 条第 a 款（2006 年修改）。

受申请的原始语言文本，还可以要求申请人准备 PCT 申请的译本。

与用原始语言写成的 PCT 申请相比，有缺陷的译文最终可能会使专利范围扩大或者缩小。在国际阶段，只有明显的错误才可能被更正（PCT 实施细则第 91.1 条第 a 款），且必须根据申请所处的 PCT 程序得到相应的 PCT 单位的批准。例如，申请人只是在公布后在译本中发现了一个错误，并且申请已经进入了第 2 章规定的审查程序，那么更正的权利必须由国际初步审查单位许可（理想情况是在国际初步审查报告作出之前）。

PCT 实践中，"明显的"错误，例如由错误的翻译造成的，由 PCT 实施细则第 91 条规定的法律框架解决，而且"明显的"错误被定义为"国际申请文件明显打算写一些其他东西"。判断一项"明显的错误"的标准为是不是"任何人都能立即意识到打算写的内容恰好是提出更正的内容"（PCT 实施细则第 91 条第 1 款第 b 项）也许对于 PCT 申请的损害来说，无论错误多么明显，如果更正的最终结果将会扩大要求保护的发明的主题，从而超出了递交的原始 PCT 申请的内容，那么这样的更正是不可能被接受的。一项原始申请文本的译文含有错误，超出了将来任何根据 PCT 申请授予的（国家的或区域的）专利的译文的范围，PCT 成员国的主管机关可以对超过国际申请原文本范围的专利权宣布无效（PCT 第 46 条）。

当 PCT 机关拒绝更正译文错误时，可以要求适用更加宽松的 EPO 实务"PCT 实施细则第 139 条"（如上所述），该条规定 EPO 作为指定的或者选择的专利局，受理已经进入欧洲地区阶段的 PCT 申请（并且成为欧洲国际申请）。

一个强调"明显的错误"原则的案例是 EPO 上诉委员会判决 T353/03，此案涉及一项用瑞典语递交给瑞典专利局（PCT/SE 98/01477），并且进入欧洲专利局的地区阶段的欧洲国际申请（作为欧洲国际申请 No. 98940729.1）。申请人请求更正其认为明显的错误，此错误产生在原始的瑞典语 PCT 申请被翻译成英语用于公布的时候，即，将"所述腔空间体积不**应该超过任何波长立方根的 25%**……"（PCT 公报中的用语，WO 99/13688 第 3 页第 2 行以及权利要求 3）替换成具有争议的范围更宽的用语"所述腔空间体积的立方根**不应超过任何波长的 25%**……"（引证强调符号）。申请人为了支持该案，向 EPO 提交了一份原始的瑞典语

PCT 申请文件的对应页以及该对应页的英文译文，同时附有一组修改后的权利要求书和说明书。委员会认为，因为瑞典语是瑞典的申请人向作为受理局的瑞典专利局递交国际申请规定的官方语言，递交的文件构成了原始的申请文件。因此，随后根据这些文件递交的译文中的错误应该可以更正。委员会因此认为申请人提出的措辞是足够且重要的，并未违反（两个版本的）EPC 第 123 条第 2 款禁止增加内容的规定。

另一个案例是 *Stevens v. Tamai*（Fed. Cir. 2004）案，该案描述了当非英语的 PCT 国际申请的翻译陷入美国优先权纠纷时（"抵触"）问题的复杂性。申请人递交了一项日本的优先权申请，一项日本 PCT 申请，以及美国的英文申请，最后一项是出于能够进入 PCT 国家阶段审查的目的。在一个抵触申请中，该申请人递交一项动议以寻求日本的优先权申请及 PCT 申请的优先权利益。法院认为，该申请人无权根据 PCT 申请中主张优先权，因为申请人确实在动议中包括了申请的一文并且宣誓证明译文的准确性。法院注意到：（1）以美国申请进入国家阶段并未免除根据抵触申请主张优先权而递交适当的动议的要求；以及（2）申请人无权根据日本的优先权申请主张优先权，因为该申请的申请日距美国申请的申请日已经超过了 12 个月。

四、美 国

与欧洲专利制度不同，美国的专利制度类似于日本专利制度使用的是单一语言（仅英语）。英语的专利申请的"审查过程"（USPTO 的审查员和专利申请人之间的意见交换）仅仅使用英语进行。伴随着 USPTO 受理大量申请，[20] 毫无疑问，其中很大比例的申请是使用非英语语言在其他国家提出的，必然会以一定的规律产生翻译错误。在下面日本一节中论述的一项研究似乎证实了这一问题。

基于在其他国家递交的非英语优先权申请的申请可以直接或者通过 PCT 向 USPTO 递交，该申请最初可以使用任何语言递交，但是必须在规定的期限内提供"常规实用专利"申请的英语译文以及一项"译文

---

[20] USPTO 报道，2006 年"完全国外"的专利申请量为 204183 项，而美国的专利申请量为 221784 项。有 76839 项申请来自日本。

准确声明"。㉑ 目前，USPTO 修改了该项规则，对于用作随后的常规实用专利申请的优先权文件的外文"临时"申请，要求申请人递交一份该"临时"申请的英语译文——否则会丧失优先权声明。㉒ 一个有趣的问题是：如果一项最初递交的美国申请是以非英语语言写成的，而且该申请的英语译文事实上并不准确该怎么办？能够在不丧失优先权的情况下通过修改申请进行更正吗？问题相似但不完全相同，如下面所论述的，其中有缺陷的英语译文作为提出的原始美国申请并且将先前向外国专利局提出的原始非英语申请的经证实的副本递交给 USPTO，以支持对要求《保护工业产权巴黎公约》优先权的主张（在美国申请日不得迟于最初向外国提出申请日起 12 个月，35 USC § 119）。通过直接提出一项非英语申请，外语申请是否就是美国申请以及英语译文是否仅仅能证明该申请实际上表达的是什么都是具有争议的。

美国的专利从业者在收到用英语以外的文字撰写的专利申请文本时应该考虑许多问题。例如，如果说明书中有可改动的语言，它们应该并且能够被改动吗（注意"权利要求"可以自由修改，但是只有在得到说明书中的描述部分支持的时候才能如此）？在美国和来源国直接引用现有技术是否会有不同的结果？例如，欧洲的实践要求列出"发明目的"㉓，如此明确的现有技术的引用和专利说明书中的"目的"可能会产生关于导致的美国专利的权利要求的保护范围的问题。㉔

㉑ 37 CFR § 1.52（d）（1）（2005 年 11 月 25 日生效）："如果一项非临时申请是使用英语之外的语言提出的，要求提供非英语申请的译文，译文准确声明，以及 1.17（i）规定的规费。如果这些项目未与申请一同递交，PTO 将通知申请人并给予其一定的期限，申请人必须在此期限中递交这些项目，否则将导致弃权。"

㉒ 专利商标局于 2007 年 8 月 21 日在《联邦公报》72（161）刊登了"提出继续审查实践上的改变，包含了模糊的专利性的权利要求的专利申请，以及专利申请中权利要求的审查"——这些规定为了主张临时申请的优先权利益而使 § 1.52（d）（2）与 § 1.78 的规定一致（适用于 2005 年 11 月 25 日当日及之后的专利申请）

㉓ 参见欧洲专利公约实施细则，1973 年 EPC 实施细则第 27 条/2000 年 EPC 实施细则第 42 条，要求"说明书说明就申请人所知的背景技术，被认为可以用于理解发明，起草欧洲检索报告以及审查的，并且引用反映这些技术的文件则更佳。

㉔ 当然，正如 2005 年里程碑式的 Phillips 一案中的判决："专利宣称的一项发明可以达成若干目的的事实，没有要求每项权利要求都被理解成对能够实现全部发明目的的结构的限制。" Phillips v. AWH Corp., 415 F. 3d 1303, 75 USPQ2d 1321（Fed. Cir. 2005）（en banc）（quoting Liebel‑Flarsheim & Co. v. Medrad, Inc., 358 F. 3d 898, 908（Fed. Cir. 2004））.

语言文字可能会构成某种承认，对将来的诉讼造成损害，对于在不扩大所递交的原始公开范围的情况下删除这些语言文字怎么样，译者必须始终注意应避免增加新的主题以致危及对在先国外专利申请的优先权主张。为了表明该点，在 *Tronzo*（1998）一案中，㉕联邦巡回上诉法院判决，一项美国的专利继续申请所要求的**通用**形状的髋关节植入物结构未得到支持（无论是从申请本身或是通过与申请明显的等同内容），因此该申请不能要求披露**圆锥**形结构的专利申请的优先权。由于介入的现有技术的公布日在专利申请日与随后的继续申请日之间，所以该案就有了不幸的结果：联邦巡回上诉法院无效了包含通用形状结构的新权利要求。

从业者如何确定说明书是否完全符合 35 USC § 112 所规定的发明人"掌握了申请日之前能够找到的发明"或者申请"特别指明并且明确要求保护"的发明或申请人披露了发明的"最佳实施方式"的要求？一项在国外提出的专利申请，必然会按照能够满足最初提出申请的管辖区的全部法律要求的方式撰写。这毫无疑问会给翻译者提出挑战，需要其设法"调整"说明书以符合美国专利法的要求。

甚至当美国的从业者收到的专利申请之前是以英语提出的，这样的申请可能是用在其他辖区内的（例如英国、南非或者澳大利亚）惯用词语起草的，但是美国的读者对这些词语可能完全不熟悉（例如使用"lorry"而不是"truck"）。为此，若一项专利应进入美国法院的判决程序，用"美国英语"写成的权利要求和/或可申请的专利说明书在定义发明范围方面更有说服力。

按照美国专利法的规定，什么程序可以用于更正翻译错误？我们考虑有四个。

第一，如果申请人在审查过程中发现了错误，他可以设法直接修改说明书或者提出一项"继续"申请（然而该项做法不应该滥用以致拖延审查）。主要的限制是对于引入"新内容"的法定禁止（35 USC § 132）。不能通过修改引入"新内容"，并且继续申请无权就"新内容"要求在先申请主张优先权。一项相似的限制适用于外国优先权申请：如果美国申

㉕ Tronzo v. Biomet, Inc., 156 F.3d 1154（Fed. Cir. 1998）。比较 Lampi Corp. v. American Power Products, Inc., 228 F.3d 1365, 56 USPQ2d 1445（Fed. Cir. 2000）（区分 Tronzo：包含"形状"的另一个实施模式）。

请引入了新内容，那么引入的新内容将被视为不是相同的发明，因而无权要求外国优先权。

第二，专利授权之后，专利权人可以提出申请用于"重新授予"专利。重新授权的理由为，因为说明书的缺陷，或是因为发明人要求的保护多于或少于其有权要求的保护，这类没有欺骗故意的错误能使专利全部或部分失效或者无效。重新授权在影响"迷失在翻译中"问题上至少有两项限制。首先，如果申请设法扩大权利要求的范围，则必须在专利授权后的两年内提出申请。其次，重新授权申请不能引入"新内容"。

根据有无"新内容"标准来评估的少数有关"迷失在翻译中"问题的美国案例中，其中之一个是以重新授权为背景的。在 *In re Oda*（1971）一案中，关税及专利上诉法院允许重新授权以更正日语说明书被翻译成英语而产生的错误。在说明如何制造要求保护的化合物的部分，术语"硝酸"被误译为"亚硝酸"。根据上下文，这是个明显的错误：酸的比重为 1.45，而亚硝酸不可能以 1.45 的比重存在。法院驳回了错误可能会以相等概率存在于物质或数值中的争论：基于全部证据，我们的结论是，本领域的技术人员不但能意识到说明书中存在错误，而且会意识到存在什么错误。

第三，专利权人可以寻求 USPTO 颁发的"更正证书"（35 USC §254）。证书用于更正"书写或打印错误，或者性质轻微的错误"，并且禁止"包含有对专利构成新内容或需要再审查的变更"。而且，有无"新内容"的法定标准为主要限制标准。

Oda 案判决尚未明确解决的问题是，决策者（专利审查员或法官）在确定新内容的方面，是否能够直接考虑用外语写成的优先权文件。*In re Oda* 案中，法院判决的主要理由是，翻译的错误（写成了"亚硝酸"，正确的术语应是"硝酸"）是从英语文件本身及其整体反映的技术背景得出的。法院确实在重新授权单独的法律要求的背景下讨论了翻译的错误。法院未考虑用外语写成的优先权文献是否应该被认为是作为一个整体的专利内在记录，即专利的审查过程历史的一部分。该文献作为在外国政府部门（JPO）有案可查的事实，必须向 USPTO 递交该文献的副本以满足主张优先权的条件（35 USC § 119（b）；37 CFR § 1.55）。

第四，专利权人（或任何可能的专利权人）可以在解释专利的背景下，寻求在法院进行的"司法更正"，即在语境下简单地解释专利，特别是解释权利要求中的语言，并且解释时忽略任何明显的差错，正如在任何文献中所忽略的常见的打印差错。在 *Novo Industries*，*L. P. v. Micro Molds Corp.*（2003）一案中，联邦巡回上诉法院认可了法院"通过解释专利时来更正专利中差错"的权力。但是，法院"只有在（1）更正不受制于基于对权利要求的语言和说明书的考虑而产生的合理争论，并且（2）审查过程历史对权利要求未提出不同的解释的情况下才能实施这项权力"。法院判决，USPTO 颁发更正证书的法定权力（35 USC § 254）并**不**排除司法更正。但是，适用司法更正的情况较适用更正证书的情况更受限制。"司法"更正的优势在于，更正实际上是有溯及力的，而 USPTO 颁发的更正证书只是出于认定侵权和无效的目的，它只对更正证书颁发之后的行为有效。㉖

Novo Industries 一案不包含翻译差错，但该案无疑包含一类会在常规的专利翻译过程中发生的差错。一项权利要求要求保护"用所述指型支持将限位装置安装在一个可旋转的"。一个可旋转的什么？地区法院判决，"一个"意为"和"，但是联邦巡回上诉法院撤销了地区法院的判决，认为因为该项权利要求具有致命的模糊性，尽管差错是明显的，但是对差错的更正却不是。

如果根据任何之前的四项程序无法寻求或者适用"更正"，可以说源文字与目标文字之间的差别应该会影响英语文字在美国的**解释**。这项前提似乎得到了目前的联邦巡回上诉法院在构造专利保护范围上的趋势，"用于说明取得专利权的技术的词语应从发明人使用的语境中获得它的定义"，并且专利权人无权脱离书面说明书的语境构建专利保护范围。㉗

广泛地讲，正在进行的有关美国专利的侵权和有效性的诉讼，当事人（专利权人和被控侵权人）和法院在陈述以及解决专利权利要求含义上的纠纷花费了相当多的时间，争议焦点经常会集中在少数词语上，这些词语不是技术术语就是看似简单的单词，例如"a"、"on"、"to"和

㉖ 参见 *Southwest Software*，*Inc. v. Harlequin Inc.*，226 F. 3d 1280（Fed. Cir. 2000）（"更正证书只对其颁发之后产生的诉因有效力"）。

㉗ *Tap Pharmaceutical Products*，*Inc. v. Owl Pharmaceuticals*，*L. L. C.*，419 F. 3d 1346（Fed. Cir. 2005）。

"at"的普通英语单词。通常，会举行名为"马克曼听证"的预审，单独深入地探究权利要求解释上的纠纷。

需要花费多少代价才可以获知一个简单单词的含义，*Chef America*，*Inc. v. Lamb Weston*，*Inc.*（2004）案是个典型。该专利要求保护一项制造面制品的方法。其权利要求特别需要将生面团加热"至"400～850度。法院拒绝将"至"读作"于"（即，含义为在炉内"于"400～850度的范围内加热生面团）——即使将生面团烘烤"至"400～850度会将其烤"脆"，从而违背了发明的目的。值得注意的是，专利权人未争辩权利要求中的语言属于撰写人的错误并且没有寻求 USPTO 或地区法院颁发的更正证书，正如在 *Novo Indus tries* 一案中可能寻求适用的手段。

关于权利要求解释的问题是，法院在解决纠纷时是否可以考虑外文的优先权文件。在具有里程碑意义的 2005 年 *Phillips* 一案的判决中，联邦巡回上诉法院强调了"内在"证据在解释专利权利要求，特别是专利说明书所使用的语言方面的重要性，说明书说明发明以及如何制造并使用它（可实施性），并且在较小程度上说明了专利的"审查过程历史"。如上文讨论的与"新内容"有关的问题，优先权文件可以说是"内在"的，因为它是与原始专利申请过程同步的公开文件。与诸如专家证言之类的"内在"证据不同，除了专利诉讼，优先权文件是确定的且容易得到的。包括属于内在证据的国外优先权文件将强加给专利权人的竞争者和公众一种责任，即独立地翻译优先权文件用于检查英语译文的准确性（根据 USPTO 规则，不必翻译外语的优先权文件；只有在授权过程中或抵触申请程序中，优先权成为了一个问题时，才必须翻译优先权文件）。然而，如果风险很大，对于宣称用于支持美国专利权利要求的外文优先权文献，一个谨慎的潜在的专利挑战者无论采取何种方式，都应该以质疑该外文优先权文献的有效状态为基础。

"迷失在翻译中"的另一个方面来自美国专利法规定的诚信和披露义务，这在其他主要专利制度中并不常见。在美国，发明人及其代理人在专利申请中有义务向 USPTO 披露对权利要求的可专利性重要的信息。很多相关的现有技术并不是英文。于是，问题便产生了，申请人是否具有积极的作为义务向审查员公正、客观地描述其注意到的非英语参考文献。这个问题可以称为"隐藏在翻译中"问题。

在 *Gambro Lundia AB v. Baxter Healthcare Corp.* （1997）一案中，联邦巡回上诉法院承认申请人分辨德语参考文献的声明"至少是言过其实的"。但是，法院的结论认为"在［申请人的］展现的德语参考文献未预料到其发明的总体努力的背景下，这些夸大并未达到严重篡改的程度"。值得注意的是，"审查员自己已经找到并引用了德语"参考文献并且"能够在评价［Gambro］在对审查意见的答复中所称述意见时参考这些德语参考文献。审查员所了解的德语［参考文献］以及［申请人的说明书中引用的披露的相似内容的英语参考文献］应该已经帮助了在他们适当的范围内发表［申请人的］意见。"法院进一步认为，地区法院……过于强调［申请人的］内部专利律师流利的德语。尽管专利审查员依靠［专利权人的］译文，**语言之间的翻译过程本身并不足以表明［申请人］是在利用其外语专长欺骗审查员**。审查员可以在整个审查过程中要求提供译文。参见《专利审查程序手册》（MPEP）§ 901.05 （d）（6th ed. 1995）（引证强调符号）。

最近的其他案件似乎肯定了构成"故意欺骗"不仅仅要求申请人未能完全披露相关的现有技术参考文献的完整翻译。在 *Atofina v. Great Lakes Chemical Corporation* （2006）一案中，地区法院根据申请人的不正当行为判决专利无效，联邦巡回上诉法院撤销了地区法院的此项判决，认为扣留相关日本参考文献（由申请人掌握）的完整英语译文，该行为就其本身而言不足以构成故意——本案中并不具备判决"欺骗故意的事实基础"，因为：（1）Atofina 的意见与日本专利的摘要及完整文件的译文是一致的；并且（2）Atofina 并未试图隐藏信息或以其他方式误导 USPTO。

在 *Semiconductor Energy Laboratory Co. , Ltd. v. Samsung Electronics Co. , Ltd.* （2000）一案中，联邦巡回上诉法院关于外文参考文献以及诚信义务得出了不同的结论。联邦巡回上诉法院认为，专利申请人通过提交完整的现有技术参考文献原文和仅仅部分译文，译文只针对不怎么相关的部分进行简要的"解释"并且省略了现有技术的"关键教导"，所以专利申请人故意歪曲重要的现有技术参考文献（一项"公开"的日语专利申请）。联邦巡回上诉法院指出："通过将完整的未经翻译的……参考文献连同一页包含对其不甚重要的部分的译文和针对这些部分的简要声明一起提交给 USPTO，［申请人］留给审查员的印象是审查员不需要作进一步的翻译或调查。"法院强调"诚信义务不是要求申请人翻译每一份外文参考文献"。但是，该项义务的确要求"申请人明知将会误导审查员，使其注意力从参考文献的相关教导上移开的情况下避免提交部分译文和简要的解释"。联邦巡回上诉法院认为："法律没有假设审查员将懂得诸如日语之类的外语或者要求花费昂贵的成本完成对每一份所提交的外语文献的翻译，特别是在没有任何理由这样做的情况下。"

五、日 本

从 1995 年以来，向 JPO 提出日本专利申请的申请人已经可以利用所提供的一项便捷的选择，向 JPO 提出用英语写成的原始专利申请（或者是主张优先权的申请，例如 PCT 申请）。但是，为了保留被授予的日本申请日，申请人必须于申请日之后不迟于两个月之内向 JPO 提供一份英语申请的日语译文。现行的日本专利法（2002 年 4 月 1 日生效）规定，如果 PCT 的申请语言是英语，则允许申请人不使用日语译文由 PCT 国际申请进入日本国家阶段；但是，申请人有义务向 USPTO 递交 PCT 申请的日语译文。

最新修改的日本专利法（第二段，第 36 条之二）指定了递交英语申请的日语译文的延长期限，该规定适用于 2007 年 4 月 1 日当日及之后向 JPO 提出的全部申请。申请人必须自"申请日"14 个月之内递交译文，"申请日"指向 JPO 首次提出的申请日或者与 PCT 或《保护工业产权巴黎公约》有关的最早的优先权日。对于分案申请，申请日是指原案的申请日（但是如果 14 个月的期限已经届满，申请人仍然有两个月的时间递交日语译文）。

许多非日语的专利申请人选择最初用英语提出他们的日本专利申请，由于允许申请人随后递交与原始申请一致的日语译文，申请人也许据此假设 JPO 的授权之前的程序与欧洲的实践相同。但是，从实务上来说，这一策略在战略上可能是不谨慎的。尽管能够更正英语申请译文中的差错，但是如果日语译文引入了超出英语申请所披露范围的新内容，此差错将会为 JPO 驳回专利申请提供可靠的依据，或者更糟的是该差错可以导致随后被授权的专利部分或全部无效。在一个被广泛宣传的日本案例中，专利权人输掉了侵权诉讼，因为要求保护的米饼的制造方法中的一项技术特征"摄氏 3 至 5 度"已经被错误地译成了"华氏 3 至 5 度"——一个不可更正的差错致使日本专利毫无价值（因为日本的法律要求专利审查员能根据发明说明书认出语言是明显错误的）。

大部分在从事日语文件翻译（将外语译成日语或将日语译成外语）工作的人员认识到要达到在日语和英语之间进行精确的翻译是一件艰苦的事情。这项工作中固有的困难产生自日语文字或者"字母系统"的复杂性，而且与大部分拉丁语或以英语为基础的语言相比，日语在语法的使用和措辞上有着巨大的差异。日语的书面用语包括多种文字，例如"假名"（属语音性质）以及"日本汉字"（由汉字衍生而来，属语义性质）。甚至像翻译发明人姓名（如果用日本汉字写成的）一样简单的工作也不能轻易地译成英语，因为姓名的实际读音很难明确地表达日本汉字被赋予的语义性质。

而且，日语文字不区分单数和复数名词。为了有效地将源文字转换成有意义的英文句子，译者经常被迫使用一系列复杂的经过修改的单词和词组，只有在译者完全理解术语出现的语境的情况下才能达到这种效果。忽视使用单词以及词组修饰语的危险在于源文字可能会简化成过于简单的目标文字。㉘ 结果，甚至是最易懂的表达也能变得迷失在翻译中。

为了强调这些困难的程度，考虑下列普遍存在于任何特定的发明所披露的内容中词组："我们已经发现（发现成果的陈述）……"对于一个以英语为母语者而言，该词组意味着专利申请正在披露与发明构思有关的具有新颖性的技术成果。但是，该词组并不会得出结论，申请人发现了（发现成果的陈述）并且使成果在申请日之前公开。换句话说，这个看似简单的词组如果被误译，专利审查员可能会认为（发现成果的陈述）在申请人声称的发明日之前（日本为申请日）已为公众所知而驳回该项申请，从而导致了最不幸的结论，（成果的陈述）包含现有技术并且因此破坏了要求保护的发明的新颖性。

日语（译成英语）翻译者经常遇到的另一个困难是，当翻译一项被从属权利要求引用的技术特征时，如何恰当地使用不定冠词或定冠词。

㉘ 为了便于说明，比较 JPO 网站的"IPDL"（知识产权数字式图书馆）中的为了申请日本专利和实用新型文件而准备的英语译文，参见 http：//www. ipdl. inpit. go. jp/homepg_ e. ipdl，点击"专利和实用新型公报数据库"链接（访问日期：2008 年 8 月 1 日）并且将该文本与 EPO 数据库中的有关的在先优先权文件相比较，参见 http：//ep. espacenet. com（访问日期：2007 年 9 月 18 日）。

从逻辑上讲，如果一项权利要求中的特征已经出现在具有相同的"引用级联"的之前所引用的权利要求中，那么使用定冠词"the"是恰当的。通过比较，如果要求保护的特征之间有细微的差别，或者如果该特征与之前一个或一个以上的要求保护的特征构成了新的组合，可以在这些特征的前面加上不定冠词"a"，因为该特征是首次出现在权利要求组中并且被指向新的实施方式。

最后，日语与诸如印欧语系的语法结构存在较多区别，但德语似乎是个奇怪的例外。让人吃惊的是，日语与德语之间具有许多语言上的相似性，这在语序上体现得最为显著，一般是主语—宾语—动词格式："nihongo o hanas – u"和"Japanisch sprechen"，分别（比较典型的英语句式的主语—动词—宾语结构："说日语"）。该项日语的"语序系统"可能进一步对试图努力表达出名词、动词、形容词以及其他修饰词之间的正确关系的翻译者提出挑战。例如，一项专利说明书包括词组："需要在化学过程Y中能够起作用的有助治疗的化合物X，该化合物可以将副作用降至最小……"，可以解释成需要（现有技术）在化学过程Y中能够起作用有助治疗的化合物X并且治疗性的化合物X将副作用降至最小。对于非以英语为母语者而言，另一个合理的解释可以是，化学过程Y将副作用降至最小。如果此类语法结构显著地体现于权利要求的语言中（通常是这样的），这样的语言可能很容易成为严重的翻译差错的受害者——危险的后果是，与最初希望得到的权利要求得保护范围明显不同（可能更窄）。

为了确保一项宽的（并且有效的）专利权，一项专门分析日本公司拥有的美国专利的英语译文的价值的研究最近考虑了细致并且尽职的翻译的重要性。

该研究有条理地分析了98项美国专利的翻译漏洞，即，将日语译成英语时常见的差错要么是：（1）限制了美国专利的范围；或者是（2）未能考虑当前USPTO的实践或被联邦巡回上诉法院（以及其他法院）采用的具有拘束力的判例，因为权利要求未使用USPTO可接受的形式。

重要的是，作者观察到在许多进过翻译的美国专利中，经证明，摘要的范围较授权后的专利要求范围更窄。尽管《美国联邦法律汇编》清楚地规定，此时，专利摘要**不能**被考虑用于解释权利要求的范围，但是鉴于 Hill – Rom 案的判决（2000）日本公司仍然频繁地接受律师的建议反对使用摘要的直接日语译文，*Hill－Rom* 案判决认为当解释被美国专利的权利要求引用的特征时法院**可以**适当地考虑摘要内容。㉙

该研究还揭示了翻译的书面说明通常不能广泛地支持要求保护的必要技术特征——发明通常并不是基于被披露的实施方式；而是发明"将会"（预言性的）实现特定的技术效果。此外，研究发现一个普遍的做法，在说明书中仅披露一个实施例用以支持其他宽泛的权利要求，并且日语说明书中一对一的翻译经常不能遵守美国时间的诸多要求，其中包括最佳实施例和可实施性。最后，研究发现权利要求经常不能陈述适当的前置基础（重新阅读恰当地使用定冠词和不定冠词的问题）。

总之，专门从事日语—英语之间双向翻译工作的翻译者必须不断地阐释高度复杂的日语的句子结构，用清楚的英语忠实地表达出一个关系复杂的层次结构（反之亦然）。除了解决基本的语法上的问题，当为了进入可适用的专利制度而翻译专利申请时，翻译者必须同时加上涉及先进新技术的合适术语并且巧妙地处理这些术语。当翻译者航行在"源文字"与"目标文字"之间这片经常动荡的水域时，这项综合的工作给其提出了相当的挑战。

六、结 论

从对"迷失在翻译中"问题的初步探索中，我们仅仅得出了一个确切的结论。对于国际专利制度中"迷失在翻译中"困境，相比迄今已有的研究，从政策以及实践的角度考虑应该获得多得多的研究。我们认为研究应该超越欧洲、美国和日本——达到中国、印度以及日益活跃和发展的部分由世界贸易组织（WTO）的 TRIPS 所规定的专利制度。

在美国，"迷失在翻译中"问题被普遍忽视了，除非在一个具体案例中出现时，这个问题才显得紧迫。

在欧洲，对翻译中"迷失在翻译中"的差错的更正，法律作出了明确规定——但是很明显，这些规定只适用于欧洲的区域制度以及 PCT 背景下的情况，即不是真正的全球性的制度。出于可以理解的原因，欧洲

㉙ 参见 *Hill－Rom Co. v. Kinetic Concepts, Inc.*, 209 F. 3d 1337（Fed. Cir. 2000），其中，联邦巡回上诉法院的判决认为一项既定的 USPTO 规则（以及习惯做法的悠久传统），即当解释权利要求在事实上的无拘束力时专利摘要的内容是没有作用的。这项出人意料的判决这样暗示法院可以适当地利用专利的摘要解释授权后的美国专利的权利要求。

专利制度中对语言和翻译的问题的争论相比美国而言更加频繁并且更加公开（例如，没人会认真地认为美国专利应该被译成西班牙语，即使美国人中有很大比例只说并且只阅读西班牙语，并且这个比例越来越大）。但是欧洲的争论似乎越来越集中在国家自尊心（即任何财产权应该用本国语言表示）和实用性（即降低成本）之间的紧张关系上，而更少地集中在国际专利制度中固有的基本政策考虑——诸如希望提供较早的披露技术进步，确保知识产权能够覆盖潜在的竞争者，以及在多个国家一致的基础上恰当地界定专利要求保护的范围。

在日本，语言似乎是个更加激烈的技术问题：如何真正地使对复杂的技术，特别是那些技术中在先的基本发明的描述翻译成根本不同的语言？

欧洲公开争论的问题——翻译的成本——不应该在全球范围内被忽视。事实上，21世纪的市场交通运输和通信技术发达，依靠小型以及中型组织机构为它们的发明创造在所有的市场上获得专利保护并且能使翻译成本降至最低。甚至是本文对"迷失在翻译中"问题的初步调查，任何专利申请人都能从中吸取教训，即他们应该更加谨慎，在准备细致、准确的译文时比目前通常的做法投入更多，并且铭记不花费巨大的成本是无法完成如此工作的。

除了实践和财务问题，还存在着许多基本的政策问题。按照包含全球价值的统一标准为一项新技术在全球市场范围内提供专利保护是不可取的吗？如何才能解决"迷失在翻译中"问题而又避免破坏发明构思？如何改变国际专利制度用以避免一项极为重要的发明在一些国家是一个含义而在其他国家却呈现出完全不同的含义——只是因为对语言进行了翻译？

参考文献

国际条约和协定

[1] 在2000年10月17日达成的关于应用授予《欧洲专利公约》第65条的协议，在2000年10月17日签订并于2008年5月1日生效。

[2] "关于发明专利的统一发明专利实体法的若干方面协定"或"斯特拉斯堡协定"（1963年11月27日）（由欧洲委员会的成员国于法国的斯特拉斯堡限定的多边协定，1980年8月1日生效）。

[3] 《保护工业产权的巴黎公约》第4条（1883年3月20日；于1979年9月28日进行了最近一次修改）（与法国巴黎签订的一项条约；最早的知识产权条约之一）。

[4]《专利合作条约》（"PCT"）（1970 年签订；最近一次修改于 2007 年 4 月 1 日生效）（国际专利法公约。PCT 的成员被称为缔约国以及国际专利合作同盟）。

欧洲法律和欧洲专利法

[5] 1973 年 10 月 5 日签订的授予《欧洲专利公约》（"EPC 1973"）。

[6] 2000 年 11 月 29 日修改的授予《欧洲专利公约》（"EPC 2000"），并于 2007 年 12 月 13 日生效。

[7] 欧洲议会以及委员会于 1998 年 7 月 6 日关于生物技术发明的法律保护的 98/44/ EC 指令（欧盟指令是根据罗马条约的内部市场的规定制定——意图协调成员国关于生物技术发明，包括植物品种和人类基因的专利性的法律）。

[8] 欧洲专利局专利审查指南（2007 年 12 月根据 EPC 2000 做了最近一次修改）。

[9] 1973 年 10 月 5 日制定的授予《欧洲专利公约》的实施细则。

[10] 2000 年 11 月 29 日修改的授予《欧洲专利公约》的实施细则。

[11] 与《欧洲专利公约》（EPC）有关的国内法（第 13 版）（2006）。

欧洲专利局的判例法

[12] EPO 扩大上诉委员会的判决：G 3/89，G 6/91，G 11/91，G 1/93。

[13] EPO 法律部门的判决：J 8/80，J 4/88，J 6/91，J 42/92。

[14] EPO 技术上诉委员会的判决：T 32/82，T 200/89，T 759/91，T 711/90，T 353/ 03。

[15] 欧洲专利局异议处的判决 EP 0695351（2002 年 7 月 24 日）。

美国专利法

[16]《联邦公报》72（161）"提出继续审查实践上的改变，包含了模糊的专利性的权利要求的专利申请，以及专利申请中权利要求的审查"（2007 年 8 月 21 日）。

[17] 联邦法律汇编第 38 编，"专利、商标和著作权"（专利法实施细则）（37 CFR）。

[18] 美国专利审查程序手册，第 8 版，第 5 次修改（2006 年 8 月）（MPEP）.

[19] 美国法典，35 篇"专利"（美国专利法）（35 USC）。

美国判例法

[20] Atofina v. Great Lakes Chem. Corp.，441 F. 3d 991，996 - 7（Fed. Cir. 2006）。

[21] Bell Atlantic Network Services v. Covad Communications Group, Inc.，262 F. 3d 1258，1268（Fed. Cir. 2001）。

［22］ Chef America, Inc. v. Lamb Weston, Inc., 358 F. 3d 1371, 69 USPQ2d 1857
（Fed. Cir. 2004）.

［23］ Gambro Lundia AB v. Baxter Healthcare Corp., 110 F. 3d 1573, 42 USPQ2d 1378
（Fed. Cir. 1997）.

［24］ Hill - Rom Co. v. Kinetic Concepts, Inc., 209 F. 3d 1337（Fed. Cir. 2000）.

［25］ In re Oda, 443 F. 2d 1200, 170 USPQ 268（CCPA 1971）.

［26］ Lampi Corp. v. American Power Products, Inc., 228 F. 3d 1365, 56 USPQ2d 1445
（Fed. Cir. 2000）.

［27］ Liebel - Flarsheim & Co. v. Medrad, Inc., 358 F. 3d 898, 908（Fed. Cir. 2004）.

［28］ Merck & Co. v. Teva Pharmaceuticals USA, Inc., 395 F. 3d 1364（Fed. Cir. 2005）.

［29］ Novo Industries, L. P. v. Micro Molds Corp., 350 F. 3d 1348, 69 USPQ2d 1128
（Fed. Cir. 2003）.

［30］ Phillips v. AWH Corp., 415 F. 3d 1303, 75 USPQ2d 1321（Fed. Cir. 2005）（en -
banc）.

［31］ Semiconductor Energy Laboratory Co., Ltd. v. Samsung Electronics Co., Ltd., 204
F. 3d 1368, 54 USPQ2d 1001（Fed. Cir. 2000）.

［32］ Southwest Software, Inc. v. Harlequin Inc., 226 F. 3d 1280（Fed. Cir. 2000）.

［33］ Stevens v. Tamai, 366 F. 3d 1325, 70 USPQ2d 1765（Fed. Cir. 2004）.

［34］ Tap Pharm. Products, Inc. v. Owl Pharmaceuticals, L. L. C., 419 F. 3d 1346
（Fed. Cir. 2005）.

［35］ Tronzo v. Biomet, Inc., 156 F. 3d 1154（Fed. Cir. 1998）.

日本专利法

［36］ 1959 年 4 月 13 日的第 121 号法令，正如修改后的第 17 条之二（说明书或附图
的修改）、第 36 条之二（英语申请、翻译以及更正）、第 126 条（用于日语专
利说明书或附图的"更正审理"）。

日本判例法

［37］ 最高法院作出的民事判决，26 卷，10 号，1909 页（1972 年 12 月 14 日）（米饼
制造方法案）。

国际互联网资源

［38］ 日本特许厅（2007），http：//www. jpo. go. jp/，访问时间：2007 年 9 月 12 日。

［39］ 欧洲专利局（2007）"日本常见问答"，http：//patentinfo. european - patentoffice. org/prod_ serv/far_ east/japan/index. en. php，访问时间：2007 年 9 月 12 日。

［40］欧洲专利局专利搜索引擎（esp@ cenet 时用于搜索专利和专利申请的免费在线服务，由 EPO 与缔约国一同开发）（2007），http：//ep. espacenet. com（访问时间：2007 年 9 月 18 日）。

［41］欧洲专利局新闻发布，"在欧洲专利局的异议听证会之后爱丁堡专利限制"（欧洲专利局异议处）（2002 年 7 月 24 日），http：//www. epo. org/aboutus/press/releases/archive/2002/24072002. html，访问时间：2008 年 3 月 10 日。

［42］工业产权数字式图书馆（公众获取 JPO 的知识产权公报的途径）（2007），http：//www. ipdl. inpit. go. jp/homepg_ e. ipdl，访问时间：2007 年 9 月 18 日。

［43］Michels，David 以及 Jonnard，Aimison（主要作者），（1999 年 4 月），美国国际贸易委员会产业办公室，"Review of Global Competitiveness in the Pharmaceutical Industry" Publication 3172，http：//hotdocs. usitc. gov/docs/pubs/research_ working_ papers/pub3172. PDF，访问时间：2007 年 9 月 17 日。

［44］"Strategic Drafting of Applications for U. S. Patents by Japanese Companies from an Enforcement Perspective"，IIP Bulletin（2003），http：//www. iip. or. jp/e/summary/pdf/detail2002/e14_ 10. pdf，访问时间：2008 年 3 月 10 日。

［45］美国 PTO 的报告，"Number of Utility Patent Applications Filed in the United States，By Country of Origin，Calendar Years 1965 to Present"（2007 年），http：//www. uspto. gov/go/taf/appl_ yr. htm，访问时间：2007 年 9 月 20 日。

［46］维基百科，免费的百科全书（2007），"Japanese Language"，http：//en. wikipedia. org/wiki/Japanese_ language，访问时间：2007 年 9 月 15 日。

［47］维基百科，免费的百科全书（2007），"Japanese Writing System"，http：//en. wikipedia. org/wiki/Japanese_ writing_ system，访问时间：2007 年 9 月 15 日。

［48］维基百科，免费的百科全书（2007），"Translation"，http：//en. wikipedia. org/wiki/Translation，访问时间：2007 年 8 月 1 日。

［49］世界知识产权组织（2007），"PCT Resources"，http：//www. wipo. int/pct/en/，访问时间：2007 年 8 月 23 日。

专利文献

［50］授权给爱丁堡大学的欧洲专利 EP0695351（1999 年 12 月 8 日授权），"Isolation, selection and propagation of animal transgenic stem cells"（"爱丁堡专利"）。

［51］授权给 Antrad Systems AB（瑞典）的"加热仪器"专利 PCT/SE98/01477（国际 PCT 公布文件 WO 99/13688；欧洲专利公布文件 No. 98940729. 1——1998 年 8 月 18 日授权）。

第三部分　专利性的要求：必要条件

第十一章 如何在欧洲取得软件相关的发明专利

作者：斯蒂芬·斯科特 (Stefan Schohe)

克里斯蒂安·阿佩尔特 (Christian Appelt)

海因茨·戈达 (Heinz Goddar)

译者：向　虎

一、简　介

软件相关的专利是一个广为争议的话题。就欧洲而言，这个话题具有法律的血统。尽管公开的讨论主要集中在如何促进软件行业的发展，最终的争议变成了专利体系在一般意义上的有效性，而非特别针对软件相关的专利。在欧洲，问题变成了软件相关的专利是否应该纳入法律框架以及纳入的程度。因此，可能需要对欧洲的法律框架进行简单的介绍。

二、法律条文以及判例法的发展

尽管在欧洲没有统一的专利法，但是关于专利的实质性法律条款都随着《欧洲专利公约》(EPC) 的引入而趋于一致，因此，就实际操作而言，EPC 的规定已经反映在了 EPC 成员国的法律中，仅考虑 EPC 的规定已经足够了。

这方面的关键条文是 EPC 第 52 (1) 条，该条文规定如下：[①]

对于所有技术领域的任何发明，只要是新的、具有创造性并且适于工业应用，应当授予欧洲专利。

---

① As of December 13, 2007; the previous version was missing the words 'in all fields of technology'.

EPC 第 52 （2） 条作为 EPC 第 52 （1） 条的补充，规定如下：

下列各项尤其不应认为是第 1 款所述的发明：

（a） 发现、科学理论和数学方法；

（b） 美学创作；

（c） 进行智力行为、进行运动、游戏或者经营业务的计划、规则和方法，以及计算机程序；

（d） 信息的提示。

EPC 第 52 （3） 条又对 EPC 第 52 （2） 条进行了限制，规定如下：

第 2 款的规定，只有在欧洲专利申请或者欧洲专利涉及该规定所述的主题或者活动本身的限度内，才排除所涉及的该主题或活动的专利性。

因此，EPC （以及 EPC 成员国的国家法律） 仅以通用性条款描述了应当受到保护的发明，而没有对什么是发明进行定义。尽管并非毫无疑问，但通常认为可授予专利的发明必须是技术性的。这与属于某一技术领域并不完全相同[②]，而应当被理解为在技术的范畴内。换言之，并非发明所涉及的领域应当为技术性的，而是说发明本身应当为技术性的。除了此处对技术主题的隐形限制外，EPC 第 52 （2） 条还明确地排除了一些不可授予专利的主题，并限定了一条不允许判例法越过的界限。尽管 EPC 第 52 （2） 条的列表中包含抽象的无形的主题，例如智力活动、美学创作、商业方法以及计算机程序，而这些技术主题又通过 EPC 第 52 （3） 条被排除，因此如果在专利中要求保护这些技术主题，感觉上为了满足本条款的目的，该排除条款不应当被理解得过窄。此外，人们通常会发现，计算机程序和 EPC 第 52 （2） 条中所列举的其他项并不匹配[③]，因此

---

② The wording 'in all fields of technology' in Article 52 （2） EPC is derived from Art. 27 （1） TRIPS, which was frequently asserted to no avail with regard to software related inventions.

③ See e. g. United Kingdom, CFPH's Applications ［2005］ EWHC 1589 （Pat）; ［2006］ RPC 359 and Court of Appeal （Civil Division） – Aerotel and Macrossan ［2006］ EWCA Civ 1371; see also EPO T 1173/97 – Computer Program Product, OJ 1999, 609, holding that a computer program is always technical.

EPC 第 52（2）条不应当被认为仅仅是非技术性主题的一个列表。由此，欧洲判例法需要解决的问题是定义什么是技术性和/或确定所争论的技术主题是否落入 EPC 第 52（2）条或者国家法律相应条款所排除的技术主题列表中。

软件相关发明的判例法主要是从德国法律以及欧洲专利局的上诉法院发展出来的，但是欧洲专利局（EPO）的上诉法院有时候采用不同的方法来实现基本类似的结果。英国法院则发展它们自己的判例法，建立了自己的一套体系。

评判一个发明通常是否应给予专利保护，德国传统的做法是采用所谓的"Red Dove 准则"，该准则是在 1969 年由联邦法院判决一个案例之后命名的。当时，法院必须决定红鸽子的饲养方法是否能够得到专利保护，并且因此创造出了"能够受到专利保护的定义是指一种系统地利用自然力来实现直接的结果的说明"。这种定义意味着由诸如建造或者操作一台机器之类的可触知或可测量事件处理产生了某个结果，而该结果并不必须是技术性的④。这里的用语"直接结果"意味着该结果仅是由自然力产生的，而不是智力活动的结果。⑤

因为计算机往往会通过系统地使用自然力（也就是说按照指定的程序）实现一个直接的结果，例如计算结果，人们可能会直接认为无需再对软件相关的发明是否能够得到专利保护进行讨论。但是，德国法律传统上认为智力活动不能通过技术化伪装而得到保护。从这个角度来考虑软件，操作计算机的程序或者相关方法主要是智力活动的结果，而该程序在计算机上的技术性执行则是显而易见的。这意味着仅在个别情况下应当给予软件保护。德国官方在初期趋向于这种观点并采用所谓的"核心准则"。简而言之，"核心准则"所进行的评估包括以下步骤。第一，确定发明的所谓"核心"或者要领。第二，判定该"核心"是否包含技术性主题。如果包含，则像通常一样对新颖性和创造性进行审查。如果

---

④ Cf. Federal Court of Justice – *Suppenrezept*（*Soup Recipe*），GRUR 1966，249，holding a recipe for a soup patentable，or Federal Court of Justice – *Garagentor*（*Garage Door*），GRUR 1967，590 holding that it is not a bar to patentability，if the result achieved by the invention is a decorative effect.

⑤ The *Red Dove* case was in fact rejected，because the proposed method did not give an explicit rule as to which doves were to be crossbred，but left it to the discretion of the breeder.

不包含，则基于缺乏技术性而驳回该申请。顺便提及，由联邦法院驳回的第一个案件就是商业方法案件。⑥根据"核心准则"进行的实践越走越远，甚至驳回了关于软件控制的装置的申请，例如关于 ABS 刹车的申请，从而导致联邦法院通过一项判决明确了这种装置是可以受专利保护的。⑦通过这项判决，实践中变得越来越宽松。一开始，EPC 第 52（2）条以及相应的德国规定中所排除的技术主题列表的作用微乎其微，因为该列表主要被认为是涵盖未落入"红鸽子准则"定义内的技术主题的明确示例。在近来的判决中，联邦法院认为排除软件保护的要求不同于对技术性主题的要求，也就是说，即便技术主题是技术性的，也可能被排除在专利保护之外。⑧

　　EPO 的判例法一开始采用了一种相对浅显的方法，其根据具体的案件来考虑该案件是不是 EPC 第 52（2）条所列的被排除的主题。在 1986 年作出的 *Vicom* 决定中⑨，上诉委员会认为一种采用数学算法来处理图像的方法不能被认为是与数学方法相关的主题，也不能被认为是计算机程序。在与当时德国法院的流行做法进行的比较中，上诉委员会强调，权利要求中限定的发明必须作为一个整体进行考虑。在这种情况下，上诉委员会认为起决定性作用的是当作为整体考虑时，权利要求中限定的发明对现有技术作出了什么样的技术贡献。多年以后，基本上有两种理论经常出现在 EPO 的决定中。第一种理论是，如果主题包含或者能够得到除计算机正常操作之外的进一步技术效果，则不排除该主题能够得到专利保护。第二种理论基本上来自 *Vicom* 决定，即如果发明对现有技术作出了技术贡献，则不排除该主题能够得到专利保护。这两种理论都反映了计算机上运行的程序不会仅仅因为其隐含了计算机的使用而被排除在专利保护范围之外。

　　在 *Merrill Lynch's Application* 案的判决中⑩，英国上诉法院部分采用了 *Vicom* 决定中提出的技术贡献方法，但又另外指出发明排除的主题不能算

---

　　⑥　Federal Court of Justice – *Disposition Program*, GRUR 1976, 96.

　　⑦　Federal Court of Justice – *Anti – blocking system*, GRUR 1980, 849.

　　⑧　Federal Court of Justice X ZB 16/00 of October 17, 2001, *Search of Faulty Character Strings*, GRUR 2002, 143.

　　⑨　T 208/84 – *Vicom*, OJ 1987, 14.

　　⑩　UK Court of Appeal (Civil Division), *Merrill Lynch's Application* [1989] RPC 561.

作技术贡献。具体而言，该法院认为无论是否产生了对现有技术作出的技术贡献形式的新结果，如果该结果是不可授予专利的主题，则在提供交易系统的个案中，该发明是不能得到专利保护的。尽管参照了 *Vicom* 决定，该方法和德国法院的"核心准则"更为一致。事实上，该决定认为专利性依赖于应用的领域或者实现的结果，而非所要求保护技术主题的整体。

在 1999～2001 年，EPO 和德国法院都作出了一系列的决定，引入了技术主题的新标准并试图协调判例法与其他司法权。这个阶段的特征是对软件相关发明采取越来越宽松的态度，而这种发展无疑又得到了"新经济"增长的推动。

在此期间一个重要的议题是程序的产品权利要求，即存储有计算机程序的存储媒介的权利要求。1999 年，EPO 决定，如果存储在存储媒介上的程序在执行时展现出除计算机正常操作以外的进一步技术效果，则这样的权利要求是允许的。[11] 因此，对进一步技术效果的上述要求被放宽为产生进一步技术效果的潜能。上诉委员会甚至进一步认为如果存在产生进一步技术效果的潜能，则可以要求保护程序本身。上诉委员会的基本假设是 EPC 第 52（2）条并不排除所有的计算机程序，而是仅排除不具有技术特性的计算机程序。此外，上诉委员会认为每个程序都因为其物理地改变了硬件而具有技术特性，并因此得出结论，由于一些程序被排除而另外一些程序未被排除，未被排除的程序必须具有能够产生除计算机正常操作以外的进一步技术效果的潜能。在当时压力非常大的情况下，尽管这种理论能够实现其目的，也就是说允许程序的产品权利要求，这种理论具有内在的缺点。例如，这种理论并没有考虑到产生技术效果的潜能应当具体到什么程度。根据这种理论，任何可能产生技术效果的方案，即便其本身不是专利的技术主题，在进行附加的步骤之后，都可以得到专利保护，这涵盖了缺少实现技术效果所必需的最终步骤的那些不完整方法以及诸如用于装置或者方法的计划或者概念之类的抽象技术性概念。对于允许要求保护程序本身，上诉委员会并没有对保护范围给出任何意见，也没有要求对权利要求进行进一步的限制以澄清保护范围。

---

⑪　T 1173/97 – *Computer Program Product*, supra.

如果正如可能意图的那样，保护的范围是任何形式的可专利程序，这将不但保护源代码，而且也保护程序的抽象表现形式，例如流程图等，并因此禁止程序内容的传播。人们可能会问这如何满足 EPC 第 52（2）条或者专利系统的目的，即通过公开关于发明的信息来换取专利权人的暂时性垄断。⑫ 尽管这些未变成后续判例法的主题，但是该决定树立了一个长久的主张，即法律对具有能够产生进一步技术效果的潜能的程序和其他程序是有所区分的。回顾过去，人们可能会说这种概念阻碍了并且还在部分地阻碍判例法向一致且可预测的方向的发展。

在 2000 年由 EPO 的另一个上诉委员会作出的决定中，对于存储在数据载体上的程序或者数据采取了不同的方法。⑬ 该委员会认为存储在数据载体上的一些数据可能因为它们控制基于计算机的系统的运行而具有技术功能。

人类在软件相关发明中的干预（例如，在诊断方法中）是另一个议题。在 2000 年作出的一个决定中，联邦专利法院（bundespatentgericht）认为一个方法是非技术性的，因为该方法依赖于人类在过程中所做的决定和考虑。⑭ 根据联邦专利法院的另一个决定⑮，该决定也被联邦高等法院维持⑯，如果人采取的动作是由方法预先确定的并且不涉及解释、决定或者评价步骤，则涉及人进行干预的方法并不必然被排除到专利保护之外。

在这期间最重要的议题是方案和方法在计算机执行到什么程度是可得到专利保护的，即它们本身落入 EPC 第 52（2）条或者德国专利法（Patentgesetz2）第 1（2）节排除的范围内。这主要适用于商业方法的讨论，也适用于其他的应用软件。

德国联邦高等法院在 1999 年后期认为⑰专利性技术主题所需的技术

---

⑫　In fact, it does not become clear from the decision, why the term 'as such', used in Article 52（3）EPC, is to have a meaning different from 'per se'.

⑬　T1194/97 – Data Structure Product, OJ 2000, 525.

⑭　Federal Patent Court – *Assessment of the Difficulty of Dismounting*, BPatGE 42, 208.

⑮　Federal Patent Court – *Intercom System*, BPatGE 42, 157.

⑯　Federal Court of Justice X ZB 3/00 – *Intercom System*, Mitteilungen der deutschen Patentanwälte 2002, 176.

⑰　Federal Court of Justice – *Logic Verification*, GRUR 2000, 498.

特性可以存在于形成所产生软件的起始点的技术考量中，在计算机产生的输出能够用于公认的技术领域（例如半导体器件的制造[18]）中，也存在专利性技术主题所需的技术特性。这与在 T 1173/97 中建立的产生技术效果的潜能的概念的相同点在于不需要直接的具有因果关系的技术效果。但是，应当认为该标准后来并没有被严格地采用。在判定用于矿山中通风管道的计划时，尽管该计划毫无疑问涉及技术考量并且适于应用在矿山建设领域，联邦高等法院坚决地否定了该计划的技术特性。[19]

联邦高等法院 2000 年的另一个决定中[20]，该法院认为涉及计算机的权利要求一般来说限定了可专利的主题。EPO 在 2000 年 9 月的一个决定[21]中采用了这种主张，该决定也形成了 EPO 目前操作的基础。在接下来的决定中[22]，EPO 在创造性方面考虑了非技术性特征的问题，并针对是否存在解决技术问题的技术方案建立了核心的标准。特别是，在 2004 年的决定中确认了涉及技术性方式的方法和装置不落入 EPC 第 52（2）条的排除范围内[23]，由此废除了 Improved pension benefits system 决定中仍然存在的保留，在 Improved pension benefits system 决定中，对于方法权利要求来说，为了避免 EPC 第 52（2）条的排除，仍然需要进一步的技术效果。因此，就 EPC 第 52（2）条而言，除计算机正常操作外的进一步技术效果的标准已经不再适用。但是，该标准仍然暗含于对创造性的审查中，因为依赖于计算机的正常操作不具有创造性。

具有讽刺意味的是，几乎在与 EPO 采纳在德国 Speech Analysis Device 决定中建立的概念的同时，德国联邦高等法院则在 2001 年的一个允许程序产品权利要求的决定[24]中从该概念后退回到 T 1173/97 决定和之前的 Logic Verification 决定中由 EPO 发展的概念。它们采用了与 T 1173/97 不同的理论，但是得到了类似的结论，即为了能够得到专利保护，权利要

[18] See also Federal Patent Court – *Computer implemented method for manufacturing a cable harness*, BPatGE 45, 103.

[19] Federal Court of Justice – *Wetterführungspläne*（*Air Supply Plans*），GRUR 2001, 155.

[20] Federal Court of Justice – *Speech Analysis Device*, GRUR 2000, 1007.

[21] T 931/95 – Improved Pension Benefits System, OJ 2001, 441.

[22] See, especially, T 641/00 – *COMVIK*, OJ 2003, 352, and T 258/03 – *Hitachi*, OJ 2004, 575.

[23] T 258/03 – Hitachi, supra.

[24] Federal Court of Justice X ZB 16/00, Search of Faulty Character Strings, supra.

求的主题的显著特征必须用于解决特定的技术问题。

尽管这是针对计算机程序的产品权利要求进行描述的，并且 *Speech Analysis Device* 决定的概念未被明确地废除，但是该决定被广泛地认为推翻了 *Speech Analysis Device* 决定，并且部分地回到了核心准则。结果，联邦专利法院作出了一系列的决定，基于显著特征是非技术性的而驳回了一系列案件。[25] 联邦专利法院的第 17 法庭尤其采取这种意见，而该法庭决定了大部分的软件案件。在第 17 法庭的一些决定中，申请被基本上驳回的理由是所要实现的结果本质上（也）是由非技术性的原理（例如商业计划）引起的。关于执行的技术特征通常被认为不是显著的，尤其是如果这些特征在本领域内公知。[26] 联邦专利法院的第 20 法庭则尝试了一种不同的实践。第 20 法庭强调[27]，技术主题不会仅仅因为一个显著特征是非技术性的而被排除，并且如果除了显著的非技术性特征之外，还存在显著的技术性特征，则已经能够充分满足条件。由第 17 法庭决定的一些案件被上诉到联邦高等法院。基本上，大部分案件被维持，但是联邦高等法院改变了案件的焦点。联邦高等法院从技术性的显著特征的标准后退，或者更准确地说，将显著特征重新定义为限定技术性指示的特征。在一系列的决定中[28]，联邦高等法院将标准定义为，为了不被从专利性的标准排除，权利要求的主题必须包含由技术手段解决技术问题的方案。如果满足了该标准，则无所谓权利要求是否涉及与 EPC 第 52（2）条或者德国法律下相应条款所排除的主题相关的方法或者装置。[29]

由此，尽管联邦高等法院和 EPO 所采取的方法仍然不同，但是近来的判例法都显示出共同的标准，即要求解决技术问题的技术方案。但是，不同的方法可能对专利申请的结果有影响。联邦高等法院仍然认为权利

---

[25] See, for example, Federal Patent Court 17 w (pat) 28/00 – Mailing Campaign, CR 2002, 249.

[26] See, for example, Federal 17 w (pat) 44/02, Mitteilungen 2003, 555; an application to an automated help system evaluating user input was rejected on the grounds that in order to offer help the user input has to be evaluated under psychological considerations and thus use non – technical means.

[27] Federal Patent Court 21 w (pat) 38/00 – Electronic Monetary Transactions, BPatGE 45, 133.

[28] Federal Court of Justice – *Electronic Financial Transactions*, GRUR 2004, 667, Federal Court of Justice – *Determination of Profitability* (*Rentabilitätsermittlung*), GRUR 2005, 143 and Federal Court of Justice – *Offering Interactive Help* (*Anbieten interaktiver Hilfe*), GRUR 2005, 141.

[29] Federal Court of Justice – *Record Carrier*, GRUR 2005, 749.

要求中包含技术特征不足以避免根据德国专利法第 1 (2) 节 (对应于 EPC 第 52 (2) 条) 的排除, 并因此针对是否存在技术方案适用了独立于创造性标准的一个标准。EPO 则在权利要求中叙述了技术手段的情况下完全抛弃了针对 EPC 第 52 (2) 条排除条款的考察。[30] 和联邦高等法院一样, EPO 要求存在解决技术问题的技术手段, 但是该要求是在创造性方面进行考察的。

在欧洲大陆的判例法看似衰退的时期, 英国法院则推行它们自己的方法。在高等法院 2005 年的决定[31]中, 其拒绝了 EPO 的方法。取而代之的是, 在对法律规定进行详细分析之后, 该决定认为审查的顺序应当颠倒过来。第一步, 应当找出认为是新的且非显而易见 (并且应当适于工业应用) 的技术进步。第二步, 应当根据 EPC 第 52 条关于发明的描述来判断上述技术进步是不是新的并且是否非显而易见 (并且适于工业应用), 即具有新颖性和创造性的技术内容是不是可专利的主题。在上诉法院 2006 年后期的一个决定[32]中, 法院基本上回到了之前的 *Merril Lynch* 决定[33]的修正的技术贡献方法, 明确地表示不同意 EPO 上诉委员会的意见。在高等法院随后的决定[34]中, 澄清了上诉法院的决定并不意味着禁止程序的产品权利要求。

从实际的角度来看, 创造性的标准远远重要于 EPC 第 52 (2) 条的排除。事实上, 在 EPO 开始在创造性的方面考虑包含技术性特征和非技术性特征的主题之前, 也是这样的。根据之前的判例法, 对软件相关申请的大部分驳回都不是基于缺乏可专利的主题, 而是基于缺乏创造性。在许多案件中, 现有技术非常接近申请的主题, 以至于使得申请的主题缺乏新颖性或者创造性。当存在相对于所引用的现有技术具有新颖性的非技术性特征时, 创造性的问题变得非常复杂。对于具有新商业特征的

㉚　T 258/03, supra.

㉛　High Court of Justice (Chancery Division) *CFPH's Applications* [2005] EWHC 1589 (Pat); [2006] RPC 359.

㉜　Court of Appeal (Civil Division) – *Aerotel and Macrossan*, supra.

㉝　UK Court of Appeal (Civil Division), *Merrill Lynch's Application* [1989], supra.

㉞　High Court of Justice (Chancery Division), *Astron Clinica Limited and others*, [2008] EWHC 85 (Pat).

计算机执行的商业方法来说尤其是这样。⑤

　　一个共同的意见是仅仅执行已知的或者显而易见的算法或者商业方法不足以满足创造性的要求。官方明显的趋势是援引本领域技术人员的公知内容或者简单的常识来驳回那些依赖于简单算法的权利要求，而不是依赖于具体的现有技术。在上述联邦专利法院 2002 年的决定㊱中，例如法院就认为如果发明基本上是对普通要求的反应，则法院或者专利局不需要提供具体的证据来证明在优先权日之前存在这样的要求。EPO 的判例法㊲显示出的趋势是认为将公知技术用于新的问题是显而易见的，即便在现有技术中没有针对这种效果的具体暗示。

　　有时候驳回软件相关案件的另一个依据是权利要求中未进行充分的描述。该依据很少被这样使用。人们经常发现拒绝的理由是需要智力活动来实现发明，而事实上是描述不完整，导致没有描述如何实现某个步骤或者结果。一个典型的案例是要求保护一个结果，但是没有陈述如何来实现。

　　一个关联的议题是技术特征没有被清楚地限定或者仅通过非技术性特征的暗示来限定。尽管对非技术性特征的引用应当被认为是对目的的详述，暗示出用于实现该目的的技术手段㊳，但是人们可能注意到趋势是不将相关的特征认为是非技术性的。频繁出现的情况是几乎没有或者没有与这种特征关联的技术主题。㊴ 如果使用不同的表述，则权利要求主要以非技术性语言描述的大量案件可能会得到不同的判决结果。㊵

三、政治发展

　　在司法发展的同时，经济和政治也在发展，并且它们之间当然有一些关联。在被称为新经济而之后被称为互联网泡沫的时代，一个非常强烈的主张是更加宽松地授予软件相关的发明专利保护。在 2000 年修改 EPC 的外交会议上，已经认真地考虑了从 EPC 第 52（2）条的被排除主

　　㉟　See, for example, T 49/99 or T 1177/97, unpublished.

　　㊱　Federal Patent Court 20 w (Pat) 4/00, GRUR 2002, 418.

　　㊲　See, for example, T 1081/99 or T 623/97, unpublished.

　　㊳　Guidelines for Examination in the European Patent Office, C III 4. 13.

　　㊴　See, for example, Federal Patent Court 20 w (Pat) 4/00, supra.

　　㊵　See, for example, Federal Patent Court 17 w (pat) 41/01, relating to the German counterpart of US 2002/0026307 A1.

题列表中去除计算机程序,甚至是完全废除 EPC 第 52(2)条和第 52(3)条。但是,在 2000 年 11 月 29 日的最终法案中,EPC 第 52(2)条和第 52(3)条还是被原样保留,因为感觉到作出这样一个决定为时尚早。原先预定在 2002 年的外交会议上再讨论这一问题,但是时至今日尚未确定一个具体的日期。EPC 第 52(2)条和第 52(3)条被保留的另一个原因是在欧盟委员会宣布计划对软件相关发明的专利保护作出指示的同时,鉴于该计划,外交会议决定保留对这些条款的修改,据报道,这是受到来自欧盟的压力。上述欧盟指示最终在 2005 年被欧洲议会拒绝。产生上述决定的过程反映了在 20 世纪 90 年代中期到现在公众对软件相关专利以及普通专利的认识的变化。回顾该过程的迂回曲折是很有意义的,因为这在某种程度上也反映在判例法中。

该过程始于 1997 年,即欧盟委员会发布关于共同体专利的绿皮书之时。在该绿皮书中,欧盟委员会也提及了通过专利对软件进行保护的问题。当时,欧盟委员会更加倾向于增强通过专利对软件相关发明给予的保护,并暗示将会很快向成员国发布指导性文件。由于针对共同体专利的并行工作,该过程被延迟。与此同时,由于收到负面的反馈,尤其是来自开放代码运动的负面反馈,欧盟委员会推迟了原先计划的指导性文件草案,取而代之的是在 2000 年发布了征询意见书,邀请公众对是否需要提高软件相关发明的专利保护以及应该给予软件相关专利何种保护范围发表意见。欧盟委员会收到了大约 1500 份意见。在 2002 年 2 月发布指导性文件草案时,欧盟委员会采取了相对保守的方法,并建议保留由 EPO 的判例法建立的现状。该草案总体上认为不需要对软件保护采取任何特殊的法律,而是应当适用专利法的一般原则。

2003 年 9 月,欧洲议会通过了针对上述提议的指导性文件的决议。[41] 尽管法律事务和内部市场委员会向欧洲议会提供的报告中仅对欧盟委员会的草案提出了不多的修改意见,但是大量的争论后,草案的修改意见对专利保护设置了严格的限制,很明显这是开放代码团体大量游说的结果,这种游说甚至包含对报告起草人的人身威胁。

尽管口头上假装仅进行略微的改动以提高透明度和法律的可靠性[42],

---

[41] Resolution P5_ TA（2003）0402 of September 24，2003.

[42] Bulletin of the European Union 9 – 2003，1.3.29.

但是欧洲议会的建议书有效地废除了在生产技术以外的所有领域内对软件相关发明的专利保护，以及在与现有技术的区别仅在于（非技术性）软件的所有情况下对软件相关发明的专利保护。该修正案中包含一个明确的条款——数据处理不属于能够得到专利保护的技术领域。根据欧洲议会作出的该修正案，技术性的贡献应当通过权利要求的技术特征和现有技术之间的差异来建立。创造性在于对计算机资源的更有效利用则被明确排除在外。一般来说，软件专利仅应当授予有形商品的自动化生产。这种专利申请必须包含能够良好运行并且被适当记录下来的参考执行方式，而且没有任何限制性的许可条款。针对一个重要的目的使用专利的发明不构成侵权，所说的重要目的包括但不限于在不同的计算机系统之间实现兼容。

欧洲议会的提议遭遇到来自欧洲委员会的强烈抵抗以及欧洲理事会的保留。作为立法程序的下一个步骤，欧洲理事会于 2004 年 5 月 18 日发布了一份意见书㊺，其恢复了大部分欧洲委员会的建议。由于形式的原因，该意见书直到 2005 年 3 月 7 日才被正式采用。不同寻常的是，包括荷兰、匈牙利、拉脱维亚、波兰、丹麦和塞浦路斯政府在内的一些国家政府尽管在 2004 年 5 月通过了该意见书，但声明了关于该意见书的保留并要求与欧洲议会进行进一步的磋商。

在欧洲议会准备第二次审查的过程中，法律事务委员会的报告起草人提出了一份很大程度上与 2003 年第一次审查过程中欧洲议会通过的决议方向一致的建议书。在稍后发布的一份折中的文件中，第一次建议书中的一些限制条款被删除。部分因为来自软件专利支持者和反对者的大量游说，欧洲议会在该问题上的分歧很大，这最终导致需要对大量的修正案进行投票，而这实际上不可能以一种有序且可行的方式来操作。基于对这样通过一个法律将会是一个非常混乱的过程的共识，欧洲议会的大部分成员决定投票反对上述意见书，因此该意见书于 2005 年 7 月 5 日在全体会议上被否决。

由于上述意见书被否决，法律条款保持未改变，这也意味着 EPO 的操作实践和以前一样。有趣的是，软件专利的反对者认为这是一次胜利。

㊺　Document 9713/04 of May 24，2004.

结果，对软件相关专利的讨论不再像以前那样热烈。但是，长远的结果是在公众和政界中建立了对专利的关键认识，这种认识渗透进政治舞台。和以往相比，开始在政治讨论中更频繁地讨论和强调专利潜在的反竞争方面。㊹

四、法院和上诉委员会当前的实践

（一） EPO 的实践

EPO 当前的实践㊺源自在 T641/00 （*Comvik*）㊻ 和 T258/03 （*Hitachi*）㊼决定中建立的标准。该实践基本上设置了下述的步骤。

首先，审查权利要求是否包含技术特征，而不管这些技术特征是不是新的。如果具有技术特征，则认为满足了技术主题以及 EPC 第 52 （2）条的要求，即便这些特征仅涉及技术环境，例如计算机、网络或者显示屏。在随后对创造性的评价中，仅考虑那些对技术特性有贡献的特征。但是，根据技术问题/技术方案的方法，在总结所要解决的技术问题时，可以考虑非技术性特征。㊽ 这里还对一般的潜在非技术问题 （例如与商业世界相关的问题） 和对本领域技术人员而言属于专利法所指的技术问题进行了区分。在商业方法执行的案例中，本领域技术人员应当是软件程序员而非商业领域的专家，但是他具有商业相关特征的知识并通过作为其工作基础的需求说明书而了解待执行商业方法的方方面面。㊾

例如，在 T258/03 中决定的案例涉及一种远程拍卖系统，其中每个竞价者提供一个要求的价格和一个接受的最高价格。在第一阶段，拍卖价格从初始价连续下降直到一个或者多个竞价者要求的价格等于或者高于当前的拍卖价格。如果存在多个这样的竞价者，则拍卖价格将以预定的步骤再次上升。在每个步骤中，接受的最高价格低于当前竞拍价格的那些竞拍者将被排除在外，直到留下一个成功的竞拍者为止。

㊹　See, for example, the opinion on patent protection and innovation by the scientific advisory board of the German Ministry for Economy of March 2007.

㊺　An extensive discussion of this approach and the related case law can be found in T 154/04, to be published.

㊻　T 641/00 of September 9, 2002 – *Two Identities/COMVIK*, supra.

㊼　T 258/03 – *Hitachi*, supra.

㊽　T 641/00 of September 9, 2002 – *Two Identities/COMVIK*, supra.

㊾　T 172/03 of November 22, 2003, unpublished.

上诉委员会认为 EPC 第 52 条的要求已经满足，因为涉案权利要求引用了诸如服务器端计算机、客户端计算机以及网络之类的技术特征。在评价创造性时，与待拍卖产品相关的数据传输和存储的步骤以及与要求的价格和最高价格相关的数据传输和存储的步骤被认为是技术性的，但是已经被现有技术公开。产生成功的竞拍者所需的步骤不被认为是技术性的，并且不与在计算机系统中执行拍卖特别地相关，因此被排除在创造性的考虑因素之外。基于传输迟延的（技术性）问题并未被解决而是被避免了，上诉委员会特别驳回了上述方法克服了现有技术中竞标传输迟延的问题的争辩意见。他们同意以预定的步骤升高竞拍价格的特征可以被认为具有技术性特征，因为其特别适于在计算机上进行，但是上诉委员会认为这对于本领域技术人员来说是显而易见的措施。

宽泛地说，EPO 从软件开发者的角度来考虑发明，该软件开发者面临着执行非技术性方案（例如商业方法）的任务，上述非技术性方案则可能是非技术性问题的解决方案。[50] 如果所要求保护的执行方案包含非显而易见的特征，则满足了创造性的要求。在很多情况下，这与现实中软件开发者的状况一致。

EPO 所采用的方法摒弃了之前判例法中不一致的情况，而是要求对现有技术作出的贡献必须满足 EPC 第 52 条的要求。所要求保护的技术主题是否为技术性的或者是否落入 EPC 第 52 条被排除的技术主题列表，并不依赖于现有技术或者用于评估新颖性和创造性的相关日期。如果技术主题是技术性的，即便产生了新的技术，这也不会改变。类似地，如果技术主题落入技术性的且未被排除主题的一般类别，该类别中的一个具体例子也不会因为其在所述一般类别的技术性特征之外还包含非技术性的特征或者落入 EPC 第 52（2）条排除的主题内的特征而变成非技术性的或者被排除在外。

但是，EPO 目前的实践确实将之前判例法的一些问题转移到对创造性的评估上。EPO 目前做法的一个中心问题是确定解决的技术问题，更一般来说，如何来定义技术问题和技术方案。这就伴随着将特征划分为技术性的或者非技术性的问题。这种方法必然会带来忽略由权利要求中

---

[50]　Cf. T 931/95 – *Improved Pension Benefits System*, supra.

引用的非技术性特征隐含的技术性特征（例如通过有意的措辞）的风险，以及忽略由于技术考虑而可能引入非技术性特征的风险。[51] 这可能会导致产生过窄并且可能预见部分发明的技术问题。

判例法中目前尚未解决的另一个问题是如果仅有的现有技术未被预先公开（EPC 第 54（3）条），是否应当考虑非技术性特征。但是，这些特征很可能被忽略。[52]

（二）德国法院的实践

由联邦法院在 2001 年建立的必须服务于解决技术问题的技术方案的显著性特征的标准[53]被改进为用技术手段来解决技术问题的标准。特别地，法院清楚地表示术语"显著性特征"并不意味着一个与技术内容不相关的标准，并且该标准不能被理解为建立所要求保护的主题（可能是非技术性的）的整体特性的特征。法院认为该标准是为了确保基于产生技术活动的教导的那些特征来评估创造性[54]，法院清楚地表示必须建立隐含在所要求保护主题中的技术教导，并对这种教导进行新颖性和创造性的审查。另外，法院坚持认为 EPC 第 52 条的排除和德国法的相应条款不能仅仅通过计算机的使用而被避免。

在 2006 年 3 月的一个判决[55]中，联邦法院认可了一份与允许预付费电话而不必使用装有读卡器的公用电话的技术问题相关的专利，法院认为该技术问题是通过技术手段来解决的。该案例中的技术方案是将一定数量的电话时间分配给一个特定的代码，并将隐藏在卡上的代码提供给客户。

相反，联邦专利法院的实践则是混合的。具体来说，第 17 法庭的实践与之前核心准则下的德国实践非常相似。如果由计算机执行的发明所要保护的主题不隐含对硬件新的使用或者修改，则该分院判断所处理数据的本质。如果它们的内容是非技术性的，例如在医疗[56]或者商业数据[57]

---

[51]　Cf. T 769/92 – *SOHEI*, OJ 1995, 525.

[52]　Cf. T 172/03 of November 22, 2003, unpublished.

[53]　Federal Court of Justice X ZB 16/00, *Search of Faulty Character Strings*, supra.

[54]　Federal Court of Justice – *Electronic Financial Transactions*, supra.

[55]　Federal Court of Justice – *Prepaid Telephone Calls*, GRUR 2006, 663.

[56]　Federal Patent Court 17 w (pat) 15/04, unpublished.

[57]　Federal Patent Court 17 w (pat) 88/03, unpublished.

的情况下，如果没有与硬件的修改或者其操作相关的特征包含在权利要求中，则该分院认为不存在技术问题。人们也能认识到注意整体目的而非特别要求主题的趋势。在一个对三维图片提供二维表示的装置的案例中，其中一些图片元素响应于用户的单个操作而移动到一起，该分院基于人机工程与人类需求相关而不隐含技术问题，认为其中不存在技术问题。[58]

在第 17 法庭的判例中重申的标准是本领域技术人员是否必须考虑数据处理装置或者其他硬件的结构或者操作[59]，或者在数据处理系统的部件之间是否存在非显而易见的新的相互作用[60]。一个认识是计算机科学家的考虑因素通常不是技术性的。[61] 具体而言，在一个由能够进行多任务的计算机程序控制的系统的案例中，其中在出现错误的情况下确定系统的将要过渡到的新状态，该法庭认为在出现错误的情况下保持控制操作涉及技术问题，因为其涉及了除计算机科学家的技能以外的考虑因素。[62] 相反，在一个在多任务操作系统中保持任务间通信的方法的案例中，其中确定了任务间变量，并且确定并应用了用于任务间通信的机制，该法庭认为建立数据一致性并不涉及技术问题，因为仅仅是软件被修改并且该方法不涉及操作硬件元素的新方式，而仅仅是任务间的相互作用。[63] 很明显，该法庭觉得前一个案件中的系统是不同于计算机的装置，例如加工工具或者空调系统。但是，该决定背后的权利要求并不包含任何这方面的限制，并且所要求保护的系统很可能是计算机系统。

尽管在联邦法院的 Electronic Financial Transactions 判决之前，第 17 法庭基于其认为属于显著性特征的部分不是技术性的所要求保护的主题不能得到专利保护，理由现在变成了基于其认为属于显著性特征的部分，不能确定技术问题。尽管这从形式上满足了技术问题的技术方案的标准，但是看起来这并没有解决联邦法院在 Electronic Financial Transactions 中提出的建立能够进行新颖性和创造性审查的（整个）技术性主题的要求。

---

[58]　Federal Patent Court 17 w（pat）10/04，unpublished.

[59]　Federal Patent Court 17 w（pat）82/04，unpublished.

[60]　Federal Patent Court 17 w（pat）10/04，supra.

[61]　Federal Patent Court 17 w（pat）57/04，unpublished.

[62]　Federal Patent Court 17 w（pat）57/04，supra.

[63]　Federal Patent Court 17 w（pat）82/04，unpublished.

在 Electronic Financial Transactions 判决之后，仅由联邦法院的其他法庭作出了几个关于被排除主题的决定。但是，在第 23 法庭的一个决定[64]中，认为用数学方法对测试数据的评估不落入被排除主题的范畴。

在创造性问题上，德国法院仅有几个报道的决定，其中所要求保护的主题涉及技术性特征和非技术性特征的混合。[65] 在联邦专利法院的判例中已经有一些例子，其中解决了创造性的问题或者技术性和更一般的非技术性的问题。在 1999 年和 2002 年的两个决定[66]中，第 20 法庭认为申请背后的技术性特征和商业方法两者都是显而易见的。因此，该法庭未解决创造性能够基于商业方法的问题。在第三个决定[67]中，该法庭不得不针对该问题作出决定，否定了 EPO 关于摒弃所有非技术性特征的方法。相反，该法庭通过建立毫无疑问的技术特征、技术内容是否与非技术性特征相关联以及什么技术内容与非技术性特征相关联来确定争议权利要求的技术内容。[68] 该法庭的结论是由此产生的技术内容由计算机科学领域公知的技术组成，因此缺乏创造性。这种方法考虑了商业相关申请中频繁出现的特征的混合特性。但是，这种方法没有考虑将一些已知技术应用到商业方法的执行是否显而易见。在 2004 年 11 月宣布的一个决定[69]中，该决定涉及的案例中与现有技术相比的新特征是自动贩卖机的累积赌注以随意的方式增加而非以预定的量增加，法院认为累积赌注随意增加的特征服务于使游戏更加吸引人的非技术性目的，但是，该目的不是针对本领域技术人员的技术问题。解决使累积赌注随意增加的技术问题的方案被认为是显而易见的。[70]

在第 17 法庭的实践中，由于针对被排除主题的严格审查，很长一段

---

[64] Federal Patent Court 23 w (pat) 55/04, unpublished.

[65] The situations in which all features of the claim are considered technical or the combination of the technical features in a claim is new and involves an inventive step do not involve particular problems and will be decided according to the usual criteria.

[66] Federal Patent Court – *Automated Sales Control*, GRUR 1999, 1078, Federal Patent Court 20 W (Pat) 4/00 – *Self – Service Delivery of Chip Cards*, GRUR 2002, 418.

[67] Federal Patent Court 21 w (pat) 38/00 – *Electronic monetary transactions*, BPatGE 45, 133.

[68] Essentially, the Board stripped the features of the claim of their (non – technical) meaning, for example, considering data representing monetary units simply as data.

[69] 20 W (pat) 10/03, Mitteilungen der deutschen Patentanwälte 2005, 119.

[70] See also the decision 20 W (pat) 314/02 – *Least Cost Telephone Connection* (*Preisgünstigste Telefonver – bindung*), GRUR 2004, 931.

时间内并没有提出关于创造性的问题。但是，在 2004 年 9 月的一个决定⑦中，该决定认为图像处理器背后的数学算法涉及非技术性的，即数学问题，并且仅这种数学算法的执行可以得到专利保护。但是，在图像处理器中执行算法的单一事实甚至不足以建立所要求保护发明的技术特性。在评估涉及附加硬件特征的附加请求时，该法庭仅基于技术性特征来评估创造性问题。该案例显示出在非技术性的整体问题和技术性问题之间划分界限的难度。如果权利要求的主题被划分为技术性的和非技术性的，并由此限定由"技术性特征"解决的技术问题和由"非技术性特征"解决的技术问题，人们将会容易地得出结论：通过软件或者更一般地说算法对已有装置作出的任何改进都将被认为是不能得到专利保护的。

在创造性问题方面，联邦法院仅有几个判决。在一个例子⑦中，法院强调了技术问题和该技术问题背后的更一般问题之间的区别，这与 EPO 例如在 T172/03 中采取的方法类似。在之前提到的预付费电话决定⑦中，联邦法院详细地处理了创造性的问题。

该案例涉及一种处理电话的方法，其中将标识数字分配给一定数量的电话时间，该标识数字以可见的方式置于载体卡片上，使得例如通过刮开覆盖层来露出这些数字。这些载体卡片用于销售，从而卡片的购买者能够在露出并输入标识数字后根据所分配时间的长短来打电话。现有技术中已知将与定量的电话时间分配给芯片卡片。另一方面，通过存一定量的预付的费用而给予一个识别码也是已知的，其中预付费量和标识数字被储存，使得通过输入标识码，用户能够打电话，电话费则从预付费量中扣除。

法院认为，从最后提及的现有技术开始，对本领域技术人员来说与芯片卡一样引入标准化的预付费量是显而易见的，因为根据法院的意见，简单分配仅在同时存在解决如果让客户安全地知道标识数字问题方案的情况下才可能。相关的是，需要在购买之前分配与标识数字相关联的存款额度，并使客户能够得到标识码。

---

⑦　17 W（pat）31/03 – *Partition Tree*（*Partitionsbaum*），Mitteilungen der Deutschen Patentanwälte 2005，166.

⑦　Federal Court of Justice – *Electronic Financial Transactions*，supra.

⑦　Court of Justice – *Prepaid telephone calls*，supra.

在该决定中，法院没有区分技术性和非技术性的特征，并且明显还考虑了非技术性的步骤，例如以标准化的方式将一定量的电话时间分配给标识数字，因为这与创造性相关。类似地，对该决定而言，在购买之前分配标识数字以及将该标识数字告知用户也是非常重要的。这与 EPO 的通常摒弃非技术性特征的实践相反。从该决定中尚不清楚是否真的意图建立与 EPO 不同的标准，还是这仅仅属于个案，而不作为以后案件的结论。

（三）英国法院的实践

英国法院以及英国知识产权局目前的实践[74]与在之前提及的 *Macrossan* 决定[75]中采用的标准一致，该标准继续了在之前的 *Merrill Lynch* 决定[76]中建立的标准，同时偏离在 *CFPH* 决定[77]中建立的标准，该标准也被明确用于将英国的实践区别于 EPO 的实践。

在 *Macrossan* 决定中，法院一开始的观点是 EPO 第 52（2）条中的各种排除并不属于一个共同概念，因此每个排除都必须独立对待。在其中权利要求仅有新的且非显而易见的特征明显属于非技术性的案例中，例如在 CD 上的新的音乐或者包含新故事的书，法院拒绝采用 EPO 上诉委员会的方法。法院基本上回到了之前由 *Vicom* 决定[78]提出的贡献方法，尽管在 *Merril Lynch* 决定[79]中进行了一些修改。法院对 *Merril Lynch* 案件中拒绝的摒弃非技术性特征的方法表达了赞同，但是认为它仍然应当遵循先例。

基于以上，法院形成的测试标准由以下四个步骤组成：

（1）恰当地解释权利要求；

（2）识别出实际的贡献；

（3）判断其是否完全落入被排除的主题；

（4）判断实际的或者所声称的贡献是否本质上实际是技术性的。

---

[74] Practice note, 'Patents Act 1977: Patentable subject matter' of November 2, 2006, available at http://www.ipo.gov.uk/patent/p-decisionmaking/p-law/p-lawnotice.htm.

[75] Court of Appeal (Civil Division) – *Aerotel* and *Macrossan*, supra.

[76] UK Court of Appeal (Civil Division), *Merrill Lynch's Application*〔1989〕, supra.

[77] High Court of Justice (Chancery Division) *CFPH's Applications*, supra.

[78] T 208/84 – *Vicom*, supra.

[79] UK Court of Appeal (Civil Division), *Merrill Lynch's Application*〔1989〕, supra.

步骤（4）并不真正必要，但是在 *Merril Lynch* 案例中有所要求。

该决定中的两个案例中的第一个（*Aerotel*）涉及一种与预付的电话费相关的电话系统，其中为了连接通话，用户必须拨打一个特殊的交换机，该交换机验证尚有足量的预付费余额。如果是这样，则连接通话，监控预付费，并在预付费用完时切断通话。

法院认为该权利要求通过特殊的交换机隐含了一种新的硬件构造，并判决所要求保护的系统和方法是新的并且该权利要求不涉及被排除的主题。

第二个被决定的案例（*Macrossan*）涉及一种基于计算机的生成文档的方法，其中以多个阶段向用户提出问题，并且从用户的答案中获得的信息被用于生成所需的文档。后一个问题是根据前一个问题的答案来确定的，并且用户的答案被储存在数据库结构中。重复该过程直到该用户已经提供了足够的信息来允许生成建立公司实体所需的文档。还存储了大量的文档模版，并且数据处理器被构造成将这些模版中的至少一个与用户的答案结合，以生成所需的法律文档。这些文档然后可以以电子形式发送给用户以供用户打印并提交，可以寄给用户，或者可以代表用户提交给适当的注册机关。

法院认为所要求保护的主题落入商业方法例外和计算机程序例外而被排除。

应用上述测试，法院注意到权利要求未涉及新的硬件，并且该发明存在于一个互动系统中，该互动系统执行一项能够由法律顾问或者公司成立代理机构完成的任务。法院认为这种贡献是商业方法描述下完全被排除的对象。它们拒绝了下级法院在判决中的观点，即这种排除涉及抽象概念，从而才产生了 EPC 第 52（2）条的排除不属于抽象概念的通常定义。它们还拒绝了下级法院的权利要求不涉及商业方法而是涉及用于进行商业的工具的论点，理由是产生新工具的事实与此无关，参见之前的 *Fujitsu* 决定[80]。

将这种测试应用于计算机程序的排除，法院认为贡献存在于计算机程序的设置中，实践中是互动网页，其可以用于执行方法，而硬件是标

---

⑧　*Fujitsu Limited's Application* ［1997］EWCA Civ. 1174，［1997］RPC 608.

准的，不是贡献的一部分。由此，法院认为贡献仅是程序并且这种贡献不是技术性的。

应当注意，该决定并没有说如何以与之前在 *CFPH* 案件中高等法院的决定不同的方式来确定技术的贡献，在之前的 *CFPH* 案件中适用的标准是所要求保护的主题必须是新的并且是非显而易见的，该决定是在进行了现有技术检索之后作出的。[81] 还应当注意，除了在 *Aerotel* 案件中的标准电话系统外，在 *Macrossan* 决定中，法院并没有考虑现有技术，也没有考虑所要求保护的主题是否由于被排除的或者非技术性的主题而非显而易见的问题。

该决定反映了针对成文法系司法区域（例如欧洲大陆）很难处理的问题采取的大陆法方法。它们认为技术主题的要求和 EPC 第 52 条（2）和第 52（3）条的排除形成除新颖性、创造性以及工业适用性以外的单独的标准。如果是这样，需要独立于其他标准，特别是独立于用于确定新颖性和创造性的现有技术来理解该标准。[82] 事实上，与新颖性和创造性的问题相反，其中 EPC 自己将这些标准关联到一定的时间点，即申请日或者优先权日，一些主题是否为技术性和/或是否落入 EPC 第 52（2）条和第 52（3）条的排除不能依赖于进行考虑的时间点。任何其他的方法都将导致如下的结果：在某个日期之后产生的内容会对技术特性的存在或者排除的不存在产生影响，而在此之前的特征不会。这意味着，如果仅有的新特征是非技术性的或者完全涉及被排除的主题，则不能授予专利权。结果，通过适当的控制软件对技术装置例如 ABS 刹车的改进将不能得到专利保护。但是，欧洲大陆法[83]和英国的判例法[84]看起来都持相反的观点。

尽管方法上存在差异，英国法院和德国联邦法院第 17 法庭的实践存在惊人的相似，特别是两者都需要存在对硬件或者其操作的改变。

在 *Macrossan* 决定之后，英国知识产权局在 2006 年 11 月 2 日发布了一份实践通知，其中认为即便相应的方法和/或装置权利要求可以被允

---

[81]　High Court of Justice（Chancery Division）*CFPH's Applications*, supra, sections 93 to 96.

[82]　See T 154/04, supra, sections 10 and 12 of the reasons.

[83]　Federal Court of Justice – *Anti – Blocking – System*, supra n. 7, T 154/04, supra n. 45, section 13 of the reasons.

[84]　Court of Appeal（Civil Division）– *Aerotel* and *Macrossan*, supra, sections 78 to 83; note, however, the dissent of Lord Justice Jacob in section 35 of the decision.

许，程序产品权利要求也与 *Macrossan* 决定不相容，并因此驳回了这样的权利要求。英国知识产权局的理由主要是上述 *Macrossan* 决定的测试标准的步骤（1）暗示了通过授予可能的专利来确定垄断权，在程序或者程序产品权利要求的情况下这种垄断权涉及被排除的主题，并且在该测试标准的步骤（2）中确定的贡献不能超出上述垄断权的范围。在高级法院近期的一个决定⑧中，法院认为程序产品权利要求或者程序权利要求并不是本身被法律排除在外的，理由基本上与 EPO 的 T1173/97 决定⑧一致。特别地，法院认为允许这种类型的权利要求并不与 *Macrossan* 决定矛盾，其认为 *Macrossan* 决定需要进行实质上的分析而非形式上的，特别地，法院并没有怀疑 EPO 的 T1173/97 决定。在 2008 年 2 月 7 日发布的另一个实践通知⑧中，英国知识产权局宣布其将立即采用这种实践标准。

（四）对　比

尽管有这些不同的方法，在所有的欧洲法域还有一个共同的问题，即以在专利局或者法院作出决定之前提供法律保障的方式来定义排除通常被认为不能得到专利保护的一些主题的标准。*Macrossan* 决定中的上诉法院通过引用具有新内容的书或者具有新音乐的 CD 的案例明确了该问题，其中具有新内容的书或者具有新音乐的 CD 都从物理上不同于之前的书或者 CD。共同的意见（不仅仅在欧洲）是不能仅因为在实体装置上执行内的内容而给予专利保护。

在处理该问题时，人们主要可以区分两种方法。一种方法是询问该发明主要是关于什么内容。这是德国"核心准则"之前的方法，明显也是英国法院和德国联邦专利法院第 17 法庭主要的方法。另一种方法是询问所要求保护的主题背后的技术问题是什么。这是 EPO 和德国联邦法院的方法。

在上述例子中，根据第一种方法，发明主要是关于新的文学作品或者新的音乐，这些都是被排除在专利保护范围之外的。根据第二种方法，发明背后的问题是在载体介质上执行新的内容。因为如何用任何给定的

---

⑧　High Court of Justice（Chancery Division），*Astron Clinica Limited and others*，supra.

⑧　T 1173/97 – *Computer Program Product*，supra.

⑧　http：//www. ipo. gov. uk/patent/p – decisionmaking/p – law/p – law – notice/p – lawnotice – subjectmatter – 20080207. htm.

内容来制作书或者记录给定的音乐是公知的，对该问题的解决方案对本领域技术人员来说通常是显而易见的。[88] 事实上，后者即是 EPO 在 *Vicom*决定[89]中已经采用的方法，其需要将所要求保护的主题作为一个整体来考虑并将其与现有技术进行比较。在 *Vicom* 决定中，术语"技术贡献"只能被理解为技术问题的技术方案，或者用德国联邦法院的话说，只能被理解为作为创造性评价基础的技术活动建立教导的那些特征。[90]

在两种方法中，在一些方面必须摒弃一些特征。在第一种方法中，这些特征是被认为是常识或者无创造性的。在第二种方法中，这些特征是非技术性特征，它们通常被认为属于发明之前的构思或者激励阶段。[91]根据这两种方法，存在忽略隐含在看似非技术性特征或者技术性和非技术性特征的结合中的技术效果的可能性。第二种方法的优点是其更像现实世界中的情况，例如要求软件操作者在计算机上执行一种商业方法的情况，因此更容易获得客观的审查，而第一种方法则通常在未与现有技术进行详细比对的情况下，根据可得到专利保护的发明的描述对什么是发明性的什么不是发明性的作出事前评判。[92]

还应当注意，事实上，如果将所要求保护的主题作为一个整体考虑，两种方法之间仅存在细微的差异。每种方法最终的目的都是建立权利要求的技术内容并对该技术内容进行新颖性和创造性的审查。这种差异的问题以及来源是如何确定技术内容。如果技术特征和非技术特征不相关，至少两者的结合显而易见，例如在打印的书或者具有音乐的 CD 的情况下，这是直截了当的。但是，技术特征和非技术特征的组合本身可能具有技术特性，这在判例法中已经被接受。此外，技术主题也经常以非技术性的方式来描述，特别是在与通常描述为像人一样工作的计算机相关

---

[88]   In certain fields of experimental arts there may be severe difficulties for an ordinary person skilled in the art to implement the content on a carrier medium, in which case, however, the implementation may constitute a patentable invention.

[89]   T 208/84 – *Vicom*, supra.

[90]   Federal Court of Justice – *Electronic Financial Transactions*, supra.

[91]   Cf. T 1284/04, unpublished, section 3. 1. of the reasons.

[92]   In fact, in the decision of the UK High Court – *CFPH's Applications*, supra, there was an attempt to remedy this by first making a complete assessment of novelty and inventive step and then deciding whether what establishes novelty and inventive step is exclusively non – technical and/or excluded subject matter.

的情况下。在这一点上，判例法可能潜在不同。根据正确的方法，必须审查非技术性的语言是否暗含了技术内容以及技术性和非技术性特征的组合是否能够服务于技术问题的技术方案。但是，这并不是总是能做到，相反，不管正确与否，通常总是以一种概括的方式完成。EPO所采用的方法更加可靠，其将该问题牵涉创造性的判断，而创造性的判断考虑特征的整体。另一方面，将认为是必需的或者显著的特征与其他特征分开的方法则存在特征组合的技术暗示被忽略或者忽视的风险。

如果恰当地理解，所有上述方法应当得到类似的结果。但是，与所采用的方法相比，有时候判例法上的差异的确更多涉及决定者的思维模式。在一些情况下，一种观点是仅对硬件及其操作的修改能够构成技术主题，而在另一些情况[93]下，也认为软件和数据可以形成技术主题。[94]

五、专利局的实践

尽管法律理论和判例法的细微之处是讨论、文章以及演讲的热点话题，审查时间则通常不受其影响，而是遵从其更加坚定的规则。在过去的几年里，已经出现一些分类的可受专利保护主题，而这些通常被认为是可受专利保护的或者很大程度上被认为是不能得到专利保护的。这种类别的可受专利保护或者不可受专利保护的主题通常具有同样类型的待解决技术问题。

之后，试图对一些比较重要的种类给出总的看法，因为据了解，各种分类主要是通过经验建立的，而在个案中总是可能偏离上述实践。

（一）计算机处理活动之后

这一类涉及用软件来控制除计算机或其外设以外的机器或者过程的案例。一个典型的例子是软件控制的 ABS 刹车。尽管是软件对现有技术作出了贡献，但是没有人怀疑刹车构成技术主题。新的且发明性的特征可以存在于使用的控制算法的细节中，这是通常被接受的。技术问题可以被看做是改进机器整体，算法则是该问题的解决方案。当待控制的机

---

[93]　Cf. , for example, T 1194/97, supra, T 110/90 – *Editable Document Form*, OJ 1994, 575, T 163/85 – *Colour Television Signal*, OJ 1990, 379.

[94]　In fact, a recurring argument of applicants is the analogy between hardware and software. As early as 1976 the case law holds that it is not pertinent whether the invention is implemented in hardware or software; cf. Federal Court of Justice – *Disposition Program*, supra.

器或者过程仅被模糊地称作例如"物理"或者"工业过程"时,可能出现问题。如果在说明书中没有通过更加具体的实施方式来给予充分的支持,可能会被驳回。

(二) 计算机处理活动之前

这一类涉及技术装置的输出被传送并且被计算机处理的案例。一个重要的子类涉及软件被用于处理并评估测量数据的测量装置。

通常认为例如测量装置是技术性的。数据处理算法的细节通常被认为是发明性的特征。[65] 与在计算机处理活动之后中的情况一样,当软件涉及的过程或者装置未被清楚地说明时,可能会出现问题。如果数据的评估不是直接联系到测量,即如果权利要求的主题能够被划分成测量一些量的装置和/或方法以及用于评估数据的方法或装置,可能出现另一个问题。在测量数据被存储并被读入远程计算机的例子中,可能出现这种情况。但是,在所获取的数据涉及商业问题而不是具有技术内容的申请中,趋势是驳回这种申请。[66]

(三) 计算机的操作

在德国和 EPO 的实践中,通常接受的是,一种新的操作计算机的方法是可以得到专利保护的。广泛地说,技术问题被看做是提供一种相对于现有技术具有附加特征的新的改进的计算机。一种新的操作计算机的方法可能不仅是计算机的新的构造,还可能包含与信息处理不相关但是涉及计算机管理和处理数据的方式的计算机程序的元素。这种类型的主题在前些年有时非常关键,因为这种发明是涉及计算机的改进还是涉及在未改变的计算机上运行的应用,是有争议的(事实上,通常很难恰当地区分这两种情况)。之后,当权者更加倾向于前一种观点。但是,应当注意,英国法院和德国联邦专利法院第 17 法庭看起来需要存在对硬件或其操作的改变。

1. 操 作 系 统

操作系统是限定系统部件和处理流程被控制的方式的软件。因为操作系统限定了计算机工作的方式,与操作系统或其部件相关的权利要求

---

[65]　Cf. Federal Patent Court 23 w (pat) 55/04, supra.

[66]　Federal Patent Court, 21 w (pat) 12/02, Federal Court of Justice – *Determination of Profitability*, supra; see also T 641/00 of September 9, 2002 – *Two Identities/COMVIK*, supra.

通常不会有问题。通信协议也一样，尤其是网络协议，因为它们限定了通过接口连接的两个或多个系统协作的方式。

2. 数据处理

这一类与操作系统类似的方面是其涉及影响计算机操作的应用程序的部分，特别是在处理过程中数据被存储或者处理的方式。

当涉及的流程牵涉多个计算机例如在一个网络中时会出现问题。要求保护单个计算机会导致权利要求不清楚。要求保护两个或多个互相连接的计算机则可能会限制保护范围。

为了使得权利要求在法定主题和创造性方面都得到允许，涉及的步骤或者特征必须超出处理或者储存数据的传统方法。例如，如果权利要求仅陈述了数据被输入并从存储装置中读出，这将被认为是计算机的通常操作。但是，特殊顺序的储存操作和/或储存之前的特殊处理（例如数据压缩）是潜在可得到专利保护的。如果与其他可能的算法相比，新的流程使得计算机运行更快或者使用更少的存储空间，通常这将成为专利性的论据，但是在很多决定中这种论据被忽略。[97]

3. 控制数据

控制数据是确定计算机或者由计算机控制的装置（例如打印机）的操作的数据，与仅仅携带待处理信息的数据相反。因此，涉及操作这种控制数据的方法被认为是可得到专利保护的。[98]

根据 *Data Structure Product* 决定[99]，如果充分描述了控制数据在它们将被使用的系统中发挥的功能，关于储存在用于基于计算机的系统中的数据载体上的控制数据的权利要求应当是可以被允许的。在 2003 年作出的一个决定[100]中，认为被特殊格式化或者表示以反映技术系统特性的信息具有技术特性，例如在图形用户界面上对这种信息的电子或者图形表示可能就是这种情况。

（四）用户界面

经常被引用的另一类"技术效果"涉及用户和计算机之间的交互。

---

[97]　See, for example Federal Court of Justice – *Logic Verification*, supra, or Federal Patent Court, 17 w（pat）69/98 – *Search of Faulty Character Strings II.*

[98]　EPO T 110/90, OJ 1994, 557.

[99]　EPO – *Data Structure Product*, supra.

[100]　T 643/00 – *Canon*, unpublished.

如果以使计算机或者其上运行的程序更加容易处理的方式来安排输入，这通常能够作为对技术问题的技术效果或者方案。这种人/机交互的例子是提供输入掩码，用于针对两个不同的处理过程同时输入数据或者放大在屏幕上移动的指针。在 2003 年的一个决定[101]中，上诉委员会强调，菜单项目在屏幕上的布置可能由技术考量来决定，如果最终提供了服务、辅助或者替代不同种类人类活动（包括智力活动）的工具，仅仅涉及智力活动的事实并不必然使主题成为非技术性的。但是，这与之前提及的德国联邦专利法院的决定[102]相反，其中德国联邦专利法院认为人机工程的改进不构成技术主题。

（五）对话方法

如果人类基本上像机器一样动作，即人类向预定的输出给予预定的响应，涉及人与计算机交互的方法也可以得到专利保护。一个很好的标准是原则上该方法能否自动进行。但是，如果所要求保护的方法依赖于人类的决定或者评估，这种决定或者评估作为必要技术特征，例如，关于应当储存和处理那些数据的决定，则将会出现关于技术主题的问题。

六、结 论

在持续到大约 2001 年的一个时间段内，一个显著的趋势是以非常开放的方式给予软件相关的发明专利保护，在此之后的一段时间，一个令人瞩目的趋势是推翻之前的进展并废除过去那些被认为过于极端的进展。尽管受到来自反对给予软件相关发明任何专利保护的派系持续的反对，显而易见的是已经开始返回一种相对宽泛的实践。无论如何，很大领域的软件相关主题的专利性是无可争议的。根据 EPO 目前的判例法，也由于专利局的检索设施的改善以及由大量软件相关申请和互联网产生的现有技术的增加，创造性变成了显著的问题。在许多情况下，软件相关申请已经不再争议 EPC 第 52（2）条的技术主题排除，而是基于现有技术而被直接驳回。判例法需要解决的一个主要问题是非技术性特征对创造性问题的相关性。但是，人们能够认识到判例法中出现的一些标准，并且人们能够期待这些标准将随着时间推移而变得更加具体。一个主要的问题仍然是找到用于建立权利要求技术内容的适当标准并限定技术问题。

---

[101] T 643/00 – *Canon*, supra.

[102] Federal Patent Court 17 w（pat）10/04，supra.

第十二章　实用性和工业应用性

作者：克里斯托弗·瓦德洛（Christopher Wadlow）

译者：向　虎

一、简　介

本章根据世界贸易组织（WTO）的《与贸易有关的知识产权协定》（TRIPS）[1] 介绍实用性和工业应用性两个方面。根据 TRIPS 第 27（1）条：

> 专利应适用于所有技术领域中的任何发明，不论是产品还是方法，只要它具有新颖性、创造性，并且能够工业应用即可。
>
> 对于本条款来说，缔约方可以将"能够工业应用"等同于"有用"。

在 TRIPS 之外，并且在目前的日常使用中，"有用"和"实用"是美国专利法中的术语，而"工业应用"是欧洲法中的术语。[2] 美国专利法（1952 年）规定[3]：

> 凡发明或发现任何新颖而有用的工艺、机器、制造品、物质的组分，或其任何新颖而有用的改进者，可以按照本编所规定的条件和要求取得专利权。

---

① Agreement on Trade Related Aspects of Intellectual Property Rights（Marrakesh, 1994）.

② It may be assumed that any developed system of patent law will have some kind of requirement corresponding to at least one of these, most probably that of industrial application, but legal systems outside the American and European traditions are not intended to be covered by this chapter. Japanese law uses 'industrial application'. Common law countries（such as Australia, Canada and New Zealand）may retain 'utility' in the former English sense, as well as the old English statutory formula 'manner of new manufacture', resulting in a more restrictive approach to patentability than under current US law.

③ 35 USC § 101（'Inventions patentable'）. Utility is not further defined in the statute.

相对地，之前的《欧洲专利公约》第 52（1）条规定④：

> 欧洲专利应当授予适于工业应用、具有新颖性和创造性的任何发明。⑤

并且在第 57 条中进一步限定了"工业应用"：

> 如果一项发明能够在任何产业，包括农业，中制造或者使用，则该项发明应当被认为能够工业应用。

TRIPS 本身并没有进一步约定这些术语的含义，在 WTO 争端解决谅解下也没有关于这方面的决定。TRIPS 中将它们作为可替代的概念，因此可以认为这两个概念是相关的，但是不必然功能等同，更不用说是相同。可以肯定的是，故意包含这两种可替代的概念杜绝了 TRIPS 起草人意图通过引用或者暗示包含任何已有国家或者地区专利性标准的推测。无论"实用性"和"工业应用性"的具体含义是什么，协议缔约方可以自由地采用其中一种。

结合本书的上下文，本章抽象地考虑这两种理论，基本上完全不涉及基于具体技术或政策而从专利性中排除，这种排除并不总是能够容易地与实用性和工业应用性区分开。更加根本的是，在是否能够被恰当地称为"发明"的问题上，除了顺便提及外，本章并不试图去处理"固有专利性"的问题。所有这些准则与目前重要的事实情况的相关性在其他地方有详细论述：具体而言，是第 11 章关于计算机软件的论述。本章的重点在于这两个概念在国内法和国际法中的起源，以及今天约束其含义和相关性的国际条约制度。

二、上下文中的概念

（一）工业和知识产权的实用性

整个知识产权法（现代广义范围上的，并且就不基于自然权利而言）

---

④ Convention on the Grant of European Patents（Munich，1973）. The text quoted being that in force during the negotiations for TRIPS. Article 52（1）has recently been amended expressly to provide for patents to be granted in 'all areas of technology', see below at note 71. See also UK Patents Act 1977 ss 1（1）（c）and 4（1）.

⑤ In the（official）French and German texts of the EPC, the corresponding terms are '*susceptibles d'application industrielle*' and '*gewerblich anwendbar*'.

必须被认为具有某种类型的社会实用性，但是这并不必然依赖于给定知识产权的主题无论是作为一类还是相对于单个实施方式在相关的方面"有用"。著作权法有时候保护具有某种实用或者功能性用途的作品，例如地图、技术图纸、指导手册和计算机程序，但是著作权并非主要从这里彰显其实用的一面。相反，就著作权辅助并鼓励创作和传播令人愉悦之物（小说、诗歌、电影、音乐以及艺术作品，这些无一与实用性相关）而言，著作权的保护同等重要。正如 Oscar Wilde 所说"所有艺术都完全无用"。⑥

在知识产权法整个体系内，"实用性"本身仅被认为是所谓"专利"以及称为"实用新型"和"小专利"的相关的一小类权利的必要条件。相反，著作权或者"邻接权"保护的智力创造既不需要实用性也不需要工业应用性。自 19 世纪晚期，知识产权界已经将《巴黎公约》下的权利（之前称作"工业产权"，这个称呼总是误导，因此已被废弃）和那些由《伯尔尼公约》未穷举但示例的权利（著作权和邻接权，或者原始意义上的"知识产权"）进行了很好的区分。在《巴黎公约》所覆盖的范围内，隐含的是商标、地理标志、工业设计或者其他权利具有一些相关的"工业"属性，尽管它们可能从社会的角度有用，但是它们并不一定需要专利意义上的任何实用性。

（二）实用性在专利法中的位置

在专利法中，新颖性、非显而易见性以及实用性（美国）或者新颖性、创造性和工业应用性（欧洲）限定了不可避免的一对言辞上或者概念上的三位一体——在两种情况下都是专利性的最低要求。专利辩护者（或者宣传者）强调三者之间的关联：发明人应当基于社会对其创造性天赋的有利实践而从社会获得一些回报，并且发明人可以反对给出他对新的（因此公众也未被剥夺他们已有的任何东西）且有用的一些东西的短期排他的经济权利。

> 专利系统……确保发明人在有限时间内能够独占使用他的发明；并且因此在新的有用的事物的发现和生产中，为天才之火添加利益

---

⑥　Oscar Wilde, *The Picture of Dorian Gray*（London：Ward, Locke & Co., 1891），Preface.

之油。⑦

  注意，没有新颖性和实用性，案件就会没有存在的意义。没有新颖性的要求，专利可能会再次退化成英国都铎王朝的专利那样：对日常必需品进行任意的寻租垄断。没有实用性，专利体系用以促进技术和经济进步的主张将会看起来空洞无力，因为公众支持的专利体系所承诺提供的毫不优越于僵尸不断改变的游乐场⑧、飞碟⑨和永动机⑩、啤酒罐雨伞⑪以及圣诞老人探测器⑫。单个无用或者无意义的专利可能危害甚小或者无害，但是它们也不能给予任何方面任何切实的利益。

  从上面简要的描述中，人们可能会认为实用性（集中于美国的术语）在专利法中与新颖性和非显而易见性完全同等重要。无论是在法律理论还是在实践中，事实终归是事实。新颖性和非显而易见性对被审查或者诉讼的每个专利的有效性至关重要，但是在美国历史上的非常早期阶段，实用性（一个宪法性的要求）仅意味着"不是明显无用或者有害"。今天，新颖性和创造性是通过参考"现有技术"来评价的，而现有技术是每天都在变化的，因此在本杰明·富兰克林时代新的且非显而易见的事物（例如与他齐名的炉子）在他去世之前的很长时间里已经不再新且有创造性。但是，在英美法中，实用性从未被要求具有同样的变化属性。

---

⑦ Emphasis added. Abraham Lincoln, 'Lecture on Discoveries and Inventions' (Jacksonville, Illinois; 11 February 1859), quoted in Michael Novak, *The Fire of Invention, the Fuel of Interest: On Intellectual Property* (Washington: The AEI Press, 1996), p. 6.

⑧ For fictitious zombies, see Andrew Knight, 'A Potentially New IP: Storyline Patents' (2004) 86 *Journal of the Patent and Trademark Society*, 859. For real zombies: US 6, 838, 550 (Goeddel and Yingping, 'Suppressors of Death Domains'). Despite its title and inclusion in www. patentlysilly. com, this patent is (probably) genuine. At any rate, the inventors appear to be real, live, scientists; and it was assigned *inter vivos* to Amgen, who presumably knew what they were letting themselves in for.

⑨ GB 1, 310, 990 (Frederick, 'Space Vehicle'); US 6, 960, 975 (Volfson, 'Space Vehicle Propelled by the Pressure of Inflationary Vacuum State'), the latter also being a flying perpetual motion machine. The former (granted in 1973 to the British Railways Board, who even paid renewal fees until 1976) was more conventionally powered by nuclear fusion.

⑩ As well as Christopher Wadlow, 'Patents for Perpetual Motion Machines' (2007) 2 JIPLP 206 (and cases there cited) see *In re Newman*, 782 F. 2d 971 (Fed. Cir. 1986) and *Newman v. Quigg*, 877 F. 2d 1575 (Fed. Cir. 1989). For Joseph Newman's invention at the EPO, see T 5/86 NEWMAN/*Perpetual motion*, [1988] EPOR 301.

⑪ US 6, 637, 447 (McMullin *et al.*).

⑫ US 5, 523, 741 (Cane).

效果不优于（甚至不如）富兰克林炉子的炉子在两个世纪或者更久过后可能仍然具有足够的实用性以得到专利保护。仅德国法和瑞士法中曾经要求过这种变化的属性，因为可专利的发明实际上应当是对已知技术的改进。[13]

尽管无意预期本章的全部内容，但是，与法律现实相比，美国法中的实用性与专利神话更加相关。尽管有一些个别的例外情况[14]，美国法中的实用性大部分是仅在少数案件中出现并且在更少数案件中起决定性作用的少数准则，其至多具有残余的重要性。[15] 当在本章的其余部分提及时，读者们可能会问自己，正如诺贝尔奖获得者、物理学家 Richard Feynman 对中微子的评价："它基本上但并非完全无用——就像女婿一样"，是否应当以相同的评价来取消实用性的要求。

三、历史渊源

（一）威尼斯、佛罗伦萨和伦敦

基本上一致认为，世界上的第一件现代意义上的专利是于 1421 年在佛罗伦萨被授予的，第一部书面的专利法——威尼斯法令在 1474 年形成于威尼斯共和国，并且最长远的未被中断的专利立法史是英国专利法，其回溯至 1623 年的垄断法。这些中的每个都与实用性或者工业应用性的概念相关，但是都不与现代法律完全一致。

威尼斯法令制定于 1474 年[16]。该法令的有效部分谈到"任何新的并且有独创性并且之前未在本法域内制造过的装置"的发明人，但是前序部分强调这种巨大的法律创新的社会和经济实用性依赖于并且对应于发

---

[13] For a plea for Europe to adopt the former German system, see Hanns Ullrich, *Standards of Patentability for European Inventions: Should an Inventive Step Advance the Art?* (Munich: Max Planck Institute, 1977, IIC Studies Vol. 1).

[14] Exceptions (unlike genes) remaining unpatentable, even when isolated.

[15] The modern high point of the utility doctrine in litigation (as opposed to examination) appears to be the decision of the Federal Circuit in *Juicy Whip v. Orange Bang*, 185 F.3d 1364 (Fed. Cir. 1999), holding that the statutory utility requirement was met by a drinks dispenser whose novelty resided in a design feature intended to deceive the public into believing that they were buying fruit juice from a 'pre-mix', rather than a 'post-mix' machine, the pre-mix kind being more popular. The court below had held that the patent lacked utility because its purpose was to increase sales by deception.

[16] See Christopher May, 'The Venetian Moment' (2002) 20 *Prometheus* 159, which includes several translations of the Statute and a review of previous literature.

明本身的实际实用性⑰：

> 在这个城市及其周围，因被其优异和伟大而吸引，有许多不同
> 来源的人，他们拥有最敏锐的思想并且能够设计和发现各种有创新
> 性的技艺。并且，如果规定任何其他人不得制造这些人所发现的作
> 品和装置或者将这些作品和装置据为己有以增加其荣誉，这些人就
> 能施展他们的才华，并且发现和制造对我们的国家有许多用途和优
> 势的物品。

审查和授权的程序也暗示了单个实用性的要求，正如 Christopher May
所评价的⑱：

> 有用性（除了新颖性和非显而易见性，其是现代专利法的三个
> 主要标准之一）的问题在措辞"只要该装置是完美的，则应当可以
> 使用并对其进行应用"中被清楚地说明。

威尼斯法令与现代意义上所谓欧洲最老的专利形成明显的对比，该
专利是佛罗伦萨市在 1421 年授予 Fillipo Brunelleschi 的关于在浅的亚诺河
上运输重载（例如完成 Brunelleschi 的非凡的大教堂圆顶所需的大理石）
的船的专利。⑲ 该授予专利的船作为 Badalone 被建造和运行，但是未能成
功。Brunelleschi 的专利与佛罗伦萨市之前授予的垄断权（例如一项 10 年
的免税政策用于进口纺织技术）之间的区别是其开启了发明、公开和奖
励之间的关联。其被称为第一件现代专利，但是其所代表的法律创新和
Badalone 本身一样却消散得毫无踪迹。

英国 1623 年的垄断法意图结束之前的专利滥用。在之前的专利滥用
下，根据王室特权授予的专利有时保护真正的技术创新（或者新拷贝或
进口的有用的外来技术，这对于 16 世纪和 17 世纪的英国来说非常重
要），但是也同样被用于针对王室爱好对诸如淀粉、醋以及扑克牌之类的

---

⑰ This translation taken from Jeremy Phillips, 'The English Patent as a Reward for Invention: The Importation of an Idea' (1982) 3 *Journal of Legal History* 71; quoted in May (2002).

⑱ May (2002), 165.

⑲ Frank Prager, 'Brunelleschi's Patent' (1946) 28 *Journal of the Patent Office Society* 109.

日用品建立私人垄断。⑳ 1623 年的垄断法允许对任何新的"新制造的方式"授予专利，如果其不会通过在国内提高商品价格或者伤害贸易或者造成一般的不便利而与法律冲突或者危害国家；该规定适时地导致了英国以及美国法上的实用性准则。

与威尼斯法令积极的语调相比，英国法案更加消极：与支持专利相比，其更加偏向于整体上反对垄断。㉑ 但是，其认为专利并不必然不必要，并且直到 20 世纪才为英国专利法提供了基础。1623 年英国垄断法中使用的表述继续被用于限定英国法上的专利性，直到其被 1977 年英国专利法中的"工业应用性"取代，以符合英国新的国际义务。㉒ "新制造的方式"已经变成通过类似于现有实践来限定，并且其含义会得到逐渐的（有时候根本的）更新。㉓ 因为"新制造的方式"更多是由过去的实践而非原则来限定，并且因为"工业应用"有相反的问题，很难精确地说这两个概念是如何区分开的，但是应当认为新的术语包含旧概念中的所有内容，并且可能更多。㉔

以前的英国的无用主义是为了欧洲的协调一致而被废除的另一个准则。该普通法准则的基本原理在 19 世纪中期由 William Hindmarch 很好地以经典的语言陈述（省略引用）：㉕

---

⑳　Described as the 'three worst patents of the [Elizabethan] reign' in E Wyndham Hulme, 'The History of the Patent System under the Prerogative and at Common Law: A Sequel' (1900) 16 LQR 44. The monopoly on playing cards was declared illegal in the famous 'Case of Monopolies', *Darcy v. Allin (or Allen)* (1602) 1 Web. Pat. Cas. 1; 11 Co. Rep. 84b.

㉑　It is instructive to compare the recital to the Venetian statute, with that to the English one.

㉒　Under the Strasbourg Convention, 1963, and the European Patents Convention, 1973. UK Patents Act 1977 ss 1 (1) (c) and 4.

㉓　See *United Kingdom Patent Law: The Effects of the Strasbourg Convention of* 1963 (London: HMSO, 1965, Cmnd. 2835) (the 'Tookey Committee') pp. 10 *et seq.*; and *The British Patent System: Report of the Committee to Examine the Patent System and Patent Law* (London: HMSO, 1970, Cmnd. 4407) pp. 61 *et seq.* (the 'Banks Committee'). It has remained the formal standard for patentability in several common law jurisdictions, such as Australia. See Justine Pila, 'The Common Law Invention in its Original Form' [2001] IPQ 209; Sam Ricketson, 'Business Method Patents: A Matter of Convenience?' [2003] IPQ 97.

㉔　Tookey Committee, pp. 10 *et seq.*, Banks Committee, p. 64.

㉕　W. M. Hindmarch, *A Treatise on the Law Relating to Patent Privileges for the Sole Use of Inventions* (London: Stevens, 1846), p. 3.

对公众的实用性事实上是每次授予单独使用发明的权利时要考虑的，包含这种授予的专利特许证总是说明公众利益是国王作出该授予决定的目的。因此并不是每件发明的事物都会使发明人得到单独使用的权利，因为该事物本身（尽管完全是新的）可能对公众没有任何价值。此外，授予任何一个人使用在向公众提供时本身没有任何价值的事物的独占权利可能会阻止其他人提出有用且有益的发明，因为这些无用的事物构成了他们发明的一部分。即使发明对发明人自己或者公众无用，发明人也很少会被得到这种独占权的想法所伤害，并且发明人也不能通过他的无用的发明而得到任何权利，以此从可能通过自己的才智向公众提供实际利益的任何其他人的后续发明产生的利益中期望或者为他自己获取任何一部分的利益。

在现代法律中，无用不仅在发明完全无用或者不工作（从技术角度而非商业角度）时发生，而且更重要的是，无用到与专利性相关的许诺的利益未能产生的程度。[26]

从术语"无用"用于现代专利法和实践中的角度来看，该术语仅与权利要求的范围相关，并且意味着权利要求所保护的机构或者方法对专利权人所说的目的来说是无用的，也就是说，该机构或者方法不会产生说明书所声称的结果或者结果之一。专利也可能因为发明对任何目的都无用而无效，但是在实践中这种情况不太会发生。

（二）改革时代的实用性

根据美国宪法：[27]

国会有权保障作者和发明人对其著作和发明在限定期间内的专有权，以促进科学与有用技艺的发展。

---

[26] Douglas Falconer *et al.*, *Terrell on the Law of Patents*（London：Sweet & Maxwell, 12th ed., 1971）§ 246.

[27] Constitution of the United States （1787） Article 1, Section 8, Clause 8.

　　授予专利权的宪法性权力仅延伸到其施行能促进有用技艺的程度。新合众国的早期专利法对于所需实用性的程度或者种类并不清晰㉘，但是如果发明可以授予专利权，该发明需要展现的实用性的程度在美国专利法历史的非常早期阶段就通过司法系统进行了阐述㉙：

　　　　法律所要求的是发明不应当对社会的福利、好的政策或者健康的道德无意义或者有害。因此，词语"有用的"被包含在该法令中以区别于有害的或者不道德的。例如，毒害人类，或者促进放荡，或者辅助私人暗杀的新发明不能得到专利保护。但是，如果发明没有这些问题，其更加有用或者更少有用是对专利权人的利益非常关键的情况，但是对公众没有任何意义。如果其不是非常有用，其将会默默消失并被抛弃。

　　实际上，除了这些特殊的情况以外，大法官 Story 将会把实用性的测试委托给市场。

　　随着美国法律的发展，实用性仍然是专利的法定条件，到目前依然如此。㉚ 但是，实际所需要的标准非常低。19 世纪以及 20 世纪的判例法和实践确认为了以无用来驳回一项发明，该发明必须完全不能工作。主要法律活动的时期开始于 1950 年的 *In re Bremner* 案件㉛，其中关税及专利上诉法院（CCPA）认为为了满足法定的专利性要求，一份申请必须至少主张某种实际的实用性。在实用性未知或者未被推测出的新化学化合物的案件中，什么构成足够的实用性变成了专利局和 CCPA 之间争论的焦点——专利局认为申请人必须至少主张一些可行的实际用途，而在 *In re Nelson* 案件中，CCPA 甚至会将仅有的实用性主张作为"形式要求"并

　　㉘　The first US patent acts were those of 1790 and 1793, the latter being amended in 1800. The 1793 Act allowed any US citizen to apply for a patent on 'any new and useful art, machine, manufacture or composition of matter, or any new and useful improvement ...' which he had invented.

　　㉙　*Lowell v. Lewis*, 15 Fed. Cas. 1018 (Circuit Court, Massachusetts, 1817). Justice Story, an exceptionally learned Supreme Court Justice, was here sitting as a trial judge on circuit. The extract shows very clearly the influence of the English Statute of Monopolies.

　　㉚　Present – day discussion of utility in US law is dominated by biotechnology, and no attempt is made here to make this brief summary of the law's origins either complete or up to date.

　　㉛　(1950) 82 F. 2d 216 (CCPA).

　　㉜　(1960) 280 F. 2d 172 (CCPA).

且以此无用而驳回。美国法律发展中的这个阶段在 1968 年通过联邦最高法院对 *Brenner v. Manson* 一案[33]的判决正式画上了句号，在该案的判决中，针对一件对用于生产具有猜测的但是未经证实的治疗价值的已知化学品的新工艺的申请，重述了用于特定实用性的 Bremner 测试。[34]

在法国，18 世纪及之前有根据王室特权给予类似专利授权的垄断权的例子，但是很明显并未有任何系统的基础。大革命时期的第一部专利法延伸到"任何类型产业中"的发明，[35] 但是可受专利保护的主题很快得到限制，使得保护延伸到方法和所制造的物品，但是排除了没有实际应用的理论和科学发现、金融方法、药品以及受著作权法保护的物品。[36]

除了个别显著的修改之外，直到 20 世纪 60 年代和 70 年代的欧洲一体化，1844 年 7 月 5 日实施的法国专利法仍然有效。该专利法规定[37]：

1. 根据以下所述的条件和条款，任何制造分支中[38]的任何新的发明或者发现的创造者都应当取得为其自己的利益实际运作所述发明的独占权利。这种权利是通过政府授予的名为 "Brevets of Invention" 的文档来确保的。

---

[33] (1968) 383 U. S. 519, 86 S. Ct. 1033, 16 L. Ed. 2d 69.

[34] *Bremner* itself had more than arguably represented a tightening of long – standing Patent Office practice in the chemical field. There is evidence of a previously benign assumption of utility for novel chemical compounds. Compare the dissenting judgment of Justice Harlan in *Brenner v. Manson*.

[35] Article 1 of the Law of 7 January 1791 began：'*Toute découverte ou nouvelle invention, dans tous les genres d'industrie, est la propriété de son auteur;* ... '.

[36] B. Zorina Khan, 'Intellectual Property and Economic Development：Lessons from American and European History' (Study Paper 1a for the UK Intellectual Property Commission), (London：HMSO, 2002), 15 – 16.

[37] This translation taken from John L. Kingsley, *Laws and Practice of all Nations and Governments Relating to Patents for Inventions* (New York, 1848), p. 104. Also relevant is Article 30 (Grounds of invalidity), of which para. 3 invalidated patents 'founded upon purely scientific or theoretical principles, methods, systems, discoveries or ideas, without explaining the application thereof to the arts or manufactures'.

[38] The translator has rendered the French '*industrie*' in Article 1 as 'manufacture'. The original French text begins：'*Toute nouvelle découverte ou invention dans tous les genres d'industrie* ... '.

2. 以下应当被认为是新的发明或者发现：新产品的发明[39]；为了获得一个结果或者一种制造的产品而得到的新方法或者已知方法的新应用的发明……

3. Brevet 不保护以下：第一，药品成分以及任何治疗方法；第二，金融或者财务计划或其组合。

（三）19 世纪晚期：德国

为了本章的目的，德国专利法可以被认为是始于 1877 年第一部联邦专利法（Reichspatentgesetz）的制定，根据其第 1（1）条的规定，如果一项发明可以得到专利保护，其必须 "gewerblich verwertbar"（适于工业应用）[40]。

但是，这并不是唯一的相关因素，因为该法以及之后的法令有意使 "可专利发明" 的定义成为开放式的，使得法院和专利局可以定义专利性的界限。[41] 在应用该法的过程中，尽管没有任何明确的法律支持，德国发展出了两个独立存在的具有典型特征的准则。为了能够得到专利保护，一项发明必须在 "技术领域"（technisches Gebiet）中[42]，并且其必须相对于现有技术代表 "技术进步"（technischer Fortschritt）。

"技术进步" 的要求发展成为德国法（和瑞士法）独有的独立且完整的准则，并且与创造性具有相当的重要性。在这两个系统中，可专利的发明至少在理论上必须能够证明其相对于已知技术的技术优越性。在这方面，可以认为德国已经将实用性的概念置于其逻辑上的实用主义结论：对于没有对已有事物作出任何改进的发明来说，没有道理为其提供奖励或者激励，即便对于那些最聪明的发明人，他们通过证明已有事物的存在能得到什么样的好处？难道是为了证明他们能够做得更差或者能够以更困难的方式实现？

---

[39] In the original, '*produits industrielles*'. The second part of Article 2（omitted）dealt with novelty.

[40] '*Gewerblich anwendbar*' is synonymous.

[41] See Ullrich（1977）. Even a doctrine as fundamental as that of inventive step was originally an extra－statutory innovation.

[42] This requirement can be stated in other ways, such as that of 'technical character'. By whatever name, this factor went to inherent patentability, and is not further considered here.

四、国际法：《巴黎公约》、《斯特拉斯堡公约》和《马拉喀什协定》

（一）《巴黎公约》

《保护工业产权巴黎公约》[43]（1967 年）的整个范围是按照"工业产权"来定义的。相关的第 1 条目前规定：

（1）适用本公约的国家组成联盟，以保护工业产权……

（3）对工业产权应作最广义的理解，不仅应适用于工业和商业本身，而且也应同样适用于农业和采掘业，适用于一切制成品或天然产品，例如：酒类、谷物、烟叶、水果、牲畜、矿产品、矿泉水、啤酒、花卉和谷类的粉。

该公约 1883 年原文的第 1 条规定：

Les Gouvernements ... sont constitues à l'état d'Union pour la protection de la Propriété industrielle.

与现在的第 1（3）条不同，原始的最后议定书第 1 条规定：

Les mots Propriété industrielle doivent être étendus dans leur acception la plus large, en ce sens qu'ils s'appliquent non seulement aux produits de l'industrie proprement dite, mais également aux produits de l'agriculture（vins, grains, fruits, bestiaux, etc.）et aux produits minéraux livrés au commerce（eaux minérales, etc.）.

在中间会议上进行一些略微的修改之后，在 1925 年海牙的修改会议上，该最后议定书的文本作为第 1（3）条被包含在公约中，并且在 1934 年的伦敦会议上被进一步修改（修改成现在的形式）。[44]

第一，就《巴黎公约》的文本而言，其既不要求也不禁止在任何特

---

[43] Paris Convention for the Protection of Industrial Property（Paris, 1883; most recently revised at Stockholm, 1967）. See generally G Bodenhausen, *Guide to the Application of the Paris Convention for the Protection of Industrial Property*（Geneva: BIRPI, 1968）; Stephen Ladas, *Patents, Trademarks and Related Rights: National and International Protection*（Cambridge, Massachusetts: Harvard University Press, 1975）.

[44] Bodenhausen（1968）, p. 25.

定情况下授予专利权。㊺ 但是，有时候认为该公约至少通过暗示来要求在整个“工业产权”范围内授予专利权，因为“工业产权”应当参照第1(3)条来理解。这当然是错误的。《巴黎公约》完全没有要求在任何情况下都授予专利权。仅从语法和常识的角度来看，如果这是一个合理的解释，那么第1(2)条列举的所有其他工业产权也应该这样解释，包括巴黎联盟的大多数成员未知的一些（例如实用新型），或者那些明显不适于得到保护的主题。第二，在《巴黎公约》要求在国内法上存在或给予特定权利的地方，《巴黎公约》都作出了明确的规定，例如商标㊻和商号㊼、工业设计㊽、服务标记㊾以及反不正当竞争㊿。正如 Bodenhausen 的评述(51)：

> 该规定（第1(3)条）的意义不是第(2)款所列的所有工业产权的主题，例如专利、商标等，应当适用于第(3)款中提及的所有活动和产品。因此，成员国没有义务对酒类、谷物或水果授予专利权，或者保护关于矿产品的商标。

但是，《巴黎公约》及其“工业产权”的概念当然和本章的目的是相关的。第一，可以看出现代欧洲法上的表述“能够适于工业应用”（或者简称为工业应用性）明显地并且国际性地源自《巴黎公约》中的相应用语“工业”。第二，《巴黎公约》无疑是TRIPS背景的一个重要部分。因此，有必要继续记住《巴黎公约》通过“工业”所表达的含义，以及“工业”在第1(1)条中是如何定义的。

(二)《斯特拉斯堡公约》

在第二次世界大战之后不久，人们就试图通过提供某种类型的泛欧

㊺ With the sole exception of Article 4quater which states that a patent may not be refused or invalidated solely because of restrictions on the sale of the patented product in domestic law.

㊻ Article 7 (nature of goods not to form an obstacle to registration of the mark) implying that registration of trade marks, if available at all, must be available for goods of all kinds.

㊼ Article 8, dating from the original 1883 Paris text.

㊽ Article 5quinquies, dating from the Lisbon Revision of 1958. By necessary implication, there can have been no Convention obligation to protect industrial designs prior to then, although provisions in the body of the Convention relevant to industrial designs have existed since 1883.

㊾ Article 6sexies, also dating from the Lisbon Revision of 1958.

㊿ Article 10bis, the original substantive obligation dating from the Washington Revision in 1911.

(51) Bodenhausen (1968) p. 25.

洲专利并通过授权且如果可能的话由适当的欧洲机构来执行，以此来促进欧洲大陆（以及其小规模的政治集合）的经济复苏。这些建议立即遇到了问题，因为现存的国内法太过不同，导致在没有经过大量的事前协调的情况下不可能形成任何这样的方案，因此欧洲议会设立了专家工作组来比较国内法并提出建议，这最终形成了 1963 年的《斯特拉斯堡公约》。(52) 尽管《斯特拉斯堡公约》仍然有效，其相对知名度较低，并且也缺乏书面记录(53)，但是其在决定许多专利有效性的实质性规则方面起到了至关重要的作用，这些规则后来被包含到《欧洲专利公约》中，并且在大多数情况下都没有经过进一步的争论或者解释。

作为一个必要的初步实践，专家委员会汇集了对所有参与国的专利法的调查。(54) 对于“工业特性”，委员会记录道(55)：

> 工业特性是除新颖性之外唯一一项由所有国家规定要求的专利条件（德国、奥地利、比利时、丹麦、希腊、荷兰规定发明能够工业应用，或者法国、土耳其规定发明源于任何种类的工业，或者英国、爱尔兰规定“制造”的发明）。
>
> 尽管有这样的根本性规定并且在很大程度上其内容在国家之间并没有显著的变化，但是国内准则或者立法中定义“工业发明”的限制的本质或者各种意见的影响（结果、技术效果、实用性等）并非这样。与“实用性”类似的概念可能指发明的技术或者经济价值

---

(52) Convention on the Unification of Certain Points of Substantive Law on Patents for Invention (Strasbourg, 1963). The Convention came into force on 1 August 1980.

(53) Fortunately, one of the few systematic treatments of the *travaux préparatoires* to the Strasbourg Convention bears closely, if not quite directly, on the present topic: Justine Pila, 'Article 52 (2) of the Convention for the Grant of European Patents: What Did the Framers Intend? A Study of the Travaux Préparatoires', (2005) 36 IIC 755.

(54) Council of Europe, *Comparative Study of Substantive Law in Force in the Countries Represented on the Committee of Experts on Patents*, (Paris, 7 November 1953, unpublished) EXP/Brev (53) 18. National systems surveyed were those of Germany, Austria, Belgium, Denmark, France, Greece, Ireland, Italy, Luxembourg, Norway, the Netherlands, the United Kingdom, Sweden, Switzerland, and Turkey.

(55) *Ibid.*, Section I, p. 3. Subsequent paragraphs dealt with (1) Invention and Discovery; (2) Industry and Agriculture; (3) Systems, Methods, etc.; (4) Scientific Principles and Theories; and (5) Creations of Form.

(Nützlichkeit) 或者实现发明的可能性 (根据法国或者比利时的定义), 或者两者之一 (英国法上的实用性), 或者产品的"技术"特性 (与科学性或者美学性相对的有用性) 等。因此, 最好不要试图将法律或者实践下的各种例外都集合在一个通用的标题下, 而是应当坚持找出在多样性的概念下各个国家答复所揭示的共同特征。

在一份关于各种方法的专利性的建议书中, 委员会提到(56):

尽管来自农业技术的发明的专利性得到各种各样的答复, 那些不是来自"工业"技术而是来自于金融、财会、商业、推销、教育、军队、旅游、医疗等的技术并非如此。所有国家的实践都一致从法律应用的领域排除了货币体系或者保险体系、财会、计算、教育公众等以及游戏规则或者医疗治疗的方法。

委员会的结论是(57):

最后, 除了以一般的方式隶属于"工业技术"的领域, 可专利的发明必须以更具体的方式呈现其自己的一些质量, 只要这些发明从"现实"的平面提升到"价值"的平面, 国家协定将会终止于这种质量的本质上。

以此方式, 发明必须可实现 (根据自然规则; 英国 (参见 10 (1) (a)) 和爱尔兰法律保护这样的明确规定)、能够重复、适于在工业任务中执行或者适于根据这种任务的需求而实现的规则可以被认为是一般性应用的, 尽管并没有如德国法上精确定义的那些分类。

另一方面, 例如实用性 ("Nützlichkeit" 或者在英国专利法特殊情形下的某种程度的 "实用性"") 之类的观念对于法国和比利时准则来说显得格格不入, 法国和比利时准则将发明的所有技术价值的问题及其经济价值的问题留在一旁。即便是要求除了技术效果 (也就是发明的直接功效) 以外的"结果" (也就是实现发明人所追求的最终目标) 的那些决定, 也至少理论上要求对排除所有客观评估的

(56) *Ibid.*, Section I (3), p.5.

(57) *Ibid.*, Section I (6), p.7.

意图进行主观的调查。

但是，使这种态度成为拉丁法共有的特征是不可能的。意大利准则的"Incremento alle utilita"在某种程度上与德国准则的"实用性"相似。

另一个相关的发现是**技术进步**仅在德国法和瑞士法（如上述间接提到的某种程度上的意大利法）中是专利性的条件，尽管还有一些其他的体系或者将技术进步作为缺乏发明价值的补充，或者否认那些实际上倒退的发明的专利性。

由 Eduard Reimer 起草的后来成为《斯特拉斯堡公约》以及《欧洲专利公约》⑤⑧ 前身的文件本来规定⑤⑨：

欧洲专利申请的对象必须属于技术领域，必须是新的，并且必须具有一定的创造性。⑥⓪

前述起草文件没有其他条款与本目的相关，除了第 4 部分第 III 条对提交申请的国家立法保留了驳回的其他依据以及授予专利权的其他条件。注释中解释道，这不仅意味着不合法和不道德的事物，而且意味着关于技术进步、实用性和发明的商业利用等的概念。Reimer 对公约草案的说明备忘录相当随意地增加道：

技术的概念很难进行完整的定义。这里没有必要这么做，处理这个问题的任务可以留给各个审查局进行实践。

结果，1953/4 年的建议书过于超前而未被采用。但是，略微宽松的

---

⑤⑧ The present draft assumed that creation of a central European Patent Office was premature and instead proposed that national offices should grant European patents according to the (partially) harmonised law of the draft Convention, with a central 'European Court of Justice' to enforce them. A rival proposal (de Haan) proved more prescient: it would have given priority to the creation of a 'European Patent Council' charged with granting patents. For the purposes of the present chapter, the proposed substantive law did not differ significantly between the Reimer and de Haan proposals, except that in de Haan there was no residual role for national law.

⑤⑨ *Draft of a European Convention Relating to Patents of Invention* (1953) EXP/Brev (53) 19. Article III Section 1 (1).

⑥⓪ Subsections (2) and (3) dealt with novelty and 'quantum of invention', or inventive step.

同一个国内法的计划还在缓慢继续。在几次失败的尝试之后，专家委员会在 1962 年 7 月批准了被认为是《斯特拉斯堡公约》的草案。[61] 该草案规定：

> 在各签约国，专利应当被授予任何适于工业应用的、新的、并且具有创造性的发明。不符合这些条件的发明不应当成为一份有效专利的主题……[62]
>
> 如果一项发明能够在任何形式的包括农业在内的工业中制造或者使用，其应当被认为适于工业应用。[63]

用于该草案的准备文件没有提供太多信息。说明备忘录中唯一相关的评论为第 3 条：

> 涉及发明的工业特性，其应当在《巴黎公约》第 1 条的广义范围内进行理解。

关于委员会工作的先前的一份备忘录[64]提出唯一存在的讨论是针对一些特定的排除，这些特定的排除或者被永久地[65]允许或者被允许有限的一段时间[66]。对 1962 年草案的进一步修改并没有影响第 1 条和第 3 条，第 1 条和第 3 条在 1963 年签订《斯特拉斯堡公约》时未经任何修改而被采用。

可能还记得尽管《巴黎公约》以"工业"的广泛概念来定义其整个

---

[61] Council of Europe, *Report of the Committee of Experts to the Committee of Ministers on the Meeting held at Strasbourg from* 10*th to* 13*th July* 1962. CM（62）160 of 8 August 1962（unpublished）. The draft was originally drawn up at a meeting on 2 to 5 May 1962 and circulated as EXP/Brev（61）4, and further discussed on 7 to 10 December 1962 as EXP/Brev（61）8.

[62] Draft Article 1. The tailpiece to Article 1, requiring revocation to take effect *ab initio*, is omitted, as is Article 2（parties not bound to provide for grant of patents contrary to *ordre public* or morality, or for plant or animal varieties or biological processes）.

[63] Draft Article 3.

[64] Council of Europe, *Committee of Experts on Patents*, *Memorandum by the Secretariat on the meeting held at Strasbourg from* 7*th to* 10*th November* 1961. EXP/Brev（61）8 of 13 December 1961（unpublished）.

[65] Article 2 in the drafts, and in the final Convention.

[66] Corresponding to Article 12 of the final Convention.

范围，其从未要求成员国在第 1（3）条的整个范围上授予专利，并且大多数的欧洲成员国之前很好地利用了这种自由。另一方面，《斯特拉斯堡公约》明确地要求对所有任何符合第 1 条专利性条件的发明授予专利，由此结束了各成员国根据裁量权授予专利的假定，并结束了成员国之前享受的指定何种产业可以得到专利保护的全部自由。自此以后，新的且具有创造性的"发明"仅在超出"工业应用性"领域时被排除在专利保护之外，因为术语"工业应用性"是结合第 3 条来理解的，除非这些发明是第 2 条或第 12 条的特定排除的主题。相反，《斯特拉斯堡公约》成员国明确地阻止自己对根据第 1 条不能得到专利保护的"发明"授予专利权。

（三）《专利合作条约》

《专利合作条约》⑥⑦ 第 33 条规定：

（1）国际初步审查的目的是对下列问题提出初步的无约束力的意见，即请求保护的发明看来是否有新颖性，是否有创造性（非显而易见性）和是否有工业实用性。

……

（4）为了国际初步审查的目的，请求保护的发明如果根据其性质可以在任何一种工业中制造或使用（从技术意义来说），应认为具有工业应用性。对"工业"一词应如同在《保护工业产权巴黎公约》中那样作最广义的理解。

华盛顿会议的记录很少涉及第 33（4）条，其采用的条款仅被建议进行一处调整。⑥⑧ 根据 TRIPS 和随后起草的条约，并且考虑将创造性和非显而易见性作为替代明确包含在内的语言，没有提及将"实用性"作为"工业应用性"的替代看起来有些令人惊讶，但是这存在至少两个现成的解释。第一，国际初步检索报告完全不具有约束力，因此具有实用性要

---

⑥⑦　Patent Cooperation Treaty（Washington，1970）. See also Rule 5（1）（a）（vi）of the PCT Regulations.

⑥⑧　By Argentina, arguing（unsuccessfully）that each state should be allowed to interpret 'industry' according to its domestic law. *Records of the Washington Conference on the Patent Cooperation Treaty*, 1970（Geneva：WIPO，1972）Main Committee I, paras 1224 – 6. The fundamental incompatibility of this proposal with the nature of the international preliminary examination was pointed out by the Conference Secretary – General, Arpad Bogsch.

求或者其他非标准专利性条件要求的国家完全可以在国家阶段自由地运用这些标准。第二，1970 年及以前美国的实践并不明显地区别于世界上其他国家的实践。*Brenner v. Manson*⑥ 以相对保守的用语重申了实用性的要求，并且直到 10 年后的 *Diamond v. Chakrabarty*⑦ 才开始了被认为可专利的高涨。

（四）《欧洲专利公约》

《欧洲专利公约》第 52（1）条的原始文本在本章一开始就提出了。第 52（1）条随后被修改⑦，其目前的文本是（新的文本以下划线标注）：

> 欧洲专利应当授予所有技术领域内的适于工业应用、具有新颖性和创造性的任何发明。

"工业应用"的含义在第 57 条中作出了进一步的解释，这在 2000 年的《欧洲专利公约》中未作改变：

> 如果一项发明能够在任何产业，包括农业，中制造或者使用，则该项发明应当被认为能够工业应用。

1973 年《欧洲专利公约》的起草人利用了两个主要的来源：1963 年的《斯特拉斯堡公约》，其和《欧洲专利公约》本身一样，已经在欧洲议会内部进行了磋商并且已被采用；和被准备用于欧洲共同体的各种各样的专利公约草案。⑦ 但是，在实际的法律内容方面，它们之间在专利性条件上并没有相关的差异，并且除了表达在《斯特拉斯堡公约》、两个欧洲条约草案以及《专利合作条约》之间一致的要求以外，这些准备工作都未提供任何进一步的信息。采用《欧洲专利公约》的会议记录⑦没有报告

---

⑥　Above, note 33.

⑦　(1980) 447 US 303；100 S. Ct. 2204；65 L. Ed. 2d 144.

⑦　By the Act Revising the Convention on the Grant of European Patents（London，2000）. The EPC 2000 is the European Patent Convention as amended. The amendments took effect from 13 December 2007.

⑦　These resulted in the Community Patent Convention（Luxembourg，1975），which has never come into force.

⑦　*Minutes of the Munich Diplomatic Conference for the Setting up of a European System for the Grant of Patents*（Munich：Government of the Federal Republic of Germany，1973）.

关于成为目前采用的第 52（1）条和第 57 条的草案的讨论。

（五）TRIPS

TRIPS 的相关规定在本章一开始就列出了。[74] 作为背景知识，谈判代表有机会从 WIPO 获得一份简要说明[75]，其认可了《专利合作条约》[76] 中对"工业应用性"的定义，并且提到"新颖性、创造性（或非显而易见性）和工业应用性是世界范围内共同采用的专利性标准"。

对本目的而言，TRIPS 详细的讨论历史有效地开始于由欧洲共同体和美国在 1990 年 3 月和 5 月几乎同时提交非常近似的草案[77]。在欧洲共同体的草案中，与 TRIPS 第 27 条（所采用的）相对应的条款规定[78]：

第 23 条　可专利的主题

（1）专利应当授予适于工业应用、具有新颖性和创造性的任何发明，无论是产品还是方法。

相应条款在美国草案中规定[79]：

第 23 条　可专利的主题

专利应当授予新的、有用的并且非显而易见的所有产品和方法。

针对本条，术语"有用的"和"非显而易见的"分别包括"适于工业应用"和"创造性"或者与其同义。诸如在专利申请中提交充分的公开以及缴纳合理费用之类的要求不应当认为与提供专利保护的义务不一致。

---

[74]　Agreement on Trade Related Aspects of Intellectual Property Rights（Marrakesh，1994）.

[75]　WIPO，*Existence*，*Scope and Form of Generally Internationally Accepted and Applied Standards/Norms for the Protection of Intellectual Property*，MTN. GNG/NG11/W/24/Rev. 1 of 15 September 1988. This document does not mention 'utility'.

[76]　Above，at note 67.

[77]　For the drafting history of TRIPS，and the significance of the named drafts which follow，see Daniel Gervais，*The TRIPS Agreement：Drafting History and Analysis*，（London：Sweet & Maxwell，2nd ed. ，2003）. For commentary，see Gervais（2003）and Carlos Correa，*Trade Related Intellectual Aspects of Property Rights：A Commentary on the TRIPS Agreement*（Oxford：Oxford University Press，2007）.

[78]　*Draft Agreement on Trade Related Intellectual Aspects of Property Rights*，MTN. GNG/NG11/W/68 of 29 March 1990.

[79]　*Draft Agreement on the Trade - Related Aspects of Intellectual Property Rights：Communication from the United States*，MTN. GNG/NG11/W/70 of 11 May 1990.

草案均没有任何说明备忘录来支持。在每种情况下，在谈判组内有一些对草案的讨论⑧，但是记录并未提供任何信息，并且在所有情况下，相关的争论似乎都完全集中在特定排除的列表上，而不是任何草案条款的一般性措辞上。

在 TRIPS 谈判组主席 Lars Arnell 的提议下，准备了一份合成的草案并进行了传阅。⑧ 这包含很多与尚未达成一致的点相对应的置于括号内的文本，相关的部分如下：

第五部分：专利

1. 可专利的主题

1.1 专利应当【适于】【授予】新的、非显而易见或者具有创造性的、并且有用的或者适于工业应用的【所有技术领域内的任何发明，无论是产品还是方法】【所有产品和方法】。

进一步的子部分涉及先申请原则、公开和费用、专利性的特定排除、基于公共政策的一般排除以及植物品种。所准备的下一个合成的草案是"布鲁塞尔草案"，其本来规定⑫：

第30条：可专利的主题

1. 以下述的第2款和第3款为条件，专利应当授予新的、具有创造性并且适于工业应用的所有技术领域内的任何发明，无论是产品还是方法。【无论发明在哪里完成，专利都应当适用】

2. 针对本条，术语"创造性"和"适于工业应用"可以由当事人认为分别与术语"非显而易见"和"有用"同义。

最后，1991 年 12 月的邓克尔（Dunkel）草案去除了其前身中所有的

---

⑧　For the EC Draft, *Meeting of Negotiating Group of* 2, 4 *and* 5 *April* 1990, MTN. GNG/NG11/20 of 24 April 1990. For the US Draft, *Meeting of Negotiating Group of* 14–16 *May* 1990, MTN. GNG/NG11/21 of 22 June 1990. The latter meeting also discussed drafts tendered by Switzerland, Japan, and a group of 14 developing countries.

⑧　The so–called Chairman's Draft, annexed to *Status of Work in the Negotiating Group*: *Chairman's Report to the GNG*, MTN. GNG/NG11/W/76 of 23 July 1990.

⑫　MTN. TNC/W/35/Rev. 1 of 5 December 1990. Provisions dealing with specific exceptions from patentability are omitted.

选择和带括号的文本，并且采用了事实上与当前文本一样的措辞⑧³：

> 第 27 条：可专利的主题
>
> 1. 以下述的第 2 款和第 3 款为条件，专利应当授予新的、具有创造性并且适于工业应用的所有技术领域内的任何发明，无论是产品还是方法。以第 65 条第 4 款和本条第 3 款为条件，无论发明的地点、无论技术领域并且无论产品是进口还是本地生产，专利都应当适用并且都能够享受专利权。
>
> 针对本条，术语"创造性"和"适于工业应用"可以由当事人认为分别与术语"非显而易见"和"有用"同义。

不应当认为 TRIPS 谈判通过采用邓克尔草案而达成了真正的一致意见。除了欧洲共同体和美国之间在措辞选择上未解决的分歧，一批发展中国家也在非常强烈地争论从强制专利性进行的大范围的排除，但是它们的努力没有成功，并且无论如何都集中在与它们的状况相关的特定允许的例外列表上，而不是实用性或者工业应用性的一般概念上。

（六）实质性专利法条约草案

目前在 WIPO 讨论的实质性专利法条约草案第 12（4）条⑧⁴将"实用性"和"工业应用性"作为可替代的，并且还有另外三个替代物以说明它们的含义。⑧⁵

五、TRIPS 释义

（一）本源

根据关于条约法律的《维也纳公约》，其解释规则通常被当做宣告的

---

⑧³　MTN. TNC/W/FA of 20 December 1991. Articles 27（2）and（3），dealing with exceptions from patentability and also corresponding closely to TRIPS，are omitted.

⑧⁴　See www. wipo. int/patent – law/en/harmonization. htm. An explanatory memorandum by WIPO，'"Industrial Applicability" and "Utility" Requirements：Commonalities and Differences'，SCP/9/5 of 17 March 2003，is most informative，and includes a comparative survey.

⑧⁵　Also very relevant as a source of comparative law is the survey conducted by the AIPPI as Q180 under the title 'Content and Relevance of Industrial Applicability and/or Utility as Requirements for Patentability'. The individual country reports，a summary of their conclusions，and the report of the committee，may be found in the AIPPI Yearbooks（2004）to（2006），or at www. aippi. org/reports/q180/gr_ q180_ index. htm，www. aippi. org/reports/q180/q180_ summary_ e. pdf，and www. aippi. org/reports/q180/06gothenburg_ report_ q180. pdf.

公共国际法^{⑧⑥}：

应当根据条约术语在上下文中的普通含义并考虑其对象和目的，对条约进行善意的解释。

WTO 的上诉机构强烈地遵循给予普通措辞以它们的词典含义，而不是基于准备工作的可疑意见。因此，与简单地采用如下的定义相比，其结果可能更糟^{⑧⑦}：

实用性：有用、能够产生利润或者有益的状态
工业：【1】与原材料处理以及在工厂中制造商品相关的经济活动。【2】经济或者商业活动的一个特定分支。
工业的：工业中使用的或者特征在于工业的。

但是，依靠词典仅是实践的开始，尤其是在措辞模糊或者具有技术含义时。上述的例子确认了"工业"具有更宽和更窄的含义。在"实用性"的情况下，非常权威的说法是该措辞具有多于一个的含义，因为美国最高法院评述道：一个简单的日常用词在应用于生活方面时可能蕴含着很多不确定性。^{⑧⑧}

无论是故意的还是弗洛伊德式的，大法官 Fortas 的这段格言可能远不止一个双关语。*Brenner v. Manson* 中的一个专利涉及由 Syntex 的研究人员发明的类固醇，Syntex 是一家墨西哥公司，其负责第一种商业化的口服避

---

⑧⑥　Vienna Convention on the Law of Treaties（Vienna, 1969），Article 31（1）.

⑧⑦　From the *Concise Oxford English Dictionary*（Oxford：Oxford University Press, 11th（revised）ed., 2006）. Definitions in French and Spanish（the other two authentic languages of the WTO Agreements）would also be relevant.

⑧⑧　*Brenner v. Manson*（above, note 33），*per* Justice Fortas. For an example of the corresponding ambiguity of 'industry' which might appropriately have made reference to this dictum, see T 74/93 BTG/ *Contraceptive method*［1995］EPOR 279, in which the Technical Board of Appeal refrained from deciding whether prostitution（'the oldest industry in the world'）was an 'industry' for the purposes of EPC Article 57, since on any basis the self-application of the contraceptive by the user to her cervix was not 'industrial'.

孕药之一———炔诺酮。^⑧ 在美国最高法院的 *Griswold v. Connecticut* 决定^⑩之前，很容易想象 Syntex 之类的公司处于一种不利的状况。*In Re Bremner*^⑨认为模糊且一般化的主张不足以满足新化学合成物的实用性要求，但是通过 20 世纪 50 年代（甚至 60 年代早期）流行的道德标准，将避孕作为特定实用性进行主张的任何人可能会发现他们的申请可能会更多地会因为不道德而被驳回，在美国当时的实践中，这属于实用性的范畴。^⑫ 更好的方式是以专利局可能会接受的最广泛且最不具体的术语来主张实用性，并且等待道德标准的改变。^⑬

尽管没有为了 TRIPS 的目的特别地定义"实用性"或"工业应用性"，^⑭ 从上下文中可以合理地发现在第 27（1）条中，这一对措辞中的每个都意图保持其之前的含义作为专利法中的专门术语。对于"实用性"，最有可能提及其含义的单个法律是美国法律。^⑮ 但是，对于"工业应用"，进一步的模糊性出现了："工业的"将回溯参考《巴黎公约》关于"公约"的概念（因为该术语在第 1（3）条中被扩张性地（重新）定义）？或者合成的表述"工业应用"主要回溯参考《欧洲专利公约》？后者将会与第 27（1）条明确地计划在专利性的两个可替代方案中进行选择的事实更加一致，因为欧洲的模型很明显是美国模型的对应物。幸运的

---

⑧ The Syntex patent in *Brenner v. Manson* being US 2, 908, 693, issued in 1959 and claiming priority from a Mexican application of 1956. The inventors were Howard Ringold and George Rosenkranz. The Syntex patent on norethindrone was US 2, 744, 122 (Carl Djerassi, Luis Miramontes and George Rosenkranz), which issued in 1956 with a 1951 Mexican priority date.

⑩ (1965) 381 US 479; 85 S. Ct. 1678; 14 L. Ed. 2d 510. *Griswold* decided that a state statute prohibiting contraception was unconstitutional.

⑨ Above, note 31.

⑫ See *Lowell v. Lewis*, above, note 29. TRIPS Article 27 (2) follows the European Patent Convention Article 53 (a) in treating morality as a specific ground of non‑patentability in its own right, as opposed to an aspect of utility or industrial applicability.

⑬ See Louis Tyrer, 'Introduction of the Pill and its Impact' (1999) 59 (1) *Contraception* Supplement 1, January 1999, pp. 11S – 16S.

⑭ There is an argument that the definition of 'industry' in Paris Convention, Article 1 (3) might be incorporated into TRIPS by Article 2 (1) of the latter, but the terminology employed ('Members shall comply with Articles . . . of the Paris Convention') is not free from uncertainty. A definition can be incorporated into one treaty from another, but the language of TRIPS speaks not of incorporation but of compliance with a treaty which retains a separate existence, and one cannot *comply* with a definition.

⑮ Although one should acknowledge that 'utility' (in what may be a rather different sense) remains an express requirement of the law in at least Australia, Canada, and New Zealand.

是，该问题并未阻止我们，因为无论哪种方式，最终的结果几乎一定是相同的：《欧洲专利公约》也通过《斯特拉斯堡公约》回顾了《巴黎公约》，《专利合作条约》也一样。

（二）美国和欧洲的立场

关于专利性，美国法必须符合 TRIPS，但是在实践中，美国法处于美国宪法框架内立法的自由控制下。因为 TRIPS 允许参考"实用性"来定义专利性，并且因为实用性在 TRIPS 中的概念（如果既不是通过词典来定义，也不是未定义或者开放式的）仅能通过参考美国法来进行理解，实际的结果是美国法上的实用性很难不符合 TRIPS。

反过来则不一定正确，并且欧洲的情况更加复杂。首先，《巴黎公约》在欧洲法上具有至关重要的地位，这在美国法上是不存在的。欧洲的"工业应用性"概念是通过参考《巴黎公约》中使用的"工业"的延伸概念来定义的，而不是日常用法中两个概念中较狭窄的那一个。[96] 其次，欧洲法（至少在大部分重要的国家）必须同时符合《斯特拉斯堡公约》和《欧洲专利公约》。[97] 最后，对于美国，尽管有 TRIPS，这再次被证明是虚惊一场，因为 TRIPS 方案的"适于工业应用"仅是对欧洲立场的重述。[98]

一个进一步的结论是欧洲国家，至少那些《斯拉特斯堡公约》的成员国，不能在符合其现有的国际义务的情况下对那些可能满足 TRIPS 的"实用性"概念但是不"适于工业应用"的所谓发明授予专利。这是因为《斯特拉斯堡公约》明确地规定"不符合这些条件（新颖性、创造性和工业应用性）的发明不应当成为有效专利的主题"。《欧洲专利公约》和 TRIPS 都没有包含这样的禁止条款。在《欧洲专利公约》的情况下，一个类似的解释是欧洲专利局完全是《欧洲专利公约》的产物，因此除了

---

[96] Though the United States is also a Paris Union member, its concept of 'utility' antedates the Paris Convention by nearly a century, and makes no explicit or implicit reference to the latter.

[97] The European Patent Convention has just over 30 member states. The Strasbourg Convention has only 13, but these include Belgium, Denmark, France, Germany, Ireland, Italy, the Netherlands, Sweden, Switzerland, and the United Kingdom.

[98] It is impossible to attribute any significance to the change from 'susceptible' in the European and Strasbourg Conventions, to 'capable' in TRIPS. The latter is more idiomatic, the former is probably attributable to excessively close tracking of the French text of the Strasbourg Convention.

根据第 52 条，无权授予专利，因此明确的禁止条款将成为多余。

（三）重访实用性的作用

考虑到这些因素，有一些尝试试图说明 TRIPS 的含义。TRIPS 第 27（1）条最可能要求成员国或者遵循欧洲概念的"工业应用"，或者遵循美国概念的"实用性"。另外的解释可能是，这两个术语中的任何一个或者两者意味着它们各自的词典含义，或者这两种表达方式（无论他们各自含义如何）限定了一个范围的可接受端点，使得成员国可以在两者之间选择它们自己的位置。尽管后者对于这些国家来说可能是一个便利的解释，这使得它们既不用赞成欧洲准则也不用赞成美国准则，但是很难用第 27（1）条的精确措辞来协调这种自由："工业应用"（无论其意味着什么）是标准，而"实用性"是唯一允许的替代。

无论依据何种解释，任何这种要求的最低限是可以对无法操作或者不起作用的事物拒绝专利保护，使得成员国可以对永动机[99]之类以及与自然规律相抵触或者完全不能工作的其他"发明"拒绝专利保护。英国铁路的以核聚变为动力的飞碟可以作为一个发明的示例，其尽管实际上不与任何自然规则相抵触，但是根据 20 世纪 70 年代的技术基本上不可能实现。[100] 另外一个可能过于不明显的例子是 *Eastman Kodak v. American Photo Booths*[101]，其认为对于专利中折叠的光学路径来说，不可能实现所要求保护的景深。因此该专利缺乏工业应用性以及充分公开。

私人以及个人领域内的"发明"也可能看起来缺乏工业应用性，尽管可能不是实用性[102]，但是个人和私人的使用最好以侵权豁免的方式来

---

[99] See Wadlow (2007). Even for perpetual motion machines, though, the objection of lack of utility or industrial applicability is not really indispensable, since much the same effect can be achieved through the objection of insufficiency, which seems to be the preferred ground of rejection in the EPO.

[100] GB 1, 310, 990, above, note 9. Although inutility and insufficiency were grounds of revocation once a patent had been granted (UK Patents Act, 1949, s. 32 (1) (g) and (h)), on examination the Patent Office had no power to refuse an application on either of these grounds.

[101] UK Patent Office decision BL O/457/02 of 8 November 2002 (GB 2, 314, 719).

[102] WIPO Memo (2003), at paras 29 and 56. The example given is that of a contraceptive method rejected on this ground by the EPO: T74/93 BTG/*Contraceptive method* [1995] EPOR 279; but compare T1165/97 ULTRAFEM/*Feminine hygiene device* [2002] EPOR 35.

解决。[103] 美学创作、智力活动以及抽象或者未实现的发现也可以被认为缺乏工业应用性[104]，但是优选根据内在专利性来对待它们。对于其他的部分，就美国体系和欧洲体系之间的差异是真实的并且可以归因于"实用性"和"工业应用性"之间的差异而言，一个美国评论家的结论很有道理[105]：

> 赞同在美国专利法中采用工业应用的标准很有道理。因为我们的专利法应当与技术是什么的理解一致，而不是去挑战它。通过恢复一个牢牢植根于工业应用性的专利性标准，而不是将技术等同于任何人造物，我们将不仅仅能够沿被证实的路径保持专利体系。通过拒绝将我们的整个宇宙视为技术本性，我们将会认识到我们自己的人性。但是，作为现代生活的中心并且值得通过专利体系来进行培育，技术成为人类经验的一种表达方式，尽管不是唯一的表达方式。

六、结　论

飞碟和永动机已经远去，当所有的适当的方面都具有内在专利性，并且考虑特定排除的影响，很难看出实用性或者工业应用能够真正做任何具有较大实际重要性的事。将不合适的"发明"保持在专利体系以外的实际工作看起来应当根据内在专利性的准则来进行或者通过特别的基于政策的排除来进行。到了最后，"实用性"和"工业应用性"之间的选择变成了象征性的，而非真正的选择。无论以何种名称，这个概念所起的作用甚微，并且措辞本身应当起更少的作用。

这两个竞争体系的主角美国和欧洲大概希望将他们选择的措辞独家或者优选地包含到国际条约（如果不是 TRIPS，那么就是未来的实质性专利法条约）中，这不仅会将他们所代表的累积价值和体系偏见输入其中，而且会在一定程度上将其自己体系的法律 DNA 充分植入其中以主导其未

---

[103]　As under the UK Patents Act 1977, s. 60 （5）（a）, corresponding to the Community Patent Convention, 1975, Article 31 （a）. In BTG/*Contraceptive method* （*supra*） it was acknowledged that the real reason for the disputed claim was to impose liability for contributory infringement on BTG's competitors.

[104]　WIPO Memo （2003）, paras 13 and 28.

[105]　John R. Thomas, 'An Epistemology of Appropriation: Patentable Subject – Matter after Statestreet' ［2000］ IPQ 27 at 65. Though it is welcome to see the European approach commended by Professor Thomas, he arguably conflates questions of industrial application with ones of inherent patentability.

来的发展。⑩

如果除此之外还有其他的争论，那是因为"实用性"和"工业应用性"之间的选择是美国和欧洲体系之间普遍存在的差异中能够以一个词或者短语概括的少数情况之一。⑩ 与"新颖性"相比，其中两个体系中相同的措辞隐藏了它们之间关于什么构成现有技术的无法跨越的差异——这种差异的实践重要性要大很多。⑩ 因此，"实用性"和"工业应用性"之间的争论一时间变成了象征性的，并且可能处于更加意味深长的层次：措辞的选择象征或者决定了谁来控制这个概念，尽管概念是什么并不重要，但是对概念的控制象征着控制了具有更大实际重要性的接近的实体法律，特别是内在专利性的实体法律。正如在罗科尔岛上升起英国国旗来主张英国对毫无价值的岩石片的权利并且据此主张其在周围的大西洋以及大陆架上的所有经济权利，或者正如近来通过潜艇将俄罗斯国旗插在北极海床上的情况，对他们自己来说这些行为是毫无用处的，但是即便是纯粹象征性的行为，仍可能具有法律意义：国旗是主权的全球符号，这些岛屿（或者极地）可以用于标志其周围的海洋和海床以及所有其上的资源。⑩

如果这是针对"工业应用性"和"实用性"争论的全部，那么最好采用各方都能接受的一些中立术语，并且集中于发明的各个分类以及它们是否适于可专利的状态。

---

⑩　Compare the Australia – United States Free Trade Agreement（Washington, 2004），which repeats the first sentence of TRIPS Article 27（1），but also provides at Article 17. 1. 13：'Each Party shall provide that a claimed invention is useful if it has a specific, substantial, and credible utility'. This formulation corresponds to the US Patent and Trade Mark Office, *Manual of Examining Practice*, § 2107（2）（A）（3），and the associated USPTO *Utility Guidelines*（2001）. Rightly or wrongly, it has been suggested on the basis of Article 17. 1. 13 that'［i］n effect, Australia has tied itself to a US standard of utility and its subsequent interpretation'. Peter Drahos *et al.*, 'Pharmaceuticals, Intellectual Property and Free Trade：The Case of the US – Australia Free Trade Agreement'（2004）22 *Prometheus* 243.

⑩　Another being the equally elusive difference between'inventive step'and'non – obviousness', see Chapter 14.

⑩　For novelty see Chapter 13.

⑩　See C. R. . Symmons, 'Legal Aspects of the Anglo – Irish Dispute over Rockall'（1975）26 *Northern Ireland Legal Quarterly* 65, although much of the analysis is superseded by the United Nations Convention on the Law of the Sea（Montego Bay, 1982），especially Article 121（3）. The Russian action at the North Pole has no known effect in international law.

第十三章　美国先申请原则下的新颖性和优先权规定：一种对比的法律观点

作者：竹中俊子（Toshiko Takenaka）*

译者：向　虎

一、介　绍

在先申请国家受过训练的专利专业人士不明白为什么 35 USC § 102 中提出的新颖性和优先权规定会如此复杂和难以理解，因为先申请国家的新颖性和优先权条款很简短。只有在学习过每条规定的历史背景和关于这些条款的政策原因之后，他们才有希望理解定义现有技术的复杂结构和赋予这些条款的唯一解释。然而，他们越是熟悉美国判例法和美国法官强调的政策，他们越是质疑是否美国真的遵守美国专利学者和专业人士声称要遵守的先发明系统。① 美国法官所强调的政策与先申请专利系统所强调的政策是相似的。而且，美国专利商标局（USPTO）所遵守的审查实践与先申请国家的专利局所遵守的审查实践也是相似的。

从表面上看，美国先发明原则下的 § 102 新颖性和优先权规定与先申请原则下的新颖性和优先权规定差异很大。§ 102（a）中定义新颖性的第 1 款规定自发明日起确定新颖性，而且 § 102（g）规定根据在先发

---

* This chapter was revised from Toshiko Takenaka, *Rethinking the United States First – To – Invent Principle from a Comparative Law Perspective*：*A Proposal to Restructure* § 102 *Novelty and Priority Provisions*, 39 HOUS. L. REV. 621 （2002）.

① Many commentators compare the first – to – invent and first – to – file systems with a presumption that they are very different. *See*, *e. g.*, Stephanie Gore, Comment, '*Eureka*! *But I Filed too Late*…'：*The Harm/Benefit Dichotomy of a First – to – File Patent System*, 1993 U CHI. L. SCH. ROUNDTABLE 293, 305 – 9 （1993） （comparing and contrasting the first – to – invent and first – to – file systems in terms of the harms and benefits of each defined from a natural rights baseline）.

明的日期确定优先权而不是用在先申请的日期。② 但是，这些不同实际上是真实的吗？这些不同是否如此基本以至于与先申请原则下的新颖性和优先权概念矛盾吗？

二、对新颖性和优先权规定的回顾

（一）先申请的新颖性和优先权的简单结构

1. 新颖性

主要先申请国家的新颖性规定，即《欧洲专利公约》（EPC）③ 和日本专利法（JPL）④ 的新颖性规定，具有简短的现有技术定义——任何形式的披露都有成为现有技术的风险，无论这种披露的行为人是谁。例如，EPC 提供了以下新颖性的定义：

（1）如果一项发明不构成现有技术的一部分，该发明就可以被认为是新的技术。

（2）现有技术包括在欧洲专利申请的提交日前，通过书写或口头描述，通过使用，或者以任何其他方式为公众所知的技术。⑤

JPL 的新颖性定义与 EPC 的定义相似，除了日本的定义还列出了构成现有技术的条款包括通过互联网获得的信息。⑥ 与美国不同，欧洲和日本的规定都没有区别不同行为人造成的现有技术的定义，因此没有区分

---

② 35 USC § 102（a）（1994）；35 USC § 102（g）（1994 & Supp. 2000）.

③ Convention on the Grant of European Patents，October 5，1973，art. 54，1065 UNTS 255，272〔hereinafter European Patent Convention〕（entered into force on October 7，1977）. The Convention represents the substantive patent law for seven European nations：Germany，Netherlands，United Kingdom，Switzerland，France，Luxembourg，and Belgium.

④ Tokkyo Ho〔Japanese Patent Law〕，Law No. 121 of 1959 arts. 29 – 30〔hereinafter Japanese Patent Law〕.

⑤ European Patent Convention，*supra* note 3，art. 54 at 272.

⑥ Japanese Patent Law，art. 29 reads：

（1）Any person who has made an invention which is industrially applicable may obtain a patent therefor，except in the case of the following inventions：

（i）inventions which were publicly known in Japan or elsewhere prior to the filing of the patent application；

（ii）inventions which were publicly worked in Japan or elsewhere prior to the filing of the patent application；

（iii）inventions which were described in a distributed publication or made available to the public through electric telecommunication lines in Japan or elsewhere prior to the filing of the patent application.

针对发明人和其他行为人的规定。用于定义现有技术的条款被赋予一般
含义。因此，造成信息成为现有技术的简单、关键的概念是公众可得。⑦
在欧洲和日本的新颖性方法中，在申请日之前在世界上的任何地方以任
何方式公开使得公众可得的任何信息构成现有技术。⑧ 换句话说，欧洲和
日本的新颖性不区分以不同形式或不同地点的公开。

　　尽管在所审查的主题的申请日之后在技术上不可知，只要该申请在
18 个月之后公开由此成为公众所知的状态，先申请国家还是把在他们自
己专利局中还在处理的申请中描述的主题视为现有技术。⑨ 这是因为该主
题将很快为公众所知，而且至少对于专利局已经是可知的。EPC 和 JPL
都采用了"全部内容"的方法，使得在提交日之后的欧洲和日本申请的
全部内容成为现有技术。⑩ 对于根据巴黎公约要求优先权的申请，申请的
全部内容自优先权日起成为现有技术。⑪

　　作为简单的新颖性原则的一个例外，大多数先申请国家提出宽限期
规定。⑫ 先申请国家的评论员将宽限期定义为在发明人或者其名义上的继
承者提交专利申请之前的特定期间，在此期间发明的公开不丧失该发明
获得专利权的权利。⑬ 在先申请体系下，宽限期规定是根据申请日确定新
颖性原则的一个例外。因为宽限期是一种例外情况而不是一种规则，允
许使用宽限期的条件十分苛刻。在提供宽限期的国家中，大多数（57%）
采用 6 个月宽限期，只有 30% 的国家采用 1 年的宽限期。⑭ 为了限制可以
使用这种例外情况的主题的范围，绝大多数国家采用了特定公开的宽限

---

⑦　ROMUALD SINGER & MARGARETE SINGER：THE EUROPEAN PATENT CONVENTION，
221（Ralph Lunzer trans. , London, Sweet & Maxwell rev. ed. ）（1995）.

⑧　*See*, *e. g.* , European Patent Convention, *supra* note 3, art. 54；Japanese Patent Law, *supra*
note 6, art. 29（1）（iii）.

⑨　European Patent Convention, *supra* note 3, art. 54（3）&（4）.

⑩　Singer & Singer, *supra* note 7, at 165.

⑪　*Id.*

⑫　According to the survey conducted by AIPPI Japan Group, 87% of 121 national and regional pa-
tent systems provide for some type of grace period system. Japanese Group of AIPPI, *A Study of Grace Peri-
od and other Conditions of Patentability in National and Regional Patent Systems*（summary report）, 1
（March, 2000）［hereinafter AIPPI Study］.

⑬　Joseph Straus, *Grace Period and the European and International Patent Law：Analysis of Key Le-
gal and Socio - Economic Aspects*, 20 IIC STUDIES 3（2001）.

⑭　AIPPI Study, *supra* note 12, at 2.

期，其中规定只有特定类别的公开才符合使用宽限期的条件。[15] 最普遍的符合公开的类别包括：实验的使用、被申请人公开、被第三方公开、权力滥用、国际展览会上的展示，以及科学会议上的介绍。[16] 而且，申请人只有在申请日要求宽限期并且提交所要求的主题的证据才可以使用该系统。

先申请的宽限期的一个极端的例子是 EPC 的系统。可以使用 EPC 宽限期的公开的范围非常有限并且申请人必须符合使用该系统的流程要求。[17] 相反，日本的宽限期范围比欧洲的系统更广泛，包括使用该系统的发明人活动的广泛范围，其中包括在科学会议中的介绍和文档公开。[18] 在日本的系统中，申请人不仅可以对与申请日之前公开的主题相同的主题使用宽限期，还可以对明显的主题使用宽限期。[19]

2. 优先权

主要先申请国家的优先权规定被断定为简单的规则：专利应该被授予第一个申请人。例如，EPC 第 60 条第 2 款规定：

> 如果两个或更多人相互独立完成一项发明，获得欧洲专利的权利属于提交日期最早的欧洲专利申请；然而，这项规定仅适用于在第一申请已经根据第 93 条公开的情况并且仅对申请公开时指定的缔约国有效。[20]

因为优先权是基于申请人提交由欧洲专利局（EPO）[21] 审查的申请的日期授予的，所以只要这个日期是清楚的，在超过一个申请中决定优先权的流程就是不必要的。当超过两个申请人在同一天对相同的发明提交

---

[15] *Id.* at 3 – 4.

[16] *Id.* at 2.

[17] *E. g.*, European Patent Convention, art. 55.

[18] Japanese Patent Law, art. 30.

[19] Japanese Patent Law, art. 30.

[20] European Patent Convention, art. 60 (2). The JPL similarly provides:

（1）Where two or more patent applications relating to the same invention are filed on different dates, only the first applicant may obtain a patent for the invention. Japanese Patent Law, art. 39 (1).

[21]   The European Patent Office was established under Article 4 of the Convention on the Grant of European Patents. European Patent Convention, *supra* note 3, art. 4. News, updates, and general information concerning the European Patent Office can be found at http：//www. european – patent – office. org.

申请时，EPO 将专利权同时授予这两个申请人。[22] 日本的规则与欧洲的规则十分相似，除了在相同的申请日处理超过一个申请时的情况。[23] JPL 要求在同一天提交相同申请的申请人协商确定将要获得专利权的申请人。[24] 如果申请人不能达成一致，日本专利局（JPO）[25] 拒绝将专利权授予任何一方。[26] 这种实践避免了判定优先权的昂贵的诉讼。

该规则还适用于在宽限期期间确定优先权。在先申请国家的宽限期规定中，如果第三方在发明人的申请日之前提交了该发明人在宽限期期间公开的相同申请，那么该发明人的申请会因为是第二个提交的申请而被驳回。[27] 如果第三方的申请在发明人的公开日之后，公开会破坏第三方申请的新颖性并且导致双方都无法获得专利权。[28]

（二）复杂和困惑：美国先发明的新颖性和优先权

与欧洲和日本的系统相反，35 USC § 102 中的新颖性和优先权规定采用了复杂的结构来定义优先权并且使用令人困惑的缺乏清楚定义的条款。法官给出用于定义现有技术的条款和与他们通常含义差异很大的解释。结果，发明人在缺少阐明 § 102 中使用的条款含义的美国判例法的广泛知识的情况下，理解这些条款非常困难。

1. 新颖性

a. § 102（a）和（b）

美国新颖性规定 § 102（a）和（e）确定了自发明日起发明的新颖性，因此使得先发明的新颖性规则很清楚。[29] § 102（a）和（e）所采用的方法与 EPC 和 JPL 的先申请方法很不同，EPC 和 JPL 的先申请方法确定了自提交日起发明的新颖性。[30]

然而，和先申请国家的新颖性定义一样，§ 102（b）将现有技术定

---

[22] Singer and Singer, *supra* note 7, at 221.

[23] Japanese Patent Law, art. 39（1）.

[24] Japanese Patent Law, art. 39（4）.

[25] Information about the JPO is available at http：//www. jpo. go. jp/homee. htm.

[26] Japanese Patent Law, *supra* note 6, art. 39（2）.

[27] *See, e. g.*, European Patent Convention, art. 60（2）；Japanese Patent Law, art. 29b.

[28] *See, e. g.*, European Patent Convention, art. 54（2）；Japanese Patent Law, art. 29.

[29] 35 USC § 102（a）（1994）；35 USC § 102（e）（1994, Supp. 2000）.

[30] *E. g.*, European Patent Convention, art. 54（2）；Japanese Patent Law, art. 29（1）.

义为自申请日以前一年的期间起。㉛ § 102（b）中提出在特定期间内，从申请日起 1 年内，移除预先提交的公开的条件实质看上去符合宽限期的定义。㉜ 然而，宽限期的意义在先发明和先申请系统之间是十分不同的。在真正的先发明规则中，宽限期不是一个例外情况，而是一种原则，因为新颖性被认为是自发明日起。㉝ 真正的先发明规则要求专利局将专利权授予被公开的并且申请日之前已经成为旧的主题，只要自发明日起该主题是新的并且是非显而易见的。在这样的规则下，自申请日起主题的条件与其可专利性就没有关系了。

然而，美国专利系统没有遵守真正的先发明规则，因为它有例外情况——法定禁止——其避免了发明人在宽限期过期后只要发明人参加了 § 102（b）、（c）和（d）中列举的活动就可以获得专利权。㉞ 因此，在当前的美国先发明规则下，将专利权授予在申请日前公开的主题是一种原则，而避免专利局将专利权授予在宽限期后公开的主题的法定禁止是一种例外情况。

结果，在 § 102（b）中使用宽限期的条件比在先申请原则下的条件更宽泛得多。对这种可以使用宽限期的公开没有限制，由此这种公开被自动从用于在 § 102 下对新颖性和非显而易见性的审查的现有技术中移除。㉟ 而且，宽限期是自实际的美国申请日起 1 年，而不是大多数先申请国家采用的 6 个月。㊱

与先申请国家的新颖性规定相比，例如与 EPC 和 JPL 相比，35 USC § 102 要复杂得多而且难以理解。这种复杂性不仅是 102（a）和（b）中列举的公开类型造成的，而且还是许多这样的公开可能重叠的事实造成的。例如，§ 102（a）和（b）都列举出可以授予专利权并且在印刷

㉛ 35 USC § 102（b）（1994）.

㉜ For the definition of grace period, see Straus, *supra* note 13, at 3. US legal scholars also see a similarity between § 102（b）and first‐to‐file novelty provisions. *See* MARTIN J. ADELMAN ET AL., CASES AND MATERIALS ON PATENT LAW 206（1998）.

㉝ Canadian patent law long followed this true type of first‐to‐invent rule until it was revised to adopt a first‐to‐file rule. *Christiana v. Rice*, ［1931］AC 770, 777 – 9, 782 – 3（appeal taken from Can.）*See generally*, Adelman et al., *supra* note 32, at 318.

㉞ *See, e. g.*, *Pennock v. Dialogue*, 27 US 1, 23 – 4（1829）.

㉟ 35 USC § 102（b）.

㊱ *Id.*

出版物中公开的主题。㊲ 关于这些公开，只有法令颁布者才能区分 § 102
（a）和（b）。㊳ 如果主题可以获得授权或者在印刷出版物中公开的时间
比第三方的相同主题的发明日期超过一年，那么审查员会引用 § 102（a）
和（b）来驳回第三方对该主题的权利要求。㊴ 因为 § 102（b）的条件本
质实质上与在宽限期中排除发明人的活动中的先申请的新颖性相同，专
利的专业人员奇怪为什么美国专利法避免单独由法令颁布者定义现有技
术。㊵ 只有在阅读早期法庭判决和为出版物的法令颁布者单独定义现有技
术找出历史原因，他们才可以理解这些复杂的规定。

在 1829 年的 *Pennock* 案中可以找到专家单独规定的源头。㊶ 在 *Pen-
nock* 案中，突显了真正的先发明系统的主要缺点，因为第一发明人公开
使用了他的发明并且仅在竞争对手开始销售发明之后提交了专利申请。㊷
在 1793 年专利法令的新颖性规定的解释中，法官排除了第一发明人是在
发明日以前公开使用该发明的人的定义。㊸ 关于发明人的行为，反映了通
过专利申请鼓励早期公开的政策，他认为发明人应该避免在申请日以前
商业推广他们的发明以避免扩大在法律条文上受限的专利期限。㊹ 后来，
§ 102（b）被加入用来将法官对发明人活动的支持编入法典。㊺ 遵循大
法官 Story 采纳的认为早期公开的政策只与发明人行为有关的基本原理，
美国新颖性规则为发明人和第三方分别提供了新颖性。

关于 § 102（a）和（b）中现有技术的定义的另一困惑的方面是所
列举的主题之中不清楚的区别。尽管 § 102（a）和（b）分别列举了
"正在被授予专利权"和"在印刷出版物中公开"，当这些主题即使以最
小限度的方式为公众所知时他们都会成为现有技术。㊻ 即使法庭限制所要

㊲ *Id.* § 102（a）; Id. §102（b）.

㊳ *Id.*

㊴ *Id.*

㊵ *Id.*

㊶ *Pennock v. Dialogue*, 27 US 1 (1829).

㊷ *Id.* at 7 – 8.

㊸ *Id.* at 18 – 20.

㊹ *Id.* at 6 – 8.

㊺ DONALD S. CHISUM, CHISUM ON PATENTS § 6.02 [1][b] (1978, supp. 2007)
[hereinafter CHISUM ON PATENTS].

㊻ *In re Hall*, 781 F.2d 897, 899 – 900 (Fed. Cir. 1986). *See also* CHISUM ON PATENTS,
supra note 45, § 3.04 [2].

求的主题被授予专利权的范围并且试图将它与在印刷出版物中公开的内容区分开[47]，只要专利的内容是为公众所知的，那么根据 § 102（a）和（b）无论是所要求的还是没有要求的主题都作为印刷出版物而成为现有技术。而且，大多数美国法庭所采用的狭义观点对于不能找到在单一文档中区别要求和未要求的主题的适当理由非常苛刻。[48] 因此，先申请专利的专业人员奇怪为什么美国新颖性没有采用公众可知的简单定义来代替罗列冗余的主题定义。

而且，与美国专利差异很大的各种外国专利呈现出严重的问题。[49] 当事人争论是否外国专利落入 § 102（a）和（b）中"正在被授予专利权"的含义中，这些外国专利的独占权的条款和范围没有美国专利那么广泛。[50] 当事人还争论外国专利已经成为"被授权的"日期，因为外国专利的内容不是必须在授予独占权的同一天变成为公众所知。[51]

按字面解释，§ 102（a）中"已知或已经使用过的"主题和 § 102（b）中"公开使用或销售"的主题似乎彼此重叠。尽管 § 102（a）和（b）使用不同的条款，当考虑到第三方的行为时法院通过要求公众可知的主题信息的相同方式解释他们中的每一个。[52] 然而，在关于发明人的行为解释这些条款时，法庭将"已知或已经使用过的"与"公开使用或销售"区分开，因为他们没有要求公开获得用于确定"公开使用或

---

[47] *Carter Prods.*，*Inc. v. Colgate – Palmolive*，*Co.*，130 F. Supp. 557，566（D. Md. 1955）；CHISUM ON PATENTS，*supra* note 45，§ 3.06 [3]。

[48] CHISUM ON PATENTS，*supra* note 45，§ 3.06 [3]。

[49] *Id.* § 3.06。

[50] *See*，*e. g.*，*Atlas Glass Co. v. Simonds Mfg.* Co.，102 F. 643，646 – 7（3d Cir. 1900）；*In re Carlson*，983 F. 2d 1032，1034，1038（Fed. Cir. 1992）；*Reeves Bros.*，*Inc. v. U. S. Laminating Corp.*，282 F. Supp. 118，134 – 6（EDNY 1968），*aff'd* 417 F. 2d 869（2d Cir. 1969）。

[51] *In re* Monks，588 F. 2d 308，308 – 10（CCPA 1978）；*In re Ekenstam*，256 F. 2d 321，322 – 5（CCPA 1958）；*Trico Prods. Corp. v. Delman*，*Corp.*，180 F. 2d 529，533（8th Cir. 1950）；*Duplan Corp. v. Deering Milliken*，*Inc.*，353 F. Supp. 826，829 – 31（DSC 1973）*aff'd* 487 F. 2d 459（4th Cir. 1973）；*Ex Parte Fuji*，13 USPQ 2d 1073，1074 – 5，（Bd. Pat. App. & Int'f 1989）。

[52] For an interpretation of 'being known or used'，see *Conn. Valley Enters.*，*Inc. v. United States*，348 F. 2d 949，951 – 2（Ct. Cl. 1965），which recognized that '[t]he prior knowledge or use in order to negative novelty must also be accessible to the public'. For an interpretation of 'public use or on sale'，see *W. L. Gore & Assocs. v. Garlock*，*Inc.*，721 F. 2d 1540，1549 – 50（Fed. Cir. 1983），which refused to find 'public use' with respect to subject matter that a third party used secretly.

销售”。(53)

甚至更糟的是，尽管 § 102（b）的表述没有定义“行为人”，法庭将“公开使用或销售”的特殊解释，包括保密使用，仅应用于发明人的行为。(54) 人们只有在他或她研究美国判例法和发现这些解释被包括是为了防止发明人通过秘密开发他们的发明来扩展受限的专利期限才能够理解这种区别。(55) 因为第三方的活动与鼓励发明人早期公开的政策无关，法庭对“公开使用或销售”给出普通的含义并且要求公开获得和知识。(56)

另外，美国法庭已经通过开发试验使用例外学说引入解释“公开使用”的另一个难点。该学说起源于1877年最高法院判决 *City of Elizabeth*，其中在发明人在公路上安装他的街道铺设以检查铺设的持久性时法院没有发现公开使用。(57) 当美国法院通过发明人发现发明的公开使用成为试验时，这种公开使用没有落入 § 102（b）中的“公开使用“的含义中。(58) 然而，在专利法案中没有提到排除公开试验。因此，只有熟悉美国判例法的人才会理解条款“公开使用”包括秘密使用，但是在考虑发明人的行为时排除公开试验使用。

这些与“公开使用或销售”的解释有关的学说向美国专利权的有效性引入了不确定性。首先，将秘密商业使用包括在“公开使用或销售”的含义中向美国专利权的有效性引入了明显的不确定性。这是因为专利局不能发现发明人自发明日起秘密使用超过一年的发明。坦率的责任要求发明人公开这种使用。(59) 然而，如果发明人违反这种责任并且没有公开这种使用，这种使用只能通过在发明人企图实施其专利权的时候被发现而披露。

另一个难点仅仅是由企图应用该学说而引起的。常识要求发明必须完成后才可以销售。(60) 但是，美国法庭竞相澄清要求发现将引起“销售”

---

(53) *See Egbert v. Lippmann*, 104 US 333, 336 – 7 (1881); *Metallizing Eng'g Co. v. Kenyon Bearing & Auto Parts Co.*, 153 F. 2d 516, 517 – 18 (2d Cir. 1946).

(54) *Metallizing Eng'g*, 153 F. 2d at 520.

(55) *Pennock v. Dialogue*, 27 US 1, 19 – 20 (1829).

(56) *W. L. Gore*, 721 F. 2d at 1549.

(57) *City of Elizabeth v. American Nicholson Pavement Co.*, 97 US 126, 134 – 5 (1877).

(58) *See generally* CHISUM ON PATENTS, *supra* note 45, § 6. 02 [7].

(59) 37 CFR § 1. 56 (2007).

(60) This requirement is known as the 'on hand' doctrine. CHISUM ON PATENTS, *supra* note 45, § 6. 02 [6] [a].

的与发明有关的商业活动的发明的完成程度。[61] 法庭和当事方都困惑于用于确定发明完成的相似的概念：用于确定干扰实践中优先权的概念——该概念和对实践的减少；以及用于应用销售禁止的概念——发明正在进行销售。尽管这些概念中的相似性、干扰实践和销售禁止与不同的政策相关。[62] 尽管最高法院宣布"准备授予专利权"标准以替代联邦巡回上诉法院的"实质完成"标准，本应带来更多确定性[63]，各方仍然争论与概念和减少实践有关的"准备授予专利权"的定义。联邦巡回上诉法院对"准备授予专利权"的不一致的应用还造成如果作出商业报价主题是否属于正在销售的困惑。在一些情况下，法院已经发现全部权利要求的要素存在于主题中时，主题可以被授予专利权。[64] 在其他情况下，法院发现即使一些权利要求要素没有在主题中出现，只要没出现的要素是主题中固有的或者明显来自主题，那么就属于销售。[65] 造成应用与"公开使用或销售"的学说的难点的另一个因素是在发明人的行为中要求商业实质。[66] 为了引起"销售"，法院仅要求销售的报价而不要求接受或运输。[67] 然而，即使这样的物品被运输到其他地方，法院可以认为报价是虚假的。[68] 相同程度的难点存在于建立标准以确定"试验使用"。

现在 § 102（a）和（b）中的另一个复杂性是由外国现有技术和取决于公开的地点的本国现有技术之间的差异造成的。[69] 在现在的美国专利法案下，只有在公开的专利或印刷出版物中描述过的信息才构成现有技术。[70] 如果信息仅仅是"已知或已使用"或者"公开使用或销售"，这种

---

[61] For a discussion of US courts' attempt to clarify the on sale bar doctrine, see Daniel J. Whitman, Note, *The 'On – Sale' Bar to Patentability: Actual Reduction to Practice Not Required in Pfaff v. Wells Electronics, Inc.*, 32 AKRON L. REV. 397, 410 – 19 (1999); Vincent J. Allen, Comment, *The On Sale Bar: When Will Inventors Receive Some Guidance?*, 51 BAYLOR L. REV. 125, 131 – 46 (1999).

[62] See *UMC Elecs. Co. v. United States*, 816 F. 2d 647, 656 (Fed. Cir. 1987).

[63] *Pfaff v. Wells Elecs. Inc.*, 525 US 55, 65 – 6 (1998).

[64] *Robotic Vision Sys. v. View Eng. Inc.* 249 F. 3d 1307 (Fed. Cir. 2001).

[65] *Scaltech, Inc. v. Retec/Tetra, L. L. C.*, 156 F. 3d 1193 (Fed. Cir. 1998); *Tec Air Inc. v. Denso Mfg Michigan Inc.*, 192 F. 3d 1353 (Fed. Cir. 1999).

[66] See *Mahurkar v. Impra, Inc.*, 71 F. 3d 1573, 1577 (Fed. Cir. 1995).

[67] See, e. g., *In re Theis*, 610 F. 2d 786, 791 – 2 (CCP 1979).

[68] See, e. g., *Mahurkar*, 71 F. 3d at 1577.

[69] 35 USC § 102（a），（b）.

[70] *Id.* § 102（a），（b）.

信息必须在美国可获得才能构成 § 102（a）和（b）中的现有技术。⑦ 然而，技术的进步已经使得电子公开变得容易，并且反过来，已经使得难以确认这种公开是否符合专利法案中的"印刷出版物"。如果信息落在"印刷出版物"的范围内，那么 USPTO 不需要区分国外信息和国内信息。因此，USPTO 澄清只要在出版物对于该出版物中公开的主题的领域相关的人是可获得的条件下，"印刷出版物"的范围就包括电子出版物。⑦ 先申请国家也克服了这个难点并且清除了外国的现有技术和国内的现有技术之间，以及成文形式和未成文形式之间的区别，使得现有技术信息已经变成在任何地方，以任何形式可获得的。⑦

b. § 102（c）和（d）

在美国先发明体系中，新颖性规则包括用于防止发明人获得专利权的附加基准——§ 102（c）和 § 102（d）的法律限制。⑦ 这些限制不存在于先申请原则中，并因此使得新颖性规则较复杂。

§ 102（c）规定发明人对发明的放弃阻止发明人对该发明获得专利权。⑦ 该放弃的行为应当被理解为区别于 § 102（g）列举的放弃，因为一旦发现 § 102（c）放弃，发明人永远失去了获得专利的权利，并且不能重新获得该权利。⑦ 相反，§ 102（g）放弃并不导致失去获得专利的权利。⑦ 当发明人在第二个人构思同样的发明之前重新开始将发明付诸实施时，发明人可以依靠重新开始活动的日期来提交申请并获得专利。⑦ 该区别仅能通过调查 § 102（c）和（g）的法院解释来理解。⑦

§ 102（c）放弃的一个更加混淆的方面是其与 § 102（b）下"公开使用或销售"之间的关系。最主要的是最高法院案件 *Kendall* 表明发明

---

⑦ *See, e. g., Robbins Co. v. Lawrence Mfg. Co.*, 482 F. 2d 426, 434 – 35（9th Cir. 1973）.

⑦ 35 USC § 102（a），（b）；Manual for Patent Examining Procedure § 2128（8th ed. 2001）[hereinafter Patent Manual], *available at* http: //www. uspto. gov/web/offices/pac/mpep/mpep. htm.

⑦ *E. g.*, European Patent Convention, *supra* note 3, art. 54（2）；Japanese Patent Law, *supra* note 4, art. 29（1）.

⑦ 35 USC § 102（c），（d）（1994）.

⑦ *Id.* § 102（c）.

⑦ CHISUM ON PATENTS, *supra* note 45, § 6. 03 [2].

⑦ 35 USC § 102（g）.

⑦ *Paulik v. Rizkalla*, 760 F. 2d 1270, 1275 – 6（Fed. Cir. 1985）.

⑦ *See, e. g., Kendall v. Winsor*, 62 US 322, 329（1858）.

人不仅可以通过明确宣告放弃来放弃获得专利的权利，也可以通过表明放弃权利的意图的行为来放弃。⑧ 这样的行为包括默许他人使用其发明、迟延行使权利或者试图保留发明的利益。⑧ 但是，*Kendall* 法院列出的构成放弃的行为现在被 § 102（b）包含。⑧ 法院将 § 102（b）解释为"公开使用或销售"的含义包括在商业开发发明的同时迟延提交专利申请，这种迟延类似于 *Kendall* 表明放弃意图的行为。⑧ 尚不清楚未导致"公开使用或销售"的任何行为是否落入 § 102（c）的含义范围。尚没有法院依据宽限期内的行为认定放弃。⑧ 一个早期的最高法院决定认为在将发明保密的同时迟延提交专利申请不构成放弃。⑧ 因此，很少依据 § 102（c）来驳回或者无效专利。⑧

先申请原则下不存在的另一个法定限制条款是 § 102（d）下的外国专利申请。关于外国专利何时以及是否落入 § 102（d）含义范畴，该限制与 § 102（a）和 § 102（b）具有相同的问题。⑧ 该部分原来被增加是为了鼓励在国外获得专利保护的外国申请人及时地向 USPTO 提交专利申请。⑧ 当美国加入《巴黎公约》时，这个目标已经被《巴黎公约》下的优先权体系很好地实现了，该优先权体系要求在一个《巴黎公约》成员国提交申请的申请人在最早的申请日（优先权日）起一年内在另一个国家提交申请。⑧ 满足《巴黎公约》下的要求自动地满足了 § 102（d）下的一年提交要求。因此，很少依据 § 102（d）来驳回或者无效专利。

此外，§ 102（d）有一个严重的缺陷是，其通过对源自外国的发明强行附加的限制不公平地歧视了在美国以外作出的发明。由此，可以争

---

⑧　*Kendall*, 62 US at 329.

⑧　*Id.* at 328 – 31.

⑧　*See* CHISUM ON PATENTS, *supra* note 45, § 6.03［1］［c］［i］.

⑧　*See, e. g., Mahurkar v. Impra, Inc.*, 71 F. 3d 1573, 1577（Fed. Cir. 1995）.

⑧　CHISUM ON PATENTS, *supra* note 45, § 6.03［1］［c］［i］.

⑧　*Bates v. Coe*, 98 US 31, 46（1878）.

⑧　CHISUM ON PATENTS, *supra* note 45, § 6.03.

⑧　Refer to notes 41 – 3 *supra* and accompanying text.

⑧　CHISUM ON PATENTS, *supra* note 45, § 6.04［1］.

⑧　Paris Convention for the Protection of Industrial Property, July 14, 1967, 21 UST 1583［hereinafter Paris Convention］, art. 4A.

辩§ 102（d）可能违反了 WTO 的 TRIPS 中针对发明的非歧视条款。⑨ §
102（d）是不必要的并且还因为对外国专利的解释造成混淆，§ 102（d）
还成为美国贸易伙伴批评的原因。⑨ 尽管该规定有非常少的正当理由，该规
定对美国发明人给出了另一个障碍并且使得新颖性规定进一步复杂化。

c. § 102（e）

针对公开者的涉及新颖性的独特政策在根据§ 102（e）判定新颖性
时引入了另一个复杂的方面。通过区分优先权或专利获取中的在先权利
与防止第三方获得专利的防御性效果（其涉及§ 102（b）、（c）和（d）
下的法定限制事件），美国的先发明原则引入了两个单独的概念。⑨ 在解
释《巴黎公约》第 4B 条下的优先权的效果时，美国学者认为该条仅约束
防御性的专利阻止效果。⑨ 将该解释应用到§ 102（e）中现有技术的定
义，在申请人要求了《巴黎公约》下的外国申请的优先权时，USPTO 和
美国法院仅对申请中要求保护的主题给予优先权的效果。但是对于申请
中公开但未被要求保护的主题，他们拒绝给予同样的效果。后者中的主
题不涉及优先权或者在先权利，仅涉及一种防御性的效果，因为该申请
未要求优先权来获得专利。⑨ 相反，为了避免这种复杂性，大多数先申请
国家对要求保护的主题和未要求保护的主题都给予《巴黎公约》下优先
权的效果。⑨

但是，§ 102（e）的表述未清楚说明针对要求保护的和未要求保护
的主题成为现有技术的不同时间。⑨ 从字面上解释，其要求在发明之前将

---

⑨ WTO – TRIPS：Agreement on Trade – Related Aspects of Intellectual Property Rights，art. 27，
para. 1.

⑨ *See* Kim Taylor, Note, *Patent Harmonization Treaty Negotiations on Hold*：'*The First to File*'
Debate Continues, 20 J. CONTEMP. L. 521, 521 – 2（1994）

⑨ Adelman et al.，*supra* note 32，at 824.

⑨ *Id.*

⑨ *See*，*e. g.*，*In re Hilmer*, 359 F. 2d 859, 863（CCPA 1966）（applying the *Milburn* rule,
which proclaims '［t］hat a complete description of an invention in a U. S. patent application, filed before
the date of invention of another, if it matures into a patent, may be used to show that the other was not the
first inventor,' and acknowledging that '［t］his was a patent – defeating judge – made rule and now is
section 102（e）').

⑨ Reinhard Wieczorek, *Convention Applications as Patent – Defeating Prior Rights*, 6 IIC 135,
156 – 65（1975）.

⑨ 35 USC § 102（e）（1994 & Supp. 2000）.

该发明描述在他人在美国提交的一份专利申请中，但是其未具体说明发明必须描述在申请的哪部分中。[97] 当根据实施 § 119 过程中给予在先专利的利益来解释该表述时，人们可能会合理地得出同样的现有技术效果将会给予要求保护和未要求保护主题的结论。

事实上，直到 *Hilmer* 法院指示 USPTO 采用将该效果仅限制到要求保护的主题的更加复杂解释，USPTO 才采用这种解释。[98] *Hilmer* 法院在广泛地回顾了立法史并强调了限制保密现有技术的必要性之后才支持了这种复杂的解释。[99] 这种将优先权或在先权利与专利阻止权进行区分的实践使美国和外国发明人都糊涂了，并且使得很难根据 § 102（e）确定他们的发明相对于由第三方在先提交的申请是否可以得到专利保护。当 USPTO 歧视《专利合作条约》下的非英语国际申请时，这种困难进一步增加。[100]

d. § 102（g）

最后，§ 102（g）提供了另一类别的秘密现有技术：第一发明人仅在第二发明人的发明日之后才公开的发明。[101] § 102（g）下的秘密在先发明对美国专利的有效性提出了非常大的不确定性，因为 USPTO 在审查过程中不可能发现这样的发明。在先发明的发明人仅可以在专利授权以后挑战该专利的有效性。

为了降低这种不确定性，美国专利体系对基于秘密在先发明来挑战专利引入了一系列的限制。第一，美国专利体系引入了放弃、隐藏和抑制的概念来防止第一发明人挑战授予第二发明人的专利的有效性。[102] 当发明人不合理地迟延申请提交时，法院会认定放弃、隐藏或者抑制，从而阻止第一发明人挑战有效性。[103] 第二，美国专利系统引入了阻止第一发明人挑战专利有效性的程序，除非这样的要求是自美国专利授权日或者美

⑨⑦　*Id.* § 102（e）.

⑨⑧　*Hilmer*, 359 F. 2d at 877（reasoning that to give effect to both claimed and unclaimed subject matter ' has the practical potential effect of pushing back the date of unpublished, secret disclosures, which ultimately have effect as prior art references in the form of US patents, by the full one – year priority period of § 119 '）.

⑨⑨　*Id.* at 878.

⑩⑩　35 USC § 102（e）, *supra note 72*, Patent Manual § 2136. 03.

⑩①　Adelman et al. , *supra note 32*, at 312.

⑩②　35 USC § 102（g）.

⑩③　*See, e. g. , Dunlop Holdings Ltd. v. RAM Golf Corp.* , 524 F. 2d 33, 35 – 7（7th Cir. 1975）.

国专利申请公开日起一年内提出的。⑩

尽管法院试图限制这样的挑战，§ 102（g）秘密在先发明仍然给美国专利的有效性带来了很大的不确定性。这是因为法院拒绝采取严格的测试来确定导致放弃、抑制和隐藏所需的时间。⑩ 此外，法院可以允许第一发明人依赖于其初始的概念，只要他们能够证明连续的努力直到付诸实践的日期。⑩ 结果，目前的实践允许发明人超过宽限期居先于第二发明，并无限制地回溯至初始概念，只要第一发明人继续发明的付诸实践工作。⑩

简言之，美国的先发明制新颖性规定非常复杂和冗长。一些条款是多余并且不必要的，而另一些则是混淆性的。这种组合使得美国发明人很难显示他们发明的新颖性。此外，美国法院对一些条款的解释偏离了其一般的含义，由此使得不熟悉美国判例法的发明人更加糊涂。

2. 优先权

§ 102（f）和 § 102（g）将美国法院发展出来的确定"第一和真实发明人"的规则成文化。⑩ 但是，美国法院对 § 102（g）中使用的术语给予特殊的解释，因此在不知道美国法院决定的情况下几乎不可能理解这些规则。例如，即便发明人是第一发明人，当发明人放弃、抑制或隐藏该发明时，§ 102（g）阻止发明人获得专利。⑩ 尽管专利法案列出了三个单独的行为——放弃、抑制和隐藏——美国法院并不区分彼此。⑩ 这三个行为而是意味着一个概念：尽管提交专利申请⑪和/或对发明进行商业化，但是不合理地迟延发明公开。无论发明意图如何，这样的迟延导致"放弃、抑制或隐藏"的可能性。⑫ 这种解释偏离了 § 102（g）中所用术语的普通含义，并误导不熟悉法院解释的发明人。

此外，尽管 § 102（g）清楚地给出了考虑构思日期和付诸实践日期

⑩　35 USC § 135（b）（1994）.

⑩　See, e. g., *Fujikawa v. Wattanasin*, 93 F. 3d 1559, 1568（Fed. Cir. 1996）.

⑩　See, e. g., *Keizer v. Bradley*, 270 F. 2d 396, 399 – 400（CCPA1959）.

⑩　See CHISUM ON PATENTS, *supra note 45*, § 10. 03 [1].

⑩　35 USC § 102（f）,（g）（1994 & Supp. 2000）.

⑩　35 USC § 102（g）（2）.

⑩　CHISUM ON PATENTS, *supra note 45*, § 10. 08 [1].

⑪　See, e. g., *Lutzker v. Plet*, 843 F. 2d 1364, 1367（Fed. Cir. 1988）.

⑫　See CHISUM ON PATENTS, *supra note 45*, § 10. 08 [1]

两者来确定发明优先权的规则，但是法院将优先权给予在先将发明付诸实践的人。⑬ 将优先权给予在先构思发明的人不是规则而是例外。第一种例外只适用于先构思者从先将发明付诸实践的人进入该领域之前的时间运用合理的努力来将发明付诸实践。⑭ 将发明授予付诸实践者的规则的第二个例外是当该付诸实践者放弃、抑制和隐藏发明时。⑮ 但是，§ 102 (g) 的设置这种例外的句子使用的术语是"作出发明"。⑯ 来自先申请专利从业者的明显问题是"什么构成发明的行为以及如何建立发明的日期"。从法律本身很难得到答案，因为尽管 § 102 (g) 要求发明在该国作出，但是其没有定义"在该国作出"的含义。其使用诸如"付诸实践"和"构思"之类的术语简单地描述了优先权规则，而没有解释作出发明和这些术语之间的关系。⑰ 在不阅读美国判例法的情况下，不可能理解"作出发明"的行为如何与将发明付诸实践和构思的行为相关联。

此外，§ 102 (g) 没有定义术语将发明付诸实践。虽然如此，该术语是高度法律性的并且仅被专利从业者使用。法院将该术语解释为包括两种类型的行为：(1) 通过以符合 § 112 要求的公开来提交专利申请的推定付诸实践⑱；和 (2) 通过构造产品或者进行权利要求的方法并确认产品或者方法适于其意图的目的的实际付诸实践。⑲ 由此，在不完全理解关于 § 102 (g) 下优先权规则的判例法的情况下美国发明人也很难理解美国的优先权规定，因为最重要的概念"作出发明"未被清楚地定义。规则及其例外从 § 102 (g) 的表述本身也不清楚。该法律完全不是普通使用者容易掌握的，而仅是针对专利律师而写的。

（三）法定表述和实践之间的差异

35 USC § 102 下的新颖性和优先权规定的一个更加严重的问题是法定表述和实践之间的差异。尽管 § 102 (a) 和 § 102 (e) 清楚地规定新

---

⑬ *See Price v. Symsek*, 988 F. 2d 1187, 1190 (Fed. Cir. 1993) For a general discussion of the priority rules, see CHISUM ON PATENTS, *supra* note 45, § 10.03 [1].

⑭ *See* CHISUM ON PATENTS, *supra* note 45, § 10.03 [1].

⑮ 35 USC § 102 (g) (2).

⑯ *Id.* § 102 (g).

⑰ *Id.* § 102 (g).

⑱ *See, e. g., Hyatt v. Boone*, 146 F. 3d 1348, 1352 (Fed. Cir. 1998).

⑲ *See, e. g., Scott v. Finney*, 34 F. 3d 1058, 1061 (Fed. Cir. 1994).

颖性是以发明日期来确定的，USPTO 对绝大多数申请则是以申请日期来
确定新颖性的。[⑫] 在冲突程序中，通过将显示优先权的最终举证责任强加
给在后提交的发明人，USPTO 也遵循先申请原则。[⑫] 由于满足这种责任的
困难性，美国优先权规则将优先权授予先申请发明人的机会远大于将其
授予后申请发明人的机会。[⑫] 将当前的美国实践称为先发明制是具有误导
性的。许多美国发明人可能因为相信美国遵循先发明制并迟延申请，从
而失去了专利权。

1. 新颖性

a. § 102 （a） 和 （e）

§ 102 （a） 和 （e） 的要求自发明日起的新颖性的表述是误导性的，
因为其偏离了 USPTO 的审查实践。[⑫] 为了避免每个申请都显示发明日的
必要性，USPTO 对大多数申请审查自申请日起的新颖性[⑫]，因为具有充分
公开的美国专利申请的提交日被推定为发明日。[⑫] 仅在审查员找到早于申
请日公开的文献时，发明人才会给予机会通过证明其发明日早于该文献
的有效日期或者该文献是发明人自己的作品来排除该文献，除非该主题
不是在一份美国专利中要求的。[⑫] 但是，不懂世故的发明人通常不能利用

---

⑫　*See* CHISUM ON PATENTS, *supra*, note 45, § 10.03 [c] [i].

⑫　37 CFR § 41.207 （a） （2007）.

⑫　*See* Charles R. B. Macedo, *First – to – File: Is American Adoption of the International Standard in Patent Law Worth the Price?*, 18 AM. INTELL. PROP. L. Q. J. 193, 217 （1989） （observing that senior parties win 75% of the interferences）. *Edwards v. Strazzabosco*, 58 USPQ 2d 1836 （Pat. & Trademark Office Bd. App. 2001） （a panel of the trial section at the USPTO Board noted a 75% success rate for senior parties over junior parties）; Gerald J. Mossinghoff, *The U. S. First – To – Invent System Has Provided No Advantage to Small Entities*, 84 J. PAT. & TRADEMARK OFF. SOC'Y 425 （2002） （during the period between 1983 and 2000, of the total of 2, 858 interference cases, 1, 917 were favorable to the first – to – file inventors）. *But see*, Charles L. Cholz, *A Critique of Recent Opinions in Patent Interference*, 84 J. PAT. & TRADEMARK OFF. SOC'Y 163, 181 （2002） （the author points out a conflict between the assessment of the Edwards panel and the last interference statistics published by the USPTO）; Mark Lemley & Colleen Chien, *Draft Submitted for Address at* 2002 *CASRIP High Technology Summit Conference, Are the U. S. Priority Rules Really Necessary?* （July 20, 2002） （the authors' survey indicates that 43% of junior parties won in the cases that are litigated to judgment and actually resolved on priority grounds）.

⑫　*See* 35 USC § 102 （a）, （e）.

⑫　CHISUM ON PATENTS, *supra* note 45, at § 10.03 [1] [c] [i].

⑫　*Bates v. Coe*, 98 US 31, 34 （1878）.

⑫　37 CFR § 1.130 and 131 （2007）.

这种实践，因为他们不能记录产生该发明的活动，并且不能用确凿的证据来建立在先发明的日期。[127]

§ 102（a）和（e）的表述说明发明日是必须证明新颖性的关键日期，并且不能反映 USPTO 在特别情况下审查自发明日起新颖性的实践。[128] 如果法律清楚地表述为申请的新颖性是自申请日起审查的，除非发明人能够用确凿的证据来建立更早的发明日期，法律表述就会与实践更加准确地一致了。因为 § 102（a）和（e）的当前表述未清楚地表明新颖性与申请日相关，许多美国发明人因为无辜地未能提供证明其在先发明日的确凿证据，而失去了专利权。

b. § 102（b）宽限期

美国有效地拥有先申请体系的观点也被 § 102（b）的作用类似于使用真正的先申请体系的国家的新颖性和优先权规定的事实所支持。[129] 这是因为当 USPTO 依赖于 § 102（b）时，其基于申请日而非发明日来确定发明的专利性，因为自申请日起一年以前发明的一些活动作为专利性的绝对限制。[130] 自最高法院 1829 年的 *Pennock* 决定，如果发明在申请日以前被公开使用或者销售，它们将被排除在在先发明的定义之外。[131] 1836 年的专利法将 *Pennock* 的裁决成文化，并要求自申请日起的新颖性。由此该专利法中的法定限制条款的作用和先申请国家的新颖性条款完全一样，尽管与法定限制条款相关的潜在政策不同于先申请新颖性条款的潜在政策。[132] 1839 年专利法引入的宽限期使得发明人可能对申请日起公知的发明获得专利，只要申请是在宽限期内提交的。[133] 这意味着美国专利体系将专利授予那些自提交日起新且非显而易见的发明，并给予一年的宽限期，在该

---

[127] *Gould v. Schawlow*, 363 F. 2d 908, 920（CCPA 1966）.

[128] 35 USC § 102（a），（e）.

[129] *See* Adelman et al., *supra* note 32, at 206. However, these provisions serve a philosophically different role in the first – to – invent system from the first – to – file system as their functions are keyed with the patent – defeating activity, which removes the priority.

[130] 35 USC § 102（b）.

[131] *Pennock v. Dialogue*, 27 US 1, 23（1829）.

[132] Patent Act of 1836, ch. 357, 5 Stat. 117, § 6 *reprinted in* CHISUM ON PATENTS, *supra* note 45, Appendix 11.

[133] Patent Act of 1839, ch. 88, 5 Stat. 353, § 7 *reprinted in* CHISUM ON PATENTS, *supra* note 45, Appendix 13.

宽限期内，发明人可以开发他们的发明以寻求商业价值。

当发明人迟延提交申请并且自发明在该国公开使用或者销售之日起已经超过一年，则美国专利系统通常不能授予在先发明人专利权。[134] 一个很好的例子是 *Lough v. Brunswick Crop.* 中的发明。[135] 在 *Lough* 中，发明人 Lough 先生建造了他的发明的六个原型——一种用于船的海上推进装置——并在提交发明专利申请一年以前讲他们给予他的朋友以声称进行发明性能的测试。[136] 遗憾的是，他未能记录他的测试。[137] Lough 先生的装置工作良好并且未从在船上使用该装置的朋友处收到抱怨。由此，他明显不需要在他朋友的船上检查或者维修他的装置。[138] 陪审团认为 *Brunswick* 公司侵犯了 Lough 先生的专利，并且佛罗里达中区地区法院驳回了 *Brunswick* 公司的以法律问题方式判决的动议，该动议认为专利根据 § 102 （b）而无效。[139] 联邦巡回上诉法院的一个法庭认为地区法院错误地驳回了 *Brunswick* 公司的动议，认为发明人未能提供试验的任何客观证据，例如对安装在他朋友的船上的装置进行测试或者检查的记录。[140] 在审查 *Lough* 的要求全体法官听审的过程中，持异议者对发明人表示了很大的同情。[141] 但是，法院拒绝以全体法官听审的方式来审理该案。[142]

如果发明人知道他应当自公开向其朋友公布其发明之日起一年内提交申请，他很可能会更快提交申请并保留发明专利权。将美国新颖性要求称为先发明体系并具有自申请日起确定新颖性的条款并且甚至具有一年宽限期，误导了美国发明人，并可能导致诸如 Lough 先生之类的发明人丧失他们的专利权。

2. 优先权规定

美国先发明体系的核心即 § 102 （g）下的优先权规则在实践中也主

---

[134]　35 USC § 102 （b）.

[135]　*Lough v. Brunswick Corp.* , 86 F. 3d 1113 （Fed. Cir. 1996）.

[136]　*Id.* at 1116.

[137]　*Id.* at 1121.

[138]　*Id.*

[139]　*Id.* at 1118.

[140]　*Id.* at 1122.

[141]　*Lough v. Brunswick Corp.* , 103 F. 3d 1517, 1528 （Fed. Cir. 1997）（Rader, J. , dissenting）.

[142]　*Id.* at 1518.

要遵循有利于先提交申请的发明人的先申请原则。⑬ 这是因为程序规则偏爱先提交申请的发明人。⑭ 在冲突程序中,针对诉争的特定主题先提交申请的人被称为在先方,而晚于在先申请人提交的所有其他申请人被称为在后方。⑮ 当发明人是在先方时,他完全可以依赖他的申请日作为发明日。他很可能被给予优先权,因为在后方承担了一系列的举证责任以在在先申请人发明日的基础上建立优先权。⑯

首先,USPTO 仅在 (1) 在申请之间或者申请和专利之间存在冲突主题,并且 (2) 该主题对申请人来说是可以得到专利保护时才宣告冲突。⑰ 冲突可以在申请之间宣告也可以在申请和专利之间宣告。在引入提前公开体系之前,仅在审查员知道其他申请中的权利要求并启动冲突程序的情况下才宣告申请之间的冲突——美国专利申请直到公布都是保密的。⑱ 现在,申请在有效提交日 18 个月之后公开,并且由此,申请人发起冲突程序已经变得更加普遍。⑲

当在后方申请人试图借助冲突程序时,他必须证明其相对于专利权人应当得到优先权的初步结论,并且当他最早的推定的付诸实践日晚于在先方的申请日时,他必须解释他为什么会赢得优先权。⑳ 这种实践可能会对不懂世故的发明人设置一个较高的门槛。㉑ 当在后方申请人未能在专利授权日一年之前请求基本相同的主题时,在后方以冲突程序来挑战其权利要求的企图将会被程序性限制阻止。㉒ 即便 USPTO 宣告了冲突程序,对于那些未能在先提交的人来说这也是一个非常困难的任务,因为他们承担着证明他们应当得到更早申请日的初步结论的举证责任。㉓

---

⑬　35 USC § 102 (g).

⑭　37 CFR § 41. 207 (a) (2007).

⑮　37 CFR § 41. 201 (2007).

⑯　For a short discussion of interference proceedings, see Adelman et al. , *supra* note 32, at 322 – 4.

⑰　CHISUM ON PATENTS, *supra* note 45, § 10. 09 [2] [a].

⑱　35 USC § 122 (a) (1994 & Supp. 2000).

⑲　35 USC § 122 (b) (1994 & Supp. 2000).

⑳　37 CFR § 41. 202 (2007).

㉑　*See*, *e. g.* , *Hahn v. Wong*, 892 F. 2d 1028, 1035 (Fed. Cir. 1989).

㉒　35 USC § 135 (b); *see also In re Sasse*, 629 F. 2d 675, 680 (CCPA 1980).

㉓　37 CFR § 41. 207 (b) (2007).

即便在后方成功地让 USPTO 宣告了冲突，在后方将承担以证据证明实际付诸实践日期或者较早构思的举证责任。[154] 因为满足 §112 的申请的申请日被推定为发明日[155]，在先方仅在其选择证明实际付诸实践日或较早构思并且勤奋时具有初步的举证责任。[156] 在先方也可能选择集中于反驳在后方声称的发明日的策略。

在整个冲突程序中，针对建立优先权的所有事实问题，在后方承担着说服的最终举证责任。[157] 如果在后方在授予先提交的申请专利权之前提交申请，说服责任是用优势证据证明较早的发明。[158] 如果在在后方提交申请时已经授予先提交的申请专利权，则在后方必须用清楚且有说服力的证据来证明较早的发明。[159] 此外，关于证明优先权需要的复杂法律概念，美国判例法要求申请人提供确凿的证据。[160] 由于该很重的举证责任，在四分之三案件中，在后方在冲突程序中失利。[161] 再考虑未能建立优先权的初步结论并由此未能让 USPTO 宣告冲突的发明人，在后提交的发明人被给予优先权的机会非常渺茫。[162]

除了证明较早发明的困难以外，与冲突程序相关的高成本也阻碍了

[154]　CHISUM ON PATENTS, *supra* note 45, § 10.03 [1] [c] [ii], [iii].

[155]　*E. g.*, *Bates v. Coe*, 98 US 31, 34 (1878).

[156]　CHISUM ON PATENTS, *supra* note 45, § 10.03 [1] [c] [ii].

[157]　*See*, *e. g.*, *Bosies v. Benedict*, 27 F. 3d 539, 541 (Fed. Cir. 1994).

[158]　*Id.* at 541 - 2.

[159]　*See*, *e. g.*, *Price v. Symsek*, 988 F. 2d 1187, 1190 - 9 (Fed. Cir. 1993).

[160]　*See*, *e. g.*, *Hahn v. Wang*, 892 F. 2d 1028, 1032 - 3 (Fed. Cir. 1989).

[161]　*See*, *e. g.*, Macedo, *supra* note 123 at 217 (indicating that senior parties win 75% of the interferences).

[162]　A conflict exists between the assessment of the *Edwards* panel and the last interference statistics published by the USPTO. *Compare*, *Edwards v. Strazzabosco*, 58 USPQ 2d 1836, 1840 (Bd. Pat. App. & Interf. 2001) (recognizing that a panel of the trial section at the USPTO Board noted a 75% success rate for senior parties over junior parties); Gerald J. Mossinghoff, *The U. S. First - to - Invent System Has Provided No Advantage to Small Entities*, 84 J. PAT. & TRADEMARK OFF. SOC'Y 425, 427 (2002) (noting that during the period between 1983 and 2000, of the total of 2, 858 interference cases, 1, 917 were favorable to the first - to - file inventors), *with* Charles L. Gholz, *A Critique of Recent Opinions in Patent Interference*, 84 J. PAT. & TRADEMARK OFF. SOC'Y 163, 181 (2002) (contending that the board's last statistics reveal that the senior party prevailed 52. 5% of the time and the junior party prevailed 31. 7% of the time).

在后提交的发明人利用先发明制的优先权规则。⑱ 结果，仅很少一部分的美国申请（少于 0.1%）参与了冲突程序中的优先权争夺。⑭ 由此结果是在当前的 USPTO 冲突实践下，先发明例外的范围非常窄。

先发明体系通常被认为比先申请体系更有利于小发明人。⑮ 但是，这种主张是荒诞的。⑯ 预算有限的发明人能否负担得起利用这昂贵的冲突体制是令人怀疑的。小发明人相信先发明原则对他们有利的方面是他们可以仅依赖于发明的构思并能够避免提交申请的经济负担。⑰ 但是，在当前的美国先申请优先权规则下，仅仅是构思从来不足以证明发明日。⑱ 优先权规则要求实际或者推定的将发明付诸实践的日期。美国先发明原则可能实际上不利于小发明人，因为构造和测试原型通常甚至比提交申请更贵。结果在许多案件中，先申请体系实际上有利于小发明人节约构造和测试原型的成本以及用于建立优先权的律师费。

优先权规则通过允许发明人依赖构思日期为先付诸实践原则提供了一个例外。⑲ 但是，除非发明人将发明付诸实践，他不能依赖于构思日期。⑳ 此外，发明人必须持续地工作以将发明付诸实践，发明人的活动停止导致缺乏勤奋并阻止发明人依赖于构思日期。㉑ 即便发明人将发明付诸

---

⑱ See, e.g., Macedo, supra note 123, at 218 – 19（estimating that conducting interferences costs patent applicants approximately $15,000,000 per year）. According to a survey conducted by American Intellectual Property Association（AIPLA）in 2006, the median of the estimated cost inclusive in a two – party interference is $450,000. AIPLA, Report of Economic Survey 2007, 90（2007）

⑭ Mossinghoff, supra note 162, at 427.

⑮ See Ned L. Conley, First – to – Invent: A Superior System for the United States, 22 ST MARY's L. J. 779, 782 – 3, 792 – 3（1991）.

⑯ Mossinghoff, supra note 162 at 428（analyzing USPTO data and concluding that the first – to – invent system provides no advantage to small entities）. Lemley & Chien, supra note 122（the authors concluded their empirical data do not support the view that first – to – invent favors small inventors over large companies）.

⑰ First – to – invent advocates focus solely on the cost of application but pay no attention to the cost of reducing the invention to practice, which is necessary for establishing the priority under the US first – to – invent system. See, e.g., Conley, supra note 165, at 783.

⑱ 35 USC § 102（g）（2）.

⑲ 35 USC § 102（g）（2）; See, e.g., Hybritech Inc. v. Monoclonal Antibodies, 802 F. 2d 1367, 1378（Fed. Cir. 1986）; CHISUM ON PATENTS, supra note 45, § 10.03［1］.

⑳ See 35 USC § 102（g）（2）; Edwards v. Strazzabosco, 58 USPQ 2d 1836, 1841 – 2（Bd. Pat. App. & Interf. 2001）.

㉑ 35 USC § 102（g）（2）; Gould v. Schawlow, 363 F. 2d 908, 919 – 21（CCPA 1966）.

实践，不合理地迟延向 USPTO 提交申请导致放弃并阻止给予优先权。[172]遗憾的是，缺少资金支持很少使得由缺乏勤奋或者由放弃导致的迟延正当化。[173]

简言之，当前的美国先申请优先权规则不利于那些在向 USPTO 提交申请之前停止发明工作的发明人。为了建立优先权，他必须通过确凿的证据来证明其持续的工作。[174]很可能保持持续工作的记录要贵于较早提交申请。此外，考虑到先构思但后付诸实践的发明人在当前优先权规则下遇到的困难，美国先发明体系有利于小发明人的观念不仅是错误的而且具有误导性。许多不懂世故的发明人可能被称为先发明制的美国专利体系误导并因此相信他们较早的发明构思会根据§102（g）建立优先权，从而失去获得专利的机会。

三、建议的先发明者先提交体系

对§102 表述的回顾已经显示出，定义现有技术的复杂性和对术语"公开使用"或"销售"的令人混淆的解释已经导致了消除真实的先发明原则中固有问题的需求。该回顾显示，§102 中一些类型的现有技术完全过时或者多余并且因此没有必要。其还显示出先发明原则独有并对美国专利有效性造成很大不确定性的现有技术类型。先发明原则有利于小发明人的感觉也误导了美国发明人。基本上，美国先发明原则最坏的问题不在于其区别于其他国家的专利体系，而是由于其理解的难度而导致的对用户不友好，并由此伤害了美国发明人。

此外，USPTO 的审查和冲突实践与先申请原则一致，先发明更多地作为一个狭窄的例外。发明人仅被允许在特殊情况下通过建立较早发明日来证明优先权。反映出美国实践的现实，美国国会目前正在审查一份建议，以将优先权原则重新命名为"先发明者先提交"体系。通过众议院的一份法案将新颖性和优先权定义为：

　　§102 专利性的条件；优先权

　　（a）优先权；现有技术——如果没有下列任何一种情况，有权

---

　　[172]　35 USC § 102（g）（2）；*See*, *e. g.*, *Lutzker v. Plet*, 843 F. 2d 1364, 1366 – 7（Fed. Cir. 1988）. *But see* CHISUM ON PATENTS, *supra* note 45, § 10.07［4］［b］.

　　[173]　*See*, *e. g.*, *Griffith v. Kanamaru*, 231 USPQ 892, 893（Bd. Pat. App. & Int'f 1986）.

　　[174]　*See*, *e. g.*, *Gould*, 363 F. 2d at 919 – 20.

取得发明专利权：

（1）被请求发明已经被授予专利、被描述在印刷的出版物上、公开使用或者出售

（A）在被请求发明的有效申请日之前一年以上；或者

（B）在被请求发明的有效申请日之前一年或者以内，并且不是通过发明人、或者共同发明人、或者直接或间接从发明人或共同发明人获得被公布主题的其他人进行公布；或者

（2）被请求发明被描述在根据第151部分授予的专利中或者根据第122（b）部分公布或者视为公布的专利申请中，其中该专利或申请（视情况）命名了另一位发明人并且在被请求发明的有效申请日之前被有效地提交。⑳

原则上，该建议的修订与作者建议的优先权和新颖性规定一致，一致的方面在于澄清了对先发明原则的采用并通过将目前的§102（b）宽限期重申作为新颖性的例外来改革先申请规定。⑳ 该规定中允许以一年宽限期来确定自申请日的新颖性的表述将保护发明人由于未在宽限期内提交申请而丧失专利权。

该建议的修订也与作者在对先发明原则保持有限例外方面的建议一致。但是，该修订超出了作者的建议，因为其阻止发明人依赖于他们在先的发明，除非该发明向公共公开。由此，该修订消除了构思和发明付诸实践中涉及的复杂性。

（b）例外——

（1）在先发明人公开例外——如果本应根据子部分（a）（1）的子条款（b）基于公布而作为现有技术的主题，在这种公布之前，已经被发明人、或者共同发明人、或者直接或间接从发明人或共同发明人获得被公布主题的其他人进行公开地公布，则该主题不应当

---

⑳ H. R. 1908, 110th Cong. (Patent Reform Act of 2007), Section 3, (b) §102 (a). (http://www. govtrack. us/congress/bill. xpd？bill = h110 - 1908).

⑳ Toshiko Takenaka, *Rethinking the United States First - To - Invent Principle from a Comparative Law Perspective：A Proposal to Restructure §102 Novelty and Priority Provisions*, Hous. L. Rev. 621, at 654 (2002)［Hereunder, Rethinking the First - To - File］.

根据该条款下作为被请求发明的现有技术。[177]

（一）新颖性

1. 合并§102（a）和（b）

§102（a）的建议修订合并了目前的§102（a）和（b）。新的§102（1）（A）单独地规定了§102（b）下的一年宽限期，并且清楚地规定，一旦发明人制造正在被专利的发明、将其描述在印刷的出版物上、或者将其公开使用或出售，发明人必须在该宽限期内提交申请。新的§102（1）（B）对第131条下的先发明原则增加了一个特殊的例外，即通过证明该一年宽限期内的在先发明是发明人自己的成果。

但是，建议的修订保持了令人混淆的"正在被专利"的概念。"描述在印刷的出版物上"的行为包含"正在被专利"的行为。不需要将两种行为都列在新颖性规定中。此外，建议的修订仍然将"公开使用或出售"的概念与秘密的商业使用限制和实验性的使用例外准则相关联。[178] 如果用美国法院解释为公共可获得的普通含义的"公知或公用"定义来代替"公开使用或出售"定义，就会好很多。建议的修订中的"公开使用或出售"定义不仅保留了新颖性规定的复杂性，而且还通过保持源自相关判例法中模糊解释的不确定性降低了美国专利有效性的可信度。

此外，为了解决源自对非书面形式现有技术信息的地域限制导致的复杂性[179]，建议的修订未区分外国现有技术信息和本国现有技术信息。将"描述在专利或印刷的出版物种"的现有技术种类包含在目前的§102（a）和（b）中的唯一原因是区分书面形式的现有技术信息和非书面形式的现有技术信息。这是因为如果信息在美国以外，则前一种形式的现有技术信息是现有技术。移除地域限制将使得不需要在"公开使用或出售"以外再列出该种类。但是，建议的修订保留了这些分类，因此可能导致混淆。

2. §102（c）和§102（d）的移除

建议的§102修订从新颖性规定中删除了当前的§102（c）。即便在

---

[177] *Supra* at n. 175.

[178] An early version of patent reform bill included a provision to require public accessibility for defeating the novelty. H. R. 2795, 109th Cong. （Patent Act of 2005）（http：//www. govtrack. us/congress/billtext. xpd？bill = h109 − 2795）［hereunder, H. R. 2795］.

[179] *See* 35 USC § 102（a），（b）.

当前的新颖性规定中，§102（c）仅有非常少的正当理由来独立于§102（b）设置单独的限制，并且相对于§102（g）放弃仅造成混淆。由此，§102（c）的移除不仅有利于美国新颖性规定的简化，而且还澄清了新颖性规定的法定解释。建议的§102修订还移除了§102（d），《巴黎公约》已经使其变得无用并且还可能违反 TRIPS 规定。

3. §102（e）的修订

建议的§102（a）（2）在将 USPTO 未决的在先申请定义为现有技术方面相当于目前的§102（e）。但是，尽管使得自申请日确定新颖性变得清晰，建议的§102提供了一个例外，其保持了提供特殊的机会来根据第131条建立在先发明的当前实践。该实践将被用于建立在先申请中公布的主题是发明人自己的成果。[⑱] 此外，建议的§102提供了另一个例外，其保持了在以下情况下移除§102（e）现有技术的当前实践：（1）被请求发明由相同的人拥有或者在有效提交日之时有义务转让给相同的人；或（2）被请求发明是由有效申请日之时或之前有效的合作研究协议的双方或者其代表作出的。[⑱]

建议的修订包括明确给予《巴黎公约》下的优先权和《专利合作条约》下提交的国际申请两者与国内申请同样效果的规定。[⑫] 由此，其推翻了 *Hilmer* 准则。[⑱] *Hilmer* 准则的移除将通过删除对被请求和未被请求主题的歧视效果的复杂解释，更好地服务美国发明人。[⑭] 其还消除了被美国法律评论者广泛批评的准则所导致的不合逻辑的问题。[⑱] *Hilmer* 准则也被外

[⑱] H. R. 2795, Section 3, (b), § 102 (b) (2) (A) (B).

[⑱] H. R. 2795, Section 3, (b), § 102 (b) (2) (C); § 102 (b) (3).

[⑫] H. R. 2795, Section 3, (b), § 102 (b) (4) (B).

[⑱] *In re Hilmer*, 424 F. 2d 1108 (CCPA 1970). The Fifth Circuit summarized the *Hilmer* doctrine thus, 'under the *Hilmer I* doctrine, a prior art reference patent is effective only as of its U. S. filing date'. *Studiengesellschaft Kohle mbH v. Eastman Kodak Co.*, 616 F. 2d 1315, 1337 – 8 (5th Cir. 1980).

[⑭] Richard A. Neifeld, *Viability of the Hilmer Doctrine*, 81 J. PAT. & TRADEMARK OFF. SOC'Y, 544 (1999).

[⑱] *See* DONALD S. CHISUM, ELEMENTS OF UNITED STATES PATENT LAW 104 (2000); Kevin L. Leffel, Comment, *Hilmer Doctrine and Patent System Harmonization: What Does A Foreign Inventor have at Stake?*, 26 AKRON L. REV. 355, 357 (1992) (providing a historical analysis of the *Hilmer* doctrine and its effects); Harold C. Wegner, *TRIPS Boomerang – Obligations for Domestic Reform*, 29 VAND. J. TRANSNAT'L L. 535, 558 (1996) (describing the *Hilmer* opinion as 'a low point in judicial understanding of international patent practice and treaties').

国法律评论者沉重地批评为违反了《巴黎公约》下的优先权规定，以及TRIPS 下关于发明地的非歧视性政策规定。[⑱⑥]

更恶劣的问题是 *Hilmer* 准则的应用导致通过向显而易见的发明授予单独的多个专利产生的重复授权问题。[⑱⑦] 重复授权问题在一定程度上被 *Deckler* 案纠正，其中法院广泛地应用了冲突禁止反悔准则并防止申请人通过冲突程序对显而易见的发明寻求进行优先权争夺的第二次机会。[⑱⑧] 只要通过冲突程序来争夺权利要求，禁止反悔准则的广泛运用有效地防止了对显而易见的发明授予多个专利。[⑱⑨] 由此，一些评论者认为 *Deckler* 案基本上推翻了 *Hilmer* 准则。[⑲⑩]

由于这些严重的问题，没有正当的理由来保持该准则。第一，公布专利上不可区分的发明没有给公众带来益处。[⑲①] 第二，*Hilmer* 法院在使用外国优先权来阻止专利方面的主要顾虑是防止扩大秘密现有技术。[⑲②] 对秘密现有技术的顾虑已经被 1999 年美国发明人保护法案下引入的提前公开体系显著地弥补。[⑲③] 所有申请的内容现在自申请日起 18 个月后自动公开。[⑲④]

基本上，建议的 §102（b）完全澄清了 *Deckler* 案的结论，并移除了违反《巴黎公约》和 TRIPS 的任何嫌疑。该修订对 USPTO 在 §102（e）下的实践仅有非常微小的影响，因为自采用 *Hilmer* 准则起，USPTO 和法院程序中都很少提及该准则。但是，其将通过去除国际申请的复杂新颖性判定极大地帮助了 USPTO。

4. 秘密在先发明

建议的修订去除了当前 §102（g）下的秘密在先发明。因为秘密在

---

⑱⑥　Paris Convention, *supra* note 89, art. 4; TRIPS Agreement, *supra* note 90, art. 27（1）. Professor Chisum also pointed out this problem, see, DONALD S. CHISUM, ELEMENTS OF UNITED STATES PATENT LAW 104（2000）[hereinafter CHISUM, ELEMENTS].

⑱⑦　*See* Leffel, *supra* note 184, at 357.

⑱⑧　*See In re Deckler*, 977 F. 2d 1449, 1452（Fed. Cir. 1992）.

⑱⑨　*See id.*

⑲⑩　Charles E. Van Horn, *Effects of GATT and NAFTA on PTO Practice*, 77 J. PAT. & TRADE-MARK OFF. SOC'Y 231, 234（1995）（noting that the doctrine of interference estoppel ' precludes two patents from issuing on patentable indistinct inventions'）.

⑲①　DONALD CHISUM, ELEMENTS OF UNITED STATES PATENT LAW 104（2000）.

⑲②　*In re Hilmer*, 359 F. 2d 859, 877（CCPA 1966）.

⑲③　PL 106 – 113, §§4001 – 4808, 113 Stat. 1501（November 29, 1999）.

⑲④　35 USC §122（b）（1）（2000）.

先发明对专利有效性造成不确定性，该去除极大地改进了美国专利体系。⑩ 通过使现有技术仅是那些公开的信息（当前§102（e）下 USPTO 未决的未公开申请除外），该去除还极大地简化了新颖性规则。

5. 发明人

尽管先申请国家的专利体系不要求发明人以其自己的名义提交申请，这些体系也提供了一种追索权，其被设计用于防止申请人在其未从真正发明人那里合法获得专利权的情况下获取专利，这对于先申请国家是共同的。⑩ 由此，建议的修订保留了当前的§102（f）并保留了冲突程序，使得真正的发明人能够发出请求来决定申请人是否从真正发明人那里得到了该发明。⑩

（二）优先权

1. 通过公布的在先发明

建议的修订规定了基于由在先发明人作出的公布来建立优先权的一个例外。⑩ 由此，在先发明人仅能在发明被该发明人或共同发明人公布的情况下依赖他的较早发明。因为目前的先发明原则的一个重要问题是在先发明人能够依赖保密的较早发明并且因此 USPTO 不能审查这些发明，从优先权争议中去除秘密发明提高了美国专利有效性的可靠性。

此外，该修订从新的推演程序中取出了令人混淆的"构思"和"将发明付诸实践"的概念。相反，在先发明人仅建立被审查的发明是由发明人发明的并且由发明人或者从发明人处获得关于发明信息的人向公众公布的。尽管在确定公开的有效日期以及该信息实际上是否来自发明人方面仍然存在不确定性，但是这种确定要简单于在当前美国冲突程序中使用的复杂优先权规则下对在先发明人的确定。例如，如果发明人以外的人公布了发明，USPTO 审查员可以相对容易地确定公众可得到的较早公布是否使得本领域技术人员能够实现审查中的发明，并且由此确定较早公布中发明的发明人是否是在先发明人。新的优先权系统去除了优先

---

⑩　F. Andrew Ubel, *Who's on First? – The Trade Secret Prior Use or a Subsequent Patentee*, 76 J. PAT. & TRADEMARK OFF. SOC'Y 401, 405（1994）.

⑩　*See* European Patent Convention, art. 61; Japanese Patent Law, *supra* note 4, art. 113（1）(ii).

⑩　H. R. 2795, Section 3,（b）, §102（a）(1)（A）.

⑩　H. R. 2795, Section 3,（b）, §102（a）(2)(1).

权规则应用中的复杂性，并将冲突程序的应用限制到仅找出发明是否直接或者间接源自第三方发明人。

将优先权给予在先公布者通过鼓励在先公布促进了有用艺术的发展并由此实现了专利体系的目标。公布一项发明远比构造原型或者向专利局提交申请（目前建立优先权所需的行为）便宜。因此，与当前的先申请原则相比，这种实践对小发明人更加用户友好。

2. 谨慎的建议

作为修订的一种谨慎的选择，笔者曾经建议保留目前的先申请规则同时阻止发明人超过申请日之前一年建立发明日。[199] 因为发明人自己的公布禁止发明人获得专利，除非申请是在自公布日起一年内提交的，他们不能超出宽限期建立优先权。因此，这种建议的修订有效地采纳了笔者的谨慎建议的目标。

作者还建议了一种更有挑战性的选择来限制先发明制的例外。[200] 该选择建议将对国内发明人较早公开的当前例外扩展为包括先发明优先权。根据这种例外，仅那些不希望在美国以外提交申请的申请人将被允许利用先发明例外并根据 §102（g）优先权规则建立较早的发明日。但是，众议院通过的建议的修订未包含这种限制，即使将先发明例外限制为国内申请人，将极大地减少进入冲突程序的案件数量从而降低管理费用。

（三）修订的条件

建议的修订包括一条规定，其中直到主要的专利管理机关，至少包括欧洲专利局和日本特许厅，采取了与修订的美国专利体系具有基本相同效果的宽限期，对新颖性和优先权的修改才生效。[201] 这样的宽限期被定义为以被请求发明的有效申请日为结束的一年期限。[202] 在该期限内，发明人、共同发明人或者获得发明的其他人对发明的直接或间接公布必须不能在审查中作为发明的现有技术。

触发该修改的条件在 2007 年引入原始法案时并不存在。但是，USPTO 和布什政府认为放弃先发明原则可能会在与它们的贸易伙伴协商一体

---

[199]　Rethinking the First – To – File, *supra* note 178 at 661.

[200]　Rethinking the First – To – File, *supra* note 178 at 662.

[201]　H. R. 2795, Section 3（k）（1）（A）.

[202]　H. R. 2795, Section 3（k）（2）（B）.

化时降低议价筹码。但是，将该条件包含在内可能会对修订产生不可逾越的障碍，因为欧洲国家长期以来由于确定发明源自较早公布带来的不确定性而抗拒宽限期的概念。

四、结　论

对 35 USC §102 下的当前先发明新颖性和优先权规定的回顾已经揭示了源自限定现有技术并包含令人混淆的术语而未定义的复杂结构的严重问题。对 USPTO 的审查和冲突实践的回顾还揭示了当前新颖性和优先权规定的表述之间的严重差异很可能会误导美国发明人。良好建立的先发明制有利于小发明人的概念并未反映 USPTO 的实践。有必要修改 §102 以使新颖性和优先权规则简单且用户友好化。众议院通过的建议的修订能够满足这种要求，并使美国新颖性和优先权规定与先申请国家更加一致。

但是，建议的修订事实上不太可能生效，因为该修订的前提条件是欧洲专利局采取一年的宽限期。延迟该修订的生效日期没有意义，因为该修订使美国体系对美国发明人更加用户友好，并且减轻了 USPTO 的管理负担。工业界已经表达了他们对包含新条件的不满。因此，相应的改革法案向参议院的提交被显著地延迟。最坏的情况，两个法案都不能变成法律。如果失败的话，过去三年所有的努力都将成为徒劳。

第十四章　回到 *Graham* 因素：
KSR v. Teleflex 案之后的非显而易见性

作者：伊丽莎白·A. 理查森（Elizabeth A. Richardson）[*]

译者：向　虎

一、介　绍

为了能够得到专利保护，发明必须具有实用性，必须是新的，并且必须充分区别于已有技术以使其不会仅仅是一个显而易见的进步。因此，非显而易见性是发明人和社会之间讨论的中心部分，相对现有技术完全显而易见的发明不值得得到专利所提供的有限的垄断权，因为该发明对社会的贡献小于代表较大（非显而易见）进步的发明。与许多其他司法区域上的"创造性"类似，非显而易见性在一些方面是专利性的心脏和灵魂，其将真正创新性的果实与不可专利的细微改进区分开。在美国，非显而易见性作为专利性的要求规定在 35 USC § 103（a）中，其相关部分如下：

> 一项发明，虽然未像本编第 102 条所规定的那样被完全公开或者描述，但如果申请专利的内容与现有技术之间的差甚为微小，以致在该项发明完成时对于本专业具有一般技艺的人员是显而易见的，

* Elizabeth A. Richardson is an associate with Morrison & Foerster LLP, resident in the firm's Los Angeles office, where her practice focuses primarily on patent litigation. Prior to joining Morrison & Foerster, she was a law clerk for the Honorable Randall R. Rader, Circuit Judge, United States Court of Appeals for the Federal Circuit. The views expressed herein are solely the author's, though the author wishes to thank most sincerely both Judge Rader for his support of her participation in this project (most of which occurred during her clerkship) and Professor Toshiko Takenaka for the opportunity to do so.

则不能取得专利。①

相当直截了当的法律表述掩盖了判例法复杂的结构，从美国最高法院和美国联邦巡回上诉法院的判例看来，它们都针对专利法上的显而易见性的实际含义为专利申请人和诉讼者提供了更多有效的指导。最高法院最近在 *KSR Int'l Co. v. Telefflex*, *Inc.* 案（以下简称"*KSR* 案"）② 中的意见拒绝了联邦法院对"教导—启示—动机"（TSM）测试③的过于僵硬的应用，而是对植根于 *Graham* 因素的非显而易见性采用了一种个案处理的方法。

在最高法院在 *KSR* 案中发出调取令之后但在其作出决定之前，联邦法院作出了一系列的决定，这些决定被 *KSR* 案以各种方式预示，对 TSM 测试采取了更加灵活的方式。这些案件包括 *Dystar Textilfarben GMBH v. C. H. Patrick Co.* 案（以下简称"*Dystar* 案"）④ 以及 Alza Corp. v. Mylan Laboratories，*Inc.* 案（以下简称"*Alza* 案"）⑤，这些案件当然没有到 *KSR* 案的最高法院，并且最高法院除了提及其对这些案件不作评论之外，也未对它们作出任何评价⑥。从诸如 *Dystar* 案和 *Alza* 案等这些案件的角度来看，*KSR* 案调和了而非真正改变美国的非显而易见性法律。但是，一些事情已经改变，并且将随着美国专利商标局、地方法院和联邦法院消化 *KSR* 案而继续演化。本章的目的是讨论 *KSR* 案以及 *KSR* 案之后早期的一些联邦法院决定，以开始探讨在美国自 *KSR* 案之后看待非显而易见性的问题上哪些已经改变，哪些尚未改变。但是，本章并不单独集中于 TSM 测试，而将如最高法院在 *KSR* 案中那样通过考虑 *Graham v. John Deere Co.* 案（以下简称"*Graham* 案"）⑦ 中提出的因素来探讨整个非显而易见性。

---

① 35 U. S. C. § 103（a）（2000）.

② *KSR Int'l Co. v. Teleflex*，*Inc.*，127 S. Ct. 1727（2007）.

③ Basically，the TSM test asks whether there is some teaching，suggestion or motivation in the prior art that would have lead a person of ordinary skill in the art to combine the prior art in the manner claimed by the patentee/patent applicant. Some，but not by any means all，courts before *KSR* had required a level of specificity in this showing，namely an explicit motivation in the prior art，prior to *KSR*，an approach the Supreme Court rejected.

④ *DyStar Textilfarben GmbH v. C. H. Patrick Co.*，464 F. 3d 1356（Fed. Cir. 2006）.

⑤ *Alza Corp. v. Mylan Labs.*，*Inc.*，464 F. 3d 1286（Fed. Cir. 2006）.

⑥ *KSR*，127 S. Ct. at 1743.

⑦ *Graham v. John Deere Co.*，383 U. S. 1（1966）.

二、*Graham* 案和 *KSR* 案

在 40 多年之后，最高法院在 *Graham* 案中的意见依然是非显而易见性法理学的基石，*KSR* 案只是加强了其统治地位。尽管专利是否显而易见的最终问题是法律问题，但是 *Graham* 案明确了作为这种判定基础的几个辅助的事实考量：

> 根据第 103 条，需要确定现有技术的范围和内容；确定现有技术和所争论权利要求之间的差异；并且辨别相关领域内普通技术人员的水平。依靠这些背景知识，确定主题的显而易见性或者非显而易见性。诸如商业成功、长期以来未解决的技术问题、他人的失败之类的辅助考虑因素也可以用于说明围绕要求保护主题的渊源的情况。作为显而易见性或者非显而易见性的标识，这些因素可能具有相关性。⑧

换言之，为了判断所要求保护的发明是否显而易见，从三个因素开始进行分析：

（1）现有技术的范围和内容；

（2）现有技术和诉争权利要求之间的差异；以及

（3）相关技术领域内普通技术人员的水平。

然后，第四个因素开始起作用：提供辅助证据以引导显而易见性的最终结论的辅助考虑因素。

自 *Graham* 案以后的多年来，关税和专利上诉法院以及其继任者联邦巡回上诉法院已经应用 *Graham* 因素并且已经从它们发展出大量的附加探究来评估显而易见性而不会受事后诸葛亮之害，包括 TSM 测试和类似技术测试。此外，对特定技术的考量以及不同领域间可预测性的水平变化（例如，一般来说，化学和生物技术比机械技术更难预测）已经在判例法的发展中起到了作用；例如，可理解的是，将结构相似性作为基础来作出显而易见性的初步判定对于化学技术是独有的，但是这种方法仍然植根于 *Graham* 因素，并且与将第 103 条应用到其他技术领域中的专利是一致的。

---

⑧　*Id.* at 17 – 18.

在 *KSR* 案中，最高法院将四个 *Graham* 因素的中心作用理解为"用于应用第 103 条的法定表述的框架"。⑨但是，在 *KSR* 案中进一步探查 *Graham* 因素之前，回顾 *KSR* 案有助于提供一些背景知识。

KSR 案中的诉争专利名为"具有电子节气控制的可调节踏板组件"⑩，该案为最高法院提供了在一个简洁明了的技术（至少与许多电气、化学、软件相关以及甚至其他机械的专利相比）中考虑非显而易见性问题的机会。该专利在诉讼中根据发明人的名字被称之为"Engelgau 专利"，所要求保护的发明涉及一种用于汽车和特别是卡车中的改进的加速器踏板。最高法院同意地方法院对诉争权利要求 4 的分析，该分析认为权利要求 4 公开了："一种位置可调的踏板组件，电子踏板位置传感器安装到踏板组件的支撑构件上。将传感器安装到支撑构件上允许传感器能够在驾驶员调整踏板时保持在固定的位置。"⑪换言之，权利要求 4 要求一种包括用于将电子传感器与可调踏板进行结合的机构的踏板组件，这允许踏板的位置（踏板借助于驾驶员的脚施加的力围绕枢转轴运动）被传输到计算机，计算机又反过来控制车辆引擎中的节气门。⑫

在审查过程中，与权利要求 4 类似但比起来保护范围宽的权利要求已经因为是两个现有技术（教导可调踏板示例的 Redding⑬ 和描述如何将

---

⑨　*KSR*，127 S. Ct. at 1734.

⑩　United States Patent No. 6，237，565（filed Aug. 22，2000）.

⑪　*KSR*，127 S. Ct. at 1737（quoting *Teleflex Inc. v. KSR Int'l Co.*，298 F. Supp. 2d 581，586 – 7（E. D. Mich. 2003））.

⑫　*KSR*，127 S. Ct. at 1734. Specifically，claim 4 provided：

A vehicle control pedal apparatus comprising：

a support adapted to be mounted to a vehicle structure；

an adjustable pedal assembly having a pedal arm moveable in for［e］and aft directions with respect to said support；

a pivot for pivotally supporting said adjustable pedal assembly with respect to said support and defining a pivot axis；and

an electronic control attached to said support for controlling a vehicle system；

said apparatus characterized by said electronic control being responsive to said pivot for providing a signal that corresponds to pedal arm position as said pedal arm pivots about said pivot axis between rest and applied positions wherein the position of said pivot remains constant while said pedal arm moves in fore and aft directions with respect to said pivot.（U. S. Patent No. 6，237，565（filed Aug. 22，2000）（diagram numbers omitted））.

⑬　U. S. Patent No. 5，460，061（filed Sept. 17，1993）.

传感器安装在踏板支撑结构上的Smith[14]）的显而易见组合而被拒绝。[15] 该较宽的权利要求被修改为包括一个固定的枢转点的限定，其区别于 Redding 和 Smith 的教导。[16] 因此诞生了现在的权利要求 4 并且 Engelgau 专利被授权。之后，专利的受让人 Teleflex 在其竞争对手之一 KSR 拒绝接受 Engelgau 专利的许可并向 Teleflex 支付许可费之后，起诉 KSR 侵犯了 Engelgau 专利。[17] KSR 已经开发了其自有专利的可调踏板系统，并向其增加模块化传感器以用于能够与通用汽车的使用计算机控制节气门的一些轻型卡车兼容的踏板系统中。[18]

地区法院在即时判决中认为 Engelgau 专利的权利要求 4 因为显而易见而无效。[19] 在作出该决定时，地区法院考虑了一份现有技术 *Asano*[20]，在 Engelgau 专利的审查过程中专利审查员并未考虑这份文件。[21] *Asano* 教导了一种用于容纳踏板的支撑性结构，使得即使在踏板的位置相对于驾驶员改变时踏板的枢转点也保持固定。[22] 此外，*Asano* 的结构允许压下踏板所需的力无论踏板的位置保持恒定。[23] 与领域内其他的进步一起，*Asano* 的发明部分地为了使驾驶更加安全和舒适，而不论是否对座位相对于踏板和方向盘的位置进行调整以适应各个驾驶员的不同身高。[24] 应用 *Graham* 因素，地区法院在 *Asano* 和 Engelgau 专利之间找到了"非常细微的差异"[25]，因为除了使用传感器来检测踏板的位置并将其传输到控制节气门的计算机以外，*Asano* 教导了权利要求 4 中所包含的一切。[26] 但是，*Asano* 未公开的特征被其他文献所教导。地区法院应用 TSM 测试，认为行业的现有技术教导或者激发了将 *Asano* 与其他文献相结合来实现所要求保护的

---

[14]　U. S. Patent No. 5，063，811（filed July 9，1990）.

[15]　*KSR*，127 S. Ct. at 1737.

[16]　*Id.*

[17]　*Id.*

[18]　*Id.* at 1736.

[19]　*Id.* at 1737.

[20]　U. S. Patent No. 5，010，782（filed July 28，1989）.

[21]　*KSR*，127 S. Ct. at 1738.

[22]　*Id.* at 1735.

[23]　*Id.*

[24]　'782 patent, col. 1 ll. 14 - 60.

[25]　*KSR*，127 S. Ct. at 1738（quoting *Teleflex*，298 F. Supp. 2d at 590）.

[26]　*KSR*，127 S. Ct. at 1738.

发明，地区法院认为毫无悬念地导致了电子传感器与可调踏板的结合。㉗此外，地区法院认为如果专利审查员得到了 *Asano* 文件，权利要求 4 将会在审查过程中因为 *Asano* 与 *Smith* 的结合而被驳回。㉘

联邦巡回上诉法院在一份非判例性意见中撤销了地区法院关于无效性的即时判决并将其发回重审，因为地区法院在应用 TSM 测试的过程中未能具体地找到以诉争专利所要求的特定方式来结合现有技术的教导、启示或者动机。㉙ 在本案中，这意味着按照普通技术人员知识范围内的特定理解或者原则，能够发现这能够激发一个不知道本发明的人将电子控制器安装到 Asano 组件的支撑托架上。㉚

最高法院以全体一致的意见（由大法官肯尼迪（Kennedy）起草）推翻了联邦巡回上诉法院的判决，明确地拒绝了联邦巡回上诉法院在 TSM 测试下的"严格方法"，并将本案描述为"提出一种与上诉法院在这里应用 TSM 测试的方式不一致的扩大的灵活的方法"。㉛ 最高法院强调授权类似于 Engelgau 专利的组合发明需要小心谨慎，因为"仅结合旧的元素而未改变各自功能的组合发明明显地将公有领域的内容移入垄断领域，并减少了普通技术人员能够得到的资源"。㉜ 尽管最高法院表示 TSM 测试"捕捉到了有益的视角"㉝，但是其不能被如此程式化得应用：

> 非显而易见性分析不能被措辞教导、启示和动机的形式主义概念或者不能被对已公开文章和已授权专利的明确内容的重要性的过分强调所禁锢。创造性努力和现代技术的多样性不适于以此方式来限定非显而易见性分析。在许多领域中可能有一些显而易见技术或者组合的讨论，但是更通常的情况是市场需求而非科学文献来驱动

㉗　*Id.*

㉘　*Id.*

㉙　*Teleflex Inc. v. KSR Int'l Co.*，119 Fed. Appx. 282（Fed. Cir. 2005），*rev'd*，127 S. Ct. 1727（2007）.

㉚　*KSR*，127 S. Ct. at 1738（quoting *Teleflex*，119 Fed. Appx. at 288（brackets in original））（quoting *In re Kotzab*，217 F. 3d 1365，1371（Fed. Cir. 2000））.

㉛　*KSR*，127 S. Ct. at 1739.

㉜　*Id.*（quoting *Great Atlantic & Pacific Tea Co. v. Supermarket Equipment Corp.*，340 U. S. 147，152（1950））.

㉝　*KSR*，127 S. Ct. at 1741.

设计趋势。对平常过程中可能发生的没有真正创新的进步给予专利保护阻碍了进步，并且在结合之前已知元素的专利中可能剥夺在先发明的价值或者实用性。[34]

通过将非显而易见性讨论的中心焦点返回到 *Graham* 因素，最高法院清楚地表示，TSM 测试可以在许多案件中恰当地应用，但是“【非显而易见性】分析不需要寻求专注于诉争权利要求的特定主题的精确教导，因为法院可以考虑本领域普通技术人员将会运用的推理和创新性步骤”。[35]因此，在 *KSR* 案之后探寻非显而易见性含义的过程中，重要的是审查联邦巡回上诉法院在 *KSR* 案之前以及在可能的地方在 *KSR* 案之后如何处理每个 *Graham* 因素。

三、现有技术的范围和内容

从第一个 *Graham* 因素——现有技术的范围和内容，联邦巡回上诉法院发展出了“类似技术”测试：“依赖于一份参考文献作为基础来驳回申请人的发明，该参考文献必须在申请人所做努力的领域内或者如果不在该领域，则与发明人所考虑的特定问题合理地相关。”[36]根据该测试，在现有技术仅和发明涉及相同的产业的程度上，其并不类似。[37]此外，因为类似技术测试集中于“申请人努力的领域”，现有技术和发明两者的目的都与该分析相关。在现有技术与本发明具有相同目的的情况下，两者都涉及相同的问题，因此更可能认为发明人在发明过程中有动机考虑该参考文献。在现有技术和本发明具有不同目的时，反之亦然。[38]

联邦巡回上诉法院在 *KSR* 案之前的案件还认为，在一些情况下，来自相关领域而非发明的特定努力领域的参考文献也可以是类似技术的一

---

[34] *Id.*

[35] *Id.*

[36] *In re Oetiker*, 977 F. 2d 1443, 1447（Fed. Cir. 1992）.

[37] *In re Clay*, 966 F. 2d 656, 659（Fed. Cir. 1992）.

[38] *Id.* 'Thus, the purposes of both the invention and the prior art are important in determining whether the reference is reasonably pertinent to the problem the invention attempts to solve. If a reference disclosure has the same purpose as the claimed invention, the reference relates to the same problem, and that fact supports use of that reference in an obviousness rejection. An inventor may well have been motivated to consider the reference when making his invention. If it is directed to a different purpose, the inventor would accordingly have had less motivation or occasion to consider it. '

部分。㊴ 在 *Princeton Biochemicals Inc. v. Beckman Coulter, Inc.* 案中，所要求保护的发明是一种毛细电泳装置。审理法院认为液相色层分析法参考文献是显而易见性分析的一部分。联邦巡回上诉法院对此表示同意，因为证据表明液相色层分析法（现有技术的主题）和毛细电泳（本发明的主题）是相关的领域。㊵ 在作出该判定的过程中，法院考虑了各种来源，包括专利审查员在审查过程中的陈述和审判过程中的专家证言。㊶ 类似技术测试在很大程度上基于对不能允许的"事后诸葛亮"偏见的试图避免。当然这也是 TSM 测试的目标。㊷ 联邦巡回上诉法院承认这种方法涉及"主观的方面"，并且在决定本领域普通技术人员会合理地期待哪些技术领域来寻找发明人面对问题的解决方案时需要一般常识。㊸ 即便是专利局，也通过专利审查指南认可了在一些案件中确定类似技术具有很大的挑战。㊹

联邦巡回上诉法院已经将 TSM 测试描述为"应用于类似技术测试留下的地方"。㊺ 由此，最高法院在 *KSR* 案中对密切相关的 KSR 测试的讨论暗示了联邦巡回上诉法院对类似技术采取的方法。例如，最高法院在 TSM 测试中拒绝了联邦巡回上诉法院关于激发发明人的问题的讨论：

> 问题不是该结合对专利权人是否显而易见，而是该结合对本领域普通技术人员是否显而易见。根据正确的分析，发明时努力的领域内已知的并由专利所解决的任何需求或者问题能够为以所要求的方式来结合这些元素提供了理由。㊻

与应用于类似技术测试一样，该陈述看起来赞成上述联邦巡回上诉法院在 *Oetiker* 案中提出的类似技术测试的"努力的领域"方面，但是却

㊴ *Princeton Biochemicals, Inc. v. Beckman Coulter, Inc.*, 411 F. 3d 1332, 1339 (Fed. Cir. 2005).

㊵ *Id.*

㊶ *Id.*

㊷ *See In re Kahn*, 441 F. 3d 977, 987 (Fed. Cir. 2006).

㊸ *Oetiker*, 977 F. 2d at 1447.

㊹ *See* M. P. E. P. § 904.01 (c).

㊺ *Kahn*, 441 F. 3d at 987.

㊻ *KSR*, 127 S. Ct. at 1742.

废弃了"与特定问题合理相关"的方面。讽刺的是，在 *Oetiker* 案中考虑来自 *KSR* 案的该陈述，人们可能会认为类似技术的范畴在 *KSR* 案之后变小而非变大，但是这与貌似作为 *KSR* 案主要教训的对非显而易见性的过于灵活的方法相冲突。确实，*KSR* 案的其他部分指向这种更加灵活的方向。特别地，与联邦巡回上诉法院过去相比，最高法院在 *KSR* 案中似乎更少受到"事后诸葛亮"偏见风险的影响，其认为尽管应当"认识到"由"事后诸葛亮"偏见引起的"偏差"，该问题的严重程度并不足以使得"拒绝借助常识来寻找事实的僵硬阻止性规则"合理化。[47]

在 *KSR* 案之后，联邦巡回上诉法院尽管同意 *KSR*，但还是继续使用其类似技术测试。在 *In re Icon Health & Fitness, Inc.* 案中，被复审的诉争专利申请请求保护一种具有折叠式底部的踏车，该底部能够旋转到直立位置用于存储。[48] 审查员在复审过程中基于一个折叠式踏车的广告和另一个专利（Teague）以显而易见驳回了权利要求1，其中该 Teague 专利教导了使用新的双重动作弹簧作为平衡机构的折叠床。[49] 没有争议的是踏车广告公开了除气簧以外的所有要求保护的元素，使得问题集中在 Teague 对气簧的公开以及 Teague 向 Icon 的发明的可应用性。[50] 专利上诉及冲突委员会认为 Teague 公开了类似技术，因为 Teague 和复审的专利申请都解决稳定地保持折叠机构的需求，即便 Teague 不是踏车技术的一部分，其也与本申请合理地相关。[51] 在重述 *KSR* 之前使用的类似技术测试的同时[52]，对于命题"熟悉的事物可能具有主要目的之外的明显用途"，联邦巡回上诉法院在解释类似技术测试的"合理相关"方面时也同意 *KSR*。[53] 法院针对实质性证据审查了委员会的类似技术的事实判定，[54] 并认为"关于 Icon

---

[47] *Id.*

[48] *In re Icon Health & Fitness, Inc.* , 496 F. 3d 1374, 1377 (Fed. Cir. 2007).

[49] *Id.*

[50] *Id.*

[51] *Id.* at 1378.

[52] *Id.* at 1379 – 80. The Federal Circuit defined analogous art in *Icon* by quoting *In re Clay*, 966 F. 2d at 659: 'A reference is reasonably pertinent if, even though it may be in a different field from that of the inventor's endeavor, it is one which, because of the matter with which it deals, logically would have commended itself to an inventor's attention in considering his problem. '

[53] *Id.* at 1380 (quoting *KSR*, 127 S. Ct. at 1742).

[54] *Id.* at 1378.

的折叠机构没有任何地方需要特别地集中在踏车上，其一般性地解决支撑这种机构的重量并提供稳定的静止位置的问题"。⑤ 由此，当考虑折叠机构和气簧限定时，*Icon* 申请的类似技术可以来自描述铰链、弹簧、闭锁、配重或者其他类似机构的任何领域——例如 Teague 中的折叠床。⑤ 总之，联邦巡回上诉法院在 Icon 中继续并且一致地采用类似技术测试表明作为处理第一个 *Graham* 因素的类似技术测试并没有被 *KSR* 改变。

四、现有技术与诉争权利要求之间的差异

第二个 *Graham* 因素即现有技术与诉争权利要求之间的差异可争辩的是 §103 下的中心问题。一旦确定了可用现有技术的范畴（见上述讨论）以及本领域普通技术人员的水平（见下述讨论），真正的问题是本领域技术人员如何处理现有技术以及所要求保护的发明与现有技术之间的差异是否足以使得权利要求非显而易见。但是，现有技术和发明之间的差异必须要达到怎样的水平？该因素是否会被以某些方式瓦解成什么是 §103 下的"显而易见"的整个概念，而没有提供任何附加的指导？联邦巡回上诉法院解释了"细微"差异和"能够通过简单的变化得到的"那些是不够的⑤，但是该问题是依赖于特定的环境和技术来决定的。但是，更广泛地说，在处理该问题时，联邦巡回上诉法院（以及之前的 CCPA）已经利用了其他的基准（包括 TSM 测试）来判定本领域技术人员是否合理地期待、成功地结合现有技术文献以及现有技术文献的教导是否与所要求保护的发明背道而驰。

在 *KSR* 案中，最高法院简单地解释了"权利要求的客观范围是什么"。⑤ 该陈述如何帮助具体地分析特定专利申请或者授权专利的给定权利要求与现有技术相比是否真的显而易见？除了其他因素以外，根据诉争权利要求的复杂性、涉及文献的数量和类型以及发明技术领域的可接近性，知道其含义可能会变得非常困难。幸运的是，最高法院预示了其对该困境的理解，并提供了如下的指导：

与本案相比，在其他案件中遵循这些原则可能会更加困难，因

---

⑤ *Id.* at 1380.

⑤ *Id.*

⑤ *Miles Labs.*，*Inc. v. Shandon*，*Inc.*，997 F. 2d 870，878（Fed. Cir. 1993）.

⑤ *KSR*，127 S. Ct. at 1742.

为所要求保护的主题可能比用另一个元件简单地替换一个已知元件或者仅将一个已知技术应用于一份准备好改变的现有技术上复杂。通常，法院有必要考虑多个专利的相互教导、设计群体已知的或者市场中存在的要求效果，以及本领域普通技术人员所拥有的背景知识，这些都是为了判定是否有明显的理由以诉争专利要求的方式来结合这些已知元素。为了辅助这种审查，这种分析应当更加明确。[59]

该陈述事实上确实提供了一些澄清，并且对判定是否存在"明显的理由来结合"已知元件的需求（至少"通常"）的讨论表明，至少在涉及更加复杂组合专利的地方，非刚性的 TSM 测试仍然至关重要。

被 *KSR* 调节的 TSM 测试持续的有效性反映在联邦巡回上诉法院在 *KSR* 案之后的一些决定中。在 *Aventis Pharma Deutschland GmbH v. Lupin, Ltd.* 案（以下简称"*Aventis* 案"）[60] 中，诉争专利请求保护雷米普利（用于治疗高血压的一种药用化合物）的 5（S）立体异构物，其通式"基本上没有其他异构体"。[61] 如果一种化合物与另一种化合物包含相同的原子但是排列不同，其称为另一种化合物的异构体。立体异构物之间的差别不在于原子是否结合在一起，而是在于它们的三维构造。不用深入探究化学科学[62]，分子的每个"立构中心"是指其他原子可以以两种不同的三维构造（可以被标为"R"和"S"）连接在其周围的原子。因为雷米普利具有五个这样的立构中心，其具有 2^5 即 32 个立体异构物。[63] 如所要求的，每个立构中心都处于"S"构造，或者换言之是雷米普利的"SSSSS"或"5（S）"立体异构物，如上所述。[64] 雷米普利的现有技术包括恩那普

---

[59] *Id.* at 1741 – 2（internal citation omitted）.

[60] *Aventis Pharma Deutschland GmbH v. Lupin，Ltd.*，499 F. 3d 1293（Fed. Cir. 2007）.

[61] U. S. Patent No. 5，061，722（filed Jan. 12，1989）.

[62] For additional discussion of the similarities between the prior art and the claimed invention, including a discussion of the configuration of 'bridgehead' carbons, the chemically inclined reader is referred to the Federal Circuit's opinion, which provides a thorough and accessible explanation.

[63] *Aventis*，499 F. 3d at 1295.

[64] *Id.*

利，一种仅具有三个立构中心的紧密相关的化合物⑥。已知恩那普利的 SSS 立体异构物比 SSR 立体异构物有效 700 倍以上。⑥ 此外，没有任何的放弃、禁止或者隐藏，现有技术中已知一种 5（S）雷米普利与其 SSSSR 立体异构物的混合物。⑥ 地区法院认为创造出这种混合物的科学家认识到混合物中存在的立体异构物，但是没有试图或者想到纯化 5（S）立体异构物。⑥

因此，*Aventis* 案中出现的主要的⑥§103 问题是在诉争专利的优先权日时，鉴于非常相同（尽管不是以基本纯化的方式）的化合物的现有技术教导并结合一般来说 S 立体异构物更加有效（如紧密相关的化合物的 S 和 R 立体异构物之间一样）的现有技术教导，"基本没有其他异构体"的雷米普利的 5（S）立体异构物的权利要求对本领域普通技术人员而言是否显而易见。地区法院在关于有效性的法官审讯之后认为权利要求既未被预期又不显而易见，因为本领域普通技术人员没有理由有动机分离基本没有其他异构体的 5（S）构造的雷米普利。⑦ 但是，地区法院承认其非常"勉强地"作出该决定，并且"如果标准是优势证据而非清楚可信证据，法院可能会在该案中支持 Lupin"。⑦

联邦巡回上诉法院推翻了地区法院对非显而易见性的判决。注意到

---

⑥ Enalapril and ramipril are both angiotensin – converting enzyme (ACE) inhibitors, a family of compounds that inhibit a biochemical pathway responsible for constriction of blood vessels. Hence their use in treating high blood pressure. ACE inhibitors were first derived in the 1960s from the venom of the Brazilian viper. The active ingredient in the venom, BPP5a, has six stereocenters, and is in the 6 (S) configuration. *Id.* at 1296. Unlike BPP5a, which occurs naturally, enalapril, ramipril, and other similar compounds are synthetic.

⑥ *Aventis*, 499 F. 3d at 1297.

⑥ *Id.* at 1297 – 8.

⑥ *Id.*

⑥ Actually there were technically four claims at issue on appeal, but the Federal Circuit, like the district court before it, considered all of the claims at issue to 'rise or fall' with claim 1, the only independent claim at issue, as the added limitations in the dependent claims were well known in the art. *Aventis*, 499 F. 3d at 1303 (quoting *Aventis Pharma Deutschland GmbH v. King Pharms.*, *Inc.*, No. 2: 05 – CV – 421, slip op. at 17 (E. D. Va. July 17, 2006) (*Aventis* Invalidity Opinion)). While obviousness is a claim – by – claim evaluation, in this case neither party contested the district court's central focus on claim 1 in the obviousness analysis.

⑦ *Aventis*, 499 F. 3d at 1299 (quoting *Aventis* Invalidity Opinion at 75).

⑦ *Id.* (quoting *Aventis* Invalidity Opinion at 1 – 2) (ellipsis in original).

地区法院是在最高法院的 *KSR* 意见公开之前作出其决定，联邦巡回上诉法院认为地区法院正是应用了 *KSR* 所批判的刚性 TSM 测试。⑰ 对于理解联邦巡回上诉法院在该案中解释 *KSR* 具有一些重要性的或许是其选择从 *KSR* 中引用作为其讨论一部分的段落（该段落引自联邦巡回上诉法院自己的一个案件）：仍然有必要用"一些理性的理论基础来显示一些清晰的论证，以支撑显而易见性的法律结论"，但是这样的论证不需要寻求指向诉争权利要求的特定主题的精确教导。⑱ 在化学技术领域内，结构类似性结合一些现有技术的动机已经在很长时间里被联邦巡回上诉法院认为建立了显而易见性的初步证据。⑲ 再次附和 *KSR*，联邦巡回上诉法院解释到这种动机在现有技术中不需要是明确的，"在整体考虑现有技术的情况下，显示出所要求保护的化合物和现有技术具有足够紧密的联系以产生新化合物将与旧化合物具有类似性质的期待就足够了"。⑳ 同时，法院指出，纯化的化合物相对于包含该化合物的混合物并不必然毫无争论地显而易见，例如化合物的存在在混合物中未知的情况，或者纯化步骤本身相对于现有技术就代表可专利的进步的情况。㉑ 另一方面：

> 如果已经知道混合物的一些要求的性质完全或者部分来自其特定的一种成分，或者如果现有技术使得本领域普通技术人员有理由相信是这样，即便没有该成分应当被浓缩或者纯化的明确教导，纯化的该成分相对于该混合物明显是显而易见的。通常，人们会期待一种浓缩或者纯化的成分保持其在混合物中显现的相同特性，并且当该成分被浓缩或纯化时这些特性会被放大；分离感兴趣的成分是化学家工作的一个重要部分。如果已经知道如何进行这样的分离，这样做很可能不是创新的结果而是日常技巧和常识的结果。㉒

联邦巡回上诉法院认为诉争权利要求落入后者。首先是因为雷米普

---

⑰　*Aventis*, 499 F. 3d at 1300–01.

⑱　*Id.* at 1301（quoting *KSR*, 127 S. Ct. at 1741（quoting *Kahn*, 441 F. 3d at 988））.

⑲　*Aventis*, 499 F. 3d at 1301.

⑳　*Id.*（quoting *In re Dillon*, 919 F. 2d 688, 692（Fed. Cir. 1990）（en banc））（ellipsis in original）.

㉑　*Id.*

㉒　*Id.*（quoting *KSR*, 127 S. Ct. at 1742）（other internal citations omitted）.

利和恩那普利以及同族中其他现有化合物之间的结构相似性，以及这些化合物的所有立构中心处于 S 构造的立体异构物比一些立构中心处于 R 构造的立体异构物更有效的已知趋势，本领域普通技术人员应当能够预期 5（S）雷米普利类似地比 SSSSR 形式更有效。[78] 此外，没有证据表明将 5（S）雷米普利与 SSSSR 形式分离需要本领域普通技能以外的技艺。[79] *Aventis* 试图通过论证 5（S）雷米普利相对于下一个最有效 RRSSS 立体异构物增加的有效性构成未意料到的结果，因为 5（S）雷米普利的有效性是 RRSSS 立体异构物的 18 倍，来反驳该明显的显而易见性。[80] 但是法院指出合适的对比应当在纯（或者基本上纯）的 5（S）雷米普利和现有技术中已知的 5（S）和 SSSSR 雷米普利的混合物之间进行，因为该混合物形成了明显显而易见性的基础。[81] 通过采用正确的对比，法院最终认为与包含其他惰性或者近惰性立体异构物的混合物相比，纯 5（S）立体异构物的有效性正是人们所期待的那样，因此所主张的权利要求因显而易见而无效。[82]

在非判例性意见的 *Omegaflex Inc. v. Parker - Hannifin Corp.* 案（以下简称"*Omegaflex* 案"）中，联邦巡回上诉法院实质上用以下来自 KSR 的引用来开始其显而易见性分析：由几个元素组成的专利不能仅通过证明其每个元素都在现有技术中独立地已知而被认为显而易见。[83] 自此，法院开始讨论结合的动机。*Omegaflex* 案中的诉争专利涉及与波纹不锈钢管（CSST）一起使用的管配件。CSST 通常用于输送天然气，因此无泄漏设计是至关重要的。[84] 因为无泄漏密封需要管道的适当对齐，诉争专利通过使用一个定位套管作为管道引导件来确保对齐（即便在诸如低质量管道或者紧凑空间之类的问题使得适当对齐困难的情况下）实现了这个任务。[85] 该案件在地区法院授予专利权人关于有效性和侵权的动议之后被上

---

[78] *Aventis*, 499 F. 3d at 1302.

[79] *Id.*

[80] *Id.*

[81] *Id.*

[82] *Id.*

[83] *Omegaflex Inc. v. Parker - Hannifin Corp.*, 2007 WL 1733228, at ＊2（Fed. Cir. June 18, 2007）（unpublished opinion）（quoting *KSR*, 127 S. Ct. at 1741）.

[84] *Omegaflex*, 2007 WL 1733228, at ＊1.

[85] *Id.*

诉到联邦巡回上诉法院，并且只有关于有效性的决定被上诉，上诉人认为该专利相对于现有技术显而易见。[86] 现有技术包括毫无疑问地公开了除定位套管之外的每个要求保护的元件的 Sweeny 专利和被称为 Parker Compression Fitting（PCF）的产品。PCF 没有与一体的定位套管一起出售，但是如果需要辅助对齐的话其可以与定位套管配合。PCF 没有与 CCST 一起使用，而是与其他类型的金属管道一起使用。[87]

联邦巡回上诉法院认为对于创造性存在重要事实的真实问题，导致即时判决不合适。[88] 对于结合的动机，法院从 *KSR* 引用了第二段。代替寻找结合的明确动机，法院还必须"考虑多个专利的相互教导、设计群体已知或者市场存在的需求效应以及本领域普通技术人员拥有的背景知识"。[89] 在这种情况下，被指控侵权者已经提供了一个专家证人，其认为本领域技术人员应当能够认识到适当对齐的重要性，并能够想到向Sweeny专利增加一个定位套管。[90] 但是，地区法院没有给予该证人证言证据效力，这在即时判决问题中是个错误。[91] 地区法院类似地忽视了关于合理成功预期的证人证言。由于同样的理由，这也是错误的。[92] 此外，地区法院对现有技术教导采用的方法过窄，集中于需要解决的问题，从而没有能够考虑本领域普通技术人员的能力。[93] 联邦巡回上诉法院进一步发现对于非显而易见性的第二个方面存在可审判的问题。[94] 因此，法院推翻了判决并将案件发回重审，并且撤销了地区法院授予的永久禁令。[95]

Omegaflex 案尽管是非判例性的，其也在 *KSR* 案之后对非显而易见性提供了一个重要的程序指导：许多 §103 问题（包括并且可能特别是现有技术和诉争权利要求之间的差异）可能很难在即时判决（至少在支持专利权人的即时判决）中解决。尽管联邦巡回上诉法院坚持 TSM 测试，

---

[86] *Id.* at *2.

[87] *Id.* at *1.

[88] *Id.* at *4.

[89] *Id.* at *2（quoting *KSR*, 127 S. Ct. at 1740 – 41）.

[90] *Id.* at *2.

[91] *Id.* at *3.

[92] *Id.*

[93] *Id.*

[94] *Id.* at *4.

[95] *Id.*

Omegaflex 案中显而易见性的辅助审查的高度依赖于特定事实的本质，即 *Graham* 因素以及来源于它们的测试，可能需要在多个案件中在审理过程中进行发展。在其他情形下，即时判决可能合适。在 *KSR* 案中，最高法院拒绝了联邦巡回上诉法院推翻地区法院对显而易见性的即时判决的另一个基础，即针对需要审理的§103存在关于重要事实的真实问题。⑯ 作为替代，最高法院提醒联邦巡回上诉法院，尽管可以考虑可能提出事实问题的专家证言，显而易见性最终还是一个法律问题，因为如同这里一样，在现有技术的内容、本权利要求的范围以及本领域普通技术人员的水平不存在实质性分歧的情况下，权利要求的显而易见性在考虑这些因素的情况下是很明显的，即时判决是合适的。⑰ 这样的结论在具有更复杂技术的案件中可能会显得不"那么显而易见"。总之，*KSR* 案之后地区法院对§103下有效性或者无效性的即时判决将会增多还是减少、任何改变将会有利于专利权人还是有利于被控侵权人，以及联邦巡回上诉法院将会如何答复，所有这些问题可能在审理法院水平对 *KSR* 案的程序性结果（或者其缺乏）提供有意义的洞察。在目前较早的时期，*KSR* 案后还未过去足够长的时间以使得有意义的趋势出现或者使任何完全处于 *KSR* 案之后的案件以它们的方式走完法院程序。

　　将 *Aventis* 案和 *Omegaflex* 案两个技术上不能再不同的案件放在一起，它们表明关于现有技术和诉争权利要求之间必要的差异，联邦巡回上诉法院正在各种技术领域上一致地应用 *KSR* 案和其自己之前的法律原理。与最高法院一样，联邦巡回上诉法院看起来正在对可能相关类型的证据采取广泛的方法，来在诉讼中反驳授权专利的有效性推定。

五、相关技术领域内普通技术人员的水平

　　在 *Daiichi Sankyo Co. v. Apotex*，*Inc.* 案⑱——联邦巡回上诉法院的另一个后 *KSR* 案显而易见性意见中，设定本领域普通技术人员的水平基本上决定了§103问题的结果。在另一个药物案件中，诉争专利 Daiichi Sankyo 要求保护一种用于治疗耳病的方法，其包括以一种医药可接受的载体向感染有耳病的区域局部近耳施加一定量的能有效治疗耳病的氧氟

---

⑯　*KSR*，127 S. Ct. at 1745.

⑰　*Id.* at 1745 – 6.

⑱　*Daiichi Sankyo Co. v. Apotex*，*Inc.*，501 F. 3d 1254（Fed. Cir. 2007）.

沙星或其盐。[99] 换言之，该专利请求保护一种用于通过向耳朵中施加氧氟沙星（一种抗生素）来治疗细菌性耳朵的方法。[100] 基于其将短语"能有效治疗"解释为"有效并且安全的"，在法官审理之后，地区法院认为诉争专利（'741 专利）无效。[101] 地区法院判定 '741 专利领域内的普通技术人员是具有治疗耳朵感染经验以及药理学（通过其医疗培训）和抗生素使用知识的医生，例如一般执业者或者儿科医师，应当是在治疗耳朵感染一线的一些人。[102] 相反，*Apotex* 的争论认为 '741 专利领域内的普通技术人员应当远具有更加具体的专门知识，即"从事开发新药、配方以及治疗方法的人，或者耳朵治疗方面的专家，例如耳科医生、耳鼻喉科医生或者还在药物配方方面有过培训的耳鼻喉学家"。[103] 在本案中，对本领域技术人员的普通水平的争论对显而易见性问题的判决至关重要，因为技术水平越高（或者至少更加专业化）则意味着普通技术人员会比具有较少技能的人将更多的东西认为是显而易见的。

为了判定本领域普通技术人员的水平，联邦巡回上诉法院提供了 6个因素的列表，它们长期以来被认为是有帮助的但没有穷尽：（1）发明人的教育水平；（2）技术领域中遇到的问题的类型；（3）对这些问题的现有技术解决方案；（4）作出创新的快速程度；（5）技术的复杂性；和（6）领域内活跃工作者的教育水平。[104] 法院然后将 '741 专利的技术领域描述为"创造一种化合物来治疗耳朵感染而不损害患者的听力"，并且认为发明人与该领域内工作的其他人一样，是药物和耳朵治疗的专家，而非一般执业者或者儿科医师。[105] 此外，现有技术中的问题，即作为许多用于治疗耳朵感染的抗生素，其存在对耳朵损害的副作用的风险，使得有必要进行动物测试来确定氧氟沙星是否具有同样的缺陷。这样的动物测

---

[99] *Id.* at 1255 – 6（quoting U. S. Patent No. 5，401，741（filed Apr. 12，1993））.

[100] *Id.* at 1255.

[101] *Id.* at 1256.

[102] *Id.*（quoting *Daiichi Pharm. Co. v. Apotex，Inc.*，380 F. Supp. 2d 478，485（D. N. J. 2005））.

[103] *Id.*

[104] *Daiichi Sankyo*，501 F. 3d at 1256（quoting *Envtl. Designs，Ltd. v. Union Oil Co.*，713 F. 2d 693，696（Fed. Cir. 1983））.

[105] *Daiichi Sankyo*，501 F. 3d at 1257.

试将会在普通的儿科医生或者家庭医生的经验范围之外。[106] 此外，尽管儿科医生或者家庭医生可能会开出氧氟沙星用于治疗耳朵感染，但是他们在缺乏附加培训的情况下没有开发所要求化合物必需的专业知识或者专门技术。[107] 由此，联邦巡回上诉法院认为地区法院错误地估计了相关领域普通技术人员的水平，并且指出适当的技术水平是事开发用于耳朵的药物配方和治疗方法的人或者耳朵治疗方面的专家（例如耳科医生、耳鼻喉科医生或者还在药物配方方面有过培训的耳鼻喉学家）的水平，[108] 这几乎完全采用了 Apotex 主张的标准。

根据所建立的相关领域内普通技术人员的水平，联邦巡回上诉法院然后回到现有技术（集中于单篇文献）Ganz 文献的教导。Ganz 文献教导了以耳朵滴剂使用环丙沙星来成功治疗中耳感染而不损害耳朵，但是也注意到施加环丙沙星仅在困难的情况下合适，并且甚至应当仅由耳科医生来施加。[109] 因为环丙沙星与氧氟沙星属于同族化合物（两者都是促旋酶抑制剂），Apotex 的专家证言认为已知 Ganz 文献，氧氟沙星也应当能够有效地安全治疗耳朵感染。[110] 但是地区法院未理会 Ganz 文献，因为地区法院认为耳科专家超出了本领域普通技术人员的范围。[111] 因为联邦巡回上诉法院认为更高的技术水平才合适，并且确实包括耳科专家，因此联邦巡回上诉法院将 Ganz 文献考虑在相关现有技术的范围内，从而导致联邦巡回上诉法院认为 Ganz 文献使得以要求的方式使用氧氟沙星治疗耳朵感染在发明时对本领域普通技术人员是显而易见的（或者更具体，认为没有一个合理的陪审团会认为 '741 专利相对于 Ganz 文献是非显而易见的）。[112]

尽管诉讼双方通常并不争论本领域普通技术人员的水平，但是该 *Graham* 因素在对任何给定发明确定相关现有技术的范围大小时起到了非常重要的背景作用。如 Daiichi Sankyo 所证明的，该因素有时对于显而易见

---

[106] *Id.*

[107] *Id.*

[108] *Id.*

[109] *Id.* at 1258.

[110] *Id.*

[111] *Id.*

[112] *Id.* at 1258 – 9.

性问题是决定性的，至少在问题现有技术与所要求发明非常接近的情况下。

至于 *KSR* 案之后联邦巡回上诉法院如何看待本领域普通技术人员的水平的变化，看起来并没有什么变化，特别是因为联邦巡回上诉法院在 *Daiichi Sankyo* 案中明显没有感觉到被迫引用 *KSR*。因为 *KSR* 集中在 TSM 测试以及如何考虑文献的问题上，而不是设定普通技术本身的水平，或许这本来就不应当令人惊讶。确实，联邦巡回上诉法院在 *Daiichi Sankyo* 中采用了与在 *Dystar* 中非常类似的方法来处理普通技术人员的技术水平，*Dystar* 是联邦巡回上诉法院在最高法院决定审查 *KSR* 之后但是在案件被决定之前作出的决定之一。在 *Dystar* 中，专利请求保护一种用靛蓝来染织物的方法[113]，双方的争论在于本领域普通技术人员应当是具有高中教育并且没有化学知识的其工作涉及印染机操作的染工，还是设计印染工艺、进行必要的计算来实现所需结果的人。[114] 联邦巡回上诉法院基于本专利试图解决的问题的复杂本质认为，实质性证据不支持陪审团采用的本领域普通技术人员的水平仅是染工的水平的结论：

> 设计最佳的印染工艺需要例如化学和系统工程的知识，并且无论如何不能由仅具有高中教育的技能限于"翻动开关"的人来进行。当考虑到仅在上个世纪靛蓝还原化学的改进使得能够将靛蓝还原步骤从染坊改为从化学加工厂外购时，尤其是这样；在该简化过程之前，毫无疑问染工也需要靛蓝还原的知识。因为对于该专利，由实质性证据支持的唯一结论是普通技术人员不是染工而是设计最佳印染工艺的人，陪审团暗示的仅染工的结论不能承受 JMOL 上的详细审查。[115]

由此，联邦巡回上诉法院认为陪审团不考虑一些现有技术文献是不恰当的，因为相关领域的普通技术人员即印染工艺设计者确实会考虑这些文献。[116] 最终，在考虑包括柔性版本的 TSM 测试在内的所有 *Graham* 因素之后，联邦巡回上诉法院的结论是诉争的所有四个权利要求都因显而

---

[113]　*DyStar*, 464 F. 3d at 1356.

[114]　*Id.* at 1362.

[115]　*Id.* at 1362 – 3.

[116]　*Id.* at 1363.

易见而无效。⑰

尽管不直接切中本领域普通技术人员的水平的确定，至少因为其涉及技术技能，此时在讨论中值得提及 KSR 确实提到了关于普通技术人员的创新性的一些内容。再次，这回到了最高法院强调的 TSM 测试的明显的非刚性方法和显而易见性整体。KSR 中写道"普通技术人员也是具有普通创新性的人，而不是机器人"。⑱ 因此，在之前的案件在过于刚性应用 TSM 测试过程中未充分考虑这种创新性的程度上，或许 KSR 至少间接地最终影响了第三个 Graham 因素，因为可以推定一个更具创新性的人更可能看到现有技术文献之间的联系，而同等技术能力的较低悟性的人可能认为无关或者模糊。

六、附加考虑因素

也已知作为非显而易见性的客观指示，类似于 Graham 中特别指出的那些附加考虑因素即便在其他 Graham 因素表明显而易见性的时候可能不利于显而易见性的判定。在审查过程中，申请人可以提供附加考虑因素来反驳审查员对显而易见性的初步判定。在诉讼中，附加考虑因素可以对抗被控侵权人废除专利的企图，帮助专利权人保卫所主张专利的有效性推定。特别地，最高法院在 Graham 中列举的附加考虑因素不是穷尽性的，联邦巡回上诉法院和地区法院通常也在相关情况下考虑其他因素。一个地区法院将附加考虑因素的以下列表放在一起，前三个来自 Graham：

（1）发明技术领域内长期需要但未解决的问题；

（2）他人实现本发明结果时的失败；

（3）发明的商业成功；

（4）本领域内其他人对发明的拷贝；

（5）发明是否与现有技术的常理相悖；

（6）本领域技术人员在知道该发明后表达的不相信和怀疑；

（7）未曾预料到的结果；

（8）本领域技术人员对发明的褒奖；和

---

⑰　*Id.* at 1372.

⑱　*KSR*, 127 S. Ct. at 1742.

（9）其他人的独立发明。[19]

在 *KSR* 中，在考虑三个 *Graham* 因素之后，最高法院的结论是专利权人 Teleflex 未显示附加因素来否定权利要求 4 显而易见的判定。[20] 因为在 *KSR* 中附加因素并不是真正的问题，根据推定，在 *KSR* 之后对附加因素的考虑保持不变。由此，在 *KSR* 案弱化 TSM 测试并使得对于专利审查员（在审查过程中）和被控侵权人（在诉讼中）整体上更容易建立显而易见性的初步判定的范围内，与 *KSR* 案之前相比附加因素相对更加重要，因为专利申请人或者专利权人将需要在缺乏被 *KSR* 排除（例如集中在发明人努力解决的问题上来缩窄现有技术；结合的明确动机）或者削弱（例如显而易见去尝试；克服"事后诸葛亮"偏见的警戒等）的论证的情况下更多地依赖于附加因素。

在 *KSR* 案之前的 *Eli Lilly & Co. v. Zenith Goldline Pharmaceuticals，Inc.* 案（以下简称"*Eli Lilly* 案"）[21] 案件中，联邦巡回上诉法院肯定了地区法院的判决，地区法院在进行法官审判后认为诉争专利有效并且被侵犯。*Eli Lilly* 案中的专利要求保护化合物奥氮平及其在治疗精神分裂症上的用途。[22] 尽管联邦巡回上诉法院的结论是未能证明显而易见性的初步结论，法院还是表示专利权人 Eli Lilly 提供的附加考虑因素已经建立了长期需要但未解决的问题、其他人实现技术方案的失利、产业赞扬以及未曾预料到的效果，因为应当能够战胜显而易见性的初步结论[23]：

> 记录显示了长期以来需要一种更安全、毒性更小并且更加有效的类似可致律锭的药物；寻找可致律碇替代品的数十年（或更长）的失败；奥氮平合理数量的商业成功；以及作为产业赞扬指示的对奥氮平的大量奖励……审理法院还讨论了最近的相似体化合物 222 和奥氮平之间未曾预料到的差异，其大部分集中在奥氮平未升高狗体内的胆固醇水平；以及一些人体试验与升高 CPK 的其他类似药物的

---

[19]　*Rhenalu v. Alcoa，Inc.*，224　F. Supp. 2d 773，800（D. Del. 2002）（citing *Graham*，383 U. S. at 17 - 19；*Ruiz v. A. B. Chance Co.*，234 F. 3d 654，667 - 8（Fed. Cir. 2000））.

[20]　*KSR*，127 S. Ct. at 1745.

[21]　*Eli Lilly & Co. v. Zenith Goldline Pharms.，Inc.*，471 F. 3d 1369（Fed. Cir. 2006）.

[22]　*Id.* at 1373.

[23]　*Id.* at 1380（'Furthermore，Lilly overcame any prima facie case of obviousness.'）.

对比。⑫

在 *KSR* 案之后，在肯定地区法院在 *Takeda Chemical Industries, Ltd. v. Alphaharm Pty. Ltd.* 案（以下简称 "*Takeda* 案"）中法官的非显而易见性判决时，联邦巡回上诉法院类似地不需要延伸到附加考虑因素是否反驳了显而易见性的初步判定，因为被控侵权人未能证明其显而易见性。⑫ 但是，在 *Takeda* 案中，与 *Eli Lilly* 案不同，联邦巡回上诉法院没有讨论地区法院所依赖的附加考虑因素的证据。

七、不再显而易见的内容是否显而易见

响应于 *KSR*，美国专利商标局在 2007 年 10 月 10 日发布了判定显而易见性的审查指南。⑫ 该指南并未被发布作为实质性规则制定过程的一部分，因此不具有法律效力。⑫ 尽管如此，专利审查员将遵循该指南，并且在该指南与专利审查手册（MPEP）不一致的地方，以该指南为准，因此使得该指南异常重要。⑫ 除了一般性地讨论 *KSR* 并回顾 *Graham* 因素以外，该指南列出了审查员用以支持 §103 显而易见性驳回的理由：

A. 根据已知方法结合现有技术元素以产生可预测的结果；

B. 用一个已知元素来代替另一个已知元素以获得可预测的结果；

C. 以同样的方式使用已知技术来改进类似装置（方法或产品）；

D. 将已知技术应用到做好改进准备的已知装置（方法或产品）上以产生可预测的结果；

E. "显而易见去尝试"——从有限数量的明确的可预测的方案中进行选择，并具有合理的成功期待；

F. 一个努力领域内的已知工作可以基于设计动机或者其他市场力激发其变型，用于用在相同或者不同领域中，如果该变型对本领域普通技术人员是可预测的；

---

⑫　*Id.* 'CPK' is short for creatine phosphokinase, a muscle enzyme, the unwanted increased production of which was a side effect associated with related prior art compounds. *Id.* at 1375.

⑫　*Takeda Chem. Indus.*, *Ltd. v. Alphapharm Pty. Ltd.*, 492 F. 3d 1350, 1363 (Fed. Cir. 2007).

⑫　Examination Guidelines for Determining Obviousness Under 35 U. S. C. 103 in View of the Supreme Court Decision in *KSR International Co. v. Teleflex Inc.*, 72 Fed. Reg. 57, 526 (Oct. 10, 2007).

⑫　*Id.* at 57, 526.

⑫　*Id.*

G. 现有技术中会引导普通技术人员修改现有技术文献教导来实现所要求发明的一些教导、启示或动机。[129]

该指南为看似大量的断定专利申请或专利显而易见的方式提供了一个很好的总结，但是专利申请人如何建立他们请求的发明是非显而易见的？类似地，专利权人在诉讼中如何反驳显而易见性的初步结论？该指南提到，申请人可以通过抗辩，即通过提交证据来挑战支撑审查员显而易见性结论的事实认定，来答复§103驳回。[130] 申请人还可以尝试通过非显而易见性的附加因素/客观指标（如上所述）的证据来反驳审查员。[131]

所有这些到底意味着什么？第一眼看上去，*KSR* 案看起来对专利权人非常严厉。因为结合的动机可以是暗示的或者从常识中得出，TSM 测试不再是避难之所。在过去期待更加明确动机的范围内，这种方式至少代表了避免"事后诸葛亮"偏见的更可靠的手段。只要可预测方案的数量较少，"显而易见去尝试"现在成为认定权利要求显而易见的真实理由，而非对显而易见性结论的不充分基础的批判。现有技术已经不再受专利权人试图去解决的特定问题的束缚，使得专利申请人和专利权人更容易受到较宽范围现有技术的攻击。最后，尽管专利权人在诉讼中对被授权专利仍然应当得到有效性推定，在诉争文献在审查过程中未呈现到审查员面前的情况下，最高法院在 *KSR* 案中对这种特权进行了怀疑，并提示（尚未决定该问题）支撑有效性推定的理论在这种情况下被破坏。[132]

另一方面，也存在 *KSR* 案对专利权人并非不利的方面。最高法院没有完全拒绝 TSM 测试，并且如上所述，联邦巡回上诉法院像在 *KSR* 案之前一样继续以基本相同的方式采用 TSM 测试，例如在 *Dystar* 案中。在 *KSR* 案之后，联邦巡回上诉法院将最高法院的意见刻画为：最高法院认可了在显而易见性判定中找出"激发相关领域普通技术人员以要求的新

---

[129]　*Id.* at 57, 529.

[130]　*Id.* at 27, 534.

[131]　*Id.*

[132]　*See KSR*, 127 S. Ct. at 1745 ('We nevertheless think it appropriate to note that the rationale underlying the presumption – that the PTO, in its expertise, has approved the claim – seems much diminished here. ').

发明的方式来结合元件的原因"的重要性。⑬ 找出"激发"结合现有技术的原因明显是同样的旧 TSM 测试，虽然没有 *KSR* 案之前地区法院和联邦巡回上诉法院在一些时候错误地采取的刚性方法。专利权人还应当记住审查员需要考虑附加考虑因素的证据⑭，这在诉讼中也是 §103 分析的必需部分。此外，审查员和法院不能依赖于一般化的显而易见性结论；在 *KSR* 案中，"该分析必须明确作出"。⑮ 随着专利权人和专利申请人变得越来越适应 *KSR* 案，并且随着法院和专利局发布更多的指南，该系统看起来很可能自我平衡。

　　此外，尽管本章中讨论的许多案件最终认定诉争权利要求显而易见并因此无效，显而易见性的判决在后 *KSR* 时代并不是注定的。如上对于附加考虑因素的简要讨论，联邦巡回上诉法院在 *KSR* 之后决定的 *Takeda* 案就是一个法院肯定了地区法院非显而易见性判决的案件。在 *Takeda* 案中，诉争专利涉及匹格列酮，其属于用于治疗 II 型糖尿病的称为噻唑烷二酮类（TZDs）的化合物族。⑯ *Alphapharm* 的显而易见性论证依赖于单个现有技术化合物——化合物 b——其与匹格列酮的区别在于化合物 b 在碳环上的 6 - 位置具有甲基取代基，而匹格列酮在 5 - 位置具有乙基取代基。⑬ 联邦巡回上诉法院同意地区法院的判决，驳回了 *Alphapharm* 的本领域普通技术人员会选择化合物 b 作为先导化合物（其是亿万类似现有技术化合物之一）的主张，因为没有任何迹象表明化合物 b 将会是用于进一步开发抗糖尿病药的良好对象。⑬ 此外，尽管一份现有技术文献将化合物 b 描述为"非常重要"，另一份文献则教导不要使用化合物 b 因为其使用与体重增加相关，使得化合物 b 不适于长期治疗与肥胖症相关的慢性症状，例如 II 型糖尿病。⑲ 联邦巡回上诉法院还明确地拒绝了在 *KSR* 标准下这属于"显而易见去尝试"：

---

　　⑬　*Takeda*, 492 F. 3d at 1356 - 7（quoting *KSR*, 127 S. Ct. at 1731）.

　　⑭　72 Fed. Regs. 57, 526, 57, 527（'Objective evidence relevant to the issue of obviousness must be evaluated by Office personnel.'（citing *Graham*, 383 U. S. at 17 - 18））.

　　⑮　*KSR*, 127 S. Ct. at 1741.

　　⑯　*Takeda*, 492 F. 3d at 1352 - 3.

　　⑰　*Id.* at 1357.

　　⑱　*Id.*

　　⑲　*Id.* at 1358.

现有技术公开了化合物的宽泛选择范围，其中的每个都可以被选作先导化合物用于进一步的研究，但是现有技术没有识别出用于抗糖尿病治疗的可预测方案。值得注意的是，最接近的现有技术化合物（化合物 b——6－甲基）表现出会将本领域普通技术人员指离该化合物的负面特性。由此，本案未能呈现最高法院在表述如果一项发明属于"显而易见去尝试"则可以被认为显而易见时预期的那种情况。证据显示，这不是显而易见的尝试。⑭

因此，正如联邦巡回上诉法院在 *Takeda* 案中注意到的，化合物的显而易见性初步结论的测试与 *KSR* 案中阐释的法律原则一致。⑭ *Alphapharm* 对单个现有技术文献的依赖不能建立这样的案件，并且法院的结论认为化合物 b 未使得主张的权利要求显而易见。因此，尽管"显而易见去尝试"可以在具有有限量方案的一些案件中作为显而易见性的基础，联邦巡回上诉法院已经清楚地表示该理由不是被控侵权人容易地无效专利的万能方法。相反，看起来基本上 §103 分析保持与 *KSR* 案之前基本一样，当然有一些细微的变化。

八、特定技术的考虑

KSR 案在一些方面是事实上异常的一个案件，因为所涉及的技术是相对简单的装置，大部分是本质上是机械方面的。认为 *KSR* 案根本上改变了 §103 的法理，特别是在一些复杂的更不可预测的案件中，很可能是错误的，事实上联邦巡回上诉法院也已经指出。例如，在 *Takeda* 案中讨论 *KSR* 案之后（如上所述），联邦巡回上诉法院在化学领域处理 §103 问题时，对 *KSR* 之间和 *KSR* 之后的连续性谈到：在涉及新化学化合物的案件中，仍然需要找到一些引导化学工作者以特定方式修改已知化合物的理由，以建立新要求化合物的显而易见性的初步结论。⑭ 确实，最高法院自己也承认在设计其他技术或者较复杂组合的情况下，非显而易见性分析可能不会如此简洁明了，如以上在讨论现有技术和诉争权利要求之间的差异时注意到的：

---

⑭　*Id.* at 1359.

⑭　*Id.* at 1356.

⑭　*Takeda*, 492 F. 3d at 1357.

与本案相比，在其他案件中遵循这些原则可能会更加困难，因为所要求保护的主题可能比用另一个元件简单地替换一个已知元件或者仅将一个已知技术应用于一份准备好改变的现有技术上复杂。[44]

该陈述结合联邦巡回上诉法院对§103的技术敏感的方法的保留（如由 *Takeda* 案和其他案件所证实）表明，从任何方面来说所有都未丢失，并且总体来看，在后 *KSR* 案时代对显而易见性的整体方法只有相对较少的改变。

九、结　论

最重要的是，*KSR* 案可以被认为是一个方向修正而不是判定所要求发明相对于现有技术是否显而易见的方向的显著改变。在重新强调 Graham 并认可联邦巡回上诉法院确实以非刚性方式应用 TSM 测试的过程中，最高法院拒绝在法定框架和现有判例法上强加一个新的多因素分析。因此，联邦巡回上诉法院仍然有很大的空间来参考 *KSR* 调整其自己的显而易见性法理，而不偏离 *KSR* 案的灵活性的一般原则。当然，可能需要一段时间来使足够数量的后 *KSR* 案件在法院系统奋力前进，但是与此同时，初步的迹象显示了美国在对待非显而易见性问题上整体的连续的稳定性。

---

[44]　*KSR*, 127 S. Ct. at 1740.

第四部分　专利权行使的问题：专利保护和侵权救济

第十五章 美国、德国、英国和日本专利的保护范围——基于"本领域普通技术人员"概念的分析

作者：竹中俊子（Toshiko Takenaka）

译者：许明亮

一、引 言

对于《欧洲专利公约》第 69 条的解释议定书强调，在依据欧洲专利法确定专利保护范围的时候，要保持有关专利权人利益的公平保护和有关公众利益的法律确定性这两项有冲突的政策之间的平衡。[①] 在美国和日本也有同样的关于确定专利保护范围的规定。[②] 四个重要的专利司法体系：美国、德国、英国、日本，也都有"专利权权利要求决定专利范围"这样的规定。这四个国家虽然都采用了"专利权权利要求决定专利保护范围"这一相同的规定，但是这些国家的法院并不按照字面的含义解释专利权利要求。为了政策上的平衡，法院确定的专利保护范围有可能比权利要求字面的含义更宽或者更窄。

[①] Convention on the Grant of European Patents, October 5, 1973, art. 54, 1065 UNTS 255, 272 [hereinafter European Patent Convention] (entered into force on October 7, 1977), The Protocol on the Interpretation of Article 69 of the Convention, art. 1.

[②] For the US, *see Warner - Jenkinson Co. v. Hilton Davis Chem. Co.*, 520 US 17, 37, 137 L. Ed. 2d 146, 166 (1997); For Japan, see Judgment of Supreme Court of Japan, February 24, 1998, 52 Minshu (No. 1) 113, 1630 Hanrei Jiho 32 (1998). An English translation of the decision by the author is published in Toshiko Takenaka, 'The Supreme Court Affirmed the Presence of the Doctrine of Equivalents Under Japanese Patent System', 5 CASRIP Newsletter (1998) 12, available at < http://www.law.washington.edu/Casrip/Newsletter/Vol5/newsv5i1jp1.html > accessed March 3, 2008.

有弹性的权利要求解释是采用法律上假定的本领域普通技术人员（person having ordinary skill in the art，简称"PHOSITA"）这一概念的结果。这些国家的法院虽然对本领域普通技术人员的定义相似，但是对这一概念的应用方法却有所不同，因此也导致了专利保护范围的不同。

二、美国法中的本领域普通技术人员

（一）可专利性审查中的本领域普通技术人员的定义

在美国，大量的法院判决提到，专利权利要求中的词语应该按照本领域普通技术人员的理解来解释。[③] 本领域普通技术人员的视角使得美国法院能够客观地确定权利要求中词语的含义，因为决定权利要求中的词语的含义，是权利要求解释的开始。[④] 这也使得美国法院能够定义和限制"等同"这一概念。[⑤] 尽管本领域普通技术人员在决定专利保护范围时扮演着如此重要的作用，法院却没有详细地说明谁是本领域普通技术人员，虽然法院经常在确定专利法第103条规定的非显而易见性时定义本领域普通技术人员。[⑥] 在确定权利要求中词语的含义时，法院有时候用单数形式的"一个人"或者"一个"，有时候用复数形式的"人们"或者"那些"来指代本领域普通技术人员。

美国法院认为，专利权利要求是写给本领域普通技术人员看的，这是在开始解释权利要求时使用本领域普通技术人员的理由。[⑦] 但是，如果在确定专利保护范围时的本领域普通技术人员和判断专利法第103条的非显而易见性时的本领域普通技术人员是同样的，那么本领域普通技术人员既不能是虚构的发明人，也不能是真实的发明人，因为1952年专利法修改时用现在的本领域普通技术员条款取代了原来的判断专利法第103条

---

③　E. g. , *Festo Corp. v. Shoketsu Kinzoku Kogyo Kabushiki Co.* , 535 US 722, 123 S. Ct. 70 (2002)；*Phillips v. AWH Corp.* , *reh'g denied*, *reh'g*, *en banc*, *granted*, *vacated*, 376 F. 3d 1382, 71 USPQ2d 1765（Fed. Cir. 2004），Chisum on Patents, 18. 03［2］［b］（1978, Supp. 2005）.

④　*Innova/Pure Water, Inc. v. Safari Water Filtration Sys.* , 381 F. 3d 1111, 1116 (Fed. Cir. 2004).

⑤　*Warner - Jenkinson Co. v. Hilton Davis Chem. Co.* , 520 US 17, 37, 137 L. Ed. 2d 146, 166 (1997).

⑥　Joseph P. Meara, 'Just Who Is The Person Having Ordinary Skill in the Art? Patent Law's Mysterious Personage', 77 Wash. L. Rev. 267（2002）.

⑦　*Phillips v. AWH Corp.* , 415 F. 3d 1303, 75 USPQ. 2d 1321（Fed. Cir. 2005）.

非显而易见性的虚构的发明人标准。⑧ 美国法院在解释专利法第 103 条的时候认为，本领域普通技术人员和真正的发明人是不同的，因为真正的发明人有创造能力，而本领域普通技术人员不具有创造力而只是应用本领域的常识。⑨ 法院经常说一个本领域普通技术人员是一个假想中的被假定知道本发明领域中所有相关的现有技术以及所有和本发明相似的技术的人，而不是一个真实的人。⑩ 所以，对于非显而易见性的判断而言，某个个体（比如说撰写专利的发明人）的知识或者技术是无关的。⑪

虽然美国法院强调在判断非显而易见性的时候，鉴定本领域普通技术人员的技术水平很重要，⑫ 但是它们常常没有做到这一点。在影响深远的 Graham 一案的判决中，⑬ 美国最高法院要求在判断非显而易见性的时候要有一个步骤鉴定本领域普通技术人员的技术水平。然而，当法院按照这一框架作出判决时并没有提到任何有关本领域普通技术人员技术水平的参考资料。如果地方法院不能清楚地说明本领域普通技术人员的技术水平，联邦巡回上诉法院这个对专利案件有专有管辖权的上诉法院也不会因此而改判。虽然联邦巡回上诉法院列出了判定本领域普通技术人员技术水平的五个要素：（1）发明人的教育水平；（2）技术问题；（3）现有技术中对于问题的解决方案；（4）新发明出现的速度；（5）技术的复杂程度；（6）本领域正在工作岗位上的人员的教育水平。⑭ 但是法院并没有给出关于如何使用这些要素的详细指南。⑮ 结果，地方法院常常引用这些要素，但是这要素对于法院解决非显而易见性的问题并没有帮助。⑯

批评的意见说，联邦巡回上诉法院对专利法第 103 条中的本领域普通

---

⑧ *Kimberly - Clark Corp. v. Johnson & Johnson*, 745 F. 2d 1437, 223 USPQ 603 (1984).

⑨ *Standard Oil Co. v. Am. Cyanamid Co.*, 774 F. 2d 448, 454 (Fed. Cir. 1985).

⑩ *Standard Oil*, 774 F. 2d at 454.

⑪ *Endless + Hauser, Inc. v. Hawk Measurement Systems Pty. Ltd.*, 122 F. 3d 1040, 43 USPQ2d 1840 (Fed. Cir. 1997); *EWP Corp. v. Reliance Universal Inc.*, 755 F. 2d 898, 225 USPQ 20 (Fed. Cir. 1985).

⑫ *Ryco Manufacturing Co. v. Nu - Star, Inc.*, 950 F. 2d 714, 21 USPQ 1053 (Fed. Cir. 1991).

⑬ *Graham v. John Deere Co.*, 383 US 1, 17 (1965).

⑭ *Environmental Designs, Ltd. v. Union Oil Co.*, 713 2d 693 (Fed. Cir. 1983).

⑮ *Supra note 6*, Meara, Part II, B4.

⑯ *Id.*

技术人员的技术水平定义得太低，不能反映本领域技术人员的真实水平。⑰ 为了回应这些批评，美国最高法院在 KSR 一案中澄清了本领域普通技术人员所应具有的常识。⑱美国最高法院强调本领域普通技术人员是一个有普通创造力的人，而不是一个机器人，并解释说，本领域普通技术人员所具有的常识使得他们能够想出本领域熟悉的事物主要用途之外的其他明显的用途以及能够把几个专利或者文献中的学到的东西结合起来。⑲ 如果存在数量有限的、已知的、可以预见的解决方案，本领域技术人员凭借常识解决问题或者达到设计要求是可能的。美国专利商标局定义的本领域普通技术人员的水平高，是因为如果将现有技术分别公开的技术要素结合在一起，美国专利商标局就会判定为是显而易见的，除非这一结合产生了不可预见的效果。⑳

美国法院把专利法第 112 条第 1 款中的本领域技术人员（person skilled in the art，简称"PSITA"）定义为与专利法第 103 条中的本领域普通技术人员（PHOSITA）具有同样的技术水平。㉑ 但是，本领域技术人员的所具有的知识和本领域普通技术人员是不同的，因为只有众所周知的信息才能在公开中省略，㉒ 而新技术必须公开以达到能够实施的要求。㉓ 根据专利法第 102 条 e 的规定，专利法第 103 条中的本领域普通技术人员

---

⑰　Rebecca S. Eisenberg, '*Implementing Reform of the Patent System: Obvious to Whom? Evaluating Inventions from the Perspective of PHOSITA*', (2004) 19 Berkeley Tech. L. J. 885 (2004); Briefs of Twenty – Four Intellectual Property Law Professors as Amici Curiae, *KSR Int'l Co. v. Teleflex Inc.*, 119 Fed. Appx. 282; 2005 US App. LEXIS 176 (2005) (No. 04 – 1350) < http: //patentlaw. typepad. com/patent/ ksramicus. pdf > accessed March 8, 2008.

⑱　*KSR Int'l Co. v. Teleflex Inc.*, 127 S. Ct. 1727, 167 L. Ed. 2d 705, 82 USPQ2d 1385, (US 2007).

⑲　*KSR Int'l Co. v. Teleflex Inc.*, 127 S. Ct. at 1742.

⑳　Department of Commerce, United States Patent Office, Examination Guidelines for Determining Obviousness Under 35 USC 103 in View of the Supreme Court Decision in *KSR International Co. v. Teleflex Inc.* < http: //www. uspto. gov/ web/offices/com/sol/og/2007/week45/patgide. htm > accessed March 3, 2008.

㉑　*Johns Hopkins University v. CellPro Inc.*, 152 F. 3d 1342, 1360, 47 USPQ2d 1705, 1718 (Fed. Cir. 1998).

㉒　*Hybritech Inc. v. Monoclonal Antibodies, Inc.*, 802 F. 2d 1367, 1384, 231 USPQ 81, 94 (Fed. Cir. 1986).

㉓　*Genentech, Inc. v. Novo Nordisk*, 108 F. 3d 1361, 42 USPQ2d 1001 (Fed. Cir. 1997), cert. denied, 522 US 963 (1997); *Chiron Corp. v. Genentech, Inc.*, 363 F. 3d 1247, 70 USPQ2d 1321 (Fed. Cir. 2004), cert. denied, 543 US 1050 (2005).

的知识包括不为公众所知悉的信息，比如正在审查中的专利申请，但是专利法第 112 条第 1 款中的本领域技术人员的知识范围不包括这些信息。㉔

（二）判定专利保护范围时的本领域普通技术人员

美国法院很少讨论判定专利保护范围时本领域普通技术人员的技术水平。法院的分析主要集中应该依据什么信息来源来查明本领域普通技术人员所理解的含义。㉕ 在解释专利权利要求时，本领域普通技术人员的理解，应该以知道发明所在的领域中所有的特殊用法和含义，并且读过包括专利说明书和审查历史在内的专利文件为基础。㉖以全体法官出席的形式，联邦巡回上诉法院强调对于本领域普通技术人员来说的一般含义，要求美国法院在使用专利文件作为阐明权利要求中的词语的主要依据时，采用本领域普通技术人员解释权利要求所采用的视角。

在确定专利保护范围时，美国法院并不考虑用于解释权利要求的本领域普通技术人员与用于判断非显而易见性的本领域普通技术人员是否相同。然而，前者所掌握的知识与后者是不同的。因为权利要求中的词语的功能是告知公众独占权利的范围，因此在确定保护范围时，本领域普通技术人员的知识应当不包括公众无法获知的信息。此类信息必须在发明的时候（即有效的提交日）是可获知的以便用来解释权利要求。㉗ 为了适用等同原则，该信息必须在侵权的时候是可获知的。㉘ 因此，本领域普通技术人员在阅读权利要求的术语时应当不考虑有效提交日之后所开发出来的技术。㉙ 但是，本领域普通技术人员有时候在阅读权利要求的术语时又带入了这些后来出现的技术。㉚

用于解释权利要求的本领域普通技术人员的技术水平应当与专利法第 103 条的本领域普通技术人员和专利法第 112 条的本领域技术人员的技

㉔　*In re* Glass，492 F. 2d 1228，181 USPQ 31（CCPA 1974）.

㉕　*Innova/Pure Water，Inc.*，381 F. 3d 1111 at 1116.

㉖　*Phillips v. AWH Corp.*，415 3d at 1313. *Multiform Desiccants，Inc. v. Medzam，Ltd.*，133 F. 3d 1473，45 USPQ2d 1429（Fed. Cir. 1998）.

㉗　*Phillips v. AWH Corp.*，415 3d at 1313.

㉘　*Warner - Jenkinson Co. v. Hilton Davis Chem. Co.*，520 US 17，37（1997）.

㉙　*Shering Corp. v. Amgen Inc.*，222 F. 3d 1347，55 USPQ2d 1650（Fed. Cir. 2000）.

㉚　*Chiron Corp. v. Genentech，Inc.*，363 F. 3d 1247，2004 US App. LEXIS 5830，70 USPQ2d 1321（Fed. Cir. 2004）.

术水平相同，因为本领域普通技术人员拥有普通的技术并且应当具备结合及替换本领域的旧要素的相同常识。与该定义相反，美国法院在为字面侵权解释权利要求的术语时，并不总是假定本领域普通技术人员具有相同的技术水平。同一个本领域普通技术人员并不能预见说明书中所公开的实施例的变型并将权利要求理解为包含这些变型，即使权利要求的术语可以被解释为包含这些变型。包含这些变型的权利要求的术语可能因违反文字描述的要求而被认为无效。[31] 虽然美国法院强调禁止在权利要求的术语中引入限制条件的规则，并强调将保护范围限制于所公开的实施例，[32]但是很难将该规则清楚地区别于另一条重要规则，后者允许美国法院根据说明书和附图来阐明权利要求的术语的含义。

在解释权利要求时过分依赖于说明书中的文字描述，往往导致本领域普通技术人员将权利要求的术语理解为仅包括公开的实施例。首先，本领域普通技术人员经常在说明书中发现发明人给出诉争权利要求的术语的一个定义，就如同其是自己的词典编纂者一样。[33] 由于说明书中的文字描述部分描述的是实施例，而非发明本身，因此采用特殊含义最终将得出一个不包含所指控的实施例的含义，而所指控的实施例又与说明书中所公开的实施例不同。其次，在以下其中一种情况下，本领域普通技术人员可以找到被指控的实施例的免责事由：（1）专利权人将要求保护的主题区别于现有技术，而该现有技术又与被指控的实施例相似；（2）专利权人描述了一个特别公开的实施例，并表明该实施例对发明来说是重要的，而被指控的实施例与该特别的实施例不同。[34] 再次，虽然美国专利商标局认为专利权利要求的条款满足专利法第112条第6款中的清楚要求，并颁发了专利，但美国法院可能认为专利权人所选择的该权利

㉛ 35 USC §112qI1. *LizardTech, Inc. v. Earth Res. Mapping, Inc.*, 424 F. 3d 133676 USPQ2d 1724（Fed. Cir. 2005）.

㉜ *JVW Enterprises, Inc. v. Interact Accessories, Inc.*, 424 F. 3d 1324, 76 USPQ2d 1641（Fed. Cir. 2005）.

㉝ *Johnson Worldwide Assocs. v. Zebco Corp.*, 175 F. 3d 985, 50 USPQ2d 1607（Fed. Cir. 1999）; *Rexnord Corp. v. Laitram Corp.*, 274 F. 3d 1336, 60 USPQ2d1851（Fed. Cir. 2001）.

㉞ *Spectrum Int'l v. Sterilite Corp.*, 164 F. 3d 1372, 49 USPQ2d 1065（Fed. Cir. 1998）; *SciMed Life Sys. v. Advanced Cardiovascular Sys.*, 242 F. 3d 1337, 58 USPQ2d 1059（Fed. Cir. 2001）.

要求的术语对于本领域普通技术人员来说是不清楚的。⑤ 这也将使法院借助说明书，并将权利要求的术语限制在只包含公开的实施例。最后，不管权利要求是否被写成方法加功能的形式，如果本领域普通技术人员认为权利要求的术语没有包含足够的结构性限定，法院可以将权利要求的术语限制在只包括公开的实施例及其等同物。⑤

实际上，法院很难确定这些情形是否适用于某个给定的案件。在联邦巡回上诉法院最近以全体法官出席的方式作出的一个判决（*Phillips* 案）中，在禁止引入限定条件的同时允许权利要求解释的困难被凸显出来。⑤ *Phillips* 案选择以分开的方式解决该困难，因为该案的技术很简单，争议的术语是"挡板"，这是一个简单的一般术语。*Phillips* 案涉及一项简单的机械发明：模块化的多个铁壳板，可以焊接在一起形成防爆墙。"挡板"这一术语用来描述从铁壳板向内部延伸的一个部件，但是说明书并未包括对其结构的任何详细描述。由于地区法院认为，包含"挡板"的"承载装置"是以方法加功能的方式描述的，该院适用了专利法第 112 条第 6 款③，并将"挡板"解释为以一定的角度（除 90 度以外）向墙面延伸。⑤

在上诉中，联邦巡回上诉法院由三名法官组成的审判组认为，"挡板"是一个结构性限制，因此认为地区法院在将专利法第 112 条第 6 款适用于该诉争术语时有误。④ 但是，该审判组的两名法官支持了地区法院将"挡板"限制于一定角度的权利要求解释，因为说明书中重复提及抛射体偏向能力。由于只有向锐角或钝角方向延伸的结构才能使抛射体偏向，而且说明书并未包含任何向 90 度延伸的结构，因此审判组认定"挡板"是只限于向 90 度以外的角度延伸的结构。一位法官持相反意见，其认为多数意见不适当地将"挡板"这一术语限制于说明书中所公开的实

---

⑤　*Johnson Worldwide Assocs. v. Zebco Corp.* ，175 F. 3d 985，50 USPQ2d （BNA） 1607 （Fed. Cir. 1999）.

⑥　*Al – Site Corp. v. VSI Int'l，Inc.* ，174 F. 3d 1308，50 USPQ2d 1161 （Fed. Cir. 1999）.

⑤　*Phillips v. AWH Corp.* ，415 3d at 1313. *Multiform Desiccants，Inc. v. Medzam，Ltd.* ，133 F. 3d 1473，45 USPQ2d 1429 （Fed. Cir. 1998）.

③　35 USC §112ql6.

⑤　*Phillips v. AWH Corp.* ，2002 US Dist. LEXIS 27298 （D. Colo. November 20，2002）.

④　*Phillips v. AWH Corp.* ，363 F. 3d 1207，70 USPQ2d 1417 （Fed. Cir. 2004）. This opinion was withdrawn by the court when the court granted rehearing the case *en banc*.

施例，而没有采用"挡板"一词在词典中的一般含义。④

但是，全体法官出席的上诉法院的多数意见认为，根据说明书和专利审查记录，将以直角延伸的结构排除出"挡板"这一术语的范围是错误的，故推翻了地区法院对于权利要求解释的判决。全体法官出席的上诉法院采用的解释是，"挡板"必须是具备承载能力的物件，可以牵制、阻碍或遮断流量。④ 基于权利要求区别理论，该院解释称，地区法院将"挡板"的功能限制于使抛射体偏向，这一解释使得包含抛射体偏向功能的特定限制的其他权利要求成为多余。这一解释也得到了说明书的支持，因为说明书除抛射体偏向以外，还引述了"挡板"的多个功能。

两名法官对于推翻权利要求解释的判决表示异议，尽管他们采取了完全相同的方法论。④ 对这两名法官来说，本领域普通技术人员根据说明书应当知道"挡板"这一术语隐含了对角度的限定，因为说明书并未包含直角的挡板，而且重复提及挡板的抛射体偏向功能。具有讽刺意味的是，这一关于隐含的限定条件的反对意见反映出，要想清楚地区分不可接受的引入限定条件和可接受的权利要求解释是十分困难的。

美国法院在根据等同原则驳回侵权诉请时借助于本领域普通技术人员。尽管本领域普通技术人员具有一般的技术和常识，能够预见各种变型，但是美国法院却要求专利撰写人预见已公开的实施例的这些变型，并在起草及修改原始的权利要求书时撰写出字面上覆盖这些变型的权利要求书。④ 美国法院利用本领域普通技术人员，将未被权利要求的术语字面上包含的被指控的实施例排除出保护范围，并作出对专利撰写人不利的决定，如果这些实施例在有效的提交日是可预见的而专利撰写人又没有履行该义务。④ 因此，如果在专利审查程序中作出修改或声明，使得这些实施例被排除出权利要求书字面上的保护范围，那么根据审查历史禁

---

④ *Phillips v. AWH Corp.*，363 F. 3d at 1216（Dyk，J. dissenting）.

④ *Phillips*，415 F. 3d at 1324.

④ *Phillips*，415 F. 3d at 1328（Lourie，J.，dissenting）.

④ *Johnson & Johnston Assoc. Inc. v. R. E. Serv. Co.*，*Inc.*，285 F. 3d 1046，1056，62 USPQ2d 1225（Rader，J，concurring）（Fed. Cir. 2002）.

④ *Sage Products*，*Inc. v. Devon Industries*，*Inc.*，126 F. 3d 1420，44 USPQ2d 1103（Fed. Cir. 1997）.

止反悔原则，本领域普通技术人员将认为这些实施例被放弃。[46] 如果权利要求的术语包含排除被指控的实施例的限定条件，那么根据全面覆盖所有要素原则，本领域普通技术人员将认为这些实施例被放弃。[47] 特别地，如果被指控的实施例不仅是无法预见的，而且未在说明书中公开，那么对这些实施例的排除将被本领域普通技术人员理解为发明人有意贡献出这些实施例。[48]

只有在提交日无法在字面上的保护范围中引入被指控的实施例，从而专利撰写人的义务已尽到的情况下，美国法院才会根据等同原则认定侵权。[49] 这一不可能的情形有一个很好的例子，即一个可替换的要素涉及一项在提交日以后被开发出来的技术。只有专利权人证明了这一不可能的情形，本领域普通技术人员才需要判断被指控的实施例相对于权利要求的术语是否只涉及一个非实质性区别，从而根据等同原则侵入了权利要求的术语的保护范围。本领域普通技术人员若知道权利要求的术语中缺失的限定条件与被指控的实施例中相对应的要素之间的可交换性，或者在逐个要素判断的基础上发现被指控的实施例和由该权利要求的术语所定义的发明在功能、方式和结果上存在实质性相似，那么其将认为该区别是非实质性的。[50]

三、比较法视角下的本领域普通技术人员

（一）德国

在德国、英国和日本，本领域普通技术人员在确定专利保护范围中所扮演的角色与在美国一样重要。同美国一样，与创造性和充分公开的判断中所使用的技术人员相比较，这些国家中没有一个法院清楚地定义本领域普通技术人员。

在德国，德国联邦最高法院（Bundesgerichtshof，简称"BGH"）在Formstein案中强调，在《欧洲专利公约》（European Patent Convention，

---

[46] *Festo Corp. v. Shoketsu Kinzoku Kogyo Kabushiki Co.*，535 US 722，62 USPQ2d 1705（2002）.

[47] *Sage Products，Inc. v. Devon Industries，Inc.*，126 F. 3d 1420，44 USPQ2d 1103（Fed. Cir. 1997）.

[48] *Johnson & Johnston Assoc. Inc. v. R. E. Serv. Co.*，Inc.，285 F. 3d 1046，1056，62 USPQ2d 1225（Rader，J.，concurring）（Fed. Cir. 2002）.

[49] *Festo Corp. v. Shoketsu Kinzoku Kogyo Kabushiki Co.*，535 US 740.

[50] *Warner - Jenkinson Co. v. Hilton Davis Chem. Co.*，520 US 17 at 37.

简称"EPC"）第 69 条的时代，本领域普通技术人员所认为的发明的范围在权利要求的解释和等同原则的适用中是决定性的。[51] 德国的本领域普通技术人员被假定为有能力参考说明书中的实施例并运用其一般知识能容易地想出与发明具有相同功能产生相同效果的变型。

虽然美国法院利用本领域普通技术人员给权利要求撰写人增加责任并认定放弃，但是德国法院利用本领域普通技术人员将权利要求的术语的含义扩展到公开的实施例的变型。[52] 相反，德国法院较少利用本领域普通技术人员来限制权利要求的术语，即排除那些可能落入权利要求的术语保护范围的变型。[53] 在加入《欧洲专利公约》后，虽然德国联邦最高法院对于权利要求解释所采取的方法还未统一，但是该院所采用的扩张性的权利要求解释有时为了包含此类变型而超出了权利要求的术语的字面含义。[54] 该法院假定本领域普通技术人员应当有能力从权利要求的术语中所列举的一个特定结构抽象出一个一般概念，采用高度的抽象化，认定未落入诉争权利要求的术语的含义范围的被控结构构成字面侵权。[55] 更进一步地，本领域普通技术人员的视角也是运用等同原则的正当理由。如果本领域普通技术人员在有效的提交日认为，被控实施例中的变型后要素与要求保护的要素在解决发明问题方面构成等同，因为将要求保护的要素替换为变型后的要素并不影响发明的效果，那么法院将认定构成等同原则下的侵权。即使通过扩张性的权利要求解释未发现构成字面侵权，法院也会认定构成等同侵权。[56]

这一扩张性的解释以及等同原则的适用已经体现在德国联邦最高法院有关数字范围限定的多个案件的判决中：Cutting Blade I、[57] Cutting

---

[51]　Judgment of Bundesgerichtshof（BGH, German Federal Supreme Court）, April 29, 1986,（Moulded Curbstone or Formstein）, 18 IIC 795.

[52]　Judgment of BGH, June 14, 1988,（Ion Analysis）22 IIC 249（1991）.

[53]　Judgment of BGH, March 2, 1999, 30 IIC 932（1999）.

[54]　Judgment of BGH, 22 IIC 261（1995）; Friedrich－Wilhelm Engel, 'The "Wortsinn" of Patent Claims in German Case Law on Patent Infringement Dispute'（2003）34 IIC 233.

[55]　Judgment of BGH（Mine－Sweeping Shield）, 33 IIC 525（2002）.

[56]　Judgment of BGH, April 29, 1986,（Moulded Curbstone or Formstein）, 18 IIC 795.

[57]　Judgment of BGH, March 12,（Cutting Blade I or Schneidmesser I）2002 GRUR, 2002 IIC 873.

Blade II、⑱ Plastic Pipe、⑲ Custodiol I⑳ 和 Custodiol II。㉑ 在这些判决中，德国联邦最高法院在适用等同原则前解释数字范围的限定条件时，审查本领域普通技术人员是否认为权利要求的术语包含公差。德国联邦最高法院在进行权利要求解释时的灵活性在 Cutting Blade I 一案中体现得特别清楚，因为该院支持了上诉法院有关等同侵权的认定，虽然上诉法院没有考虑与数字范围限定有关的公差。㉒ 德国的专利学者也提出一系列解释权利要求的术语的方法，将权利要求的术语的保护范围扩展到字母含义之外。㉓ 简言之，德国法院采用的本领域普通技术人员的技术水平非常高，并通过此标准把预见等同的变型并避免侵权的责任附加在竞争者身上，而不是附加在专利撰写人身上。

（二）英国

英国法院在确定专利保护范围时对权利要求进行有目的的解释，本领域普通技术人员的视角是用来确定发明人在选择诉争的权利要求的术语时想要表达什么。㉔ 上议院认为在权利要求解释过程中使用本领域普通技术人员是正当的，因为专利文件就是为了向本领域普通技术人员描述发明而写的。㉕ 虽然英国法院采用本领域普通技术人员的视角，但其与德国法院所采用的方式不同。这在 Kirin – Amgen 案中表现得尤为突出，在该案中霍夫曼法官（Lord Hoffmann）采用本领域普通技术人员的视角来为一种狭窄的权利要求解释方式作铺垫，排除了属于现有技术的主题或者根据说明书的公开内容无法实现的主题。

在 Kirin – Amgen 案中，争议集中在"宿主细胞"这一术语，与该术

---

⑱　Judgment of BGH, March 12, 2002, GRUR 519（Schneidmesser II）.

⑲　Judgment of BGH, March 12, 2002, GRUR 511（Kunststoffrohrteil）2003 IIC 302（Plastic Pipe）.

⑳　Judgment of BGH, March 12, 2002, GRUR 523（Custodiol I）.

㉑　Judgment of BGH, March 12, 2002 GRUR 527（Custodiol II）; 2003 IIC 197（Custodiol II）.

㉒　For a discussion of claim construction for numerical limitations, see Toshiko Takenaka, 'Protection Scope for Claim Including Numerical Limitations: Range of Equivalents and Prosecution History Estoppel', 11 CASRIP Newsletter（2004）available at < http: //www. law. washington. edu/Casrip/ Newsletter/Vol11/ newsv11i1Takenaka. pdf > accessed March 3, 2008.

㉓　*Supra* note 54, Engel, at 238.

㉔　*Catnic Components Ltd v. Hill & Smith Ltd*［1982］RPC 183; *Kirin – Amgen Inc. v. Hoechst Marion Roussel Limited*, 2004 UKHL 46（House of Lords, 2004）.

㉕　*Kirin – Amgen*, 2004 UKHL 46, at para. 33.

语有关的问题是，对于作为排斥内源性 DNA 的细胞的宿主的 DNA 序列，是否存在关于类型的内在限定条件。诉争的权利要求并未包含任何有关 DNA 类型的限定条件。然而，该法院依据说明书和专家证言认为存在这样的限定条件，因此由内源性 DNA 所产生的红细胞生成素（erythropoie-tin，简称"EPO"）并未侵权。由于使用内源性 DNA 的方法在有效的提交日之后被开发出来，故该法院提到了关于权利要求的术语是否可以被解释为包含后来产生的技术的问题。上议院的注意力集中在有效的提交日的本领域普通技术人员的视角上，有关发明人采用这样的权利要求的术语是为了表达什么意思的问题，上议院给出了否定的回答，因为这些权利要求的术语应当解释为不包含属于现有技术的主题以及未被说明书及附图充分公开的主题。[66] 对于本领域普通技术人员的这种使用方式与德国方式明显不同，后者倾向于扩张性的权利要求解释，即如果本领域普通技术人员知道说明书公开的实施例的某些变型可以产生发明的效果，那么权利要求就应解释为覆盖这些变型。

但是，英国专利的保护范围并非完全由说明书所公开的内容的范围限定。Kirin – Amgen 主张，这样的限制性解释将使得专利在新技术被开发出来后就变得毫无意义。上议院对此的回应是，权利要求覆盖后来出现的技术是有可能的，如果本领域普通技术人员将该权利要求理解为足够一般以至于包含该技术。[67] 该法院采用本领域普通技术人员的视角，将通过基因激化方法制备的内源性 DNA 从权利要求中的"宿主细胞"这一术语所涵盖的范围中去除，基因激化方法在有效的提交日是未知的。因此本领域普通技术人员的视角有效地将权利要求的解释限制在现存的技术上。

本领域普通技术人员的视角也限制了启用英国的等同原则的条件以及该原则的内容。与德国法院不同，英国法院将等同物的概念作为权利要求解释的工具来使用。[68] 虽然英国的等同原则允许对权利要求进行扩张

---

[66]　*Id.*

[67]　*Kirin – Amgen*, 2004 UKHL 46, at paras. 78 – 85.

[68]　Toshiko Takenaka, 'A Person of Ordinary Skill in the Art and the Extent of Patent Protection' in Dietrich Beier, Laurence Broening – Petit and Christopher Heath（eds）, *Festschrift for Jochen Pagenberg*（Carl Heymanns Verlag, Munich, 2006）81.

解释从而使其包含未必落入权利要求的术语的含义范围的被指控实施例，但是该原则的适用并非是法律的问题。如果法院已经使用本领域普通技术人员的视角并认定该权利要求的术语不应被理解为覆盖被指定的实施例，那么法院将不再需要应用等同物的概念并判断该权利要求是否有可能被理解为覆盖被指控的实施例。⑥ 相反，如果法院没有认定该权利要求的术语应被理解为覆盖被指定的实施例，那么法院可以应用以下的拟定问题：（1）该变型的要素是否对发明的工作方式具有实质性影响？（2）在专利公开日，本领域普通技术人员是否十分清楚变型要素的替换并未产生实质性影响这一事实？以及（3）根据权利要求的词语，本领域普通技术人员是否已经理解专利权人的意图是，严格忠于术语原有的含义是解释该发明的一个基本要求？⑦

在上述拟定问题中，本领域普通技术人员的视角对于法院是否将专利保护范围扩展至被指控的实施例来说是决定性的，因为如果对第三个问题的回答是肯定的就不存在侵权。在解决第二个问题时，法院所使用的本领域普通技术人员的技术水平相对较低，其要求本领域普通技术人员在专利公开日应知悉，该变型的要素是一个很好的选择并且可以与发明相同的方式工作，⑦ 这看起来类似于欧洲专利局创造性判断标准中的"应该"对"本应该"的测试。⑦ 这使得满足等同物的要求更加困难，由此英国的本领域普通技术人员的视角有效地避免了权利要求中的要素替换。⑦

（三）日本

本领域普通技术人员以及等同原则最近在日本的权利要求解释中变得越来越重要。在日本专利制度的早期，学者和法院发展出一项规则，即无论权利要求的术语如何，发明人所获得的保护应仅限于其认识到是

---

⑥ *Kirin - Amgen*, 2004 UKHL 46, at para. 71.

⑦ *Improver Corporation v. Remington Consumer Products Ltd* [1990] FSR 181, cited in *Kirin - Amgen*, 2004 UKHL 46, at para. 51.

⑦ *American Home Products v. Novartis* [2001] FSR 599.

⑦ EPO Board of Appeals T/83, OJ 1984, 265. Margarete Singer and Dieter Stauder, *The European Patent Convention*, 155（2nd edn, Sweet & Maxwell, London, 2003）.

⑦ Hugh Dunlop, 'Court of Appeals Gets to Grips with the Protocol' EPIR 342（2003）.

其发明的东西（发明人认识理论）。[74] 在这一理论下，说明书和附图的公开内容构成了发明人所认识到的范围。一些学者主张应以本领域普通技术人员的视角客观地评估该范围。另一些学者则主张应以特定的发明人的主观心理状态为基础评估该范围。较早的法院判决反映了日本法院对于说明书公开的内容的强烈依赖，这一依赖对权利要求的解释产生了约束，即从说明书中引入限定条件以及排除并未被说明书公开的被指控实施例。[75] 此外，在从权利要求的术语中排除属于现有技术的主题方面，较早判决中日本法院对权利要求的解释与英国法院的目的性解释十分近似。[76]

日本的等同原则也与英国法院的等同原则近似。如同英国的上议院，日本法院并不认可超出字面含义的保护，但是在例外情况下又采取扩张性的解释，若对于本领域普通技术人员来说，要求保护的要素与被指控的实施例中的变型要素之间的可替代性是众所周知的，那么涉及此类要素替换的等同物将被认为是包括在权利要求中。[77]但是，法院很少允许这样的扩张性解释。因此，日本的本领域普通技术人员是一个没有创造性的假想人，其没有能力在公开的实施例中预见变型并将这些变型包括到权利要求的术语中。

日本政府为了从长期的经济衰退中复苏，采取了一项知识产权立国的国家战略，从而使这一限制性的权利要求解释方法发生了改变。由于知识产权委员会（the Commission on Intellectual Property Rights）于 1997 年在《21 世纪报》（the 21st Century）发表了一份报告，认为知识产权是激发智力创造循环的一个推动力，日本经济贸易产业省（METI）及日本

---

⑦④ Nobuhiro Nakayama, *Patent Law Annotated* 705 （3rd edn, Seirin Shoin, Tokyo, 2000）.

⑦⑤ Testuya Obuchi, 'A Study of Claim Construction and Validity of Patent, in Patent Litigation in the Era of the Intellectual Property Based Nation', Japan Patent Attorneys Association Intellectual Property Study Center （ed.）, *Claim Construction* （Hanrei Taimuzu, Tokyo, 2005） 2.

⑦⑥ Judgment of Supreme Court of Japan, August 4, 1964 （Crude Petroleum Rotation Combustor）, 18 Minshu （No. 7） 1319; Judgment of Supreme Court of Japan, June 28, 1974 （Single Lens Reflex Camera）, Saibanshu Minji （No. 112） 155. *Supra* note 75, Obuchi; Toshiko Takenaka, 'Technical Scope of Patent Claims and the Prior Art', *Issues Relating to Intellectual Property: Festschrift for 70th Birthday of Judge Takura Osamu* （Hatsumei Kyokai, Tokyo, 1996）.

⑦⑦ Judgment of Supreme Court of Japan, May 29, 1987 （Pulpwood Barking Machine）, Juristo （No. 903） 85 （1988）. For a discussion of this decision, see Toshiko Takenaka, 'Interpreting Patent Claims: The United States, Germany and Japan', 17 IIC Studies, 261 （VCH, Munich, 1995）.

特许厅发起了一项广泛的支持专利政策的运动。[78] 为了满足国内产业对于及时有力的专利保护的需求，日本最高法院作出了 Ball Spline 案判决，[79] 并明确采用了等同原则作为字面侵权以外的一种侵权行为。法院强调说，要求专利撰写人预见等同的变型并撰写出包含这些变型的权利要求书是不可能的任务。为了补救这一不可能的情况，那种第三方可以很容易认为与要求保护的发明实质上相同的变型应当被包括到专利保护的范围。因此，作为下级法院在适用等同原则时审查上述五个问题的一部分，该法院要求本领域普通技术人员可以容易地想到以变型的要素来取代要求保护的要素并产生发明所要达到的效果。

在目前的实践中，对于那些撰写得比较宽泛的权利要求的术语，日本法院试图将其理解成为避免根据说明书对权利要求进行限定。[80] 为了说明诉争的权利要求的术语的含义，日本法院根据说明书来审查对本领域普通技术人员来说权利要求的术语意味着什么。[81] 但是，法院和学者并未完全排除发明人认识理论。虽然日本专利法没有规定美国专利法第 112 条第 6 款的等同物，但是一些法院将功能性权利要求的保护范围限制在公开的实施例及其等同物。[82] 一位顶尖的专利学者认为，适当的专利保护范围应当仅包括公开的实施例及其等同物。[83] 这一观点与 *Kirin - Amgen* 案判决中的目的性权利要求解释方法十分一致，二者都使法院可以通过解释自由地扩大或限制权利要求的术语的字面含义，如果这些术语大于或小

---

[78] For a discussion of Japan's national strategy on IP, see Toshiko Takenaka and Ichiro Nakayama, 'Will Intellectual Property Policy Save Japan from Recession? Japan's Basic Intellectual Property Law and its Implementation through the Strategic Program' (2004) 35 IIC 877.

[79] Judgment of Supreme Court of Japan, February 24, 1998, 52 Minshu (No. 1) 113, 1630 Hanrei Jiho 32 (1998). An English translation of the decision by the author is published in Toshiko Takenaka, *The Supreme Court Affirmed the Presence of the Doctrine of Equivalents Under Japanese Patent System*, 5 CASRIP Newsletter. (1998) 12 http: //www. law. washington. edu/Casrip/Newsletter/Vol5/newsv5i1jp1. html accessed March 3, 2008.

[80] Hideo Ozaki, 'How Should Courts Engage Claim Construction in Patent Litigation in the Era of the Intellectual Property Based Nation?', Japan Patent Attorneys Association Intellectual Property Study Center (ed.), *Claim Construction* (Hanrei Taimuzu, Tokyo, 2005) 176.

[81] Judgment of Tokyo High Court, April 17, 2001.

[82] Judgment of Tokyo High Court, December 20, 1978 (Ball Bearing), Hanrei Taimuzu No. 381, 165; Judgment of Tokyo District Court, Dec. 22, 1998 (Magnetic Medium Reader), Hanrei Jiho No. 1674, 152.

[83] Ryu Takabayashi, *Standard Patent Law*, 128 (2nd edn, Yuhikaku, Tokyo 2005).

于公开的内容所支持的适当保护范围的话。日本法院还是保留了将属于现有技术的主题排除的权利要求解释方法，⑧ 虽然限制性解释最主要的正当理由，即法院没有能力在侵权诉讼程序中处理有关专利无效的抗辩理由，已经被最高法院 *Kilby* 案的判决⑧和专利法第 104 - 3 条的增加⑧所消除。

此外，即使在 *Ball Spline* 案判决之后，日本法院也很少根据等同原则认定侵权，因为法院往往认为被指控的实施例没有满足其中一个或多个要件。⑧ 因此，即便在采取支持专利的政策之后，日本的本领域普通技术人员仍然是比较缺乏创造性的，且很少认定公开的实施例的变型构成字面侵权或者等同原则下的侵权。

四、分 析

对于案例法的回顾揭示了这四个国家的法院在支持其权利要求解释以及驳回或适用等同原则时使用本领域普通技术人员的不同方式。⑧ 这四个国家的本领域普通技术人员的知识水平并不完全相同。在确定非显而易见性时，推定本领域普通技术人员知悉的相关现有技术的内容是不同的，因为美国遵循先发明制度，不同于其他三个国家所采用的先申请制度。⑧ 但是，由于在确定权利要求的术语的字面含义范围时排除了从公开

---

⑧ Naoki Matsumoto, 'The Relationship between the Possibility of Patent Invalidity and Finding of Non Infringement at Infringement Proceeding', Japan Patent Attorneys Association Intellectual Property Study Center, Claim Construction (Hanrei Taimuzu, Tokyo, 2005) 49.

⑧ Judgment of Supreme Court of Japan, April 11, 2000 (Kilby), 54 Minshu (No. 4) 1368.

⑧ Law for Revising Part of Law of Courts, Law No. 120, 2004.

⑧ Makoto Endo, 'Application of the Doctrine of Equivalents after the Ball Spline Supreme Court Decision' [Hereunder, 'Endo, Application of the Doctrine of Equivalents'] Part 1, Hanrei Taimuzu No. 1051 (2001) 60; Part 2, Hanrei Taimuzu No. 1108 (2003) 92. During the period between February 24, 1998 (the date of the Ball Spline decision) and July 31, 2002, courts found infringement under the doctrine of equivalents in ten cases out of 120 cases where a party claimed infringement under the doctrine of equivalents.

⑧ For the difference in the extent of patent protection among EPC member states, see Jochan Pagenberg and William Cornish, *Interpretation of Patents in Europe: Application of Article 69 EPC* 251 (Carl Heymanns Verlag, Munich, 2006).

⑧ For a general discussion of the comparison of the prior art under 35 USC, European Patent Convention and Japanese Patent Law, see Toshiko Takenaka, 'The Best Patent Practice or Mere Compromise? A Review of the Current Draft of the Substantive Patent Law Treaty and a Proposal For a "First - To - Invent" Exception for Domestic Applicants' (2003) 11 Texas Intellectual Property L. J. 259.

途径无法获知的信息，美国的本领域普通技术人员的知识与其他三个国家的本领域普通技术人员的知识更加一致，后者被推定为只知悉从公开途径可获知的信息。⑳ 此外，美国、德国和日本的本领域普通技术人员根据有效的提交日当时可获知的知识来解读权利要求的术语，不同于英国的本领域普通技术人员根据包括现有技术在内的在专利公开日已可获知的知识来解读权利要求的术语。

在适用等同原则时，日本和美国的本领域普通技术人员被推定为知悉在侵权发生时已经可以从公开途经获知的现有技术，⑨ 而英国和德国的本领域普通技术人员被推定为知悉提交日的现有技术。⑨ 在权利要求解释和等同原则适用中，德国和英国的本领域普通技术人员被推定为在解释权利要求之前没有阅读审查记录而是阅读了说明书和附图。⑨ 相反，美国和日本的本领域普通技术人员被假定为不仅阅读了说明书和附图，还阅读了审查记录。⑨

因此，某些人可能会认为，这些差别来自本领域普通技术人员被推定拥有的知识的差别。然而，虽然根据《欧洲专利公约》，德国和英国的本领域普通技术人员在确定专利保护范围时应当是相同的人，但在关于什么是本领域普通技术人员，德国的本领域普通技术人员应该理解为权利要求的术语的一部分这一问题上，德国和英国的本领域普通技术人员是很不同的。而在不具备创造性和从权利要求要求的术语中排除所公开的实施例的变型方面，与美国和日本的本领域普通技术人员更加相似的是英国的本领域普通技术人员，而不是德国的本领域普通技术人员。

这些差别有可能是来自专利诉讼的程序方面的差别。美国的一位法

---

⑳　There are some differences, such as public use, outside the United States. For details of the comparison between the prior art in the US and first – to – file countries, *see* Chapter 13.

⑨　*Warner – Jenkinson Co. v. Hilton Davis Chem. Co.*, 520 US 17, 37, 137 L. Ed. 2d 146, 166 (1997); Judgment of Supreme Court of Japan, February 24, 1998, 52 Minshu (No.1) 113, 1630 Hanrei Jiho 32 (1998).

⑨　*Kirin – Amgen*, 2004 UKHL 46; Judgment of BGH, April 29, 1986 (Moulded Curbstone or Formstein), 18 IIC 795.

⑨　*Kirin – Amgen*, 2004 UKHL 46, at paras. 36 – 44; Judgment of BGH, March 12, 2002, GRUR 511 (Kunststoffrohrteil) [2003] IIC 302 (Plastic Pipe).

⑨　*Phillips v. AWH Corp.*, 381 F. 3d at 1317; Judgment of Nagoya District Court, May 27, 1998, Hanrei Taimuzu No. 682, 219. *Supra* note 83, Takabayashi 113.

律学者指出了本领域一般从业者的技术与现有技术的书面记载之间的缺口，其认为美国用于评价非显而易见性的本领域普通技术人员并未恰当地代表真实从业者的水平。该学者劝法院依靠美国专利商标局的专家，因为审查员和委员会成员至少是相关领域曾经的从业者，该学者还提议建立一种向当前的从业者咨询的机制。⑨ 在以本领域普通技术人员的视角解释权利要求的术语方面，美国法院也遇到了同样的挑战。对于侵权诉讼来说，没有采用实际的从业者的视角的问题更严重，因为是法官来解释权利要求的术语。法官没有在发明所属的技术领域接受过培训，因而不是本领域普通技术人员。⑨ 专家报告及证词一度被作为向法官提供本领域普通技术人员的视角的一种机制。⑨ 然而，由于 *Markman* 案（以全体法官出席的方式进行审理）的法院限制了此类证据的使用，认为存在偏见的风险，故美国法院已经十分不愿意依靠专家证言。⑨ *Phillips* 案（以全体法官出席的方式进行审理）的法院认为外来证据从总体上说较为不可靠，⑨ 该法院实际上从诉讼中去除了在权利要求解释中寻求本领域普通技术人员的视角的机制。

相反，日本法官和英国法官通过技术专家更多地接触到实际从业者的视角。在英国的诉讼中，专家证据由当事人一方的技术专家提供。⑩ 在 *Kirin - Amgen* 案中，上议院对于地区法院根据专家证言的所作的权利要求解释给予了应得的肯定。为日本法官提供协助的是司法研究官员（"chosa - kan"），他们是由日本特许厅委派的资深审查员以及由日本最高法院任命的资深专利代理人。⑩ 在某些案件中发明所属技术领域并不是任何司法研

---

⑨　*Supra* note 17, Eisenberg at 898.

⑨　*Custom Accessories*, *Inc. v. Jeffrey - Allan Industries*, *Inc.*, 807 F. 2d 955, 1 USPQ2d 1196 (Fed. Cir. 1986). (Obviousness is determined by reference to a person of ordinary skill in the art - not to the judge, or to a layman, or to those skilled in remote arts, or to geniuses in the art.)

⑨　*McGill*, *Inc. v. John Sink Co.*, 736 F. 2d 666, 221 USPQ944 (Fed. Cir. 1996).

⑨　*Markman v. Westview*, 52 F. 3d 967, 34 USPQ2d 1321 (Fed. Cir. 1995).

⑨　*Phillips*, 415 3d at 1318.

⑩　The Supreme Court of Japan, *General Affair Office*, *Report on Patent Litigation in the United States*, *the United Kingdom*, *Germany and Netherlands* [Hereunder, 'Patent Litigation Report'], (The Supreme Court of Japan, Tokyo 2000) 123.

⑩　General information about judicial research officials is available at < http: //www. ip. courts. go. jp/eng/aboutus/organization. html > accessed March 3, 2008.

究官员所擅长的，法官可以从专家委员中寻求协助。[102] 然而，英国和日本的本领域普通技术人员仍然是没有创造性的，和美国的本领域普通技术人员在解释权利要求的术语时仅限于涵盖公开的实施例一样。虽然德国法官对权利要求的解释似乎反映了实际从业者的视角，涵盖了权利要求的术语所隐含的变型，但是他们未必接触到更多的实际从业者的视角。在专利诉讼最为密集的杜塞尔多夫地区法院，技术专家的证据就很少被引入。[103]

上述差别有一个更加合理的来由，即在公平保护和法律确定性这两项互相矛盾的专利政策上这些国家的法官所持的不同偏好。[104] 美国最高法院经常将专利法中的本领域普通技术人员与侵权过失法中的理性人摆在一起讨论。[105] 在日本和德国，侵权过失规则适用于专利侵权，通过附加给竞争者一项阅读专利文件并避免侵权的注意义务来推定侵权的过失。[106] 在侵权过失中，美国的法律学者和法院将理性人当做在政治偏好进行隐蔽的抉择的一种工具。[107] 专利法中的本领域普通技术人员的功能与理性人一样，都是作为进行政治抉择的工具。[108] 德国的法官所遵循的传统反映出其对于公平保护政策的偏好，他们使用本领域普通技术人员来达到较大的专利保护。相反，英国和日本的法官所遵循的传统反映出其对法律确定性的偏好，他们将权利要求的范围限制在说明书所公开的实施例。*Warner –*

---

[102] Expert commissioners are part – time court employees appointed by the Supreme Court of Japan.

[103] *Supra* note 100, Patent Litigation Report, 199. Opinions by court – appointed experts are introduced in only 5% of all cases.

[104] Toshiko Takenaka, 'Extent of Patent Protection in the United States, Germany and Japan: Analysis of Two Types of Equivalents and their Policy Implications' in Annette Kur, Stefan Luginboehl and Eskil Waage (eds), *Patent Law on the Move: Festschrift for Gert Kolle and Dieter Stauder* (Carl Hymanns Verlag, Munich, 2005) 115; Toshiko Takenaka, 'Claim Construction and the Extent of Patent Protection: A Comparative Analysis of the *Phillips en banc* Federal Circuit Decision' (2005) 1 Journal of Intellectual Property & Law 119 (2005).

[105] For the non – obviousness PHOSITA, *Graham v. John Deere Co.*, 383 US 1, 18 (1966); for the extent of patent protection, 527 US 17, 37 (1997).

[106] Japanese Patent Law Article 103; German Patent Law Article 139.

[107] Michael H. Davis, 'Patent Politics', 56 S. C. L. Rev. 337, 356 (2004).

[108] *Id.*

*Jenkinson*案[⑩]之后法律确定性政策越发重要，因此美国法院与英国和日本的法院一样更加频繁地使用本领域普通技术人员，以限制而不是扩张专利保护范围。

消除政治偏好并达到完美的和谐似乎是不可能的。即使在同一个国家美国，在同一个专利法和判例法之下，审理 Phillips 案的法官们在关于使用不同来源以弄清权利要求术语的含义的方法上是一致的，但在关于权利要求术语根据专利文件是否存在内在限定条件这一问题上却没有达成一致。[⑩] 认为存在内在限定条件这一结论清楚地反映出，持反对意见的法官更偏好于法律确定性政策以及将专利保护范围限定于说明书所公开的内容。因此，即使建立一个统一的专利法院，在确定专利保护范围时使用本领域普通技术人员的方式上的差别可能也无法消除。

五、结 论

对于使用本领域普通技术人员的案例和使用方式的分析揭示出，通过采用相同的规则、条款以及解释权利要求术语的方法来达到专利保护范围的统一性是存在困难的。因为本领域普通技术人员被作为一种工具，用来支持公平保护和法律确定性这两项相矛盾的政策之一，而对政策的偏好又与专利制度的传统看法紧密联系在一起，所以完美的和谐是不可能达到的。正如美国最高法院在等同物判断问题上所指出的，[⑪] 只有对不同国家的案例法进展施以适当的关注，通过一个个案例的不断发展，对于本领域普通技术人员的使用方式才有可能统一。

⑩ *Warner – Jenkinson.* , 520 US 17. For a discussion of the impact of *Warner – Jenkinson*, *see* Timothy R. Holbrook, 'The Supreme Court's Complicity in Federal Circuit Formalism' (2003) 20 Santa Clara Computer & High Tech. L. J. 1; John R. Thomas, 'Formalism at the Federal Circuit' (2003) 52 Am. U. L. Rev. 771; Christina Y. Lai, 'Comments, A Dysfunctional Formalism: How Modern Courts Are Undermining the Doctrine of Equivalents' (1997) 44 UCLA L. Rev. 2031.

⑩ *Phillips v. AWH Corp.* , 415 F. 3d, at 1328 (Lourie, J. , dissenting).

⑪ *Warner – Jenkinson Co. v. Hilton Davis Chem. Co.* , 520 US 17, 37, 137 L. Ed. 2d 146, 166 (1997).

第十六章　直接与间接专利侵权

作者：艾利森·费斯（Alison Firth）

译者：徐仰贤（Yang‑Hsien Hsu）　韩志华　彭　哲

一、导　论

（一）专利侵权

证明专利侵权包含两个不同方面，其一为显示被告使用受专利保护之发明，不论是产品或是方法专利均然。要发生侵权，所有的特征都必须出现，[1] 该特征可准确地如同权利要求项所述（此为文义"侵权"），依据等同论[2]之功能上的等同方式呈现，或是至少根据目的建构理论之精神的方式呈现（非文义"侵权"）。相较于著作权之侵权概念[3]为"实质取用"而言，这些检验方法提供了较为限缩之保护范围。

再者，其必须证明该被告以专属给专利权人之方式使用该发明。传统上来说，[4] 专利权人被给予权利在专利权有效之地区去"制造"（产品）、"使用"（产品或方法）或"销售"（产品或方法）该发明。世界贸易组织与贸易有关的知识产权协定（TRIPS）现在提供国际间基本标准：

---

[1] See, eg, *MacLennan v Gilbert Technology Inc.* （2004）41 CPR（4th）131（Beaudry J）（Federal Court of Canada）. Here the patent claimed a combination of saw teeth and holder. Supply of replacement teeth did not infringe, though some were sold with adaptors to achieve fit with the holder. Section 1358（3）of Russia's new intellectual law, codified as Part IV of her Civil Code, states that an 'invention... is deemed to have been used in a product if that product contains every single characteristic of the invention set out in the independent clause［claim］... or a characteristic that is equivalent to it...' L Haworth and P Haworth, 'Codifying Russia's Intellectual Property Law'（2007）30（2）EIPR 50, 54.

[2] See Chapter 15, Toshiko Takenaka.

[3] L Gimeno, PhD thesis（University of London 2002）. Gimeno's thesis compares patent infringement with copyright infringement in the UK, Spain, and other jurisdictions.

[4] See Chapter 3, John Adams.

第 28 条　授予权利

1. 专利授予其所有权者下列专属权利：

（a）当专利标的为产品时，排除第三人未经有所有权人同意下之制造、使用、销售要约、销售或进口该产品。

（b）当专利标的为方法时，排除第三人未经有所有权人同意下之使用、销售要约、销售或进口至少经该方法所直接获得之产品。

2. 专利所有权人应有权让渡或经继承而转让该专利，且可缔结授权合约。⑤

此处并无要求这些行动需涉及著作权或从专利所衍生或从专利权人之行动所衍生。亦并未要求专利权人建立侵权之故意⑥或被告知悉该专利权之存在，虽然不知道该专利之存在可能成为请求损害赔偿（相对于禁制令而言）之抗辩。于此方面，专利权所授予保护之范围既宽广且绝对，虽然通常可经由私人/非商业使用或实验性使用⑦等抗辩而加以调和。

在"直接"形式之侵权⑧之外，亦有数种被认可之"非直接"形式侵权在专利保护范围下。重要的例子为禁止进口在美国管辖权之外使用专利方法所制造之直接产品。⑨ 若允许该产品进入专利有效区，这些进口产品会影响专利权人之市场或是被授权人之区域性市场销售。其他侵权之程序亦用于解决相似的问题，⑩ 例如对于非专利产品或生意准予结果损

---

⑤　World Trade Organization，'Uruguay Round Agreement：TRIPs' < http：// www. wto. org/ English/docs_ e/legal_ e/27 – trips_ 04c_ e. htm#5 > accessed 9 February 2008（footnote omitted）. These rights may be subject to exhaustion according to national law. TRIPs art 6.

⑥　Nor，conversely，does an intention to infringe establish infringement. *Halford v. Seed Hawk Inc.* （2004）31 CPR（4th）434［322］（Pelletier J）（Federal Court of Canada）.

⑦　See Chapter 19，Sean O'Connor；Trevor Cook，'Responding to Concerns about the Scope of the Defence from Patent Infringement for Acts Done for Experimental Purposes Relating to the Subject Matter of the Invention'（2006）3 IPQ 193.

⑧　For a reference table for direct forms of infringement under TRIPs，the Community Patent Convention，German，British，French，Dutch and Swiss law，see Ian Muir，Matthias Brandi – Dohrn，and Stephan Gruber，*European Patent Law：Law and Procedure Under the EPC and PCT*（OUP，Oxford 1999）249.

⑨　Recognized in TRIPs art 28（1）（b）.

⑩　*Gerber Garment Technology，Inc. v. Lectra Systems Ltd.*［1997］RPC 443（Court of Appeal，England）；*Rite – Hite v. Kelly* and other cases discussed in Chapter 21，Toshiko Takenaka.

害或"寄生"（parasitic）损害。Lim 以及 Christine⑪ 曾探讨过于生物科技领域中"延展性"（reach – through）权利要求项之使用，借此试图延展专利权范围，以包含使用专利技术之下游（downstream）发明。欧盟生物科技指令（EC Biotechnology Directive）⑫ 延伸了关于经由繁殖（propagation）或增殖（multiplication）所产生之下游产品之生物材料的专利侵权范围。此问题涉及了权利要求项之撰写、侵权行为，以及专利有效性之间的相互影响。方法权利请求项之侵权证明，相较于产品权利请求项之侵权证明而言有较为困难之倾向。Park 曾对软件专利评论如下："不适当的专利请求项撰写可能无法给予专利有效的实施，因其限制了间接（帮助）侵权且允许竞争者可声称其使用为实质上非侵权……"。针对前述议题，专利撰写者应检验是否权利请求项之每一元件可以从在专利所保护国家内之分隔区域中之角度来被解读。此外，权利请求项应被撰写成：一旦竞争者之客户于专利保护境内之直接侵权成立时，在专利保护境外之竞争者之伺服器所执行之步骤亦可构成间接侵权。这些策略将会强化权利要求项对于可能侵权者之可实施性。⑬ 若发明请求项之一元件无法在被告之行为中被发现，法院仍可能基于有利的权利请求项之建构（construction），或是有利的法律对于被告行为之定性，或适用/采用非直接侵权之规定，而作出对于专利权人有利之决定。对于这些可能性举例言

---

⑪　Amanda SY Lim and Andrew F Christie, 'Reach – through Patent Claims in Biotechnology: An Analysis of the Examination Practices of the United States, European and Japanese Patent Offices' [2005] 3 IPQ 236.

⑫　Council Directive (EC) 98/44 on the legal protection of biotechnological inventions [1998] OJ L213/13 art 8.

⑬　Jinseok Park, 'Think before You Write: Considerations for Drafting Claims of Software Patents', paper at 19th BILETA Annual Conference 2004, available from www. bileta. ac. uk, click on 'conference papers' (last visited 5 January 2008) (footnotes omitted). See also Jinseok Park, 'Interpretation of Patent Claims in the EPO, USPTO and JPO – In the Context of the Doctrine of Equivalents and Functional Claims' (2005) 27 (7) EIPR 237.

之，以色列案例 *Rav – Bariah v. Havshush*⑭ 中，以色列最高法院裁定以色列之法律，尽管最近被修正且限缩侵权之范围，应被解释成包含帮助侵权。

（二）三个"一致性"（unities）

直接与间接（或帮助）侵权之个别角色，可透过具有戏剧性的一致论（doctrine of unity）而了解，该论点在著作权案例 *Green v. Broadcasting Corp. of New Zealand*⑮ 中被引用。使得戏剧得以演出之一致性包含三部分：空间一致性、时间一致性及行为一致性（包含行为人之一致性）。⑯ 空间一致性代表专利的地域性本质。时间一致性之概念为可用于分析先于或后于主要侵权行为之活动。行为一致性系关于侵权行为之样式，以及数个不同行为人可能对于单一侵权事件的参与程度。

当缺少一个或多个一致性而无法证明直接侵权时，则可进一步分析帮助侵权。举例言之：

• 个别侵权是否可在未发生前即被排除，藉由限制基本元件或原料之供应者，而非控告多个直接侵权者？

• 是否不同的行为人提供不同阶段之侵害方法？

• 是否可成功地提起诉讼，假使某些侵权元件发生在专利领域外（off – shore）？

• 非受禁制令限制之一方提供给受禁制令限制之一方侵权之手段（means），且此行为因此违反了禁制令。⑰ 供给者以及受禁制令限制之一

---

⑭ Case 1636/98 reported at 55 (5) PD 337 (Supreme Court of Israel). The case concerned import of two of three components of a patented lock to prevent car theft. See A Benyamini, 'Indirect Infringement of Patents in Israel: Judge – made Law' in D Vaver and L Bently (eds), *Intellectual Property in the New Millennium: Essays in Honour of William R. Cornish* (Cambridge University Press, Cambridge, 2004) 116 – 17; KL Elburg, 'Israel: Patents: Doctrine of Contributory Infringement of a Patent Applies in Israeli Law' (2002) 24 (7) EIPR N112. Reinhold Cohn & Partners have described the decision as 'judicial legislation'. 'Israel: Patents: Contributory Infringement', article available at http://www.mondaq.co.uk/article.asp?articleid=18747.

⑮ [1989] 2 All ER 1056, [1989] RPC 700 (Privy Council, from New Zealand). (The Privy Council sits in the UK, hearing appeals from certain Commonwealth countries).

⑯ The concept of the three unities is also helpful in analysing passing off. See Jeremy Phillips and Alison Firth, *Introduction to Intellectual Property Law* (4th edn, London, Butterworths, 2001) at para 20.18.

⑰ See Chapter 20, Christopher Cotropia.

方是否会因此而有藐视法庭（contempt in court）之责任？

本章节将参照一致性之概念而分析专利侵权，并以国际条约[18]、区域或国家立法暨判例[19]为例说明。

（三）本章不包含之范围

因专利诉讼通常并不导致刑事责任，即使在某些国家技术上存在刑事责任，[20] 作者于此不考虑专利之刑事侵权责任，或相关且有趣之参与犯罪之相关议题。英国法律委员会（English Law Commission）曾在参与犯罪之相关法律上，角力了数年之久。[21] 本文亦不涉及代位责任（vicarious liability）之比较分析，代位责任系指某方（例如员工或代理人）之责任被加诸于另一方（例如雇主或被代理人）。在案例 *Perfect 10 v. Visa Int'l Service Assoc.*[22] 中，美国法院近期考量，是否著作权之代位责任成立时原告必须"声称被告具有权利及能力去监督该侵权行为以及于该侵权活动中之直接财务上之利益"。[23] 作者亦不考虑之"平行进口"或"灰色货品"（grey goods）之问题。该问题系指货物被置于一区域之自由流通市场中，然后被进口并散布至另一区域。此些问题将于本册之其他章节中讨论。[24]

有时，专利概念与案件被引用在决定其他知识产权[25]案件，反之亦

---

[18] See, also Chapter 5, Tomoko Miyamoto.

[19] Many European countries follow the approach of the draft Community Patent Convention/Agreement, which has never made it to being a concluded agreement. See A Benyamini, *Patent Infringement in the European Community* (IIC Studies in Industrial Property and Copyright, vol 13, Max Planck Institute, Munich, 1993), especially Chapter 2, 'Historical Development, Objectives and Fundamentals of the Community Patent'.

[20] Such as France or Denmark. See AIPPI, 'Summary Report on AIPPI Question Q169 – Criminal Law Sanctions with regard to the Infringement of Intellectual Property Rights' http://www.aippi.org/reports/q169/q169_Summary_e.html accessed 9 February 2008.

[21] See [2008] 1 Crim LR, especially editorial summary. (This is a special issue devoted to the Law Commission papers.)

[22] 494 F.3d 788 (9th Cir. 2007) (D Smith Jr, J, Kozinski, J, dissenting).

[23] See Paul Devinsky, 'United States: Credit Card Processor Not Liable For Infringement' McDermott Will & Emery United States: Intellectual Property Quarterly Newsletter, Winter 2007.

[24] Thomas Hays, Chapter 18.

[25] Such as copyright. See, eg, *CBS Songs v Amstrad Consumer Electronics* [1988] AC 1013. For U.S. and Australian commentary on copyright issues, see Jane C Ginsburg and Sam Ricketson, 'Inducers and Authorisers: a Comparison of the U.S. Supreme Court's Grokster Decision and the Australian Federal Court's KaZaa Ruling' (2006) 11 Media & Arts Law Review 1.

然。本章节将尽可能聚焦于专利相关案件。

二、直接与间接形式之专利侵权

（一）间接或帮助侵权

在一给定法域中，间接或帮助侵权之概念可从法条形式加以识别，或是可从一般普通法系（common law）或大陆法系（civil law）之侵权行为（torts）或侵害（delict）之概念之应用。在某些法域中，例如，美国之联邦专利法，帮助侵权系一高度发展之法律论（highly elaborated doctrine），并已经条文化为法条。在其他法域中，此类法条可能不存在（现在或过去），[26] 尽管大部分国家之情况介于中间——具有认可之概念，也许具有法条基础或数个案例。缺少判例法，例如德国，可能是因为法院倾向于宽广地界定直接侵权。

于此领域，具有学术文献探讨此问题之定位于个别法域[27]；博学的法律从业者于特定法域[28]工作；至少一区域及比较专论[29]；以及数个比较不同区域之报告。[30] 从相关文件及详阅世界知识产权组织（WIPO）之法律电子资料库（Collection of Laws for Electronic Access），读者可参阅如表16.1 所示之组合之进一步示例。

两类别之法论可被辨识出。早期发展之法论倾将其视为基于参与直

---

[26] The concept was doubted in the UK prior to the Patents Act 1977; In *Dunlop v. Moseley* (1904) 21 RPC 274, the sale of wheel rims 'ready for' the wires which would complete the patented product was held not to infringe. See Brian Reid, 'A Practical Guide to Patent Law' (1984) ESC at 113.

[27] Braier, Paul A and Jayaprakash, Azza M, 'Indirect Patent Infringement in the US: Points to Consider for Generic and API Manufacturers' (July 2007) 4 (4) Journal of Generic Medicines 287. A highly influential Canadian article was that of F Grenier, 'Contributory and/or Induced Patent Infringement' (1987) 4 CIPR 26, cited in *Warner – Lambert v. Wilkinson Sword Canada* (1988) 19 CPR (3d) 402, 407 (Jerome ACJ) (Federal Court, Trial Division Canada), and in turn by the Canadian Federal Court of Appeal in *Dableh v. Ontario Hydro* (1996) 3 FC 751, 68 CPR (3d) 129, 148 – 9, leave to appeal refused [1996] SCCA No. 441 (QL).

[28] Eg, Donald C. Chisum, *Chisum on Patents* (New York, Matthew Bender, Looseleaf).

[29] A Benyamini, *Patent Infringement in the European Community* (IIC Studies in Industrial Property and Copyright, vol 13, Max Planck Institute, Munich, 1993).

[30] Eg, Ron Nicholson and Roger Miselbach, 'Contributory Infringement' [2000] available from http://www.licensingforstandards.co.uk/contrininfr.pdf [last visited 21 February 2008].

接侵权行为之后续活动。㉛ "帮助侵权" 一词暗示了此情况㉜且通常要求该可疑之供应确实造成了侵权。㉝ 更多成熟之间接侵权方法可以描述为，其藉由切断侵权者之必要供给，相较于允许侵权发生而造成损害，能更有效地防止侵权。对于一个供应者提起诉讼并限制其销售，相较于对数个侵权消费者提起诉讼更有效率。㉞

为了有效执行，此种预防性法论不能相依于实际之下游侵权。但此模式亦产生了一种困境（dilemma）——如果下游个体并未实际侵权，因为其为被授权人，具有先使用权，㉟可私人或商业地使用该发明，㊱或享有例如实验豁免之抗辩，㊲则应如何因应？实务上，许多法域具有一系列条文，根据侵权发生之相对可能性，以及供应商之了解程度或意图，结果将依照侵权之最终行为之元件的重要性而有所不同。例如，若该元件为"基要元件"（essential means），如共同体专利公约（Community Patent Convention，CPC）第 26 条中之定义，或是因为其重要性使得直接侵权明显地会发生。在案例 *Impeller Flow Meter*㊳ 中，德国联邦最高法院宽广地解释基要元件为包含权利请求项之所有主要特征，或是否被供应之物件被特别地用于使该发明产生效用。

㉛　Chisum on Patents, para 17.02, describes the early US decisions as developing a doctrine of contributory infringement from the 'tort principle of aiding and abetting', citing *Hewlett – Packard Co. v. Bausch & Lomb Inc.*, 909 F. 2d 1464 (Fed. Cir. 1990).

㉜　Thus in GRUR Int 1994, 324 (Base plate case), cited by Muir et al at para 21.15, the Austrian Supreme Court held that only an intentional contribution to direct patent infringement would be actionable.

㉝　As with the US Patent Act, section 271, eg *Nordberg Mfg Co. v. Jackson Vibrators Inc.*, 153 USPQ 777, (N. D. Ill. 1967). Chisum on Patents, para 17.03 cites US cases where equitable or declaratory relief has been granted.

㉞　This rationale is cited by Neils Holder and Josef Schmidt, 'Indirect patent infringement – Latest developments in Germany' (2006) 28 (9) EIPR 480.

㉟　These would be persons having the right to 'exploit' the invention under Art 26 CPC.

㊱　Such a person would be entitled to use the invention without infringing but not to 'exploit' it. See Art 26 (3) of the Community Patent Convention.

㊲　This class of person is not regarded as having the right to 'exploit' the invention under Art 26 CPC.

㊳　Bundesgerichtshof (BGH) (Federal Court of Justice) 4 May 2004, Gewerblicher Rechtsschutz und Uhreberrecht [GRUR] 758, Case No. XZR 48/03 Flugelradzahler, Case XZR 48/03 [2005] IIC 963.

三、间接侵权之条文示例

共同体专利公约第 26 条如下：

禁止间接使用该发明

1. 共同体专利应授予其所有权人以排除所有第三人，未经所有权人同意而供给，要约以供给，与该发明之基要元件有关之手段（means），于合约国家境内予非有权使用该发明之个体，并使其有效地实施该发明，当该第三人知悉或明显可知该手段在该情况下，使用且被意图用于有效实施该发明。

2. 段落 1 不应适用于当手段为普遍商业产品（staple commercial products），除非该第三者诱使提供者进行第 25 条所禁止之行为。[39]

3. 执行如第 27 条（a）到（c）[40]者，于段落 1 之范围内，不应被考虑为有权使用该发明者。

日本专利法编号 121（于 2004 年 6 月 4 日修正）之第 101 条[41]显示了另一个优良的系列，从专注的项目到较少之专属供应者，然而排除了普遍商业产品：

101 - 下列行为应视为侵害专利权或专属授权：

（i）当专利为产品之发明时，于交易中，制造、转让，或进口，或要约转让被专属用于制造该产品之物件（things）；

（ii）当专利为产品之发明时，于交易中，制造、转让，或进口，

---

[39]　Ie, direct infringements.

[40]　Viz, acts done privately and for non – commercial purposes, acts done for experimental purposes relating to the subject – matter of the invention and extemporaneous pharmacy preparations to prescription. Returning to Art 26 CPC, by implication supply to parties entitled to the other defences of Art 27（eg, use on Paris Union ships and other means of transport）is protected from infringement, as are supplies to persons with prior user rights.

[41]　Translation from http：//www. wipo. int/clea/docs_ new/pdf/en/jp/jp062en. pdf. In 1977 it appeared that the provisions now appearing as subsections 1 and 3 were little used. Klaus Hoffmann, 'Contributory or Indirect Infringement of Patents', Paper delivered at ordinary general meeting of the Chartered Institute of Patent Attorneys, 20 April 1977. （Report in the archive of Queen Mary Intellectual Property Research Institute, Queen Mary University of London. ）

或要约转让，被用于制造该产品（不包含大致上散布于日本者），且对于解决问题而言不可或缺之物品（article），且行为人知悉该被专利保护之发明以及该物品将被用于实施该发明。

（iii）当专利为方法之发明时，于交易中，制造、转让，或进口，或要约转让被专属用于制造该产品之物件。

（iv）当专利为方法之发明时，于交易中，制造、转让，或进口，或要约转让，被用于制造该产品（不包含大致上散布于日本者），且根据该发明对于解决问题而言不可或缺之物品，且行为人知悉该被专利保护之发明以及该物品将被用于实施该发明。

澳大利亚专利法 1990 具有下列条文于 117 节：[42]

（1）若某个体使用一产品会造成侵权。供给该产品予他人系供给者之专利侵权，除非该供给者为专利权人或专利被授权人。

（2）参照（1），使用该产品系指：

（a）若该产品仅有一种合理使用方式，考虑其自然及设计，该使用方式；

（b）若该产品并非普通商业产品，所有该产品之使用，如果该供给者有理由相信该个体会使用之；或

（c）在任何情况下，使用该产品符合该产品之使用指示，或任何引诱使用该产品，该指示或引诱系供应者给予该个体，或包含于经供应者授权之公开广告。

"供给"被进一步定义[43]于包含"（a）以销售、交换、出租、雇用或雇用购买（hire or hire purchase）等方式供给，以及（b）要约以供给（包含以销售、交换、出租、雇用或雇用购买等方式供给）"。

35 USC 271（b）及（c）条文化引诱及非间接侵权于美国专利法中：

---

[42] Interpreted in *Bristol – Myers Squibb Co. v. FH Faulding & Co. Ltd.* ［2000］FCA 316 as covering the supply of drugs for use in a patented method, including clinical trials.

[43] Schedule 1 of the Patents Act of 1990.

（b）任何人主动地引诱侵害专利权应负侵权者之责。

（c）任何人要约销售、销售于美国境内或进口于美国一元件，用于受专利保护之机器、制造物、组合或组成，或材料，或装置用于实施专利保护方法，该元件构成该发明之基础部分，行为人知悉前述元件系特别被制造或用于侵害该专利权，且该元件并非普通产品或具有非侵权用途之商业日常产品，行为人应负帮助侵权之责。

　　然而，此处尚需要另一分节（d）以中和专利滥用原则（patent misuse doctrine）对于帮助侵权之影响。尽管发展快速的法律学说倾向于保护日常用品之供应者，美国法院似乎认为帮助侵权系过度延伸专利权人之权利。在 *Mercoid Corp. v. Mid - Continent Inv Co.*⑭ 案例中，美国联邦最高法院应用专利滥用原则而拒绝专利权人 Mid - Continent 之请求。Mid - Continent 曾授权给第三方 Minneapolis - Honeywell 制造及销售受专利保护的加热系统，其包含三个元件：振动器（stroker）、恒温器（thermostat），以及一"燃烧震动器开关"。使用费根据开关的销售而支付，该开关并未独立地受专利保护。Mercoid 制造及销售燃烧震动器开关，该开关并无其他用途。专利权人控告 Mercoid 帮助侵权；Mercoid 提出专利滥用抗辩，并依反托拉斯法（anti - trust）提出反诉。假设侵权案之方面均对Mid - Continent 有利，法院应用先前发展于非专利材料之专利滥用原则于此专属设计之开关。因此，从本案质疑其存在之故，帮助侵权原则被视为于次要于反托拉斯法。分节 271（d）推翻了 *Mercoid* 案的影响。

四、分　析

　　在下列依各单一性所列表中，通常被视为直接侵权的活动被置于中间；其他活动可能为直接侵权、帮助侵权或非侵权。然而，全部的活动均在某种程度上影响了专利权人的利益。我们应假设所考虑活动并未经过专利权人之明示授权。在某些情状中，为了交易效率，授权必须是默示的或被推测的。在如英格兰与威尔士等法域，若专利权人并未明示保留其权利时，法院曾特定地愿意去承认默示授权并推定专利权人之授权。此系来自对于专利权人对于发明实施例之广泛范围之认可。因其具有控制使用、制造及销售一产品之权利，专利权人可销售有限度调整的（sub

---

⑭　320 US 661，60 USPQ 21（1944）rehearing denied，321 US 802（1944）.

modo）专利产品——受限于使用上的限制。⑤ 即使当产品被扣押偿债时亦可适用此原则，例如 *British Mutoscope and Biograph Co. Ltd. v. Homer*⑥ 案所述，至少当扣押人知道此限制时。⑦ 相反地，若一销售行为未伴随着使用上的限制，可推测该授权为并无限制其使用及再销售。如同 *Betts v. Wilmott*⑧ 案所述，"当购买一物品，买方可期待对该物有所控制，若欲主张其并未给予买方销售该物品或随意使用之授权，卖方必须有清楚且明示的约定以支持其论主张"。

在某些案例中，默示授权曾被判定为及于产品之进出口至另一法域，此情况系基于同意且并非基于国际穷竭原则。⑨ 在 *Davidoff*⑩ 案中，欧盟最高法院（European Court of Justice）明示其对于在从欧盟外领域平行进口之案例中使用同意原则的疑虑，为调和欧盟商标法，其裁示："默示同意不可被推断：……从商标所有权人移转具有商标之商品所有权但未有合约保留之事实，根据合同的准据法，该财产权之转移包含（在无此类保留时）无限制的再销售权利，至少包含可在欧洲经济领域（European Economic Area，EEA）中销售的权利"。在欧洲，基于商品自由流动原则，区域权利穷竭的概念目前控制了来自欧盟及欧洲经济领域内之商品。

时间上的一致性：直接侵权与上下游活动 假设此时所有的活动发生于专利有效的单一法域内，侵权活动的范围及其限制可被检验，如表16.2所示。

制造专利产品 这一类侵权行为一般是直截了当的，当然属于权利要求解释的范围。当修理一个产品的程度大到了重造的程度也可以构成

---

⑤ Note that competition law（antitrust）principles or other doctrines relating to contracts in restraint of trade may inhibit this kind of restriction.

⑥ ［1901］1 Ch 671.

⑦ In *Roussel – Uclaf SA v. Hockley International Ltd.* ［1996］RPC 441，it was held that the limits on a licence would need to be notified to everyone down the chain of commerce.

⑧ （1871）LR 6 Ch 239（Lord Hatherley）. See，likewise，*Société Anonyme des Manufactures de Glaces v. Tilghman's Patent Sand Blast Co.* （1883）LR 25 Ch D 1（CA）9.

⑨ *National Phonograph Company of Australia*，*Limited v. Walter T Menck* ［1911］AC 336（Privy Council from Australia）. However，in *Canon v. Green Cartridge* ［1997］FSR 817（PC）822，the court appeared to prefer a doctrine of exhaustion by first sale.

⑩ Joined Cases C – 414，415，& 416/99 Zino Davidoff SA v. A&G Imports Ltd.；Levi Strauss & Co v. Costco Wholesale UK Ltd.；Levi Strauss & Co. v. Tesco Stores Ltd.（ECJ，20 November 2001）.

"制造"。[51]下面会讨论生产或者组织一套完整的零件是否等同于"制造"这个问题。

表 16.1　帮助专利侵权之不同基础示例

条约或法条	非法条但具有普通法或大陆法之法论	无法条或法论
共同体专利公约（欧洲 1975 及修正），第 30 条[52]	美国于 1952 年前[53]	英国在 1977 年专利法之前
德国专利法，第 10 节[54]	澳大利亚[55]	澳大利亚在 1990 年法条之前
英国专利法 1977，60（2）及（3）节[56]；美国专利法第 271 条（b）-（d）；澳大利亚专利法 1990，第 117 节	南非[57]	新加坡[58]

[51]　As, for example, in United Wire v. Screen Repair Services (Scotland) Ltd. [2001] RPC 439 (HL); c. f Aro Mfg. Co. v. Convertible Top Replacement Co. , 365 US 336, 346 (1961). In the Aro cases, the products supplied were replacement hoods for General Motors Cars, some of which were sold with a licence from the patentee and some not. The hoods were described as 'the almost unique case in which the component was hardly suitable for any non‑infringing use'. Aro Mfg. Co. v. Convertible Top Replacement Co. , 377 US 476, 487‑8, 141 USPQ 681 (1964) (Aro II).

[52]　The text of the Community Patent Convention ('CPC' Luxembourg, 1975) may be consulted at the web site of the European Union, http: //eur‑lex. europa. eu/smartapi/cgi/sga_ doc? smartapi! celexapi! prod! CELEXnumdoc&lg = en&numdoc = 41975A3490&model = guichett. Please note the statement 'no longer in force' at the web site is misleading; the CPC never came into force due to the failure of Ireland and Denmark to ratify it. It was amended by the Community Patent Agreement (Luxembourg, 1989) but this instrument has never taken effect, either.

[53]　And the enactment of 35 US sections 2711 (b)‑(d).

[54]　Modeled on Article 26 of the Community Patent Convention. See German Community Patent Act 1979; see Neils Holder and Josef Schmidt, 'Indirect Patent Infringement‑Latest Developments in Germany' (2006) 28 (9) EIPR 480, N3 (their reference to art 30 CPC is erroneous).

[55]　Limited doctrine, based upon intentional contribution to direct infringement: 'Base plate' GRUR Int 324, cited by Ian Muir, Matthias Brandi‑Dohrn, and Stephan Gruber, *European Patent Law: Law and Procedure Under the EPC and PCT* (OUP, Oxford, 1999) at para 21. 13.

[56]　Modeled on Article 26 of the Community Patent Convention; Section 130 (7) of the 1977 Act requires Section 60 to be given the same effect as the corresponding provision of the CPC.

[57]　David F Sheppard, 'South Africa: Patents‑Amendments of Pleadings‑Contributory Infringement' (2002) 24 (3) EIPR N36 (describing an unreported case in South Africa, *Nel v. Nedcor Bank Ltd.*); Dario F Tanziani, 'South Africa: Patents: Exception in a Patent Infringement Action Against Inclusion of Contributory Infringement in Pleadings‑Exception Dismissed' (2004) 26 (5) EIPR N67‑9.

[58]　James Wan, 'The Multi‑jurisdictional Nature of Patents' Asia Law & Practice IP Review, September 2004.

表 16.2　专利侵权及时间一致性

更上游活动	上游活动	"核心"侵权	下游活动	更下游活动
制造专利产品之元件	提供某些用于制造专利产品之元件（或用于修复，参考右栏） 提供专利产品之所有元件 提供具有新用途权利要求之产品 提供仅用于侵权之物件 要约提供侵权手段（means） 资助侵权者之活动	制造专利产品	销售，要约销售专利产品；储存专利产品；使用专利产品	修复专利产品
	要约使用专利方法 提供场所使用专利方法 提供用于专利方法之原料	使用侵权方法	销售专利方法的直接产品	
	非直接/帮助，直接，或非侵权制造专利产品	直接侵权	直接侵权	直接侵权，若修复范围够大

储存专利产品　储存这个动词表明了产品本身所具有的经济目的——为了出售、租借或者进出口而储藏。美国专利法没有规定这样的侵权行为——第271条仅规定了未经授权的制造、使用、允诺销售和销售专利发明。TRIPS第28条第（1）款（a）项也未提及储藏和占有行为。

许多欧洲国家的国内专利法遵循共同体专利公约（CPC）。这一公约因为没有得到足够的批准而不具有强制力，但是根据同期的《国内法调整决议》对国内法具有很强的影响力。[59] CPC第25条（a）款规定侵犯专利权的行为包括"制造、允诺销售、销售或者使用专利产品[60]，或者进口或者为以上目的储存专利产品"。[61]

---

[59]　See A Benyamini, Patent Infringement in the European Community (IIC Studies in Industrial Property and Copyright, vol 13, Max Planck Institute, Munich, 1993) 13.

[60]　Benyamini argues that use of the phrase 'a product' rather than 'the product' gives latitude in claim construction. Ibid 66.

[61]　French law, for example, follows this text. See Art L613－3 of the French Intellectual Property code, available online at ＜http：//www.wipo.int/clea/en/index.jsp＞ accessed 31 January 2008.

在英国，专利法第 60 条第（1）款（a）项采用了一个更宽泛的用语：未经授权的人如下行为构成专利侵权："当发明是产品时，制造、销售、允诺销售、使用或者进口产品，或者以销售或者其他目的持有"。之前的规定是，"持有"不包括仅仅从运输服务中获利的单纯的承运行为[62]，但是包括在英国以出口为目的[63]或者在境内销售为目的的持有。这一规定推翻了之前的规定：仅仅持有产品的被告人不构成侵权[64]，除非有证据证明使用。从证据来讲，这一点很难证明。在 *McDonald v. Graham*[65] 案中，"持有"被解释为包括为伺机用于商业用途而持有。

销售、允诺销售　销售专利产品是专利权人从发明中获取利润的希望。侵权的销售因为没有研发成本而价格低廉，会削弱这种获取利润的机会。除了失去销售份额之外，专利权人有可能还不得不降低自己的价格[66]以达到和侵权人价格同样的推广效果。这一类的损失特别难以计算。大多数国家把销售的概念扩展到允诺销售——美国专利法第 217 条，以及采用了更宽泛的概念的《专利合作条约》条款"允诺、上市销售"和英国立法者所喜爱的"销售、允诺销售"[67]，这意味着侵权完全可以在销售之前发生。如果允诺销售发生在专利过期之前，销售发生在专利过期之后，是否构成侵权？在 *Gerber Garment Technology v. Lectra Systems*[68] 一案中，杰寇波（Jacob）法官认为答案是否定的。但是基于本案事实，允诺销售行为被证据证实，且被判定侵权成立，理由是当事人并不在意销售

---

[62]　Smith Kline & French Laboratories Ltd. v. RD Harbottle（Mercantile）Ltd. ［1980］RPC 363（British Airways）.

[63]　Or import/export. Hoffman – La Roche v. Harris Pharmaceuticals［1977］FSR 200.

[64]　British United Shoe Manufacturers v. Collier（1910）27 RPC 567（HL）.

[65]　［1994］RPC 407（CA）.

[66]　Price erosion may be caused by infringement – Meters v. Metropolitan Gas（1911）28 RPC 157（CA）；American Braided Wire Co. v. Thomson（1889）6 RPC 518（HL）– but may also be attributed by the court to the activities of non – infringing competitors – United Horse – Shoe & Nail Co. v. John Stewart & Co.（1888）LR 13 App Cas 401（HL）. See, also, the US court's robust attitude in Crystal Semiconductor Corporation v. TriTech Microelectronics International, Inc. 246 F. 3d 1336, 57 USPQ2d 1953（Fed. Cir. 2001）；Roy J Epstein, 'The Market Share Rule with Price Erosion：Patent Infringement Lost Profits Damages after Crystal' 31 AIPLA QJ 1（2003）.

[67]　Patents Act 1977, section 60（1）.

[68]　［1995］RPC 383（Patents Court）411 – 12；appeal allowed in part at［1997］RPC 443, but this point（obiter）was not subject to appeal.

实际上什么时间发生。所以杰寇波法官的评论只是附带意见。在这个案子中，法院对于专利权人的赔偿请求非常慷慨，对"允诺"销售作了宽泛的解释而不限于合同法严格定义的允诺销售。即使最终没有成功售出，允诺销售仍然被推定为构成侵权，但是在这种情况下赔偿额会很少。

在英国，"处置"还包括租赁。[69] 作为一个语义学的概念，处置也包括销毁，法院会受理这样的说法，例如，如果销毁侵权产品以击败专利权人的补救措施。

使用专利产品　这种形式的专利权侵犯进一步证明了专利权的深远范围。正如上面所讨论的，这种权利可能赋予专利权人对专利产品的连续控制，即使对已售出的专利产品。

提供专利产品的所有组件　在某些司法管辖区，如德国，销售涵盖专利产品所有组件的完整的"工具包"被视为销售此专利产品，即使此法律规定归属于间接侵权。在 *Rotocrop International Ltd v. Genbourne Ltd.*[70] 一案中英国采取类似的态度，一个包含组装桶的所有组件的工具包被等同为对专利桶的侵权。Benyamini 认为，共同体专利公约应在一般情形下采取这种方法。[71] 在加拿大 *Faurecia Automotive Seating Canada Ltd v. Lear Corp Canada Ltd.*[72] 案例中，法官 O'Keefe 证实，被告将对买卖专利发明的组件不承担任何责任，除非供应商（单独或与其他人联合）出售所有的组件，或有意诱发或导致侵权。法官 O'Keefe 援引 *Windsurfing International v. Trilantic*[73] 案例驳回了原告的加拿大法律在此点是不确定的说法。

供应专利产品的某些组件　如在如上所举的加拿大 *Faurecia Automotive Seating Canada Ltd. v. Lear Corp Canada Ltd.*[74] 案例中所讨论：这种行为

---

⑥⑨　*Kalman v. PCL Packaging（UK）Ltd.*［1982］FSR 406（Patents Court）；Cornish and Llewelyn also infer that this might be comprised in 'putting on the market' under the CPC paras 6 – 12.

⑦⓪　［1982］FSR 241（Patents Court）. In *Lacroix Duarib SA v. Kwikform（UK）Ltd.*［1998］FSR 493（Patents Court）, Justice Laddie declined to depart from this in refusing the defendant's application to strike out the patentee's claims.

⑦①　A Benyamini, *Patent Infringement in the European Community*（IIC Studies in Industrial Property and Copyright, vol 13, Max Planck Institute, Munich, 1993）67 – 77, also commenting on the law in England, Australia, Canada, US, Germany, Belgium, France, Austria and Japan.

⑦②　［2004］35 CPR（4th）322（Federal Court of Canada）.

⑦③　（1985）8 CPR（3d）241（Federal Court of Appeal of Canada）.

⑦④　［2004］35 CPR（4th）322（Federal Court of Canada）.

通常不等于直接侵权行为，除非缺少的组件无关紧要；如果缺少的组件无关紧要，那么法院的质询会集中到被告是否供应了"发明"，并对此作目的性（或等值）的解释。如果缺少的组件拥有微不足道的价值，那么法院的质询就超出了对"发明"的解释，而进入辅助侵权或间接侵权的领域。在这里，零部件供应是否最终会导致直接侵权的问题尤为关键。如果诉讼中的组件从来没有组装成"发明"，怎能在逻辑上说有侵权？赋予专利权人如此广泛的权利岂非是法庭对专利系统的滥用？这种两难的困境导致了美国法律如上所述的摇摆。[75] 另一方面，Holder 和其他人[76]所引用的效率理由仍然有效。为缩小逻辑的空白，欧洲法律[77]要求零部件的供应是"与发明的基本要素有关的手段"，而非是"普通产品"[78]，然后运用意图和知识的概念来沟通。[79] 这些条文的措辞之复杂是值得批评，但划分对专利权人的公平与专利权的过分扩张之间的界线注定是困难的。例如，*Hazel Grove（Superleague）Ltd v Euro - League Leisure Products Ltd*[80] 案涉及专利台球桌的补偿。被告取代平板床周边的非无关紧要的"边缘结构"并重新组装台球桌的行为被认定是重新生产，因而侵权。被告供应"边缘结构"给顾客组装其台球桌被认定是间接侵权，类似于本案中提供普通商业产品（焊片）。

---

[75] At p 473, citing *Mercoid Corp v Mid - Continent Inv Co* 320 US661, 60 USPQ 21 (1944) and 35 USC 271 (d). See, also, *Dawson Chemical Co v Rohm & Haas* 448 US 176; 100 S. Ct 2601 (1980).

[76] Neils Holder, Josef Schmidt, n 34 above. Lionel Bently and Brad Sherman succinctly argue that indirect infringement 'is particularly important where the maker or user is difficult to detect (for example where the manufacture or use occurs in private), or they are not worth suing': *Intellectual Property* (3rd edition, 2009, Oxford, OUP) p 551.

[77] Where the Community Patent Convention is incorporated into national laws, Table 16. 1, p 469 above.

[78] Unless there is inducement. This may be established by inference, for example the customising of a sample in *Celem SA v Alcon Electronics PVT Ltd* [2006] EWHC 3042.

[79] Eg UK Patents Act 1977, s 60 (2) 'when he knows, or it is obvious to a reasonable person in the circumstances, that those means are suitable for putting, and are intended to put, the invention into effect'.

[80] [1995] RPC 529 (Patents County Court). HH Judge Ford had a distinguished career in the European Patent Office (Munich) before returning to England to establish the Patents County Court. In his judgment he cites German jurisprudence, including *Rundfunkübertragungssystem*, 100 BGHZ 249, 87 GRUR 626 (1987); English translation at (1989) 19 IIC 811, 813, where it was held that indirect infringement provisions were not to be extended by reference to general notions of complicity.

　　供用于制造专利产品的原材料　毫无疑问有形材料构成共同体专利公约第 26 条的"手段"的意义。Benyamini 考虑[81]"手段"是否可以还包括无形的手段,如专有技术、设计、计划或制造软件。

　　专利产品/过程的组件的制造　同其他大多数国家相比,日本的辅助侵权条款[82]向直接侵权行为的上游进一步扩大。第 101 节涵盖手段,以及供应或提议供应。然而,它比欧洲或美国的立法在一方面狭窄——普通商品不被包括。涉及普通商品时,日本的辅助侵权条款似乎不涵盖诱导。

　　在新的用法权利要求下提供产品　虽然经典的欧洲案例——*Mobil*[83],涉及润滑剂,许多老产品新用途情形下的新的权利要求涉及药物的第二次或后续用药医疗指标。评估侵权涉及主观的问题,因此很困难;[84] 产品本身不是专利的主题,很难证明它被用于一种特定的方式,更难证明它被提供给一种特定的用途。加拿大法院在 *AB Hassle v. Rhoxalpharma Inc.*[85] 案例中经历了这个难题。仿制药制造商没有要求专利新使用的营销批准,但有证据表明,药物会如此使用。行为和行业知识足以证明诱导/采购,意图无关紧要。在这一领域加拿大法律似乎应用了比 *Warner - Lambert*[86] 低的诱导标准。美国 *Warner - Lambert v. Apotex*[87] 一案处理类似的事实,但地区法院以简易判决方式判被告胜诉,联邦巡回上诉法院维护地区法院的判决。

　　提议提供侵权的手段　在不需要直接侵权的司法管辖区,[88] 提议提供以及实际地供应侵权的手段是可能触法的。

　　修复专利的产品　读者请参看上述制作与修复之间的区别。[89] 只要行为超出允许的修复而进入到侵权范围,下一个类别的行为——供给修复

---

[81]　A Benyamini, *Patent Infringement in the European Community* (IIC Studies in Industrial Property and Copyright, vol 13, Max Planck Institute, Munich, 1993) 198.

[82]　See text to n 47.

[83]　Mobil/Friction reducing additive G2/88〔1990〕EPOR 73.

[84]　Lionel Bently and Brad Sherman, *Intellectual Property Law* (OUP, Oxford, 2004) chapter 22, citing Mobil/Friction reducing additive G2/88〔1990〕EPOR 73; *Merrell Dow Pharmaceuticals v. HN Norton & Co. Ltd.*〔1996〕RPC 76 (HL) 82.

[85]　(2002) 21 CPR (4th) 298, citing *AB Hassle v. Canada* (2001) 16 CPR (4th) 21.

[86]　See n 27 above.

[87]　316 F 3d 1348, 65 USPQ2d 1481 (Fed. Cir. 2003).

[88]　Eg Germany.

[89]　See, also, Chapter 17. Horst - Peter Götting and Sven Hetmank.

专利产品的组件将依照辅助侵权的一般规则。

使用获得专利的方法　同产品一样，使用获得专利的方法通常被解释为使用该权利要求的所有元素。根据对权利要求的解释，采取替代的等效的步骤仍然可能侵权。如果在有限的时间内获得专利的过程的所有步骤都被包括，那么运作方法中定期偏离到权利要求之外也无关紧要。[⑨]

提议获得专利的方法以供使用／提供厂房来操作获得专利的方法　根据共同体专利公约第 25（b）条及其衍生法律，提议获得专利的方法以供使用构成了直接侵权，即使缺乏实际或建设性的知识。Benyamini 以侵权产品与侵权过程理应对等的理由赞同这种状况。[⑨] 但是与产品权利要求的侵权相比，这种状况对专利人比较不利。美国法典第 35 编第 271 条（a）（35 USC 271（a））采用"制造、使用、提议出售，以及出售任何专利的发明"的措辞，不区分产品和过程的发明，而避免了这种区别。

供应原材料给获得专利的过程　加拿大的 *BakerPetrolite Corp v. Canwell Enviro – Industries Ltd.* [⑨] 案说明了这种情况。该专利涵盖了使用某种化学物质来甜化天然气；天然气生产商直接侵权，甜化剂化合物的供应商被判引诱侵权。

澳大利亚联邦法院在 *Collins v. Northern Territory* [⑨] 案例中考虑了一个相当不寻常的案例，原告控告领土当局违反了 1990 年的专利法 117 节，授予法定许可进入林地以砍伐某个特定种类的木材，此种木材被使用于生产精油的专利方法中。该许可不仅允许，而且要求砍伐此种树木。法院对辅助侵权的原则进行了深入的分析，并得出结论[⑨]，该许可确实构成"供应"，此案的树／木不是领土上的普通商业产品。此案被发回下级法院考虑进一步的问题。

出卖专利方法的直接产物　这也是共同体专利公约第 25（c）条下的

---

⑨　*Hoescht Celanese Corp. v. BP Chemicals Ltd.*［1998］FSR 586. As Bainbridge puts it,'using the process badly is still using the process for the purposes of infringement'. David Bainbridge, *Intellectual Property*（6th edn, Longman, Harlow, 2007）at 442, n 23, citing *Union Carbide Chemicals v. BP Chemicals Ltd.*［1999］RPC 409.

⑨　A Benyamini, *Patent Infringement in the European Community*（IIC Studies in Industrial Property and Copyright, vol 13, Max Planck Institute, Munich, 1993）136－7.

⑨　（2001）13 CPR（4th）193（Federal Court, Trial Division of Çanada）.

⑨　［2007］FCAFC 152.

⑨　By a majority, French J, dissenting.

一种直接侵权。即类似的条款出现在《欧洲专利公约》第 64 (2) 条。欧洲专利法律的这一规定导致过程产生产品的索赔的消亡，英国的残存反对最终被英国上议院在 *Kirin - Amgen Inc. v. Transkaryotic Therapies Inc.* (*No. 2*)[⑨⑤] 案例中撤销。

供应只可能用来侵权的物品　这一事实的重要性游离于实质性到证据性之间。在某些法律下是建立间接侵权的关键。

融资给侵权人的活动　加拿大的 *Halford v. Seed Hawk Inc.* [⑨⑥] 案例涉及第二被告提供资金诱导第一被告侵权的指控。法院认定第一被告非侵权是起决定性作用，但第二被告也没有诱引、协助或教唆。美国的法庭在早期已讨论了这一问题：*Tubular Rivet and Stud Co. v. O'Brien*[⑨⑦]。Lowell 法官进行了反证法分析，指出正如侵入者的厨师将不承担任何侵入行为的责任，专利侵权人的厨师、融资人或业主也不应承担任何专利侵权的责任。

空间一致性：领土范围　这些问题在一定程度上与本书的另一章——Rochelle Dreyfuss 的国外专利的维权[⑨⑧]——相互重叠。因此这方面的评论将会简短。

表 16.3　专利侵权和空间一致性

上游活动	"核心"侵权	下游活动
进口专利产品的某些组件　出口专利产品的某些组件　进口专利产品的所有组件　出口专利产品的所有组件	在专利领土范围内生产专利产品	在专利领土范围内出售专利产品　进口专利产品到专利领土范围内　从专利领土范围内出口专利产品
提议（一定要有提议吗？）使用（在哪里使用？）专利方法	在专利领土范围内使用专利方法　某些因素在国外怎么办	进口专利过程的直接产品到专利领土范围　从专利领土范围出口专利过程的直接产品
间接侵权或辅助侵权　直接侵权或非侵权	直接侵权或非侵权	直接侵权或非侵权

---

⑨⑤　〔2004〕UKHL 46；〔2005〕1 All ER 667（HL）.

⑨⑥　(2004) 31 CPR (4th) 434（Federal Court of Canada）.

⑨⑦　93 F. 200（CCD Mass 1898），cited in Chisum on Patents，para 17.02.

⑨⑧　See Chapter 22，Rochelle Dreyfuss.

在专利领土范围内使用专利方法：某些因素在国外怎么办？ 英国案例 *Menashe Business Mercantile Ltd. v. William Hill Organisation Ltd.* [99] 回答了这个问题。被告的客户被提供光盘，使他们能够与在线互动式的赌博网络联系起来。赌博网络由一个源于加勒比地区[100]的服务器主办。为了打赢侵权诉讼的官司，原告必须显示光盘的使用涉及被告的客户在英国使用该专利，即操作使用该专利方法。被告争辩这是不可能的，因为该专利方法的一部分是在专利领土范围外执行的。这一点是双方同意的事实，作为初步问题受审。法院裁定：既然客户在英国享受此网络系统的好处，服务器的地址无关紧要，被告的争辩被驳回。

进口专利产品到专利领土范围 在英国（至少）关键时刻以及法律责任方的决定发生于国家贸易合同中所有权和风险转移的时刻（*Sabaf v. MFI Furniture Centres*）。[101] 因此，如果一批货物从海外 FOB 发货，买方将被视为进口商，而不是卖方。但是，在 *Radio Controlled Clocks*[102] 一案中，一个在香港的商人将时钟交付给在香港的买方，但仍然被裁决为在德国的侵权行为承担责任。

进口专利方法的直接产品到专利领土范围 *Pioneer Electronics Capital Inc. v. Warner Music Manufacturing*[103] 案例显示了"直接"的重要性和这种形式的侵权在欧洲的狭窄程度：专利过程的进一步的步骤和最终产品之间的反复连接推翻了侵权。

提议使用专利方法（一定要有提议才侵权吗？必须在哪里使用才侵权？） 共同体专利公约第 25 条显然有双重管辖权要求。然而，在德国，这个双重管辖权要求可以被法庭的如下裁决所规避：在德国，一个接近完成的方法操作可以被认为是直接侵权，如果此过程操作被传递给第三者，第三者以"预知、必定而且独立于任何发明的知识"的方式完成这

---

[99] ［2003］1 WLR 1462，［2003］RPC 31（CA）.

[100] Antigua or Curacao.

[101] ［2004］UKHL 45. For similar issues in another jurisdiction, see Case No. 4C 196/2002 ［2003］GRUR Int. 561（Test cassettes case）（Federal Supreme Court（Bundesgericht）of Switzerland），noted at 'Patents：Switzerland：Act on Private International Law, Art. 109；Patent Act, Art. 66d'（2004）35 IIC 206.

[102] Funkuhr（Mitt 2002, 416）.

[103] ［1997］RPC 757（CA）.

一过程。[104]

行为一致性：分散的法律责任　在表 16.4 中许多的行为都已考虑在上，但其中几个行为在涉及多个参与者时会导致困难。三个领域特别感兴趣——不同参与者使用同一专利方法中的不同要素；不同参与者提供同一专利产品中的不同零部件（或组合为同一个专利过程中所需的不同原材料）；修理专利产品，修理者是或不是产品的所有人。最后这一点在另一章中处理。[105]

表 16.4　专利侵权和行为一致性

上游活动	"核心"侵权	下游活动	更下游活动
不同参与者提供专利产品中的不同零部件　提供专利产品中的所有零部件　不同参与者提供生产专利产品的不同原材料	生产专利产品	出售专利产品	修理专利产品，修理者是或不是产品的所有人
提供专利过程以供使用　提供专利过程的要素以供使用　提供厂房以操作专利过程　提供专利过程的原材料	不同参与者使用专利过程的不同要素	出售、进口专利过程的直接产物	如果足够广泛，可以构成侵权
间接侵权或辅助侵权或直接侵权	直接侵权或非侵权	直接侵权	非侵权

不同参与者使用专利过程的不同要素　Benyamini 讨论了这个问题[106]。他指出："使用这一过程"这一短语可能会比"进行"这一过程赋予更广的含义，因此可能会覆盖某些第三者履行某些要素的情形。英国的 *Menashe v. William Hill*[107] 案例可以作为这种类型的推理的一个示例。Benyamini 还提议，在英国和澳大利亚，多人分享一个常见的设计[108]的共同侵

---

[104]　Johann Pitz and Gerhard Hermann, 'Territorial Scope of Protection of German Patents' < http: //www. buildingipvalue. com > accessed 2 January 2008, characterizing the effect of the case law of the Dusseldorf District Court in BGH GRUR 1977, 250 – Kunststoffhohlprofil; GRUR 1982, 165 – Rigg; LG Dusseldorf, Entscheidungssammlung (Collected Decisions) 1999, 75 – Verglasungklotz; LG Dusseldorf, decision, 7 November 2000, InstGE 1, 26 – Cam – Carpet.

[105]　See Chapter 17, Horst – Peter Götting and Sven Hetmank.

[106]　A Benyamini, *Patent Infringement in the European Community* (IIC Studies in Industrial Property and Copyright, vol 13, Max Planck Institute, Munich, 1993) 133 – 4.

[107]　[2003] 1 WLR 1462, [2003] RPC 31 (CA), see above at n 92.

[108]　Lacking in *CBS v. Amstrad* [1988] 1 AC 1013 (HL). See also *Thompson v. Australian Capital Television Pty Ltd.* (1996) 186 CLR 574 (High Court of Australia).

权可以导致不同参与者操作同一专利过程的不同部分的侵权。在美国，*BMC Resources Inc. v. Paymentech LP*[109] 案例的判决显示法庭也许会在这个问题上采取比以往更严格的立场[110]：为了证明侵权，要么一方必须履行或使用专利要求的方法或过程中的每一步骤或要素，要么法律责任方必须控制其他方的行为。该专利的权利要求是一个没有 PIN 码的借记卡交易处理的过程。因为没有证据表明被告控制或指导了所有其他步骤，法院判被告胜诉。因为没有直接侵权，间接侵权也被排除。

不同参与者提供专利产品中的不同零部件，或者不同参与者提供生产专利产品的不同原材料　以上所举的 *Paymentech* 案例显示：作为美国法律，产品权利要求应与过程/方法权利要求获得同样的结果。同样，在英国或澳大利亚法律中，常见的设计的存在与否可能会起决定性作用。

五、结　论

很明显，不同国家在划定侵权行为的边界时其司法有相当的差异。这可能并不总是反映方法上的明显差异；很多都取决于程序法的情势[111]，取决于辅助侵权的一般法律和法院授予或拒绝司法救济的态度。[112] 证明侵权的难易程度还取决于法院对权利要求解释的态度和专利无效在侵权诉讼中的作用。[113] 但是，因为各国的侵权权利本身有足够的差异，即使权利

---

[109]　498 F. 3d 1373（Fed. Cir. 2007）（Rader J）. The patent claimed a process for processing debit transactions without a PIN.

[110]　For the expansion and contraction of these doctrines, see Sriranga Veeraraghavan, 'Joint Infringement of Patent Claims：Advice for Patentees'（2006）23 Santa Clara Computer and High Tech LJ 211. Of course claims may be drafted in such a way that infringement can occur with distributed operation of steps of the process. Veeraraghavan at n 5, citing Mark A Lemley et al, 'Divided Infringement Claims' Stanford Public Law Working Paper No. 100, at 1（1 December 2004）, available at http：//ssrn. com/ abstract = 628241.

[111]　See Jan Klink, 'Cherry Picking in Cross Border Patent Infringement Actions：A Comparative Overview of German and UK Procedure and Practice'（2004）26（11）EIPR 493.

[112]　A subject of harmonisation in the European Union under Directive 2004/48/EC on the enforcement of intellectual property rights. See Peter Meier－Beck, 'Damages for Patent Infringement According to German Law – Basic Principles, Assessment and Enforcement'（2004）35 IIC 113. For the prior position in France, see Laurence Petit and Christian Le Stanc, 'Sanctions for Patent Infringement in France：Injunctive Relief and Damages'（2002）24（7）EIPR 353.

[113]　This varies widely；for useful background on proposals for unifying procedure in Europe, see Stefan Luginbuehl, 'A Stone's Throw Away from a European Patent Court：The European Patent Litigation Agreement'（2003）25（6）EIPR 256.

要求紧密结合，专利人的排他权利在国家与国家之间仍有显著不同。专利授权规则的程序和实质上的全球和谐统一，本质上该提议是可取的；但当专利权的范围并不恒定时，统一专利授权的实质性规则可能会徒劳无功。实际上，可专利性的严格标准可能会抵消专利侵权方面的规则的灵活应用，反之亦然。

第十七章　对零部件的专利保护范围及在其他知识产权手段中的拓展

作者：侯斯特-彼得·古汀（Horst-Peter Götting）

斯温·海德蒙克（Sven Hetmank）

译者：沈　旸

一、概　述

在大多数情况下，专利权人并不只满足于控制一级市场，比如生产及销售受到专利保护产品的市场，他们对零件的生产领域以及需要实施专利发明的材料领域也同样关注。这些所谓的二级市场的收益是相当可观的。因为他们可以简单，且不需要费太大的努力就可以获利。因此，专利权人常常以低廉的价格出售类似于吸尘器、喷墨打印机、咖啡机等一级产品，而以此来打开二级市场的销路。除了我们常说的捆绑式销售方式、垄断性交易以及在技术上设置不兼容性等方式，专利权人们也越来越多地通过运用知识产权来控制二级市场。

本文将从零部件市场的角度对专利权的保护范围进行考察（第二部分），此外，专利保护如何通过其他知识产权手段来支持，以及在其他知识产权的分支领域中，二级市场是如何被定位的问题也颇具深意（第三部分），最后我们将从反垄断法的角度作一些评述（第四部分）并对通过知识产权来垄断零部件市场的正当性提出质疑（第五部分）。

二、对零部件的专利保护范围

众所周知，全世界的专利制度都赋予专利权人对其专利发明进行独占性的生产、使用或销售的权利。且当有第三者向专利侵权人提供专利零部件或作出提供零部件的邀请时，专利权人可以在侵权行为发生之前对自身权利进行保护（间接侵权）。①

但同时我们也知道，专利产品的购买者也和所有私有财产所有人具有一样的权利，包括使用、修理或再次出售的权利。

因此，产品一经售出，则专利产品就成为"购买人的私有财产，并不再受到专利法的专门保护"②。根据所谓的"专利权用尽原则"，专利权人须通过第一次销售获得所有收益，并不能对其后的处分进行控制。然而，这种所有权中并不包含以原有产品为模型制造一个全新的产品的权利，这种制造新产品的权利仍然留在专利权人手中。对于由专利权人投放至流通领域中的专利产品，某种行为是合法还是侵权的区别已经被提炼成对该行为是"修理行为"还是"重新生产行为"的问题，多个国家的法院均对此类案件作出了判决。下面我们将对其中的几个案例进行说明。

（一）德　国

在德国联邦最高法院的 *Impeller Flow Meter* 判决③所涉及的专利侵权对象产品是一个用于测量耗水量的叶轮流量计。

该叶轮流量计由一个箱体及一个可移动的密封测量器组成。在整个箱体中，只有倾斜水流冲击区域具有新颖性及创造性，而密封测量器为公知技术。该案的被告提供了适用于组装在原告箱体中的密封测量器，且该密封测量器将被用于原告箱体中。

德国联邦最高法院认为：一个行为属于合法的修理行为还是违法的再生产行为，取决于购买者所采取的行为是为了维持购得的专利产品的特征，还是相当于根据发明来生产新产品的行为。法院在区分两者时，考虑了发明对象的特征并对冲突双方的利益进行了权衡。一般来说，在某一机械本身到达使用寿命之前，对需要更换的消耗性部件进行一次甚至多次的更换并不会构成生产专利产品的行为。但是，法院指出，如果该部件体现了专利发明的核心要素，则结论将有所不同。如果对该特定部件的更换行为重新实现了发明的技术性或商业性利益，则不能说专利

---

① S. 10 of the German Patent Act；s. 60 （2） Patents Act 1977；35 USC s. 271 （c）.

② *Mitchell v. Hawley*，83 US （16 Wall.） 544，548 （1872）.

③ German Federal Supreme Court （Bundesgerichtshof） – *Impeller Flow Meter* （*Flügelradzähler*），4 May 2004，X ZR 48/03，IIC 2005，963–71 （English translation）.

权人已经通过将整体产品最初投入市场的行为获得了相应的利益。德国联邦最高法院认为，尽管倾斜水流冲击区域在密封测量器的外部，但是发明的特征——例如无涡流制动测量杯或降低钙化程度——在密封测量器表面及内部得到实现。因此提供密封测量器的行为构成专利的间接侵权。

该判决意味着如果一项发明的目的明显是在于创造对零部件的需求，则更换零部件的行为便可以被认为是专利权带来的经济利益，而因此构成专利权的间接侵权。④

然而，在最近的德国联邦最高法院判决⑤中，法院明确声明，专利权人通过创造对替换零部件的需求来扩大专利保护从而获得经济利益的权利不受法律保护。这是因为，即使专利权人未作出任何努力，他仍将享受销售批量生产的标准产品的经济利益。

在另一案件中所涉及的发明是吸液管系统。它由一个隆起结构和一个需要在使用后更换的插入式注液器构成。被告提供了这种插入式注液器并明确说明可以用于原告的吸液管系统。

德国联邦最高法院判决认为，发明的技术特征在于使注液器更容易扣紧及解扣，而对注液器本身的技术特征及功能并无直接影响。因此注液器本身并不是原告发明的核心要素。在考虑了上述事实及权衡双方利益之后，德国联邦最高法院判决销售插入式注液器的行为不构成侵权。

（二）英　国

United Wire v. Screen Repair Services 案⑥是英国上议院处理的众多关于再生产和修理问题的案件之一。法院认为通过更换细分筛回收用于近海钻井石油产业钻井液的行为构成再生产而非修理。判决中阐述："当滤网和外框被拆除，而仅剩下光秃的金属时，产品已经不复存在。剩下的部分仅仅是构成它的一个部件，而以其为基础可以生产新的细分筛。"

（三）美　国

自 1961 年开始的 *Aro maufacturing Co. v. Convertible Top Replacement* 案⑦是美国联邦最高法院的判例案例。

---

④　Higher Regional Court（OLG）Düsseldorf，17 November 2005，2 U 35/04.

⑤　German Federal Supreme Court（Bundesgerichtshof），27 February 2007，XZR 38/06.

⑥　*United Wire Ltd. v. Screen Repair Services*，20 July 2000，4 All ER 353（HL）.

⑦　*Aro Mfg. Co. v. Convertible Top Co.*，365 US 336（1961）.

原告专利涉及汽车的车顶敞篷装置。该装置的纺织材料由于磨损及破裂大约每三年需要更换一次。美国联邦最高法院判决对纺织材料的销售行为构成合法的修理行为，因为"个人对一次性的非专利部件进行更换的行为是对其财产的合法的修理行为"。法院还认为："构成一个组合专利的要素中的任何一个要素，若非单独受到专利保护，都不能成为专利垄断权的保护对象。无论它是不是专利保护的组合的关键部分，也无论其价值大小或更换的难易程度。"

此后，州地方法院引用 *Aro* 案判决，对 *Jazz Photo Corp v. International Trade Commission* 案⑧作出了判决。州地方法院判决，通过放入新的胶卷及胶卷盒，将胶卷计数器归零，并将破损的外壳重新封装等程序，对一次性相机中不受专利保护的胶卷进行更换的行为不是专利侵权行为。法院考虑了产品剩余的用途以及更换零件对于实现该用途而言的性质及作用，指出："再生产过程仅仅对原有部件进行了重新利用，因此没有涉及更换受专利保护部件的问题。如果涉案的零部件没有被更换而只是再利用，则该部件既不涉及修理也不涉及再生产。"

与之相对的是，在 *Sandvik Aktiebolag v. E. J. Co* 案⑨中，美国联邦巡回上诉法院判决，将一个受专利保护的钻子的磨损的钻头取下并在钻柄上焊接上新的合金硬质钻头的行为是专利侵权行为。因为在更换钻头时钻子已经报废，而安装新钻头的行为已经"超出了修理的范畴而构成了再生产"。法院解释说，虽然钻头是否为发明的创新特征并非决定性因素，但是由于专利产品"从整体上来看已经报废"，而又重新生产了新的专利产品，因此构成了违法的再生产行为。此外，由于对于钻子整体而言，钻头并非是需要进行周期性更换的部件，且并不存在更换钻头或重新安装钻头的实质性产业或市场。⑩

（四）小　结

在德国、英国和美国均有许多关于如何划分什么是合法修理，什么

---

⑧　*Jazz Photo Corporation et al. v. US International Trade Commission*，264 F. 3d 1094（Fed. Cir. 2001）.

⑨　*Sandvik Aktiebolag v. E. J. Co.*，121 F. 3d 669（Fed. Cir. 1997）.

⑩　Additional cases are collected and analyzed in Janis. 'A Tale of the Apocryphal Axe: Repair, Reconstruction, and the Implied License in Intellectual Property Law'，58 Md. L. Rev.（1999）423.

是非法再生产的案例。在美国法中，是否构成再生产与所更换部件的重要性无关，而在于专利产品是否已经报废。

而在德国，部件是否是发明的核心要素具有决定性的意义。此外，在德国，美国及其他国家的案件中都阐明了专利法原则上不保护专利权人提供或销售零部件的行为。

三、在其他知识产权手段中对专利保护的拓展

（一） 著作权法

在多数案件中，被替换的零部件由于不具备原创性及创造性，一般不受到著作权保护。而且著作权保护不涉及与产品的实用性因素紧密相关的美学要素。

英国法中的 *British Leyland Motor Corp. Ltd. v. Aermstrong Patents Co. Ltd.* 案[①]值得我们关注。该案被告是零部件生产厂家，其在未获得原告的同意或授权的情况下，仿制并出售了与原告产品形成竞争关系的产品。被告并没有看到设计图纸，但是却通过"反向工程"了解到原告零部件的外观及三维结构，并进行了仿制。

上议院判决反向工程侵犯了原告的排气系统设计图的著作权，因为在先例中，著作权的保护范围已经被拓展到单纯只具有功能性的物件的形态。即使这些物体本身不能获得专利或被登记为受保护的外观设计。

该判决引起了争议，人们认为，著作权法有必要就形式和内容，以及复制还是自由的信息利用进行严格的区分。

最终，法院判决原告的著作权允许汽车的所有权人"以尽可能经济的手段对汽车进行修理，并未达到此目的通过自由的零部件市场进行调度。"因此，只要是在此目的范围内进行的活动，原告就不能以著作权为由维护其在零部件供给上的垄断地位。[②]

外观设计法

与美国法不同，工业设计在欧洲有其独立的法律框架。依照共同体外观设计规则第 4 条第 2 款及第 8 条第 1 款，[③] 产品的组件如果在终端消

---

① *British Leyland Motor Corp. Ltd. & al. v. Armstrong Patents Co. Ltd. & al.* ［1986］AC 577.

② Supra note 11, at 644.

③ See also：s. 3（1）No. 1 German Design Act；s. 213（3）British Copyright，Designs and Patents Act 1988.

费者正常使用组合产品的过程中可见，且其本身满足新颖性及具有独立特征的要件，则其将受到保护。⑭

需要我们注意的是，欧洲外观设计法中就有关是否新增有关修理的条款展开了正反双方的激烈辩论。⑮该条款是关于是否允许权利人以外的人在以修理为目的对零部件进行制造及销售的规定。欧盟委员会认为对外观设计的保护的唯一目的是对产品的外观而非产品本身赋予排他性的权利。如果对外观设计的保护实质上与对产品本身的保护无异，则有可能导致对外观设计法制度的滥用，或造成对竞争的阻碍。⑯

（二）商标法

与二级市场有关的另一个问题是商标法。

首先，通过商标对产品、外形进行保护的手段日益重要。因为欧洲商标指令承认了立体商标，且美国也承认了产品包装保护，然而多数情况下，由于申请不满足显著性及非机能性要件，在相关案件中，法院基本上判决不应利用商标权对二级市场实行垄断。为使使用者可以从竞争生产厂家购得具有同样技术性手段或功能特征的产品，商标法拒绝向此类产品授予商标权，以防止权利人的垄断。⑰

另一个问题是是否应该允许第三方供应商在一级市场中使用权利人的商标来说明其提供的部件可以适用于原产品。欧洲商标指令、欧洲商标法案和美国商标法（兰哈姆法）都对此作了特殊规定。⑱根据德国商标法第23条第3款，商标权人或商号权人不能禁止第三方为了说明其产品或服务的特定目的而使用权利人的商标或商号，特别是当该产品是作为外部配件或组件的情况下。因为这样的使用行为并不违反法律的正当原则。在欧洲司法法院最近作出的一个判决中⑲，法院认为，当使用商标的目的是向公众提供便于理解且全面的信息，从而使竞争市场不出现误解

---

⑭　For US design patent see 35 USC s. 171.

⑮　COM/2004/0582 final：'Protection as a design shall not exist for a design which constitutes a component part of a complex product used within the meaning of Article 12（1）of this Directive, for the purpose of the repair of that complex product so as to restore its original appearance'.

⑯　COM/2004/0582 final.

⑰　*Two Pesos, Inc. v. Taco Cabana, Inc.*, 505 US 763（1992）.

⑱　German Federal Patent Court, 13 October 2004, 28 W（pat）98/00.

⑲　Case C – 228/03 *Gillette Company/LA – Laboratories*（ECJ, 17 March 2005）.

时，就应该认为这样的使用行为是必须的。同样，美国法中也有类似的判决，只要另一方对商标的使用满足下列条件，就可以认为行为是合法的。条件包括：（1）如果不使用该商标，就无法直接识别涉案的商品或服务时；（2）所使用的商标数量在特定商品或服务上确实是必需的；且（3）对商标的使用并不显示该商品获得了商标权人的赞助或推荐。⑳

　　第三个问题是，例如喷墨打印机的墨盒、碳酸汽水贩卖机的充气筒等替代产品的再填充或再利用的问题。德国联邦最高法院最近判决，如果消费者知道充气筒中的材料并不是由最初产品的生产厂家销售的情况时，则再填充的行为不构成商标侵权。㉑

（三）竞争法

　　最后一个重要的问题是，通过竞争法在二级市场中获得保护的可能性。

　　德国　根据德国不正当竞争法第 4 条第 9 项的规定，任何人出售其他产品的仿制品或提供模仿其他服务，特别是当他以不正当的方式利用或侵害了被仿制商品或服务的声誉时，其行为就是不正当的。除了上述规定以外，不正当竞争法为提供特殊的保护还作出一项重要的规定，即产品必须标示其原创的程度。然而，不正当竞争法及其他知识产权法所提供的保护之间的关系并未最终得出明确结论。

　　几乎在所有的法域中，法律都强调了模仿的自由，关于这一原则是有明确的、具有决定性的且具有说服力的根据的。不正当竞争法不能破坏知识产权法的先决条件及根本原则。不正当竞争法不应在其他知识产权法之外再设定法律规制，也不应利用它来延长权利人享受专有权的时间期限。

　　虽然德国联邦最高法院反复强调在知识产权保护范围之外要保护"模仿的自由"这一原则，但在实务中，往往将模仿认为是不正当性的一个要素。而对模仿产品的态度的改变在有关"乐高（Lego）事件"的系列判决中有所反映。在分别于 1964 年㉒和 1992 年㉓作出的两个判决中，

---

⑳　*New Kids on the Block v. News America Publishing, Inc.*, 971 F. 2d 302（1992）.

㉑　German Federal Supreme Court – *SodaStream*, 24 June 2004, I ZR 44/02.

㉒　German Federal Supreme Court, 6 November 1963, Ib ZR 37/62.

㉓　German Federal Supreme Court, 7 May 1992, I ZR 163/90.

德国联邦最高法院通过不正当竞争法对乐高玩具进行的保护。而在最近的一个案件㉔中，乐高的竞争者已经通过恰当的方式告知了消费者，其销售的玩具积木和乐高的产品不同。在该判决中，法院推翻了前述原则并表示将不再支持这一维持了 45 年的附加保护制度。

有关这一问题的讨论在最近一起德国联邦最高法院作出的判决几乎达到高潮。在该案中，一家牛仔裤生产厂家以不正当竞争法提供的附加保护为依据对仿制品的销售行为提起了诉讼。尽管通过注册外观设计权及立体商标权，原告可能获得法院的支持，但是在该案中原告的起诉未能获得保护。

德国联邦最高法院认为，尽管对未登记的共同体设计在一定时间范围内提供保护，但是竞争法所进行的附加保护的成果是针对那些本可避免的对原创产品进行假冒的行为，且没有预定的时间期限。因此对设计的保护并不对它产生影响。由此，法院确认竞争法中对已有业绩的附加保护是独立于知识产权的保护。

法国 法国的不正当竞争法是以民法典第 1382 条的一般条款为基础创设的。该法条内容为："任何行为使他人受到损害时，因自己的过失而致行为发生之人对该他人负赔偿的责任。"

依据民法典第 1382 条衍生的判例法，禁止竞争者进行属于所谓的"寄生性竞争"（concurrence parasitaire）。该类型行为的要件为利用权利人的声誉，盗用有价值的创新成果或虽然没有实施相应的仿冒行为，却进行了相当大数额的投资。然而，在最近的法院判决中，在没有任何专有权利的情况下，销售与竞争者相同的产品的行为并未被认为是不正当的。㉕ 因此，如果复制了不受知识产权保护的产品外观，则是为了使自己的产品获得与对方产品相同的竞争力，这种复制行为被认为是正当的。例如，法国最高法院驳回了一项有关不正当竞争的起诉。判决认为，由于涉案产品所具有的类似性是因其双方具有可互换的特性，不会混淆或不正当地误导消费者，一次这种类似性被认为是正当的。㉖

㉔　German Federal Supreme Court, 13 December 2005, ZR 30/02.

㉕　*See* J. Schmidt Szalewski (2005), 'Recent French Cases on Unfair Competition', in A. Ohly et al. (eds), *Festschrift für Gerhard Schricker zum 70*, Geburtstag, Munich: C. H. Beck, pp. 751–61.

㉖　Schmidt Szalewski, supra note 25, at 759.

英国　与之相对，英国的普通法则以"假冒（*passing off*）"的行为类型进行了规制。关于假冒的基本原则可以通过下面这段论述来概括。

任何人不得将其产品假冒为他人的产品，具体而言，在这类案件中，原告若想胜诉，必须从证明以下三点。第一，原告必须建立起良好的信誉或名声使得公众会将假冒商品或服务误认为是他的商品或服务；第二，原告必须证明假冒者故意向公众进行了误假宣传或可能误导了公众，使公众以为其产品或服务是由原告提供的；第三，原告必须证明由于被告的虚假宣传其产品与服务的来源与原告供应的相同，由其所导致的误解使原告蒙受或可能蒙受损失。[27]

在一件涉及柠檬汁包装的仿冒案件中，法院运用了上述要件进行判断，判决一家公司生产的与柠檬实际大小相仿的塑料柠檬果汁外盒受到法律保护而不得仿制。[28] 在另一个案件中，涉案产品是一个轮椅用靠垫的仿制品，原告对假冒的指控没有成立，因为法官认为，原告未能完成其举证责任，通过产品外观来说明产品来源于原告。[29]

为了避免读者的误解，此处需要说明的是，除上述要件外，英国法中并未将"误导"解释为"恶意使用"，侵权是否成立主要取决于原告产品外观是否已经具有了足够的知名度，使人误以为仿制品是原告产品。

美国　在美国，1918 年美国联邦最高法院在 *International News Service v. Associated Press* 案判决中创立了所谓"恶意使用法理"。[30] 在该案中，被告抄袭原告在东海岸出售的简报中的新闻并转交给在中西部及西海岸的合作商。这些合作商可以与原告同时甚至更早出版这些新闻。

美国联邦最高法院认为原告对其新闻具有准财产权性质的权利，而且如果原告无法从他的新闻及其他服务中获得独占性的利益，则他将失去持续提供该服务的动力。1938 年 *Erie v. Tompkins* 案[31]判决实质上推翻了该判决的效力，因此虽然该法理仍然成立，但在实物中的重要性已经变

　　[27]　Reckitt & Colman Products Ltd. v. Borden Inc. ［1990］RPC 341 at 499.

　　[28]　Supra note 27；see also W. Cornish and D. Llewelyn, *Intellectual Property：Patents, Copyright, Trademarks and Allied Rights*, London：Sweet & Maxwell（5th ed. 2003），p. 597.

　　[29]　*Hodgkinson & Corby Ltd. v. Wards Mobility Ltd.* ［1995］FSR 169.

　　[30]　*International News Service v. Associated Press*, 248 US 215（1918）.

　　[31]　*Erie Railroad Co. v. Tompkins*, 304 US 64（1938）.

得相当低了。㉜

四、反垄断法

关于二级市场的讨论，不能不提及反垄断法。因为这一问题涉及捆绑销售，且限制对知识产权的利用可能涉及市场支配地位的问题。

（一）德国和欧洲

第一个案例是有关碳酸饮料及填充气筒的事件。德国联邦卡特尔局认为通过捆绑销售及主张对充气筒的所有权来限制同行业供应商的行为构成了对市场支配地位的滥用，应该禁止。否则对将会妨碍再填充服务的自由竞争。

但是，当牵涉知识产权时，问题就变得复杂起来了。在最近的欧洲微软案㉝中，欧盟委员会认为微软通过制造兼容性上的问题来实现其平衡战略的做法，构成滥用其市场支配地位，以此垄断工作组服务器市场。而微软则以享有包括著作权、专利权在内的知识产权为由提出抗辩。欧盟委员会先前对该问题并未置评，但欧盟委员会援引了判例法，特别是 *Magill* 案㉞判决，在这些案例中，知识产权的强制许可被认为是例外情况。

尤其是在有关界定二级市场的案件中，在何种时候可以说是例外情况仍然备受争议，且欧盟委员会在关于适用《有关排他性权利滥用条约》（the Treaty to Exclusionary Abuses）㉟ 第 82 条的讨论稿中也提出了这个问题。

在讨论稿中，欧盟委员会指出，如果供应商限制其他供应商在二级市场的提供产品或服务的可能性，则有可能被认为具有市场支配地位。这类具有市场支配地位的公司如果通过捆绑销售或拒绝交易等手段来维护其在二级市场的地位，则欧盟委员会将推定其行为有滥用市场支配地位的性质。

拒绝交易行为不仅涉及拒绝提供在产品或服务的二级市场上所需的

㉜　See also *Board of Trade of the City of Chicago v. Dow Jones & Co.*, *Inc.*, 98 Ill. 2d 109 (1983).

㉝　German Federal Cartel Office, 9 February 2006, B 3 39 – 03.

㉞　European Commission, 24 March 2004, COMP/C – 3/37. 792 – *Microsoft*.

㉟　European Commission, 19 December 2005, Discussion paper on the application of Article 82 of the Treaty to Exclusionary Abuses.

信息及零部件，也包括拒绝授予知识产权实施许可。㊱欧盟委员会列举了判定一个拒绝行为是否构成滥用市场支配的若干要件：（1）行为本身可以被认为是拒绝供应的行为；（2）他在其试图拒绝的交易中是具有市场支配地位的；（3）案件所涉及的零部件的市场投放是不可或缺的；（4）拒绝交易行为对竞争产生了消极的效果；（5）拒绝行为客观上没有合理性；（6）由于实施许可是不可缺少的，因此拒绝授予实施许可将阻碍市场的发展而对消费者不利。这份议论稿中说：

> 如果试图获得许可的目的不是专门复制知识产权人已经在市场上提供的产品及服务，而是要生产新的产品或提供新的服务，而该产品和服务并非由权利人提供且具有潜在的消费需求时，拒绝行为不构成市场支配地位的滥用。㊲

（二）美　国

如 *Verizon Communications Inc. v. Law Offices of Curtis V. Trinko，LLP* 一案㊳中所显示的，美国法院对在捆绑销售或拒绝交易问题上适用反垄断法持相当谨慎的态度。美国联邦最高法院认为垄断权人在向竞争者提供服务方面未能尽到充分的辅助作用并不违反反垄断法：如果强制这样的企业分享其优势资源，"将降低垄断权者或竞争者，甚至双方对能产生经济效益的基础设施投资的积极性"，也"会使反垄断法院成为一个主要计划者，而这一职能是不恰当的"。虽然 *Trinko* 案并不是一个有关知识产权的案件，但该案的逻辑可以类推到知识产权的问题上。

在最近的 *Illinois Tool Works Inc. v. Independent Ink Inc.* 案㊴中，美国联邦最高法院判决，当专利产品的销售附有捆绑协议，对二级产品的销售进行限制时，并不因此推定其有市场支配力。Illinois Tool 公司在销售一个享有专利权的墨水系统时，对其附加了条件，即：购买者只能充填其提供的非专利墨水，而不能使用其他生产商提供的墨水。法院甚至没有作出可被推翻的具有市场控制力的推定，认为"许多捆绑协议，甚至

㊱　European Commission，supra note 23，para. 264.

㊲　European Commission，supra note 23，para. 239.

㊳　*Verizon Communications Inc. v. Law Offices of Curtis V. Trinko*，LLP，540 US 398（2004）.

㊴　*Illinois Tool Works Inc. v. Independent Ink*，*Inc.*，547 US 28（2006）.

包括那些涉及专利及其耗材的捆绑协议，都与自由竞争市场完全保持一致"。

五、总　结

通过本文的简要概览，我们可以总结出有关通过知识产权圈定零部件市场的行为是否正当的问题。也就是，在什么情况下二级市场也归属于初级产品生产商；而何时二级市场应该向第三方开放，允许其提供商品及服务。

通过本文我们可以看到，如何划分两者的界限在所有知识产权的分支领域中都有类似的问题及探讨。在研究知识产权的保护范围、多种权利并存或反不正当竞争法和反垄断法的事件中，都会遇到这个问题。

首要的问题是有关自由竞争的问题，同所有的限制竞争手段一样，对特定市场进行划分需要有正当性理由。而在知识产权案件中进行的讨论，并不一定适用于有关二级市场的问题。

总的来说，知识产权保护的基本思想是以财产权来保护思想以及智力劳动所应获得的报偿。然而这并不意味着知识产权人可以通过控制所有可能的方式对知识产权保护对象进行利用。因为零部件并不属于其独占权范围。

另一个要求，即知识产权需要通过鼓励投资及创新来促进竞争。然而，如果对零部件也赋予知识产权保护，就会减弱竞争从而也会降低市场上对投资与创新的积极性。虽然我们仍然可以说，通过对零部件的保护有可能进一步鼓励在初级市场的创新积极性，但是这种效果是很难预测的。更大范围的独占权并不必然能转化为更大程度的创新。因此市场上不存在任何形式的竞争时，更倾向于通过对"修理"概念进行扩大解释，建立法律例外或者根据反垄断法来对知识产权保护范围进行界定。

第十八章　欧盟的专利权用尽

作者：托马斯·海斯（Thomas Hays）

译者：沈　昳

一、概　论

在 1977 年英国专利法成立之前——"之前"意指在 15 世纪出现了第一份详细阐述专利权存在的司法判决之后的时期——专利是普通法上债权性财产。[①] 债权性财产是指通过物理上的实际拥有，但需通过提起普通法或衡平法程序的诉讼主张的对象或权利。例如利用专利、进口专利产品并销售等权利的行为具有排他性，即通过这些专属于专利权人的权利，禁止他人进行专利权所允许的行为。

许可是专利权人允许他人实施一项或多项排他性权利的声明，其一般形式为："你方，即被授权方，如果实施了下列行为，并向我方，即授权方，支付费用，则我方作为专利权人保证，将不以你方为被告提起诉讼。"因此，如果一方拥有专利许可，那他就可以此作为一项对专利侵权指控的抗辩。

除非放弃特定权利，专利权的效力可以用来对专利产品的商业利用进行控制。例如，专利权人有权禁止将专利产品进口到有专利权的国家。当他人将专利产品进口到一国国内时，专利权人就可行使该项权利。只要有人向消费者提供这样的产品，专利权人便可以反复地行使该

[①] Section 30（1）of the 1977 Patents Act specifically addresses this historic categorization of intellectual – property rights as being choses in action by redefining a patent owner's interest as being 'personal property（without being a thing in action）'. Similar changes in the property status of trade marks were made under the United Kingdom Trade Marks Act of 1994，§ 22，defining registered trade marks as 'personal property'，and under the Trademark Regulation，Art. 16. This change in the status of intellectual – property rights is consistent across common – law jurisdictions.

项权利。

排他性权利可以通过明示或默示的专利许可放弃。通过上述的专利许可的约定允许他人实施一项或多项排他性权利。例如，当专利权人在本应受到专利权保护的产品进口到某一国家时没有采取禁止措施，那他对之后所有的商业行为，也将失去一切权利。而他对该产品的权利也就"用尽"了。②

"权利用尽"与"权利的不可执行"两者之间是有区别的。如果一项权利用尽了，则意味着没有任何可被执行的权利，而当一项权利不可执行时，则至少理论上还是存在可被执行的权利的。只是由于存在着其他法律上的障碍，结果上使其不能被执行。例如，由于反垄断法上对于独占行为的禁止，或者例如罗马条约中规定的对货物自由流通的要求等其他法律对专利权人实施其排他性权利加以限制。③

这两者的区别可以用汽车与油箱进行说明。当燃料用完的时候，油箱便空了，燃油供给就耗尽了。而相对地，权利的不可执行是因为在油箱中仍有燃料，但燃料却被封存，因而无法到达引擎。对引擎而言，两者的效果相同，但实际原因却不同。

然而这一类比在实际运用上却因为专利权的无形财产的性质而无法得到体现。一个司机必须接受汽油作为有体物的性质，即油箱里是否有油。如果油箱中没有汽油，则没有人会说引擎是可以运转的，而对于一项专利而言，无论英国专利法第 30 条④如何规定，它将在法院判决的范围内存在。当法院作出最终判决时，即使一个专利权人不具有该项权利，他仍然可以以各种理由主张自己行使专利权的正当性。这样的主张本身，

---

② One will often see this terminology phrased in the reverse, such that right exhaustion is expressed as following the exercise of an intellectual – property right. This puts a positive spin on patent rights, which do not convey any positive entitlements for their owners. Ownership of a patent does not entitle one to do anything, including making the invention. Patent ownership only allows the owner to stop others from doing certain acts without the owner's permission.

③ Now contained in the Consolidated Versions of the Treaty on European Union and of the Treaty Establishing the European Community (2002), [2002] OJ C325/1, hereafter, 'the EC Treaty'. Article 28 [ex 30] provides: 'Quantitative restrictions on imports and all measures having equivalent effect shall be prohibited between Member States'. Article 29 [ex 34] provides: 'Quantitative restrictions on exports, and all measures having equivalent effect, shall be prohibited between Member States'.

④ See the discussion in note 1 above.

在他人看来可能被理解为变相的侵权行为赔偿。在某些情况下，甚至可能是刑事制裁的警告⑤。因而足以使其停止其对创新成果的利用行为。因此，在专利权的名义下，人们可以忽视真实的法律关系，而在无实质权利的情况下行使权利。

由于一项权利是否用尽的判断最终是由法院作出的，因此有关专利权用尽的问题在其性质上也有了权利不可执行性问题的色彩。专利权人在专利权用尽的情况下，只要在法院作出权利用尽判决之前，依然可以主张其权利没有用尽。对于专利权人而言，法院宣布的权利用尽无非是从司法上阻碍其行使本该有效的专利垄断权。在法律的实务操作时，权利的用尽和权利的不可实施都以同样的方式进行处理，它们有着相同的商业效果，因此本文也将两者放在一起讨论。

二、自由流通

另一个性质不同却与之相关的问题是货物在一个互相结合的共同市场上的自由流通。在共同市场⑥中，欧共体条约第 28 条和第 29 条要求在各成员国之间的货物流通应不受阻碍。同时第 30 条所规定的几项例外，包括对工商业产品的利用的例外⑦及第 295 条规定的为保护国内专利权制度的例外。知识产权，特别是专利权，作为工业产权，具有国内权利的性质。它对国家间的贸易造成了阻碍。专利权人可以在一国内主张专利权来阻止他人将专利产品进口到该国，由此变产生了国内的贸易壁垒，而从市场融合的角度来看，这一贸易壁垒是不应该存在的。

---

⑤　E. g., Directive 2004/48/EC of the European Parliament and of the Council on 209 April 2004 on the enforcement of intellectual property rights [2004] OJ L195/16; Proposal for a European Parliament and Council Directive on the criminal measures aimed at ensuring the enforcement of intellectual property rights, COM (2005) 276 final; Proposal for a Council Framework Decision to strengthen the criminal law framework to combat intellectual property offences, SEC (2005) 848.

⑥　Taken together with the additional members of the European Free Trade Association, the European Union, the successor to the original Common Market, is part of the largest trading bloc in the world, the European Economic Area.

⑦　EC Treaty, note 3 above, Art. 30 [ex 36]:

The provisions of Articles 28 and 29 shall not preclude prohibitions or restrictions on imports, exports or goods in transit justified on grounds of . the protection of industrial and commercial property. Such prohibitions or restrictions shall not, however, constitute a means of arbitrary discrimination or a disguised restriction on trade between Member States.

为了阐明该问题，欧洲司法法院在 *Deutsche Grammophon* 案⑧中，以法院定义的所谓知识产权的"特定客体"为中心，创立了一项准法理。即在规定的相互市场中，要行使这些权利，只能为了实现权利的特定目的本身，⑨ 而不能以行使知识产权来实现其他商业目的为由。法院将专利权的特定目的定义为允许专利权人"以制造专利产品并将其初次投放市场为目的，对其专利发明进行利用，同时也可将其用于禁止侵犯上述权利的行为。"⑩ 因此，专利权人便可先于其他人首先对专利保护的产品进行具有排他性的商业开发。只有当利用行为落入特定权利客体范围之内时，法院才例外地容许实施专利权所产生的对自由贸易的阻碍的后果。⑪

在另外一件有关商标权的名为 *Centrafarm*⑫ 的案件中，司法法院改变了该定义。司法法院认为，知识产权的"特定主题内容"是用以保证专利权人将专利产品初次投入市场并禁止他人侵犯该权利的。⑬ 这一表述上的变更只是形式上的，而在实质上并未改变。在 *Allen & Hanburys v. Generics* 一案⑭中，对"特定主题内容"的定义主要包括三种利用形式，即：生产专利产品、将其首次投放到市场流通环节，以及禁止他人侵犯该权利。⑮ 前两项是对以前的专利权定义的扩充，在此之前，专利权的定义中不包括使用专利及将其初次投入市场的优先权利。专利权人的权利

---

⑧ Deutsche Grammophon, GmbH v. Metro – SB – Großmärkte, GmbH & Co. KG, Case 78/70, [1971] ECR 487, [1971] CMLR 631. Hereafter 'Deutsche Grammophon'. See also Musik – Vertrieb Membran, GmbH and K – Tel International v. GEMA, Cases 55 & 57/80, [1981] ECR 147, [1981] 2 CMLR 44.

⑨ *Deutsche Grammophon*, note 8 above, para. 11.

⑩ Centrafarm, BV and Adriaan de Peijper v. Sterling Drug, Inc., Case 15/74, [1974] ECR 1147, [1974] 2 CMLR 480, para. 9.

⑪ *Id*, para. 8; *Centrafarm, BV and Adriaan de Peijper v. Winthrop, BV*, Case 16/74, [1974] ECR 1183, [1974] 2 CMLR 480, para. 7. The ECJ used identical language in both cases: In so far as it makes an exception to one of the fundamental principles of the Common Market, Article 36 [now Art. 30] allows derogations to the free movement of goods only to the extent that such derogations are justified for the protection of the rights which constitute the specific object of such property.

⑫ This time *Centrafarm, BV v. American Home Products Corp.*, Case 3/78, [1978] ECR 1823, [1979] 1 CMLR 326.

⑬ *Id*, paras 10 – 13.

⑭ Case 434/85, [1988] ECR 1245, [1988] 1 CMLR 701.

⑮ *Id.*, paras 11 – 13; *Re Compulsory Patent Licenses: E. C. Commission v. United Kingdom*, Case C – 30 – 90, [1992] 2 CMLR 709, para. 21. *See also* the companion case, *E. C. Commission v. Italy*, Case C – 235/89, [1989] OJ C – 228/10, [1992] 2 CMLR 709.

仅限于处理专利所带来的独占利益、禁止他人侵犯该利益、将专利权的利益许可或转让给他人、以专利的利益作为担保或其他类似的权利。⑯

　　为保障国内市场的统合，欧共体的态度是，当专利权人或其他获得权利人授权的权利人将专利权保护的产品初次投入市场，对于该产品，无论所涉及产品在所在国的国内法下处于何种状态，对于之后的无论是通过销售或者出租形式获得商业利益的行为，权利人均无权主张该行为侵犯知识产权。⑰ 欧洲司法法院还同时确认，初次销售权和禁止侵权行为的权利是并存的、等同的，且在对同一物品适用时是互相排他的。这一解决方式在处理两者的相对应关系及商业用途上是很成功的。但是这一方式从根本上来说是一个是市场统合的手段，而非来源于知识产权本身的性质，即特定的主题内容。

三、权利的放弃

　　专利权权利主题内容的定义作为消极的权利可以理解为，通过垄断，禁止其他人实施专利权利范围内的发明。在商业上，则可以解释为禁止任何人实施专利并将专利产品最先投放到市场流通中。如果在流通中遇到在一审中能够获得专利权保护的产品，那唯一的问题便是，该商品是不是假冒的。因为专利权人或其授权人被视为合法商品唯一的最初

---

⑯　It is interesting that the Patents Act of 1977 makes no mention of any affirmative right conferred by a patent apart from those listed here. Even in the case of the co – ownership of a patent, which the Act addresses at § 36, the rights of one co – owner relative to the other are ‘to do in respect of the invention concerned, for his own benefit and without the consent of or the need to account to the other. any act which would apart from this subsection … amount to an infringement of the patent concerned’. This section gives each co – owner an exemption from liability for infringement relative to the other owners, rather than an affirmative right to work the patented invention.

⑰　*Freistaat Bayern (Bavaria) v. Eurim – Pharm*, *GmbH*, Case C – 347/89, [1991] 1 ECR 1747, [1993] 1 CMLR 616, para. 36; *B. A. T. Cigaretten – Fabriken*, *GmbH v. E. C. Commission*, Case 35/83, [1985] ECR 363, [1985] 2 CMLR 470, para. 35; *Prantl (Criminal Proceedings A-gainst)*, Case 16/83, [1984] ECR 1299, [1985] 2 CMLR 238; *Gesellschaft zur Verwertung von Leistungsschutzrechten*, *mbH v. E. C. Commission*, Case 7/82, [1983] E. C. R. 483, [1983] 3 CMLR 645, para. 39; *Dansk Supermarked*, *A/S v. Imerco*, *A/S*, Case 58/80, [1981] ECR 181, [1981] 3 CMLR 590, para. 12. In agreement: *Hilti*, *AG v. E. C. Commission*, Case T – 30/89, [1991] ECR II – 1439, [1992] 4 CMLR 16, para. 81; *The Community v. Arthur Bell and Sons*, *Ltd*, Decision 78/696/EEC, [1978] OJ L235/15, [1978] 3 CMLR 298, para. 27; *ISA France Sàrl and M. Visser's Industrie & Handelsonderneming – VIHO*, *BV v. Tipp – EX Vertieb*, *GmbH & Co. KG*, Decision 87/406/EEC, [1987] OJ L222/1, [1989] 4 CMLR 425.

来源。⑱ 这一推定与在侵权案件中首先由专利权人即原告来承担举证责任的原则相一致。⑲ 如果涉案商品是假冒的，则专利权人可以行使其排他权中的消极性权利，即禁止权；而如果将该权利定义为积极的权利或多个积极权利的集合，则该权利在专利权人对商品失去控制权时必须被用尽，因此产品进入市场环节时，必然会因专利权而产生交易的障碍。而当权利被认为是消极的权利时，专利权的权利内容就成为：只承认专利权人投放市场的产品才是合法、非假冒的产品。我们可以来看下面的例子：

　　一个医药专利的权利人就一个在成员国的强制许可下合法生产的产品在国内市场中的流通提起诉讼，认为其侵犯了其在另一成员国所享有的权利。⑳

　　在消极的定义下，对该问题可以按照图 18.1 中所示过程进行分析。国家间的贸易受到专利权人所提起的侵权诉讼的影响。而权利人所行使的，对贸易造成影响的权利是一种知识产权。在欧共体条约第 30 条规定的对自由流通的规定中，其权利主题内容是作为例外规定的。侵权诉讼使专利权人第一次得以将产品排除到流通过程之外。他对自由流通的阻碍也因此通过第 30 条规定的例外得到正当化。㉑

四、第 30 条例外的适用

　　在专利权的性质未被定义的情况下所进行的通常的分析中，法院必须要考虑，在一个成员国中以另一个成员国的强制许可为由生产、销售

---

⑱　This arrangement would solve the ongoing problems as to the certainty of the application of the exhaustion principle in respect of goods in circulation in the market, as is discussed below.

⑲　Symmetry is attractive but not compelling. The ECJ could assign a burden of proof to be applied in parallel – importation cases. *See*, *e. g.*, *Handels – og Kontorfunktioncerernes Forbund i Danmark v. Dansk Arbejdsgiverforening*, *ex parte Danfoss A/S*, Case 109/88, ［1989］ECR 3199, ［1991］1 CMLR 8；*Zino Davidoff*, *SA v. A&G Imports*, *Ltd*；*Levi Strauss & Co. and Levi Strauss（UK）Ltd v. Tesco Stores*, *Tesco plc*, *and Costco Wholesale UK Ltd*, Joined Cases C – 415 – 416/99, ［2001］ECR I – 8691, ［2002］1 CMLR 1, ［2002］ETMR 9, para. 54, where the burden was placed on merchants to prove that they have the appropriate consent to resell goods bearing intellectual – property protection in the EEA.

⑳　These were the facts in *Pharmon*, *BV v. Hoechst*, *AG*, Case 19/84, ［1985］ECR 2281, ［1985］3 CMLR 775.

㉑　The ulterior motives of interest in this regard are those prohibited under the competition laws based on EC Treaty Arts 81 and 82.

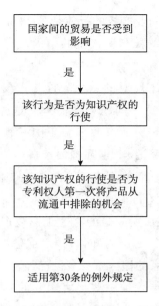

图 18.1 如何适用第 30 条的例外规定

的产品行使专利权的行为是否充分符合专利的特定主题内容的核心而允许这样的例外，以及在特殊的个案中，专利权人是否有特殊的动机。㉒在该分析中法院同时也需要考虑在案件中的国内强制许可法的地点。两种分析的结果是相同的，㉓但是在不对专利权进行消极性定义的情况下，法院的分析可能不那么确定，且更有可能因其他不相关的因素而造成影响。即使在专利权有反对市场统合、支持市场割据的动机的情况下，法律判断也不会因此而发生变化。

第 30 条中规定，除非权利行使明显构成市场分割或者粗暴的歧视行为，否则可以行使专利权禁止专利产品。对这一规定可以有两种观点，第一种是理解为将这一规定适用国内法本身。在这种解释下，第 30 条的

㉒ The ulterior motives of interest in this regard are those prohibited under the competition laws based on EC Treaty Arts 81 and 82.

㉓ See Merck & Co., Inc. v. Stephar, BV and Petrus Staphanus Exler, Case 187/80, [1981] ECR 2063, [1981] 3 CMLR 463, paras 10 – 11, which was reconsidered at length in Merck & Co., Inc. v. Primecrown, Ltd, Joined cases C – 267 & 268/95, [1996] ECR I – 6287, [1997] 1 CMLR 83, paras 36 – 54, and, though the court distinguished this later case because of the facts involved, the free – movement principles expressed in Merck v. Stephar were affirmed.

限制可以解释为：对工商业产权的行使是第 28 条和第 29 条中所规定的限制的例外。除非行使这些权利所依据的国内法存在对贸易的明显限制且有粗暴的歧视。

对于这一解释有几个反对的意见。首先，该观点对国内知识产权法有限制性或歧视性规定这一问题存在曲解。这样的法律可能的确存在，例如，一国的国内法规定，所有的来源于国家领土以外的专利产品必须在国家的行政机构进行登记。㉔ 但在国内市场的语境中，该措施并不一定具有限制性或歧视性，它们并不构成国内知识产权的权利内容的一部分，而是属于行政上的贸易规制。通过适用贸易法规，来阻碍知识产权的实施，并不能构成第 30 条中所规定的有关工商业产权的例外。在对平行进口的司法中常会遇到附带的国内知识产权问题，而其中有一些与知识产权的排他性权利毫无关系的国内贸易规制已经在共同体层面得到解决。㉕

此外，国内立法可能采纳一些损害国际间贸易的新的、单独的知识产权保护形式。而作为合理的解释，我们应该将 30 条理解为，在起草第 30 条时所考虑的是在起草当时已经存在的工商业产权㉖形式及这些知识产权适用于新的权利对象时的各种情况。㉗ 因此，在其后国内立法中出现的限制性或歧视性的立法是否适用第 30 条所规定的例外就是有争议的。因为第 30 条立法时，所预想的工商业产权并不包括该权利。也就是说，第 30 条的适用与立法意图及权利人的动机均无关系。第 28 条及第 29 条的自由流通条款将适用，但不符合第 30 条规定的例外的条件。

㉔　As in the case of *Officer van Justitie v. Adriaan de Peijper*, Case 104/75, [1976] ECR 613, [1976] 2 CMLR 271.

㉕　*See, e. g.*, *Bristol – Myers Squibb v. Paranova*, *SA*, Joined Cases C – 427/93, 429/93 and 436/93, [1996] ECR I – 3457, [1997] 1 CMLR 1151; *Eurim – Pharm Arzneimittal*, *GmbH v. Beiersdorf*, *AG*, Cases C –71 –73/94, [1996] ECR I – 3603, [1997] 1 CMLR 1222; *Phytheron Int'l*, *SA v. Jean Bourbon*, *SA*, Case C –352/95, [1997] ECR I –1729, [1997] 3 CMLR 199; *Verband Sozialier Wettbewerb*, *eV v. Clinique Laboratoires SNC and Estée Lauder Cosmetics*, *GmbH*, Case C –315/92, [1994] 1 ECR 317; *EMI Electrola*, *GmbH v. Patricia Im – und Export Verwaltungsgesellschaft*, *mbH and others*, Case 341/87, [1989] ECR 92, [1989] 2 CMLR 413.

㉖　Interpreted in *Deutsche Grammophon*, note 8 above, para. 11, as including copyright and, by extension, its variations.

㉗　An example of a new application of previously existing intellectual – property protection is that of patent protection applied to computer software. The broad category of patent protection has been in existence in approximately its modern form for over two hundred years. Only the application to software is new.

另一个争论是有关第 30 条后半段适用的立法意图来自条文结构本身。条文允许将对知识产权的保护的需要作为自由流通的例外。它将例外的可能性局限于知识产权明显限制或歧视外国贸易的情况。第 30 条后半段所关心的并非国内立法性质本身而是行为人的意图。

而对这一条的另一种观点才是正确的解释。该观点认为，在有必要保护专利权的情况下，允许将其作为自由流通的例外。除非专利权人是出于某种被禁止的目的行使该权利的。[28] 由于添加了对专利权人主观动机的问题，因此一个范围较宽，且被错误定义的专利权原本可能可以合法行使，但如果专利权人是以恶意动机行使该权利时，根据该条款，就可以禁止其行使该权利。

在上文所举的例子中，专利权人出于维持其所生产的专利产品在市场上的价格的目的，禁止其他成员国的商品进口。像这样以市场分割为目的的权利行使将不适用第 30 条的例外规定。反之专利权的行使将作为自由流通的例外成为合法行为。而如果将专利权定义为消极性的排他性权利，则结论就会相反，因为是否适用第 30 条的问题将不会有主观判断的因素。所以专利权人在行使专利权时的主观目的是什么将不会对判断产生影响。[29]

五、专利权的特定主题内容

共同体立法与国内立法并未统一，其中原因有很多，最有可能的原

---

[28] This, implicitly, appears to be the interpretation used by the ECJ. *See Centrafarm v. American Home Products*, note 12 above.

[29] In partial agreement with the position given in the text above, Odudu, *Interpreting Article* 81 (1): *Object as Subjective Intention* [2001] 26 E. L. Rev. 60, 63, where the author points out:

Subjective intention is thought neither necessary [n] or sufficient to satisfy the object requirement. Thus, Faull and Nikpay write 'the determination of whether an agreement has as its object the restriction of competition is not dependent on the subjective intent of the parties... the courts and the Commission cannot find that a particular agreement has as its object a restriction on competition merely because the aim of the parties is to restrict competition' and Bellamy and Child write 'it is unnecessary to investigate the parties subjective intention.'

Odudu's position is that the mental state of an anti-competitive undertaking, what he describes as the actor's subjective intention, is relevant to a determination of whether of not the behavior is in fact anti-competitive. This interpretation would allow for the exception to the operation of Article 81 (1) asserted by P. Jakobsen and M. Borberg in *The Concept of Agreement in Article* 81 *E. C.* : *On the Manufacturers' Right to Prevent Parallel Trade Within the European Community* [2002] ECLR 127, that inadvertent restrictions on parallel importation should not be actionable.

因是，在过去 30 年内[30]，各国一直在探讨创设一个更加便于行使的共同体专利。如果共同体范围的专利法有可能成立，也就没有必要同商标规则[31]那样对各国的实体专利法和专利手续法的统一投入大量交涉的时间。共同体专利将取代各国专利制度下的专利权。现在，语言以及因此而产生的费用仍然是共同体专利成立的一个瓶颈。[32]

　　平行进口问题将通过更多的欧洲司法法院的案例得到解决。特别是在医药的平行进口问题上[33]，该法院已经对各国专利法实现了部分的统一。例如在 *Merck v. Stephar* 一案[34]中，法院认为专利权的实质是赋予专利权人将专利产品初次投放市场的权利。[35] 这也包括专利权人或者接受其许可的权利人在对涉案的产品及方法没有专利保护或保护较弱的成员国中初次进行投放的情况。[36] 在 *Allen & Hanburys v. Generics* 一案[37]中，法院认为，特定专利主题内容包括专利权人可以直接或通过许可，利用专利权生产工业产品及将其首次投放到流通环节中的排他权及禁止侵权行为的

---

　　[30]　While waiting to come into force, the Community Patent Convention（Luxembourg）of 1975 metamorphosed into a proposal to create a Community patent. *See* 'Proposal of a Council Regulation on the Community Patent', COM（2000）412 final Brussels（1 August 2000）.

　　[31]　Council Regulation（EC 40/94）of 20 December 1993, on the Community trade mark［1994］OJ L11/1, 14 January 1994.

　　[32]　The cost of providing translations of patent specifications in the official national languages of all the EC Member States doubles the cost of the patent – application process. *See* http：//www. epo. org/patents/Grant – procedure/Filing – an – application/costs – and – fees. html（last visited 31 August 2007）.

　　[33]　*Boehringer Ingelheim, KG v. Swingard, Ltd*, Case C – 143/00,［2002］2 CMLR 26（ECJ），［2002］ETMR 78,［2002］3 WLR 1697；*Merck Sharp & Dohme, GmbH v. Paranova Pharmazuetika Handels, GmbH*, Case C – 443/99,［2002］All ER（EC）581（ECJ），［2002］ETMR 80,［2002］3 WLR 1697；*Bayer, AG v. EC Commission*, Case T – 41/96,［2000］ECR II – 33083,［2001］All ER（EC）1；*Eurim – Pharm Arzeimittal, GmbH v. Beirersdorf, AG and others*, Cases 71 – 72/94,［1996］ECR I – 3603,［1997］1 CMLR 1222；*Generics（UK）Ltd. and Harris Pharmaceuticals, Ltd. v. Smith Kline and French Laboratories, Ltd.*, Case C – 191/90,［1992］ECR I – 5335,［1993］1 CMLR 89；*Officier van Justitie v. Sandoz, BV*, Case 174/82,［1983］ECR 2445,［1984］3 CMLR 43；*Hoffmann – La Roche & Co., AG and Hoffmann – La Roche, AG v. Centrafarm Vertriebsgellschaft Pharmazeuticsher Erzeugnisse, mbH*, Case 102/77,［1978］ECR 1139,［1978］3 CMLR 217.

　　[34]　*Merck v. Stephar*, note 23 above.

　　[35]　*Id.*, paras 9 – 11.

　　[36]　*Id.*, para. 14；*Merck & Co., Inc. and others v. Primecrown, Ltd and others*, Joined cases C – 267 & 268/95,［1996］ECR I – 6285,［1997］1 CMLR 83, paras 36 – 47.

　　[37]　*Allen & Hanburys, Ltd. v. Generics（UK）Ltd.*, Case 434/85,［1988］ECR 1245,［1988］1 CMLR 701.

权利。㊳

法院在符合强制许可授权条件的案件中削弱了专利权人针对侵权的权利。在强制许可成立的情况下，包括相关国家并非在国内进行直接生产而是从别国进口的情况，专利权人有权要求未获其授权的行为人向他支付公平的对价。但是他将不能行使其他针对侵权行为的专利权的权利内容。㊴ 在这一判决中，法院考虑到了要克服各国倾向于对国内授予允许实施专利权的强制许可的问题。当一国内缺少某种专利产品或方法时，即使在该国内并没有对应的专利保护，也可以通过授予强制许可允许其从其他成员国实行平行进口。因此这种理论上的可行性，通过向专利权人支付公平的许可费，使强制许可的范围可以延伸到国际市场间的平行进口。专利权人可以获得公平的许可费用，但由此失去了控制实施其他专利权内容的权利。在有关著作权的领域，*Magill* 案中也采用了同样的做法。㊵

六、专利法与竞争法

欧洲司法法院与欧盟委员会已经多次判决对专利权的利用，特别是在许可使用的情况下，不属于专利的特定主题内容。因此，也将受限于自由流通条款，或者，当其限制了国际贸易时也可能触犯竞争法。例如，当权利人授予一个普通许可时，不得在许可中附带义务规定，限制被授权人即使在陷入困境，或无资力开发并提高发明的情况时也不得向其他人授权。通过协议设定权利限制，禁止专利权人授予其他许可并非专利的特定主题内容。㊶ 按照欧盟委员会的意见，要调节专利权人及许可人之间的利益关系，应该通过调节许可费的水平，而非对专利的实质权利的限制。

问题是通过专利对地域进行限制从而损害了竞争。授权规定在特定的国土范围内生产和销售专利产品的独占权利限制了欧共体条约第

㊳　*Id.* , paras 11 – 13.

㊴　*Id.* , paras 11 – 14, 17, 19, 21 – 3, 27.

㊵　*Radio Telefis Eireann v. E. C. Commission*, Case T – 69/89, [1991] ECR II – 485, [1991] 4 CMLR 586.

㊶　Zuid – Nederlandsche Bronbemaling en Grondboringen, BV v. Heidemaaatschappij Beheer, NV, Case 75/570/EEC, [1975] OJ L249/27, [1975] 2 CMLR D67, para. 18.

81 条[42]规定的竞争，也不属于专利所涉及的现行专利法的特定主题内容。[43] 在限制被许可人将专利产品出口到其他任何一个由专利权人许可的或第三人享有平行专利的国家时，也存在同样的问题。[44] 此外，专利许可合同中禁止的条款还包括：

（1）非诉条款；

（2）非竞业条款；

（3）在专利权超过时限后依然继续支付许可费的要求；

（4）回授条款；

（5）对未被专利覆盖部分的产品支付许可费的要求；[45]

（6）要求被许可人使用其他有许可人销售的产品的捆绑条款；

（7）要求被许可人不与其他同业竞争者进行交易的条款；

（8）以被许可专利产品与其他产品相结合的产品的净销售额来决定许可费用的要求；

（9）要求只在一定地点生产的条款；

（10）要求在非发明产品上附上表示其受到专利保护的标志的条款；

（11）要求被许可人必须声明例如许可人商标等的特定语句的义务；

（12）禁止向他人销售的义务。[46]

---

[42] EC Treaty, note 3 above, Art. 81 (1)：

The following shall be prohibited as incompatible with the common market：all agreements between undertakings, decisions by associations of undertakings and concerted practices which may affect trade between Member States and which have as their object or effect the prevention, restriction or distortion of competition within the common market, and in particular those which：

（a）directly or indirectly fix purchase or selling prices or any other trading conditions；

（b）limit or control production, markets, technical development, or investment；

（c）share markets or sources of supply；

（d）apply dissimilar conditions to equivalent transactions with other trading parties, thereby placing them at a competitive disadvantage；

（e）make the conclusion of contracts subject to acceptance by the other parties of supplementary obligations that, by their nature or according to commercial usage, have no connection with the subject of such contracts.

[43] Association des Ouvriers en Instruments de Precision (AOIP) v. Beyrard, Decision 76/29/EEC, [1976] OJ L6/13, [1976] 1 CMLR D14, para. 20.

[44] Id., para. 22.

[45] Id., paras 24 – 31.

[46] IMA, AG and others v. Windsurfing International, Inc. and others, Decision 83/400/EEC, [1983] OJ L229/1, [1984] 1 CMLR 1, paras 73 – 166.

专利许可必须限制在许可所设计的发明以及发明所受到的专利保护的范围之内。许可不得限制被许可人与其他供应商或顾客之间交易的权利，或在其所在国之外的范围进行销售的权利。这是因为允许专利权人禁止被许可人向他国出口或是某一被许可人免于与其他被许可人的竞争。并非专利权特定主题内容之一。专利保护期限结束之后的权利更是如此。[47] 专利许可协议所授予的任何独占权，必须是在专利存在且有效的前提下的。第 81 条还禁止试图将许可延长到专利有效期限之后的行为。[48] 被许可人应在各个方面都具有自由行为的权利。除了直接实施许可所涉及的发明，即将其初次投放市场的行为，这里所说的自由也包括挑战专利本身有效性的行为。[49]

七、专利权用尽

商标权是第一个适用共同体域内用尽的国内权利。[50] 然而很多产品都同时受到多种知识产权的保护，只要该共同体域内用尽原则不被扩展到所有其他知识产权上，在平行进口时，即使商标权用尽了，其他的知识产权仍然可以被用以阻碍产品的进口。这一问题已经通过对第 28 条、第 29 条中有关自由流通要求进行司法解释，以及共同体立法得到解决。当有关产品在欧洲经济共同体范围内在权利人同意的情况下被出售，则与其有关的所有知识产权将全部用尽。这一规定的存在使货物可以不受知识产权人的控制，并可进行平行进口。

同其他形式的知识产权相同，涉及专利权的商品在经专利权人同意而进行销售后，专利权人对该产品的权利也会用尽。专利权人和被许可人可以决定在何处，以何种条件销售专利产品。但一旦出售，则专利权人的这种决定权便消失了。该产品可以在特定市场范围外不经专利权人的同意自行交易。但是例外情况也存在，即如果该专利权在一个成员国

---

[47]　*Velcro，SA v. Aplix，SA*，Case 85/410/EEC，［1985］OJ L233/22，［1989］4 CMLR 157，para. 50.

[48]　*Id.*，para. 64.

[49]　*Windsurfing International，Inc. v. EC Commission*，Case 193/83，［1986］ECR 611，［1986］3 CMLR 489，para. 93；*Re the Agreements of the Davidson Rubber Comp.*，Decision 65/426/EEC，［1965］JO 2581/65，［1965］CMLR 242.

[50]　Rights in semiconductors，under Council Directive 87/54/EEC，were the firstrights subject to legislatively imposed first－sale exhaustion.

受到保护，但却由另一个不存在专利保护，也未获得强制许可的成员国的第三国制造专利产品时，权利不发生用尽。在这种情况下，专利权人可以行使其专利权，在专利权存在的国家中阻止该物品的进口。[51] 而在一般的用尽规则中，这时的进口应该是合法的。然而，由于国内法权利对合法产品的自由流通的阻碍作用，当专利权人在相关商品的市场内占有绝对垄断地位时，为了避免触犯竞争法规，他们在行使专利权阻碍进口时应该足够谨慎。[52]

这一理论适用于机械、电子及化学领域的专利，包括医药产品上。但却并不一定适用于生物专利。特别是具有自我再生能力的生物材料。我们将在下文中对该问题进行探讨，这一探讨的内容也适用于动物新品种的情况。[53]

八、生物专利

生物指令[54]第 8 条规定，对包括微生物及亚细胞组织在内的新的植物和动物品种，通过繁殖或增殖方式所获得的生物材料实施专利保护。指令的第 10 条则规定了一个有条件的专利用尽规则。专利权"不应延伸到通过繁殖或增殖由专利权人或经其同意投放到成员国市场的生物材料所获得的生物材料上"。这一规定限于通过利用销售的发明而自然产生的第二代，而不能再通过第二代繁殖第三代。

第 11 条限制了生物专利的专利权。与 2100/94 理事会规则第 14 条相同，都对农民有利。对农民出售受专利保护的动植物的行为已经包含了

○51　*Thetford Corp. and another v. Fiamma*，*SpA and others*，Case 35/87，［1988］ECR 3785，［1988］3 CMLR 549，paras 24 - 5.

○52　See *Hilti*，*AG v. EC Commission*，Case T - 30/99，［1991］ECR II - 1439，［1992］4 CMLR 16，para. 99.

○53　An early example of a new animal variety is provided by the *Onco - mouse* case，［1991］EPOR 525. There，a mouse's genetics were modified to make the mouse susceptible to particular types of cancer for cancer research purposes. The exhaustion of rights would have to be limited，in approximately the same sense that exhaustion in respect of the rental rights in videotapes is limited，because two sales of modified，patent - protected mice，assuming they could breed，would be enough to defeat the patent owner's ability to realize a fair reward from the commercialization of the invention. *See also* Directive 98/44/EC of the European Parliament and of the Council of 6 July 1998 on the legal protection of biotechnological inventions，［1998］OJ L213/13，30 July 1998. Hereafter 'the Biotechnology Directive'. Implemented in UK law by Patents Regulations 2000，SI 2000/2037.

○54　Note 53 above.

一个默示的允许农民在农业生产中繁殖这些生物材料的权利。他们可以出售繁殖后得到的产物，但不能用于商业性的再生产。也就是说，例如，农民可以利用受专利保护的动物来繁殖出更多的受专利保护的动物，并可将这些动物的后代出售，但农民不可以以商业目的将生物材料直接出售给公众。这一例外使得一部分原本可能被视为未授权的产品可以有条件地进行平行贸易。

九、国内权利及平行进口

作为分割市场潜在的结果，所有的国内知识产权都在一定程度上被司法上的定义归类为权利的特定主题内容。以使它们区别于其他的被禁止的限制自由流通的行为，而成为合法的权利行使行为。这些特定主题内容大多相近，即，将受保护产品第一次投放市场，以及禁止侵权行为的权利。关于著作权及专利权，欧共体条约第 82 条[55]规定，为了解决下游工业在理事会的意见下要求获得商业性知识产权权利人的强制许可时的存在的限制问题，允许用支付许可费的形式来代替其他权利内容的行使。[56] 专利权的特定主题内容定义对进行平行贸易是很重要的。因为只有当阻止平行进口是基于排他性权利的特定主题内容时，试图阻碍平行进口的行为才是合法的，否则便是阻碍竞争的行为。

十、结　论

我们可以从专利权本身的性质的角度，来考察权利用尽的问题。当专利产品确实是基于合法的销售流入市场时，专利权人将其专利产品首次投入市场的权利是从属于其针对侵权行为的权利的。知识产权允许权利人禁止他人实施其权利范围内的权利，包括实施专利权或者销售有特定标记的产品。但是却并不赋予权利人任何真正的积极性权利。[57] 专利权人可以排除市场上所有的专利产品，包括其自身不实施专利权或者禁止其他人利用专利。尽管权利人不实施专利权可能与一些国家的国内法规

55　EC Treaty, note 3 above, Art. 82, prohibiting the abuse of a dominant position.

56　As in *Magill*, note 40 above.

57　Thus, a patent for an illegal product does not confer on the patent proprietor the right to manufacture the product. An invalid patent does not confer the right to infringe another's legitimate patent for the same invention.

定发生冲突,⑱ 但是欧洲司法法院仍然认为权利人的排他权在整个欧洲市场上是有效的。⑲

除了专利的强制许可条款及关于规制不利用商标权的条款以外,⑳ 对于权利人利用知识产权进行商业活动并没有附加其他的规定。著作权人有权拒绝出版其作品;商标权人可以决定不将其商标使用于某种商品上;专利权人可以决定不实施某专利。也就是说,知识产权的排他性权利允许专利权人将包括他自己在内的所有人排除在市场之外。

专利权人可以放弃行使权利。当专利权人实施其发明或许可他人使用并将所获得商品投放到流通中时,也就放弃了他在市场上独占该产品的权利。根据欧洲司法法院的判决,当产品进入商业流通后,专利权人或被许可人就对该物品不再有任何额外的权利。对于这个问题也可以将其视为从来就不存在这一部分权利。专利权人所享有的权利仅仅是禁止专利产品首次进入流通市场。㉑

当专利权人同意将专利产品投放到商业流通中时,他就已经放弃了对该特定专利商品的专利权。㉒ 权利放弃理论的构架,是基于知识产权的消极性权利的性质而产生的,而专利权的用尽理论则是欧洲司法法院基

---

⑱　The non‐use provisions discussed in Allen & Hanburys v. Generics, note 14 above; Generics and Harris Pharmaceuticals v. Smith Kline and French Laboratories, note 33 above; Pharmon v. Hoechst note 20 above; Re Compulsory Patent Licenses: Commission v. United Kingdom, note 15 above; Re Compulsory Patent Licenses: Commission v. Italy, note 15 above; Volvo, AB v. Erik Veng (UK) Ltd., Case 238/87, [1988] ECR 6211, [1989] 4 CMLR 122.

⑲　*Thetford Corp. and another v. Fiamma, SpA and others*, Case 35/87, [1988] ECR 3585, [1988] 3 CMLR 549, paras 24 – 5. Compare *Allen & Hanburys v. Generics*, note 14 above, paras 14, 17, 19, 21 –3, 27, 31.

⑳　*Simmenthal v. S. A. Import*, 1 ZR 291/91, 22 April 1994, Federal Court of Justice, Germany, [1994] GRUR 512.

㉑　This is not necessarily the case under all the national intellectual property laws of the Member States since joining the EU. *See*, *e. g.*, United Kingdom Copyright, Designs and Patents Act of 1988; French Law on the Intellectual Property Code of 1992 in respect of copyright.

㉒　An estoppel – like principle would apply to an attempt by a patent owner to reassert the exclusionary right as to goods put onto the market with his consent. The owner would be estopped from asserting the rights he had previously forfeited.

于自由流通要求⑥下市场统合的需求以及授予知识产权人首次出售相关产品的具有准独立地位权利的政策性决定而衍生出来的理论。尽管在概念上欧洲司法法院所采取的理论有所不同，但是其采纳的用尽理论的效果却与权利放弃理论是相同的。

---

⑥　This is an aspect of European Union law, not of the exhaustion – of – rights doctrine at the national or international level, which has recently been explained as follows: 'The underlying policy of the first sale doctrine as adopted by the courts was to give effect to the common law rule against restraints on the alienation of tangible property'. United States Copyright Office, *Study Required by Section* 104 *of the Digital Millennium Copyright Act*, *Executive Summary* (2001) p. xix. The same was true under British law, prior to the Trademarks Directive, [1989] OJ L40/1. *See Betts v. Wilmott*, (1871) LR 6 Ch. App. 239, LC.

第十九章　启用研究还是不正当竞争？主要技术国家导向中的在法律上和事实上的研究使用例外

作者：肖恩·奥康纳（Sean O'Connor）[*]

译者：韩志华

一、简　介

从基础上讲，擅自制造、使用或销售已登记专利的发明通常都构成了对专利独占权的侵犯。此外，在许多国家，未经批准擅自进口的产品体现了专利发明，或者专利过程中产生的产品，也是对专利独占权的侵犯。因此，如果没有一个豁免，所有的关于专利或使用专利的研究——包括大学或非营利组织的非商业性研究，和商业公司的以产品为导向的研发（R&D）——都构成专利侵权。

然而，没有任何研究例外，僵死地维护专利权，会妨碍在任何行业的基础科学研究和对社会有益的后续创新。在某些情况下，缺乏研究豁

* The author thanks Professor Toshiko Takenaka for her invitation to contribute to this comparative law project, as well as his research assistants Carly Chan and Rhys Lawson. The research and drafting of this chapter was funded by: AIPPI, as the winning submission for the 2008 AIPPI World Congress Academic Paper Award (www. aippi. org); the Ewing Marian Kauffman Foundation, as part of the IP & Entrepreneurship project it funded at University of California Berkeley School of Law; and the University of Washington School of Law.

译者注：笔者感谢竹中俊子教授邀请他参与这个比较法项目，感谢他的研究助理卡莉·成和里斯·劳森。研究和起草本章的经费来源是：（1）国际保护知识产权协会，本章赢得了2008年国际保护知识产权协会提交世界大会学术论文奖；（2）尤因·玛丽安·考夫曼基金会，资助了加州大学伯克利分校法学院和华盛顿大学法学院的知识产权和创业项目。

免可能会给予专利持有人事实上的专利期限延长。因为专利到期后，竞争对手需要尽快推出商品化的产品，而专利权禁止到期前进行上市前的研发。这种情形在药品的监管制度中最为明显：在先驱专利到期之前，非专利药物生产厂家或后续药品生产企业甚至不能开展以满足监管机构的审批为目的的研究，在事实上，先驱生产企业获取了专利延期，其长度相当于非专利药物生产厂家获得监管机构的审批的时间。甚至是这种情况外，前期专利通常赋予专利持有人显著的时间差在市场上发展关键品牌知名度和宝贵的商标。最近研究表明，建立成名品牌，会使消费者对同样的产品产生不同的感官感受（一个产品有着名品牌包装，另一个产品没有）①，这个市场时间差的价值更胜以往。当然，从某种程度上说，这是专利系统的奖励/激励机制的一部分。

但同时，专利系统不该过分偏袒先驱创新者而惩罚后续创新者或基础科研者。虽然先驱创新者应该比后续创新者获取更大的回报，但是前者发明了新的产品或服务的而后者"仅仅"调试和增进了发明，专利制度不应该过度阻碍后续创新者改进发明的能力。此外，专利制度可能更多有利于整体经济，如果专利能限制于特定产品或服务，而不是整个新兴技术或产业。这就是美国最高法院在 *O'Reilly v. Morse* 案②中取消了塞缪尔·F. B. 莫尔斯（Samuel F. B. Morse）的电报专利的部分原因：

> 这个申报的范围非常清楚。莫尔斯（Morse）要求所有的改进，只要是以电流为动力，远距离标出或打印可识别的字符、标志或字母。
>
> 如果我们维持这个申报，任何机制过程都被包括其中。现在我们知道，将来会有新的发明家，在科学的进步中，发现用电流在远距离书写或打印新方法，而不使用任何［莫尔斯］规范的过程。新发明家的发明可能更简单——不易出错——造价更低廉，操作更简易。可是一旦被这个专利覆盖，新发明家将不能使用它，公众也不能从

---

① *See*, *e. g.*, Associated Press, 'McDonalds Marketing Tricks Tots' Taste Buds', MSNBC (August 6, 2007), *available at* http://www.msnbc.msn.com/id/20148538/.

译者注：美联社，"麦当劳的营销技巧欺骗了小孩的味蕾"。

② 56 U. S. 62 (1854).

中受益，除非此专利持有人准许。③

如果专利范围被解释为禁止非商业研究，包括复制结果和进一步的科学原理推导等传统的科学研究，即使像电报这样的有限的先驱专利也可能阻碍重要的基础科学研究。因此，另一个重要的早期美国专利案——*Whittemore v. Cutter* 案④，著名地宣布："立法机关从来不会有意惩罚只为哲学实验为目的，或为确定机器是否足以产生其描述的效果为目的，⑤ 而建造（专利保护的）机器的人。"具有里程碑意义的英国案例 *Hornblower v. Boulton* 案⑥和 *Neilson v. Harford* 案⑦也证明悠久的原则：科学原则和自然法则不能专利。这一新兴于 19 世纪的普通法法理或研究使用豁免（权）似乎可以保护纯科学探究免于专利侵权诉讼。

因此，虽然我们理所当然希望给予创新的先行者更大的奖励，因为他们创建了一个新类商品或服务，我们可能不希望这样的奖励构成如此强烈和长期的独家专利的权利，有效地阻止他人进入这个新兴的商品或服务类别，或进行基础科学的研究的能力。但是，又怎样看待商业或非商业的研究人员想要利用专利发明进行研究？换句话说，该发明可能有助于对其他题材进行实验研究。在这种情况下，这个专利发明可能被认为是一种研究工具。一方面，研究工具可以像显微镜或实验室设备，其主要用途是作为一种研究工具。另一方面，某些发明可能主要是研究主题——比如一个新的药剂化合物——但也可以在其他研究中扮演一个研

---

③ *Id.* at 112 – 13.

④ 29 F. Cas. 1120（C. C. D. Mass. 1813）（No. 17, 600）.

⑤ *Id.* at 1121.

⑥ 8 T. R. 95（K. B. 1799）8 T. R. 95（K. B. 1799）（finding Watt's patent for a steam engine to claim a manufacture and not a philosophical principle, the latter of which would have been prohibited）.
译者注：认为瓦特蒸汽机的专利是一个制造专利，而不是一个哲学原理的专利，后者不可以获取专利。

⑦ Webster's Patent Cases 295（Exch. 1844）（holding that a patent for interposing a heated receptacle between a blower and a furnace such that the air sent into the furnace would be warm, not cold, was not invalid as simply a scientific principle; whereas a patent for only a scientific principle（with no particular application）would be invalid）.
译者注：判定：在鼓风机和炉子之间加一个加热容器，使送入炉子的空气温暖而不寒冷，这个专利是有效的，不因为仅仅是科学原则而无效。如果专利仅仅是科学原则（而没有特定的应用），专利就是无效的。

究工具的作用——例如，这里的化合物可以用于帮助开发其他的候选药物。

　　最后，如果确实想限制先驱专利对第三方进一步研究的限制，那么，实际问题就出现了：什么形式的限制？这导致了两个术语的经常互换使用，可是这两个术语描述的限制具有非常不同的概念。第一个术语是研究使用例外（exception），这一术语意味着这项活动首先没有侵犯有关研究课题的专利。第二个术语是研究使用豁免（exemption），这一术语意味着这项活动是一个专利侵权，但免除了侵权的责任。由于大多数当代的法律采取例外（exception）这一术语的——例如，"以下行为不是侵权行为……"⑧　本章中使用例外（exception）这一术语，而非豁免（exemption），来表达这些一般的局限。

　　同样，这些限制往往被交替地称为实验性使用例外或研究使用例外。然而，如果法庭运用"实验性"这一术语，法庭通常要求讨论的活动具有真正的科学实验性质。

　　对假设进行测试，其结果增加了科学知识，而不是主要面向个人或公司的商业利益。与此相反，"研究"这一术语可以包括针对企业利益的商业研发活动。由于一些国家的法律将"例外"扩展到商业研发活动，以及纯粹的哲学或科学实验，本章使用"研究使用例外"这一表述。此外，美国专利法中，还有一个不同的"实验性使用例外"概念，允许发明人在提交专利申请之前，对其专利进行一定程度的公共使用，只要这个使用完全是实验性的，而且目的是将发明具体到实践。⑨　因此，本章使用"研究使用例外"这一表述的另一理由是为了避免与这个美国专利法的原则的混淆。

　　总之，两个概念的区别和两个实用的区别构成了本章的结构。这两个概念的区别是：（1）对专利发明的研究与利用专利发明的研究；（2）商业与非商业研究。这两个实用的区别是：（x）一般研究的例外与监管审查程序的例外；以及（y）非侵权的例外与侵权但免除了侵权责任的豁免。然而，正如标题所示，本章还试图证明有在法律上和事实上的研究使用例外，后者对理解当前美国的制度尤为重要。然而，虽然在一

---

　　⑧　35 U. S. C. § 271（e）.

　　⑨　*See, e. g., City of Elizabeth v. American Nicholson Pavement Co.*, 97 U. S. 126（1877）.

定程度上，美国系统与其他司法管辖区有功能上等同的使用例外，一个关键的区别是，美国的使用例外一般只允许政府和/或非商业用途，而不允许由具有商业头脑的竞争对手利用。因此，研究使用例外是另一个例子，从比较专利法的角度，在一个关键的政策问题上，美国的专利制度站在一边，而大多数其他发达国家的专利制度站在另一边。本章不寻求争论作为一个政策问题哪一方更"好"，只是突出两方面的差异、优点和缺点。

二、研究使用例外的实用战略面

大多数专利制度允许，甚至鼓励，避开开创性专利的设计。这样新的，也许更好的货物或服务可以进入市场与先驱产品或服务竞争。这些后续产品本身可能也是被授予专利权的发明。当然，先驱的创新者可能自己生产这些后续产品，试图通过申请一系列的商业中实用的本类产品的专利来继续主导这新一类的产品。此外，在没有商业化或本地工作的要求的司法管辖区，一个精明的创新者，对自己的广泛的创建新一类产品的创新，有可能让他的团队探索了所有的发明实施范例，申请全部专利，然后再引入产品到市场。通过这一策略，他可以阻止他人进入他用第一个产品创造的新类产品市场，然后可以自己决定，在哪里，以及如何引进后续产品，使回报最大化。

上述战略对先驱创新者有明显的好处，但是对整体经济不一定代表最好的结果。先驱创新者比较容易能垄断一个有可能变成关键的新产业领域。在最坏的情况下先驱创新者的束缚可能将新产业窒息于萌芽中，阻止它成为那种可以在经济中发挥重要角色的新的广泛行业领域。

解决的办法之一是强制许可，强制许可本质上允许政府介入，允许他人把先驱创新者的专利覆盖产品市场化。在一些国家，政府的做法是建立一个商业化的要求，迫使专利持有人把产品市场化，或者至少有偿许可别人把产品市场化。商业化的要求有固定期限——一般为三年——否则政府将授予他人专利权许可证。[⑩] 即使在美国，管辖从联邦资金所产

---

⑩　*See*, *e. g.*, U. K. Patent Act of 1977 § 48 – 48 B; Japanese Patent Act art. 83; Canadian Patent Act, R. S. C. ch. P – 4, S. 65; German Patent Law § 24.

生的专利所有权的拜－多尔（Bayh－Dole）法案[⑪]也确立了对这种专利的商业化要求。[⑫]

　　即使先驱创新者没有试图通过对所有可行的功能替代品注册专利的方法来主宰新兴商品或服务领域，竞争对手仍然并不总是很清楚有多少自由能设计避开开创性专利。竞争对手可以随便这样做的说法，听起来很不错；但在强大的独家专利的权利制度下，这真的可行吗？在许多情况下，潜在的竞争者，仅仅为了设计避开专利，就需要对专利下的发明或者用专利下的发明进行实验。但是，如果没有一个例外，任何未经授权的对专利发明或者用专利发明的研究将构成可提起诉讼的侵权。一个简单的解决方法是，竞争对手秘密地对专利发明或者用专利发明进行研究，寄希望于被发现的机会较少，这样他们冒一个小的被起诉侵权的风险。然而，这种策略首先构成了一个明确的道德风险，而且在实践中或多或少取决于原始专利的具体特点和其他因素，比如竞争对手是否真地发展竞争性产品和配套产品，例如与先驱产品兼容的配件。[⑬]

　　制订精细调整的方案，来平衡先驱创新者的权利（和激励/奖励）和

---

　　⑪　Pub. L. No. 96 – 517, 94 Stat. 3015, 3019 – 27（1980）（codified at 35 U. S. C. § § 200 – 211）.

　　⑫　35 U. S. C. § 203（establishing the failure to commercialize a patent covering a federally funded subject invention as a trigger for 'march – in rights' whereby the government funding agency can grant a compulsory license to another party）.

　　译者注：规定了覆盖受联邦政府资助的发明的专利，如果不能商业化，就触发"进驻权利"，即政府资助机构可以给予其他方强制许可。

　　⑬　*See* Dan Laster, *The Secret is Out: Patent Law Preempts Mass Market License Terms Barring Reverse Engineering for Interoperability Purposes*, 58 BAYLOR L. REV. 621（2007）（discussing the 'detection paradox' which makes the marketing of interoperable goods more of a tip off to a patent holder that the interoperable product manufacturer may have engaged in unauthorized research on or with the patented invention（else how would the manufacturer be assured that the product was indeed interoperable?）than the marketing of substitute goods for which the manufacturer may in fact have engaged in unauthorized research but there is nothing to indicate this simply from the availability of the substitute product in the marketplace）.

　　译者注：请看 Dan Laster 的"秘密已被泄露：专利法禁止在大众市场的专利许可条款中加入禁止通用性目的的逆向工程的条款。"58 BAYLOR L. REV. 621（2007）。讨论"检测悖论"。销售可通用的商品，是在更明显的程度上告知专利权人，可通用商品的生产商可能未经授权就针对或利用专利发明进行了研究（否则的话，生产商如何可以确保其产品的通用性）；而在较为不明显的程度上告知专利权人，生产商营销了替代产品，生产商可能在实际上已经从事未经授权的研究，但仅从替代产品在市场上的存在，还无法显示这一点。

后续创新者的权利（激励/奖励），就是研究使用例外。如上所述，这种宽泛的概念涵盖了法律条文和司法的法律，寻求在一定限度内，未经独家专利人授权，允许专门研究专利发明或用专利发明做研究。研究目的包括：推进科学或技术进步；允许政府向公民提供重要的服务；并允许潜在的竞争对手自由开发新产品（前提是推向市场的最终产品本身并不侵犯先驱专利，或者，如果侵犯，该后续创新者正式得到专利许可后，才把侵权产品到推向市场）。本章的剩余部分将详细介绍研究使用例外这一个宽泛的概念中法律上和事实上的不同实例。

三、法律上的研究使用例外的标准形式

本节讨论法律上的研究使用例外的两个主要的形式，即法律或判例法中产生的例外，正式被称为研究使用例外（或以上所讨论的，类似的基于实验或豁免的替代定义）。第一，研发和实验例外，可追溯其起源于19世纪的判例法。第二，监管审查例外（有时被称为"波拉豁免"），是源自比较近的年份。

（一）研发和实验例外

一般来说，大多数的以技术为导向的主要国家在专利制度中提供了一个法定的研究使用例外，涵盖了甚至一些商业研发活动。美国是这一趋势最显著的例外。尽管美国在 1813 年的专利案——*Whittemore v. Cutter* 案，正式引进了研究使用例外的概念，那个例外是比较狭窄的实验使用例外，以私人和/或真正的哲学或纯科学实验为重点，"制造（被专利的）机器用于哲学实验，或用于验证该机器是否足以产生的描述的效果。"⑭

在整个 19 世纪和 20 世纪，这种在"普通法"或司法解释基础上建立的例外被美国的大学和非营利研究组织广泛利用，成为专利法中与在版权法"合理使用"原则相应的原则。然而，从 1984 年开始，联邦巡回上诉法院通过三个案例寻求澄清研究使用例外的适当范围。第一个案例是 *Roche Products, Inc. v. Bolar Pharmaceuticals* 案（以下简称"*Roche*案"）⑮，此案因**导致**监管审查的法定例外的产生而更有名气（"波拉豁免"）。第二个案例是 2000 年的 *Embrex v. Service Engineering* 案（以下简称

---

⑭ 29 F. Cas. 1120 (C. C. D. Mass. 1813) (No. 17, 600).

⑮ 733 F. 2d 858 (U. S. Federal Circuit 1984).

"*Embrex* 案")⑯，第三个案例是 *Madey v. Duke*" 案（以下简称 "*Madey* 案")⑰，有些人认为，这个争议的决定有效地消除了美国普通法的研究使用例外。

可以说，联邦巡回上诉法院在三个案例中，对斯多瑞（Story）大法官在 *Whittemore v. Cutter* 案的基本评论还是保持了相当的一致。在 *Roche* 案中，法院解释说："斯多瑞大法官试图维护主审法官对陪审团的指示，就是侵权人使用专利发明时必须有一个以营利为目的的意图。"并且，"他的开创性的声明演变至 1861 年，法律充分确定，利用专利品进行实验，如果唯一目的是哲学嗜好，或好奇，或仅仅是娱乐，不是一种侵犯专利权人的权利的侵权行为。"⑱ 这一个例外的逻辑是，非商业的专利发明使用没有伤害专利持有人。

与此同时，该例外的表面的敏感性可能掩盖了两个非常不同的概念。第一个概念可以归纳为微量允许类型的争论——使用是如此微不足道，不值得执法。这种理解符合 *Roche* 案法庭对 Bolar 行为的分析："很明显，称被告的使用为微量用途是用词不当。即使用量很小，对当事人的经济效果的影响却不小。这不是斯多瑞大法官设想的业余爱好者的事情。我们不能如此广泛地诠释实验使用规则，以允许在'科学探究'的伪装下违反专利法，如果此'探究'有明确、可识别的，非小量的商业目的。"⑲ 然而，一个真正的微量允许基础上使用例外，似乎应允许其他种类的小量的专利发明使用。那么，为什么使用例外仅限于娱乐或哲学探究呢？作为一个实际问题，如基础是微量允许，那么这将普通法研究使用例外改变成豁免。较大幅度的实验用途可能被起诉。

第二个概念是，使用发明专利于纯粹的哲学或闲置娱乐用途，应断然排除在侵权的定义或范围外，从而正确地划归例外，而非豁免。这种理解更好地符合对"哲学探究"和"闲置娱乐"的限制的明显的重要性——一个真正的微量允许豁免，不必要加"哲学探究"和"闲置娱乐"

---

⑯　216 F. 3d 1343（U. S. Federal Circuit 2000）.

⑰　307 F. 3d 1351（U. S. Federal Circuit 2002）.

⑱　733 F. 2d 858，862（U. S. Federal Circuit 1984）（quoting *Peppenhausen v. Falke*，19 Fed. Cas. 1048，1049（C. C. S. D. N. Y. 1861）（No. 11，279））.

⑲　733 F. 2d 858，863（U. S. Federal Circuit 1984）.

的限制。

无论如何，"Roche"法庭的决定的基础是：无论波拉的活动是否可以被视为真正的科学实验，他们从事这一活动的"唯一目的是修改专利发明使之适应实验者的商务，因而侵犯了专利权人排除使用他人的专利权。"⑳ "Roche"法庭依靠从它的前身——索赔法院的先例，还建议：如果所称侵权人未经授权的对发明的使用促进了其合法商业利益，那么所称侵权人的活动超出了普通法研究使用例外的保护范围。㉑ 可以说，这个主题为法院后来的关注筑起了舞台，大学等非营利组织的大规模的未经授权地使用专利发明，虽然名义上是科学或哲学性的性质，仍然代表着专利持有人失去显著的市场份额和非营利组织促进其商业类型的利益。在 Embrex 案中，联邦巡回上诉法院确认了下级法院的决定，大学教授的由服务工程指导的研究实际上是"科学探究的幌子"，"明确地以为商业目的"。㉒ 法院似乎也更清楚地区别微量豁免与普通法的来源与斯多瑞大法官的实验例外。㉓

尽管有这些明确的司法裁决，许多大学和非营利研究机构继续认为：研究使用例外涵盖几乎它们所有的研究活动。它们理应注意到联邦巡回上诉法院"Roche"法庭的语言："Bolar"的行为不是斯多瑞大法官设想的业余爱好者的事情。㉔ 任何人，只要公平地检查一下那些巨大而昂贵的事业，即现代大学和非营利组织的基础科学研究，就会发现这些活动同样不可能被作为"业余爱好者事件"。因此联邦巡回上诉法院在 2002 年的 Madey 案裁决的后面，真正的故事应该是为什么这么多的大学和非营利组织似乎大吃一惊。

事实上，Madey 案的基础并不太适合成为知识产权和研究活动这一如此重要的领域的测试案例。不必重申所有的事实，只需说，该案的争端

㉚ *Id.*

㉑ *Id.*（quoting *Pitcairn v. United States*, 547 F. 2d 1106, *cert. denied*, 434 U. S. 1051 (1978)).

㉒ 216 F. 3d 1343, 1349 (U. S. Federal Circuit 2000).

㉓ *Id.*（'This court has construed both the experimental use and *de minimis* exceptions very narrowly.'）

译者注：该法庭对实验使用和微量例外的适用范围解释得非常狭窄。

㉔ 733 F. 2d 858, 863 (U. S. Federal Circuit 1984).

在许多方面起源于一个研究员和他的大学之间关系的恶化。㉕ 对于本章的目的，故事的基本要素是，马戴（Madey）拥有一些与自由电子激光技术有关的专利，覆盖他在杜克大学（Duke）的实验室的一些核心研究活动。在他因控制和使用他的实验室与杜克大学发生纠纷离开杜克大学后，他起诉杜克大学专利侵权，禁止杜克大学使用所涉及覆盖的活动。杜克大学提出了一些有趣的防御，包括普通法中的研究使用例外。虽然评论家的注意力主要集中在美国联邦巡回上诉法院的裁决对于普通法例外防御的影响，杜克大学实际上罗列了一系列美国大多数大学和非营利研究机构可以使用的其他防御。由于这些抗辩并不拟直接应用研究使用例外，笔者决定称它们为"事实上研究使用例外"。㉖

狭隘地着眼于联邦巡回上诉法院对杜克大学运用的普通法研究使用例外的分析，我们看到，法庭只是把现代大学作为显著的经济主体的概念明朗化。现代大学拥有类似于其他经济主体的商业目标。因此，法院指出：

> 主要研究型大学，如杜克，常常批准和提供基金给可以说没有任何商业应用的研究项目。然而，这些项目明白无误地增进这些机构的合法经营目标，包括教育和启发学生和教师参与这些项目。这些项目还增进这些机构的地位和吸引有利可图的研究资金，学生和教师。㉗

法院还提起另一个关于大学的商业化的发展主题："杜克大学的专利和许可政策可能支持其作为一个教育机构的主要功能……但是，杜克大学，像其他高等院校的主要研究机构，并不避讳追求一个积极的专利许可计划，从中获取价值不菲的收入来源。"㉘ 这后一点可能被视为拜－多尔法案的目的和实质内容的直接、合乎逻辑的结果。一旦大学被赋予权利能拥有从联邦政府资助的研究产生的专利，他们就开始在产生发明的

㉕　For more details on the nature of this relationship, see *Madey v. Duke*, 307 F. 3d 1351 (U. S. Federal Circuit 2002).

㉖　*See* p. 599 *infra*.

㉗　*Madey v. Duke*, 307 F. 3d 1351, 1362 (U. S. Federal Circuit 2002).

㉘　*Id.* at note 7 (internal citations omitted).

研究中拥有商业利益。事实上，这正是拜－多尔法案的要点：给予大学一种经济激励，使联邦政府资助的发明不会搁置在大学或政府实验室，而是积极地申请为专利，转让授权给私营部门以商业化，这样公众可以得到该研究的实际应用。当然，对拜－多尔法案，以及大学对它的反应，不是没有批评者，但那场辩论大大超出了本章的范围。

据此，联邦巡回上诉法院以研究使用例外为根据将此案发回地区法院重审，并给予以下指示：

> 地区法院给杜克大学的非营利和教育地位太大的考量……重审时，地区法院应大大缩小并限制其实验使用抗辩的概念。正确的重点不应该在杜克大学非营利地位，而在杜克大学合法经营的事业，以及专利使用是否是纯粹为了娱乐，满足闲置的好奇心，或严格的哲学探究参与。[29]

由于最高法院拒绝审查联邦巡回上诉法院的在 *Madey* 案的意见——也拒绝审查 *Roche* 案和 *Embrex* 案的意见——联邦巡回上诉法院的普通法研究使用例外的阐释继续成为美国的法律。

总之，美国关于研发或实验研究使用例外的规则是：该活动必须确实是仅限于"外行的事"，类似于"*Roche*"法庭转述斯多瑞大法官的著名评论。

它甚至可能不涉及丝毫商业或商业性活动，也不以任何显著的方式增进个人或组织的"合法的商业活动"，包括非营利性或非商业性的努力。唯一的可能符合标准的活动是"纯粹为娱乐，以满足那些闲置的好奇心，或严格的哲学探究"。[30] "哲学探究"显然不包括大型或有组织的哲学探究，如在研究型大学进行的哲学探究——换句话说，是有限的和

---

[29] *Id.* at 1362－3（footnote omitted）.

[30] *Id.* at 1362.

历史上错误的"哲学探究"的概念。[31]

　　虽然美国研究使用例外的范围极其狭窄，而且与保护任何有意义的研究活动几乎不相关，在大多数其他发达、以技术为导向的国家，一般研发或实验研究使用例外要广泛得多。也就是说，它们一般包括一些商业或商业性活动。此外，它们似乎区分研究专利与利用专利发明的研究。请注意，在 Madey 案中，杜克大学运用普通法研究使用例外的辩护，似乎指利用自由电子激光器的专利发明做研究，而不是研究自由电子激光器。目前还不清楚联邦巡回法院是否会允许研究使用例外覆盖狭窄、非商业的大学对专利发明的研究，虽然这很难看出这种研究如何能落在法院的"合法的商业利益"的定义之外。本节的其余部分将简要回顾一下有代表性的主要技术国家的一般研发和实验研究使用例外，如英国、德国、日本和韩国。

　　英国专利法规定："一项行为，除本款规定外将构成对发明专利的侵权，但如果符合以下条件之一，就不是侵权：（一）它是私下做的，目的不是商业；（二）是为有关的发明而做的实验为目的……"[32] 同样，德国

---

　　[31]　Note that it is not just happenstance that all university colleges and departments – save the professional and religious schools – grant the 'doctor of philosophy' degree（Ph. D.）as their highest degree. Historically, all of the arts and sciences were established as components of philosophy and philosophical inquiry（e. g. , natural philosophy）within European and then American universities and colleges. Thus, as a technical matter, all faculty and graduate students operating within these departments are engaged in 'philosophical inquiry'. I am reluctant to argue this as a more substantial flaw in the Federal Circuit's opinion because I wager that many faculty and students in these departments do not consider themselves to be doing philosophy. This, of course, is as much a misunderstanding on their part as on that of the Federal Circuit judges. However, it suggests a commonality and evolution in the use of the term 'philosophical inquiry' by contemporary university researchers and the judiciary such that their collective use should be given some deference.

　　译者注：需要注意的是：除职业学校和宗教学校外，所有大学院校和院系都授予"哲学博士"学位作为自己的最高学位，这绝非偶然。从历史上看，在欧洲和美国的大学和学院中，所有的艺术和科学都是作为哲学和哲学探究（例如自然哲学）的组成部分而设立的。因此，从技术角度上讲，这些部门内的全体教职工和研究生都在从事"哲学探究"。但译者不愿把这点争论成为联邦巡回上诉法院的意见中的一个较大的缺陷，因为译者打赌，这些院系的许多教师和学生并不认为自己做哲学。当然，认为他们在做哲学，既是对他们的误解，也是对联邦巡回上诉法院法官的误解。但是，当代大学的研究人员和司法部门对"哲学探究"一词的共同使用和历史演变表明，对"哲学探究"的集体使用应给予一定的尊重。

　　[32]　U. K. Patent Act, 1977, ch. 37, § 60（5）. This section of the U. K. Patent Act also contains a regulatory review – or 'Bolar exemption' – which will be discussed at pp. 538 – 9.

专利法规定："专利的效力应不延伸到：（1）私人进行的和非商业目的行为；（2）有关的专利发明主题的实验为目的的行为……"㉝ 这些条款非常相似并非偶然：两国都采纳了国家条规定的（欧洲）共同体1976年专利公约。㉞ 作为一个显著不同的表述，日本专利法规定："专利权的效力不得违背为研究或实验目的在专利发明上的工作。"㉟ 同样，韩国专利法规定："对专利的效力的权利并不延伸到……（一）为研究或实验目的在专利发明上的工作。"㊱

　　虽然法定语言似乎在所有这些例子大约相似，但是，德国和英国的法规有显著差异，日本和韩国的法规有显著差异。只有德国和英国的法规似乎清楚地表达，否则未经授权的商业研发活动必须限制在对专利题材的研究（"为实验目的在专利发明上的工作"）。日本和韩国的法规似乎也允许利用专利发明来进行商业研发。因此，德国和英国的法规又提供了一个单独的章节，似乎允许私人、非商业的未经授权的研究，无论对专利题材还是利用专利发明。日本和韩国的法规没有这个单独的一节，但可以说它们不需要单独的一节，因为它们更广阔的商业研发例外可能允许未经授权的对专利题材的和利用专利题材的私人、非商业研究。

　　如果进一步探究上面的主题，作为一个政策问题，私人、非商业研究的例外可能会比商业研发例外更容易证明是正当的，因为允许他人进行完全非商业的专利发明研究并不拿走多少先驱专利持有人的利益。当研究是在不直接从事任何商业化的研究机构如大学中进行，并严格限制于非商业或纯科学的研究时，尤其如此。

　　但是，如果进行该研究的大学或者其他组织的常规活动包括了寻求新发明和申请，在这种情况下，对专利持有人就构成了问题。大学或者组织可能仍然与专利持有人的研发活动竞争，并对专利许可的下游商业化持有经济利益。

㉝　33 German Patent Law § 11 (2). This section of the German Patent Law likewise also contains a regulatory review – or 'Bolar exemption' – which will be discussed at p. 539.

㉞　Convention for the European Patent for the Common Market (Community Patent Convention) art. 31 (A) – (B) 76/76/EEC (1975), *superseded* by Agreement Relating to Community Patents art. 27 (a) – (b) 89/695/ EEC (1989).

㉟　Japanese Patent Act art. 69 (1).

㊱　36 Korean Patent Act § 96 (1).

此外，人们应该考虑一个非营利性实体的未经授权的使用，即使不与专利持有人直接有商业竞争，是否仍然会通过与该专利持有人完全不同的商品或服务而获取商业收益，比如科学或科技教育。

另一方面，私人、非商业的研究中使用专利的题材——特别是在其作为研究工具使用——可能对专利权人的经济利益产生非常不利的影响。[37] 这种伤害最明显的例子是专利涵盖的内容主要是出售或授权给大学和其他非营利性研究机构的研究工具。问题是，一个特别的研究工具——包括如基因工程改变的 DNA 片段或如 RNA 干扰（RNAi）的细胞机制等生物技术发明——是否更像是一个显微镜，在这种情况下，大学和非营利的实验室应支付费用；或更像基本构建块，在这种情况下，应该是自由地提供给所有的基础科学的研究人员。这一政策的辩论可能会考虑到一些因素，包括大学和非营利研究人员是否可以用自己现有的装备在自己的实验室创建或复制这一研究工具，或是否需要从专利持有者获得物理或生物材料，或使用专门的实验室设备。上述并非仅仅是学术辩论：可以说是对生物技术产业的未来在很大程度上取决于对此问题的回答，因为许多生物技术公司生产研究工具作为其部分或主要产品。此外，对于提供有专利权的服务，而不是商品的企业，广泛的非营利性或非商业性的研究例外可能破坏它们相当大的一部分市场。[38]

最后，这一辩论可能受到英国和德国的法律对限制词"私人"的解释。换句话说，使用专利题材进行私人、非商业的研究，是否意味着一旦使用专利题材的研究结果被发表，有限的例外就不存在了？进行研究的组织的性质又有什么影响？比如，活动大部分向公众开放的公共大学？

---

[37]　*See supra* note 18.

[38]　For a more detailed discussion of the interaction of physical property and intellectual property rights in research activities, as well as the underestimated extent of a particular form of service – the 'lease – license' model whereby owners of physical property and intellectual property package both together to avoid patent exhaustion and reverse engineering and/or loss of trade secrets – see Sean M. O'Connor, *The Use of MTAs to Control Commercialization of Stem Cell Diagnostics & Therapeutics*, 21 BERKELEY TECH. L. J. 1017 (2006).

译者注：如果有意更详细地讨论有形财产和知识产权在研究活动中的互动，以及一个被低估的服务形式的——"租赁许可证"——请阅读肖恩·M. 奥康纳的《运用物品转移协定来控制干细胞诊断与治疗的商业化》。租赁许可证模式，指有形财产和知识产权的业主将两者捆绑在一起以避免专利权用尽，逆向工程和/或商业秘密的损失。

或者研究的性质？是公众化或公开的研究，还是对公众有限制的研究？这些问题看起来可能过于狭隘地限制了非商业研究使用例外在英国和德国法规的范围，但是，美国 *Madey* 案恰恰是运用这样的解释考量来限制法规的范围。因此，英国和德国的私人、非商业的例外，似乎免费授权使用某些专利的研究工具，但可能无法扩展到在大学和非营利组织的实验室的大型基础科学研究。

然而，英国和德国各自有案例法，以供研讨普通研发研究使用例外法律规定的范围。英国的 1985 年 *Monsanto Co. v. Stauffer Chemical Co.* 案[39] 讨论了§60（5）（a）和§60（5）（b）研究使用例外的区别，其区别部分取决于：

> §60（5）（a）和§60（5）（b）的措辞不同，§60（5）（b）的实验目的可能考虑了商业目的。类似于加拿大最高法院在 *Micro - Chemicals Ltd. v. Smith Kline and French Inter - American Ltd.* （1971）25 D. L. R. 79 一案中考虑的实验活动，"与发明的题材相关的实验的目的"覆盖了有限的实验以证明实验者依照专利的规范能否生产合格的产品。[40]

另外，依据笔者的判断，以下情形进行的试验应被视为实验：发现未知物或测试一个假设，甚至找出在特定条件下，例如：土壤或天气，工作的方法能否在不同的条件下工作。但是，依据笔者的判断，以下情形的试验的目的不应被视为实验目的：向第三者显示产品合格，或积累信息以满足第三者，证明产品符合制造商的规范，不论第三者是顾客还是监管机构。[41]

因此，只要研究是私人和非商业的，§60（5）（a）与§60（5）（b）允许未经授权的个人或机构针对并利用专利发明从事研究；§60（5）（b）只允许未经授权的个人或机构，以真正采取实验的形式，针对专利发明从事研究，而不是临床试验或示范给第三方。因此，正如在下一节所讨论，英国专利法需要通过一个独立的掌节——60（5）（c）——

39　［1985］RPC 515.

40　*Id.* at 538.

41　*Id.* at 542.

以引入监管审查或波拉豁免。

在德国，与英国大致相同的法律条文，在应用于一个类似的监管审查使用的事实格局，却得到不同的解释。在 *Klinische Versuche I*（临床试验 I)[42]，德国联邦司法法院表示：

> 根据其措辞，专利法第 11 章第 2 条关注的不是特定类型的行为，而只是有被审查行为的目的。该法通过实验的概念来定义此目的。与此有关的实验的定义是指任何获取信息的（计划的）过程，而不论其获得的信息最终服务的目标。为了限制这种本质宽泛的实验的概念，该条款进一步要求事实特点确定的豁免范围，该实验必须涉及专利发明主题事项。这表明特定的实验目的的行为和发明的题材之间的终局。本发明的题材必须是为获取信息为目的实验行为的客体……
>
> 该法的措辞的最自然的解读是：专利法第 11 章第 2 条原则上豁免所有的实验行为，只要实验行为有助于获取信息，也就是对发明题材包括其用途，进行科研。其中包括用于实验目的对该发明题材的使用行为，例如发现新物质的作用或未知的新用途。因为该条款对实验行为，无论是定性或定量的，都不作任何限制，因此无论试验仅用于检查专利，还是用于获得进一步的研究结果，还是用于更广泛的目的，如商业利益，都无关紧要……[43]

因此，尽管欧洲共同体专利公约德语版本与英国专利法几乎相同，德国法律允许不经批准就使用专利发明，只要以研究为目的，比如监管审查和批准。次年的 *Klinische Versuche II*（临床试验 II)[44] 确认和澄清了这种第 11 章第 2 条的释义：

> 专利法是本法律判决的基础，专利法第 11 章第 2 条的措辞、含义和目的指出：研究例外适用于受专利保护的活性剂所包含的药物在人体的消化率和有效性的临床研究，即使这些试验的目的是获取

---

[42] ［1997］RPC 623.

[43] *Id.* at 638.

[44] ［1998］RPC 423.

数据以通过药品的法律审批。这并不意味着任何和每一个研究活动都可豁免,如果研究已经毫无关系的技术理论或实验进行的比例已不再允引用研究作为正当的理由,那么这些活动就不再是专利法第 11 章第 2 条含义下允许的研究活动。以干扰或阻碍发明人销售他的产品为目的而持续进行实验,也不是专利法第 11 章第 2 条含义下允许的研究活动。在这种情况下,此类研究不服务于技术进步的目的,而是成为一个完成竞争目的的手段。⑤

因此,情况可能是这样的:专门为收集监管的信息而进行的临床试验不被专利法第 11 章第 2 条法定例外所覆盖。但是,少量的合法的研究,包括监管题材的行动机制或新用途等,将可能足以引发法定的研究例外。

相比之下,日本和韩国一般的研发和实验研究使用例外拟定得非常宽广,使人很难看到它们如何能禁止针对专利、使用专利,或收集监管审查和批准的数据的研究。⑥ 不过,直到 1997 年,日本法院认为,擅自使用专利发明以收集监管部门批准的数据没有推进科学或技术进步,因此没有被 § 69(1)⑦ 覆盖。在这一年,东京地方法院驳回了小野制药公司的针对七个仿制药制造商的专利侵权案件。七个仿制药制造商生产了仿制小野的专利药品。法院驳回的依据不是 69(1)对研究使用例外的规定,而是 69(1)对专利时效的规定。背后的逻辑与美国 Hatch – Waxman

---

⑤ *Id.* at 436.

⑥ At the same time, in the case of biotechnology research tools any research *with* the tool that thus misappropriates the tool's commercial value in the research enterprise will not be covered under the § 69 (1) exception. *See*, *e. g.*, Center for Advanced Studies and Research on Intellectual Property (CASRIP), Patent Policies, Research Ethics and IP Education 65 (symposium held at Tokyo Medical & Dental College, Tokyo Japan, in February 2005) (statement of Honorable Ryuichi Shitara, Presiding Judge, Tokyo District Court).

译者注:与此同时,在生物技术研究工具的情况下,任何利用工具的研究,如果不正当地使用研究工具的商业价值,此研究将不会被包括在 69(1)例外。参见:知识产权高级学习和研究中心(CASRIP),专利政策,研究伦理和知识产权教育 65(在东京医科牙科大学,日本东京举行的研讨会,2005 年 2 月)(东京地方法院主审法官龙一设乐的声明)。

⑦ *See* Jennifer A. Johnson, *Comment*: *The Experimental Use Exception in Japan*: *A Model for U. S. Patent Law*?, 12 PAC. RIM L. & POL'Y. J. 499, 512 – 13 (2003).

法案的平衡行为很相似。[48] 如果完全禁止仿制药制造商使用专利保护下的化合物来收集申请监管部门的批准所需的数据,那么先驱药品生产企业将获得事实上的专利期限延长,因为仿制药制造商不能在先驱专利期限终止时立即将产品上市。遵循这第一个与先例的不同意见,东京地方法院裁定:仿制药的开发和临床试验,以确定生物等效性而申请监管部门的批准,构成了事实上的科学和技术进步,包含在 69(1)研究使用例外的规定的范围之内。东京高等法院在 *Otsuka Pharmaceutical Co.,Ltd. v. Towa Yakuhin K. K.* 一案[49]中肯定了这个 69(1)的解释。

1999 年,在 *Ono Pharmaceuticals Co., Ltd. v. Kyoto Pharmaceutical Industries, Ltd.* 案[50]中,日本最高法院最终权衡并裁定,为监管部门的批准为目的而使用专利药物,包含在 69(1)研究使用例外的范围内。但是,日本最高法院没有明确分辨判决的原因:是因为此种使用是代表了科技进步,还是因为 69(1)不再要求科技进步。无论如何,在 69(1)的范围似乎是相当广泛,许可商业及非商业研究,直到未经授权的用户开始在市场上销售侵权产品为止。[51]

(二) 监管审查例外

虽然上述部分讨论了很多专利发明的监管审查使用情况,特别是在制药行业,重点仍然在这四个国家的通常的研发和实验研究中使用例外。此外,对这种监管审查进行初步讨论是适当的,因为它往往对研发和实验研究使用例外产生最多的争议。在本节中,我们讨论一个不同的专门的监管审查例外,或所谓的波拉豁免。

美国似乎是主要技术国家中率先采取法定条文来专门针对监管审查例外。当联邦巡回上诉法院决定 *Roche* 案时,国会已经在辩论各项法案以解决先驱和仿制药生产商之间的冲突。注意到国会的这个辩论,并邀请国会通过专门针对监管审查例外问题的法律,联邦巡回上诉法院拒绝建立这样一个例外。此后不久,美国国会通过了 1984 年药品价格竞争和专

---

[48] *See infra* p. 536.

[49] *See supra* note 47 at 515.

[50] *Id.* at 516.

[51] The exception is likely limited to research *on*, however, in the case of biotechnology research tools. *See supra* note 46.

译者注:但在生物技术研究工具的情况下,这一例外可能局限于"针对"。参见前注 46。

利期恢复法（Hatch – Waxman 法案）。[52] 在其许多条例中，该法向美国专利法对侵权的定义增加 271（E）（1）：

> 以下行为不是侵权行为：以制造、使用、许诺销售，或在美国销售或进口到美国的专利发明（除新兽药或兽医生物制品等。这主要是生产利用重组 DNA、重组 RNA、杂交瘤技术或涉及定点的基因操作技术的其他过程）纯粹为合理地开发和提交资料，根据有关制造使用或出售或兽医生物药品产品的联邦法律。[53]

一些评论家认为，这项法规的目的是狭窄的，仅仅删除一种侵权的定义，也就是仿制药生产企业使用专利化合物（即药品）的进行临床试验，显示生物等效性，以利用仿制药简化的监管批准的新机制。但是，最高法院，在其 2005 年 *Merck KGaA v. Integra Lifesciences I, Ltd.* 案的决定中，给了该条款一个更广阔的解释。[54] 因此，没有将 271（E）（1）的范围限制于对专利化合物的临床试验研究，最高法院解释的例外包括："对专利发明的所有使用，只要与开发和提交（食品、药品和化妆品法）要求的任何信息有合理的关联。"此外，"这必然包括那些在提交给 FDA 的监管过程中适当的专利化合物的临床前研究"。[55] 最高法院不可能完全承认它在上面说的第一条语句的字面含义，因为那样的结果是，所有的专利的实验室设备、软件等未经授权的使用似乎都受 271（E）（1）保护。而与此同时，在一个脚注里，最高法院声称，它对生物技术的研究工具的地位没有作出裁决。[56]

在最高法院裁决的这两个不确定性之外，最高法院集中阐述了 271（E）（1）研究例外中时间和题材广度方面的含义。因此，最高法院认为，例外明确包括专利发明用于注册"研究新药申请"（IND）的早期研究，以及后期的研究包括临床试验工作以期提交"新药申请"（NDA）。同时，最高法院驳回了联邦巡回上诉法院的阐述，联邦巡回上诉法院的

---

[52]　98 Stat. 1585（1984）.

[53]　35 U. S. C. § 271（e）（1）.

[54]　125 S. Ct. 2372（2005）.

[55]　*Id.*

[56]　*Id.* at 2382 note 7.

阐述似乎将特许限制在临床前阶段的收集安全性数据的研究。相反，最高法院宣称，因为美国食品和药物管理局（FDA）对在 NDA 的要求可以包括药物的药理学、毒理学、药动学和生物质量的研究数据，因此，研究和收集任何有关这些特质的数据可以适当地属于例外。此外，最高法院解释说，在某些情况下，在 271（E）（1）例外可以覆盖"（1）最终不提交 FDA 的药物或（2）使用专利化合物在最终未提交给 FDA 的实验"。[57] 从本质上讲，法院采用了 271（E）（1）"合理相关"一语的书面价值，并宣布：

> 正确理解时，271（E）（1）对试验和监管部门的批准道路上的失败留有足够的空间：至少当制药商有一个合理基础认为专利化合物可能会成功，专利化合物通过特定的生物过程产生一种特定的生理影响；制药商并且利用化合物进行研究，如果研究成功，将适用于向 FDA 提交的申请……[58]

在此基础上，法院认为在前临床研究的专利化合物的使用是受 271（E）（1）保护的，只要有一个合理的基础相信实验会产生"与 IND 或 NDA 有关的类型的信息"。[59] 最终，这意味着在美国的监管审查的例外是相当广阔的。

虽然现在在日本和韩国的监管审查例外使用的法律条款——研发和实验研究使用例外法规 69（1）和 96（1）——早于美国专利法的通过 1984 年 Hatch-Waxman 法案引入的 271（E）（1）例外，日本条款是只在 1997 年才建立监管审查例外。[60] 目前还不清楚韩国何时开始认定其法律条款包括了监管审查例外。德国于 1997 年开始允许第 11 章第 2 条的研发和实验使用例外包含部分监管审查。然而，英国从来没有认定其法律

---

[57] 125 S. Ct. 2382（2005）.

[58] *Id.* at 2383.

[59] *Id.* at 2383-4. Note that the Court shifts over the course of its opinion from referencing 'patented inventions' generally to the far more limited 'patented compounds' as the touchstone for what is being covered by the exception. This adds to the uncertainty created by the ruling.

译者注：请注意，法院在其判决书中，把能被例外覆盖的试金石测试条件，从一般的"专利发明"转化为极为有限的"专利化合物"。这增加了判决书创造的不确定性。

[60] *See supra* note 35.

包括了监管审查例外，虽然英国法律与德国法律有本质上相同的研发和实验例外。

然而，2004 年欧盟通过的 2004/27/EC 指令修订了 2001/83/EC 指令，为医药产品的管理确立指导方针和国家立法。对于本章的目的，2004/27/EC 指令最突出的部分是，它修正早期指令第 10 条的（6）为："进行以［满足仿制药的简化批准过程］和相应的实际需求的过程，为目的的必要的研究和试验，不得被视为违反专利权或违反医药产品补充保护证书。"⑥

此后，各成员国已开始纳入其国家专利法这一新的要求。英国增加了 §60（5）（i）：

> 一项除本款规定外，将构成对发明专利的侵权的行为，如果满足以下一点，就不再侵权，包括——
> （i）进行［各欧盟指令监管审批程序］申请所必需的研究、测试或试验，并且研究、测试或试验的目的是申请［各欧盟指令监管审批程序］，或者
> （ii）应用那些［指令］的段落所必需的任何其他行为。⑥

这项法规密切地跟踪该指令本身的语言，从而可以通过对该指令的立法历史和评论分析来解释。

在德国，专利法进行了修订，补充第 11 章第 2b 条：

> 通过专利所赋予的权利，不得扩展到……为获得欧盟市场出售药物的授权或为获得在欧洲联盟成员国或其他国家出售药物的授权所必要的研究和试验和相应的实际要求。⑥

德国法规的语言风格与指令的语言不同（即使考虑到翻译），但似乎

---

⑥ European Directive 2004/27/EC art. 1 No. 8（2004）*available at* http：//eurlex. europa. eu/RECH_ naturel. do.

⑥ U. K. Patent Act § 60（5）（i）.

⑥ German Patent Law § 11 No. 2b *translated in* Henrik Holzapfel and Joshua D. Sarnoff, 'A Cross - Atlantic Dialog on Experimental Use and Research Tools'（working paper）*available at* http：//ssrn. com/abstract = 1005269.

提供相同的实质的例外。。

虽然这些国家的专利法修正案现在显然将监管审查例外编入了法典，但其形式和内容提出了一些问题。第一，现有的研发和实验研究使用例外的章程已被法院解释为包括监管审查使用（例如，在德国），那么新的法规是否多此一举呢？如果没有多此一举，那么新的修正是否包括了哪些不被先前的条文所涵盖的内容？或者，新的修正要求对先前的条文的范围进行修订？第二，在"针对"和"利用"专利进行研究的问题上，这些修正条文似乎不比美国 271（E）（1）更明确其范围。因此，如何想知道豁免覆盖的范围和发展过程中的深度，可能需要法院作出重要的解释。[64] 虽然欧盟和国家各级的立法历史和评论似乎表明豁免应仅限于对专利题材的研究或临床试验，至少一个会员国已实施立法，似乎明确地豁免了利用专利题材进行研究。[65] 因此，当各个国家的法院在指令指导下完成对各项法规的解释工作后，是否将达成显著不同的结果？如果是这样，这会不会在很大程度上削弱了指令的规定的目的，即进一步协调成员国的医药产品的监管审查和营销？在某些方面，唯一可以指望各成员国达成一致的是：（1）针对先驱专利的题材的研究和临床试验将被覆盖；（2）该例外的本质是真正的一个例外——而不是豁免——因为正在实施的法规是国家立法中"限制专利权利"章节的一部分，这些立法将一些活动从侵权的定义或范围中消除。

总之，在法律上的研究使用例外在全球范围内表现出相当多的差异。即使在本章集中考虑的五个技术为导向的国家，法律上的研究使用例外也有一个"宽的"范围，这个范围或由成文法建立，或由判例法解释，或完全由判例法确立。在这范围的一边，日本和韩国似乎有最宽泛的整体研究使用例外。法院解释说，唯一不被日本和韩国法律所涵盖的活动，是那些旨在直接损害专利持有人的合法商业利益或经营能力的活动。日

---

[64] *See* Holzapfel and Sarnoff, *supra* note 63.

[65] The Italian version appears to authorize use of patents in research and clinical trials for regulatory review processes 'regardless of the subject of the invention'. Esther Pfaff, '*Bolar*' *Exemptions – A Threat to the Research Tool Industry in the U.S. and the EU*?, 3 INT'L REV. INTELL. PROP. AND COMP. L. (IIC) 258, 270 (2007) (citing Italian Patent Act art. 68 (1) (a)). INT'L REV. INTELL. PROP. AND COMP. L. (IIC) 258, 270 (2007) (citing Italian Patent Act art. 68 (1) (a)).

本和韩国的例外并不取决于活动是商业或非商业性，也不取决于"针对"还是"利用"专利发明进行研究。日本和韩国的例外可能取决于该活动是否可以在整体上促进这些国家专利法的规定用途或推进科学或技术进步。因此而来的推论是，争论例外的方法之一就是：如果没有例外，专利权人可能行使权利或某一领域的控制，阻碍专利制度的一些目标。德国和英国似乎例外范围的中间的空间，因为它们有研发和实验研究中使用例外，涵盖了甚至有商业导向的研究，只要可以建立某些合法的科学或实验目的。此外，最近增加到它们各自的专利法中的具体的监管审查例外——或波拉黔免——弥补了它们的运作相对于美国、日本和韩国的不利之处。然而，在法院决定一个具体活动是否应属于例外时，"针对"还是"利用"专利发明的区分还是有解释力的。

那么，美国占据了这一研究使用例外范围的最严格的一边。尽管美国 271（E）（1）的监管审查例外可能比那些其他国家正在考虑的立法更广泛——尤其是在美国最高法院在 *Integra v. Merck* 案的法院判决——监管审查例外目前只涵盖药用产品的活动。因此，对其他这些国家整体经济的影响相当有限，即只考虑以技术为导向的，与专利制度相互作用的那部分经济。比起联邦巡回上诉法院解释的普通法的狭窄的研究例外，其他四个国家的法定的研发和实验研究使用例外明显地广泛得多。加上研究使用并不局限于具体领域，如医药领域，所带来的巨大的广泛影响，日本、韩国、德国和英国更广泛的研究使用例外远远超越了美国普通法的研究例外的适用范围。最后，美国监管审查的例外范围较广的看法可能也是短命的，因为在德国和英国的法院还没有真正地解释这些国家的新的监管法规审查例外。其中一个或两个国家的法院的法律解释可能同美国最高法院对美国的法规解释同样宽广。同样，日本和韩国的法院还可能将这些国家的单一的研究使用例外法规的范围比目前建立的案例法规解释得更广泛。

四、美国的事实研究使用例外

虽然在美国和其他地方的研究使用例外的分析通常结束于对研发和实验例外及监管审查例外的审议，美国和其他国家有一些事实上的研究使用例外，对基础科学和政府或非商业研究特别重要——正是因为研

究使用例外而受到最不利影响的领域。由于这些例外的性质，广泛的
联邦研究资助和美国州立公立大学的重要作用，所有这些都直接影响
到例外的影响程度，本节将主要侧重于美国的事实上的研究使用
例外。

（一）第 1498 章：政府使用条款

一些国家，如英国，有一个"官权"学说，政府可以自由地使用其
臣民所拥有的专利发明。[66] 从某种程度上，官方可以以书面方式授权非政
府团体代表官方使用专利。[67] 对必须支付给专利权人的利润损失的补偿，
其范围只包括专利权人可以提供给官方的专利题材，并只包括该专利权
人可能提供的、合理的、足够官方使用的数量。[68]

在 1888 年 U. S. v. Palmer 案中，美国最高法院正式拒绝了联邦政府在
任何意义上拥有类似官方的权利。[69] 然而，缺乏一项与官方类似的权利导
致了联邦政府使用发明专利的权力上相当混乱，即使专利是被政府雇员
发明的。各种理论，从侵权到财产的"占取"再到准合同，纷纷出笼，
直到在 1910 年通过的联邦法规授权政府使用私人持有的专利发明。[70] 该
法规正式保护联邦政府免除未经授权使用发明专利的诉讼，做法是规定
专利权人唯一的补救办法是到索赔法院要求合理补偿。国会推销这个法
案，声称可以保障发明者和专利拥有者的权利，因为发明者和专利拥有
者，依靠任何未经授权的政府使用的理论起诉政府，都会面临非常不明
朗的前景。[71]

新的法规对为联邦政府的工作的承包商保持沉默，所以它们继续被

---

[66] See Patents Act, 1977（as amended）§ § 55 – 9.

[67] Patents Act, 1977（as amended）§ 55.

[68] Patents Act, 1977（as amended）§ 57A.

[69] 128 U. S. 262, 270（1888）（'It was at one time somewhat doubted whether the government might not be entitled to the use and benefit of every patented invention, by analogy to the English law, which reserves this right to the crown. But that notion no longer exists. It was ignored in the Case of Burns.'）

译者注：在过去一段时间内人们怀疑，政府是否有权使用并获益于每个专利发明，尽管英国法律将此权力保留给王室。但这一概念不再存在。Burns 一案对这一概念忽略不顾。

[70] Act of June 25, 1910, c. 423, 36 Stat. 851.

[71] See, e. g., H. R. Rep. No. 1288, at 1, 3（1910）.

专利权人起诉。此一做法在第一次世界大战期间来到了转折点；因为有人担心，如果政府根据 1910 年通过的法案的权利，擅自使用未授权的专利，国防承包商可能会在有关专利的项目停止为政府工作。因此，该法在 1918 年进行了修订，把政府承包商纳入 1910 年法案的保护范围。⑦ 1910 年修正法案最初编入美国法典第 35 标题，第 35 标题仍然是美国专利法的所在地。⑦

"二战"期间，关于该法律范围问题进一步出现，特别是对联邦政府主要承包商的分包商是否也受到该法律对侵权活动的责任的豁免涵盖，存在争议。不管怎样，对为联邦政府而进行的活动是否需要联邦政府的正式许可，也存在争议。1942 年的进一步修订正式解决了这些问题，1942 年修订扩大了可以被豁免涵盖的各方的范围，但要求各方证明它们有联邦政府对这些活动的特定的授权和同意。⑦ 在这种情况下，"授权"是指证据表明，联邦政府特别授权承包商⑦ 从事政府知道可能侵犯特定专利的活动。⑦ "同意"意味着政府放弃了其正常的对私人诉讼的主权豁免；当受了委屈的专利持有人在适当的索赔法院提出索赔要求时，政府接受了代表本身和授权商（或其他方）出庭申辩的责任；这可能导致法院以未经授权使用为原因而责令政府支付合理的补偿给专利拥有者。⑦ 此外，政府对承包商的授权和同意可以取代任何私人的、预先存在的承办商与专利拥有者之间的许可证或其他协议。

"二战"结束后，经修正的 1910 年法案从第 35 标题转移到第 28 标

---

⑦ Act of July 1. 1918, c. 114, 40 Stat. 705.

⑦ Originally codified as 35 U. S. C. § 68.

⑦ Royalty Adjustment Act, 56 Stat. 1013 (1942) *originally codified at* 35 U. S. C. § § 89 – 96.

⑦ Use of this term includes subcontractors and other parties as defined in the Royalty Adjustment Act amendment to the Act of 1910. *See id.*

⑦ *See, e. g., Larson v. U. S.*, 26 Cl. Ct. 365, 369 – 70 (1992).

⑦ *See Id.*

题，最终转到目前的美国法典 标题28，1498 章。⑱ 该法规基本上是一个豁免，因为它把专利侵权诉讼的正常渠道从联邦地区法院重新定向到联邦索赔法院。这些行动仍然被认为是侵权行为，但专利权人的补救措施被局限于此法规提供的措施和联邦索赔法院。⑲ 最关键的是，专利权人不得寻求对任何政府或政府承办商的禁令救济。然而，尽管专利权人只能

---

⑱ The statute reads in relevant part: a) Whenever an invention described in and covered by a patent of the United States is used or manufactured by or for the United States without license of the owner thereof or lawful right to use or manufacture the same, the owner's remedy shall be by action against the United States in the United States Court of Federal Claims for the recovery of his reasonable and entire compensation for such use and manufacture [including, in some cases, costs of bringing the action in the Court of Claims].

. . .

For the purposes of this section, the use or manufacture of an invention described in and covered by a patent of the United States by a contractor, a subcontractor, or any person, firm, or corporation for the Government and with the authorization or consent of the Government, shall be construed as use or manufacture for the United States. . .

A Government employee shall have the right to bring suit against the Government under this section except where he was in a position to order, influence, or induce use of the invention by the Government. This section shall not confer a right of action on any patentee or any assignee of such patentee with respect to any invention discovered or invented by a person while in the employment or service of the United States, where the invention was related to the official functions of the employee, in cases in which such functions included research and development, or in the making of which Government time, materials or facilities were used.

译者注:

此法案在有关部分宣布:

a) 如果一项美国专利所描述和涵盖的发明未经许可或合法权力而遭到了美国的或为美国的使用和生产，专利拥有人的补救办法是在美国联邦索赔法院索赔此使用和生产的合理和整体的补偿（包括，在某些情况下，索赔法院的诉讼费用）

……

为本条的目的，承包商，分包商，或任何人士，商号或公司，为美国政府和经美国政府授权和同意，使用和生产一项美国专利所描述和涵盖的发明，应解释为为美国使用或制造……

政府雇员应有权根据本条诉讼政府，除非他的职位可以命令，影响或诱导政府的发明的使用。本条不授予专利权人或者专利权受让人任何这样的诉讼的权利，如果此专利的发明人在受政府雇用或为政府服务时发明或发现了此发明，此发明与此政府雇员的官方职责有关，官方职责包括研发，或者发明中使用了政府的时间，材料或设施。

⑲ Of particular note, § 1498 does not provide for increased damages for willful infringement - which the activities almost certainly will be where the government has given authorization and consent to a contractor for the activities.

译者注: 特别值得注意的，1498 章对故意侵权不设立增加的赔偿 - 政府授权和同意承办商的活动时，几乎肯定会是故意侵权。

在联邦索赔法院起诉政府，它可以在联邦地区法院起诉承包商。承办商则必须提出 1498 章作为积极抗辩。[80] 这种积极抗辩在适当的提议下可以作为拒绝审理的理由，但这不同于与缺乏对此题材的管辖权，此法规并未规定后者。

虽然至今为止 1498 章的起源和应用似乎主要是对军事硬件的制造，法规已被联邦政府资助的大学和非营利研究人员援引为一种研究使用例外（在这种情况下是豁免）。特别是，杜克大学援引其作为 *Madey* 专利侵权诉讼案中的一个替代抗辩。杜克大学声称其侵权使用是在由海军研究办公室资助的研究的范围之内，从而落入 1498 章所涵盖的为美国进行的活动。虽然审判法院根据这些理由部分驳回了原告，美国联邦巡回上诉法院推翻了这一决定，因为审判法院的审判：（1）将 1498 章问题视为管辖权问题；（2）没有从事适当的调查，以找出杜克大学的哪一些使用部分可视为海军研究办公室授权执行，是否有海军研究办公室授权和同意侵权的证据。[81] **Madey** 争论认为：政府的研究经费不是 1498 章为目的的合同。但是，联邦巡回上诉法庭不赞同绝对地排除任何研究资助于合同之外。特别是，它承认，研究资助可以采取正式合同的形式，这些可以通过 1498 章覆盖。[82]

发回重审后，地区法院查明杜克大学的与 Madey 专利有关的许多活动确实是代表联邦政府执行，并获得的联邦政府授权和同意。[83] 然而，由于到目前为止提出的证据表明并非杜克大学的所有活动都被明确包含在 1498 章之下——证据包括联邦政府资助协议和笔记本和日志记录的实验室的实际活动——法院已下令根据案情而审理。

因此，现在看来比较清楚的是，联邦政府资助的研究人员可以利用

---

[80] See *Madey v. Duke University*, 307 F. 3d 1351, 1359 (U. S. Federal Circuit 2002)（citing *Sperry Gyroscope Co. v. Arma Engineering Co.*, 271 U. S. 232 (1926); *Crater Corp. v. Lucent Technologies*, 255 F. 3d 1361 (U. S. Federal Circuit 2001); *Manville Sales Corp. v. Paramount Systems, Inc.*, 917 F. 2d 544 (U. S. Federal Circuit 1990)).

[81] *Madey v. Duke*, 307 F. 3d 1351, 1358 – 9 (2002).

[82] *Id.* at 1359. Note that the Bayh – Dole Act, which governs the disposition of patents arising from federally funded research, refers to funding recipients as 'contractors' and mandates the form and substance of funding agreements as formal contracts. *See* 35 U. S. C. § 200 *et seq.*
译者注：请注意，在管理由联邦政府资助的研究所产生的专利的拜－多尔法案中，资金受助人被指作"承包商"，资助协议的形式和内容都采取正式的合同的形式。见 35 U. S. C. 200 及以下。

[83] *Madey v. Duke University*, 413 F. Supp. 2d 601, 616 – 21 (M. D. N. C. 2006).

1498 章作为事实上的研究用途例外，只要以政府和实验室的笔记或日志记录的形式保持适当的记录。㉞ 首先，研究应当在正式的资金合同下进行，此合同需指明研究工作者或组织作为代表政府的承包商执行研究。其次，资金合同必须包含适当的授权和同意的语言。这可以采取广泛的授权形式，允许承办商侵犯任何研究所需的美国专利，㉟ 或狭窄的授权形式，允许承办商侵犯某些列举的专利。㊱ 再次，研究工作者或组织必须保持严谨的实验室日志或笔记，解释任何可能会侵犯第三方专利的设备或程序的使用。㊲ 最后，如果读者认为这一事实上的例外范围太窄，不该占

㉞　For example, the University of Washington received more than ＄1 billion in research funding in the 2006 – 07 fiscal year, 80% of which came from federal government sources. *See* University of Washington Office of News and Information, ‘University of Washington achieves ＄1 billion research milestone’ (August 1, 2007) *available at* http：//uwnews. washington. edu/ni/article. asp? articleID = 35716.

译者注：例如，美国华盛顿大学在 2006 – 07 财政年度获得科研经费超过 10 亿美元，其中 80% 来源于联邦政府。见美国华盛顿大学的新闻和信息办公室，"华盛顿大学实现了价值 10 亿美元的研究的里程碑"（2007 年 8 月 1 日）。

㉟　*E. g.*, ‘［t］he Government authorizes and consents to all use and manufacture of any invention described in and covered by a United States patent in the performance of this contract or any subcontract at any tier’. *Madey v. Duke University*, 413 F. Supp. 2d 601, 608 (M. D. N. C. 2006) (quoting 48 C. F. R. § 52. 227 – 1).

译者注：如果履行本合同，或任何层次的附属合同的过程中，产生了美国专利，那么美国政府授权和同意使用和生产此专利所描述或涵盖的任何发明。

㊱　‘In contrast, 48 C. F. R. § 27. 201 – 2 (a) and 48 C. F. R. § 52. 227 – 1 provide in other instances for inclusion of a narrower or "limited" authorization and consent clause, based on the use of language which grants the Government's authorization and consent, but only where (i) the patented invention is embodied in the structure or composition of an article accepted by the Government, or (ii) the patented invention is used in tools or methods which necessarily results from compliance with specifications in the contract or specific written instructions from the contracting officer. ’ *Id*. While courts will consider implied authorization and consent by the federal government, a dispute arising in this context will likely require expensive and time – consuming litigation.

译者注："相比之下，联邦法规 48 章 27. 201 – 2 (a) 和 48 章 52. 227 – 1 提供较窄或"有限"的授权和同意条款，授权的基础是法规使用的授权和同意的语言，但必须满足下列条件 (一) 专利发明体现在政府接受的物品的结构或组成中，或 (二) 满足合同的规格要求所必需的工具或方法中使用了专利发明，或承包官员的具体的书面指示所必需的工具或方法中使用了专利发明。"虽然法院会考虑隐含的联邦政府授权和同意，在这方面所产生的争端可能会需要昂贵和旷日持久的诉讼。

㊲　While not *all* funding for § 1498 authorized activities need come from the federal government, all activities must be in furtherance of the federal research grant.

译者注：虽然不是所有的 1498 章授权的活动的资金都需要来自联邦政府，但一切活动都必须旨在推进联邦研究资助。

用这一章的空间，请注意绝大多数美国大学的基础科学研究是依靠联邦政府资助赠款而进行的。⑧⑧

（二）拜－多尔（Bayh－Dole）政府许可辩护

在拜－多尔法案编纂版本的 202（c）（4），对为政府或代表政府的研究使用而产生的任何专利，联邦科研经费受助人必须授予美国政府一个非独家许可（"政府许可"）。⑧⑨ 该许可与其更加著名的根据 203 章的类似法律规定，"进驻权利"，完全不同：根据 203 章，一个供资机构只有在资金受助人没有将专利商业化时，或以其他方式引发申请时，才可以行使进驻权利。⑨⓪ 进驻权与其他国家的商业化或工作要求类似。⑨① 相比之下，"政府许可"无需触发事件即可生效，甚至可能因法律决定或经费协议合同而生效。拜－多尔法案生效之后的每个联邦政府资助协议必须包括一个授予政府非转让的非独家许可的条款。因此，如果联邦政府资助的研究带来了任何发明，政府已经拥有了对其专利的非独占许可。⑨② 杜克

---

⑧⑧ For example, the University of Washington received more than ＄1 billion in research funding in the 2006－07 fiscal year, 80% of which came from federal government sources. *See* University of Washington Office of News and Information, 'University of Washington achieves ＄1 billion research milestone' (August 1, 2007) *available at* http：//uwnews. washington. edu/ni/article. asp? articleID＝35716.

译者注：例如，美国华盛顿大学在 2006－07 财政年度获得科研经费超过 10 亿美元，其中 80% 来源于联邦政府。见美国华盛顿大学的新闻和信息办公室，"华盛顿大学实现了价值 10 亿美元的研究的里程碑"（2007 年 8 月 1 日）。

⑧⑨ 'With respect to any invention in which the contractor elects rights, the Federal agency shall have a nonexclusive, nontransferrable, irrevocable, paid－up license to practice or have practiced for or on behalf of the United States any subject invention throughout the world. ' 35 U. S. C. § 202（c）（4）. This license may also arise as a matter of law under this statutory provision, in addition to being included in the funding agreement. *See Madey v. Duke*, 413 F. Supp. 2d 601, 611（2006）.

译者注："至于承包商选择权利的任何发明，联邦机构应拥有非排他性的，不可转移的，不可撤销的，业已支付的使用许可，或过去的使用权力，或代表美国在世界各地使用此发明的任何何。"美国法典 35 部 202 章（C）（4）。除了资助协议外，此许可也可能根据本法定条文作为一个法律问题而出现。参见 Madey v. Duke, 413 F. Supp. 2d, 601, 611（2006）。

⑨⓪ 35 U. S. C. § 203.

⑨① *See supra* p. 523.

⑨② Note that even though Bayh－Dole was passed in 1980, much research leading to currently patented inventions was funded before Bayh－Dole's passage. Even though many federal funding agreements before Bayh－Dole contained the non－exclusive license grant back to the government, not all did. *See* Sean M. O'Connor, *Intellectual Property Rights and Stem Cell Research：Who Owns the Medical Breakthroughs?*, 39 NEW ENG. L. REV. 665, 681－7（2005）.

译者注：请注意，即使拜－多尔法案于 1980 年通过，大量的导致目前的专利发明的研究是在拜－多尔法案通过之前受到资助的。尽管许多拜－多尔法案之前的联邦资助协议包含了回授政府的非排他性的许可，但并非所有的资助协议都包含此许可。参见肖恩 M. 奥康纳的"知识产权和干细胞研究：谁拥有医学突破？"。

大学还援引"政府许可"作为 *Duke v. Madey* 案的辩护之一。⑬ 杜克大学宣称，由于其大部分涉嫌侵权的活动是同美国政府的合同，它有前一个资助协议达成的对 Madey 专利的政府许可，杜克大学现在作为政府的代理人有同被许可人一样地使用专利的权利。虽然比起普通法的研究使用例外，审判法庭最初似乎更倾向于这一辩护，⑭ 联邦巡回上诉法院在上诉时明确规定，引用"政府许可"必须有以下具体的证据支持：（1）诉讼的专利从联邦资金产生，并且在拜-杜尔法案实施后签发；或拜-杜尔法案实施之前的资助协议中的条款保留给政府的权利；及（2）目前的研究是为联邦政府进行的，拥有联邦政府的特别授权为联邦政府实施政府许可。⑮

在发回重审后，原审法院认定，因为拜-多尔法案没有创建私人诉讼的权利，所以不能作为一个私人辩护的理由。⑯ 此外，原审法院认定，引用"政府许可"必须有以下两种情形之一：政府也是诉讼的一方，或作为 1498 章防御的一部分。法院对后者的理由是，仅仅有对某些专利的"政府许可"和新的对私人的资金协议是不够的。也就是说，新的资助协议必须包含与将 1498 章涵盖扩大到合同研究者的基本相同的授权和同意语言。因此，原审法院最终驳回了杜克大学的援引政府许可的辩护，尽管原审法院同意，如果杜克大学的 1498 章辩护成功，政府授权的存在可以在联邦索赔法院的程序中发挥作用，换句话说，那时联邦政府便可以坚持：因为政府许可，所以政府不欠 Madey 任何补偿。

审判法庭的分析有一些问题，这也是为什么本章不将法庭的决定视为"政府许可"辩护的最终意见。第一，没有证据表明联邦巡回上诉法院的意见绝对拒绝私人使用"政府许可"辩护。恰恰相反，美国联邦巡回上诉法院只是提出了杜克大学的"政府许可"辩护上的证据问题，同

---

⑬　307 F. 3d 1351（U. S. Federal Circuit 2002）.

⑭　*See supra* pp. 527－9.

⑮　307 F. 3d 1351, 1363－4.

⑯　*Madey v. Duke University*, 413 F. Supp. 2d 601, 612－13（2006）（citing the following cases for holding no right to a private action under Bayh－Dole, but *not* for the proposition that no private defenses might exist：*Platzer v. Sloan － Kettering Inst. For Cancer Research*, 787 F. Supp. 360, 364 － 5（S. D. N. Y. 1992）；*Gen － Probe, Inc. v. Center for Neurologic Study*, 853 F. Supp. 1215, 1217 － 18（S. D. Cal. 1993）；*Fenn v. Yale Univ.*, 393 F. Supp. 2d 133, 141 － 2（D. Conn. 2004））.

译者注：援引下列案例支持其结论：在贝赫－多尔下无权进行私人诉讼，但不是没有私人辩护的可能。

时指出，杜克大学很可能能够发展出证据进一步支持这样的防御。⑰

第二，要求政府资助机构将1498章授权和同意的语言纳入资助协议是不妥当的，资助协议下的活动已经被"政府许可"涵盖。一方面是指政府授权专利侵权行为，并同意为此负担合理赔偿；另一方面是指政府仅仅授权私人承包商代表政府使用"政府许可"，这两者之间存在着巨大差异。虽然法院可能需要政府机构的具体语言文字来表明政府授权承包商实施政府许可，这种语言可以（也许应该）与1498章给予授权和同意的语言文字不同。要求类似的语言，其效果可能会是强行施加给政府对侵权行为的赔偿责任，严重打击政府使用"政府许可"的积极性，严重损害赋予许可证的原本的良好的政策原因。

第三，如果承包商不能用"政府许可"作为辩护，法律规定的允许政府颁发许可请承包商代其实行的语言岂不名存实亡了吗?⑱ 但是，如果

---

⑰　307 F. 3d 1351, 1363 - 4.

⑱　The trial court's ruling puts government contractors who are explicitly supposed to be practicing a Government License on behalf of a funding agent in an impossible bind. They cannot raise the Government License defense unless the government is also a party to the litigation, but no federal court other than the Court of Claims has jurisdiction over the government as a defendant in a patent infringement related case. So when would the government ever be a defendant in a patent infringement suit in a federal district court? Therefore, even if a federal agency added specific language to a funding agreement authorizing the research contractor to act on the government's behalf under a Government License, what good would this do the contractor? The contractor would be barred from raising the Government License defense unless the government also gave authorization and consent for the research contractor to infringe privately held patents. Even assuming that the trial court envisions some kind of limited § 1498 authorization and consent language narrowly addressing the patents to which a Government License exists – so that the contractor can properly raise a § 1498 defense and then the government can invoke its Government License to avoid paying reasonable compensation in a Court of Claims proceeding – such contortions require the inextricable tethering of two very different statutory provisions which, by their own language and legislative history, have never been linked before. Federal agencies and their contractors could decide to use such an approach as a 'belt and suspenders' contractual measure; they should not be *required* to do so.

译者注：政府承包商本来明确规定是代表政府投资机构使用政府许可的，但原审法院的裁决将政府承包商置于一个左右为难的位置。除非政府是诉讼的一方，他们不能提出政府许可的辩护，但除索赔法院以外的其他联邦法院在专利侵权的案件中当政府作为被告时没有管辖权。因此，在联邦地区法院的专利侵权诉讼中，政府永远不会成为一个被告。因此，即使一个联邦机构在资助协议里增加了特定的语言，授权研究承包商根据政府允许而代表政府从事活动，这样做又对承包商有什么好处？承包商将被禁止提出政府许可辩护，除非政府也给予研究承包商侵犯私人持有的专利的授权和同意。即使假定审判法庭的设想是，1498章有限的授权和同意的语言在狭窄范围内涉及存在政府授权的专利——因此承包商可以恰当地提出1498章辩护，然后政府便可以引用政府许可在索赔法院的诉讼中避免支付合理的赔偿——这样的扭曲思维需要把两种截然不同的法定条文不可分割地捆绑起来。这两种截然不同的法定条文，从语言和立法历史角度上，从来没有关联。联邦机构和他们的承包商也许会决定使用这种"腰带和吊带"的合同措施，但不应该要求他们这样做。

政府已经拥有该研究的"政府许可"，为什么政府承办商必须要么支付许可费（这还是假设能从专利权人处获得许可证），要么手忙脚乱地寻找其他法律上或事实上的研究使用例外？同样，这种做法损害政府和公众理当享受的利益的重要组成部分；为了交换这些利益，政府和公众允许私人承包商保留了由联邦政府资助而产生的专利的所有权。

（三）美国宪法中的各州主权豁免

本章最后考虑的一种事实上的研究使用例外，其范围相对有限，因为它只适用于各州机关。根据美国宪法第 11 修正案，其他州或其他国家的公民不得在联邦法院中起诉本州。[99] 此外，虽然宪法第十一修正案对有关本州公民是否可以在联邦法院起诉自己本州的问题保持沉默，最高法院已经裁决过它们没有这个权利。[100] 同时，专利侵权诉讼只可在联邦法院进行。[101] 因此，专利权人不能直接起诉各州专利侵权。由于许多州立大学是州立机关，专利拥有者不能控告他们，因为这等于起诉各州。这种局限在州研究人员的事实上的例外——实际上是一个豁免——并非无关紧要，因为美国许多最大和最有影响力的研究型大学是州立机关。[102]

该学说在各州研究人员涉嫌侵权活动的应用历史是不均衡的。判例法交替对专利诉讼坚持各州主权豁免和废除各州主权豁免，直到前者终

---

[99]　U. S. Constitution, 11th Amend. (1795) ('The Judicial power of the United States shall not be construed to extend to any suit in law or equity, commenced or prosecuted against one of the United States by Citizens of another State, or by Citizens or Subjects of any Foreign State. ').
译者注：美国宪法第 11 修正案（1795）"合众国的司法权力不应被解释为扩展到由一州公民或任何外国公民或臣民起诉或控告合众国另一州的任何法律或衡平诉讼。"

[100]　*See Florida Prepaid Secondary Education Expense Board v. College Savings Bank*, 527 U. S. 627, 634 – 5 (1999) (explaining that Article III of the U. S. Constitution was never meant to supersede the sovereign immunity that the states had before entering the Union).

[101]　28 U. S. C. § 1338 (a) ('The district courts shall have original jurisdiction of any civil action arising under any Act of Congress relating to patents, plant variety protection, copyrights, and trademarks. Such jurisdiction shall be exclusive of the courts of the states in patent, plant variety protection and copyright cases. ').
译者注：根据与专利、植物新品种保护、版权和商标有关的任何国会法案而产生的任何民事行动，地区法院应当行使原始管辖权。在专利、植物新品种保护和版权案件中，这种管辖权将排除各州法院的管辖权。

[102]　E. g. , the entire University of California system, including branches at Berkeley, Los Angeles, San Francisco, etc. , and the University of Washington system.
译者注：例如，整个加州大学系统，包括伯克利分校、洛杉矶分校、旧金山分校等分支机构，和美国华盛顿大学系统。

于在 20 世纪 80 年代胜出。针对这一发展，美国国会在 20 世纪 90 年代通过了版权补救澄清法（CRCA）[103] 和专利和植物品种保护补救澄清法（PRCA）[104]，明确废止了此学说在版权和专利侵权上的应用。但是，最高法院在 1999 年在标志性的 *Florida Prepaid Postsecondary Education Expense Board v. College Savings Bank* 案中宣布 PRCA 违宪无效。[105]

尽管存在各州主权豁免的一般原则，但还是存在一些复杂的情况，

---

[103]　Pub. L. No. 101 – 553（November 15, 1990）.

[104]　Pub. L. No. 102 – 560（October 28, 1992）.

[105]　527 U. S. 627（1999）. The Court ruled that Congress had no direct power to pass the PRCA and abrogate state sovereign immunity, but rather could only have done so as a remedial measure to enforce the 14th Amendment's requirement of procedural due process for any state that deprives any person of life, liberty, or property. *Id.* at 634 – 47. Section 5 of the 14th Amendment gives the Congress the power to pass laws to enforce other sections of the 14th Amendment, while § 1 provides that states shall not 'deprive any person of life, liberty, or property, without due process of law'. U. S. Constitution, 14th Amend. The patent owner argued that Congress passed the PRCA to remedy the problem of state infringement of patents, which constituted a deprivation of the patent owner's property. However, the Supreme Court found that this argument gave too little emphasis to the due process focus of the 14th Amendment: it does not authorize Congress to pass laws restricting states from taking *any* actions that might deprive someone of life, liberty, or property, but only those actions which are done *without due process of law*. The Court further found that there was not enough evidence in the legislative history of the PRCA nor the trial record to show that: (a) state patent infringement was widespread enough to pose a problem that Congress needed to redress; and (b) there were no adequate remedies available under state laws. Additionally, the Court asserted that, even though unintentional or negligent infringement of a patent is still actionable *as a matter of patent law*, unintentional or negligent actions on the part of a state do not violate the Procedural Due Process Clause of the 14th Amendment. Accordingly, absent any showing that states were willfully infringing patents, there would be no due process violation on the part of states that Congress could remedy through a new law.

译者注：法院裁定，国会没有直接权力通过植物品种保护补救澄清法并废除各州主权豁免权，但仅可以作为补救措施如此施为，补救措施的目的是强制执行美国宪法第 14 次修订的程序性正当程序的要求，防止各州剥夺任何人的生命，自由或财产。ID。634 – 47。第 14 修正案第 5 条赋予国会权力通过法律来执行第 14 条修正案的其他部分，第 1 条规定，各州不得"未经法律正当程序剥夺任何人的生命，自由或财产"。美国宪法第 14 次修订。专利权人争辩说，国会通过了植物品种保护补救澄清法以纠正各州对专利的侵权，其侵权行为均已构成对专利权人的财产的剥夺。然而，最高法院发现，这种说法太少强调了第 14 修正案的正当程序的重点：它没有授权国会通过法律限制各州采取"任何"可能会剥夺他人的生命，自由或财产的行动，它仅仅授权国会通过法律限制各州采取那些没有正当法律程序的情况下完成的行动。法院进一步发现，植物品种保护补救澄清法的立法历史，或审判记录，都有没有足够的证据显示：（a）各州的专利侵权的普遍程度，足以构成一个需要美国国会纠正的问题；及（b）各州的法律没有提供足够的补救措施。此外，法院还强调，即使无意专利侵权或疏忽专利侵权根据专利法仍然可以起诉，各州的无意或疏忽行为并不违反第 14 修正案的正当程序条款。因此，如果没有各州蓄意侵犯专利的任何显示，各州就没有违反正当程序，国会就不可以通过新的法律补救措施。

各州研究机构如果希望依靠各州主权豁免作为一个事实上的研究使用例外，应该谨慎从事。第一，在以下情形下，各州可以被视为已放弃其主权豁免权：（1）在联邦法院起诉（豁免权的放弃只局限于狭义定义的案件题材和强制反诉）；[106]（2）成功地将案子从州法院转移到联邦法院；[107]或（3）自愿参与联邦机构的行政诉讼。[108]

第二个复杂的情况是基于 *Ex Parte Young*[109] 首先阐述的原则，即：对各州官员的禁令救济是针对个人的行为，不是针对各州代表的行为；即使各州本身享有主权豁免，禁令救济的诉讼仍可以进行。在这个案例中，铁路股东起诉明尼苏达州总检察长，指控明尼苏达州规定票价的法律是违宪的。地区法院命令暂停实施这条法律，当总检察长违反法院的禁令试图执行这条法律时，法院判处他蔑视法庭。总检察长以各州主权豁免为基础提出上诉。最终，最高法院认为，当州政府官员试图执行违宪法律时，他们不享受主权豁免的保护。

作为 *Ex Parte Young* 原则的进一步发展，最高法院宣称，州政府官员违反联邦法律时，私人当事方可以从官员的个人身份的角度控告州政府官员，以争取未来的禁令救济。[110]与 *Ex Parte Young* 原则类似，这需要确定具体的官员并证明违法行动正在进行（否则禁令能达到什么作用）。特别是，必须与"执行该违法活动有关，否则此诉讼只是将［官员］作为州的代表，从而企图将州变成诉讼的一方"。[111]

因此，在最近的 *Pennington Seed, Inc. v. University of Arkansas et al.* 案中[112]，彭宁顿（Pennington）寻求对阿肯色大学（University of Arkansas）的许多官员的禁令，但地区法院和联邦巡回上诉法院则发现，被控告的官员与被控侵权的活动之间没有充分的联系。特别是，彭宁顿控告了阿

---

[106]　See *Clark v. Barnard*, 108 U. S. 436 (1883)；*Tegic Communications Corp. v. Board of Regents of the University of Texas System*, 458 F. 3d 1335 (Federal Circuit 2006)；*Regents of the University of New Mexico v. Knight*, 321 F. 3d 1111 (Federal Circuit 2003)．

[107]　See *Lapides v. Board of Regents of the University System of Georgia*, 535 U. S. 613 (2002)．

[108]　See *Vas – Cath, Inc. v. Curators of the University of Missouri et al.*, 473 F. 3d 1376 (Federal Circuit 2007)．

[109]　209 U. S. 123 (1908)．

[110]　See, e. g., *Frew v. Hawkins*, 540 U. S. 431 (2004)．

[111]　*Ex Parte Young*, 209 U. S. 123, 157 (1908)．

[112]　457 F. 3d 1334 (Federal Circuit 2006)．

肯色大学系统董事会主席、阿肯色大学系统校长、阿肯色大学费耶特维尔分校（Fayetteville）校长为个人被告人。

联邦巡回上诉法院肯定了地区法院的裁决，认为仅因为这些官员监督了大学的知识产权政策，这一事实并没有创造与实际侵权活动足够的联系。此外，由于诉讼是在密苏里州，而大学和官员在阿肯色州，法院以缺乏个人管辖权为由驳回了对个人的控告。因此，即使彭宁顿真地命名一个大学教授作为被告——假设是真正在从事涉嫌侵权的活动的那个教授——彭宁顿针对个人的索赔也会被驳回，但只是因为管辖权的理由而被驳回。

因此，尽管一些评论家认为，*Ex Parte Young* 原则取消了各州主权豁免对各州研究人员的帮助，实际情况并不是那么清楚。在 *Pennington* 案之前有种感觉是，法院将允许对州立大学高层次官员寻求禁令的诉讼，之后可命令高层次官员颁发禁令来禁止校园中的各种方式的侵权行为。这大概是对 *Ex Parte Young* 案及其衍生案的错误理解；在 *Pennington* 案之后这种理解肯定是错误的。[⑬] 此外，目前尚不清楚 *Ex Parte Young* 原则对专利所有者有多少帮助。因为他们只能起诉禁止未来的侵权活动——而不能得到过去或将来的侵权行为的金钱赔偿，或者费用或律师费——在 *Ex Parte Young* 原则下的诉讼是一个非常昂贵的阻止研究人员针对或利用专利发明来进行试验的方法。此外，根据以往的案件，专利权人胜诉的几率非常低。笔者不知道任何专利权人取得对大学的研究人员的禁令的成功范例。因此，虽然似乎有一个相当清晰的路径，取得这样的禁令，一个在法律现实主义的方法是否只是反对法院责令做他们的工作和国家公共研究人员将设法避免发出禁令奇观。因此，虽然似乎有一个相当清晰的路径来取得这样的禁令，大家还是要从法律现实主义的观点考虑，是否法院从根本上反对发出禁令给公共研究人员，禁止他们做的工作，而千方百计地避免发出禁令。

从最后的实际角度来看，*Ex Parte Young* 原则将禁令限制在直接从事侵权活动的实际研究人员上，这意味着，如果或一旦研究人员另谋高就，

---

⑬　Of course, the Supreme Court may still take a case on *certiorari* that could overrule *Pennington*. Until then *Pennington* governs for purpose of patent – based lawsuits (because of the Federal Circuit's exclusive jurisdiction with regard to appeals of patent cases).

不管是新的研究或到一个新的机构，禁令不再有什么影响。当然，这项研究可能在州立大学继续下去，但现在专利权人将不得不对新的研究人员寻求新的禁令。对于有些大型实验室，长期的首席研究员（PI）或所长亲自从事侵权活动，该禁令对专利持有人可能有一些价值。但不得不考虑，实际的侵权行为几乎总是可以推到一个临时的学生或博士后等研究人员，这样 PI 或所长仅仅是监督这些研究活动。*Pennington* 案之后，对 PI 或所长是否与需责令停止的侵权活动有足够的联系的问题，法庭模棱两可。当然，这一切还不包括专利权人面临的公共关系的挑战——尤其是大型知名企业——很容易将其丑化为试图扼杀公务员为公众而履行他们的职责，比如，寻找癌症和其他严重社会问题的治疗方法。

可以肯定的是，上述事实上的研究使用例外是个鱼龙混杂的混合。此外，它们还必须以零敲碎打的方式加以应用，每个片段都包含了一定的不确定性。最后，它们都没有直接覆盖商业性研发。事实上，它们都依赖于把侵权活动定性为联邦或州政府的活动，或代表联邦或州政府的活动。因此，其他国家的商业研发例外在美国根本就不存在（除了法律上的 271（E）（1）监管审查例外）。

与此同时，事实上的研究使用例外，作为一个整体，可以在很大程度上纾缓非营利机构和政府的研究人员在 *Madey* 案之后的关注。法律或法律实践上比较小的变化就可以把这个例外变得很强大。联邦资助机构可以运用政府允许达到更大的效果，[⑭] 甚至可以给以研究人员 1498 章授权和同意，以减少他们工作时对诉讼的焦虑。各州可以在州法中制订实施类似 1498 章的法律条款，以便为各州的未经授权而使用发明专利提供一个适当的补救措施。这可能会阻止国会未来任何废除国家主权豁免的企图，或使这一企图违宪，因为各州已经为剥夺财产提供了正当程序。[⑮] 处理得当，这些措施可以在很大程度上填充 *Madey* 案后的研究例外的真空。诚然，用这个模式，公立大学可能比私立大学有一些优势（对他们来说，国家主权豁免对私立大学不起任何作用）。再加上在 *Madey* 案后似乎没有

---

⑭ A 2003 Report by the U. S. General Accounting Office suggested that the Government License has been underutilized. GAO, Technology Transfer: Agencies' Rights to Federally Sponsored Biomedical Inventions（July 2003）.

⑮ *See supra* note 103.

针对公立大学或私立大学的研究人员的诉讼泛滥，事实上的研究使用例外很可能足以保护非营利、非商业研究。

五、生物医学研究工具的特殊情况

在辩论研究使用例外的适当范围时——不管是一般审查或监管审查——其中一个重要方面是利用生物技术为基础的生物医学研究工具进行研究。这些工具作为分子或细胞过程的性质足以质疑我们的直觉：什么是实验工具或实验设备——因此不包括在研究例外中——什么是基础研究方法或原材料，所有的研究人员应该自由使用。当然，如果所讨论的生物技术研究工具确实是一个已知的或明显的基本研究方法，或者是大自然的产物，那么任何涵盖它的专利很可能无效。因此，也许真正的辩论应该围绕这些研究工具是否能被专利，而不是研究类型例外的范围是否应覆盖有专利的生物技术研究工具。因为如果覆盖研究工具的专利是有效的，那么与现有技术相比，专利必须代表新颖的、非显而易见的、有益的、可以实用的、符合可接受的专利资格题材的发明。因此，很难理解为什么不对生物医学研究工具与专利的显微镜等较常规的实验室设备一视同仁，研究人员通常不会质疑自己有向设备持有人购买及/或征求许可的义务。[116]

尽管如此，如果大学或非营利研究人员在从事名义上的非商业研究期间，使用了生物技术研究工具，是否应包括在研究使用例外的覆盖之下，对这个问题存在很大的争论。[117] 评论家们提出了以下列机制为基础的解决方案，如"达到通过特许权使用费"，即：如果或当一个成功的新产品从用研究工具做的工作中产生之后，才开始支付特许权使用费，[118] 或集中注意于针对专利研究与利用专利研究之间的区别。[119] 由于这个问题在其他章节广泛覆盖，本章不再进一步深入研究这一辩论。

---

[116] *See*, *e. g.*, *Integra Lifesciences I*, *Ltd. v. Merck KGaA*, *slip op. cited* (Federal Circuit, July 27, 2007) (Rader, J., dissenting).

[117] *See*, *generally*, Pfaff, *supra* note 65; Holzapfel and Sarnoff, *supra* note 63.

[118] *See*, *generally* Janice M. Mueller, *No 'Dilettante Affair'*: *Rethinking the Experimental Use Exception to Patent Infringement for Biomedical Research Tools*, 76 WASH. L. REV. 1 (2001).

[119] *See*, *generally* Katherine Strandberg, *What Does the Public Get? Experimental Use and the Patent Bargain*, WIS. L. REV. 81 (2004).

六、结　论

本章探讨了世界主要技术导向国家的研究使用例外的范围。虽然大多数讨论到的国家拥有相当强劲的研发和监管审查的研究使用例外，但美国没有商业的研发例外，却有极其有限的法律上的普通法的"外行"实验例外和几乎最广泛的监管审查例外。与此同时，联邦或州政府雇用的研究人员，或由联邦政府资助的研究人员，在许多情况下可以享受事实上的研究使用例外的保护。虽然其中一些在其他国家有类似的法律——例如，1498 章政府使用条款和英国的官方权力——这些事实上的例外在美国可能有更多的潜力，因为由政府进行的研究或代表政府进行的研究，其数量极为巨大。此外，究竟是更强或更弱的研究使用例外能更好地促进创新，实际上并不清楚。因此，结论段落仅仅是总结政策层面，以供决策者充分考虑其选择范围。

第一个主要方面涉及商业研发例外相对于政府或公共非营利研究例外。虽然它似乎更容易证明后一个例外的正当性，前一个例外可能会更好地刺激实际的商业创新。与此同时，随着其他国家采取拜 - 多尔类型的法律，它们将参加美国的行列，允许非营利机构和教育机构拥有并授权具有潜在价值的专利——在本质上成为商业的参与者。更复杂的是，如果例外是局限于针对专利发明的研究，那么允许商业当事方以这样的方式进行实验，可以鼓励他人围绕专利而设计，从而促进许多专利制度中的激励创新的目标。

接此之后，第二个主要方面是允许"利用"专利发明进行研究，而不仅仅是"针对"专利发明进行研究产生的影响。在监管审查例外方面，这一点尤为重要。决策者应该区分"针对"专利药品的研究——就是说，研究专利药品以创建具有完全生物等效性的仿制版本——与"利用"专利药品的研究，也就是说，使用专利药品来进行其他类型的研究。允许"针对"专利药品的研究最符合监管审查豁免的政策理由。

最后，一定要注意是否可以合并不同的例外。由于各种不同的研究使用例外有不同的覆盖范围，后续研究人员可能会寻求将它们结合起来以获得更广泛的或"更长的"的覆盖面。例如，在美国，理论上可以把 202（C）（4）下的政府许可与 271（E）（1）下的监管审查例外相结合，以获得从公共基础研究一直到私人商业化研发的连续覆盖。

　　总之，政策制定者应该了解研究使用例外的整体范围——从竞争性的商业研发例外到非常狭隘的为政府研究而量身定做的事实研究使用例外——并采用与其国家的研究、公共领域，以及竞争的广泛政策相匹配的模型。例如，美国的政策似乎强烈反对强制许可和政府授予始发优势给专利权人的商业竞争对手，因而美国的例外是在很大程度上限制于政府使用和监管审查。然而，决策者也可能相信，强烈、广泛的商业竞争豁免能导致针对和利用竞争对手的专利材料的生机勃勃的实验；实验带来知识增长和交融，进一步导致更强的创新型整体经济。尽管世界许多地区明显地希望效仿硅谷，但仅仅采用美国式的创新法律，包括研究使用例外，可能不是正确的道路。从一个门槛问题的角度来讲，在另一个地区复制美国联邦和各州的创新，本身不会带来下一个硅谷。更重要的是，创新的法律和研究使用例外与一个区域的文化观念密不可分，文化观念影响着艺术、科学、技术和法律在组织一个社会和它的广泛的福利时的正确位置。因此，决策者在改变创新法律和政策之前，需要深入考虑所有的利益相关者的目标和愿望。

第二十章 《与贸易有关的知识产权协定》下的强制许可和美国最高法院在 *eBay v. MercExchange LLC* 案中的决定

作者：克里斯托弗·A. 考托皮亚（Christopher A. Cotropia）[*]

译者：王颖莉

一、引 言

专利的强制许可在国际专利法上是一个有争议的问题。有几个国家因为要确保获得对社会有益的技术而支持这种做法。其他国家由于强制许可危害进行发明和技术创造的积极性而反对这种做法。关于是否及何时一个政府可以要求强制许可的争议问题部分集中在《知识产权与贸易有关的知识产权协定》（TRIPS）。[①] 自从 TRIPS 通过以来，关于 TRIPS 在何种情况下允许会员进行强制许可仍有很多问题。

近日，关于在美国的专利法中何种情况下应该允许未经授权使用专利发明也在一个独特的背景下引起争端。传统上在美国的专利权所有人被授予永久禁令，理所当然地不允许被判为侵权者的未经授权使用。在 2006 年，美国最高法院在在 *eBay v. MercExchange LLC* 案[②]（以下简称"*eBay* 案"）中重新审视了几乎所有的专利案件中的永久禁制令问题。最

---

[*] 笔者想感谢 Dawn‐Marie Bey、Graeme Dimwoodie、Tim Holbrook 和 Joe Santamauro 的宝贵意见。

[①] 与贸易有关的知识产权协定，1994 年 4 月 15 日，马拉喀什建立世界贸易组织，附件 1C 的协定，法律文书‐乌拉圭回合中，33 I. L. M. 81（1994）［以下简称 TRIPS］。

[②] 126 S. Ct. 1837（2006）.

533

高法院裁定，授权法院以下达禁制令的法规 35 USC § 283 要求使用四个因素的公平测试以决定是否应颁发禁令。作为本判决的结果，美国地方法院在至少 7 个案例中拒绝给予禁令，使得侵权人可以未经专利权人同意继续使用具有专利保护的技术。虽然 *eBay* 案以来发出的禁令至少增加了三倍，但 *eBay* 案的判决，以及多个拒绝给予禁令的判决代表了美国专利法的一个显著的变化。

将 *eBay* 案判决及其应用与 TRIPS 和强制许可相提并论的原因是，在最高法院前陈述并由美国和其他国家进一步发展的论点之一是，离开自动永久禁令可能会使美国不遵守 TRIPS。最高法院没有讨论这个问题，但是，由于 *eBay* 案判决造成的颁发禁令拒绝及其产生的未经授权的使用，使得回答该问题的时机已经成熟。

本章所做的就是这一点。首先将 *eBay* 案判决放在强制许可的背景中，然后在 TRIPS 下评估这一判决。特别地，本章评估在 TRIPS 第 30 条和第 31 条的例外以及救济条款第 44 条两种情况下根据 *eBay* 案判决拒绝禁令的影响。虽然这次讨论在微观层面上很重要，讨论也有宏观后果，有可能促使改变关于强制许可和 TRIPS 的整体说法。此外，*eBay* 案判决可能通过会员确定最佳方法，通过给予会员司法灵活性以允许在逐案基础上的未经授权使用来达到社会目标。这种方法可以保护公众利益，同时对专利权人的权利和收回研究开发费用的能力伤害最小。

二、TRIPS 下的专利强制许可

虽然"强制许可"从来没有出现在 TRIPS 的专利部分中，[③] TRIPS 确实提及了这一概念。TRIPS 将强制许可作为该协议要求所有会员在整个专利保护期内对一个专利权人提供独占权的最低要求的例外情况来处理。TRIPS 描述了一系列情况下让任何会员可以允许强制许可的平台。可以允许的强制许分为两类：一类是在有凌驾性的公众利益时；另一类是在专利权以不正当竞争的方式使用时。以下更详细地描述了在 TRIPS 下的强制许可的构架。然而，在对 TRIPS 的具体细节进行讨论前，我们给出了强制许可的一个初步介绍作为背景。

---

③ 然而，TRIPS 在讨论商标时有提及强制许可的名称，见 TRIPS 第 21 条（"会员可以确定商标许可和转让的条件，强制商标许可不被允许，注册商标的拥有者有权转让该商标不论是否转让商标所属的企业"）。

（一）关于强制许可的初步介绍

专利授权传统上给其所有者在有限时间内的专营权，使专利权人可以阻止他人执行该专利发明。这种有限时间内的专营权给予专利权人对发明的价格控制，反过来，给专利权人一种机制，使其可以收回研究开发费用。[④] 专营权保持对发明的激励，因为将来的发明人知道有一个途径——专利——可以用来收回发明成本。这种专营权在大多数国家由司法系统强制执行，未授权制造、使用、销售、许诺销售或进口专利技术被视为侵权。[⑤] 专利侵权的通常救济是金钱赔偿以弥补过去的伤害以及发出禁令以防止任何未来的伤害。[⑥]

强制许可夺走了专利权人对专利技术的独家控制。专利权人可以而且经常授权他人以谈好的费用来实践该专利技术。相反，强制许可基本上是"由国家施加的或强制执行的有意愿买方和不愿卖方之间的非自愿合同"。[⑦] 强制许可是对专利权人的权利的废除，政府允许本身或第三方未经专利权人的同意实践该专利发明。实施强制许可的实施方法和范围有所不同，但以专营权的权利和在特定情况下损害该权利为重点。这种强制许可的法律可以有针对性。例如，泰国政府于 2006 年宣布，其打算对一个覆盖治疗艾滋病药物的专利实施强制许可。[⑧] 相反，强制许可的法律可以更广泛。例如巴西的地方工作要求法律就是这种更广泛的例子。巴西 1996 年工业产权法第 69 条规定如果在专利授权三年内专利权人不在本地制造该专利技术，政府可以发行强制许可。[⑨]

---

④　见 Christopher A. Cotropia, 'After – Arising' Technologies and Tailoring Patent Scope, 61 N. Y. U. ANN. SURV. AM. L. 151, 168 – 71 (2005); Mark A. Lemley, Ex Ante versus Ex Post Justifications for Intellectual Property, 71 U. CHI. L. REV. 129, 129 – 30 (2004).

⑤　见，例如 35 U. S. C. § 271.

⑥　见，例如 35 U. S. C. § § 283, 284.

⑦　Gianna Julian – Arnold, 国际强制许可的理论基础和现实, 33 IDEA 349, 349 (1993)（引用 Paul K. Gorecki, 在加拿大的处方药品价格管理：强制许可, 产品选型, 和政府报销方案（加拿大经济理事会 1981））.

⑧　泰国公共卫生部疾病控制, 公众对医药产品的专利使用部公布 （2006 年 11 月 29 日）ww. wcl. american. edu/pijip/documents/ThailandCLAnnouncement. doc.

⑨　See Paul Champ & Amir Attaran, Patent Rights and Local Working Under the WTO TRIPS Agreement: An Analysis of the U. S. – Brazil Patent Dispute, 27 YALE J. INT'L L. 365, 380 – 83 (2002).

强制许可的概念与专利的基本理论背道而驰。[⑩] 强制许可和非自愿破坏专营权的可能性可以削弱对发明的激励。因为专营权的不确定性，一个将来的发明人不可以再以专利专营权作为收回成本的一种手段。当专利系统通过强制许可打击专利的可能性增加时，创造可能获得专利的发明的激励降低。强制许可也损害了专利权人通过控制不同的市场中专利技术的经销和定价来回收成本的能力。鉴于强制许可可能会妨碍创造专利制度希望培养的技术，必须有一个显著的抵消利益，来使这种许可有正当理由。需要有一些更重要的"政治或社会目标"需要通过强制许可才能达到。[⑪]

（二）根据 TRIPS 允许的强制许可

根据 TRIPS 第 28 条规定，TRIPS 要求会员提供专利权人专营该专利技术的权利。[⑫] TRIPS 第 27 条要求这种专营权应"不受歧视地享有"。[⑬] 专利权在专营权的所有有效期内有效。[⑭] TRIPS 通过这些要求，建立专利专营权为所有会员都必须遵守的最低水平的保护。强制许可通过强制专利权人允许政府或第三方实行专利发明废除了这种专营权。

TRIPS 规定在有限的专营权例外情况下可以允许强制许可。[⑮] TRIPS 第 8 条规定了定义什么样情况下的例外是可以接受的各项原则。首先，会员可保护"公众健康和营养"和其他"对（一个国家的）社会经济和

---

⑩　See Colleen Chien, Cheap Drugs at What Price to Innovation: Does Compulsory Licensing of Pharmaceuticals Hurt Innovation?, 18 BERKELEY TECH. L. J. 853, 872 – 3 (2003).

⑪　Laurinda L. Hicks & James R. Holbein, Convergence of National Intellectual Property Norms in International Trading Agreements, 12 AM. U. J. INT'L L. & POL'Y 769, 812 (1997).

⑫　TRIPS, supra note 1, art. 28. 1 (noting that a 'patent shall confer on its owner ... exclusive rights').

⑬　TRIPS, supra note 1, art. 27. 1 (' [P] atents shall be available and patent rights enjoyable without discrimination as to the place of invention, the field of technology and whether products are imported or locally produced. ').

⑭　TRIPS, supra note 1, art. 33 ('The term of protection available shall not end before the expiration of a period of twenty years counted from the filing date. ').

⑮　See J. H. Reichman, Universal Minimum Standards of Intellectual Property Protection under the TRIPS Component of the WTO Agreement, 29 INT'L L. 345, 351 – 8 (1995) (identifying arts 30 and 31 as limitations to a patentee's exclusive rights).

技术发展至关重要部门的公共利益"。[16] 一个会员也可以减少"对知识产权的滥用","不合理地限制交易或对技术的国际转移有不利影响"。[17] 但是这些只是一般的原则。TRIPS 第 8 条没有明确确定一种机制使会员可以允许未经授权使用专利技术。

TRIPS 第 30 条和第 31 条提供了这样的机制：第 30 条是一个实质性的例外，详细介绍了专营权的任何例外的 3 个标准。相反，第 31 条主要是程序性的，其详细列出了专营权限制的要求。两者合起来，看上去定义了 TRIPS 下允许未经授权使用的范围。[18] 以下介绍了这两条规定。

1. TRIPS 第 30 条——一个基于实质的例外

TRIPS 第 30 条允许会员在 TRIPS 下"提供有限的专营权例外"。被允许的专利专营权例外必须满足 TRIPS 第 30 条要求得 3 个实质性要求。一个例外需要满足：（1）必须是有限的；（2）不可以"不合理地与一个专利的正常开发冲突"；和（3）不能"考虑到第三方的合法权益，不合理地损害专利权人的合法利益"。[19] TRIPS 第 30 条的明意是如果这些实质性要求得到满足，一个会员可以发出强制许可来限制专利的专营权。然而，许多人认为，TRIPS 第 30 条的目的是只允许非常具体的专营权例外，如私人非商业性使用、之前用户的权利和实验使用。[20] 不管一个人对TRIPS 第 30 条的意见如何，其明确允许 3 个标准都得到满足使未经授权的使用和随之而来的对专利权的规避。

---

⑯　TRIPS, supra note 1, art. 8.1 ('Members may, in formulating or amending their laws and regulations, adopt measures necessary to protect public health and nutrition, and to promote the public interest in sectors of vital importance to their socioeconomic and technological development, provided that such measures are consistent with the provisions of this Agreement.'); see also Reichman, supra note 15, at 355 – 6.

⑰　TRIPS, supra note 1, art. 8.2 ('Appropriate measures, provided that they are consistent with the provisions of this Agreement, may be needed to prevent the abuse of intellectual property rights by right holders or the resort to practices which unreasonably restrain trade or adversely affect the international transfer of technology.'); see also Reichman, supra note 15, at 355 – 6.

⑱　As will be discussed infra, Article 44.2, allowing Member States to deny injunctions in certain circumstances, may create another, de facto, exception.

⑲　Graeme B. Dinwoodie & Rochelle Cooper Dreyfuss, International Intellectual Property Law and the Public Domain of Science, 7 J. OF INT'L ECON. L. 431, 437 (2004).

⑳　See Carlos Correa, PATENT RIGHTS, IN INTELLECTUAL PROPERTY AND INTERNATIONAL TRADE, THE TRIPS AGREEMENT, 207 – 08 (Carlos Correa & A. Yusef eds., 1998).

TRIPS 第 30 条规定的第一个实质性要求是任何例外必须是一个"有限的例外"。这一要求"意味着一个狭窄的例外——这使得该权利只有小部分的减少"。㉑ 对于第二个实质性要求,"开发","指专利所有者通过商业活动使用其独家专利权,以从他们的专利获取经济价值"。㉒ 修饰"正常"指该开发不能受到不合理的冲突,包括"相关的社区中常见的"和在"应得权力的规范标准"内的活动。㉓ "专利所有者及任何其他知识产权所有者的正常开发行为,是排除一切可能显著减损从专利授予的市场专营权所预期的经济效益的竞争。"㉔根据 TRIPS 第 30 条的第三个也是最终的实质性要求比较了专利所有者和第三方的合法权益。可以考虑的"合法利益"包括那些反映"被广泛认可的政策规范"。㉕

值得注意的是,这三个要求谈及实质上什么时候专营权的损害在 TRIPS 下是允许的。TRIPS 第 30 条没有提及在确定 TRIPS 第 30 条的要求是否满足时,必须满足的程序要求。相比之下,TRIPS 第 31 条在程序上长得多而包括极少的实质性要求。

2. TRIPS 第 31 条——一个基于程序的例外

TRIPS 第 31 条为一个会员扰乱专利权人的专营权和发给强制许可提供了另一个理由。根据 TRIPS 第 31 条规定的例外对 TRIPS 第 30 条所规定的例外是另加而不应该是重叠。㉖

TRIPS 第 31 条和 TRIPS 第 30 条一样,提及在什么时候其他人可以未经专利权人许可使用其专利技术。如果符合所列的程序要求,政府即可发出强制许可,允许一国政府或第三方从事未经授权使用的专利技术。㉗

㉑　See Canada – Patent Protection of Pharmaceutical Products, WT/DS114/R (Report of WTO Dispute Settlement Panel, 2000) ('Canada – Pharmaceutical Products') at ¶ 7. 30; see also Dinmwoodie & Dreyfuss, supra note 19, at 438.

㉒　Canada – Pharmaceutical Products, supra note 18, at ¶ 7. 54.

㉓　Id. at ¶ 7. 54.

㉔　Id. at ¶ 7. 55.

㉕　Id. at ¶ 7. 57.

㉖　TRIPS, supra note 1, art. 31 n. 7 ('"Other use" refers to use other than that allowed under Article 30. ').

㉗　TRIPS, supra note 1, art. 31 ('Where the law of a Member allows for other use of the subject matter of a patent without the authorization of the right holder, including use by the government or third parties authorized by the government, the following provisions ...) '.

程序要求要求主导整个范围。例如，未经授权的使用必须逐案考虑。㉘ 未经授权的使用也必须在"范围和持续时间"上受限，其为非专营的，并且会被审查。㉙ 另外，在 TRIPS 下的未经授权使用得到允许之前，该未经授权使用用户必须已对取得该专利技术使用许可进行过在先努力。㉚ 而该使用必须被限制为对该专利技术的国内使用。㉛

TRIPS 第 31 条在有某些实质性原因时放宽允许未经授权使用的程序要求。例如，如果该未经授权使用是为了救济上升到了"一个国家紧急状态或其他极端紧迫的情况下"的公众利益，为获得许可所作出的在先努力不再被要求。㉜ 如果未经授权使用是被用来救济专利的反竞争使用，则为获得许可所作出的在先努力及限制该强制许可仅在国内使用均不被要求。㉝

2001 年世界贸易组织（WTO）成员在多哈部长级会议上的关于 TRIPS 与公共健康宣言（"多哈宣言"）讨论了 TRIPS 第 31 条的缺乏实质性标准。㉞ 多哈宣言是会员为使用某些药物专利的强制许可来救济艾滋病流行的努力所促成的。㉟ 例如，南非 1997 年通过的药品和相关物质控制法，其使得南非卫生部长可以在一个国家的健康紧急状态时忽略专利权

㉘　TRIPS, supra note 1, art. 31 (a).

㉙　TRIPS, supra note 1, art. 31 (c), (d), and (i). These provisions are further qualified when particular circumstances are present. See, e. g., art. 31 (c) (noting that the limit scope and duration requirement is further limited 'in the case of semi – conductor technology' to either 'public non – commercial use or to remedy a practice determined after judicial or administrative process to be anticompetitive').

㉚　TRIPS, supra note 1, art. 31 (b). This provision also has various exceptions.

㉛　TRIPS, supra note 1, art. 31 (f).

㉜　TRIPS, supra note 1, art. 31 (b).

㉝　TRIPS, supra note 1, art. 31 (k).

㉞　See Divya Murthy, The Future of Compulsory Licensing: Deciphering the Doha Declaration on the TRIPs Agreement and Public Health, 17 AM. U. INT'L REV. 1299, 1339 (2002) ('The WTO met in Doha to provide guidance to Members because TRIPs failed to clearly define the circumstances that would justify a Member's authorization of an exception, such as a compulsory license.'). Such an action was needed, particularly with respect to Article 31. See, e. g., Thomas F. Cotter, Market Fundamentalism and the TRIPs Agreement, 22 CARDOZO ARTS & ENT. L. J. 307, 316 (2004) ('TRIPs does not, in so many words, address what might appear to be the most obvious question surrounding the issue of compulsory licensing, namely the grounds which nations may invoke as reasons for requiring owners to license their patents.').

㉟　See Cotter, supra note 34, at 317 – 18.

和进口仿制药品或给予实施专利的强制许可。㊱ 一些会员如美国，认为这种强制许可违反 TRIPS 规定。多哈宣言通过进一步澄清 TRIPS 第 31 条试图解决这一分歧。多哈宣言指出 TRIPS 允许会员采取措施，通过"促进获得药品"来应对紧急健康危机。㊲ 多哈宣言继续说明"各会员有权授强制许可和也有权自由决定颁布强制实施许可的理由"，以及"各会员有权决定什么构成一个国家出现紧急状态或者其他极端紧急情况，已被理解，公共健康危机，包括那些有关艾滋病毒/艾滋病、结核病、疟疾和其他传染病，能代表全国进入紧急状态或其他极端紧急情况……"㊳ 自多哈宣言起草以来，会员通过了一项建议修订 TRIPS 第 31 条以包括部分多哈宣言的内容。㊴

三、美国最高法院的 *eBay* 案裁决

2006 年美国最高法院对 *eBay* 案发出裁决。这项裁决讨论了在何种情况下可以发出永久禁令以救济对一个有效专利的侵权。以下探讨了该裁决本身及美国地方法院最近对其的应用。特别令人感兴趣的是根据 *eBay* 案裁决，在什么样的事实情况下禁令将不会发出及法院将颁发何种救济措施以代替该禁令。

（一）美国专利法下的救济

在美国，和在大多数国家一样，一个有效专利的侵权的司法救济是由两部分组成。第一，专利权人被授予对过去损害（判决之前的侵权）的金钱赔偿。㊵ 对过去损害的救济可以采取利润损失的形式——专利权人

㊱　World Trade Organization, Ministerial Declaration of 14 November 2001, WT/MIN （01） /DEC/2, 41 I. L. M. 755 ［hereinafter Doha Declaration］, available at http：// docsonline. wto. org/imrd/directdoc. asp? DDFDocuments/t/WT/Min01/DEC2. doc.

㊲　Doha Declaration ¶ 4.

㊳　Doha Declaration ¶ 5 （b）, （c）.

㊴　See Council for Trade – Related Aspects of Intellectual Property Rights, Implementation of Paragraph 11 of the General Council Decision of 30 August 2003 on the Implementation of Paragraph 6 of the Doha Declaration on the TRIPS Agreement and Public Health：Proposal for a Decision on an Amendment to the TRIPS Agreement, IP/C/41 （Dec. 6, 2005）, available at http：//www. wto. org/english/news_ e/news05_ e/trips_ decision_ e. doc.

㊵　See 35 U. S. C. § 284 （ 'Upon finding for the claimant the court shall award the claimant damages adequate to compensate for the infringement but in no event less that a reasonable royalty for the use made of the invention by the infringer . . . '）.

本该享有但由于侵权而未获得的利润[41]——或者，至少，一个合理的专利使用费——愿意给予使用权的专利权人和侵权方在侵权前会谈判决定的专利使用费。[42] 第二，专利权人从判决时开始享有一个永久禁令，禁止侵权人继续从事侵权活动。[43] 该第二种救济方式直指在美国随着一个有效专利的专营权授予的核心思想。[44]

美国专利法赋予法院的权力在专利案件中授予禁令。具体来说，35 U. S. C. § 283 规定：

> 根据［"专利法"］有审判权的几个法院可以以法院认为合理的方式授予禁令以遵照公平原则防止受专利保护的任何权利的侵犯。

在最高法院的 *eBay* 案判决之前，美国联邦巡回上诉法院和对专利上诉有专属管辖权的上诉法院[45]一贯判定如果有效专利被判定侵权，则根据 § 283 理所当然地会发出永久禁令。[46] 联邦巡回上诉法院指出，"认可的专利的专营权是财产概念的本质"，一般的规则是，一旦侵权和有效性已被判定即会发出永久禁令。[47] 法院承认只有在"极少数情况下"，禁令不应发出，如在专利权人未使用专利而未能满足公共卫生对该专利的迫切需要。[48]

（二）*eBay* 案判决

eBay 案涉及 eBay 公司，其拥有并经营一个互联网网站，以供买家和

---

[41] See Panduit Corp. v. Stahlin Bros. Fibre Works, Inc. , 575 F. 2d 1152, 1156（6th Cir. 1978）（reciting the factors for determining entitled to lost profit damages）.

[42] See Georgia – Pacific Corp. v. U. S. Plywood Co. , 318 F. Supp. 1116, 1120（S. D. N. Y. 1970）（listing the factors for determining the reasonable royalty）.

[43] See 35 U. S. C. § 283.

[44] See Christopher A. Cotropia, Note, Post – Expiration Patent Injunctions, 7 TEX. INTELL. PROP. L. J. 105, 106（1998）（'The injunction and its ability to exclude is the most important remedy from the patentee's point of view. '）.

[45] See 28 U. S. C. § 1295（a）.

[46] See, e. g. , Richardson v. Suzuki Motor Co. , 868 F. 2d 1226, 1246 – 7（Fed. Cir. 1989）.

[47] MercExchange, L. L. C. v. eBay, Inc. , 401 F. 3d 1323, 1338 – 9（Fed. Cir. 2005）.

[48] Id. at 1338; see also Rite – Hite Corp. v. Kelley Co. , 56 F. 3d 1538, 1547 – 8（Fed. Cir. 1995）（en banc）; Vitamin Technologists, Inc. v. Wisconsin Alumni Research Found. , 146 F. 2d 941, 944 – 5（9th Cir. 1945）（finding that public interest warranted refusal of injunction on irradiation of oleomargarine）; City of Milwaukee v. Activated Sludge, Inc. , 69 F. 2d 577, 593（7th Cir. 1934）（denying a permanent injunction against city operation of sewage disposal plant because of public health danger）.

卖家搜索商品，并参加现场拍卖，或以固定价格购买。涉案技术是 eBay 公司的网站固定价格购买功能。[49] MercExchange 声称 eBay 公司侵犯了 MercExchange的三个专利。在陪审团的审讯后，eBay 公司被发现故意和直接侵犯 MercExchange 的专利之一，MercExchange 获得 1050 万美元赔偿。[50]

地区法院没有授予 MercExchange 一个永久禁令。[51] 法院认定因为 MercExchange 的 "许可其专利的意愿、其商业活动中实施专利的不足、及其对媒体所做关于其维护其专利的声明"，MercExchange 不会遭受得到禁令所需的不可弥补的损害要件。[52] 在上诉时联邦巡回上诉法院驳回了地方法院的意见，并发出了永久禁令。法院特别指出：

> MercExchange 可能已表示愿意许可其专利，但这一事实不应该剥夺它本来应有的禁令的权利。禁令不是为与选择许可的人相反而打算实施自己专利的专利权人保留的。这两个群体应平等地享有法定专营权，及强制执行该权利的适当的救济措施的权利。[53]

随后向最高法院上诉该永久性禁令的问题。最高法院接受上诉以确定专利侵权时应该发出永久禁制令的 "一般规则的适宜性"。[54]

最高法院以全体一致的形式驳回了联邦巡回上诉法院的一般规则并决定法院必须采用完善的四因素测试来决定是否应该发出永久禁令。[55] "我们认为是否允许发出禁令只是在地区法院以公平为原则的酌情权之内，这一酌情权的使用必须与传统的公平原则一致，在专利纠纷中以不能低于在其他情况下的此类标准。"[56]

为了发出禁令，"原告必须证明：（1）它已经遭受了不可弥补的伤

49 There were two other defendants whose technology was at issue in the case. Half. com, a wholly owned subsidiary of eBay, owns and operates an Internet website that allows users to search for goods posted on other Internet websites and to purchase those goods. And ReturnBuy, which owned and operated an Internet website that was hosted by the eBay website.

50 MercExchange, L. L. C. v. eBay, Inc. , 275 F. Supp. 2d 695, 710 (E. D. Va. 2003).

51 *Id.* at 711 – 15.

52 *Id.* at 712.

53 *eBay*, 401 F. 3d at 1339.

54 *eBay Inc. v. MercExchange*, L. L. C. , 126 S. Ct. 1837, 1839 (2006).

55 *Id.*

56 *Id.* at 1841.

害；（2）在法律上的救济措施如金钱赔偿，不足以弥补该伤害；（3）考虑到原告和被告的困难之间的平衡，公平的救济措施是必要的；（4）公共利益不会受到永久禁令的损害"。⑤ 法院认为，"专利法没有显示国会意图有这样的不同。相反，专利法明文规定，禁令'可能'依照公平原则发出"。⑤ §283 要求必须使用这一公平原则下的四因素测试。

法院还明确拒绝了反对禁令的分类规则。法院驳回了地方法院的分析，因为虽然它"提到了传统的四因素测试"，地方法院"看上去采取某些扩大的原则暗示禁令救济在很多情况下不能被发出"。⑤ 法院驳回地方法院认为的所有愿意授权且并没有商业实践其专利的专利权人是不应该被授予禁令的结论。法院认定"大学的研究人员"和"自主发明人"是虽然落入地方法院所列的类别，但"仍可能是能够满足传统的四因素测试"的发明权人。⑥

有两个赞同意见。第一个赞同意见是由首席法官罗伯茨主笔，斯卡利亚法官和金斯伯格法官附议。在这一赞同意见中，首席法官指出："至少从 19 世纪初起，法院已在绝大多数专利案件中一旦判定侵权即批准禁令救济。"⑥ 虽然首席法官承认，这种历史实践不产生一个通用规则，他还解释说，发出禁令的酌情权不是没有限制的。⑥ 这一简短的赞同意见的结语提到"当需要了解和运用这些标准时，与其他领域一样，历史的一页是值得逻辑考量的"。⑥

第二个赞同意见是由大法官肯尼迪撰写，大法官史蒂文斯、大法官苏特和大法官布莱尔附议。⑥ 大法官肯尼迪表示，地区法院应注意"被强制执行专利的性质和专利权人的经济功能"，这在目前情况下是"相当不同于以前的案件"。⑥ 他确定了企业主要利用专利获得许可费的工业的存

---

⑤ *Id.* at 1839.

⑤ *Id.* （quoting 35 U. S. C. §283）.

⑤ *Id.* at 1840.

⑥ *Id.*

⑥ *eBay*, 126 S. Ct. at 1841（Roberts, C. J., concurring）.

⑥ *Id.* at 1841 – 2.

⑥ *Id.* at 1842（quoting New York Trust Co. v. Eisner, 256 U. S. 345, 349（1921）（opinion for the Court by Holmes, J.））.

⑥ *Id.*.（Kennedy, J., concurring）.

⑥ *Id.*

在，而禁令在这种情况下"可以作为讨价还价的工具以向寻求购买许可证来实行这些专利的公司收取高额的费用"。[66] 此外，"当专利发明只不过是公司寻求生产的产品的一小部分并且禁令的威胁被用来作为谈判中不当的筹码时，法律损害可能足以弥补侵权而禁令可能不为公众利益服务"。[67] 最后，对于商业方法专利，它们的"潜在的含糊和可疑的有效性……可能会影响四因素试验下的计算"。[68]

（三）eBay 案判决对美国专利法的理论影响

最高法院的 eBay 案判决是短而切中要害的。法院简单地认为"是否授予或拒绝禁令救济的决定是地区法院在公平原则下的酌情权范围内，而行使这种酌情权必须与传统的公平原则一致，在专利纠纷中以不低于其他案件中的标准来决定"。[69] §283 没有规定在所有专利案件都必须发出永久禁令——禁令需要在个案的基础上确定。

1. 根据 eBay 案判决下以未能商品化作为禁令拒绝的基础

然而，该判决在理论上的影响仍不清楚。具体来说，该判决在特定事实究竟如何影响四因素的分析上仍然未决。法院的意见列出三个事实，其不应该仅靠其本身决定禁令的发出。专利权人的原意许可的意愿不会自动拒绝一个禁令的发出。[70] 专利权人的专利技术的商业使用不足不自动拒绝一个禁令的发出。[71] 另一方面，发现专利侵权不会自动导致一个禁令的发出。[72]

赞同意见试图对某些事实应该如何影响酌情分析提供更多的指导。由首席大法官罗伯茨撰写的赞同意见表明，专利侵权的存在"往往牵连传统的四因素测试的前两个因素"——无可挽回的伤害和在法律上的救济办法不足。[73] 其含义是，这两个因素应该在大多数情况下倾向发出禁

---

[66]　Id.

[67]　Id.

[68]　Id.

[69]　eBay, 126 S. Ct. at 1841.

[70]　Id. at 1840.

[71]　Id. See also Continental Paper Bag Co. v. Eastern Paper Bag Co., 210 U. S. 405, 422 – 30 (1908) (rejecting that a court of equity has no jurisdiction to issue an injunction when the patentee has unreasonably declined to use the patent).

[72]　Id.

[73]　eBay, 126 S. Ct. at 1841 (Roberts, C. J., concurring).

令。因此，首席法官罗伯茨的赞同意见建议，虽然应在所有情况下使用四因素试验，禁令通常仍然会被发出。

肯尼迪法官的赞同意见侧重于那些支持拒绝一个永久禁令的事实。专利的使用"主要用来……获得许可费"支持拒绝一个禁令的发出。[74] 如果该专利是一个多组件设备的一小部分并且禁令的威胁是"作为用于谈判的不当筹码"，两个公平因素应显示不用禁令——在法律上有一个足够的救济办法和为公共利益的考虑。[75] 最后，如果该专利是一种商业方法专利，专利的"含糊和可疑的有效性"可以影响酌情决定而导致禁令被拒绝的结果。[76] 肯尼迪法官的赞同意见对于法院的决定有一个非常不同于首席大法官罗伯茨的观点。肯尼迪法官认为 *eBay* 案判决显著地改变了专利制度的全貌，而造成更多的永久禁令被拒绝。

因此，主要意见并未在某些事实应该如何影响公平原则的四因素试验方面给出太多指导。赞同意见相比之下，提供了多一点的方向。问题是，这些是赞同意见，而不应该控制未来的决定。此外，这些赞同意见是相反方向的——首席大法官罗伯茨支持同一水平的永久性禁令，而肯尼迪法官支持更少的永久性禁令。赞同意见也暴露了 *eBay* 案判决的一个潜在问题。法院很明确不能有任何分类规则。它必须是一个真正的、逐案的公平分析。但赞同意见给出了创造规则的诱惑——确定具体情况在何时禁令应该或者不应该被授予。赞同意见也表明了，法院和最高法院大法官们一样，会有不同意这些规则的可能性。

下级法院应用 *eBay* 案判决显示了一些最高法院的判决的实际影响。*eBay* 案判决后，大多数法院仍发出永久禁令，其比率为每三例发出永久禁令，则有一例拒绝发出禁令。对于这些少有的拒绝发出禁令案例，最经常被法院用来根据 *eBay* 案判决支持拒绝永久禁令的一个因素是专利权人未能将专利发明进行商业应用。[77]

---

[74]　Id. at 1842（Kennedy, C. J., concurring）.

[75]　*Id.*

[76]　*Id.*

[77]　See, e. g., Visto Corp. v. Seven Networks, Inc., No. 2：03 – CV – 333 – TJW, 2006 WL 3741891, at ＊4（E. D. Tex. Dec. 19, 2006）；Paice LLC v. Toyota Motor Corp., No. 2：04 – CV – 211 – DF, 2006 WL 2385139, at ＊5（E. D. Tex. Aug. 16, 2006）；z4 Techs., Inc. v. Microsoft Corp., 434 F. Supp. 2d 437, 440 – 41（E. D. Tex. 2006）.

地方法院的对于 Paice 公司诉丰田汽车公司案的判决为专利权人未能商业化其发明成果如何造成 *eBay* 案判决下的永久禁令的拒绝提供了一个很好的例子。[78] 涉案专利技术包括混合动力汽车变速器的一个部件。该专利被判定有效，而丰田的混合动力汽车变速器被认定侵犯。然而，地区法院拒绝为专利权人向丰田公司发出永久禁令。法院应用 *eBay* 案判决下的公平原则四因素测试。法院认为，根据第一个因素，如果丰田被允许继续使用侵权的组成部分，专利权人不会受到任何不可弥补的损害。法院还得出结论，在第二个因素下，金钱赔偿足以就丰田的持续专利侵权弥补专利权人。得出这些结论依靠的主要事实是专利权人未能应用发明。

根据 *eBay* 案判决的第一因素，专利权人未能生产和销售专利的组件或者与丰田竞争意味着，任何未来丰田的侵权损失很容易由损失赔偿救济。[79] 专利权人不会失去任何市场份额或品牌知名度。相反，专利权人只会失去许可收入，其可"由陪审团根据合理的专利使用费通过金钱赔偿来救济"。[80] 这一分析也支持法院的下一个结论，根据 *eBay* 案判决的第二个因素，有一个在法律上适当的救济办法。[81]

在 *eBay* 案判决后其他地区法院都遵循类似的分析，专注于以专利权人未能实践专利发明的理由拒绝一个永久禁令。[82] 法院都通过四因素分析，以试图遵循 eBay 案判决。但实际的效果是，这种单一的事实——缺乏商业化——决定了在大多数情况下的结果。这表明对肯尼迪法官的赞同意见的严重依赖，并有可能忽略了在多数意见中的具体指导，即这些事实不应该仅靠其本身控制酌情决定。

然而，也有非生产专利权人根据 *eBay* 案判决被授予永久禁令的案件。在联邦科学与工业研究组织诉 Buffalo 科技公司案中，地区法院为澳大利亚政府非生产科研机构和技术许可机构发出永久禁令。[83] 专利权人没有在无线局域网上商业化其专利，但断言 Buffalo 科技公司和他人侵犯了该专利。

---

[78] See Paice, 2006 WL 2385139 at ＊5.

[79] *Id.*

[80] *Id.*

[81] *Id.*

[82] See, e. g., z4 Techs., 434 F. Supp. 2d at 440 – 41.

[83] No. 6：06 – CV – 324, slip op. at 1（E. D. Tex. June 15, 2007）.

地区法院审理查明，根据 *eBay* 案判决的第一因素，专利权人将遭受不可弥补的损害，因为如果没有禁令发出，专利权人的"品牌知名度或者商誉"可能被损害。[84] 另外，法律上没有足够的救济，因为任何继续侵权的专利费率将"不一定包括和金钱方面一样重要的其他非金钱许可条款"。[85] "在损失不仅仅是金钱的时候，金钱赔偿不足以弥补专利权人的损失"。[86]

Buffalo technolosy 案的判决反驳了 *eBay* 案判决后所有非生产专利权人将被拒绝禁令的概念。但它也强调，法院目前仍不清楚根据 eBay 因素如何考量某些事实。*eBay* 案判决后的不确定性和潜在的互相矛盾的判决应该被解决，尤其是在联邦巡回上诉法院考量了某些事实应该如何影响 eBay 因素以后。然而，直到联邦巡回上诉法院谈到专利权人未能商业化的因素会如何影响授予或拒绝一个永久禁令这个问题，它仍然悬而未决。确实看上去确定的是在大多数专利案件中禁令将继续被授予。

2. 根据 *eBay* 案判决禁令被拒绝授予时允许的救济

eBay 案判决后的另一个悬而未决的问题是什么样的救济应该取代一个被拒绝的永久性禁令。在 *Paice* 案中的地区法院以及其他地区法院已对将来的未经授权使用，继续适用对于过去的侵权授予的合理的专利使用费。[87] 也就是说，侵权人只需为专利发明的每一个未来的使用支付一个合理的专利使用费。然而，地方法院可以提高未来的费率而试图阻止未来的侵权。这种向上调整未来侵权的专利使用费可能是合理的，因为任何未来的活动可以说是一个对专利权的故意侵犯。根据美国专利法，故意侵权允许高达三倍的损害赔偿额。[88]

因此，关于 *eBay* 案判决在专利案件中的应用有两个开放的理论问题——非生产专利权人是否将始终拒绝给予禁令和专利权人是否只会被

---

[84] *Id.* at 6 – 9 (noting that the patentee competes for research dollars and licensing fees and allowing another company to use their technology without a license would hurt the patentee's ability to obtain these).

[85] *Id.* at 9 – 10.

[86] *Id.* at 10 (using this fact as the basis to conclude there is no adequate remedy at law).

[87] See Paice, 2006 WL 2385139, at *5; z4 Techs, 434 F. Supp. 2d at 441.

[88] 35 U. S. C. § 284 ('［T］he court may increase the damages up to three times the amount found or assessed. '); Knorr – Bremse Systeme Fuer Nutzafahrzeuge GmBH v. Dana Corp. , 383 F. 3d 1337 , 1342 (Fed. Cir. 2004) (en banc).

授予对未来的未经授权使用的合理专利使用费。如何回答这两个问题将影响 *eBay* 案判决及美国法院对其的应用在 TRIPS 下的待遇。

四、根据 TRIPS 分析 *eBay* 案判决及其应用

TRIPS 要求在专利有效期内的专营权。专营权的例外情况必须属于两个例外之一——在 TRIPS 第 30 条和第 31 条规定中。*eBay* 案判决的结果是地区法院在某些情况下将拒绝一个永久禁令。反过来,法院侵蚀了专营权,允许第三方——判定侵权人——未经授权使用专利技术。这提出了一个问题,即根据 *eBay* 案判决拒绝一个永久禁令是否违反了 TRIPS?[89]

这个问题以前已经被问过。拒绝永久禁令及其对美国在 TRIPS 下的义务的影响在 *eBay* 案中已在最高法院前表述过。有些人认为,包括美国政府在内,拒绝一个永久禁令更可能使美国违规。然而,法院没有明确回答这个问题。*eBay* 案判决已经导致了拒绝永久禁令的情况。*eBay* 案判决已经导致了永久禁令在至少 7 个专利案中被拒绝。[90] 在这种情况下,关于 *eBay* 案判决是否遵守 TRIPS 的问题需要回答。

本章试图回答下列方式问题。首先,根据 *eBay* 案判决拒绝永久禁令的结果被与强制许可的概念比较而进一步讨论。这一对于 *eBay* 案判决的进一步讨论是至关重要的,考虑到强制许可通常集中于减少专利的权利,而 *eBay* 案判决重点在于专利的救济措施。*eBay* 案判决的应用随后根据 TRIPS 中关于专利专营权例外的各条款进行分析。

(一) 根据 *eBay* 案判决拒绝禁令建立了事实上的强制许可

强制许可是专利技术向政府或第三方的非自愿许可来完成一个对社会有益的目标。TRIPS 第 8 条明确了强制许可的两个共同的目标——保护

---

[89] The question should, perhaps, be broadened to include the inquiry as to whether 35 U. S. C. § 283 is in compliance with TRIPS, given that the Supreme Court in eBay based its decision in part on the language of § 283. See eBay, 126 S. Ct. at 1839.

[90] See Sundance, Inc. v. DeMonte Fabricating Ltd., 2007 WL 37742, at ＊2 (E. D. Mich. Jan. 4, 2007); IMX, Inc. v. Lendingtree, LLC, No. 03 - 1067 - SLR, 2007 WL 62697, at ＊17 (D. Del. Jan. 10, 2007); Visto Corp. v. Seven Networks, Inc., No. 2: 03 - CV - 333 - TJW, 2006 WL 3741891, at ＊4 (E. D. Tex. Dec. 19, 2006); Voda v. Cordis Corp., No. CIV - 03 - 1512 - L, 2006 WL 2570614, at ＊5 (W. D. Ok. Sept. 5, 2006); Paice, 2006 WL 2385139, at ＊5 (E. D. Tex. Aug. 16, 2006); z4 Techs, 434 F. Supp. 2d at 440 - 41 (E. D. Tex. 2006). On remand, the district court in eBay denied MercExchange a permanent injunction. See MercExchange, L. L. C. v. eBay, Inc., No. 2: 01 - CV - 736 (E. D. Va. July 27, 2007).

公共利益和停止反竞争行为。强制许可可以通过增加生产或对专利技术的获得来保护公共利益；[91] 或者强制许可可以通过允许其他人对专利技术的合法使用来纠正专利权滥用，及反过来惩治专利权人。传统的强制许可通过创建一个对专利权人专营权的例外来达到这些目标。政府在特定时期内或为某一特定用途拿走了专利权人的专营权来实现这些社会目标。

相反，*eBay* 案判决侧重于专利的救济，而不是专利权。最高法院简单地解释了 35 USC § 283，并指示法院关于如何确定是否发出一个永久禁令作为对专利侵权的救济。"强制许可" 没有在意见中出现。地方法院在 *eBay* 案判决后的决定也没有真地侧重于强制许可。[92]

此外，*eBay* 案判决的四因素测试不一定试图完成强制许可的共同目标之一。保持其侧重于救济的性质，这些因素看起来更倾向于适当的补偿，而不是过当补偿发现侵权的专利权人。*eBay* 案判决的第三个和第四个因素确实关注于专营权对第三方——侵权人和公众——的影响。但是，这些后面的因素要结合前两个因素考虑，其都考虑是否真正需要发出禁令使专利权人得到完全补偿。同样，*eBay* 案测试的主要问题在弥补专利侵权，而不是是否限制专利权人的权利。

根据 *eBay* 案判决，拒绝一个永久禁令迫使专利权人允许第三方继续使用该发明，不管专利权人是否同意。这种未经授权的使用，可以被看做是政府制裁，因为它是由一个法条，即 35 U. S. C. § 283，给法院的酌情权来拒绝禁令。最高法院认可并依靠这个政府规定的酌情权来作出其判决。[93] 因此，虽然 *eBay* 案判决谈及专利的救济措施，禁令拒绝的事实效果是，根据定义，政府允许的强制许可。由于 35 USC § 283 酌情条款由第三方——侵权人——的未经授权的使用在某些情况下是由政府授权的。

尽管如此，传统的强制许可的政策目标可能无法由 *eBay* 案满足。在

---

　　[91]　*See* Gianna Julian – Arnold, *supra* note 7, at 349 – 55.

　　[92]　District courts have used the phrase, equating the denial of a permanent injunction to a compulsory license. See, e. g., Commonwealth Sci. & Indus. Research Organisation v. Buffalo Technology Inc. No. 6；06 – CV – 324, 2007 U. S. Dist. LEXIS 43832（E. D. Tex. June 15, 2007）. But none of the cases has engaged in a thorough analysis as to whether such denials truly fall within the traditional understanding of a compulsory license.

　　[93]　*See eBay*, 126 S. Ct. at 1839.

根据 *eBay* 案判决拒绝禁令的这些情况下法院可能需要一个高专利使用费代替禁令。法院可能考虑侵权人的继续使用专利发明作为对专利权人权利的故意漠视。根据美国专利法，故意侵权行为是在这种情况下的适当的救济措施，导致高达三倍的赔偿。[94]

　　法院也可能用一个较高的费用来防止侵权人今后未经授权使用专利技术。法院，如在 *Paice* 案中，在 *eBay* 案判决提出的前两个公平因素下决定一个永久禁令过多地补偿了专利权人，因此并没有必要。然而，法院可能仍然相信，任何未来的、未经授权的侵权应停止。对于未来的未经授权使用的高使用费将实现这些目标——不像禁令，没有过当补偿专利权人，但对专利权人的补偿足以威慑未来的侵权。eBay 的这种应用对立于传统强制许可的概念，其中的专利费的水平被设置成用于鼓励，而不是防止，第三方对专利技术的使用。而这样的结果将不会令人感到意外，因为 eBay 的前两个公平因素——是否有不可弥补的损害和充分的法律救济办法——专注于为专利权人适当的补偿，而不是对公众的利益或制止滥用专利权的行为。

　　但是，美国法院也同样可能将未来的合理使用费作为一个永久禁令的替代品。这已是多个地区法院应用 *eBay* 案判决的结果。除了 *Paice* 案，在 Finisar 公司诉 DirecTV 集团案中，地方法院将陪审团对于过去损害的合理使用费用于未来的对专利技术的使用。[95] 这种类型的判决更像一个传统的强制许可，因为这种使用费更容易让侵权人未经专利权人的授权经济地使用专利发明。将 35 U. S. C. § 283 给予的酌情权是政府批准的未经授权使用的观点与对未来使用的一个合理的专利使用费结合使得 eBay 判决和强制许可的定义相似。

　　因此，尽管 *eBay* 案判决是救济导向，其事实上的效果是限制专利权人的权利。通过 35 U. S. C. § 283 由政府给予的酌情权，侵权人在如 *Paice* 案和 Finisar 公司案中，被法院允许不顾专利权人的意愿继续使用专利发明。如果法院将未来使用费设置在一个较高的水平，以防止未来的侵权行为，专利权人的权利可能对所有实际目的有所保护。但是其司法结果仍然是未经批准的使用，不论侵权人是否能够利用这优势。在那些禁令被

---

[94]　*See supra* note 88.

[95]　No. 1：05 – CV – 00264（E. D. Tex. July 6, 2006）.

拒绝的情况下，所有这一切都使得 *eBay* 案判决的后果非常像强制许可。

（二） *eBay* 案判决符合 TRIPS

eBay 案判决创建了永久禁令可能不对判定侵权人发出现实可能性。这样的结果已经发生在美国地区法院的案件中。这与 *eBay* 案判决前的情况背道而驰的，那时候，基本上不存在禁令拒绝。虽然 *eBay* 案判决侧重于专利救济，其实际效果如上所述，是允许由第三方在规定的使用费下的未经授权使用。由于美国政府在 *eBay* 案中在最高法院前辩称，改变永久禁令法可能使得美国不符合 TRIPS 规定。

那么问题就变成按 *eBay* 案判决的做法拒绝专营权是否属于在 TRIPS 中规定的任何例外。以下着眼于有关的 TRIPS 条款，并得出结论认为，*eBay* 案判决，虽然没有达到 TRIPS 第 31 条的要求，但符合 TRIPS 第 30 条提出的实质性要求，并与 TRIPS 第 8 条规定的原则一致。此外，*eBay* 案判决因为它侧重于救济，也可能是 TRIPS 第 44 条允许的，其中直接涉及禁令救济措施。

1. TRIPS 第 31 条

eBay 案判决描述的这个四因素公平测试，不落入在 TRIPS 第 31 条规定的专营权的有限例外。这是因为四因素测试集中于禁令应或不应发出的实质性情况，并没有考虑到程序问题。结果就是四因素测试不包括 TRIPS 第 31 条中所有必要的程序性要求。例如，TRIPS 第 31 条 b 款不符合，因为 *eBay* 案判决的公平因素没有要求侵权人在拒绝永久禁令之前向专利权人"作出努力取得授权"。[96] 此外，*eBay* 案判决没有要求法庭限制未经授权的使用，以供应美国市场，如 TRIPS 第 31 条 f 款所要求的。*eBay* 案判决的公平因素也无法确保其他许多 TRIPS 第 31 条的规定得到满足。简而言之，应用 *eBay* 案判决导致一个永久禁令的拒绝和未授权使用不一定满足 TRIPS 第 31 条的要求。

2. TRIPS 第 30 条

然而，TRIPS 第 30 条列出了一般的、基于更实质性的情况下的专利专营权例外。如果 *eBay* 案判决满足 TRIPS 第 30 条，根据 *eBay* 案判决拒

---

[96] TRIPS, supra note 1, art. 31 （b）. Prior licensing offers have been considered under the first two eBay factors. See, e. g., IMX, 2007 WL 62697 at ＊17. But such prior offers are not required by the four factors nor are they considered in every case.

绝发出禁令必须发生在允许未经授权的使用是：（1）有限的例外情况下；
（2）不能"不合理地与专利的正常利用冲突"；和（3）不能"不合理地
损害专利所有人的合法权益，考虑到第三方的合法权益"。⑨ eBay 案判决
所规定的公平测试，符合这些要求。所有四个因素一起确保 TRIPS 第 30
条的三个方面的要求均被考虑以确定禁令是否应发出。

TRIPS 第 30 条的第一个要求是，任何例外必须是"有限的例外"。
对于 eBay 案判决只是一个有限的例外，根据该判决的禁令，必须导致
"只有一个涉案权利的小的减少"。⑨ 在这里，四因素的公平查询创建了有
限的例外。eBay 案判决可能导致未经授权的使用。但是，最多这种未经
授权的使用是对于一个特定的侵权人，对特定专利权利要求，并是对特
定的侵权产品或过程。由于四因素公平测试的逐案性质，防止广泛地减
少专利权人的权利。eBay 案判决的有限性，即使在考虑一般类别的专利
权人时也是真的。例如，比较 Paice 案和联邦科学与工业研究组织案，显
示了 eBay 案判决不会导致所有非生产专利权人被剥夺了永久禁令。此外，
由 eBay 案创建的例外情况，如果法院用高额专利使用费代替禁令，将可
能会被进一步限制。这进一步最大限度地减少禁令拒绝对专利权人的权
利的影响，因为对未来的高额专利使用费可以具有禁令相同的保护作用。

TRIPS 第 30 条的第二个要求是，有限的例外不能"不合理地与专利
的正常利用冲突"。⑨ 在这里，根据 eBay 案判决的拒绝永久禁令有可能扰
乱已被 WTO 广泛地定义的"专利的正常利用"。⑩ 拒绝禁令允许对于专利
权人本可以许可的使用进行未经授权的使用。而这种许可有资格作为正
常的专利利用的一种活动。⑩

---

⑨　*See supra* note 18.

⑨　*See id.*

⑨　*See supra* note 19.

⑩　*Id.*

⑩　购买和执行专利仅用于获得许可费用的专利权人——所谓的专利投机人——可能不进行
"正常的利用"活动。见 Branda Sandburg，为美金而投机，Recorder（S. F. Cal.），2001 年 7 月 30
日，第 1 页（定义专利投机人为"尝试通过不使用也无意使用在多数情况下从未使用的专利赚
了很多钱的人"）。But, the WTO's current definition of 'normal exploitation' observes that '［t］he
specific forms of patent exploitation are not static, of course, for to be effective exploitation must adapt to
changing forms of competition due to technological development and the evolution of marketing practices'.
Canada – Pharmaceutical Products, supra note 18, ¶ 7. 55. Patent trolls may be part of the 'evolution' of
patent exploitation and thus considered the new 'normal' under TRIPS.

　　然而，因为在 *eBay* 案判决的第一个因素和第二个因素中，将不会与这样的商业实施有"不合理的冲突"。这两个因素考虑金钱的救济措施是否不会对专利权人造成不可弥补的损害，并反过来，为任何继续侵犯其专利权适当补偿专利权人。例如，在 *Paice* 案中地方法院当考虑这两个因素时，对于专利技术考虑是否需要禁制令来帮助专利权人的许可努力，或保护专利权人的市场份额。法院在 *Commonwealth Sci & Indus. Research Organisation* 案中考虑了类似的事实和对于专利权人的商誉和品牌的潜在危害。这些都是关系到拒绝禁令对专利权人商业利用其专利的能力的影响。如果拒绝禁令将不在商业上损害专利权人——主要是因为金钱赔偿将作为一个真正的替代品——那么 *eBay* 案判决的前两个因素支持拒绝禁令。这是一个禁令拒绝不会不合理地与专利权人对其专利技术的实施冲突的实例。*eBay* 案判决的前两个因素与 TRIPS 第 30 条的第二个要求有相同的焦点。

　　TRIPS 第 30 条的第三个要求是，比较专利权人与第三方的合法权益。所谓"合法利益"，可以包括那些反映"广泛公认的政策规范"。[102] *eBay* 案判决的四个因素都考虑了政策规范并平衡了专利权人和那些侵权者与广大公众的权益。*eBay* 案判决的第一个和第二个因素根据专利政策考虑专利权人的合法权益。通过显示对充分的补偿和防止专利权人无法弥补的伤害的重视，*eBay* 案判决的前两个因素关注于保护专利权人的权利和维护对发明的激励。如果专利权人无法获得足够的救济，那么对专利法可以协助发明人收回其研发费用的信任会被侵蚀。因此，在前两个因素下，法院确保对于任何专利侵权，专利权人可得到适当的补偿。在 *Paice* 案和 *Commonwealth Sci & Indus. Research Organisation* 案中，法院表示对于专利权人的研究开发和许可计划的关注。虽然这两个案例得到不同的结论，这两个案例的目标都是确保专利权人的权利得到充分保护，使其得以追求有关的商业利益。保持与专利政策相一致，*eBay* 案判决的前两个因素也确保相反的情况不发生——专利权人是不是被过多地赔偿，反过来，过多地激励。例如，如果专利涵盖了一个更大的科技产品的一小部分，如在 *Paice* 案中一样，禁令可以用来阻止整个产品，反过来，给专利

---

[102]　*See supra* note 23.

权人一个手段以提取侵权产品不包括其专利的其他部分的价值。换句话说，前两个因素用来筛出那些专利权人的不正当的利益——超出专利技术价值的赔偿。

eBay 案判决中的第三个因素平衡了禁令对于专利权人与侵权人的影响——进一步确保 TRIPS 第 30 条的第三个要求是符合的。eBay 案判决中的第四个因素着眼于授予或拒绝禁令时的公众利益。例如，对公众健康的影响在第四个因素中得到考虑，并符合在 TRIPS 第 30 条的分析需要考虑的一个政策规范。通过第四个因素，eBay 案判决考虑了另一个第三方公众的利益。

如果有人认为 eBay 案判决仅仅专注于专利的救济措施而 TRIPS 第 30 条只侧重于专利权，上述分析并不成立。第 30 条为有限废除专利权创建狭窄的例外，例如微量使用或实验使用例外。[103] 拒绝一个在特定情况下的禁令本身不是一种权利的一个例外，而是确认现有的权利受到侵犯，并决定一个适当的补救措施。有关禁令的问题本不应该按照 TRIPS 第 30 条进行评估。但是，正如已经讨论的，以 eBay 案判决为基础的禁令拒绝创建了涉案专利权的一个事实上的例外。此外，TRIPS 第 30 条的表面含义侧重于政府行为，eBay 案判决是基于法条 35 USC §283。

3. TRIPS 第 44 条

TRIPS 第 44 条的规定不同于 TRIPS 第 30 条和第 31 条是在于，它侧重于救济而不是权利。具体来说，第 44 条谈到知识产权案件的禁令。第 44 条第 1 款要求所有会员提供其司法机关"权力以命令一方停止侵权"。第 44 条第 2 款规定了禁令的替代品，允许会员根据"会员法律"发出宣告判决或"适当补偿"。

eBay 案判决中的自由裁量的方法可能是 TRIPS 第 44 条第 2 款下的更恰当的制裁。最高法院在 eBay 案判决中应用了根据美国法律对禁令救济的标准的衡平法测试。代替禁令，专利权人获得金钱补偿。eBay 案判决也不会带走法院授予永久禁令的能力。事实上，在 eBay 案判决之后，永久禁令仍然在发现侵权的大多数情况下被授予。所有这一切都使得 eBay

---

[103] "第 30 条常常被看做是允许这样的事情作为私人非商业用途的例外（其中许多国家，虽然不是我国，豁免其专利责任）；前用户权利（在申请在先系统中比我们特殊的发明在先系统更重要）；和一些实验用途。"见 Cotter，前注 34，314 – 15 页。

案判决符合 TRIPS 第 44 条。此外，由于 *eBay* 案判决与 TRIPS 第 44 条均以给予救济为主导，*eBay* 案判决可能更好地落入 TRIPS 第 44 条范围，而不是落入以权力为主导的 TRIPS 第 30 条和第 31 条。[104]

然而，TRIPS 第 44 条第 2 款限制了会员在专利案件中对于授予禁令的替代救济的允许。TRIPS 第 44 条第 2 款一开始要求"第二部分处理未经权利人授权的政府，或由政府授权第三方的使用的规定"比"限制'支付报酬'的补救措施"在先。[105] TRIPS 第二部分包括规定政府允许这些未经授权使用的法条——第 30 条和第 31 条。TRIPS 第 44 条第 2 款因此要求在专利案件中要么 TRIPS 第 30 条的实质性要求或 TRIPS 第 31 条的程序要求首先得到满足后，政府才可以行动以用伤害替代禁令。[106] 这与 *eBay* 案判决的情况相同，从政府法条 35 U. S. C. § 283 产生的四因素测试可以决定这种替代。根据其目前的措辞，TRIPS 第 44 条可能会因此对 *eBay* 案判决和美国遵守 TRIPS 的讨论所增无几。

但这种解释可能使 TRIPS 第 44 条第 2 款第 2 句毫无意义。TRIPS 第 44 条第 2 款第 2 句定义了如果一个禁令"与会员的法律不一致，则应有宣告判决和充分的赔偿"的"其他情况"。TRIPS 第 30 条和第 31 条的规定无关。*eBay* 案判决是这些"其他情况"的一例，其中美国的救济法律在某些情况下不允许发出禁令，而是判决赔偿。虽然在技术上是产生于政府的一个行为，拒绝一个永久禁令不是典型的政府允许使用。人们通常认为判定侵权人代表政府机构或承包商行动。

相反，*eBay* 案判决可以被认为是一种救济判决，其与政府行为无关。通过落入 TRIPS 第 44 条第 2 款第 2 句范围内，TRIPS 第 30 条或第 31 条的要求不需满足即可根据 *eBay* 案判决拒绝禁令。如果要把 *eBay* 案判决放在第 1 句，则在法条下将政府授权扩展至没有第 2 句中的"其他情况"。每一个非强制性执法将有一些政府权力的基础。简而言之，第 44 条第 2

---

[104] See Dinwoodie & Dreyfuss, supra note 19, at 444 – 5 (discussing the remedial flexibility that Article 44 provides).

[105] *Id.*

[106] See Mitchell N. Berman, R. Anthony Reese, & Ernest A. Young, State Accountability for Violations of Intellectual Property Rights: How To 'Fix' Florida Prepaid (And How Not To), 79 TEX. L. REV. 1037, 1182 – 3 (2001) (noting the special obligations under Article 44. 2 for governments with regards to patents).

款中的句子看上去正是考虑到一个类似 *eBay* 案的情况。

4. TRIPS 第 8 条

为了完成分析，看看四因素测试是否属于 TRIPS 第 8 条中所阐明的 TRIPS 的一般原则是有帮助的。通过 *eBay* 案判决的第四个因素，公平分析直接考虑了 TRIPS 第 8 条第 1 款确定的公众利益。属于 TRIPS 第 8 条第 1 款的原则的公共卫生问题与根据 *eBay* 案分析中的第四个因素推动拒绝禁令的考量一样。*eBay* 案判决的前两个因素目的在提供足够的但不过当的对专利权利的赔偿，属于 TRIPS 第 8 条第 2 款中防止滥用专利权。使用的禁令来威胁拖延，并获得超过专利所值是地区法院利用 *eBay* 案判决避免的情况。*eBay* 案判决的前两个因素给法院针对此类滥用行为的工具。*eBay* 案判决的第三个因素也达成了 TRIPS 第 8 条第 2 款的停止"不合理地限制贸易或对国际转让技术的不利影响的行为"的目标。如果这种情况存在，将被认为是侵权人的困难，而根据 *eBay* 案判决这对允许禁令是不利的。

由于这些原因，*eBay* 案判决的使用最可能不违反 TRIPS。虽然不符合 TRIPS 第 31 条的要求，*eBay* 案判决考虑的四因素直接反映了 TRIPS 第 30 条限制专营权的三个因素。此外，通过侧重于 *eBay* 案判决的救济性质，TRIPS 第 44 条规定了 *eBay* 案判决遵守 TRIPS 的另一种途径。最后，*eBay* 案判决的四因素是基于与支持限制知识产权专营权的 TRIPS 第 8 条类似的原则。

五、结　论

最后，不是应用 *eBay* 案判决来拒绝发出禁令是否符合 TRIPS，而是究竟 *eBay* 案判决是如何符合 TRIPS。

如果 *eBay* 案判决被视为遵守 TRIPS 是因为它属于 TRIPS 第 30 条的例外，则 *eBay* 案判决的讨论将强制许可符合讨论转移回到 TRIPS 第 30 条并可能扩大了该法条的范围。这并不是说在评估强制许可时 TRIPS 第 30 条曾经被考虑过，但多哈宣言和有关会谈将 TRIPS 第 31 条作为焦点。到目前为止，对多哈宣言的反应考虑了进一步解释 TRIPS 第 31 条以允许一定的强制许可。*eBay* 案判决可能重启这个讨论以包括 TRIPS 第 30 条。这是一个将被许多评论家欢迎的事情，他们相信在多哈宣言中所讨论的问题用 TRIPS 第 30 条处理更好。⑩ 此外，如果 *eBay* 案判决被视为因为 TRIPS 第 30 条而符合 TRIPS 的规定，则 TRIPS 第 30 条的广度将大大增加。TRIPS 第 30 条不再会被视为只允许专利权的预定义的例外。相反，TRIPS 第 30 条将被视为如果这三部分实质性的条件得到满足，任何一个会员可以用来作为合理化限制专利权行动的可靠例外。

相反，如果 *eBay* 案判决是 TRIPS 第 44 条允许的，当会员要满足一定的社会目标时，这一决定可能将它们的关注从限制专利权转向限制专利救济措施。*eBay* 案判决表明调整救济措施，而不是调整专利权，如何可能在试图建立专利专营权的一个例外以达到一个特定的社会目标时具有相同的净效应。TRIPS 下这一途径也有可能减少摩擦，因为会员的法律控制 TRIPS 第 44 条第 2 款规定的禁令拒绝的因素。令人担心的是，这种方法吞噬了专利权人的专营权。对 TRIPS 第 44 条扩大的看法使得 TRIPS 第 30 条和第 31 规定的防止未经授权使用的保障在专利救济措施方面毫无价值。这种担心是很有可能夸大了，特别是既然 TRIPS 第 44 条要求用足够的补偿代替禁令。专利权人被充分补偿，其权利也被尊重。任何未经授权使用仅限于特定的侵权人，其愿意花费资源从事诉讼和承担最终他们可能会被禁止的风险。TRIPS 第 44 条允许的 *eBay* 案判决方法可能是两全其美 – 允许对未经授权使用进行公平的逐案测试决定，通过对专利权人权利的足够补偿确保对其的保护。

一个最后的结论想法。*eBay* 案判决可能会影响美国对其他各会员在强制许可上强硬立场的信誉。*eBay* 案判决，不管它是如何被描述被应用，削弱了专利权人在美国的专营权。为了与其自身保持一致，美国将不得不至少允许他人在发出专利禁令方面采取类似的公平考量。*eBay* 案判决后，美国对其他政府允许未经授权使用的反对将更容易显得虚伪和在 WTO 前效力更少。⑩ 至少，*eBay* 案判决迫使美国返回到允许一些未经授权的专利技术使用的讨论。

⑩ See generally Haochen Sun, A Wider Access to Patented Drugs Under the TRIPS Agreement, 21 B. U. INT'L L. J. 101 (2003) (setting forth an Article 30 solution to the problem set forth in paragraph 6 of the Doha Declaration).

⑩ See, e. g., Harold C. Wegner, Injunctive Relief: A Charming Betsy Boomerang, 4 NW. J. TECH. & INTELL. PROP. 156 (2006) (arguing that the decision in eBay will make it difficult for the United States pharmaceutical industry to oppose local – working requirements laws that provide for compulsory licensing, like those in Brazil).

第二十一章　专利侵权损害的适当补偿：日本与美国衡量损害的比较学研究

作者：竹中俊子（Toshiko Takenaka）

译者：韩志华

一、介　绍

　　为了从严重的经济衰退中复苏，日本政府制定了"以知识产权为基础的国家"的目标，并开始了知识产权系统的改革。[①] 日本经济产业省和下属的日本特许厅认为：美国经济的复兴是技术创新带来的商业机会的结果，而技术创新受益于里根政府和布什政府所采取的亲专利政策。[②] 为效仿美国的榜样，日本知识产权的各个方面都以美国为基础进行了检查。美日之间，专利侵权损害的补偿度存在着巨大差距，因此，日本修订其专利法，将美国的案例法制订为日本的法律，以减低专利人的举证负担。[③]

　　在日本专利法讨论和修订期间所裁决的案件表明：专利修订对日本

---

　　① 　Toshiko Takenaka and Ichiro Nakayama, 'Will Intellectual Property Policy Save Japan from Recession? Japan's Basic Intellectual Property Law and its Implementation through the Strategic Program', (2004) 35 IIC (No. 8) 877.

　　② 　For a general discussion of US Pro – Patent Policy, see Yoshitake Kihara, 'US Pro – Patent Policy: A Review of the Last 20 Years', (2000) CASRIP Newsletter, 2000 Winter, Vol. 7, Issue 1 available at: < http：//www. law. 3. Tokkyo Ho ［Patent Law］, Law No. 51 of 1998, art. 102, para. 1. washington. edu/Casrip/Newsletter/Vol7/newsv7i1 Kihara. pdf > accessed March 3, 2008.

　　③ 　Tokkyo Ho ［Patent Law］, Law No. 51 of 1998, art. 102, para. 1.

专利侵权损害有显著影响。④ 这些案件的赔偿额比修订前有很大增加。其中的一些案件显示了过度补偿的危险，因为法庭墨守丧失的利润的假定值，拒绝考虑减少补偿的因素。⑤

本章考量日本 1998 年专利法修订对衡量侵权损害所带来的影响。为了解其影响，本章将总结美国和日本的侵权法和专利法的理论和政策，并试图找出美日在侵权补偿上的差别的根源。本章将检查专利法有关计算侵权补偿的条款——丧失的利润和合理专利使用费，日本 1998 年专利法对此作了修订。本章将从比较法的角度根据损失额的统计数字来讨论日本 1998 年专利法修订的影响。

二、理论框架

日本特许厅的统计数字显示了巨大差别：美国法庭的平均损失额是日本的 200 倍。⑥ 如此巨大的差别无法用法律系统或市场规模来解释。对美日类似的案例的比较，证实了此巨大差别来源于日本法庭偏好专利使用费，如果专利人独自生产、销售专利发明，专利使用费会偏低。⑦

大家或许会考虑如此巨大差别是否来源于美日侵权法之间的本质法律结构区别。但是，两国间在决定损失额的范畴时采用的理论框架并无大的差别。在决定损失额的范畴时，美日都采用"非此则无"的考量来建立"事实原因"，都采用"前瞻性"的考量来限制到"法律原因"或适当原因。⑧ 法庭普遍采用"前瞻性"或"法律原因"来划分近因和远因，以缩小个人行为的责任。⑨ 唯一的区别是美国法庭分两个步骤，陪审团决定"事实原因"，法官决定"法律原因"。与此对照，日本法官用同一步

---

④　Toshiko Takenaka, 'Big Change in Measurement for Japanese Patent Infringement Damages? Tokyo District Court Awards ＄23. 5 Million in Lost Profits Damages, CASRIP Newsletter', Autumn 1998, Vol 5, Issue 3, available at ＜ http：//www. law. washington. edu/Casrip/Newsletter/Vol5/newsv5i3jp1. htm ＞ accessed March 3, 2008.

⑤　Toshiko Takenaka, ' Patent Infringement Damages in Japan and the United States：Will Increased Patent Infringement Damage Awards Revive the Japanese Economy?' (2000) 2 Wash. U. J. L. and Pol'y 309.

⑥　Industrial Property Right Committee, Invitation of Comments on the Proposal for Revising Patent Law and Other Industrial Property Laws (1997) 25.

⑦　Takenaka, *supra* note 5.

⑧　For Japanese tort law, see Toru Shinozuka et al., Tort (New Case Law Annotation Series, Sanseido, Tokyo, 1993) 97.

⑨　Toru Ikuyo, Tort Law (Yuhikaku, Tokyo, 1993) 122 et seq. and 134.

骤决定"事实原因"和"法律原因"。⑩ 除了这一区别外，美日分析损失额的过程是相似的。

美日对损失额的计算也是相似的。为克服计算侵权损失额的困难，美日专利法都提供了计算方法的选择。⑪ 两种计算方法，即失去的利润和合理专利使用费，在美日都很常用。第三种方法是被告方的利润，此方法一度为美国采用，现已取消。⑫

三、侵权法和专利政策

（一）一般侵权法的政策

虽然有类似的理论框架，但在侵权法和专利政策上，美日法律有巨大差别。"法律原因"或"适当原因"的界定是建立在对司法和政策的社会观念之上⑬，因此，美日司法系统对损失额的巨大差别，很可能来源于两个社会在正义和政策之间的巨大差距，从而导致法官以截然不同的方式应用同一理论框架。

美国和日本之间法律制度最显著的差异是个人在执行法律中的作用。日本的法律制度更明确区分刑事制裁和民事赔偿的功能。⑭ 根据日本的法律制度，政府完全控制对侵权行为的惩罚和威慑，⑮ 个人的作用对于维护公共秩序是有限的。⑯

这明显影响了在一般民事侵权中损害赔偿的功能。根据日本侵权法，

---

⑩ Yoshio Hirai, Theory of Damage Compensation Law (12th edn, 1997, Kobundo, Tokyo, 1997) 429 et seq.

⑪ Patent Law, art. 102 ; 35 USC 284.

⑫ Donald Chisum, Chisum on Patents, Section 20. 02 [3] (Lexis Nexis – Matthew Bender, New York, 1978, supp. 2007). Congress eliminated this option in 1946 because the option was considered to be redundant with lost profits and difficult to establish by patentees. Act of August 1, 1946, Ch. 726, Section 1, 60 Stat. 778. For a discussion of the legislative history of 35 USC 284, see Vincent Tassinari, 'Patent Compensation under 35 USC. ', (1997) 5 J. Intell. Prop. L. 59.

Hideo Tanaka and Akio Takeuchi, 'The Role of Private Individuals in Enforcing Law' (1972) 88 (No. 5/6) 521, (1971) 89 Hougaku Kyoukai Zasshi (No. 3) 243, (No. 8) 879, (No. 9) 1033.

⑬ W. Page Keeton, Dan Dobbs et al. (eds), Prosser and Keeton on the Law of Torts (West Group, St. Paul, Minnesota, Hornbook Series, 5th edn, 1984) §41 at 264.

⑭ Hideo Tanaka and Akio Takeuchi, 'The Role of Private Individuals in Enforcing Law' (1972) 88 (No. 5/6) 521, (1971) 89 Hougaku Kyoukai Zasshi (No. 3) 243, (No. 8) 879, (No. 9) 1033.

⑮ Id.

⑯ Id.

侵权损害赔偿的功能纯粹是为了恢复受害者至侵权行为发生前的情形。[17] 日本民事法律制度不会因为侵权行为的性质，如故意侵权，而增加赔偿。由于威慑不随侵权损害而改变，日本法院不区分侵权损害与违约损害。

此外，日本法院采用了从衡量合同损害发展来的原则，并直接应用于衡量由侵权而造成的损害。[18]因此，无论是侵权还是合同违约所造成的损失，其衡量都遵从合同法的原则。

与此相反，美国的法律制度遵循普通法传统，对侵权损害赔偿和刑事制裁之间的职能进行分离，不是像日本制度那样清楚。[19] 美国的法律制度结合刑事制裁和民事补救措施，以威慑人们不要从事侵权行为。美国的制度鼓励个人以到法院起诉的方式积极参与执法。[20] 因此，民事补救损害赔偿不仅用于补偿，也威慑侵权行为。

根据美国法律，损害赔偿或是补偿性赔偿，或是惩罚性赔偿。[21] 虽然损害赔偿的功能是赔偿侵权受害者，普通法在传统上区别合同的赔偿与侵权损害赔偿。[22] 美国法院传统上采用不同的原则来衡量侵权和合同损害。[23] 关于举证责任，为防止肇事者受益于证明侵权行为和损害之间因果关系之困难，美国法院对侵权损害要求较少的证据，而对违反合同的损害要求较多的证据。[24]

此外，为贯彻鼓励个人参与执法的政策，美国侵权法可以授予会超越实际损失的惩罚性赔偿。惩罚性赔偿起着惩罚和遏制侵权的功能，并

---

[17]　Ichiro Katou, Tort (Yuhikaku, Tokyo, 1974).

[18]　Judgment of the Great Court of Cassation, May 22, 1926, 5 Minshuu 386.

[19]　Tanaka and Takeuchi, supra note 14.

[20]　Tanaka and Takeuchi, supra note 14.

[21]　For a general discussion of tort damages, see Dan Dobbs, Dobbs on Laws of Remedies: Damages, Equity, Restitution (West Publishing Co., St. Paul, 1992).

[22]　R. W. Byrom, 'Do Damages Depend on the Same Principles Throughout the Law of Tort and Contract?' (1968) 6 U. Queensland L. J. 118.

[23]　*Felder v. Reeth*, 34 F. 2d 744 (9th Cir. 1929). However, US legal commentators suggest that tort law swallows up contract law through courts' application of tort law principles to measure both tort and contract damages. Grant Gilmore, The Death of Contract (Ohio State University Press, Columbus, 1974); Jeffrey O'Connell, 'The Interlocking Death and Rebirth of Contract and Tort', 75 Mich. L. Rev. 659 (1977). This development in US tort and contract law contrasts highly with Japanese courts' practice of applying contract principles to both tort and contract damages.

[24]　Restatement (Second) of Contracts, Section 351, cmt. a (1979).

在经济上帮助侵权的受害者，其包括律师费及打官司的费用。[25]此点与违反合同的损害对比鲜明；违反合同不授予惩罚性赔偿。[26]

（二）专利法的政策

两国差别的另一来源是专利法政策。在 1998 年专利法修订前，专利法中计算因专利侵权而造成的损失的有关条款也反映了日本侵权法的普遍政策。1998 年之前的专利法第 102 条提供了两种计算专利侵权损失的方法：（1）被告人的利润；[27]（2）合理的使用费。[28] 专利权人也可根据民法典中一般民事侵权损害赔偿的规定来要求损失的利润，[29]但专利法并未明文规定后一方法，直到 1998 年修订专利法时确定了利润损失的基本假设。[30]

1998 年以前的第 102 条的条文表明，比起专利权人，立法机关更关心如何保护无辜侵权者。例如，第 102 条第 3 段允许日本法院将损害限制于合理的使用费，即使实际损害高于合理的使用费，除非侵权人有故意行为或重大过失。[31]因此，日本专利法并不能保证一个完整的损害赔偿，因为法院可以减少专利权人的损失的赔偿数额。[32] 人们可以解释，至少根据 1998 年以前的专利法第 102 条，合理的使用费一直是计算专利侵权损害赔偿的主要依据，而侵权人的利润或专利权人的利润损失则是特殊和额外。在 1998 年以前的专利法第 102 条的立法历史记录也支持这一解释。[33]

与此相反，美国专利侵权损害赔偿的目标是适当和从全额赔偿侵

---

[25] Dobbs, *supra* note 21, at 311.

[26] Restatement（Second）of Contracts, Introductory Note（1979）. Pre－1998 Patent Law, art. 102, Para. 1.

[27] Pre－1998 Patent Law, art. 102, para. 1.

[28] Pre－1998 Patent Law, art. 102, para. 2.

[29] Civil Code, Article 709.

[30] Pre－1998 Patent Law, art. 102. For the relationship between Pre－1998 Patent Law, art. 102 and Civil Code 709, see Nobuhiro Nakayama, Patent Law Annotated（2nd edn, Seirin Shoin, Tokyo, 1989）861.

[31] Pre－1998 Patent Law, art. 102, para. 3. This provision remains as paragraph. 4 in the 1998 revised Patent Law.

[32] *Id.*

[33] Yoshiyuki Tamura, Intellectual Property and Compensation of Damages（Kobundo, Tokyo, 1993）56.

权造成的损失。㉞ 美国专利法规明文规定这一目标。㉟ 目前的专利法规规定两种选择侵权损害赔偿的计算：（1）利润损失；和（2）合理的使用费。㊱ 美国专利法第 284 节的条文表明，美国国会议员更关心专利权的赔偿不足，而较少关心无辜的侵权者。没有因无辜侵权而使法院减少损害赔偿的条款。相反，本节明确防止法院批出一个比合理的使用费更低的赔偿。㊲因此，该节的语言是由法院解释为扩张而不是限制。㊳

不同于日本专利法 ㊴和美国版权法和商标法㊵，美国专利法没有规定允许法院减少损害赔偿数额评定，即使在被授予利润损失时，超出了合理的使用费。此节只允许法院对故意侵权的受害者增加其赔偿至三倍。㊶此外，根据美国专利法第 285 节，法庭在特殊情况下，可给予律师的费用，有时其数额比损害赔偿更大。㊷因此，不像日本专利权人，美国专利权人往往从起诉专利侵权人中赚钱。

四、判例法：1998 年以前日本的做法和美国的做法

（一）丧失的利润

日本法院对 1998 年以前的专利法第 102 条的条文的解释反映了其政策，在超过 50% 的案例中，判予合理的使用费；仅在少于 10% 的案例中，判予利润损失。㊸ 获得利润损失的机会如此之小，第一个原因是，如果专利权人不使用自己的发明，法院根本不检查利润损失的赔偿请求。由于

㉞　*General Motors Corp. v. Devex Corp.*，461 US 648，654；76 L. Ed. 2d 211，103 S. Ct. 2058（1983）.

㉟　35 *USC* § 284，*para.* 1.

㊱　*Id.*

㊲　35 USC. § 284，para. 1.

㊳　*Rite – Hite Corp. v. Kelley Co. Inc.* 56 F. 3d 1538，1544，35 USPQ2d 1065（1995）.

㊴　Pre – 1998 Patent Law，art. 102，para. 3.

㊵　USC § 504（c）（2）；15 USC § 1117（a）.

㊶　35 USC § 284，para. 2.

㊷　35 USC § 285.

㊸　Institute of Intellectual Property，Study of Appropriate Civil Remedies for Compensating Intellectual Property Damages［hereinafter，IIP Damages Report］33（Institute of Intellectual Property，Tokyo，1996）. For a report in English on Japanese patent infringement damages，see Toru Toyama，'Study with Respect to Proper Civil Remedies for Infringements of Intellectual Property'1996 IIP Bulletin（Institute of Intellectual Property，Tokyo，1996）62.

相当大的比例[44]的专利从来没有被使用,[45]这些专利专利权人在日本法院中自动丧失获得利润损失的机会。

美国法院对专利法第284节的解释也反映了基本政策。首先,美国法院,尤其是美国联邦巡回上诉法院,优先选择以损失的利润的形式授予实际的损害,以适应第284.46条语言所表达的全额赔偿目标。[46]因此,法院以实际损害,比如损失的利润,作为赔偿损失的主要选项,仅在专利权人无法证明实际损害时才赔偿合理的使用费。[47]

法院还解释立法原意为只给底线,但没有上限。[48]换言之,法院在以损失利润的形式扩大范围充分弥补专利权人的损失时不受限制,只有在以合理的使用费为补偿时才有限制。美国法院作出一切努力,以损失的利润的形式判给赔偿损失,而不愿意接受被告的否认因果关系,导致合理使用费的申辩。

因此,说服美国法院授予利润损失不是很难。[49] 不像日本法院1998年以前的做法,美国法院则不会自动拒绝以损失的利润的形式授予赔偿的请求,即使专利权人未使用他的发明。相反,联邦巡回上诉法院强调赔偿不足的危险,强调强制性追溯许可证可能导致的危险,要求专利权人实践专利发明,这种做法会鼓励侵权。[50]在其全体法官的决定中,联邦巡回上诉法院强调,"专利权人是否销售其专利的发明不是确定利润损失

[44] Kasuo Masui and Yoshiyuki Tamura, Guidebook of Patent Court Decisions (2nd edn, Yuhikaku, Tokyo, 1997) 277.

[45] For Japanese patents, see Commission on Intellectual Property Rights in the Twenty – First Century, Toward the Era of Intellectual Property Creation: Challenges for Breakthrough (Japan Patent Office, Tokyo, 1997) 25 < http://www.jpo.go.jp/shiryou_ e/toushin_ e/kenkyukai_ e/21cene.htm > accessed March 3, 2008. For US patents, see Joseph Rossman and Barkev S. Sanders, 'The Patent Utilization Study', in L. James Harris (ed.), Nurturing New Ideas: Legal Rights and Economic Roles 106 (BNA Books, Arlington, Virginia, 1969).

[46] For a general discussion of Federal Circuit case law on patent infringement damages, see Paul Janicke, 'Contemporary Issues in Patent Damages (A Review of Recent Decisions of the United States Court of Appeals for the Federal Circuit', 42 Am. U. L. Rev. 691 (1993); Laura Pincus, 'The Computation of Damages in Patent Infringement Actions', 5 Harv. J. Law and Tech. 95 (1991).

[47] SmithKline Diagnostics, Inc. v. Helena Laboratories Corp., 926 F. 2d 1161, 1164, 17 USPQ2d 1922 (Fed. Cir. 1991).

[48] Rite – Hite, 56 F. 3d at 1544.

[49] Id. at 1546.

[50] King, 65 F. 3d at 951.

的关键"，虽然它承认，当专利权人不利用他的发明时，通常不可能有利润损失。[51]这是因为，如果专利权人选择了非专利竞争产品就意味着否认该专利权人的损失的利润，这样的做法破坏了宪法的奖励创新的目标。[52]

联邦巡回上诉法院明确拒绝了日本法院的实践——检验专利权人的产品是否体现了被侵权的那部分专利，因为此做法使诉讼更加繁琐和复杂。[53] 因此，美国专利权人有一个良好的机会来证明损失的利润，即使他们自己没有生产、销售任何体现被侵犯专利的产品。在日本法院证明利润损失索赔极为困难的第二个原因在于，举证的高负担。即使专利权人使用了专利，因而通过了第一道门槛，专利权人还需建立侵权与损失之间的因果关系。根据日本民事诉讼法典程序，原告若希望证明损害，原告需要提供证据消除一切因事实或缺乏事实而造成的疑虑。[54] 日本民事诉讼学者认为，这个标准远高于"优势规则"，但有点低于"明确和令人信服的规则"[55]。即使在侵权责任建立之后，日本法院对待当事人仍一视同仁，对专利权人实行这种高负担。因此，日本专利权人往往无法建立利润损失和侵权的行为之间的因果关系。

旧民事诉讼规则缺乏收集证据的手段，进一步妨碍了日本专利权人收回丧失的利润。[56]虽然1999年以前的105条允许专利权人要求侵权者交出与计算损害赔偿相关的文件，[57]法院往往允许侵权人拒绝交出所要求

[51] *Rite – Hite*, 56 F. 3d at 1548.

[52] *King*, 65 F. 3d at 950.

[53] *Id* at 952.

[54] A. Mikazuki, T. Nakano and M. Takeshita, New Edition：Civil Procedure Seminar（Yuhikaku, Tokyo, 1983）288.

[55] In Japanese courts, parties must convince judges about the absence or presence of fact to an 80% certainty. Ryuji Funakoshi, Order of Law and Burden of Proof（Kogakusha, Tokyo, 1996）12；Hiromi Murakami, Burden of Proof in Civil Procedure（Hanrei Taimuzu, Tokyo, 1980）6.

[56] For a general discussion of the revised Civil Procedure Law, see Ryu Takabayashi, 'Practices of Patent Litigation in Japanese Courts', 5 – 2 CASRIP Newsletter 13（Center for Advanced Study and Research in Intellectual Property, University of Washington School of Law, Seattle, Spring/Summer 1998）, available online at http：//www. law. washington. edu/Casrip/Newsletter/Vol5/newsv5i2jp2. html > accessed March 3, 2008.

[57] Pre – 1999 Japanese Patent Law, art. 105.

的文件，如果文件包括专有信息。[58] 日本法院接受这个借口，因为日本民间法律规定的诉讼程序没有保护专有信息的程序。计算利润损失的文件通常包括专有信息，如净利润和材料费用。因此，侵权者往往利用请求专有信息的保护而避免了1999年以前的版本105条所规定的义务。因此，专利权人往往未能提出足够的证据来支持侵权人的销售数目。因此，法院只承认数销售该侵权人所承认的销售数目。[59]

相反，美国法院没有对专利权人要求这样高度的举证负担。与在一般侵权案中要求较低的确定性的政策相吻合，美国法院要求专利权人显示因果关系时，只要求一个合理的可能性。[60] 不像日本法院，一旦侵权人侵犯了专利，美国法院清楚地表明其偏好专利权人的倾向。联邦巡回上诉法院一再强调，专利权人不必证明侵权产品的客户可能不会去买另一种产品或可比产品。[61]法院还指出，任何损害数额计算上的疑虑必须以对侵权者不利的前提来解决。[62]

此外，美国民事诉讼的发现过程使专利权人得以收集必要的文件来计算利润损失。[63]由于广泛的制裁措施，美国的专利权人可以很容易地获取必要的信息来计算利润损失。美国民事诉讼法规定了对专有信息的诉讼保护。[64] 因此，美国专利权人很少不能建立自己的纯利润。

在日本法庭建立利润损失的第三个困难原因在于，缺乏判例法或积极的测试因素来展示侵权行为与利润损失之间的因果关系。日本专利权人常常争辩：他们失去的利润是对自己产品的净盈利额乘以由侵权人销售侵权产品的数量。日本法院认为这些数额不足以证明因果关系，并拒

---

[58] Civil Procedure Law, art. 220, Item 4. Japan Patent Office, Report by Planning Subcommittee of Industrial Property Committee: In Furtherance of Pro – Patent Policies (Japan Patent Office, Tokyo, 1998) 35.

[59] IIP Damages Report, supra note 43, at 37.

[60] *Paper Converting Machine Co. v. Magna – Graphics Corp.*, 745 F. 2d 11, 21, 23 USPQ 235 (Fed. Cir. 1984).

[61] *King Instruments Corp. v. Otari Corp.*, 767 F. 2d 853, 226 USPQ 402 (Fed. Cir. 1985), appeal after remand, 814 F. 2d 1560, 2. USPQ2d 1210 (Fed. Cir. 1987).

[62] *Kaufman Co., Inc. v. Lautech, Inc.*, 926 F. 2d 1136, 17 USPQ2d 1828 (Fed. Cir. 1991).

[63] For a general discussion of discovery procedure, see Kimberly Moore et al., Patent Litigation and Strategy (1st edn, West Publishing Co., Columbus, 1999) 97; Roger S. Haydock and David F. Herr, Discovery Practice (Little Brown Co., Boston, 1988, Supp. 1989).

[64] *Id*, Section 1. 9.

绝给予任何利润损失。⑥日本法院发展了很多判例，总结了很多否定因果
关系的因素。⑥ 日本法院的确定因果关系的积极的测试因素只局限在特殊
情形下，例如两个竞争者在一个特殊的市场，⑥ 或侵权人的产品与专利权
人的产品完全相同。⑥ 因此，日本专利权人无法收回利润损失，除非在特
殊案例中法庭已认定了全部或大部损失（全或无法则）。⑥

　　这种全或无的情形显著打消了日本专利权人的申请丧失的利润的热
情。因此，假如日本专利权人使用了自己的专利发明，他们倾向于申请
被告人的利润。⑦ 专利法规推定：侵权人的利润等于专利权人的利润损
失。⑦ 日本法院这种做法节省了大量时间，避免了研究复杂的事实问题以
找到因果关系。同时，这种做法施加给专利权人新的负担：证实侵权人
的净利润，而不是专利权人自己的利润。由于证明对方当事人的纯利润时
取证上的困难，专利权人往往建立不了这样的利润。⑦

　　此外，当专利只涵盖部分而非整个产品时，专利权人不能收回整个
产品的利润，而需要证明贡献率，*kiyoritsu*。⑦ 专利权人需要建立专利和
非专利部分的贡献率，只有权收回被告的专利部分的利润。⑦ 如果专利权
人无法建立贡献率，法院可以否认对被告的全部利润损失索赔。⑦

　　即使专利权人有权获得被告人的整个产品的利润，这些利润往往低
于专利权人自己失去的利润，因为侵权者往往是在市场上的后来者，享

---

⑥　Judgment of Tokyo District Court, December 25, 1963, Hanrei Taimuzu No. 156, 218（1964）.

⑥　Masui and Tamura, supra note 44, at 278. Such factors include：（1）the patented part did not attract customers to purchase the whole product；（2）the infringing product was not exactly the same as the patentee's product；（3）infringing products were less expensive than the patentee's product；and（4）a substitute of the patented product was available in the market.

⑥　Judgment of Tokyo District Court, September 21, 1963, Hanrei Taimuzu No. 154, 138（1964）.

⑥　Judgment of Tokyo District Court, September 14, 1963, Hanrei Taimuzu No. 152, 163（1964）. For a review of cases granting a recovery of lost profits, see IIP Damages Report, supra note 43, at 33 – 5.

⑥　*Supra* note 43, IIP Damages at 34.

⑦　IIP Damages Report, supra note 43, at 29. Patentees included lost profits as their main claims on damages in only 15.8% of all cases.

⑦　Japanese Patent Law（pre – 1998）, art. 102, para. 1.

⑦　Judgment of Tokyo District Court, March 14, 1988, Hanrei Tokkyo Jitsuyou Shin – an 400 – 114（1988）.

⑦　Masui and Tamura, supra note 44, at 294.

⑦　*Id.*

⑦　Judgment of Osaka District Court, June 19, 1968, Hanrei Taimuzu No. 223, 200（1968）.

受不到垄断价格的好处。[76] 鉴于这些困难，只有 16.4% 的案例获得了被告人的全部利润，[77] 平均下来，日本法庭授予了专利权人所追求的侵权人的利润的 53%。[78]

相比之下，美国联邦巡回上诉法院发展的案例中，正面的因果关系测试多于负面的测试。美国法院很少完全拒绝利润损失索赔。拥有专利权的产品和侵权产品之间的显著差异，可以完全消除在日本法院的利润损失索赔，但不能完全消除在美国法院的利润损失索赔，只可以反映专利权人的因侵权而承受的销售数量的减少。[79] 即使有证据表明了侵权产品价格远远低于专利权的产品价格，也不足以否定因果关系。[80]

在市场上只有专利权人和侵权人互为竞争对手时，美国法院会肯定因果关系；这是一个特殊情况，甚至日本法院也会发现因果关系，美国法院不需要其他证据就会肯定因果关系。[81] 法院发现因果关系的其他情形包括如下：专利权人在招投标制下输给了侵权人；[82] 侵权人的产品进入和离开市场导致专利权的产品的价格变化；[83] 侵权人是前客户或供应商。[84]

即使在这些特殊情况不存在的情况下，美国法院仍发展了一种积极

---

[76]　A good example is Panduit Corp. v. Stahlin Bros. Fibre Works, Inc. , 575 F. 2d 1152, 197 USPQ 726 (6th Cir. 1978) . The infringer cut the patentee's price by 30% to compete with the patentee's product.

[77]　IIP Damages Report, supra note 43, at 36.

[78]　Id.

[79]　King, 65 F. 3d at 953.

[80]　Dobson v. Dornan, 118 US 10, 6 S. Ct. 946, 30 L. Ed 63 (1886); SmithKline Diagnostics, Inc. v. Helena Laboratories Corp. , 12 USPQ2d, 1375, (E. D. Tex. 1989), aff'd 926 F. 2d 1161, 17 US-PQ2d 1922 (Fed. Cir. 1991) . However, if demand for the patented product is elastic, courts may negate causation. See, BIC Leisure Prods. v. Windsurfing Int'l Inc. , 1 F. 3d 1214, 27 USPQ2d 1671 (Fed. Cir. 1993).

[81]　Yale Lock Co. v. Sargent, 117 US 536, 6 S. Ct. 934, 29 L. Ed. 954 (1886); Lam, Inc. v. Johns – Manville Corp. , 718 F. 2d 1056, 219 USPQ 670 (Fed. Cir. 1983); Marsh – McBirney, Inc. v. Montedoro – Whitney Corp. , 882 F. 2d 498, 11 USPQ2d 1974 (Fed. Cir. 1989).

[82]　Wallace and Tiernan Co. v. Syracuse, 45 F. 2d 693, (2nd Cir. 1930) ; Manville Sales Corp. v. Paramount Systems Inc. , 14 USPQ 2d 1219 (E. D. Pa. 1989), further opinion 14 USPQ2d 1299 (E. D. Pa. 1989), aff'd, 917 F. 2d 544, 16 USPQ2d 1587 (Fed. Cir. 1990).

[83]　Pressed Prism Glass Co. v. Continuous Glass Prism Co. , 181 F. 151 (CCWD Pa. 1910); Hall v. Stern, 20 F. 788, (CCDNY 1884).

[84]　Central Soya Co. v. Geo. A. Hormel and Co. , 723 F. 2d 1573, 220 USPQ 490, 74 ALR Fed. 863 (1983).

的测试，以推证因果关系。这个测试叫做泛达（Panduit）测试，以第一案命名，包括四个因素来推证因果关系。[85] 这四个因素是：（1）市场存在对专利产品的需求；（2）没有可以接受的非侵权的替代品；（3）专利权人自身有能力满足市场需求；（4）没有侵权产品的情况下，专利权人的利润总额。[86]

专利权人可以通过证明侵权人销售了侵权产品来证明对专利产品的需求。[87] 显示能力并不难，因为法院只需要潜在能力，潜在能力只需显示转包增加生产，以及雇用新销售人员出售产品的可能性。[88] 这与日本法院1998年以前要求专利权人以高度的确定性来展现制造和销售额外产品的能力的做法，形成了鲜明的对比。[89]

在前三个因素中，显示第二个因素——没有替代品——是最困难的。然而，事实上，这也是很容易的，因为联邦巡回上诉法院已发展了一种严格的显示可以接受的替代品的测试，以便将举证责任从专利权人转给侵权人。这个测试需要替代品具有专利产品的所有特征和功能，这往往导致无法找到可以接受的替代品，替代品总是效果较差，缺乏足够的功能。[90] 因为根据定义，非侵权产品总是缺乏专利产品的某些特征和功能，专利权人可以很容易地指出专利产品与非侵权替代品之间的差异，争辩替代品不足构成一个可以接受的替代品。[91] 即使侵权人成功地展示了一个可以接受的替代品，使专利权人的第二个因素失败，法院仍可行使酌情

---

[85]　Panduit Corp. v. Stahlin Bros. Fibre Works, Inc., 575 F. 2d 1152, 197 USPQ 726（6th Cir. 1978）.

[86]　For a general discussion of these factors, see supra note 12, Chisum, Patents, §20.03 [1][b][v].

[87]　Gyromat Corp. v. Champion Spark Plug Company, 735 F. 2d 549, USPQ 4（Fed. Cir. 1984）.

[88]　Id.

[89]　Judgment of Osaka District Court, March 25, 1991, Tokkyo to Kigyou No. 270, 54（1991）.

[90]　Radio Steel and Mfg. Co. v. MTD Products, Inc., 788 F. 2d 1554, 229 USPQ 431（Fed. Cir. 1986）. The Federal Circuit may apply a less strict test, see SmithKline Diagnostics, Inc. v. Helena Laboratories Corp., 12 USPQ2d, 1375（E. D. Tex. 1989）, aff'd, 926 F. 2d 1161, 17 US-PQ2d 1922（Fed. Cir. 1991）. For a general discussion of the definition of non – infringing alternatives, see supra note 12, Chisum, Patents（1978）§ 20.03 [1][b][v][E]（Supp. 1999）.

[91]　Judge Nies criticized the definition requiring strict identity and clarified that acceptable alternatives do not represent an embodiment of the patented invention. SmithKline Diagnostics, Inc., 926 F. 2d at 1166.

权，以失去市场份额为基础奖励利润。[92]

一旦显示了前三个因素，专利权人证实第四个因素会非常简单，只需估算专利权人在侵权销售中的预期利润。[93] 这一数额的计算只需简单地以专利权人的单位产品的纯利润乘以侵权人所售出的数目。[94] 日本的做法是要求专利权人证明被告的利润，与之相反，美国的做法对专利权人友善，专利权人可以很容易地展现自己的利润。

最后，"整个市场价值"规则解除了专利权人在其专利权只覆盖产品的一部分时，所负担的分摊专利和非专利部分的沉重责任。[95]美国专利界从计算被告的利润的经验中，充分理解到分摊的困难。[96]在美国法院广泛采用"整个市场价值"规则之前，美国法院在分摊问题上与日本法院作出了相同的反应，如果专利权人未能提供一个分摊的基础，法院会拒绝任何利润损失。[97] 现在，专利权人证明整个产品的价值都取决于专利，而避免争论复杂的分摊问题，专利权人仍可收回整个产品的利润损失。[98]

（二）合理的专利使用费

在 1998 年修订专利法前，日本法院在超过一半授予损失的案例中，采用了合理的专利使用费的形式。[99]日本专利法将合理的使用费定义为：专利权人在允许他人利用其专利发明时，通常得到的赔偿。[100] 如果专利权人以合理的使用费的形式要求赔偿，专利权人可以得到一些赔偿，因此合理的使用费是侵权的最低赔偿，虽然法规没有明文规定。然而在日本，与美国的判例法相反，如果专利权人未能显示侵权与利润损失的因果关

---

[92] *State Industries, Inc. v. Mor – Flo Industries, Inc*, 883 F. 2d 1573, 12 USPQ2d 1026 (Fed. Cir. 1989), cert. denied, 493 US 1022 (1990). For a general discussion of the market share approach, see Note, *State Industries, Inc. v. Mor – Flo and the Market Share Approach to Patent Damages: What is Happening to the Panduit Test?* 1991 Wisc. L. Rev. 1369 (1991).

[93] *Ryco, Inc. v. Ag – Bag Corp.*, 857 F. 2d 1418, 8 USPQ2d 1323 (1988).

[94] *Pincus, supra* note 46, at 113.

[95] *Supra* note 12, Chisum, Patents, § 20.03 [1] [c].

[96] *Supra* note 12, Chisum, Patents, § 20.02 [3] (Supp. 1999).

[97] *Westinghouse v. New York Air Brake Co.*, 140 F. 545, 550 – 51 (2nd Cir. 1905), cert. denied, 201 US 648 (1906); *Roemer v. Simon*, 31 F. 41 (CCSDNY 1887).

[98] The leading case for the entire – market – value rule is Goulds Manufacturing Co. v. Cowing, 105 US 253 (1881).

[99] IIP Damages Report, supra note 43, at 39.

[100] Japanese Patent Law (pre – 1998), art. 102, para. 3.

系，那么合理的专利使用费不能起到最低赔偿的作用，不能保证该侵权产品的专利权至少能得到合理的专利使用费。

日本法院判给的损害赔偿是非常低的。[101]原因之一是很难建立由被告销售的侵权产品的数量。先前关于失去的利润采证困难的解释也适用于被告的销售。[102]由于举证不足，法院往往将使用费局限于侵权人承认的销售数量。[103]

另一个原因是，日本法院试图限制使用费率至最低。首先，如果某一行为已有了事先许可，那么对类似的擅自侵权的行为，法院颁发的合理的使用费不会高于此一事先许可的谈判中商定的专利费。[104]换句话说，事先许可的使用费率给专利费封了顶。

虽然许多法院采取以前的专利使用费作为合理使用费，[105]相当多的法院将合理使用费进一步降低到以下两项中最低的一项，即：[106]（1）日本特许厅公布的由政府拥有的专利的许可费；[107]（2）由一个准政府研究机构公布的行业标准的专利费。[108]

相比之下，美国法院颁发的合理使用费远高于日本法院颁发的合理使用费。专利法规明确保证，合理使用费是最低的补偿。[109]美国法院对专利法的解释是：即使专利权人无法证实侵权与利润损失之间的因果关系，专利权人仍可确保收回侵权产品的合理使用费。[110]

对于美国法院，现有的专利权人与其授权人之间同意的专利费是决

---

[101]　In a minority of cases (31.1%) the requested amount was fully awarded. The amount of royalty actually awarded on average is much less (63%) than the amount requested by patentees. Supra note 43, IIP Damages Report, at 43.

[102]　Part 1, 3 (1) b.

[103]　IIP Damages Report, supra note 43, at 40.

[104]　Id. at 41. Courts consistently rejected patentees' arguments for adopting a rate higher than the legally negotiated prior royalty rate.

[105]　Id. at 41. Courts adopted prior royalty rates in 29 out of 90 cases (32.2%).

[106]　Id. at 40.

[107]　Reprinted in Hatsumei Kyoukai Kenkyuusho, Royalty Rates, 159 (4th edn., Hatsumai Kyokai, Tokyo, 1993).

[108]　Id.

[109]　35 USC §284.

[110]　Rite – Hite Corp., 56 F. 3d at 1554.

定一个合理使用费的重要证据。⑪ 美国法院的判决不应该低于已确立的专利费。⑫一个已确立的专利费不是最高专利费，因为美国法院裁定的合理使用费往往高于一个既定的使用费，原因是专利还没有得到公众的认可或接受，或者侵权活动还未普遍。⑬ 美国法院可以拒绝被人为压低了的"既定"的使用费，而采纳高于以前的专利许可使用费。⑭

如果没有既定的使用费存在，类似于日本法院，美国法院对已有的使用费给予相当的重视，即使不是确立的专利费。⑮ 不过，美国法院的做法与日本法院形成鲜明对比，因为美国法院对一个可比技术的行业标准专利费考量较少。⑯相反，美国法院严重依赖专利权人在专利和相关技术领域内选择的特定的许可证政策和安排。特别是，如果专利权人选择了不授权许可证，以受益于排他性，法院加大"合理使用费"，否则会导致侵权人获得强制许可。⑰ 美国判例法经常把合理使用费定义为一个自愿的专利权人和一个自意的潜在用户谈判的结果。⑱但是，美国法院授予的特许权使用费远高于合理使用费，这往往剥夺侵权者的利润，甚至可以迫使它们破产。⑲

这与日本法院 1998 年以前的实践形成了鲜明的对比，1998 年前，如果专利权人从来没有授权，日本法院会采用日本特许厅公布的合理使用

---

⑪　For a general discussion of the established royalty, see supra note 12, Chisum, Patents, § 20. 03 [2].

⑫　See supra note 12, Chisum, Patents, § 20. 03 [2] [d]. A prior royalty rate is qualified as the established royalty if the royalty is (1) paid or secured before the infringement; (2) paid by a sufficient number of licensees to indicate general acquiescence in its reasonableness; (3) uniform in the region where issued; (4) not paid under threat of suit or in settlement of litigation; and (5) in consideration of comparable rights or activity under the patent. Rude v. *Wescott*, 130 US 152, 9 S. Ct. 463, 32 L. Ed. 888 (1899); *Faulkner v. Gibbs*, 199 F. 2d 635, 95 USPQ 400 (9th Cir. 1952).

⑬　*See supra* note 12, Chisum, Patents, § 20. 03 [2] [c].

⑭　*Nickson Industries, Inc. v. Rol Manufacturing Co. Ltd.*, 847 F. 2d 795, 6 USPQ2d 1878 (Fed. Cir. 1988).

⑮　*See supra note* 12, Chisum, Patents, § 20. 03 [3] [b] [i].

⑯　*Bio - Rad Laboratory Inc. v. Nicolet Instrument Corp.*, 739 F. 2d 604, 222 USPQ 654 (Fed. Cir. 1984).

⑰　*King*, 65 F. 3d at 950.

⑱　*Supra* note 12, Chisum, Patents, § 20. 03 [3] [a].

⑲　*Radio Steel*, 788 F. 2d 1554; *Mahurkar v. C. R. Bard, Inc.*, 79 F. 3d 1572, 38 USPQ2d 1288 (Fed. Cir. 1996).

费率或行业标准费率，以赔偿专利权人。因此美国法院授予的合理使用费占损失补偿的平均值为 11%，[⑳]远远高于日本法院的 4.2%。[㉑]此外，美国合理使用费率散布在很宽的范围内，从不到 1% 到 20% 以上。

　　缺乏事先许可授权导致了美国和日本的损失赔偿上巨大的差异。如果专利权人没有授权任何类似的技术，并没有计算使用费率的信息，法院往往要依靠日本特许厅公布的利率。因此，在以合理使用费的形式来赔偿的案件中，采用日本特许厅的专利使用费率的占了很大一部分。[㉒]由于日本特许厅的使用费率保持在最低限度，以鼓励技术转移从政府到行业，日本法院颁发的合理使用费平均非常低（4.2%），[㉓]甚至低于行业标准下的平均合理使用费（4.6%）。[㉔]

　　相比之下，美国法院对行业标准给予较小的权重，[㉕]对专利权人的许可政策给予更重的考量。[㉖]缺乏事先许可授权允许美国法院增加专利费，因为美国法院将此视为证据，证明专利权人采取的政策是不授权许可证，以受益于排他性。如果授予由市场决定的合理使用费将导致对不情愿授权的专利权人实施强制许可。因此，为了避免这样的结果，法院往往授予比授权人与授权自愿达成的专利费率更高的费率。[㉗]

五、日本 1998 年修改专利法后的侵权损害赔偿

（一）1998 年专利法修订和政策变化

　　日本法院根据 1998 年以前的专利法的做法导致补偿不足，进一步导致对研究和发展缺乏激励，日本政府对此表现出了严重关切。日本政府要求日本特许厅的工业产权委员会检讨法院的做法，并就是否需要修订专利法邀请意见。日本特许厅的工业产权委员会广泛审查了美国判例法

[⑳]　IIP Damages Report, supra note 43 at 67.

[㉑]　*Supra* note 12, Chisum, Patents, § 20. 03 [3] [d] (1978, Supp. 1999).

[㉒]　IIP Damages Report, supra note 43, at 41. 21. 1% of all cases awarding a reasonable royalty adopted JPO's published rates.

[㉓]　*Id.* at 41.

[㉔]　Hatsumei Kyokai Kenkyuusho, *supra* note 107, at 22 – 3.

[㉕]　*Supra* note 12, Chisum, Patents, § 20. 03 [3] [b] [ii].

[㉖]　*Supra* note 12, Chisum, Patents, § 20. 03 [3] [b] [iii].

[㉗]　*Panduit Corp. v. Stahlin Bros. Fibre Works, Inc.*, 575 F. 2d 1152, 197 USPQ 726 (6th Cir. Mich. 1978); *Georgia – Pacific Corp. v. United States Plywood Corp.*, 1, 318 F. Supp. 1116, 166 USPQ 235 (SDNY 1970).

中关于损害赔偿的计算，包括利润损失和合理使用费两种形式，并提出了专利法第 102 条修正案。建议的修订包括：（1）引进因果关系的推定，编纂泛达测试的因素；（2）比以前有法律协商的专利费更高的合理使用费；（3）取消法院的减少合理使用费之上的赔偿的自行决定权；（4）引入惩罚性赔偿。[128]

根据工业产权委员会的建议，日本特许厅提出一项法案，修改专利法和其他工业产权的法律，已于 1999 年 1 月 1 日生效。[129] 该修订最重要的方面是引进因果关系的推定，以帮助专利权人建立因果关系，以便以利润损失的形式索赔侵权损害。新的专利法第 102 条第 1 款规定，专利权人有权得到的索赔等于每单位产品的利润乘以因侵权而减少的销售量，只要销售量不超过专利权人利用专利发明的能力。利润损失第一次被明确规定在专利法上。对于利润损失的新规定是插在第 1 款，现行规定中的被告利润和合理使用费分别被转移到第 2 款和第 3 款。根据日本的法律解释规则，一般规则在前，例外通常跟在一般规则之后。[130]据此，在第 1 款插入新规定可以被解释为日本专利侵权中损害赔偿的测算有了政策的变化。

日本特许厅的修订还包括以合理使用费的形式计算赔偿的变化。[131] 新规定从以使用费的形式获得的损害赔偿的定义中取消"一般"这一术语，[132]取消这个词的目的是使让日本法院考虑到特定案件的情况，授予比公布的行业标准费率或日本特许厅对日本政府拥有的专利制订的许可使用费费率更高的专利费。[133]

不幸的是，1998 年修订的专利法并没有删除或修改给日本法院酌情减少超过合理使用费的金额的规定。[134] 保留这一规定使人们怀疑，保证足够的赔偿和强调专利权人的利益是否是 1998 年修订后的日本专利制度中损害赔偿的优先目标。此次修订并未执行工业产权委员会的建议，引入

---

[128] *Supra* note 6, Invitation of Comments.

[129] A Law to Revise Patent Law and Other Intellectual Property Laws, Tokkyo Ho, Law No. 51 of 1998.

[130] Nobutoshi Tajima, Metrologies for interpreting Statute 109 (Gyosei, Tokyo, 1980).

[131] Japanese Patent Law, art. 102, para. 3 (Revision, Law No. 51 of 1998).

[132] Cf. Pre - 1998 Japanese Patent Law, art. 102, para. 2.

[133] Yasukazu Irino, 'A Law for Revising Part of Patent Law and Other Industrial Property Laws', 1140 JURISTO 71 (1998).

[134] Japanese Patent Law, art. 102, para. 4 (Revision, Law No. 51 of 1998).

惩罚性赔偿，这与最高法院的先例中的公共政策相抵触。[⑬]

（二）判例法：丧失的利润

1998 年修订专利法的立法历史证据表明，新的第 102 条第 1 款中编纂了泛达测试的第三个和第四个因素，假定了专利权人的销售损失和被告的侵权之间的因果关系。尽管美国泛达测试的假设是以基本经济理论为基础，日本特许厅的审查委员会提出采取因果关系推定时，并没有检验基本经济理论。该委员会并没有深入分析新规定对 1998 年以前的做法的影响，只是引进了美国的判例法的学说。因此，在解释新修订出台的条款时，对于有关 1998 年以前的专利法防止日本法院授予利润损失的重要问题，新出台的规定引进了很大的模糊性。

新段落的第一个模糊性在于其性质。从法规的语言上，不清楚定义的利润损失数量是否仅仅是基于一种推定，而将举证责任从专利权人转至侵权人；还是一种解释，而防止侵权人引入证据证明缺乏因果关系。立法历史表明，所定义的数量是基于一种推定，因此侵权人可以提出证据反驳此推定。因此，此推定之后的语句赋予法庭削减推定的金额的权力：如果情况表明，上述专利权人或专用特许人本来不能出售全部或部分指定的产品。[⑬] 新段落第二句可以被理解为允许法院完全消除利润损失的索赔。然而，为反映修订对专利权人权益的重视，法院应尽力确定专利权人可以出售的产品数量，而不应利用 1998 年的修订给予的实况调查权力来完全拒绝利润损失索赔。[⑬]

对于那些持新段落引入了推定的观点的法院，侵权人可以通过显示负面因素来建立减免索赔的情形，这些负面因素在 1998 年以前能完全消除因果关系。这些情形包括：替代品的存在，侵权人的销售努力和分配机制，侵权产品与专利权产品在结构和功能上的差异。[⑬] 有些法院认定，专利权人没有可能售出侵权人所能销售的产品，因而显著减少了未售出产品的推定利润损失索赔额。

其他法院认为新的段落中的专利损失数量是一种解释。在它们看来，

---

⑬　Judgment of Supreme Court of Japan, July 11, 1997, 51 Minshu No. 6, 2573.

⑬　Japanese Patent Law, art. 102, para. 1.

⑰　Japanese Patent Law, art. 105 – 3 (Revision, Law No. 41 of 1999).

⑬　Judgment of IP High Court, September 25, 2006; Judgment of April 19, 2007.

新的段落是基于一个法律虚拟：只有两家竞争对手，即专利权人和侵权人，因为专利人的专有权利创造了一个专利产品的特殊市场。㉛ 这种观点忽视了市场的现实，偏离了美国泛达测试依赖的经济理论基础。因此，这些法庭不允许侵权人证明其替代品的存在为理由减免利润损失数量。

新段落的另一个模糊性在于：为了证明利润损失索赔，专利权人是否必须使用该专利发明。新段落没有明确规定，专利权人必须使用该专利发明，才能利用利润损失数量。然而，这些认为新段落中的利润损失数量是一种解释的法院，把"因侵权而影响销售的产品"局限于专利发明的实施范例。㉞ 因为采用了特殊的两个竞争对手的专利产品市场的法律虚拟，利润损失索赔的产品必须是专利发明的实施范例。

然而，大多数法院并不要求专利权人使用专利的发明。它们的"可能售出的产品"的解释中包括专利发明的实施范例之外的产品。㊶ 类似美国的判例法，这些法院允许授予利润损失，只要该产品的销售与侵权产品相竞争，如果没有侵权产品可能已售出。这种观点符合立法的历史，并受到法律评论家的广泛支持。㊷ "可能售出的产品"不包括非竞争的产品，因为这类产品的销售不会受到专利权侵害的影响。㊸

虽然新段落没有提到专利和非专利部分之间的分摊，有些法院已经应用了贡献率在推定利润损失索赔额。㊹其他法院没有适用的贡献率，虽然专利并不覆盖整个产品。㊺ 相反，它们考查专利部分对消费者需求的重要影响。它们发现在某些情形下，专利权人不可能销售其产品，如果专利的部分对消费者的购买侵权产品的意欲影响不大，它们会减免推定的利润损失数量。这种观点更符合新段落的语义。与 1998 年以前的实践相反，即使专利权的产品不等同于侵权人的产品，法院也授予了损失利润。法院

㉛　Judgment of Tokyo District Court, March 19, 2002.

㊵　Judgment of Tokyo District Court, March 19, 2002.

㊶　Judgment of Tokyo High Court, June 15, 1999.

㊷　Kouichiro Semoto, 'Patent Infringement and Establishing Amount of Damages', Minjijouho No. 149 (1999) 2; Ryu Takabayashi, Standard Patent Law in Japanese, 248 (2nd edn, Yuhikaku, Tokyo, 2005).

㊸　Judgment of Tokyo District Court, October 9, 2003.

㊹　Judgment of Tokyo High Court, June 15, 1999; Judgment of Tokyo District Court, March 19, 2002; Judgment of Tokyo District Court, December 26, 2003.

㊺　Judgment of IP High Court, September 25, 2006.

对结构和功能的差异，包括专利和非专利部分，应进行评估，如果这种差异影响了专利人的销售数量。[146] 一些评论家鼓励运用"整个市场规则"，如果专利部分创造了对整个产品的需求。[147] 反映这种观点，一个法院采用了 95% 的贡献率，当专利部分显著地影响了消费者购买侵权产品的决定。[148]

关于专利权人的生产能力限制推定金额方面，没有必要证明在侵权期间的实际能力。法院认定，如果专利权人在侵权期间有潜在的能力，就可满足法律要求。[149] 这种解释受到立法历史和法律学者的支持。[150]

（三）判例法：合理使用费

反映删除第 102 条第 3 款"通常"一词的立法意图，[151] 法院开始采用逐案分析的方法，考虑一系列因素，以确定合理的使用费；这些因素类似于美国法院计算合理的专利使用费考量的因素，[152] 这些因素包括合法谈判、互相同意的使用费、应用此发明的行业的平均使用费率、侵权行为、侵权人获取的侵权利润、专利权人和侵权人之间在相关市场的关系，以及专利权人的市场战略。它们不再仅仅依赖于一个行业的平均使用费率。[153] 因此，日本法院更愿意考虑每宗个案特有的因素来设置一个比平均行业水平更高的合理使用费率。

目前为止，法院基本未考虑专利权人和侵权人之间关系、专利权人的市场战略。然而，这些因素是设置合理使用费时重要的考量因素。正如美国的判例法表明，如果专利权人和侵权人在相关市场直接竞争，专利权人采取的策略是以独自制造和销售专利产品，而不是给他人许可证，专利权人是不太可能给行业平均使用费的。即使专利权人给予了许可证，合理的使用费也应当有别于由法律协商同意的许可人和被许可人之间的

---

[146]　Tatsuki Shibuya, Lectures in Intellectual Property Laws I (2nd edn, Yuhikaku, Tokyo, 2006) 297.

[147]　Ryoichi Mimura, 'Damages (1) – Patent Law Art. 102 Para. 1' in Toshiaki Makino and Toshiaki Iimura (eds), Procedural Laws of Intellectual Property 303 (Shin Jitsumu Taikei Series, Seirin Shoin, Tokyo, 2001); Yoshiaki Tamura, 'Revision of Patent Law and Other Intellectual Property Laws Regarding Infringement Damages', 49 Patent Management (No. 3), (2004) 329.

[148]　Judgment of Tokyo District, March 26, 2003.

[149]　Judgment of Tokyo District, July 17, 2001; Judgment of Tokyo District Court, March 19, 2002.

[150]　Shibuya, supra note 146, at 301; Mimura, supra note 147, at 293.

[151]　Because new para. 1 was introduced, Pre – 1998 art. 102, para. 2 has become para. 3.

[152]　Judgment of Osaka District Court, October 29, 2002.

[153]　Judgment of Nagoya District Court, February 10, 2003.

使用费。在真实的许可谈判中，被许可人往往必须考虑到商业化的风险，商定的使用费可以折扣以反映这种风险。侵权人已避免了风险，如果专利权人和被许可人已经把专利发明商业化，并在侵权之前为专利发明的实施范例建立了市场。

（四）判例法：最低补偿保障

尽管立法历史明确表明，1998 年修订的目的是为保证专利权人因侵权损失而获得足够的赔偿，法案没有写入任何有关于此目的的语言。此外，法院可酌情减少超过合理使用费的金额的规定也受到了修订的影响。[154] 保留这项自由裁量权模糊了立法的原意，因为法院仍然可以减少损失额，损失额是根据侵权造成的实际损失额进行评估的。

法律学者对这一规定的理解是：澄清合理使用费作为最低补偿的功能。[155]因为法律学者认为合理使用费来源于不当得利，专利权人有权获得合理使用费，不管他是否疏忽或无辜。[156]侵权人因规避支付应当支付特许权使用费给专利权人而不公平地致富，欠了合理使用费。一些法院已经采纳了这种观点，允许专利权人在利润损失索赔被拒绝之后，收回合理使用费。[157]

但是，其他法院在利润损失索赔被拒绝之后，拒绝授予合理使用费。[158]这些法院认为，有关合理使用费和利润损失的条款，作为计算损失的不同方法，划定了可收回的损失的界限。[159]因此，专利权人一旦没有依据利润损失的理论建立因果关系，他或她也不能依据合理使用费的理论建立因果关系。这种观点与第 102 条第 4 款的语言相矛盾，第 102 条第 4 款假定合理使用费与利润损失有不同范围的损害赔偿责任。这一观点也与强调专利权人的赔偿权利的修改第 102 条的立法历史有冲突。

---

⑭ Japanese Patent Law, art. 102, para. 4 (Revision, Law No. 51 of 1998). Pre - 1998 Revision art. 102, para. 3 has become para. 4.

⑮ Takabayashi, supra note 142, at 254.

⑯ Shibuya, supra note 146, at 283.

⑰ Judgment of Tokyo District Court, June 15, 1999.

⑱ Judgment of IP High Court, September 25, 2006; Judgment of Osaka District Court, April 19, 2007.

⑲ Yutaka Koike, 'Direction of Practice in Interpreting Patent Law Art. 102', Ryu Takabayashi, Toshiko Takenaka and Tatsuki Shibuya (eds), 2007 IP Annual Report (Shoji Homu, Tokyo, 2007) 281.

六、1998 年修订专利法的影响

从理论上讲，在第 102 条中引进泛达测试，推动了日本专利侵权损害赔偿与美国专利侵权损害赔偿的显著并轨。此次修订大大降低了专利权人建立因果关系的负担，从而导致要求损失利润的案例数量显著增加。[160] 法院以新规则代替了 1998 年以前的"全或无"规则，按新规则，其中至少有一部分利润损失索赔是可以得到赔偿的。据 2004 年统计数字，四个最大的损害赔偿，是根据新的第 1 段下的利润损失，专利界相信，1998 年修订专利法大大增加了在日本法院可获得赔偿的金额。[161] 特别是，由于早期的决定不容许减免损失的金额，因为早期的决定认为新段落中的专利损失数量是一种基于一个法律上的神话：只有两家竞争对手的市场，不容许任何减免，因而 1998 年修订专利法似乎引入了一个过度补偿的机制。[162]

实际上，1998 年修订专利法的影响远小于预期。最近的统计数字显示，在日本法院获得的平均赔偿额有所减少。[163] 在最近的案例中，对比专利权人的索赔额，实际授予量的比例有所下降。[164] 与修订专利法前相比，平均损失赔偿增加了一倍，但仍然只是美国法院 1992 年的平均损失赔偿，也就是日本特许厅引用的支持 1998 年修订的数据的 1%。

显然，引进美国的判例法原则并没有推高日本的损害赔偿到在美国法院的损害赔偿的水平。影响如此微小，原因之一可能是该修订对专利政策的影响尚不清楚。尽管日本的法官，在 1998 年修订期间和之后，受到专利政策强调对专利权人权利的赔偿的影响，他们逐渐恢复到 1998 年以前的做法，因为第 102 条的语言不能清晰地表达这样的专利政策。另一个原因是，1998 年修订的目标没有服务于日本产业界的需求。预计修订

---

[160]　Japan Intellectual Property Assocation, 'Study of Patent Infringement Damages', 54 Intellectual Property Management (No. 5) 1287 (2004).

[161]　Id.

[162]　Takenaka, supra note 5, at 362.

[163]　Institute of Intellectual Property, 'Report on Current Situations in Industrial Property Rights Disputes' (Institute of Intellectual Property, Tokyo, 2006) 90 – 93; Koji Miyahara, 'Study of Damage Calculation under Patent Law Art. 1' < http: //www. gripsip. jp/ip/paper/MJI04057miyahara. pdf > last visited March 4, 2008.

[164]　Id. at 91. 70% of the claimed amount was awarded in 2000 but only 20% was awarded in 2003.

统计数据并没有显示出任何明显增加赔偿的必要性。[165]修订后的统计数字显示，整体日本产业认为，当前的损害赔偿与 1998 年以前的损害赔偿同样合适。[166] 该修订对日本法官的社会正义感的影响并没有持续，因为显著增加损失赔偿，对于维持日本社会的知识产权的适当平衡来说，并没有必要。因此，法官将 1998 年以前的消除因果关系的消极因素转换成为专利权人因侵权无法售出的扣减因素。

影响如此微小的第三个原因是新的推定需要披露每单位净利润，因而限制了新的推定的应用。[167] 许多专利权人宁愿保持这种利润率的秘密，由此拒绝利用新推定的优势。由于 1998 年修订没有明确宣示合理使用费的最低赔偿的功能，一旦根据第 1 段的利润损失索赔被拒绝，任何赔偿要求都可能会因为侵权产品数量的问题而被拒绝。专利权人可能更愿意通过合理使用费来保证索赔所有侵权产品。

需要注意的是，日本法院裁决侵权损害赔偿的个案数量非常低，大约每年 15 例。因此，本章使用的统计案件数量可能不够大，不足表明该修订的影响。这么少的个案数量，起源于专利权人在日本法院建立侵权所面临的困难。[168] 在建立知识产权为基础的国家战略背景下，专利权人在日本法院赢得官司的机会小于其他主要司法管辖区，这一问题应该比有限的损害赔偿更引起日本产业的严重关切。

七、结　论

日本的经验揭示了通过引进外部系统来改变一个完善的法律体系时所面临的挑战。特别是，重构专利侵权损害赔偿提出了一个很大的挑战，因为英美法系和大陆法系传统强烈地影响民事补救的理论和政策。欧洲国家正在通过"欧盟知识产权执行指令"（EUIPR）[169] 和"欧洲专利执法

---

[165] *Supra* note 43, IIP Damages Report at 24.

[166] *Supra* note 163, Report on Current Situations at 175, 179.

[167] Supra note 163, Report on Current Situations at 173. Patentees requested lost profits under art. 102, para. 1 in only 10% of all cases in which damages were awarded.

[168] Michael Elmer, 'International Patent Enforcement Strategy – Choice of Jurisdiction' in Toshiko Takenaka and Kazunori Yamagami (eds), Legal Consultation of International Intellectual Property Disputes Resolution (Seirin Shoin, Tokyo, 2006) 191.

[169] Directive 2004/48/EC of the European Parliament and of the Council of 24 April 2004 on the enforcement of intellectual property rights (http://www.urheberrecht.org/topic/enforce/eu/1_1952004 0602en00160025.pdf).

协议"来协调专利执法程序和民事补救的过程。在克服英国等英美法系国家和德国等大陆法系国家之间的在民事补救上的差异，它们应该期望类似的挑战。

　　虽然日本和美国法院在提供损害赔偿之间的巨大差距仍然存在，人们可以争论说，1998 年修订是成功的。该修订的目的不是法律的和谐，而是对专利侵权的损害提供适当的补偿。此次修订实现了这个目标，因为损害补偿的相对轻微的增加，可能反映了没有什么必要改变日本产业界的专利权人与公众的利益竞争的平衡。在任何情况下，日本经济近年来从衰退中出现了强劲复苏。因此，日本政府的任务已经圆满完成，虽然没有证据证明经济恢复是由经济产业省日本特许厅的亲专利政策和国家战略来推动的。

第二十二章 全球经济背景下的专利纠纷解决

作者：罗谢尔·德赖弗斯（Rochelle C. Dreyfuss）[*]

译者：丛立先

一、介 绍

与其他行业一样，专利产业也进入了全球市场。在过去的 12 年中，世界范围内的非居住国专利申请量的年增长率为 7.4%，[①] 并且在过去的 20 年中，经合组织（OECD）成员国的专利收入增加了 10 倍。[②] 在很大程度上，这些发展源于一种与其他经济部门共享的动力：当国家变得更加富裕、进步，民众的品位和喜好趋同、运输成本下降，国外的商品随之变得常见易得、可取可用。从技术层面来说，其他因素也发挥了作用。《与贸易有关的知识产权协议》（TRIPS）列入世界贸易组织（WTO）框架内意味着专利现在随时可以在许多国家申请获得，并覆盖了一系列广泛的

* Along with Jane C. Ginsburg and François Dessemontet, Rochelle C. Dreyfuss is a Reporter for the American Law Institute's project on Intellectual Property: Principles Governing Jurisdiction, Choice of Law, and Judgments in Transnational Disputes. The author would like to acknowledge the financial support of the Filomen D'Agostino and Max E. Greenberg Research Fund and the assistance of Melissa Feeney Wasserman, NYU Class of 2007.

① World Intellectual Property Organization (2006), 'WIPO Patent Report: Statistics on Worldwide Patent Activities 4', *available at* http: //www. wipo. int/ipstats/en/statistics/patents/patent_ report_ 2006. html#P137_ 14557.

② Organization for Economic Cooperation Development, Directorate for Science, Technology and Industry, 'Valuation and Exploitation of Intellectual Property' 18 - 19 (June 30, 2006), DSTI/DOC 2006/5, *available at* www. oecd. org/dataoecd/43/39/37202362. pdf.

创造性领域。③ 知识生产越来越具有合作性，发明者来自不同的民族，跨越多个工作地域。④ 技术本身是变化的。数码产品，如软件，可以瞬间传播到世界各地。⑤ 一些新的发展也不断出现，如无线电导航系统，由于它们定位的行为跨越了不同的司法管辖区，这类专利诉讼也被相应"分割"。⑥

虽然专利技术的实践呈现国际化，专利法和专利权仍然具有地域性。因此，企业出于经营需要或竞争需要，在国外司法管辖区仍要注册多个专利以保护自己的利益。数据表明，获得外国专利正变得越来越容易。目前 WTO 成员包括 150 个国家，虽然专利保护需要在每个国家进行专利认证和注册，但各种国际条约正致力于简化这些手续。《专利合作条约》（PCT）⑦ 为其 137 个签署国提供初步的认证功能。区域性协议做得更进一步。例如，《欧洲专利公约》（EPC），在 2008 年将有 33 个成员国，包括所有的欧盟成员国，采用集中认证（同时加强一致性）⑧。

更难的问题出现在纠纷解决方面。当争议主要是在本地市场时，很明显争议解决和判决会在当地法院，根据当地法律执行。然而，全球市场的出现使得纠纷的解决变得麻烦、不可预测、更昂贵——在某些情况下还会出现不公平。例如，有一个计算机程序员（让我们称呼他为开发者，或简称为 D），在其居住国仙甸（Xandia）工作，他利用反向工程开发出生产商 P 已经在一些国家注册了专利的软件。D 创建了一个独立的产品，模拟了原软件的全部功能并在网站中销售，服务器托管在帕特利

---

③　Agreement on Trade – Related Aspects of Intellectual Property Rights, Apr. 15, 1994, Marrakesh Agreement Establishing the World Trade Organization, Annex 1C, 1869 U. N. T. S. 299〔hereinafter TRIPS Agreement〕.

④　Dreyfuss, Rochelle Cooper (2000), 'Collaborative Research: Conflicts on Authorship, Ownership, and Accountability', *Vanderbilt Law Review*, 53, 1162.

⑤　*Microsoft Corp. v. AT & T Corp.*, 127 S. Ct. 1746 (2007) (software supplied abroad from the United States); *Eolas Technologies Inc. v. Microsoft Corp.*, 399 F. 3d 1325 (2005) (same).

⑥　*Decca Ltd. v. United States*, 544 F. 2d 1070 (Ct. Cl. 1976) (system operated inside and outside the United States). Wasserman, Melissa Feeney (2007), 'Divided Infringement: Expanding the Extraterritorial Scope of Patent Law', *New York University Law Review*, 82, 281.

⑦　Patent Cooperation Treaty, June 19, 1970, 28 U. S. T. 7645, 1160 U. N. T. S. 231

⑧　The Convention on the Grant of European Patents, Oct. 5, 1973, 1065 U. N. T. S. 199. Thomas, John R. (1996), 'Litigation Beyond the Technological Frontier: Comparative Approaches to Multinational Patent Enforcement', *Law & Policy International Business*, 27, 277, 294 (listing other regional agreements).

亚（Patria）。通过该服务器，人们在世界各地都可以使用并"镜像"（复制）该软件。如果 P 要实施其专利，禁止他人非法利用并获得侵权赔偿，P 应在哪里起诉？

单从地域管辖角度来看，P 可能需要在所有注册过的国家起诉，只要利用或复制的行为曾在那里发生过。下列情况表明 P 可能遇到的困难：

（1）各国法律有不同的属人管辖权。有些可能会限制对互联网活动造成的损害的赔偿判决，特别是对本地的使用。如果这种使用是分散的，追究所有侵权行为可能过于昂贵。此外，在 D 的居住国仙甸的法院，可能会主张全部权利并在所有的侵权活动中作出对 P 有利的判决，而帕特利亚的法院可能认为主张权利过度并拒绝承认关闭服务器的判决。最后分析，P 可能得到不完整的赔偿。⑨

（2）有关国家可能对反向工程和使用其成果是否属于侵权行为持不同意见。如果是这样，多重诉讼可能导致不同的结果；最后，阻止不了 D 定居在某国，在那里他的行为不被视为侵权，也不清楚 P 要求 D 采取什么样的措施禁止从某地的访问，在那里产品及其使用被视为侵权。⑩

（3）因为软件在远离放置服务器的地方被使用，这个案件的"分割"情况可能导致特殊麻烦。一国的专利法如何被解释以及专利权如何被诉求方面有着重要区别。如果一些国家的法律未能认为通过仙甸服务器发生的使用是侵权活动，仙甸专利法不涵盖国外发明的业务，一些使用将逃避责任。⑪

---

⑨ *Pavlovich v. Superior Court*, 58 P. 3d 2（Cal. 2002）（insufficient evidence of contact with the forum to exercise authority over out－of－state website operator in a trade－secret case）；*Young v. New Haven Advocate*, 315 F. 3d 256, 264（4th Cir. 2002）（refusing to exercise jurisdiction in Virginia over a Connecticut defendant who allegedly posted defamatory material because there was no 'manifest intent' to target a Virginia audience）. *Cf. Dow Jones & Co. Inc. v. Gutnick*（2002）210 C. L. R. 575（Austl.）（limiting jurisdiction over Internet libel action to reputational harm in Victoria, Australia）；*Yahoo! Inc. v. La Ligue Contre Le Racisme et L'Antisemitisme*, 433 F. 3d 1199, 1209（9th Cir. 2006）（en banc）（objecting to French decision impinging on U. S. Internet site）.

⑩ *Cf. Twentieth Century Fox Film Corp. v. iCraveTV*, 53 U. S. P. Q. 2d 1831（W. D. Pa. 2000）（right to rebroadcast sports games over the Internet potentially handled differently in Canada and the United States）.

⑪ *Cf. NTP, Inc. v. Research in Motion, Ltd.*, 418 F. 3d 1282（Fed. Cir. 2005）（patent practiced by Americans, using a server in Canada）. The term 'divided claims' comes from Lemley, Mark A., David O'Brien, Ryan M. Kent, Ashok Ramani and Robert Van Nest（2005）, 'Divided Infringement Claims', *American Intellectual Property Law Association Quarterly Journal*, 33, 255.

乍一看，D 可能会欢迎挑选法院的结果（将他的服务器安放在可以让他逃避侵权起诉的地方），或是让他避免赔偿所有侵权的后果。但是，进一步思考后他会发现，地域执法可能会给他这样的技术消费者制造比给 P 这样的技术生产者更多的麻烦。在情况（2）中，D 可能不知道当他在开发自己的产品时哪个法律将适用于他的努力。因此，他（和投资者）很难量化业务风险。其他潜在的情况也能证明问题：

（4）D 活动范围内的地方可能在如何计算损害赔偿方面不一致。帕特利亚法可能认为在国外提供编程服务（或甚至提供销售到国外）违反其法律并在世界范围内计算损失（甚至是全球的适用性）；仙甸可能同样认为 D 的活动引起全球责任。此外，每个发生使用行为的国家可能根据当地的使用情况判给损害赔偿。除非每个判决都被所有的相关法院承认，D 可能最终为同一行为多次赔偿。⑫

（5）P 可使用专利法的地域战略。地域原则是指一个国家关于专利侵权不成立（或无效）的判决不能在其他国家排除诉讼。P 将因此多次诉讼。连续诉讼可能导致 D 疲惫到必须放弃其合法活动，因为他已经支付不起辩护成本。⑬

地域方法也必须让步于公共利益。多重诉讼占用了大量司法资源。全球诉讼的高成本会降低专利保护和改革的价值。同时，在多个法庭被诉讼的风险可能造成进入障碍，尤其是对现金匮乏的企业。此外，潜在的多重赔偿可能改变技术专利奖励的分配，歪曲发明动机和鼓励"钓鱼"，即某些人出于诉讼获利的目的而购买专利。这种风险成功地迫使 D 放弃合法的研究和开发活动，使公共领域出现不必要的枯竭。

本章考虑了当事人作出各种尝试，利用传统法律以减少不同地域专

---

⑫　*Cf. Society of Composers, Authors & Music Publishers of Canada v. Canadian Ass'n of Internet Providers*，［2004］2 S. C. R. 427，¶78（Can.）（noting that the decision to find jurisdiction over an Internet service provider 'raises the spectre of imposition of copyright duties on a single telecommunication in both the State of transmission and the State of reception'）. The problem presented in this scenario is a general problem and can also arise as an alternative outcome in divided infringement cases as exemplified by Scenario（3）.

⑬　*Cf. Computer Associates Intern. , Inc. v. Altai, Inc.*，126 F. 3d 365（2d Cir. 1997）（successive suits in the United States and France over theft of trade secrets）. There is anecdotal evidence that patent holders also choose *where* to sue strategically, starting with a big market, where a win may be enough to shut D down worldwide. If that suit is a loser, P then sues in the next biggest market, and so forth.

利法造成的问题——当地法律的域外适用、内外赔偿的法条和私人协议。迄今为止，法院和立法机构对这些尝试的回应是无动于衷的。但是，目前这种零散的争端解决方法不可能保持不变。这不仅是因为企业的经营方式不允许，而且还与 WTO 关于全球化的市场中知识商品自由流动的承诺相违背。本章的结尾提出了国家机构可利用的替代机制——深入协调和关于跨国诉讼和判决承认合作的框架程序的协议。

二、当事人介入方式：传统做法的利用

（一）本地法的域外适用

并非只是创造性的社会认识不到地域执法与全球利用不一致。[⑭] 美国的情况是一个很好的例子。争议如情况（1）~（3）说明的，存在着赔偿不能覆盖所有保护内容的风险，而侵权活动也无法被有效地禁止，这激发了美国专利持有人对美国的法律的依赖，他们认为侵权应被解释为包括外国行为在内，并且侵权的赔偿应将国外的使用也计算在内。

NTP, Inc. v. Research in Motion, Ltd 案[⑮]就是前一种方法的例子。在这个侵权案件中（情况（3）），黑莓设备在美国使用，但信息通过位于加拿大的中转站传递。NTP 公司起诉，认为它有一个美国黑莓系统的专利及其运作方法在黑莓设备使用时被侵权了。联邦巡回上诉法院（The Federal Circuit）发现，一些权利要素未在国外使用的话，其主张的方法不能被认为是侵权。然而，它也认为，尽管信息在加拿大传递，但黑莓设备的使用集中在美国，因此，主张的系统被"使用"在联邦专利法（the federal Patent Act）§271（a）的含义范围内。[⑯]

联邦巡回上诉法院曾考虑后者的方法。在 *Eolas Technologies Inc. v. Microsoft Corp.* [⑰] 和 *AT&T Corp.* [⑱] *v. Microsoft Corp.* 案中，软件未经授权即

---

⑭　International Association for the Protection of Intellectual Property, Resolution, Question Q174 – Jurisdiction and Applicable Law in the Case of Crossborder Infringement of Intellectual Property Rights (Oct. 25 – 8, 2003), *available at* http://www. aippi. org/reports/resolutions/Q174_ E. pdf; Clermont, Kevin M. (2004), 'A Global Law of Jurisdiction and Judgments: Views from The United States and Japan', *Cornell International Law Journal*, 37, 1, 20.

⑮　418 F. 3d 1282 (Fed. Cir. 2005).

⑯　35 U. S. C. § 271 (a) ('[W] hoever without authority... uses... any patented invention, within the United States, ... infringes the patent').

⑰　399 F. 3d 1325 (Fed. Cir. 2005).

⑱　414 F. 3d 1366 (Fed. Cir. 2005).

被从美国传输到别国并被下载到电脑中，之后在国际市场销售。完全按照"根复制"或"一样行为"做法，率先在联邦版权案件如 *Update Art, Inc. v. Modiin Publ'g, Ltd.* 案⑲，联邦巡回上诉法院认为基于美国的行为，如从美国发送到境外的一个软件的单独拷贝，构成了一个"零部件"的"供应"，在专利法（the Patent Act）⑳ §271（f）的含义范围内。它进一步认为，赔偿应当以在国外的总人数下载为基础计算。㉑

　　然而，这种做法是否将会提供一个多重地域侵权问题的通用解决方案并不清楚。美国最高法院推翻了 *AT&T* 案的判决，虽然是基于不清晰的意见。㉒ 因此，强有力的结论是这个判决的说服力非常有限。法院在所谓"成分"的"供应"上费了很大工夫。要注意 §271（f）特别针对具体情况，*Deepsouth Packing Co. v. Laitram Corp.* 案㉓认为供应的意义应限定在与此案例有关的情况。在 *Deepsouth* 案中，每个来自美国的组件都是在美国制造的。因此，法院认为，在国外（通过下载）制作包装的软件不受该法令保护。

　　由于 §271（f）条款并未明确表述在 *NTP* 案和 *Modiin* 案中的判决，所以判决并未明确地受到 *AT&T* 案的判决影响。此外，法院明确指出，国会可以随时修改专利法以扩大其影响范围。㉔ 不过，*AT&T* 案表明这个决定的影响力比它看起来要大。法院强调，美国专利不受外国活动的侵害，

---

　　⑲　843 F. 2d 67（2d Cir. 1988）. *Sheldon v. Metro – Goldwyn Pictures*, *Corp.*, 106 F. 2d 45（2d Cir. 1939）, *aff 'd*, 309 U. S. 390（1940）.

　　⑳　35 U. S. C. §271（f）（'Whoever without authority supplies ... from the United States ... components ... in such manner as to actively induce the combination of such components outside of the U-nited States ... shall be liable as an infringer'）.

　　㉑　*Stac Elecs. v. Microsoft Corp.*, Civil No. 93 – 0413 – ER（Bx）（C. D. Cal. Feb. 23, 1994）; Judge Orders Microsoft Recall, S. F. Examiner, June 11, 1994, at D2（as discussed in Thomas, John R. （1996）, 'Litigation Beyond the Technological Frontier: Comparative Approaches to Multinational Patent Enforcement', *Law & Policy International Business*, 27, 277, 279, the court ordered an extraterritorial injunction based on a finding that a single national patent was infringed; the case settled without review）.

　　㉒　127 S. Ct. 1746（2007）.

　　㉓　406 U. S. 518（1972）. In that case, the parts of a patented machine were made in the United States and assembled into kits. The kits were sold abroad with assembly instructions. Although foreign buyers were able to easily recreate the patented invention, the Court held that U. S. law was not infringed by the activity.

　　㉔　127 S. Ct. at 1760.

除非国会明确地授予其域外法权㉕——具体实例见法规标准解释："其指
导国会立法，除非表示了相反意图，仅适用于美国领土范围内。"㉖ 就像
在 *F. Hoffmann – La Roche Ltd. v. Empagran* 案中法院说明的，缩小了反垄
断法范围的域外效力，一个适当的解释反映了国际法的惯例和帮助调和
有潜在冲突的不同国家的法律㉗。因为 *NTP* 案和 *Modiin* 案都不享有特殊
的域外法权，*AT&T* 案可能有效地否决了它们。

更重要的是，国会考虑修改这些法律使其意图明确，它肯定会发现，
域外法权的做法并非没有问题。*AT&T* 案和 *Empagran* 案强烈地暗示了更
深层次的局限性。情况（4）说明了其中一个问题：A 国在他国领土上应
用 A 国法律时无法排除 B 国针对同一行为应用 B 国法律。如果加拿大认
为中继站的使用侵犯其相关法律，或是被在其境内下载微软软件的国家
认为该行为侵犯了该国法律的话，那么此类行为可能面临双重惩罚，这
取决于美国判决的赔偿是否可以抵消上述惩罚。因此，尽管美国国会可
能在立法方面驳回 *AT&T* 案以帮助 AT&T 这类美国的原告，它还必须评估
该行为对微软这类美国的被告的损害。如果 *Empagran* 案法院关于"立法
者制定美国法律时考虑到其他国家的主权合法利益"㉘ 是正确的，国会可
能会考虑这些主权利益的表达会使被告面临多重赔偿的风险。

更棘手的问题是指令性权威。在某种意义上，所有这些案件的判决
都是基于 *Steele v. Bulova Watch* 案㉙，这是现代第一个最高法院作出的对知
识产权法的域外适用判例。在上面的案例中，美国的 Steele 公司，在墨西
哥制造和出售名为"宝路华"的手表——该商标由美国 Bulova Watch 公
司在美国注册。Bulova Watch 公司发现，一些美国消费者混淆了美国和墨
西哥的"宝路华"手表，就在得克萨斯州和墨西哥起诉 Steele 公司商标
侵权。最初，在墨西哥的起诉完全没有成果，因为 Steele 公司在墨西哥注
册了宝路华手表品牌。然而，Bulova Watch 公司在美国的诉讼成果要好得

㉕　127 S. Ct. at 1750.

㉖　*Blackmer v. United States*, 284 U. S. 421, 437 (1932).

㉗　542 U. S. 155, 164 –5 (2004).

㉘　542 U. S. at 164.

㉙　344 U. S. 280 (1952). Austin, Graeme W. (2006), 'The Story of *Steele v. Bulova*: Trade-
marks on the Line', in Jane C. Ginsburg and Rochelle Cooper Dreyfuss (eds), *Intellectual Property Sto-
ries*, New York: Foundation Press, p. 395.

多：美国最高法院引用了国会有关国际商务的指令性规范和旨在保护美国商标持有人免受外国活动波及美国领土的兰哈姆㉚（商标）法（the federal Lanham（Trademark）Act）。㉛ 因此，该案被判 Bulova Watch 公司获得赔偿。

　　然而 Bulova 案与 Microsoft 案类似，Modiin 愿意帮助美国商标持有人保护其市场，它明显地不同于这些案件中美国和争端实体之间的接触。在 Bulova 案中，法院仔细注意了 Steele 公司与美国相关的活动——在美国购买零部件，少数手表越过了边境进入美国和（这或许是最重要的）对美国市场造成的名誉伤害。类似的关系可以在 NTP 案辨别出。根据联邦巡回上诉法院：

> 　　在美国的公司的客户控制原始信息的传输，也受益于这种信息交流。因此，中继的位置在加拿大，作为一个法律问题，在该案中并未排除侵权的索赔主张。㉜

　　但在 Microsoft 案没有发现同样的关系。在 Bulova 案中，双方都是美国公司。然而，侵权行为是满足**国外**对美国专利持有人的产品的需求，而不是**国内**需求。这种情况与境外活动有利于美国国内商业气候完全不同。与版权法应用 Modiin 案相同，㉝ 下级法院在商标案件中注重于 Bulova 案应用于美国影响力同样单薄的地区。㉞ 国会可能同样关注。

　　更困难的是礼让问题。在 AT&T 案中，最高法院对专利法作出了如下简洁解释：

> 　　国外行为［一般］采用外国法律，特别是该领域范围内的外国法"可以针对发明家、竞争对手，以及公众专利发明的相对关系作

㉚　15 U. S. C. §§ 1051 – 1141n. .

㉛　344 U. S. at 286.

㉜　NTP, 418 F. 3d. at 1317.

㉝　McBee v. Delica Co., 417 F. 3d 107, 117 – 21（1st Cir. 2005）; Nintendo of Am. v. Aeropower Co., 34 F. 3d 246, 251（4th Cir. 1994）; Wells Fargo & Co. v. Wells Fargo Express Co., 556 F. 2d 406, 428 – 9（9th Cir. 1977）.

㉞　Los Angeles News Service v. Reuters Television Int'l. （USA）Ltd., 340 F. 3d 926（9th Cir. 2003）.

出不同的政策判断"。㉟

　　触犯另一个国家主权的问题在 *Bulova* 案中不存在，因为最高法院考虑该案例时，墨西哥决定因 Steele 公司的不诚实而注销其商标注册。如果不是这样的话——当被告持有其他国家市场有效的商标——法院在商标案件中倾向于谨慎而为。㊱ 在对待版权利益冲突的案例时，法院采用相似的行为。㊲

　　但正如 *AT&T* 案显示的，对专利案件来说主权冲突是最主要的潜在威胁。驰名商标最有可能成为在域外适用享有国际法高度保护的商标法的对象。㊳ 在国际版权法中规定，版权自动产生。㊴ 因此，一个作品（版权）在一个国家被保护同样意味着几乎在所有伯尔尼（Berne）（和WTO）国家被保护。㊵ 相比之下，国际专利法律并不完全协调。事实上，整个专利性类别的研究都有分歧。TRIPS 仅限于技术的"工业应用"。此外，该协议允许 WTO 成员排除动物、治疗及手术方法、提高道德或公共秩序的发明。㊶ 以软件为例：在一些国家，软件不被视为创造的技术成果而要求专利保护；㊷ 有些国家甚至认为，开放源代码的发展比对软件进行

㉟　*AT&T*, 127 S. Ct. at 1758（quoting Brief for United States as Amicus Curiae at 28）.

㊱　Vanity Fair Mills, Inc. v. T. Eaton Co. , 234 F. 2d 633, 647（2d Cir. 1965）.

㊲　*Los Angeles News Service*, 340 F. 3d at 931 − 2. Scenario（2）, transposed to a copyright case, illustrates a conflict that could arise in the copyright context.

㊳　TRIPS Agreement, art. 2, incorporating Paris Convention for the Protection of Industrial Property, Mar. 20, 1883, revised in Stockholm, July 14, 1967, 21 U. S. T. 1583, 828 U. N. T. S. 305, art. 6bis.

㊴　Berne Convention for the Protection of Literary and Artistic Works, Sept. 9, 1886, revised in Paris, July 24, 1971, 25 U. S. T. 1341, 828 U. N. T. S. 221［hereinafter Berne Convention］, art. 5（2）.

㊵　The TRIPS Agreement largely incorporates the Berne Convention, TRIPS Agreement art. 9（1）. There are a few exceptions to the universality of copyright protection because Berne sets only a floor on such matters as the duration of protection.

㊶　TRIPS Agreement, art. 27.

㊷　Convention on the Grant of European Patents, Oct. 5, 1973, 1065 U. N. T. S. 199, arts. 52 − 3; Panagiotidou, E. （2003）, 'The Patentability of Computer Programs, According to the Commission's New Proposal for a Directive and to EPO Boards of Appeal Decisions', *Computer & Telecommunication Law Review*, 9, 126. Other differences include the protectability of higher life forms, which are excluded in Canada, *Harvard College v. Canada（Commissioner of Patents）*, ［2002］4 S. C. R. 45（Can. 2002）and 'second use' pharmaceutical inventions, which are not protectable in India, Choudhary, D. N. （2006）, 'Evolution of Patent laws "Developing Countries' Perspective"', p. 134.

专利保护更有利于驱动创新。对美国专利法的域外运用，像对美国本土外的软件分享（如 *Microsoft* 案）或发生在加拿大的部分使用（如 *NTP* 案）运用美国专利法，都将妨碍这些决定。美国专利法在健康和安全领域的域外应用将引起更强烈的国际（和人权）关注。[43]

鉴于上述考虑，国会可能避免改变 *AT&T* 案件判决：它也许认为其缺乏广泛扩大美国的法律所及之处的权力，或这种膨胀是不明智的。如果国会不采取行动，那么法律的域外应用将是有限的。它可能在个别侵权案中有效（即使是在这一点上，一种强烈的观点认为更好的办法是要求专利权人主张索赔以便于将侵权行为集中到单一的领域中）。

然而，在故意侵犯多个国家权利的典型案例中，域外方法在美国也行不通。正如以下所说的，[44] 其他国家似乎有更强大的领土地域意识，使诉讼人在其他地方采用该做法同样不可能。

（二）合并全球索赔

正如杰伊·托马斯（Jay Thomas）在十多年前写的一篇有预见性的文章中所描述的，诉讼当事人用来应付属地保护和国际范围的开发之间的脱节的另一个流行战略是建立一个单一的跨国索赔法院。[45] 回到介绍部分的假设中，P 可以根据 D 的每个软件托管地和访问地的法律起诉 D 和主张索赔。

作为原告，这种做法能节约相当大的成本。它消除了情况（1）的问题：因被告在居住地仙甸被起诉，该地对他拥有完全的个人管辖权。因为法院可以作出综合判断，情况（2）说明的问题就不存在了。情况（3）说明的分别索赔问题非常新，国家专利制度还没有完全解决它。合并索赔也不能解决所有问题，但与一堆法院考虑零碎索赔相比，在整个纠纷

---

[43]　Arguably, cases involving litigants from a single country always create sufficient contact with that country to support its prescriptive authority. However, intellectual property rights impact heavily on the local availability of intellectual products. Accordingly, the interests of the nation where utilization is occurring can be as strong as that of the nation where the litigants are resident. Since the United States is a large producer of intellectual products, foreign sovereigns may have an especially strong concern about extraterritorial application of its law.

[44]　See text at notes 89 – 92.

[45]　Thomas, John R. (1996), ' Litigation Beyond the Technological Frontier: Comparative Approaches to Multinational Patent Enforcement', *Law & Policy International Business*, 27, 277.

中拥有权威的单一法院有更好的地位去寻求公正的解决。⑯

　　合并索赔同样有益于被告。一旦所有国家的索赔一起提交，情况（4）展示的过度负债前景减少了，因为合并审理案件的法院不大可能使一案多重赔偿。情况（5）的问题也可以被消灭：如果原告没能持有所有国家的专利，被告就可以在任何被遗漏处反诉无责任。将所有潜在的索赔问题合并，被告可以实现在单一的审判中实现世界秩序和谐。

　　这一战略也符合公众利益。它节省了司法资源：虽然处理合并诉讼的法院仍将面对一个艰巨的任务，但其他法院将节省时间和金钱。多个法官将免去学习复杂技术问题的重担，而且永远不需要面对调和矛盾判决的问题。合并诉讼将对主权利益造成的伤害减到最低。诚然，一个国家的法律有时会被其他国家法院引用。然而，这种做法在其他情况下通用——在侵权行为和合同等领域的法律问题上确实有大量的存在。⑰需要特殊注意的是，仔细考量法律冲突，容许主权国家管理其领土上的或与其国家利益密切相关的活动。当然，在他国法庭采用本国法律对本国国家主权利益的损害要小于在本国境内采用他国法律。事实上，形成一个有效的方法处理跨国侵权，立法机关可能不再有突破其规范内的权力限度的欲望。即使总体负担的诉讼可能会减少，随着当事人对合并诉讼案件的结果变得熟悉，他们将学会准确地确定用什么法律来规范其行为。

　　鉴于合并诉讼的诸多优点，毫不奇怪这一战略已经多次在美国和其他地方应用。⑱美国联邦法院特别倾向于使用该做法，因为他们喜欢成为相当广泛的权威主体。如果被告是美国的但原告不是（或当事人居住在

---

⑯　*Cf.* Dinwoodie, Graeme B. (2000), 'A New Copyright Order: Why National Courts Should Create Global Norms', *University of Pennsylvania Law Review*, 149, 469 (suggesting that adjudication has an important role to play in answering open questions of international intellectual property law).

⑰　Eechoud, Mireille M. M. van (2003), *Choice of Law in Copyright and Related Rights: Alternatives to the Lex Protectionis*, New York: Kluwer Law International, pp. 15–46 (tracing the development of conflicts rules).

⑱　In addition to the cases presented here on U. S. and EU adjudication, Nagasawa, Yukio (Jan. 2007), 'Settlement Conferences at Japanese Courts', *Association Internationale Pour la Protection de la Propriété Industrielle Journal*, 3 (describing the Wakai judicial settlement procedure, which creates a mechanism to judicially mediate settlement of multiterritorial patent claims).

不同的州），那么他们之间的所有主张都属于联邦法院的"多样性"管辖权。[49] 美国法院拥有自由裁量权以符合不方便法院原则的理由驳回案件，[50] 但在美国法律下的争议包括索赔往往不被驳回。

联邦法院对美国专利法下产生的所有案例拥有"联邦问题"的管辖权，不管当事人居住何处。[51] 一旦法院受理了一项联邦专利诉求，它有权自行决定接受补充管辖范围内的所有索赔，这是基于宪法学意义里的"组成部分相同的或相反的案件"。[52] 对原告的平行（或对等）专利（专利诉求相同，特别是当他们出现了相同的专利（PCT）申请）相关指控应该属于这一概念。对补充性管辖权的规定也支持反诉，并可被解读为包括被告的任何主张所涉及任何一方的外国专利，只要它们涉及相同的争议。[53]

事实证明，地区法院接受这种做法。[54] 然而，联邦巡回上诉法院则不接受。第一个是 *Mars，Inc. v. kabushiki‐kaisha Nippon Conlux* 案[55]，然后是十几年后的 *Voda v. Cordis Corp* 案[56]，它拒绝允许对外国专利申请行使补充管辖权。在 *Mars* 案中，原告根据美国和日本的专利主张权利，在两国都涉及相同的技术。虽然法院承认"某些设备被指控侵犯日本专利可能类似于……的装置（在美国销售）"，[57] 实质的差异是：在该案件的美国部分，所有的涉嫌侵权要求索赔；日本部分涉及设备索赔。美国部分涉及单一的设备；日本部分涉及 9 个设备。不同侵权行为在该案例的两个部分被指控，诱导侵权索赔仅在美国的部分被指控。对法院来说，这些差

---

[49]　28 U.S.C. § 1332.

[50]　Cf. Piper Aircraft Co. v. Reyno, 454 U.S. 235（1981）.

[51]　28 U.S.C. § 1338.

[52]　28 U.S.C. § 1367（a）. The court's discretionary authority is delineated in § 1367（c）. U.S. Const. Art. III, § 2 extends the judicial power to 'Cases' and 'Controversies'.

[53]　*Ideal Instruments，Inc. v. Rivard Instruments，Inc.*，434 F. Supp. 2d 598, 631 - 2（N. D. Iowa 2006）（drawing distinctions among various fact patterns）.

[54]　*Ortman v. Stanray Corp.*，371 F. 3d 154（7th Cir. 1967）and *Distillers Co. v. Standard Oil Co.*，150 U. S. P. Q. 42（N. D. Ohio 1964）. Cf. *Boosey & Hawkes Music Publishers，Ltd. v. Walt Disney Co.*，145 F. 3d 481（2d Cir. 1998）（ordering district court to entertain a consolidated case involving 18 national copyrights）.

[55]　24 F. 3d 1368（Fed. Cir. 1994）.

[56]　476 F. 3d 887（Fed. Cir. 2007）.

[57]　24 F. 3d at 1375.

异意味着这些索赔不是同一宪法案例的不同部分。

在 *Voda* 案中，原告最初索赔三项美国专利，然后提出修订，要求补充英国、加拿大、法国、德国专利的索赔，所有这些都基于一个单一的专利申请——在欧洲专利情况下，根据 EPC 统一检查。[58] 地方法院同意了这种修订，被告提出了上诉。联邦巡回上诉法院推翻了地方法院的决定。虽然法院承认"这些比 *Mars* 案显示了更多的相关性（在专利申请索赔方面）",[59] 它仍暗示，外国和国内的情况并不充分相关。它建议"案件或争议"的决定取决于：（1）是否索赔源自一个"有效力的事实的共同核心"；和（2）是否原告将"通常预期要求"试图在一个单一的司法程序下索赔。鉴于"原则是审理专利索赔应由创造专利的辖区内法院进行"，该案并不能满足第二条原则。[60]

然而，法院并不是基于此推翻地方法院的决定的。相反，它认为接受案件的审理是滥用审判法院的自由裁量权。它认为法院受《巴黎公约》和 TRIPS 限制，并根据《巴黎公约》第 4 条之二的"关于独立国家专利"，巴黎公约的第 2 条第 3 款"保留成员国的《司法程序》事项"和 TRIPS 第 41 条"要求每个成员强制执行 TRIPS 划定的权利"，一个国家的法院不允许裁决他国专利权。

接着，联邦巡回上诉法院考虑了国际关系。注意到没有一个外国政府表示愿意让一个美国法院对其专利诉讼行使管辖权，法院指出缺乏对主张补充管辖权方便性的肯定性意见，受理该案意味着，其他国家的法院将不在保护原告权利方面做足够的工作。根据 19 世纪以来的案例与土地使用权作比较，发现专利申请有地域性，这意味着它们只能由违规行为发生地的法院裁决。例如 *Empagran* 案，显示专利案件的复杂性使涉外专利案件的判决更像干涉其他国家的主权。

最后，法院考虑了经济、方便和公平的问题。它指出，地区法院对外索赔的努力将消耗司法资源，陪审团会困惑，而且当事人将背负大量支出——并且这些都无法保证由此产生的判决被执行。它认为"国家行

---

[58] Curiously, diversity jurisdiction was not alleged even though the parties werefrom different U. S. states.

[59] 476 F. 3d at 895.

[60] 476 F. 3d at 897.

为"原则禁止美国法院调查外国专利的有效性，法院认为涉及专利案件作出的侵权判决是不公平的，是无效的，但这无法证明。

有些令人惊讶的是，在欧洲联盟情况有点不同。在那里，合并诉讼的诉求已被证明特别强大，因为欧盟条约承诺商品自由流动，这意味着跨国专利案件比较常见。[61] 荷兰法院作出了著名的属地法律和泛欧性质的商业利益之间的判决，德国的法院亦如法炮制。[62]

这些国家作出了两项重要的程序改动。首先，它们删除了妨碍合并诉讼的布鲁塞尔条例（Brussels Regulation）第 22 条第（4）款（或者更准确地，在案件受理时实际实行原有条款[63]）。这一规定保留了国家专利注册有效性的管辖权，被解释为仅适用于诉讼的**唯一**对象失效时。法院采取了各种情况下其他诉讼出现的有效性问题（"附带地"）。一般来说，它们主张管辖权只发出临时命令（包括跨境禁令），而保留最终判决直到适当的法院处理有效性问题；或者它们判决整个案件，但只对直接当事方施以有限的有效性决定影响。

其次，法院利用布鲁塞尔条例第 6 条第（1）款（或者更准确地说，其前身[64]），该款允许一个欧洲居民成为被告一方的一员，起诉的法院可以是"在被告的任何一人居住的任何一个地方的"。根据案件解释条款（和明确的现行条例措辞），索赔必须紧密相连，合并诉讼避免了单独诉讼导致对立判决结果的风险。法院认为平行专利的矛盾决定符合这一要求，法院允许合并诉讼的所有各方提起相关的企业侵权。[65]

然而，正是在美国，这种做法被高等法院限制了——这些案件是欧洲法院（ECJ）作出的。在 *Gesellschaft für Antriebstechnik mbH & Co KG*

⑥1　Treaty Establishing the European Community, Feb. 7, 1992, [1992] 1 C. M. L. R. 573, (Incorporating changes made by the Treaty on European Union, Feb. 7, 1992, O. J. C 224/1 (1992), [1992] 1 C. M. L. R. 719, 31 I. L. M. 247, arts. 9 – 11.

⑥2　For a description of these cases, Thomas, John R. (1996), 'Litigation Beyond the Technological Frontier: Comparative Approaches to Multinational Patent Enforcement', *Law & Policy International Business*, 27, 277, 279 – 80.

⑥3　Council Regulation (EC) No. 44/2001 of Dec. 22, 2000 on Jurisdiction and the Recognition and Enforcement of Judgments in Civil and Commercial Matters, 2001 O. J. (L 12) 1 [hereinafter Regulation No. 44/2201]. The predecessor provision was art. 16 (4) of the Brussels Convention.

⑥4　This provision was art. 6 of the Brussels Convention.

⑥5　Expandable Grafts P'ship/Boston Scientific, Gerechtshof [Hof] [Court of Appeal], Den Haag, Apr. 23, 1998 (Neth.), reported in (1998) *European Intellectual Property Review*, 20 (8), N132.

v. Lamellen und Kupplungsbau Beteiligungs KG（*GAT v. Luk*）案中，⑥⑥ 判决涉及有关解释第 22 条第（4）款的前身，即专属管辖权的规定。该案件是在德国提起诉讼的，涉及两家德国公司和法国专利权。虽然德国法院认为可以通过处理专利的有效性问题处理附带的侵权问题来裁决纠纷，欧洲法院拒绝允许案件继续。它认为专属管辖权的目标是确保有必要专业知识的仲裁法庭作出的准确裁定的有效性。法院指出有效性问题往往提高其他问题在程序上的出现，并认为如果当事人可以通过承认其案件的条件下决定司法管辖权，则独家权力和可预见性原则将被削弱。此外，如果法院被允许考虑外国专利问题，作出冲突判决的风险将倍增。法院还驳回了限制判决对自身效果的影响的想法，说这样的程序将导致扭曲、破坏平等和均衡。

在第二个案例 *Roche Nederland BV v. Primus* 案中，⑥⑦ 欧洲法院采用了第 6 条第（1）款的前身，即合并条款。在该案中，两个美国人在荷兰对荷兰、美国、比利时、德国、法国、英国、瑞士、奥地利和瑞典公司提起诉讼，声称上述公司都因 EPC 应用侵犯了欧洲专利。虽然这些公司都是一个集团的一部分而且其中一个位于荷兰，欧洲法院仍拒绝使用合并条款。它认为，尽管专利是平行的，可能不同的结果并非"不可调和的"，因为被告不同，其各有相关国家的法律管辖侵权。和联邦上诉巡回法院一样，欧洲法院也怀疑合并诉讼的有效性。它认为对合并审理的更多依赖使各方很难预测他们将在何处被起诉，鼓励原告择地行讼将导致额外费用并出现新的延迟来源。鉴于 *GAT v. Luk* 案，案件涉及外国专利的有效性，不能在任何情况下完全的合并。

在所有这些意见中有很多批评。联邦巡回上诉法院的立场特别难以理解。法院本身在其他案件中已经注意到《巴黎公约》不能自行执行。⑥⑧此外，TRIPS 显然充分考虑了国家实施。⑥⑨ 即使法院依靠的国际规定对 *Voda* 案判决有直接影响，还是很难将它们解释为禁止法院接受外国案件——恰恰相反。国家专利的独立性的规定最好与《巴黎公约》第 4 条

---

⑥⑥　Case C – 4/03，［2006］F. S. R. 45.

⑥⑦　Case C – 593/03，［2007］F. S. R. 5.

⑥⑧　*In re Rath*，402 F. 3d 1207，1209（Fed. Cir. 2005）.

⑥⑨　TRIPS Agreement，art. 1.

联系解读，其使专利申请人可以从申请的最早申请时间算起的一系列申请中选择优先日期。《巴黎公约》第4条之二依靠申请日期的所有专利无效来防止最早的专利失效。⑦ 如果规定有更深的含义，它意味着领土的核心承诺——关于每个国家拥有对其领土范围内事情的独立控制权力的概念。当然，合并国外专利索赔但允许每个国家的法律来规范这些索赔决定的办法，保护了上诉原则——和国际普通利益——优于联邦巡回上诉法院在 *Microsoft* 案中颁布的规则，它将允许美国法律决定外国的行为是否构成侵权。其他如 *Voda* 案的法院依靠的国际规定保障程序的机会以实施专利权。可以说如果更多的法院能够解决纠纷，这一目标会得到最大促进。

　　Mars 案和 *Voda* 案中法院关于补充性管辖权规定的解释有同样的缺陷。其他法院更加宽泛地解释"案件或争议"并对由交易引发的所有索赔延伸了补充管辖权，延及一系列交易事件或基于原始索赔的事件。⑦ 它们的目标是使当事人可以全面解决他们之间的争端（当然，这也是合并诉讼各方的目标）。其他法院权衡预期不是让当事人认识到司法管辖权的原则，而是相当务实地考虑那些被卷入争端的人希望用一种单一的方式解决问题。⑦补充性管辖权将程序上的创新编进法典，旨在解决现代诉讼问题。如果这个条文被解释为从过时的做法、老式的偏见恐惧和过时的类别（如当地相对短暂的诉讼权利）中寻找期望，这个目标将被损害。具有讽刺意味的是，这些决定甚至未对法院关注的经济、便利、公平方面产生积极影响。在许多国际案件中，只有一方居住在初审法院的管辖权范围内和争夺美国的专利。因此多样性的司法管辖权，在任何情况下，

---

⑦ The Madrid Agreement Concerning the International Registration of Marks, Apr. 14, 1891, revised July 14, 1967, 828 U. N. T. S. 389, furnishes a counterexample: under art. 6 (3), trademark registrations made pursuant to that arrangement are dependent for validity on the validity of the first – filed application.

⑦ *Jones v. Ford Motor Credit Co.* , 358 F. 3d 205 (2d Cir. 2004) (holding that courts have supplemental authority over counterclaims that are merely permissive; the case involved a claim of racial discrimination under the Equal Credit Opportunity Act and the counterclaim was for unpaid car loans); *Saglioccolo v. Eagle Ins. Co.* , 112 F. 3d 226, 233 (6th Cir. 1997); *Robert E. Blake Inc. v. Excel Envtl*, 104 F. 3d 1158, 1162 (9th Cir. 1997).

⑦ Friedenthal, Jack H. , Mary Kay Kane and Arthur R. Miller (4th ed. 2005), *Civil Procedure* §§ 2. 12 – 2. 13.

想必都会支持国外专利索赔主张。[73]

欧洲法院的决定同样表现出陈旧观念，即有关各方现在遇到的程序上的困难。当纠纷同时影响几个国家的关系时，比准确地预测纠纷哪个部分将被解决更重要的是，寻找一个有效解决的地点，在那里，不足或过度补偿的风险将降到最低。知识产权学者们指出，欧洲法院似乎都依赖英文的专属管辖权规定草案。草案规定了"程序相关的"专利权的有效性。然而，其他语言的草案支持全国法院作出的"附带的"区别。[74]

Roche 案的法院对于不可调和的判决也令人惊讶。的确，平行专利可以有完全不同的解释。[75] 这个问题——套用一个著名的软件问题——是一个**功能**还是**错误**（这是该系统的打算，还是一个小故障的表现方式？）。在 *Roche* 案中，欧洲专利案件源于一个单一 EPC 文件，在这种情况下，得出不同的结果几乎肯定是错误的。EPC 的目的是协调专利规则，如果有效性取决于诉讼地法院的管辖权，上述目标将被损害。此外（欧洲法院显然忽略了），EPC 的成员国还订立了关于索赔解释的协议。因此，侵权裁决也应该是统一的。[76] 事实上，如果专利法的最终目标是促进社会利益（而不仅仅是富有的专利持有人），那么对平行专利的不同判决从国际的角度来说同样是个错误：不同的规则会阻碍贸易和减缓技术信息的流动。

---

[73] *Baker – Bauman v. Walker*, No. 3：06cv017, 2007 U. S. Dist. LEXIS 23080（S. D. Ohio May 29, 2007）.

[74] European Max – Planck Group for Conflict of Laws in Intellectual Property（CLIP）（Dec. 2006）, Exclusive Jurisdiction and Cross Border IP（Patent）Infringement Suggestions for Amendment of the Brussels I Regulation, *available at* http：//www. ivir. nl/publications/eechoud/CLIP_ Brussels_ ％20I. pdf. In the other official languages of the EC, the provision refers to 'proceedings which have as their object' determinations of validity.

[75] Notorious cases include the Fosamax litigation, *Merck v. Teva* cases in the U. S. and U. K, *Istituto Gentili SpA*, *Merck & Co. Inc. v. Teva Pharm. Indus. Ltd.*, ［2003］F. S. R. 29 498（Patents Court 2003）, *aff'd*［2004］F. S. R. 16 330,［2003］EWCA Civ 1545（Court of Appeals 2003）; *Merck & Co.*, *Inc. v. Teva Pharms. USA*, *Inc.*, 288 F. Supp. 2d 601（D. Del. 2003）, *rev'd*, 395 F. 3d 1364（Fed. Cir. 2005）; and the *Epilady shaver – head litigation*, *Improver Corp. v. Remington Prods. Inc.*, 21 IIC 572（1990）, 24 IIC 838（1993）,［1993］, GRUR Int. 242（F. R. G.）; *Improver Corp. v. Remington Consumer Prods. Ltd.*,［1990］F. S. R. 181（Eng. Ch., 1989）.

[76] Protocol on Interpretation of Article 69 of the Convention, Oct. 5, 1973, 13 I. L. M. 348. Sherman, Brad（1991）, 'Patent Claim Interpretation：The Impact of the Protocol on Interpretation', *The Modern Law Review*, 54（4）, 499.

欧洲法院对裁决当事人之间的扭曲影响的关注也显得夸张。战略性使用连续诉讼（情况（5））对司法的健全的管理至少是令人不安的。在避免扭曲的名义下，这个规定使得情况（2）、（3）和（4）的出现更有可能——但这也很难提供漂亮的图景。值得注意的是，直到1971年，美国（一直有一个统一的专利制度）并没有给法院合法的裁定权。[77] 在此之前，当事人想必发现了如何应付除裁决本身造成的任何扭曲的方法。事实上，经验表明从1971年以来作出的完全判决也有缺点。它鼓励未来的挑战者不采取行动，而是遵从对手的判决以承担挑战代价的合法性。[78]

不过，这些法院的说法有一个不可否认的核心。合并行动涉及复杂的法律问题和复杂的技术产品，将导致接收案件的困难和判案过程的高额费用，特别是在缺乏各国之间的国际协定或一个已建立的如何进行的程序框架情况下。选择合适的法律对公正裁决至关重要，但由于长期存在的地域传统，对知识产权法选择的法律规则基本上没有开发。在没有各方同意的管辖权事先协议的基础上，在国际诉讼中执行外国判决通常引发的棘手问题会在合并案件中特别呈现。

如欧洲法院提出的，不准确是一个特别棘手的问题。当一个管辖权法院适用另一个国家的法律时，通常的上诉程序不足以保护各方当事人的合法权益。当事人的上诉应在上诉法院的管辖权案件受理范围内，但是法院缺乏专业知识来确定初审法院是否正确地适用了外国法律。本国的法院采用本国法律判决时有机会审查判决的执行情况，但允许法院考量判决的准确性造成了新的延迟并违反了一直以来不对已经判决案件进行重诉的法律原则。[79]

最后，是判决有效性问题。证明这些判决并非侵害主权利益的强有力的论据是，专利审查和注册是内阁部长的行为而非"国家行为"。但这也不能保证，每个国家（和每个执行法院）都将同意这一立场。此外，

---

[77] *Blonder – Tongue Labs.*, *Inc. v. Univ. of Ill. Found.*, 402 U. S. 313（1971）（abolishing mutuality of estoppel in patent cases）.

[78] Hemphill, Scott（2006），'Paying for Delay：Pharmaceutical Patent Settlement as a Regulatory Design Problem'，*New York University Law Review*，81，1553，1605（noting the need to create a bounty to induce challenge of pharmaceutical patents）.

[79] *Fauntleroy v. Lum*，210 U. S. 230（1908）（a judgment cannot be impeached on the ground that it was based on a mistake of law）；Regulation No. 44/2201，art. 36.

撤销或者注销登记显然超出了外国法庭的控制范围。

换种方式表示，是一个"鸡和蛋"的问题：除非法院受理合并案件，否则方法规则（管辖规则、冲突规则、判决的执行和识别规则）将不会被制定。但是如果没有这样的规则，更高一级的法庭也不愿意勉强处于他们监督下的法院从事这类棘手的案件。

（三）私人协议

正如本文列举的情况，一系列的地域争端解决问题既影响了专利权所有人也影响了信息使用者。因此，这类案件中对立的双方有一个共同的目标：他们都希望争议能尽早解决。在这种情况下，他们可以自己着手解决并达成一个有效的纠纷解决机制。

仲裁是一种替代方式。在情景介绍中例举的域名纠纷中的很多问题就很常见。事实上，在许多登记注册中，仲裁是在域名注册同时的一种契约义务。[80] 因为相对廉价和快速，这种模式一直被推荐解决其他跨国公司知识产权案件。[81] 经过一番争论，专利纠纷的仲裁现在也被国际上广泛接受了，包括根据多个国家法律提出专利诉讼的案例，[82] 并由知名的仲裁机构解决此类问题。[83]

然而从公众利益的角度来看，仲裁还是存在一些严重的缺陷。法院不愿意允许当地法律的域外适用和合并审判的原因是，它们知晓这些判决带来的附带影响，即对创新的促进和确保公众所得；它们知道有关知识产权的决定将影响文化发展和政治话语——在专利法的角度，即健康、安全和科技发展。如果由外国法院作出的判决会危及上述利益，更何况由仲裁机构作出的仲裁。毕竟，由当事人选择仲裁机构，而这种选择往

---

[80] Internet Corporation for Assigned Names and Numbers, Uniform Domain Name Dispute Resolution Policy (1999), available at http: //www. icann. org/udrp/udrppolicy – 24oct99. htm.

[81] Helfer, Laurence R. and Graeme B. Dinwoodie (2001), 'Designing Non – National Systems: The Case of the Uniform Domain Name Dispute Resolution Policy', *William & Mary Law Review*, 43, 141, 237 – 50.

[82] Smith, M. A., M. Couste, T. Hield, R. Jarvis, M. Kochupillai, B. Leon, J. C. Rasser, M. Sakamoto, A. Shaughnessy and J. Branch (2006), 'Arbitration of Patent Infringement and Validity Issues Worldwide', *Harvard Journal Law and Technology*, 19, 299, 326 – 27 (noting that U. S. law specifically permits arbitration of patent disputes, 35 U. S. C. § § 294 (a) & § 135 (d), but that the power of the parties to choose the law applied is unclear).

[83] The American Arbitration Association, Resolution of Patent Disputes Supplementary Rules (2006), *available at* http: //www. adr. org/sp. asp? id = 27417.

往建立在共同的商业利益上和当事人往往会建立利益共享的商业企业，这不利于那些新企业、研究者和广大公众。当特定的技术领域的企业数量低时，仲裁可能会掩蔽分配市场和其他垄断行为。

此外，正如上述讨论强调的，如国际纠纷中体现的法律选择，仲裁对许多案例有不恰当的法律指导。仲裁机构可以解决争议，但他们不是法律制定者：其决定可能是秘密的而他们并不遵循先例。因此，仲裁无助于国际市场需要的法律进展。特别是在早些年应对全球争端的解决时过于依赖这种做法，这不能不说是一个遗憾。⑭

另一种方式是争议各方可以构建自己的解决机制，即一个特定的法庭和法律机构。这种做法在其他类型的诉讼很普遍，当海牙会议达成的关于选择法院的协议的国际私法条约（Hague Conference on Private International Law's Convention on Choice of Court Agreements）全面实施时，至少就选择法院方面可能会变得更加普遍。⑮如果这个普遍做法对专利纠纷是可行的，关于选择法律和法院的条款可能被纳入许可协议；对侵权行为（如其他民事侵权行为），当事人可在纠纷出现后就法院和法律方面达成一致。

但在这里，似乎是至关重要的限制。至于法院选择协议，海牙公约仅涉及了企业之间的协议。虽然这种限制在多国专利案件中不显著，主要在企业中，一个更严重的问题是海牙公约明确排除了大部分专利纠纷。它不包含"除了版权及其相关权利以外的知识产权有效性"⑯的判决和"除了版权及其相关权利以外的知识产权侵害，除非出现违反合同造成的侵权诉讼等有关各方之间的权利，或违反合同可能已经造成"的判决。和侵犯知识产权的其他著作权及相关权利的侵权诉讼，除非是违反合同的有关各方的权利，或可能已违反合同⑰。按理说表面上排除的一些专利

---

⑭　Janicke, Paul M. (2002), ' 'Maybe We Shouldn't Arbitrate': Some Aspects of the Risk/Benefit Calculus of Agreeing to Binding Arbitration of Patent Disputes', *Houston Law Review*, 39, 693, 726. This article also outlines the risks arbitration poses to the parties.

⑮　Hague Conference on Private International Law, Hague Convention on Choice of Court Agreements, June 30, 2005, 44 I. L. M. 1294 [hereinafter Choice of Court Agreements], available at http://www. hcch. net/index_ en. php? act = conventions. text&cid = 98.

⑯　Choice of Court Agreements, art. 2 (2) (n).

⑰　Choice of Court Agreements, art. 2 (2) (o).

问题，可以被"偶然"归类为更广泛的争议——事实上，海牙公约对初步问题的规定考虑到专利问题可能出现在一些其管辖范围的纠纷中。⑧ 然而，如果欧洲法院关于 *Primus* 案和 *Luk* 案的决定是一种迹象的话，这种"偶然"的论点不可能走得太远。

至少在欧洲，对允许当事人在专利纠纷中选择案件适用的法律有相当大的反对意见。正如 *Primus* 案和 *Luk* 案显示的，欧洲法院不愿意让当事人协议选择方法合法化。此外，新条例对非合同义务法律适用（Rome Ⅱ），⑧ 即一般采取当事人自行选取适用法律的规则，⑨ 对知识产权侵权行为不使用该原则，⑨ 提出（如介绍所述）"举世公认的保护地法应当被保留"。⑨ 显然，欧洲坚持这一概念，即知识产权具有领域性，各成员国有权控制领土内的知识产品的生产和利用。⑨

可想而知，美国法院对私人协议更有包容性。*Voda* 案和 *Mars* 案都有一方当事人反对合并。因此，判决不裁定当事人之间的协议是否兑现。在其他情况下，法院一直愿意将知识产权案件当事人的自主权付诸实行，尽管结果影响公众利益。⑨ 值得注意的是，*Voda* 案法院限制了滥用自由裁量权的判决范围，而不是补充性管辖权范围：它已决定补充管辖权的理

---

⑧　Choice of Court Agreements, art. 10 (3).

⑧　Regulation (EC) No. 864/2007 of the European Parliament and of the Council of 11 July 2007 on the Law Applicable to Non‐Contractual Obligations (Rome Ⅱ), available at http：//eur‐lex. europa. eu/LexUriServ/site/en/oj/2007/l_ 199/l_ 19920070731en00400049. pdf.

⑨　Art. 14 (1) ('The parties may agree to submit non‐contractual obligations to the law of their choice：(a) by an agreement entered into after the event giving rise to the damage occurred；or (b) where all the parties are pursuing a commercial activity, also by an agreement freely negotiated before the event giving rise to the damage occurred. ').

⑨　Art. 8 (3) ('The law applicable under this Article [determining the law applicable to intellectual property infringement] may not be derogated from by an agreement pursuant to Article 14. ').

⑨　Recital 26 (italics omitted).

⑨　Interestingly, the Convention on the law applicable to contractual obligations ('Rome Ⅰ'), June 19, 1980, 1980 O. J. (L 266), available at http：//www. rome‐convention. org/instruments/i_ conv_ orig_ en. htm, does not evince this concern and instead applies a general rule of party autonomy, art. 3 (except to consumer transactions, art 5). This Convention predates the recent spate of international intellectual property cases；it remains to be seen whether its revision will retain this view. So far, it has, Proposal for a Regulation of the European Parliament and the Council on the law applicable to contractual obligations (Rome Ⅰ) COM (2005) 650 final (Dec. 15, 2005).

⑨　*ProCD, Inc. v. Zeidenberg*, 86 F. 3d 1447 (7th Cir. 1996) (permitting price discrimination in copyright licenses).

由，当事人之间的协议可能没有任何效果，因为联邦法院的标的管辖权的缺陷不能被搁置。此外，法院有权自主考量问题。[65]

然而，如果没有更多的理由，私人协议被美国法院接受似乎不太可能。*Voda*案判决的要旨（包括广泛的究竟是什么构成了宪法案件的讨论）是，法院不太可能搁置其自由裁量权以维护当事人同意联邦法院裁决的能力。[66] 更重要的是，*Voda*案例隐含许多需要考虑的东西（可执行性、国际情况、资源管理），即使双方当事人就法院和法律达成一致，这些东西仍然存在。联邦巡回上诉法院关于合并案件作出的裁决与欧洲法院完全一致，在欧洲需要考虑的东西在美国也不太可能被忽略。

三、国家介入方式

如前一节表明的，对于解决全球化的技术市场带来的争端，争论者本身可以做的很少。任何试图将有司法管辖权的法律适用于外国的行为都涉及主权问题。当事人不能依靠新型诉讼得到法律接受，因为法院有集体做法问题：它们不能确定合并裁定导致的花费会取得成功，因为它们缺乏命令外国法院和行政机关承认或执行其判决的权力。这些障碍主要有两点。首先，权威性做法解决多种主权问题的唯一途径是在国际层面上——通过国家之间的协议。其次，国家当局有两种选择：实质或程序。它们可以同意采取相同的专利法，或者它们可以商定一种解决全球性纠纷的程序机制。

（一）深入和谐

值得注意的是世界知识产权组织（WIPO）长期以来完全地（"深化"）协作审议中的专利法。[67] 虽然其拟议的实体专利法条约（SPLT）的初始阶段是针对专利问题，如新颖性、非显而易见性和披露，最终目标

---

[65]　Fed. R. Civ. P. 12（h）（3）.

[66]　More likely, the court decided as it did because it had recently been reversed on another case involving an interpretation of 'case or controversy', *MedImmune, Inc. v. Genentech, Inc.*, 127 S. Ct. 764 (2007).

[67]　WIPO Standing Committee on the Law of Patents, (SCP), Draft Substantive Patent Law Treaty (SPLT), 10th Sess., May 10 – 14, 2004, WIPO doc. SCP/10/2 (Sept. 30, 2003); WIPO Standing Committee on the Law of Patents, (SCP), Information on Certain Recent Developments in Relation to the Draft Substantive Patent Law Treaty (SPLT), 10th Sess., May 10 – 14, 2004, WIPO doc. SCP/10/8 (Mar. 17, 2004); WIPO Standing Committee on the Law of Patents, (SCP), Report, 10th Sess., May 10 – 14, 2004, WIPO doc. SCP/10/11 (June 1, 2005).

是统一有关侵权问题的法律或许最终是关于许可问题的法律。

和谐可以解决许多国际争端问题。是否法院采用了超出管辖权的法律，是否合并审理多个案件或采用当事人指定的法律都不重要——不管怎样都会得到相同的结果，而这结果符合有关主权国家的立法决定。情况（3）体现的分割索赔问题就会消失，因为一致的法律可以应付跨越司法管辖区的情况。情况（4）中的风险将减少，因为国家同意协调一致它们的法律，应该也会就如何定位特定侵权行为达成一致。关于无效的判决将不会引发"国家行为"关注，任何一个国家的法律判定专利无效，则专利在任何地方都无效。

和谐还有其他优势：国际活动者更容易作出合法行为——例如 D，就不必担心违反外国法律，因为遵守了本国法律就意味着在全球都合法。在侵权范围之外还有好处。目前，所有权规则的差异使全球注册变得复杂。⑱这些和其他的差异（例如记录传输规则、证券资产）使得目前很难起草全球许可。全球专利机构也将受益。它们可以检查互相的判决或分担对方的工作。⑲

尽管有诸多优点，在可预见的未来，一个真正的全球专利系统是不可能被建立起来的。WIPO 的内部纠纷众所周知，事实上它们被认为是国际知识产权相关的法律制定被转移到 WTO 的主要原因。⑳分歧的原因是显而易见的。适用于发达国家的法律往往对其他国家来说明显不合适。强大的专利迫使发展中国家支付垄断性费用，由于这些国家都不是知识产品的生产者，它们不能从强大的专利中获利以鼓励创新。事实上，除非教育费用的增长保持较低水平，否则这些国家可能支付不起其国民接受良好教育的费用。而同时，发达国家表示出试图消除专利那种破坏创

---

⑱ This is especially true for inventions by employees, Meier, Jürgen, Thure Schubert and Hans – Rainer Jaenichen (2005), 'Employees' Invention Remuneration – Money (F) or Nothing?', *Biotechnology Law Report*, 24, 168.

⑲ Takenaka, Toshiko (2003), 'The Best Patent Practice or Mere Compromise? A Review of the Current Draft of the Substantive Patent Law Treaty and a Proposal for a "First – To – Invent" Exception for Domestic Applicants', *Texas Intellectual Property Law Journal*, 11, 259.

⑳ Dreyfuss, Rochelle (2d ed. 2007), 'Intellectual Property Law and the World Trading System', in Andreas Lowenfeld, *International Economic Law*, New York: Oxford University Press, Ch. 12; Helfer, Laurence R. (2004), 'Regime Shifting: The TRIPS Agreement and New Dynamics of International Intellectual Property Lawmaking', *Yale Journal International Law*, 29, 1.

新激励的机制。同样，它们认为，对于降低价格的行为，专利权人可以要求没收财产权。此外，许多观察家认为这是毫无意义的，即如果只采用一个统一的专利法而不附带治理和司法基础设施对其进行解释和修改。没有这种能力，法律无法被轻易改变以应对新的技术领域。此外，当国家间出现新的差距，法律原则可能只浮于表面。[100]

乍一看，一个地理上更加适度的统一专利法的尝试似乎是可行的。因此，欧洲法院在 Primus 案和 Luk 案中一直不支持合并审判的原因是，它不想削弱采取共同体专利的推动力。[102] 由于货物的自由流动，明显需要一个统一的在欧盟内部运行良好的专利权。其在理论上应该容易建立。欧盟成员国大致来说在技术层面处于同等水平。因为贫穷一些的国家会得到援助，它们同样能够承受较高的专有权费用。它们对涉及的政治问题拥有相似的理念——事实上，它们已经成功地在 EPC 内共同工作。最后，位于国家法院之上的欧洲法院似乎足以保持法律的一致。[103] 然而，共同体专利遇到了大量的政治问题；[104] 它尚未进入被强烈推荐阶段，统一路线不太可能是这类跨国争端问题的最终解决方式。

（二）协调裁决

尽管实质性问题难以解决，但程序上的改革可以提供一个国际争端解决问题的补救措施。如情况（2）表明的，当事人早就知道合并诉讼能使全球裁决更高效，不触犯任何主权并在访问权限和专有利益之间取得适用于其领域范围的平衡。然而同时，试图追随这条路线的当事人却在路线规则前挣扎（个人司法权、司法能力、法律和判决执行的选择）。这些问题可以被相关国际协议克服。如果国家发现双方都能执行对方的判决，联邦巡回上诉法院和欧洲法院花费在复杂案件的资源将有所减少。同样，一旦国家认同国外裁决，就没有必要担心同意国外的索赔会招来

---

[100] Reichman, Jerome H. and Dreyfuss, Rochelle C. (2008), 'Harmonization Without Consensus: Critical Reflections On Drafting A Substantive Patent Law Treaty', *Duke Law* Journal, 57, 85.

[102] For information on the negotiations of the Community Patent, see The European Union Single Market, http://ec.europa.eu/internal_market/indprop/patent/index_en.htm.

[103] As noted below, there is also a proposal on the table to establish European patent courts.

[104] Commission of the European Communities, Communication from the Commission to the European Parliament and the Council, Enhancing the Patent System in Europe, COM (2007) 165 final (3 April 2007), available at http://eurlex.europa.eu/LexUriServ/site/en/com/2007/com2007_0165en01.pdf.

反对或专利权外国无效违反国家政策。

多年来，EPC 成员的工作一直沿着高度程式化的方式进行。拟议中的欧洲专利诉讼协议（EPLA）⑩ 将创建一个新的法院制度，包括审判和上诉法院，审理涉及 EPC 问题的专利纠纷。EPLA 将包括议事规则和案件管理以及实体专利法这些 EPC 未曾涉及的问题。国家法院将享有临时保护措施的并行权力，但最终，案件将被裁决和纠正——包括撤销无效专利——在新的欧洲专利法院⑩。行政委员将负责监督该协议，其修订将由缔约国会议负责。缔约国之间的争端将由国际法院解决。

EPLA 被设想为一个 EPC 缔约国之间的条约。由于 EPC 不是欧盟产物，采用 EPLA 会绕过陷入僵局的共同体专利。因为它涉及的国家相当类似，EPLA 同样避免了在 WIPO 中 SPLT 谈判的分歧困扰。尽管如此，这个建议仍有许多缺点。它在很大程度上依赖于统一的法律，并因此仅对于愿意采取法律制度建议的国家可以解决全球性纠纷。此外，它需要国家割让司法权，这显然已招致欧洲议会和欧洲各国的反对。⑩ 最后，EP-LA 需要建立一套全新的法院。美国专门法院的经验已揭示了其许多潜在的缺陷，包括重复犯错、视野狭隘、偏离主流趋势、无法纠正错误和过分依靠更多社会政策的专门法律。⑩ 没有理由相信 EPLA 成立的法院可以避开这些缺陷。也不能明确地说建立一个特殊的司法体系将节约资源。当事人将被迫分裂裁决案件，同时成员国将需要支持整个一套全新的法院。

一个减少资源过度使用的改革办法是使用现有的法院和法律。在 20 世纪 90 年代，海牙会议在此方向做了尝试。在其提议的关于民事和商事

---

⑩ Working Party on Litigation (Feb. 16, 2004), Draft Agreement on the Establishment of a European Patent Litigation System, www. european – patentoffice. org/epo/epla/pdf/agreement_ draft. pdf.

⑩ In actions where the patent holder is not a party, validity determinations would only be effective inter se.

⑩ Linklaters (2007), 'The European Patent Litigation Agreement: The End of the Line, or a Bump in the Road?', *World Intellectual Property Report*, 21 (3), *available at* http://subscript. bna. com/SAMPLES/wipr. nsf/444869f9ff2a52aa85256d6d0075f734/bab635867d8787978525728f006cf9f3? OpenDocument.

⑩ Dreyfuss, Rochelle Cooper (2004), 'The Federal Circuit: A Continuing Experiment in Specialization', *Case Western Reserve Law Review*, 54, 769; Dreyfuss, Rochelle Cooper (1989), 'The Federal Circuit: A Case Study in Specialized Courts', *New York University Law Review*, 64, 1.

的管辖权和外国判决公约（Convention on Jurisdiction and Foreign Judgments in Civil and Commercial Matters）中，缔约国同意利于判决承认的特定的个人管辖权基础。[109] 这个建议从未被采用，主要是因为许多国家（主要是在欧盟）反对给予原告管辖权的选择。正如欧洲法院在 *Primus* 案和 *Luk* 案中，这些国家青睐能高度预测诉讼所在地点的制度。无论如何，该公约对专利诉讼造成的差别很小。如布鲁塞尔规例（Brussels Regulation），合法性被放在登记国专属管辖权问题中。[110] 同样重要的是，因为该提议从未致力于解决互联网管辖权，它未能提供例如情况（2）这类的管辖解决方案。[111]

海牙会议以上述的选择法院的协议回应了该公约的失败。要注意的是，这也在很大程度上忽视了专利诉讼中存在的问题。然而，一些组织，包括德国的马克思普朗克研究所，[112] 以及日本的一个非正式工作组和美国法律研究所（ALI），[113] 采取海牙模式，正在起草适应知识产权需要的文书。其中美国法律研究所最先开始，法律文件在来自美洲、欧洲、亚洲、非洲，以及远至澳大利亚的专家的帮助下被精心地制定。其知识产权的

---

[109] Hague Conference on Private International Law（Aug. , 2000）, Preliminary Draft Convention on Jurisdiction and Foreign Judgments in Civil and Commercial Matters adopted by the Special Commission and Report by Peter Nygh and Fausto Pocar, Prelim. Doc. No. 11 [hereinafter 2000 Draft Hague Convention], *available at* http：//www. hcch. net/upload/wop/jdgmpd11. pdf. The Convention would have also required members to refuse to enforce judgments predicated on any of a series of specified prohibited bases of jurisdiction.

[110] 2000 Draft Hague Convention, art. 12 （4）.

[111] Dreyfuss, Rochelle Cooper （2001）, 'An Alert to the Intellectual Property Bar： The Hague Judgments Convention', *University of Illinois Law Review*, 2001, 421.

[112] European Max Planck Group for Conflict of Laws in Intellectual Property （2007）, Comments on the European Commission's Proposal for a Regulation on the Law Applicable to Contractual Obligations （'Rome I'）of 15 December 2005 and the European Parliament Committee on Legal Affairs' Draft Report on the Proposal of 22 August 2006, *International Review of Intellectual Property and Competition Law*, 38, 471 and the papers posted at http：//www. conflictoflaws. net/2007/property/clip - paperson - intellectu-al - property - in - brussels - i - and - rome - i - regulations/.

[113] Dreyfuss, Rochelle （2005）, 'The ALI Principles on Transnational Intellectual Property Disputes： Why Invite Conflicts?', *Brooklyn Journal of International Law*, 30, 819; Dreyfuss, Rochelle and Jane Ginsburg （2003）, 'Principles Governing Jurisdiction, Choice of Law and Judgments in Transnational Disputes', 2 Comp. L. Rev. Int'l. , 2, 33; Dreyfuss, Rochelle C. and Jane C. Ginsburg （2002）, 'Draft Convention on Jurisdiction and Recognition of Judgments in Intellectual Property Matters', *Chicago - Kent Law Review*, 77, 1065.

支配管辖权原则（Principles Governing Jurisdiction），法律选择（Choice of Law）和跨国纠纷的判决（Judgments in Transnational Disputes）在 2007 年 3 月被美国法律研究所成员批准并在 2008 年年底公布。⑭ 顾名思义，这个项目采取法律原则的形式而不是公约或法律规则；它的目的是指导法院和当事人在迄今为止阻碍法院的不发达程序条件下得到有效和公正的判决。

因此，该项目没有试图改变有关个人管辖权或资格的国家法律。相反，它确定的管辖权基础，恰恰针对合并跨国索赔与案例。⑮ 理论上，当事人将忙于应对复杂和昂贵的程序，这通常比国内法设想的更需要各方当事人和法院的密切联系。然而，由于总体目标是实现世界秩序和睦，一些法律原则扩大了管辖范围。例如，侵权条款允许原告在任何国家起诉，如果被告在该国已开始大幅行动或进一步涉嫌侵权，允许原告主张所有因被告活动引发的索赔，无论这些损害在何处发生。⑯ 双方当事人从事一致的行动时，也可以在任何一方的定居国起诉。⑰ 该项目同样依靠司法管辖权的关于超过诉讼标的物的权利的国内规定。然而同时，它告诫法院避免使用自由裁量权仅基于依据外国法律的理由驳回索赔。⑱ 在这方面，该法律**原则**提供给当事人很大的法院选择机会，从而增加它们找到可以全面解决全球纠纷的法庭的机会。

当然，扩大管辖权基础造成的可预见性问题困扰了欧洲法院。基于此，该项目认为可预见的担忧来自（至少部分来自）：担忧法庭将采用其本国的法律来解决纠纷，动摇了当事人的期望（情况（2）问题），无视领土承诺。为了解决这个问题，该项目提供法律选择**原则**。⑲ 总体上采用

---

⑭ The American Law Institute, Current Projects – Intellectual Property: Principles Governing Jurisdiction, Choice of Law, and Judgments in Transnational Disputes [hereinafter ALI Project], *available at* http://www.ali.org/index.cfm? fuseaction = projects. proj_ ip&projectid = 1.

⑮ ALI Project, § § 201 – 7. The principles also specify insufficient grounds for the assertion of jurisdiction, § 207.

⑯ ALI Project, § 204 (1). An even looser connection is permissible in cases where the alleged infringer.

⑰ ALI Project, § 206. This provision is modeled on art. 6 of the Brussels Convention (and Regulation), albeit without the ECJ's gloss. In the United States, the constitutionality of such a provision would be based on concepts of 'necessity'. *Mullane v. Central Hanover Bank & Trust Co.*, 339 U. S. 306 (1950).

⑱ ALI Project, § § 211, 212 (2).

⑲ ALI Project, § § 301 – 24.

地域的做法：法院开庭审理案件需要采用注册登记国的法律关于专利权注册的"存在、有效性、持续时间、属性和侵权"。[120] 然而，这些原则一定程度背离了领土地域权而增加了效率目标。当事人可以选择法律做适用的补救。[121] 对于基于已存在关系所产生的作品，是由管理关系的法律来决定的而不是注册国的法律。[122] 侵权无处不在，但法院可以找出一个与纠纷有密切关系的国家（或一些国家），可援用该国（或这些国家）的法律作为一个整体来解决争议。[123] 此外，该法律**原则**合并了公共政策（或"公共秩序"）异议，其允许法院拒绝使用与基本规则冲突的外国法律。[124]

最重要的是为了这些目的，该原则提供了一个框架来协调诉讼并确保判决的执行。法院先处理一个较大的纠纷索赔案，协调机关处理之后提交的任何类似的案件——由"同一交易，发生，或一系列交易或事件"引起。[125] 一方当事人的议案，"协调法院"必须决定是否要合并全球纠纷（例如 *Voda* 案和 *Primus* 案的尝试），或促进那些有悬而未决的全球纠纷的法院之间的合作。如果选择合并路线，协调法庭接着决定行动相关的法院中的哪个法院应当审理整个纠纷。[126] 一旦案件被法院受理，只能在其上诉层次重新审查。然而，上诉法院预计将使用保留和鉴定等程序获得法律来源国家法院的建议。[127] 在合并案件未作判决阶段，法院在相关的行动之前必须中止其诉讼，如果协调和合并法院及时进行，在合并案件的判决给出后驳回这些案件。[128]

该原则要求全盘接受一个判决（在合并的案中）或全部判决（在合

[120] ALI Project, § 301.

[121] ALI Project, § 302.

[122] ALI Project, § § 311 and 315.

[123] ALI Project, § 321. Parties are permitted to rebut the presumption in favor of the most closely connected law.

[124] ALI Project, § 322. Courts may also take mandatory rules into consideration, ALI Project, § 323.

[125] ALI Project, § 221.

[126] ALI Project, § 222.

[127] *Redgrave v. Boston Symphony Orchestra, Inc.*, 855 F. 2d 888 (1st Cir. 1988), where a federal appellate court reviewed a district court decision after it had certified a state law question to the Massachusetts Supreme Judicial Court.

[128] ALI Project, § 223.

作案中）并执行。⑫ 然而，仍有一些例外。交易的有效性问题，这类**原则**给予外国裁决无效的效果只限于当事人之间。⑬ 如果合法性存疑而当事人寻求相互决定，他们的选择是在每个注册国进行操作，然后移入协调法院去做结构化的合理安排。通过这些规定的文件和行动构成在先的做法；同意单一时间采取发明者的证词；他们的纠纷集中体现在同样的被控设备；并同意受一个单一法庭的裁决约束，当事人可以节省资源而无需专业知识、礼让和司法权限等欧洲法院和联邦巡回上诉法庭关注的问题。

法院还拒绝执行和承认违反公共政策或违反正当程序的判决。⑬ 此外，**原则**中管辖权、法律的选择和协调是通过允许法院拒绝承认判决——当管辖权行使不符合该**原则**的裁量权基准时，当采用的法律不符合该**原则**的法律选择规定时，或当作出决定的法院未能遵从协调法院的决定时——来执行的。⑫ 最后，考虑到关注每个主权国家在其领土内指定创新政策的权力，执行法院有权修改特殊条件下的补救措施，如其领土范围内的健康和安全问题。⑬

诚然，美国法律研究所的法律**原则**不比当事人的精简工作更容易被高等法院接受：真正的程序改革需要一个国际协议。然而，这些法律**原则**可以帮助国家当局设想全球纠纷问题的解决方案和促进深化一致。事实上，一旦日本和德国的倡议达成共识，这三个项目将为感兴趣的国家提供一个全面公约谈判的坚实基础。此外，法院发现可以立即使用该项目的特定部分，如互联网活动的管辖规则或选择法律的条款，关于这些领域的法律发展一直很缓慢。它们也能利用合作程序这种基于在其他法律领域成功使用的机制。⑭ 甚至该法律**原则**的部分利用也可以使国际争端解决更有效。即使这些项目的影响只是引发争论，但这也有其重要之处。

---

⑫　ALI Project, § § 401 – 3.

⑬　ALI Project, § § 213（3），413（2）.

⑬　ALI Project, § 403（1）.

⑫　ALI Project, § 403（2）.

⑬　ALI Project, § § 411 – 13.

⑭　Westbrook, Jay Lawrence（2003），'International Judicial Negotiation', Texas International Law Journal, 38, 567.

四、结　论

科技和社会的发展已经改变了知识产品的分配和使用方式。因为专利发明通常体现在有形产品上，专利持有人远比版权和商标持有人更能够应付领土执法制度。但正如介绍性假设论所表明的，互联网——随着商业模式和软件专利——带来的地方执法的局限性凸显。事实上，当被保护产品分销全球时坚持领土裁决是不可持续的，这正变得越来越明显。

专利律师界自行解决问题的尝试与受到传统束缚的法院发生了冲突。这留给国际社会三个选择：充分协调一致专利法；将纠纷解决转让给法外机构（如仲裁机构）；或制定一个全面的纠纷解决机制。在不久的将来，达成一致是非常不可能的。强有力的证据也证明这是不明智的。仲裁也有负面的影响，无论是对法律的发展还是公共利益。尽管美国法律研究所设想的协调裁决的**原则**将带来复杂的问题，但不可否认的是，产品的自由流动将越来越多地推动纠纷和判决的自由化运动。

第五部分　未来的核心问题

第二十三章 制药专利产业
特异化保护的挑战

作者：约翰·R. 托马斯（John R. Thomas）

译者：李子雍

一、引　言

　　药物专利法规的社会影响敏感度是在其他知识产权领域难以感受到的。当我们面临全球医疗体制的不平等，同时又面临任何价格药物都无法医治的一系列顽疾时，专利制度就恰当地成为人们议论的核心。也许制药产业是唯一秉承传统专利保护理念的一个市场群体。药物专利往往作为唯一的激励在整个周期中始终不移地支持着创新制药企业*。并且对于许多药物来说，专利失效之日就是仿制药竞争开始之时。①** 这种屡见不鲜的现实有力地证明了专利对制药业的重要性。

　　然而，在世界上没有任何地方药物专利是被常态的专利法所保护的。当专利法被适用到药物领域时，各个法域皆对一般的专利法作出了修改。许多国家都在法律中加入了强制许可条款，虽然这种条款具有一般性，但却尤其针对制药行业。② 其他专利法条款则列出了精确的标准，以规制

---

　　*　本文所指创新制药企业是那些以专利药为主要产品的研发型制药企业。——译者注

　　①　Rebecca S. Eisenberg, *Patents, Product Exclusivity, and Information Dissemination: How Law Directs Biopharmaceutical Research and Development*, 72 FORDHAM. L. REV. 477, 479 (2003).

　　**　"仿制药"原文为"generic drug"，指药物专利过期后其他非权利人仿制的有效成分相同的药物。——译者注

　　②　*See* Brittany Whobrey, *International Patent Law and Public Health: Analyzing TRIPS' Effect on Access to Pharmaceutical in Developing Countries*, 45 BRANDEIS L. J. 623 (2007).

授予药物专利的创造性要求。③ 此外，其他补充性专利权利与新型知识产权、数据库保护和排他销售权也为专利诉讼的开始提供了有效的时间表。④ 在美国，这种具体层面的保护也许是在所有授予专利的国家中走得最远的。美国目前的哈奇－韦克斯曼（Hatch－Waxman）法⑤包括了一系列独特且缜密的制度，如对非创新者的准专利授予⑥，政府资助的专利信息中心⑦，以及制药专利权的执行⑧。

这种被大量修改的专利法的确支持了一种观点，那就是专利法可以以一种技术特异化的方式来操作。⑨ 这样的现实具有一些讽刺意味。在所有种类的知识产权领域当中，制药专利是使《与贸易有关的知识产权协定》（TRIPS）*形成的驱动力之一。然而，TRIPS倡导的所有形式的发明受到同等待遇的主张，恰恰经常见悖于制药领域。⑩ 由于美国日益以自由贸易协定的形式将《哈奇－韦克斯曼法》作用到其他法域，⑪ 在全球范围内以特殊方式保护制药专利的趋势可能会持续下去。

本章反思了这样一个事实，即在全球范围的知识产权法领域，没有一种客体比制药专利更多地受到立法操作。然而这种产业特殊化的修正

---

③　*See* Janice M. Mueller, *Taking TRIPS to India－Novartis*, *Patent Law*, *and Access to Medicines*, 365 New Eng. J. Med. at 541 n. 6（Feb. 8, 2007）.

④　*See* Rebecca S. Eisenberg, *The Role of the FDA in Innovation Policy*, 13 Mich. Telecomm. & Tech. L. Rev. 345, 359－64（2007）.

⑤　Drug Price Competition and Patent Term Restoration Act of 1984, Pub. L. No. 84－417, 98 Stat. 1585（1984）.

⑥　21 U. S. C. § 355（j）（B）（iv）（2006）（generic marketing exclusivity）.

⑦　The clearinghouse consists of a registry of patents, known as the 'Orange Book', that the FDA maintains. CTR. FOR DRUG EVALUATION AND RESEARCH, FOOD AND DRUG ADMIN., U. S. DEPT. OF HEALTH AND HUMAN SERVS., ELECTRONIC ORANGE BOOK: APPROVED DRUG PRODUCTS WITH THERAPEUTIC EVALUATIONS, *available at* http: //www. fda. gov/cder/ob/.

⑧　35 U. S. C. § 271（e）（2006）.

⑨　Dan L. Burk & Mark A. Lemley, *Is Patent Law Technology－Specific?*, 17 Berkeley Tech. L. J. 1155（2002）.

*　以下简称"TRIPS"。其中"TRIPS"中的"S"以原文为准，采用大写。——译者注

⑩　*See* Agreement on Trade－Related Aspects of Intellectual Property Rights, art. 27, Apr. 15, 1994, Marrakesh Agreement Establishing the World Trade Organization, Annex 1C, Legal Instruments－Results of the Uruguay Round, vol. 31, 22 I. L. M. 81（1994）［hereinafter T IPS Agreement］; *see also* Panel Report, *Canada－Patent Protection of Pharmaceutical Products*, WT/SD114/R（Mar. 17, 2000）.

⑪　*See* Kevin Outterson, *Pharmaceutical Arbitrage: Balancing Access and Innovation in International Prescription Drug Markets*, 5 Yale J. Health, Pol'y L. & Ethics 193（2005）.

是否与其带来的可观成效相匹配，仍然是一个未决的问题。本章第二节将集中讨论美国经验，为致力于平衡制药创新与药物普及的奠基法——《哈奇－韦克斯曼法》——提供一个概述。本章第三节列出一些由该法引起的具有争议的行为，以及这些行为是如何对立法者的目的造成威胁的。本章第四节提供了一些基于 25 年来专门与制药专利法律相关的意见。第五节得出结论。

二、《哈奇－韦克斯曼法》概述

制药专利领域可以算做所有法律中最复杂的领域之一。哪怕是在专利法、食品药物法和竞争法的专家当中，也只有很少从业者能熟悉那些扭曲的立法条文和经常令人不安的术语。[⑫] 颇感意外的是，这些纷乱的立法、法规和判例法是起源于美国联邦巡回上诉法院的一个关于寻常法律问题的早期判决。这个影响深远的判决——*Roche Products, Inc. v. Bolar Pharmaceutical Co.*（以下简称"*Roche v. Bolar*"）——从其对本土影响及对海外专利领域的意义来说，也许可以算做美国联邦巡回上诉法院最重要的判决了。[⑬] 美国国会对 *Roche v. Bolar* 的回应就形成了 1984 年的《药品价格竞争和专利期恢复法》[⑭]，又被称为《哈奇－韦克斯曼法》。[⑮] 该法不仅在美国有效的建立起了一个蓬勃的仿制药市场，而且还深远地影响创新制药公司的制药研发。本章接下来将回顾 *Roche v. Bolar* 判决以及其在美国的影响。

（一）*Roche v. Bolar*

1984 年美国联邦巡回上诉法院的 *Roche v. Bolar*[⑯] 判决将平衡创新制药公司和仿制药制药公司的权利和义务这一问题提上了立法日程。在本

---

⑫　What other intellectual property discipline could feature the term 'shared exclusivity'? *See* Food and Drug Admin., U. S. Dep't. of Health and Human Servs., *Department of Justice Appeals Court Decision Regarding FDA's 'Shared Exclusivity' Determination for Generic Paroxetine Hydrochloride Tablets*, FDA Talk Paper, Feb. 5, 2004, *available at* http://www.fda.gov/bbs/topics/ANSWERS/2004/ANS01279.html.

⑬　*Roche Products, Inc. v. Bolar Pharmaceutical Co.*, 733 F. 2d 858 (Fed. Cir. 1984).

⑭　Pub. L. No. 84–417, 98 Stat. 1585 (1984).

⑮　The Act was named for its primary sponsors, Senator Orrin Hatch and Representative Henry Waxman. *See*, *e. g.*, Edward Hore, *A Comparison of United States and Canadian Laws as They Affect Generic Pharmaceutical Market Entry*, 55 Food & Drug L. J. 373 (2000).

⑯　*Roche Products*, 733 F. 2d at 858 (Fed. Cir. 1984).

案中，Roche Products 公司（以下简称"Roche"）拥有对盐酸氟西泮的一个专利，该物质是安眠药 Dalmane ® 中的活性成分。⑰ Bolar 制药公司（以下简称"Bolar"）是一家仿制药生产商，它希望销售 Dalmane ® 的仿制型等效药。Bolar 意识到为一种药物获得销售许可是一件很耗费时间的事情，并且希望在 Roche 的专利过期之后能马上销售其仿制型等效药。因此，Bolar 在专利有效期内就从海外制造商处获得了盐酸氟西泮的供应，并开始对该化合物进行实验。⑱ Roche 最终得知 Bolar 的这些行为，并以专利侵权为由诉至法院。此案上诉至美国联邦巡回上诉法院，Bolar 被认定侵犯了 Roche 的专利权。在上诉法院的判决书中，尼科尔斯（Nichols）法官一开始的依据是 1952 年的专利法，其规定"在专利有效期内，于美国使用……任何被专利保护的发明构成专利侵权。"⑲ 上诉法院认为，从表面来看，该条款的语句禁止了所有未经授权而使用专利发明的行为。⑳ 之后，上诉法院考虑了 Bolar 的两个论点。首先，Bolar 主张其努力遵循联邦食品药物法的行为应当基于实验目的的使用而得到豁免。㉑ 在回顾先例判决后，尼科尔斯法官不同意这种观点，并作了如下论断：

> Bolar 拟进行的"实验使用"的唯一理由是商业性的，其并不为娱乐，亦不为满足闲暇好奇心，或严格哲学研究。正因此，Bolar 为获取食品药物管理局所要求的测试数据而对盐酸氟西泮的使用侵犯了 Roche 的专利权。Bolar 或许意图进行"实验"，但是，意图将专利发明引入到实验者的商业经营中的未经授权的实验行为，是对专利权人排除他人使用其专利权利的侵犯。此处，称拟进行的使用为"最低限度使用"显然用词不当。尽管使用量小，但其对各方的经济影响却非比寻常。不可等闲视之……我们不可过广地诠释实验使用规则，以免当某项研究已经含有确定可察及显著的商业目的时，仍

---

⑰　*See* Novel 1 and/or 4 – substituted alkyl 5 – aromatic – 3H – 1，4 – benzodiazepines and benzo-diazepine – 2 – ones，U. S. Patent No. 3，299，053（filed Feb. 11，1964）.

⑱　*Roche Products*，733 F. 2d at 860.

⑲　35 U. S. C. § 271（a）（2006）.

⑳　*Roche Products*，733 F. 2d at 862 – 3.

㉑　*Id.* at 863.

以科学研究的幌子庇护这种违反专利法的行为。㉒

最后，Bolar 敦促上诉法院解决在食品药物法和专利法之间的一个已被察觉的矛盾。Bolar 发现，大量行政延误都与食品药物管理局的销售许可联系在一起。据 Bolar 所说，如果仿制药制药商在相关专利过期前不能开始准备食品药物管理局许可申请的话，那么专利权人就会在专利过期一段时间内仍然拥有市场独占地位。Bolar 认为，这种情况的性质是一种实质上的专利期限延长并与专利法不符。㉓ 上诉法院亦拒绝了这种论点。按照尼科尔斯法官的观点，司法机关并不是一个适合的场所来讨论会导致与专利法条文冲突的政策问题。法院注意到，有关这个问题的议案正处在国会讨论中，并建议任何受害方于国会寻求救济。㉔ 社会已广泛地注意到，把 Roche v. Bolar 一案的判决与食品药物法的新药销售许可结合来看，会导致专利有效期的两种畸变：第一，无论食品药物管理局是否批准新药销售，新药专利有效期的计算时钟都将开始。这导致，受审批药物的专利权人的市场独占时间会被显著缩短。第二，依照 Roche v. Bolar，在专利过期前，竞争者开始为行政审批所做的必要行为将会被视为专利侵权。这可能被视作专利权人在专利期限之外的、实质上的市场独占期。㉕ 事实证明，联邦巡回上诉法院对以立法方式改善这种畸形影响的预测是具有先见之明的，在 Roche v. Bolar 判决一经作出之后，国会就采取了行动。

（二）《哈奇－韦克斯曼法》

虽然在 Roche v. Bolar 之前，创新制药公司和仿制药公司已经开始了由国会发起的谈判，但联邦巡回上诉法院的判决加速了讨论的步伐。㉖ 这些谈判的结果就是 1984 年的《药品价格竞争和专利期恢复法》。㉗ 该法被

㉒　*Id.*

㉓　*Id.* at 863 – 4.

㉔　*Id.* at 864 – 6.

㉕　*See* Erik K. Steffe & Timothy J. Shea, Jr., *Drug Discovery Tools and the Clinical Research Exemption from Patent Infringement*, 22 Biotechnology L. Rep. 369, 370（Aug. 2003）.

㉖　*See* Alfred J. Engelberg, *Special Patent Provisions for Pharmaceuticals: Have they Outlived their Usefulness?*, 39 IDEA 389（1999）.

㉗　Pub. L. No. 84 – 417, 98 Stat. 1585（1984）.

称为《韦克斯曼－哈奇法》，或通常所说的《哈奇－韦克斯曼法》。㉘

《哈奇－韦克斯曼法》以其缜密的条文建立了一个机制，这种机制使得潜在的仿制药公司可获得他人受专利保护药品的销售许可。虽然《哈奇－韦克斯曼法》是一个复杂的立法，但其提供了一个直截了当的交换，即允许仿制药公司凭借创新药公司的新药申请的安全功效数据获得销售许可。作为交换，创新制药商获得了一段数据排他期和专利期限延长。㉙以下将回顾该立法的重要条款。

1. 立法的实验使用例外

《哈奇－韦克斯曼法》修改了专利法并加入了以特定专利权主张侵权的法定例外。该条款被法典化至美国法典第 35 篇第 271 条（e）（1）*，其指出："如果某项使用行为是依照规范药品或兽药制造、使用或销售的联邦法律而进行的获取并提交信息的行为，并且该项使用以此行为为唯一目的，则不因其在美国境内制造、使用、许诺销售或销售了专利发明而构成侵权。"此条款有效地推翻了联邦巡回上诉法院在 Roche v. Bolar 一案中的判决。㉚其结果是，仿制药公司可以在某种获得审批药物的专利有效期内的任何时间开展对该药物仿制型相关的工作，只要这种工作与食品药物管理局的法规相符合即可。

2. 简化新药申请

在《哈奇－韦克斯曼法》出台之前，食品药物法律中并没独立的条文谈到已受审批药物的仿制型的问题。㉛这导致仿制药公司需要提交它们自己的新药申请以销售该药物。㉜一些仿制药公司只能依靠已发表的科研文章去阐述该药的安全性和有效性。然而，因为并非所有药物都存在这

㉘　*Compare* Laura J. Robinson, *Analysis of Recent Proposals to Reconfigure Hatch - Waxman*, 11 J. Intell. Prop. L. 47（2003）with Kevin J. McGough, *Preserving the Compromise*: *The Plain Meaning of Waxman - Hatch Exclusivity*, 45 Food Drug Cosm. L. J. 487（1990）.

㉙　*See*, *e. g.*, Jill B. Deal, *Striking the Right Balance Between Innovation and Drug Price Competition*: *Putting the Hatch - Waxman Act into Perspective*, 54 Food & Drug L. J. 185（1999）.

*　此处《美国法典》第 35 篇指 U. S. C. Title 35. ——译者注

㉚　*See* Janice M. Mueller, *No 'Dilettante Affair'*: *Rethinking the Experimental Use Exception to Patent Infringement for Biomedical Research Tools*, 76 Wash. L. Rev. 1, 22（2001）.

㉛　*See* Engelberg, *supra* note 26, at 389, 396.

㉜　*See* James J. Wheaton, *Generic Competition and Pharmaceutical Innovation*: *The Drug Price Competition and Patent Term Restoration Act of* 1984, 34 Cath. U. L. Rev. 433, 439（1986）.

种科研，所以也并非所有仿制药公司都能提交这种所谓的"纸上新药申请"。[33] 并且，有时食品药物管理局会要求更多的研究，以考查从药物初始许可后的使用经验中产生的安全和功效问题。[34] 结果就是，一些仿制药公司不得不独立地证明药物的安全性和有效性，即使他们的产品和之前被许可的药物化学上是等同的。在《哈奇－韦克斯曼法》出台之前，仿制药的审批被广泛地认为是一个不必要的、昂贵的、重复和消耗时间的过程。[35] 虽然一些重要药物的专利期限已过，制药厂家基于获得食品药物管理局销售许可的资源开销考虑，仍不会引入该药物的仿制药等同品。[36] 因此，《哈奇－韦克斯曼法》创造了一种新的销售许可申请，称为"简化新药申请"（简称 ANDA）。* 简化新药申请允许仿制药公司凭借原制药商的安全功效数据进行申请，只要该药物的活性成分与获批准药物是生物等效的。简化新药申请的出现使仿制药公司得以避免提交全面新药申请所产生的成本和延迟。简化新药申请亦使得仿制药公司在很多情况下可以在相关专利过期后，马上推出食品药物管理局批准的生物等效药。[37]

3. "橘皮书"在册专利认证

所有被批准的药物，无论是创新型药物还是仿制型药物，都被登记在食品药物管理局的《批准药物与其疗效等效评价》之中。[38] 这个被称之

---

[33]　See Kristin E. Behrendt, *The Hatch－Waxman Act*: *Balancing Competing Interest or Survival of the Fittest?*, 57 Food & Drug L. J. 247, 249 (2002).

[34]　*Id.*

[35]　See, e. g., Justina A. Molzon, *The Generic Drug Approval Process*, 5 J. Pharmacy. & L. 275, 276 (1996) ('The Act streamlined the approval process by eliminating the need for [generic drug] sponsors to repeat duplicative, unnecessary, expensive and ethically questionable clinical and animal research to demonstrate the safety and efficacy of the drug product. ').

[36]　See Jonathan M. Lave, *Responding to Patent Litigation Settlements*: *Does the FTC Have It Right Yet?*, 64 U. Pitt. L. Rev. 201, 202 (2002) ('Hatch－Waxman has also increased the generic drug share of prescription drug volume by almost 130% since its enactment in 1984. Indeed, nearly 100% of the top selling drugs with expired patents have generic versions available today versus only 35% in 1983. ').

*　译者注："简化新药申请"的英文全称为"Abbreviated New Drug Application"，取其首字母缩写，为"ANDA"。

[37]　See, e. g., Sarah E. Eurek, *Hatch－Waxman Reform and Accelerated Entry of Generic Drugs*: *Is Faster Necessarily Better?*, 2003 Duke L. & Tech. Rev. 18 (Aug. 13, 2003).

[38]　CTR. FOR DRUG EVALUATION AND RESEARCH, FOOD & DRUG ADMIN., U. S. DEPT. OF HEALTH AND HUMAN SERVS., APPROVED DRUG PRODUCTS WITH THERAPEUTIC E-QUIVALENCE EVALUATIONS (CCH 23d ed. 2003).

为"橘皮书"的文件采用了一套缜密的文字编码系统来识别食品药物管理局认为疗效等同的获批药物。在《哈奇－韦克斯曼法》中，"橘皮书"还扮演一个解决专利争议的角色。该法要求每个被批准的新药申请者都列出相关专利，这些专利是被认为在专利有效期内推出仿制型就会产生侵权的专利。[39] 拟生产仿制药的制药公司必须对"橘皮书"所列专利采取一特定的认证程序。一个简化新药申请必须声明其对每个"橘皮书"所列相关专利的态度。其中包括四种情况：

（1）原品牌制药商没有就该药物提交专利信息；

（2）专利已经过期；

（3）专利的未来过期日；

（4）专利无效，或在该简化新药申请所涉药物的制造、使用或销售时不会侵犯此专利。[40]

这四种认证分别称为第一款认证、第二款认证、第三款认证和第四款认证。[41] 简化新药申请的第一款认证和第二款认证在达到了所有的监管和科学的要求后会马上获得批准。[42] 在第三款认证的情况下，仿制药的简化新药申请必须等到专利过期后才能被批准，即使其已经满足了相关监管和科学的要求。[43] 以下将详细讨论第四款认证，它会带来更多的戏剧性可能。

4. 专利权执行的法律程序

专利侵权的提出通常是基于一些市场领域的行为，而非向政府有关部门提交文件的行为。然而，在《哈奇－韦克斯曼法》下，提交第四款认证的简化新药申请被视作"拟制的"专利侵权行为。[44] 《哈奇－韦克斯曼法》要求简化新药申请人告知与第四款认证相关的专利权人。[45] 此时专

---

[39]　21 U. S. C. § 355（c）（2）（2006）.

[40]　21 U. S. C. § 355（j）（2）（A）（vii）（2006）.

[41]　See Douglas A. Robinson, *Recent Administrative Reforms of the Hatch - Waxman Act*: *Lower Prices Now in Exchange for Less Pharmaceutical Innovation Later*?, 81 Wash. U. L. Q. 829, 835 n. 59（2003）.

[42]　21 U. S. C. § 355（j）（5）（B）（i）（2006）.

[43]　21 U. S. C. § 355（j）（5）（B）（ii）（2006）.

[44]　*Eli Lilly & Co. v. Medtronic, Inc.*, 496 U. S. 1047（1990）.

[45]　21 U. S. C. § 355（j）（2）（B）（i）（2006）.

利权人则可在联邦地区法院开始对简化新药申请人的专利侵权诉讼。在这个阶段，仿制药制药商只不过是向食品药物管理局提交药物销售申请。然而，如果专利权人的侵权诉讼成功，则其可以阻止该仿制药上市，直到其专利过期。⁴⁶

如果专利权人在收到简化新药申请通知之日起 45 日之内提起专利侵权诉讼，《哈奇－韦克斯曼法》则对专利权人大有裨益。在这种情况下，食品药物管理局必须暂停简化新药申请，直到以下事件之一的发生之日：

（1）法院判决该药物专利无效或不侵权之日；

（2）如果法院判决存在侵权，则该在册药物专利过期之日；或

（3）在册专利之专利权人收到提交第四款认证通知之日起 30 个月，法院可对此期间作出调整。⁴⁷

对于最后一点，国会意图使双方在这 30 个月的期间内有足够的时间在简化新药申请获批及仿制药销售前解决专利纠纷。这段时间，又被称为"30 个月延迟"，是在该法定期间内对仿制药公司的一种有效的诉前禁令等效物。"30 个月延迟"是法定自动授予的，只要创新制药公司及时地遵守适当程序即可。特别要指出的是，创新制药公司不需要提供获得诉前禁令的证据。⁴⁸

5. 专利期限延长

《哈奇－韦克斯曼法》亦对专利期限进行了延长。一般来说，专利期限是从专利申请提交之日起 20 年。⁴⁹《哈奇－韦克斯曼法》规定，对药物专利来说，专利期限可以获得部分延长以补偿临床试验所损失的时间。⁵⁰具体来说，专利权人有权获得从新药调查性申请到提交新药申请之间的一半时间加上新药申请在食品药物管理局处理的所有时间的总和的专利

---

⁴⁶ 35 U. S. C. § 271 (e) (4) (2006).

⁴⁷ 21 U. S. C. § 355 (j) (5) (B) (iii) (2006).

⁴⁸ *See* H. Howard Morse, *Settlement of Intellectual Property Disputes in the Pharmaceutical and Medical Device Industries: Antitrust Rules*, 10 Geo. Msaon L. Rev. 359, 387 ('The statute thus gives the pioneer drug manufacturer an automatic preliminary injunction for two－and－a－half years to pursue an infringement action.').

⁴⁹ 35 U. S. C. § 154 (2006).

⁵⁰ 35 U. S. C. § 156 (2006).

期限延长。立法限定了专利期限延长的上限。整个专利期限延长不得超过 5 年。[51] 并且，进行期限延长所针对的专利，在食品药物管理局授予新药许可时，所剩余的专利期限不得超过 14 年。[52]

6. 创新者的排他销售

《哈奇－韦克斯曼法》包括的一些条款授予了某些食品药物管理局批准药物排他的销售权。食品药物管理局实施这些条款，把某一药物的销售许可授予单独一家公司。授予排他销售并不取决于是否存在专利保护。事实上，专利局授予的专利和食品药物管理局颁发的独家销售许可可能分别属于两家完全不同的公司。简单来说，排他销售的期间视该药是否属于"新化学体"而异。《哈奇－韦克斯曼法》把新化学体定义为含有活性成分的被许可药物，该活性成分包含以前在任何一个完整的新药申请中都未批准过的酯或盐。[53] 如果批准药物不是新化学体，则食品药物管理局不得在该新药申请获批之日起 3 年内批准该药的仿制型简化新药申请。[54] 相反，如果批准药物是新化学体，则潜在的仿制药制药商在该新药申请许可颁发 5 年内都不得提交该药的简化新药申请。该规定的效果就是，使一个潜在的仿制药公司不可能在特定时间内销售某产品，这段特定时间就是 5 年加上食品药物管理局审查简化专利申请的时间。[55]

7. 仿制药的排他销售

为了鼓励挑战药物专利的行为，《哈奇－韦克斯曼法》为未来的仿制药公司提供了一些潜在奖励。这个奖励就是，第一个提交简化新药申请第四款认证的申请人将拥有 180 天的排他期间。[56] 一旦第一个简化新药申请第四款认证被提交后，食品药物管理局则不可为之后针对同种药物的

---

[51]　*Id.*

[52]　35 U. S. C. § 156 （c） （3） （2006）.

[53]　21 U. S. C. § 355 （j） （4） （D） （i）, （ii） （2006）.

[54]　21 U. S. C. § 355 （j） （4） （D） （iii） （2006）.

[55]　21 U. S. C. § 355 （c） （3） （d） （ii） （2006）.

[56]　21 U. S. C. § 355 （j） （5） （B） （iv） （2006） . Section 505 （b） （2） applications do not qualify for the 180 – day generic exclusivity period. CTR. FOR DRUG EVALUATION & RESEARCH, FOOD AND DRUG ADMIN. , U. S. DEP'T OF HEALTH & HUMAN SERVS. , GUIDANCE FOR INDUSTRY, LISTED DRUGS, 30 – MONTH STAYS, AND APPROVAL OF ANDAS AND 505 （B） （2） AP-PLICATIONS UNDER HATCH – WAXMAN, AS AMENDED BY THE MEDICARE PRESCRIPTION DRUG, IMPROVEMENT, AND MODERNIZATION ACT OF 2003, at 5 n. 14 （Oct. 2004）.

简化新药申请第四款认证申请人提供相同的180日期间。因为在更多的仿制药申请进入市场之后，该药物的市场价格会有显著下降，第一家提交简化申请第四款认证的申请人相比后来者会拥有更多的潜在利润——这也鼓励了挑战专利有效性的行为。⑤ 180日的仿制药排他期限的目的是缓和挑战药物专利成功后所引起的集体行动。⑧ 通俗地说，一个独立挑战专利的仿制药公司必须承担昂贵的、在先的诉讼费用。如果一旦该独立的仿制药制药商成功了，则该项专利就对整个制药业都失去了效力。任何公司，不仅仅是挑战专利的这家，都可以把竞争产品引入市场。可以理解，这种被迫的分享可能会损害独立的仿制药公司挑战创新制药商专利的动机。授予180日的仿制药排他期限可以使独立的仿制药公司在成功挑战专利后基于它的付出获得个人利润，从而鼓励在第一时间挑战专利的行为。⑨

三、目前围绕《哈奇－韦克斯曼法》的争论

在《哈奇－韦克斯曼法》通过25年之后，更多的仿制药制药商进入了美国市场。正如联邦贸易委员会（FTC）在2002年报告中说的，在美国有近一半的处方都是由仿制药构成的。⑩ 然而自1984年以后，也有很多新药被研发出来并投入市场。因此，《哈奇－韦克斯曼法》看来很成功地鼓励了仿制药产业并且激励了创新制药公司对新药的研发。⑪ 尽管有这些成功，自有《哈奇－韦克斯曼法》以来，其所建立的法律构架就一直引发着争议并导致众多的修正提案。本章接下来讨论目前与《哈奇－韦克斯曼法》相关的三种争议。

（一）授权仿制药

"授权仿制药"是指创新制药商销售的或以创新制药商名义销售的作

---

⑤ *See generally Mova Pharm. Corp. v. Shalala*, 140 F. 3d 1060, 1064（D. C. Cir. 1998）.

⑧ *Id.*

⑨ *See generally* Joseph Scott Miller, *Building a Better Bounty: Litigation – Stage Rewards for Defeating Patents*, 19 Berkeley Tech L. J. 667（2004）.

⑩ FED. TRADE COMM'N, GENERIC DRUG ENTRY PRIOR TO PATENT EXPIRATION i（July 2002）, *available at* http://www.ftc.gov/os/2002/07/genericdrugstudy.pdf.

⑪ *See* Elizabeth Stotland Weiswasser & Scott D. Danzis, *The Hatch – Waxman Act: History, Structure, and Legacy*, 71 Antitrust L. J. 585, 586（2003）.

为仿制药的药物。[62] 创新制药公司可以亲自主持这种药物的销售，也可以许可给仿制药公司进行销售。[63] 所以，授权仿制药物与"自有品牌"产品类似，它由某家厂商制造但以其他厂商的品牌销售。虽然自有品牌产品在食品、化妆品和其他市场很常见，但它最近才吸引制药公司的注意。[64]

目前对授权仿制药的兴趣大都来源于 20 世纪 90 年代初制药公司策略的转变。在那以前，许多制药业企业都或者只销售创新药物，或者只做仿制药物。另一些创新制药公司在其专利将将过期之前开始授权仿制药的营销。这些产品包括：获得 ICI Americas（现为 AstraZeneca）Stewart 制药部门许可、由 Barr Laboratories 销售的 Nolvadex® （他莫昔芬）；由 SmithKline Beecham 制药公司（现为 GlaxoSmithKline）销售的 Dyazide® （氨苯喋啶/氢氯噻嗪）；以及由 GlaxoSmithKline 许可、由 Dey LP 销售的 Ventolin® （沙丁胺醇）。[65]

然而，许多创新药公司不再继续销售授权仿制药，因为其缺乏利润。[66] 授权仿制药在 21 世纪之初复生，是因为在仿制药进入市场之后，医生、药剂师和患者可以比起 10 年前更快地转向仿制药。[67]因为相比之下现在仿制药的采用率已经很高，据报道，创新药公司更愿意"仿制化"它们自己的品牌以在该市场上占有一席之地。[68]

授权仿制药的做法在《哈奇－韦克斯曼法》的框架和激励机制之下产生了一些争议。一些评论人士认为，授权仿制药的引入，尤其是在授予申请第四款认证的仿制药公司的 180 日排他期间引入，阻挠了鼓励引入

---

[62]　Some sources refer to authorized generics as 'branded', 'flanking' or 'pseudo' generics. *See Blockbuster Drugs with Expiring Patents Gain New Hope*: *Generic Drugs*, Drug Wk. , Apr. 15, 2005, at 352.

[63]　*See* Leila Abboud, '*Authorized Generics' Duel Grows*, Wall St. J. , Mar. 25, 2004; Leila Abboud, *Drug Makers Use New Tactic to Ding Generic - Drug Firms*, Wall St. J. , Jan. 27, 2004.

[64]　*See* John Schmeltzer, *Upscale Generics Make Gains*: '*Private Label' Items Battling Brand Names*, Montgomery County Herald, May 19, 2006.

[65]　*As brand - generic alliances grow*, *opponents cry foul*, Drug Store News, Aug. 23, 2004.

[66]　Sanda Levy, *Why Authorized Generics are Making a Comeback*, Drug Topics: the Online Newspaper for Pharmacists, *available at* http: //www. drugtopics. com/drugtopics/article/articleDetail. jsp? id =111159.

[67]　*Id.*

[68]　*Id.*

仿制药物政策的目标。[69] 特别是，当申请第四款认证以挑战专利的仿制药公司，如果在 180 日内的排他期间内不能收回诉讼成本的话，授权仿制药就可能挫伤提交第四款认证的积极性。[70] 正如反垄断律师·A. 巴尔托（David A. Balto）解释的那样：挑战专利的赏金非常重要。制药专利诉讼意味着几百万美元的开销。尽管可能获得代表了大多数仿制药公司潜在利润的 6 个月排他期，很多公司还是可能会放弃挑战专利。[71]

例如，在 2003 年食品药物管理局授予了仿制药制药商 Apotex 180 日的排他期限以销售其自身版本的抗抑郁药 Paxil ®。创新制药公司 Glaxo-SmithKline 则引入了 Paxil ® 的许可仿制型。虽然 Apotex 期望在 180 日排他期限中达到 5.75 亿美元的销售额，但其报道的销售额实际在 1.5 亿~2 亿美元。[72] 在 2004 年向食品药物管理局提交的报告中，Apotex 的律师称："授权仿制药损害了 Apotex 的 180 日排他期限，它使 Apotex 应得的数额降低了 2/3，大约为 4 亿美元。"[73]

当前的趋势是，很多成功的第四款认证简化新药申请人在 180 日排他期间中面临来自授权仿制药竞争的威胁。这些独立的仿制药公司包括销售 Allegra ®（非索非那定）的 Barr、[74] 销售 Wellbutrin SR ®（简安非他酮）的 Eon，[75] 以及销售 Glucophage ® 的 Teva。[76] 一些行业分析人士相信，授权仿制药将会成为美国制药业的突出特征。[77] 另一些评论家则相信，这个时期业已到来。按照一种说法，自 2004 年以来，"授权仿制药已经出

---

[69]　*See* Beth Understahl, *Authorized Generics*：*Careful Balance Undone*, 16 Fordham Intell. Prop.，Media，& Ent. L. J. 355（Autumn 2005）.

[70]　Tony Pugh, *Loophole may Dampen Generic – drug Boom*, San Jose Mercury News, May 3, 2006, at A1.

[71]　David A. Balto, *We'll Sell Generics Too*：*Innovator Drug Makers are Gaming the Regulatory System and Harming Competition*, 39 Legal Times no. 12（Mar. 20, 2006）.

[72]　*See* Jenna Greene, *The Drug Industry has Figured Out a Way to Best Generic Competition*, *and Pharmaceutical Patent Litigation Could Free – Fall*, 183 New Jersey L. J. 217（Jan. 23, 2006）.

[73]　*See* Pugh, *supra* note 70.

[74]　*See* Understahl, *supra* note 69.

[75]　*Id.*

[76]　*See* Tara Croft, *Building Teva*, Daily Deal（Oct. 25, 2004）.

[77]　*See* James Richie, *Prasco's Market Share Rx*：*Authorized Generic Drugs*：*Firm Helps Pharmaceutical Companies Retain Profits*, Cincinnati Bus. Courier, Feb. 6, 2006.

现在几乎每个快过期的专利药上"。[78]

并且，创新制药公司通常在仿制药竞争前夕引入授权仿制药。当独立挑战专利的仿制药公司不存在时，创新药公司可能采取减少或推迟授权仿制药的策略。其结果是，如果独立的仿制药竞争者不愿意去挑战创新制药公司的专利的话，那么授权仿制药促进竞争的效果可能会被推延，或者完全消失。[79]

另一方面，授权仿制药为制药公司和消费者提供了很多潜在益处。授权仿制药一般都比创新药物便宜。因此，授权仿制药的引入使得消费者可以获得一种低成本产品。[80] 正如食品药物管理局在 2004 年 7 月的一份声明中指出：销售授权仿制药增加了竞争，促进了更低价格药品的产生，特别是在 180 日排他期限中，仿制药的价格显著比其他仿制药进入市场之后的价格要高。[81]

而且，一旦仿制型药在专利过期之后出现，创新制药公司可能失去可观的市场份额。如果不参与仿制药市场的话，创新制药公司则难以利用他们之前在制药设备上的投资。这样，授权仿制药就使得创新制药公司在专利过期之后还能够在高峰负荷或接近高峰负荷状态下运转设备。[82] 授权仿制药也为创新制药公司提供更多潜在的收入来源，这些收入一般由仿制药子公司和合同伙伴的销售许可费用组成。[83]

授权仿制药也可以作为一种创新制药公司和独立仿制药公司之间专利侵权诉讼的和解手段。专利无效的司法判决从收入损失的角度来说对于创新制药公司有严重的影响。专利诉讼是一种恶名昭彰的不确定冒险。通过对专利诉讼的和解并且允许简化新药申请者进行授权仿制药生产，

[78] Tony Pugh, *Drug Companies Battle Generics with their Own Copies*, Duluth News – Trib., Apr. 30, 2006.

[79] *See* Narinder Banait, *Authorized Generics: Antitrust Issues and the Hatch – Waxman Act*, Mondaq, Nov. 4, 2005.

[80] Morton I. Kamien and Israel Zang, *Virtual Patent Extension by Cannibalization*, S. Econ. J., July 1999.

[81] Food and Drug Admin., U. S. Dep't. of Health and Human Servs., *FDA Supports Broader Access to Lower Priced Drugs*, FDA Talk Paper, July 2, 2004.

[82] Jon Hess & Elio Evangelista, *Authorized Generics: Lifecycle Management's Compromise in the Patent Wars*, Cutting Edge Info., Aug. 23, 2005, at 4.

[83] *Id.*

创新制药公司更好地管理了风险。这种策略提供了更稳定的收益流，这既支持了创新制药公司的研发行为，又支持了其投资者。仿制药公司通过生产授权仿制药，也获得了诸多好处，如免去了向食品药物管理局提交简化新药申请，扩展了生产线，获得了生产经验，并且在仿制药市场抢占了先机。㉞

采用授权仿制药作为诉讼和解机制对消费者也有影响，但是其形式更加不确定并且具有个案特异性。一方面，某个和解协议可能在一药物专利过期前若干年使其仿制型得以引入市场。其结果是，消费者可以较早地获得低成本的专利药替代品；另一方面，如果仿制药公司拒绝和解并且最终赢得诉讼，则市场会更早地开放全部竞争。诉讼和解对竞争的影响取决于很多复杂的因素，包括专利的强度、潜在仿制药竞争者的数量以及诉讼和解的具体条款。

伴随着授权仿制药政策争论的是在食品药物管理局和法院的法律挑战。授权仿制药的反对者主张，《哈奇－韦克斯曼法》的 180 日仿制药排他期限应该被理解为适用于授权仿制药。㉟ 然而，食品药物管理局和两个上诉法院都采相反观点，认为《哈奇－韦克斯曼法》不要求创新制药公司在销售授权仿制药前提交任何申请。㊱ 相反，180 日的仿制药排他期限只适用于简化新药申请或第 505 条（b）（2）下的第四款认证申请。依此观点，180 日的仿制药排他期限不会阻碍授权仿制药进入市场。

联邦贸易委员会正在研究授权仿制药的问题，其结果会在 2009 年发布。㊲ 联邦贸易委员会的项目并没有阻止企图禁止这种交易的立法案的出现。㊳ 对私有企业行为可以如此轻易挫败《哈奇－韦克斯曼法》鼓励挑战

㉞ Christopher Worrell, *Authorized Generics*, presentation given at The 5th Generic Drugs Summit (Sept. 27 - 9, 2004) and David Reiffen and Michael R. Ward, *'Branded Generics' as a Strategy to Limit Cannibalization of Pharmaceutical Markets* (May 2 - 4, 2005), *available at* http: //www. uta. edu/faculty/mikeward/brandedgenerics. pdf.

㉟ *See* GENERIC PHARMACEUTICAL ASS'N, COMMENT IN SUPPORT OF CITIZEN PETITION DOCKET NO. 2004P - 0075/CP1 (May 21, 2004), *available at* http: //www. fda. gov/ohrms/dockets/dailys/04/June04/060404/04p_ 0075_ c00003_ vol1. pdf.

㊱ *See Mylan Pharms Inc. v. FDA*, 454 F. 3d 270 (4th Cir. 2006); *Teva Pharmaceutical Industries, Ltd. v. Crawford*, 410 F. 3d 51 (D. C. Cir. 2005).

㊲ FTC, Notice, 71 Fed. Reg. 16779 - 02 (Apr. 4, 2006).

㊳ In the 109th Congress, two bills (S. 3695 and H. R. 5993) proposed to ban the marketing of authorized generics prior to the expiration of the 180 - day generic exclusivity period.

制药专利这个主要立法目的而言，国会并不是唯一一个感到惊讶的机构。一个法院在确定授权仿制药这种做法合法的时候，也把它形容为《哈奇－韦克斯曼法》的一个"张开的黑洞"。[89] 本文接下来要指出，授权仿制药并不是唯一一处创新制药公司试探《哈奇－韦克斯曼法》构架底线的地方。

（二）反向支付和解

提交第四款认证简化新药申请的公司通常会遇到由创新制药公司提起的专利侵权诉讼。在这种诉讼中，如果新药申请持有人证明独立仿制药公司的产品侵犯专利权的话，法院一般就会发出禁令阻止仿制药公司销售该产品。该禁令将于新药申请持有人专利过期之日解除。独立仿制药公司通常会修改它们的简化新药申请，用第三款认证替换第四款认证。[90]

另一种情况是，法院会判决独立仿制药公司胜诉。法院可能认为仿制药公司拟推出的产品不侵犯专利权，或所主张的专利权无效或不可执行。在这种情况下，独立仿制药公司可以在食品药物管理局批准简化新药申请后马上推出产品。

除了宣布创新制药公司或者仿制药公司胜诉的判决之外，制药专利诉讼还有另一种解决方式。这种法律情况包括众多细节不同但核心相同的事实。一个仿制药公司，在提交第四款认证简化新药申请后，会依照《哈奇－韦克斯曼法》被起诉专利侵权。新药申请的持有人*和仿制药公司就会对诉讼进行和解。和解会要求仿制药公司在专利过期之前的一段时间内既不挑战专利，也不生产专利药的仿制型。作为交换，新药申请的持有人会补偿简化新药申请者，通常是在数年之中支付大量金钱。

关于反向支付和解的社会福利效果的观点各种各样。一方面，一些评论者相信，这样的和解是反竞争的。他们相信许多这样的协议都等同

---

[89] See Brian Porter, *Stopping the Practice of Authorized Generics: Mylan's Effort to Close the Gaping Black Hole in the Hatch－Waxman Act*, 22 J. Contemp. Health L. & Pol'y 177 (2005) (citation omitted).

[90] 21 C. F. R. § 314. 94 (a) (12) (viii) (C) (1) (i) (2006).

* 此处的"新药申请"与"简化新药申请"不同。"新药申请"是指创新制药公司在最初提交的新药申请。因此，这里的"新药申请的持有人"是指创新制药公司。——译者注

于两个公司合谋来限制产量以分享基于专利的利润。[91] 这样的和解协议也消除了通过法院无效专利判决产生仿制药竞争和消费者受益的可能。[92]

另一方面，一些评论者发现反向支付和解没有任何问题。首先，在他们的观察中，鼓励和解是基本的司法政策。和解既达到了以和平方式解决争议的目的，又节省了紧张的司法资源。[93] 其次，任何在理性个体之间作出的诉讼和解都必然含有利益和责任的交换。正如理查德·波斯纳（Richard Posner）法官解释道的：

> 任何和解协议都可以被视作对被告含有补偿，而该被告除非得到一些东西否则不会和解。如果任何诉讼和解因此被视为含有被禁止的"反向支付"的话，那我们就不会有更多的专利和解了。[94]

再次，一些反向支付和解允许在专利过期之日前引入仿制药的竞争。比如，这种可能性存在于创新制药公司和仿制药公司分割剩下的专利期限，仿制药公司则被允许在专利过期之前引入一个竞争产品。这样的协议可能对消费者有潜在的好处，特别是与维持专利有效性的侵权判决相比。[95]

最后，由《哈奇－韦克斯曼法》建立起来的争端和解程序本身有可能增进在制药专利诉讼中反向支付和解的运用。在《哈奇－韦克斯曼法》以外的专利诉讼中，被诉侵权人是进行普通的使用或销售行为。一个侵权判决将会对侵权人发出禁令并判决对以往使用和销售进行损害赔偿。其结果是，被诉侵权人可能非常希望支付专利权人一些补偿以避免上述判决。[96]

---

[91] See John E. Lopatka, *A Comment on the Antitrust Analysis of Reverse Payment Patent Settlements：Through the Lens of the Hand Formula*, 79 Tul. L. Rev. 235 (2004).

[92] See M. Lave, *supra note* 36.

[93] See Stephen McG. Bundy, *The Policy in Favor of Settlement in an Adversary System*, 44 Hastings L. J. 1 (1992).

[94] *Asahi Glass Co. v. Pentech Pharmaceuticals, Inc.*, 289 F. Supp. 2d 986 (N. D. Ill. 2003) (emphasis in original).

[95] See Marc G. Schildkraut, *Patent－splitting Settlements and the Reverse Payment Fallacy*, 71 Antitrust L. J. 1033 (2004).

[96] See Kristopher L. Reed, *A Return to Reason：Antitrust Treatment of Pharmaceutical Settlements under the Hatch－Waxman Act*, 40 Gonz. L. Rev. 457 (2004).

一些观察家相信，《哈奇－韦克斯曼法》改变了传统的专利权人原告和被诉侵权人之间的风险分布。正如一个联邦地区法院解释的那样：

> 通过创造一种拟制的侵权（提交简化新药申请），《哈奇－韦克斯曼法》授予了仿制药公司一个诉权去挑战专利有效性，并且还不用承担由于商业销售导致的损害赔偿风险。……由于哈奇－韦克斯曼框架，仿制药公司的专利诉讼只承担有限的诉讼风险，而其得到的仿制药排他销售权的价值却是巨大的。然而，专利权人却没有相应的好处——因为没有可收取的专利损害赔偿，但却有巨大的不利——失去专利。[97]

结果是，一些评论者相信，《哈奇－韦克斯曼法》造成反向支付和解的新现象完全是预料之中的。

迄今为止，讨论反向支付和解的主要机制是反垄断法。遗憾的是，这些和解的司法判决还没有达成共识。[98] 在一个第六巡回上诉法院的判决中，反向支付和解构成反垄断法上的本身违法行为。[99] 第二巡回上诉法院和第十一巡回上诉法院拒绝采用本身违法原则对待反向支付和解行为，而是采用一种基于传统的、合理原则上的更宽容的分析方式。[100] 值得注意的是，在这些法院审理的案件中，不同案件有不同的事实。但是，本身违法原则和类似合理原则的替代原则得到完全不同的司法结果。另一个值得注意的是，目前的趋势是对反向支付和解使用更宽松的司法监督。

与授权仿制药比较，反向支付和解现象表明，创新制药公司并不是利用《哈奇－韦克斯曼法》的唯一一方。仿制药公司也会做类似的行为，只要这种行为增加了其市场利益。当国会考虑直接禁止反向支付和解

---

[97] *In re Ciprofloxacin Antitrust Litigation*, 261 F. Supp. 2d 188, 251 (E. D. N. Y. 2003).

[98] *See generally* Larissa Burford, *In re Cardizem & Valley Drug Co. : The Hatch－Waxman Act, Anticompetitive Actions, and Regulatory Reform*, 19 Berkeley. Tech. L. J. 365 (2004); Richard D. Chaves Mosier & Steven W. Ritcheson, *In re Cardizem and Valley Drug: A View from the Faultline Between Patent and Antitrust in Pharmaceutical Settlements*, 20 Santa Clara Computer & High Tech. L. J. 497 (2004).

[99] *In re Cardizem CD Antitrust Litigation*, 332 F. 3d 896 (6th Cir. 2003).

[100] *See, e. g.*, *Valley Drug Co. v. Geneva Pharmaceuticals, Inc.*, 344 F. 3d 1294 (11th Cir. 2003); *In re Tamoxifen Citrate Antitrust Litigation.*, 429 F. 3d 370 (2d Cir. 2005).

时，[100] 希望其能考虑到整个《哈奇－韦克斯曼法》通过私人行为来达到公共目标动机的可观程度——这些私人行为并不总代表制药业成员的最佳选择。本章接下来将提供第三个突出的实例，即目前对确认之诉判决的争议。

（三） 确认之诉判决

《哈奇－韦克斯曼法》加速引入仿制药的目的，部分上是通过在联邦法院及时的挑战制药专利而实现的。但在哈奇－韦克斯曼构架下，这种挑战只有在创新者对第四款认证简化新药申请人提起侵权诉讼之时才可发生。但假如创新制药公司选择不诉讼则如何？在这种情况下，假设仿制药申请者的申请程序得当，食品药物管理局会在 45 日之后授予最终销售许可。[102] 然而，仿制药公司可能在解决知识产权纠纷前不想生产或销售其产品。

在这个情况下，许多仿制药公司都企图对专利权人提起所谓的确认之诉。依照美国法，一般的诉讼角色在确认之诉中会反转。仿制药公司成为原告以寻求专利无效的司法判决，而专利权人成为被告。为了支持仿制药公司这种努力，国会在《哈奇－韦克斯曼法》中加入了明确的确认之诉管辖条款。在 2003 年《医疗保险处方药、改良与现代化法》修正案中，[103]《哈奇－韦克斯曼法》提供了由"不需侵权之诉的确认之诉"，作为"保证专利确定性的民事诉讼"。[104] 该条款的效果在最初不是很清楚。因为在 2003 年修正案之前，联邦巡回上诉法院对制药专利案件的确认之诉采一种狭隘的观点。

这个问题的关键是确认之诉管辖的存在必须基于"现实争议"。[105] 因

---

[100] In the 110th Congress, S. 316 and H. R. 1432, both styled as the Preserve Access to Affordable Generics Act, propose to declare such agreements an act of unfair competition.

[102] 21 U. S. C. § 355 (j) (5) (B) (iii) (2006).

[103] Pub. L. No. 108 – 173, 117 Stat. 2066 (2003).

[104] 21 U. S. C. § 355 (j) (5) (C) (i) (2006). *See also* 35 U. S. C. § 271 (e) (5) (2006).

[105] *See EMC Corp. v. Norand Corp.* , 89 F. 3d 807, 810 (Fed. Cir. 1996) ('The [Declaratory Judgment] Act, paralleling Article III of the Constitution, requires an actual controversy between the parties before a federal court may exercise jurisdiction over an action for a declaratory judgment. ').

为美国法院不提供咨询意见,⑩ 确认之诉的原告必须证明有现实争议存在。为了满足这个标准,联邦巡回法院原来曾判决专利权人必须作出一个明确的威胁,或因专利权人采取其他行动使原告产生一种客观合理的忧虑,即如果继续某行为则专利权人会开始诉讼。⑩ 仅仅是拥有专利本身并不能成为向专利权人提出确认之诉的依据。虽然把专利列入"橘皮书"是这种案件的一个附加步骤,但必须认识到这是《哈奇－韦克斯曼法》规定新药申请人去做的。⑩ 在任何一个案件中,一个被联邦法所强制的行为看来都不是一个产生被诉专利侵权合理忧虑的基础。其结果是,如专利权人没有采取其他行动,联邦巡回上诉法院在专利权人没有对第四款认证简化新药申请人提起侵权诉讼时,拒绝在《哈奇－韦克斯曼法》案件中使用确认之诉判决。⑩

在 2007 年,仿制药公司依照美国法典第 35 篇第 271 条(e)(5)启动确认之诉的能力突然增加。这种情况的改变是因为联邦最高法院的 *MedImmune*, *Inc. v. Genentech*, *Inc.* 判决。⑩ 虽然 *MedImmune* 一案并未涉及《哈奇－韦克斯曼法》,但联邦最高法院借机推翻了联邦巡回上诉法院用以预测确认之诉管辖的"合理诉讼忧虑"标准。联邦最高法院认为,可判决的争议必须"确定而具体,触及包含相反法律利益主体的法律关系",并且"通过一个有决定性特征的判决得到一个具体的救济,并与假设事实下的法律咨询意见相区别"。联邦最高法院进一步规定,下级法院应该判断,"在所有的情况下,所主张的事实是否显示在相反法律利益主体之间具备一个实质的争议,并且其是否具有足够的直接性和现实性来

---

⑩ *Fina Oil & Chem. Co. v. Ewen*, 123 F. 3d 1466, 1470 (Fed. Cir. 1997) ('the federal courts do not sit to render advisory opinions'); *GAF Building Materials Corp. v. Elk Corp.* , 90 F. 3d 479, 482 (Fed. Cir. 1996) ('the dispute was purely hypothetical and called for an impermissible advisory opinion.').

⑩ As described in *Shell Oil Co. v. Amoco Corp.* , 970 F. 2d 885, 887 n. 2 (Fed. Cir. 1992):

The test for determining whether an actual controversy exists in a declaratory judgment suit in a patent case is two - pronged. First, the defendant's conduct must have created on the part of the plaintiff a reasonable apprehension that the defendant will initiate suit if the plaintiff continues the allegedly infringing activity. Second, the plaintiff must actually have either produced the device or have prepared to produce that device.

⑩ 21 U. S. C. § 355 (b) (1) (2006).

⑩ *See Teva Pharms. USA*, *Inc. v. Pfizer*, *Inc.* , 395 F. 3d 1324 (Fed. Cir. 2005).

⑩ *MedImmune*, *Inc. v. Genentech*, *Inc.* , 127 S. Ct. 764 (2007).

保证一个确认之诉判决"。[⑪]

联邦巡回上诉法院第一次在《哈奇－韦克斯曼法》下适用 *MedImmune* 标准的机会出现在 *Teva harmaceuticals USA，Inc. v. Novartis Phamaceuticals Corp.* 一案中。[⑫] 在这个案件中，Novartis 的 5 个专利被列在"橘皮书"中的 Famvir® 产品之下。其中所列的专利之一——U. S. Patent No. 5246937（以下简称"'937 专利"）是指向 Famvir® 的一种活性成分泛昔洛韦。其他 4 个专利的权利要求是 Famvir® 的治疗性使用方法。'937 专利于 2010 年到期，其他专利会在 2014 年或 2015 年到期。[⑬] 按照《哈奇－韦克斯曼法》条文的要求，Teva 提交了一个包含针对这 5 个专利的第四款认证简化新药申请。作为回应，Novartis 对 Teva 提起了单独针对 '973 专利的侵权之诉。对其他 4 项专利，Novartis 并没有主张侵权。然而，Teva 却依照 2003 年《哈奇－韦克斯曼法》修正案提起了确认之诉，以获得"专利确定性"。在应用当时"合理迫切诉讼忧虑"标准判断管辖存在与否之后，联邦地区法院驳回了 Teva 的确认之诉。[⑭]

在上诉中，联邦巡回上诉法院承认联邦最高法院已经在 *MedImmune* 一案中拒绝了"合理忧虑"标准。在加亚尔萨（Gajarsa）法官与迈耶（Mayer）法官的判决意见中，加亚尔萨法官指出同时考虑本案中的 5 种情况，Teva 拥有一个宪法第三章下可审理的争议。这些情况是：

1. "橘皮书"在列的五项专利与 Famvir® 有关。

2. Teva 提交了一个简化新药申请，主张其并没有侵犯"橘皮书"中的专利，或该专利无效。

3. 由 2003 年《哈奇－韦克斯曼法》建立的"获得专利确定性的民事诉讼"，以及《哈奇－韦克斯曼法》的立法目的。

4. 由 Novartis 基于 '937 专利对 Teva 提起的专利侵权诉讼。

---

⑪ *Id.* at 771（quoting *Maryland Casualty Co. v. Pacific Coal & Oil Co.*，312 U. S. 270，273 (1941)）.

⑫ *Teva Pharmaceuticals USA，Inc. v. Novartis Phamaceuticals Corp.*，482 F. 3d 1380 (Fed. Cir. 2007).

⑬ *Id.* at 1334.

⑭ *Id.* at 1334 – 5.

5. 基于这四项方法专利的未来侵权的可能。[115]

加亚尔萨法官进一步解释了 3 种特别情形在未来会成为确认之诉的基础：

简化新药申请者在下列情况下可获得一个可审判的确认之诉争议：即当专利权人在"橘皮书"中列入专利时，简化新药申请者提交了包含所列专利的第四款认证简化新药申请，并且专利权人基于一项或多项专利向简化新药申请者提出了专利侵权诉讼。这三种情况的结合是确定第四款认证所涉及所有专利确认之诉现实争议的结论性依据，无论专利权人是否基于所有或部分第四款认证所包含专利提起侵权诉讼。[116]

高级法官弗里德曼（Friedman）赞同*这个结论，但是表示他将采用"一个与法院判决不同的而且简单的过程达到同样结论"[117]。弗里德曼法官解释道：因为（1）Novartis 已经将其专利列入"橘皮书"并且（2）Teva 已经针对每个专利提交了第四款认证，这些情景联系起来"构成了一个存在于双方之间的争议，即 Teva 推出的 Famvir® 仿制型是否会侵犯 Famvir® 在"橘皮书"中所列的其他四项专利，这些专利是否有效。"[118] 按照弗里德曼法官的说法，Novartis 提交的基于 '937 专利的侵权起诉"证实了双方争议仍在继续"。[119]

这种多数意见和赞同意见之间论证方法的区别是《哈奇－韦克斯曼法》专利纠纷解决机制的关键问题。因为 Novartis 已经提起了一个"橘皮书"专利侵权诉讼，使 *Teva v. Novartis* 成为一个简单的案例。但假设 Novartis 选择不提起美国法典第 35 篇第 271 条（e）下的任何专利诉讼呢？在这种情况下，弗里德曼法官将会认为确认之诉管辖的要求已经被满足

---

[115]　*Id.* at 1341－5.

[116]　*Id.* at 1344.

*　此处的"赞同"原文为 concur。该词在法院判决中特指某法官赞同其他法官的结论，但采取不同的分析方式。——译者注

[117]　*Id.* at 1346.

[118]　*Id.* at 1347.

[119]　*Id.*

了。相比之下，多数意见会考虑更多事实以及情况以判断一个可审判的争议是否存在。⑳

在联邦巡回上诉法院遇到一个合适的案件事实之前，我们不会知道《哈奇－韦克斯曼法》的 2003 年修正案是否会增进挑战专利的行为。然而这个经验又一次显示了取决于制药商行为的意外结果。当国会颁布《哈奇－韦克斯曼法》之时，其认为制药专利权人将继续针对他们的竞争者进行侵略性的专利权执行。然而，很多创新制药公司的回应方式都是提起更少的诉讼，至少是在仿制药进入市场之初。这种对哈奇－韦克斯曼激励框架讽刺性的回应，正如本章接下来所分析的，是在更广泛情景下的众多经验之一。

四、专利法产业特异化的挑战

25 年来《哈奇－韦克斯曼法》的经验使我们能对立法上针对具体行业制定知识产权法的能力得到一些广泛的结论。首先，《哈奇－韦克斯曼法》使我们知道私有机构并不总能被成功劝诱以实现公众愿望。其次，制药业的专利法是作为一种部分封闭的体系而存在的，这种设计上的选择拥有《哈奇－韦克斯曼法》和一般专利法上的双重意义。最后，尽管是否需要《哈奇－韦克斯曼法》这个问题还悬而未决，国会仍然继续补充该项立法以鼓励新技术发展。虽然这种延伸是可预见的，但他们的影响应该在公众领域中得到谨慎的审视。

（一）私有机构追求公众目标

《哈奇－韦克斯曼法》最有力地传达给我们的教训就是立法不可能总是鼓励某个私有机构去朝着公共目标去努力。《哈奇－韦克斯曼法》的构建者们试图寻找在鼓励制药创新和增加公众对药品的可获得性之间的一个孤立的平衡点。然而，这种产业具体化法的目的却每每被其所规范的个体所挫败。制药业的不同参与者们总是采取一些《哈奇－韦克斯曼法》构建者所未曾预料的行动。

这个经历为未来知识产权政策制定者提供了一个重要的考量：制药

---

⑳ Such factors as the patent proprietor's infringement charges against other ANDA applicants, with respect to the product in dispute and perhaps other products; the history of litigation between the declaratory judgment plaintiff and the patent proprietor; and possibly a more general appreciation of the economics and marketplace realities of pharmaceutical patent litigation would appear to be relevant in such cases.

专利体系可能获得比预想更多的效果。专利制度的一个所谓的优越性就是它不随创新实现途径的改变而改变。本着这一精神，美国专利法关于创造性的条款指出，"可专利性不应因发明作出的方式而被否认"。[⑳] 许多技术途径，从穷举性研究项目到偶然发现，都可以导致被专利保护的发明。专利制度没有对创新发明来源的参考，这一点使它易于应用到不同的创新环境，产生统一的规范性影响，并且不会被私人行为所操纵。

与直觉相反的，《哈奇－韦克斯曼法》更具体的目标看来更易被创新制药公司和仿制药公司所操纵。具体来说，由仿制药市场排他销售所产生的激励，不时被来自制药公司的单方或双方行为所阻碍。"橘皮书"提供了第二个例子，它作为专利结算中心的历史是有问题的。创新制药公司不愿把它们的专利置于法庭之中以免其被无效，这也阻碍了鼓励挑战专利目标的实现。这些以及其他经历都表明，知识产权提供的激励机制在一个广泛的构架下更加有效。如果存在更具体的激励的话，其必须构建得非常仔细，以免带来一些行为挫败其所欲实现的目标。

（二）制药专利法律与制度的封闭性

在 1984 年，国会拟为半导体芯片和制药两个行业建立具体的知识产权体系。对前者来说，立法者颁布了一个特异性的立法。[㉒] 与其他的工业特殊化立法（如规范船体和植物品种的立法）一样，半导体芯片保护法成为一个幽僻而孤立的存在。

国会为制药业作了不同的选择，塑造了一个可渗透的体制置于专利法和食品药物法之中。这种设计上的选择总的来说是明智的。制药专利法继续循着知识产权法更广泛地运动，依然遵从一般专利体制司法层面的校正，并且不需要额外的立法行为。正如之前讨论的那样，*MedImmune, Inc. v. Genentech, Inc.*[㉓] 一案的判决形式上与《哈奇－韦克斯曼法》没有关系。但是，通过放松确认之诉管辖的标准，*MedImmune* 一案的判决促进了国会 2003 年所颁布《医疗保险处方药、改良与现代化法》修正案的立法目的。该立法的开放式框架也使制药专利法与其他外部体系对接，并且在一定意义上逃脱了监管问题。开放式立法的一个负面结果就

---

⑳　35 U. S. C. § 103（a）（2006）.

㉒　Semiconductor Chip Protection Act of 1984, Pub. L. No. 98620, 98 Stat. 3347.

㉓　MedImmune, Inc. v. Genentech, Inc. , 127 *S. Ct.* 764（2007）.

是缺乏可预见性。一些一般的专利法判决可能会增加《哈奇－韦克斯曼法》中的特别条款的价值。例如，众所周知的 *eBay，Inc. v. Mercexchange，L. L. C.* 案[124]判决使专利权人在专利诉讼获胜之后更难获得永久禁令。然而考虑到法院判决在商业方法专利和专利投机者之中产生的影响，*eBay* 一案可能对创新药公司来说只是片刻之事。就 *eBay* 一案确实对他们的救济产生的影响来说，该判决有效地增加了独家销售权和 30 个月销售许可审查中止的价值。

另一方面，一些判决会降低制药专利的价值。当联邦最高法院在 *KSR International Co. v. Teleflex Inc.* [125] 一案中提高可专利性门槛时，很多观察家认为制药专利领域会成为这个判决的试金石。另一些人进一步预测某些产品会成为仿制药物竞争的牺牲品。[126] 鉴于一般的司法判决和专利立法在《哈奇－韦克斯曼法》所取得的平衡中扮演着显著角色，无怪乎制药公司在游说立法和促进国际条约中投入可观的努力。有时，制药产业的角色是动态的。随着世界贸易组织的出现，创新制药公司是知识产权法进入国际贸易议程的最有力的主张者。然而其他时间，如我们当今在国会专利立法改革讨论中所看到的，制药业支持一种静态的平衡。但是无论目前主要制药公司的想法是什么，他们对知识的需要以及特定的产业结构都在塑造美国和国际一般专利立法和政策中继续扮演主导角色。

（三） 拥抱和扩展《哈奇－韦克斯曼法》

10 年之前，艾尔弗雷德·恩格尔伯格（Alfred Engelberg）提出了一个今天仍有说服力的问题："《哈奇－韦克斯曼法》是真的必要吗？"[127] 恩格尔伯格认为专利期限延长和 Bolar 实验豁免在实际市场影响上是互相抵消的。恩格尔伯格还质疑政府鼓励在某一具体领域挑战已授予专利的行为的公平性。因为是政府首先授予了专利，并且具有特异性的制药专利领域的一贯经验表明，挑战专利始终是一个基于商业原因的私人行为，尽管它有显著的公共外部性。

---

[124] *eBay，Inc. v. Mercexchange，L. L. C.*，126 S. Ct. 1837（2006）.

[125] *KSR International Co. v. Teleflex Inc.*，127 S. Ct. 1727（2007）.

[126] George E. Jordan，*Patent Law Change to Effect N. J.：'Obviousness' is Redefined，Pharma Industry Cringes*，Newark Star－Ledger，May 27，2007.

[127] Engelberg，*supra* note 26.

尽管有这些不断的挑战，国会仍然增强《哈奇－韦克斯曼法》以增加其他集中的创新激励。例如，国会发展了一个儿科排他期把已有知识产权延续了 6 个月。[⑫] 儿科排他期是授予对已批准药物进行儿科研究的创新制药公司的。考虑额外的延期看来获得了更多关注。国会考虑了专利期延长和排他销售，以开发用于国土安全的、应对生物、化学以及辐射的对策。[⑫] 最近有关于为后续生物产品创造一个加急销售许可通道的讨论，它有望包括一个 12 年的排他销售权和一个非凡而缜密的专利争端解决制度。[⑬]

不难发现为什么《哈奇－韦克斯曼法》的构架被证明受到立法者欢迎。目前对国会来说进行一个综合的专利法改革的最显著的障碍是把一般专利制度适用到不同的产业中。这种障碍在产业具体化的排他销售中得到了消除。因为 TRIPS 的出现，原来仅作为立法便利的内容成为法律必要。虽然 TRIPS 规定专利和排他销售皆属于知识产权并受其调整，但是排他销售相比之下却很少受到规范。结果是各国立法对这种准专利及其更窄的激励导向拥有更可观的自由裁量权。除了公共目标和私人努力之间永久的隔绝，国会不断求助于排他销售看来是有问题的。正如马克·贾尼斯（Mark Janis）教授解释的，"第二层的专利保护"传统的正当性是，它们更适用于小企业并且它们为一些在传统专利领域之外的课题提供了知识产权保护。[⑬] 这两种理论看来在这里全不适用。创新制药工业已经长时间地被尖端的跨国企业所占据，同时"专利药"这个词表示制药公司应用专利制度已经由来已久。

每一个已有的排他销售都潜在地保护了一些完全常规的、没有创新的努力，这进一步显示了把这个概念应用到新客体中的问题。正如联邦最高法院在 *KSR* 案件[⑫]中观察到的，对次级专利客体授予专利权可能延缓进步并最终扼杀创新。我们的经验也显示了校准市场排他期限的困难。很多批评家认为授予儿科排他期对创新制药公司来说是一个不应当的意

---

⑫　21 U. S. C. § 355a (2006).

⑫　*See, e. g.*, Project BioShield II Act, S. 975, 109th Cong. (2005).

⑬　*See, e. g.*, Biologics Price Competition and Innovation Act, S. 1695, 110th Cong. (2007).

⑬　Mark D. Janis, *Second Tier Patent Protection*, 40 Harv. Int'l L. J. 151 (1999).

⑫　*KSR*, 127 S. Ct. at 1727.

外所得，因为比如在这些批评家看来，它们在 6 个月的排他销售中获得的利益要远大于它们为儿科研究的付出。[⑬] 因为这两个原因，国会采取谨慎态度对《哈奇－韦克斯曼法》进行进一步扩展才会取得良好效果。

五、结　论

　　在制药创新和药物的易获得性之间达到平衡是一个迫切的社会问题。病患依赖创新制药公司开发出新药，但是当那些药物被研制出来后，他们也依靠仿制药公司来增加那些药物的易获得性。《哈奇－韦克斯曼法》在美国建立了以专利法和食品药物法为主的、调和这两种需求的机制。政策制定者会基于以往 25 年在特异性制药专利领域的经验，将工作完成好。

---

⑬　The views of these critics are presented in Robert Steinbrook, *Testing Medications in Children*, 347 New Eng. J. Med. 1462 n. 18（Oct. 31, 2002）.

第二十四章 专利权与公共健康在当今国际准则中的争议

作者：辛西娅·M. 何（Cynthia M. Ho）

译者：李子雍

一、概　述

在制药领域中，专利往往被认为对鼓励创新有重要甚至是核心的作用，但是其潜在的助益也许只是虚幻的。特别是，专利权人有权排除其他人的生产，这使专利权人可以把专利产品的价格抬高到人们难以接受的水平。一方面，获得专利的制药公司强调，专利鼓励研发并且造福了全社会，虽然遗憾的是专利药的价格很高，但它是昂贵的制药研发投资所必需的。这些公司强调了沉没成本，比如大量的临床药物试验，包括那些从未到达市场层面的药物与试验。另一方面，人权拥护者和发展中国家则强调授予制药公司控制药物的权利是不人道的，因为专利保护，虽然存在治疗方法，但是人们承受不起。

专利权可以和公共健康共存吗？技术上说，每一个国家都有能力决定是否授予专利，包括药物化学成分专利。在历史上，许多国家选择不授予专利或只授予有限专利权以作为提高药物可获得性的方法。然而，虽然这个选择理论上存在，但它在现实中越来越成为了一个虚设的选择。特别是，世界上许多国家，包括一些欠发达国家，是世界贸易组织（WTO）成员[①]，成员的一种权利就是获得全球市场。但是，与权利相应

[①] WORLD TRADE ORGANIZATION, UNDERSTANDING THE WTO: THE ORGANIZATION: MEMBERS AND OBSERVERS (last visited Feb. 2007), *at*, http: //www. wto. org/english/thewto_ e/whatis_ e/tif_ e/org6_ e. htm (listing 150 member states).

地，成员也承担一定义务，包括承诺遵守 WTO 所有相关协议。其中的一个协议就是《与贸易有关的知识产权协定》（TRIPS），该协定建立了第一个全球范围内的专利最低限度保护。② 基本上，TRIPS 要求每个 WTO 成员都提供最低水平的专利权，包括限定了什么必须是可专利的客体，以及允许的例外。在 TRIPS 的规定下，对于平衡专利权和其他目标（如提供营养和公共健康）而言，成员不再拥有不受限制的灵活性。

本章意在指出一些关于专利权和公共健康在全球范围内的适当平衡的争议。首先将简要介绍 TRIPS 的背景，包括它的创设、专利条款的概观以及在国际世界秩序中的地位。其次将分析目前各国解决本国利益的同时还要遵守 TRIPS 所产生的问题。再次，本章将讨论在 TRIPS 缔结之后，由国际公约所带来的更高的专利权保护标准。最后，本章将讨论全球增强专利权保护的趋势。

二、TRIPS

（一）背景

1. 创设

虽然 TRIPS 如今被视为国际法的一个基石，并对国际专利法有重要影响，但对于专利保护范围来说它的存在并没有反应成员的共识。TRIPS 谈判是颇具争议的，当拥有大量专利的发达国家促成 TRIPS 时，遇到了原来不提供专利保护或提供很有限保护的国家的反对。TRIPS 的达成在很大程度上源于它是 WTO 谈判更大的"一揽子交易"的一部分。具体来说，希望通过 WTO 获得更大市场的任何国家，都必须接受 WTO 的相关协议，包括 TRIPS。TRIPS 与 WTO 之间的关联使发达国家可以成功地提高全球知识产权保护水平，因为它们可以用国际市场入场券作为谈判筹码。之前单纯提高知识产权保护标准的国际谈判都失败了，因为发展中国家不能通过接受这些要求获得任何好处。③ 另一个促使发展中国家接受

---

② TRIPS (1994).

③ *See, e. g.,* Gana (1996: 334) (noting that 'the TRIPS Agreement accomplishes, through the potential threat of economic ostracism, what could not be accomplished through negotiations independent of the international economic framework'); Helfer (2004: 2 - 3) (noting that TRIPS is defended as a package deal); Reich (2004: 362) (noting that the WTO negotiations succeeded where prior WIPO negotiations failed, because TRIPS was presented as a package deal to which countries could not resist if they wanted access to global markets).

TRIPS 条款的动力是，它们相信之后就不会受到发达国家要求增强知识产权保护的单边压力和经济制裁了。④

虽然 TRIPS 下的最低标准明显有益于发达国家，但它们主张，这些新政策会对所有国家有利，会建立外商直接投资的平台，也会形成创新的环境。这种论点没有经验数据的支持，但事实上许多政策显示，不同发展水平的国家应该有不同的知识产权法。⑤

TRIPS 的达成还得益于发展中国家最开始相信 TRIPS 不会过分干预主权利益，因为 TRIPS 中包含关于专利权之外的公共政策目标。例如，第 7 条，题目为 "目标"，其明确表示知识产权应 "对技术知识的生产者和使用者的共同利益作出贡献，并应当以一种有助于社会和经济福利以及有助于权利与义务平衡的方式进行"。⑥ 第 8 条，题目为 "原则"，也相应地指出了鼓励创新之外的价值，并且明确表示成员可以采用措施以保护公众健康和营养需求。然而，这些措施的范围总在争议中，因为只有 "符合" TRIPS 的措施才被允许。⑦ 可专利性标准的例外和专利权的例外也包含了对社会准则的考虑。例如，可专利性标准的一个例外是诊断和治疗方法。⑧ 另一个专利权的例外不仅考虑了专利权人的利益，而且还考虑了 "第三方的合法利益"，人们推测这些利益包括迅速提供低价非专利药物。⑨

虽然 TRIPS 中有考虑社会准则的条款，但是自从其缔结之后，成员平衡专利权和其他社会利益就成为一个持续的问题。在 TRIPS 下，各个国家已经就专利权的范围提起很多争议，其中就包括公共健康问题。TRIPS 对公共健康的影响得到了越来越多的重视，并且导致了《2001 年

---

④　*See*, *e. g.*, Correa（2000：11）.

⑤　*See*, *e. g.*, U. N. Doc. E/C. 12/2001/15（2001：15）,（noting that uniform rules may be inappropriate for nations at different levels of development）; Commission on Intellectual Property Rights（2002：8）（noting that '［d］eveloping countries should not be deprived of the flexibility to design their IP systems that industrialized countries enjoyed in earlier stages of their own development'）; Correa and Musungu（2002：23）（noting that industrialized countries had varying evolutions of their patent systems that enabled them to take into account the competitive strength of their industries）.

⑥　TRIPS, art. 7.

⑦　TRIPS, art. 8（1）.

⑧　TRIPS, art. 27（3）. In addition, 'ordre public or morality' is referenced in a different exception from patentability. Ibid. , art 27（2）.

⑨　TRIPS, art. 30.

关于公共健康的多哈宣言》，它为 TRIPS 提供了一些诠释。⑩ 虽然该宣言在当时获得了一致同意，但是它是在全球范围内意识到艾滋病疫情的背景下签署的。虽然该宣言获得一致通过，但它并没有平息所有的争论，因为其中一些语言很模糊，可以导致不同解释，正如 TRIPS 本身一样。例如，虽然该宣言宣称"TRIPS 没有也不应当妨碍成员为维护公共健康而采取措施"，但它并没有就如何实施 TRIPS 以达到该目的提供过多细节。⑪该宣言确实澄清了一些争议问题，包括在什么情况下成员政府可以依据自由裁量颁发强制许可。然而，即使这个声明也没有阻止之后关于强制许可的持续争议。

2. 概述

TRIPS 不仅要求所有 WTO 成员都存在专利，而且其为每个国家都规定了最低的专利保护要求。具体来说，TRIPS 提供了一个可专利客体的基本标准，从而有效地禁止了国家在 TRIPS 允许范围之外基于社会目标限制授予专利。例如，各国不再能根据本国需求药物的考虑，单边决定不授予药物配方专利。只要新药满足了可专利性的标准，就不能以促进健康为由排除发明的专利化。TRIPS 也为专利权的范围提供了基本的标准，包括构成侵权的行为，也包括专利权允许的例外。TRIPS 还建立了专利的期限，另外还有延续药物专利排他期限的附加权利，它们主要是通过有关行政审批保密信息的新国际规则来实现的。

可专利的客体　TRIPS 要求专利权基本存在于所有技术领域的所有"发明"中，只要它们符合新颖性、创造性和实用性的可专利性要求。⑫特别是，TRIPS 具体指出了专利权必须存在于产品和方法上。⑬ 这对若干原先不提供专利保护或把药物排除在专利产品之外以增进药物可获得性的国家产生了很大变化。TRIPS 为可专利性提供了一些例外。例如，成员保留排除医疗方法专利的权利，以及保留排除有悖道德的发明的可专利性的权利。⑭

---

⑩　Doha Public Health Declaration, paras 5（a），（c）.

⑪　Doha Public Health Declaration, para. 4.

⑫　TRIPS, art. 27（1）.

⑬　Ibid.

⑭　TRIPS, art. 27（2）－（3）.

当一些关键词缺乏定义时，成员则就专利权客体获得了一些灵活性。例如，虽然 TRIPS 要求对所有发明授予专利，但"发明"这个词并没有在 TRIPS 中定义；同样，什么构成"技术领域"也没有被定义。相应地，TRIPS 没有要求成员为分离或提纯的化合物提供专利保护，也没要求为商业方法提供专利保护。各国对这些客体的自由裁量仍然可能继续发挥作用。并且，各个国家在发明缺乏新颖性、实用性、创造性时，有拒绝授予专利的灵活性。虽然在各国这些性质都是授予专利的标准，但 TRIPS 也同样没有为这些关键词提供定义。

专利权　除了要求授予专利外，TRIPS 也规定了专利权的范围。依照 TRIPS，专利权人有权在专利期限内排除他人制造、使用、销售、许诺销售及进口专利所保护的发明。[15] 专利权期限"不应在自申请之日算起 20 年期限届满前终止"。[16] 与之前一些国家提供的自授予之日起的专利有效期不同，TRIPS 没有具体给出专利权什么时候开始起算，只是指出专利保护最早的到期时间。虽然 TRIPS 给出的唯一基准是申请日，但 TRIPS 并没有要求专利保护从专利申请之日起开始。照此，一些国家可以继续自专利授予之日或申请公开之日提供专利保护。然而重要的是，专利有效期不能在申请之日起 20 年之前结束。具体来说，在 WTO 争端解决程序中，加拿大专利法被判决违反了这个规定，因为其专利保护期限——从授予之日起 17 年（在 TRIPS 之前，1989 年之前提交的申请）——并不总是能提供自申请之日起 20 年的保护期限。[17] 加拿大主张已有事实表明专利申请审查时间一般需要 5 年，从授予日起授予 17 年的绝对保护期限可以达到同样效果，甚至有时比自授予之日起 20 年减去审查时间，会提供更长时间的保护。但 WTO 专家小组和上诉机构均认为 TRIPS 中的保护期限要求法律上的确定性。[18]

专利权的例外　在授予专利权的同时，TRIPS 允许一些专利权的例

---

[15]　TRIPS, art. 29.

[16]　TRIPS, art. 33.

[17]　*See* WTO, *Canada – Term of Patent Protection*, WT/DS170/R（May 5, 2000）, *aff'd*, WT/DS170/AB/R（Sept. 18, 2000）.

[18]　WTO, *Canada – Term of Patent Protection*, WT/DS170/AB/R（Sept. 18, 2000）, para. 90. The ruling resulted in an extension of the patent term of some blockbuster drugs and concomitant delay of related generics onto the market.

外。这种例外既存在于专利发明的排他权，又存在于专利期限。[⑲] 根据 TRIPS 第 30 条，第一个例外明确指出该例外是一个"有限的例外"，并且它的范围一向被 WTO 专家小组解释得很窄，它需要同时满足三种独立的情况。这实质上限制了成员偏离专利权标准的能力。[⑳] 根据 TRIPS 第 31 条，第二个例外基本上允许了强制许可，但只能在若干程序性标准满足后才可进行。[㉑] 强制许可的例外很具有争议性，这将在下文中详细讨论。

数据保护 除了要求提供专利之外，TRIPS 还是第一个规定了商业秘密保护的国际规则。TRIPS 所要求的商业秘密权利指的是提供给政府机构但没有向第三方公开的信息。[㉒] 换句话说，TRIPS 为那些为获得销售许可必须向政府提交的药物或农业化合物信息提供了"反不正当竞争"保护。虽然其中包括的信息种类是明确的，但该条款的范围却不是很清楚，因为 TRIPS 没有定义什么构成其禁止的"不正当竞争"。并且，TRIPS 没有指出反不正当竞争保护应该持续多长时间。这些词语的解释，对于衡量仿制药公司是否可以、何时可以依靠之前药物公司提交的文件来获得自己产品的许可，有很重要的意义。虽然其中存在争议，WTO 专家小组还没有就该条款的范围提供官方的解释。[㉓] 另一方面，这可能与那些受 TRIPS – plus 条约更高义务制约的国家并没有关系。这在下文中将讨论。

3. 强制执行

TRIPS 一个重要方面是其条款的强制执行力。虽然有些国家鉴于它们的发展水平获得一个过渡期以完全符合 TRIPS 的要求，但是所有的要求，包括过渡期条款，都最终在 WTO 框架下可强制执行。与其他 WTO 协议

[⑲] TRIPS, arts. 30 – 31.

[⑳] WTO, *Canada – Patent Protection of Pharmaceutical Products*, WT/DS114/R（Mar. 17, 2000）. The panel noted that the three separate elements must be 'presumed to mean something different' from each other or else there would be redundancy. *Id.* ¶¶ 7.20 – 7.21.

[㉑] TRIPS, art. 31

[㉒] TRIPS, art. 39.

[㉓] The United States brought a formal case against Argentina for alleged failure to comply with this provision, but the case failed to produce clear rules since it was ultimately settled after two years of discussion. *See* World Trade Organization, Notification of Mutually Agreed Solution According to the Conditions Set Forth in the Agreement, WT/DS171/3, WT/DS196/4, IP/D/18/Add. 1, IP/D/22/Add. 1（June 20, 2002）. For an interesting review of the background leading to the TRIPS provision, including limitations to its interpretation, see Reichman（2004）.

一样，TRIPS 依照 WTO 的争端解决机制（DSU）进行强制执行。㉔ DSU
被认为是所有国际条约中最有力的执行机制，因为 DSU 决议以 WTO 为后
盾。不遵守裁决结果的国家可能失去 WTO 下的利益。㉕

　　DSU 的一个结果就是 TRIPS 条款优于本国法，而且优于其他国际条
约和规则。因为其他国际机构和组织没有同样的强制执行能力，它们的
利益并没有得到有效维护。例如，广泛得到承认并被联合国承认的健康
权利、生命权利，并不容易定义，更不要说执行了。相反 TRIPS 中的专
利标准被清晰地定义并且在 DSU 下有很强的执行力。根据 DSU 规定，审
查违反 TRIPS 行为的 WTO 专家小组在解释包括 TRIPS 的 WTO 规则时，
必须考虑国际准则。㉖ 然而，国际准则也规定，当一个条约的词语清楚
时，没有必要考虑文字之外的内容。㉗ 此外，即使 WTO 专家小组在解释
TRIPS 时会考虑人权原则，这与在 TRIPS 之外执行国际规则也相去甚远。
例如，联合国决议表明基本人权，如健康权，拥有 TRIPS 之上的"优先
权"。这在 WTO 框架下不能强制执行也缺乏单独的执行力。

　　因为每个国际制度都提供它自己的权利和强制执行条款，拥有最强
执行力的制度——WTO/TRIPS——有效地支配了其他国际规范。在具体
的违反 TRIPS 的案例之外，没有单独的机制去考虑 TRIPS 与其他国际规
则的矛盾程度，抑或去考虑 TRIPS 使其他国际规则无效的情况。不存在
官方的规定要求 TRIPS 不侵犯其他国际条约。甚至当 TRIPS 与其他国际
条约发生冲突时，其他国际条约约定的行为都不能作为一种 WTO 下的正
当行为。

（二）目前问题

1. 可专利性

　　如上文所述，TRIPS 要求专利保护满足可专利性标准的所有"发
明"，但是并没有定义什么是发明。因此各国的本国法也出现了一些区别

㉔　DSU, art. 23.

㉕　Dreyfuss & Lowenfeld (1997: 276 - 7); Helfer (2004: 22).

㉖　DSU, art. 3（2）. Customary rules include at least the interpretative rules under the Vienna
Convention, which requires that a treaty be interpreted in 'good faith' in accordance with the 'ordinary
meaning' of the treaty terms in their context and in light of the object and purpose of the treaty. Vienna
Convention on the Law of Treaties, art. 31（1）.

㉗　Vienna Convention on the Law of Treaties, May 23, 1969, 8 I. L. M. 679, art. 31.

和弹性。然而，这种弹性的限度可能面临目前印度专利法的挑战，因为它为可专利性客体的限制提供了新诠释。虽然 2005 年印度专利法的修正案确实把专利保护扩展到所有技术领域，并且是第一次包括了药物专利，但印度专利法有一个点特别需要注意。具体来说，它把现存产品的可替换化合物排除在专利保护范围之外。印度专利法 3（d）规定：

> 仅仅发现已知物质的新形式，并没有增加该已知物质的已知效果，或仅仅发现已知物质的新属性或新用途，或仅仅使用一个已知的过程、机械或设备，除非该已知过程导致新产品或使用至少一个新反应物，（否则皆不授予专利）。[28]

此外，该条款的一个解释澄清了化学衍生物——如盐、酯、异构体和其他合成物——应当被认为是相同物质，除非它们在功效方面有性质上的显著不同。[29]

印度这种排除客体可专利性的条款，如果是基于可专利性标准考虑，应该是很独特的。其他国家都没有因为某化合物与之前化合物相似而排除该化合物的可专利性。相反地，多数其他国家只是在考虑某化合物的新颖性和创造性时才考虑其与之前化合物的相似性。并且，虽然一个相关的化合物可能看来缺少创造性，但是很多国家的专利法在解释这项要求时，事实上都认为化学上的相似性通常不构成对创造性的阻碍。一种药物是否更加有效，更像是药物销售部门所考虑的问题。然而，即使对于销售部门，问题也只局限于新药是否安全并有效，但并不涉及它比其他产品更加有效，更不会考虑是否在化学上相似。

印度专利法限制相似化合物的可专利性主要是为了避免制药业的一个惯常做法，即基于一个药物获得一个专利组合，以使公司获得比一个专利有效期长很多的排他时间。这种行为常被称为"专利生命周期管理"或"常青法"，即在申请最初的化合物专利之后，在此基础上做较小的修改并获得若干专利。例如，之后授予专利权人的专利可能是同样化合物的新用途或新用量。虽然这种行为被仿制药公司和病患权利组织所谴责，

---

[28] India Patents（Amendment）Act, 2005 ¶ 3（d）.

[29] Ibid.

但常青法是在许多工业化国家中的既成做法。然而，印度看来是无意效法了。

印度的可专利性例外已经成为一个全球关注的争端焦点，这个争端围绕着印度拒绝授予 Novartis 公司名为 Glives 的癌症治疗药物，它将作为 Gleevec 的替代产品销售。Novatis 在其专利申请被拒绝后采取了两项措施。[30] Novartis 不仅为拒绝专利申请一事请求司法救济，而且还请求确认印度专利法无效。[31] Novartis 主张印度专利法 3（d）因为不符合 TRIPS 而无效，并且认为该排除事项"为制药发明创造了新障碍，其不正当地且非法地缩小了可专利性的范围"。[32] 此外，Novartis 声称该条文还因武断、不合逻辑及模糊而违宪进而无效，因为它不符合印度宪法第 14 条。[33]

Novartis 一案被世界上的专利权人和公共健康组织所密切关注。对于像 Novartis 一样的跨国制药公司，本案无论是对 Glivec，还是对其他化合物的专利权判定都至关重要。[34] 这些公司同样认为挑战印度专利法对全球范围内加强专利权有重大作用。另一方面，公共健康组织顾虑的是，如果印度专利法一旦被判无效，Novartis 的 Glivec 以及其他药物的可获得性都会受影响。对于这些公共健康组织来说，这个案件是阻止创新性不足的变异体获得专利合理化垄断期间的一个小小希望。

Novartis 辩驳道，公共健康组织的成功反而会对药物的可获得性产生负面影响。Novartis 认为保护专利至关重要，因为专利"用激励创新的方式挽救生命"。[35] Novartis 还主张该诉讼只是关于基本法律原则，而不会对 Glivec 的可获得性产生任何影响，因为 99% 的印度患者都从 Novartis 处几

---

[30] The denial of its patent application also terminated its exclusive marketing right, a right that WTO member states were required to provide if they did not immediately provide patent protection. *See* TRIPS, art. 70 (9).

[31] *See*, *e. g.*, Gentleman (2007).

[32] Novartis (2007).

[33] *See*, *e. g.*, Novartis v. Union of India, para. 1 (Madras H. C., June 8, 2007)

[34] Although the Novartis case was of primary interest to multinational pharmaceutical companies, the challenged Indian provision was also questioned by some Indian pharmaceutical companies. In particular, some believed that most innovations of current Indian companies are primarily incremental and might thereby be denied patent protection whereas multinational companies would be the only companies with adequate resources to develop patentable products.

[35] Novartis (2007).

乎免费地得到了 Glivec。㊱ Novartis 指出 Glivec 的仿制药不会增加它的可获得性，因为是药物成本之外的因素阻碍着药物的获得。

Novartis 曾面临要求其撤诉的持续压力。美国国会政府改革与监督委员会主席曾因顾虑本案会对世界范围内药物的可获得性产生严重影响而致信 Novartis，建议其考虑自身的立场。㊲ 类似地，欧洲议会的 5 个成员发表了一个声明，请求 Novartis 放弃本案。㊳ 德国经济合作与发展部部长也请求 Novartis 放弃本案。㊴ 然而，Novartis 顶住了这些压力并坚持挑战印度法律。

Novartis 是否应当获得 Glivec 的印度专利是一个很有意思的问题，因为这种药物被认为是一种重要的癌症药物。Novartis 强调该药物是全世界都承认的制药突破并且已被专利化。然而，Novartis 并没有强调，其主张的专利申请并不是针对其突破性药物的，该突破性药物已经被专利化了。其申请的对象是该药物的一个变型，这基本上可以使 Novartis 对该药物享有原专利保护期限之外的市场垄断，以此排除低成本的非专利药进入市场。本案中的申请是 Glivec 的 β 晶体。虽然专利局的一个意见表明该 β 晶体结构是已知的，但争论的焦点是，如果该 β 晶体结构不是已知的话，是否会被专利法 3（d）所排除。根据上文，即使是新的 β 晶体结构也应该符合印度的标准，因为新结构在室温下更加稳定并且增加了 30% 的生物利用率。㊵ 可以说，生物利用率的增加可以构成功效的增强。然而什么构成 "功效" 并没有被明确定义，更不要说什么构成功效的增强了。

虽然印度最高法院最终拒绝了 Novartis 的主张，法院的狭义判决意味着这并不是争论的完结。法院判决 Novartis 没有诉权挑战印度专利法是否符合 TRIPS，并且指出该种问题应该留到 WTO 系统内解决。㊶ 此外，法院还拒绝了合宪性的请求，因为法院认为 "功效" 一词在制药业内是众所周知的，并且法律并不因只规定了原则性要求就构成武断和模糊。㊷ 虽

㊱ Ibid.
㊲ Statement by Henry Waxman（2007）.
㊳ Statement by Anne Ferreira et al.（2007）.
㊴ Gerhardsen, 15 Feb. 2007.
㊵ Bate（2007）.
㊶ *Novartis v. India*, para. 8.
㊷ *Novartis v. India*, paras 13 – 14.

然法院同意目前的法律可能导致专利局的武断应用，但法院认为判决该法律无效并不是适当的救济，适当的救济应该是对专利局驳回申请的个案上诉。[43]

虽然 Novartis 不能在 WTO 提起诉讼，但它可以请求一个 WTO 成员这样做。并且如果印度以后驳回的专利申请影响到了跨国公司和/或 WTO 成员的利益，则很可能出现 WTO 诉讼。但是，除非 WTO 专家小组对印度专利法进行判决，印度专利法会仍然存在并且 TRIPS 问题还会继续。

与此同时，正如本文将指出的，印度专利法 3（d）条还会面临一个新的法律争议。这个条款作为一个抗辩出现在 Roche 对一印度仿制药公司 Cipla 提出的专利侵权诉讼中，Cipla 企图使该涉案专利无效。[44] 新德里高级法院聆讯了本案双方关于是否对 Cipla 销售癌症专利药物 Tarceva 发出禁令的诉讼。[45] Cipla 显然是主张 Tarceva 的活性成分是一个早前称为 Gefatinib 的物质的衍生物，除非能证明功效增强，否则该专利是不应被授予的。[46]

2. 专利权——"有限例外"

在不久的未来，专利权"有限例外"的范围也会被重新考虑。一个考虑什么构成专利权"有限"例外的可能争论焦点就是对某些专利权人构成限制的印度专利法。虽然印度现在是实行这样法律的唯一国家，但重要的是，印度是许多仿制药和艾滋病仿制药的源头。

印度采取了一个新颖的方式限制了那些在 TRIPS "信箱"条款下提交的专利。印度在 TRIPS 达成之时还没有对特定产品提供专利保护，依照 TRIPS，它必须马上采取程序使其他国家的专利权人可以在印度提交专利申请，并且一旦提供相应的专利保护后，这些申请将按接收顺序被审查。[47] 换句话说，虽然专利申请不会马上得到审查，但一旦产品专利保护存在，他们必须按收到顺序被审查，并且在评价现有技术的时候会考虑印度申请日或任何适用的优先权日。印度专利法的问题是，它并没有给

[43] *Novartis v. India*, paras 11, 16 – 18.

[44] Shrivastava（Feb. 9, 2008）.

[45] Ollier（Jan. 28, 2008）.

[46] Ollier（Jan. 28, 2008）; Shrivastava（Feb. 9, 2008）.

[47] TRIPS, art. 70（8）.

予"信箱"条款下的专利申请与其他一般专利申请相同的权利。具体来说，从信箱申请获得专利的专利权人只能从使用该发明的公司处获得 2005 年 1 月 1 日前的"合理许可费用"。并且，专利权人无权禁止这些公司继续制造和销售此类发明产品。⑱ 从技术上讲，专利权人从那些"进行了重大投资"并在 2005 年 1 月 1 日之前进行产品生产，并持续生产该产品的企业处只能获得有限的救济。⑲

本条款更像事实上的强制许可，其作用是使仿制药厂商可以在信箱申请的情况下想继续生产发明药物，只要他们有远见在 2005 年 1 月 1 日之前就进行了生产。他们仅受限于"重大投资"这个没有定义过的条文。实践中，这意味着虽然印度专利法允许产品专利，至少就 2005 年 1 月 1 日前生产出的药，仿制药厂商可以继续存在。这种仿制药物还不算在那些在印度专利法新颖性 3（d）下不可专利的已知化合物变型之中。

其中的问题是印度事实上的强制许可是否可以被看成是 TRIPS 下的"有限例外"。毕竟，TRIPS 指出所有专利必须获得同样的权利范围，不得因技术领域而歧视对待。并且，TRIPS 第 28 条清楚地指出专利权人有权排除第三方制造、使用、许诺销售、销售及进口专利发明。允许在合理许可费用下进行非许可使用专利发明的条款对以上权利构成了明显的妥协。而且 TRIPS 第 30 条中的"有限例外"在唯一一个考虑这个问题的 WTO 案例里被解释得非常狭窄。第一个要求是该例外在范围上是"有限的"，不受限制的制造和使用专利产品看起来并不在"有限"之中。⑳ 在加拿大仿制药案件中，WTO 专家小组拒绝了一个更加有限的应用。具体来说，加拿大主张只要专利权人有排他的销售权，其他权利可以受到限制，但被 WTO 专家小组所拒绝。㉑ 而依照印度专利法，专利权人就连排他的销售权都没有。

3. 强制许可

鉴于最近泰国和巴西授予的强制许可，TRIPS 第 31 条下的强制许可

---

⑱ India Patents Act 2005，§11A（7）.

⑲ Ibid.

⑳ WTO，*Canada – Patent Protection of Pharmaceutical Products*，WT/DS114/R（Mar. 17，2000）.

㉑ Ibid.，para. 7. 33.

范围成为一个问题。虽然巴西在获得了一个合适的降价后撤回了唯一一个强制许可，但是泰国一直在抵抗撤回强制许可的压力。[52] 在数月之间，泰国授予了三个针对治疗艾滋病药物的强制许可，一个治疗心脏病药物Plavix 的强制许可。近来，在政府换届前夕，泰国批准了四个癌症药物的强制许可。[53] 新一届政府声称其在专利权人和其他国家的压力下将对所有的强制许可进行复审。[54] 然而，不论泰国是否屈服于政治压力，它所授予的强制许可以及相伴的争论，都将作为一个澄清 TRIPS 要求的有用案例。具体来说，本部分将讨论：（1）从专利客体角度分析，该许可是否恰当；（2）在授予强制许可前是否应该与专利权人谈判。本部分也会用泰国的情况论证 TRIPS 之外的问题会影响到使用强制许可以增进药物可获得性的可行性。

在 TRIPS 第 30 条以外的情况下，当各国立法满足一长串程序要求时，TRIPS 第 31 条允许政府的非授权使用或第三方在政府授权下的使用。一般来说，一国必须在授予强制许可之前努力与专利权人谈判以获得直接许可。[55] 然而，在"全国性紧急状态"或其他"极端紧急状态"或"为公共的非商业性目的而使用"的情况下，可放弃谈判。[56] 无论一国是否有权放弃与专利权人在强制许可前的初始协商，该国必须满足 TRIPS 中其他若干条件。[57] 例如，强制许可的条件和授权"应根据专利本身的条件来考虑"，[58] 所使用的范围和期限应"限制"在被授权目的之内。[59] 其

---

[52] In one case, a compulsory license was deemed not necessary when patent holder Novartis agreed to give its cancer drug Glivec for free to Thai patients below a certain income level. *Thailand Giant Drug-maker Novartis（Thailand）To Give Free Cancer Drug to Thai Patients*（Feb. 4, 2008）.

[53] Ministry of Public Health and National Health Security Office of Thailand（2008）.

[54] *Thailand Public Health Minister to Review Thai Compulsory Licensing*（Feb. 11, 2008）; *Thailand Health Ministry Change Could Mean Fewer CLs*（Feb. 8, 2008）.

[55] TRIPS, art. 31（b）（noting that compulsory use should not be permitted unless the proposed user has first 'made efforts to obtain authorization' for use from the patent owner on 'reasonable commercial terms' and those efforts have 'not been successful within a reasonable period of time'）.

[56] Ibid. Even in cases where waiver of negotiations with the patent owner is applicable, the patent owner must be notified of the use 'as soon as reasonably practicable'. Ibid.

[57] In addition, other grounds include non‑commercial use, dependent patents, and anti‑competitive practices. *See* TRIPS, art. 31（a）‑（1）.

[58] TRIPS, art. 31（a）.

[59] TRIPS, art. 31（c）.

他必需的程序性保障包括对许可进行司法审查或其他独立审查。[60] 即使获得使用许可，也应向专利权人支付"合理补偿"。该补偿必"考虑到许可的经济价值"。[61] 对于许可使用的审查来说，补偿也应接受司法审查或其他独立审查。[62]

许可的客体 什么是强制许可的适当客体已经是泰国许可争论的焦点。并且，因为这在 TRIPS 达成之时就已成为一个问题，探索这个问题是很有价值的。正如讨论 TRIPS 所有问题一样，讨论这个问题的适当出发点是 TRIPS 本身。谈判历史只有在条文模糊或在进一步确认某含义时才可作为参考。下文将指出，所有分析都将得到同一结论，即 TRIPS 没有限制强制许可的客体类型。

第 31 条是一个很长的条文包括许多程序要求，但其中没有一条明确限制适用的客体类型。相反，唯一提到客体的条文是与半导体技术领域的许可范围和时间的附加要求有关。[63] 在第 31 条中，只有一种技术在一个子条款要求中被提及，这表明并没有对许可使用的客体做一般性限制。[64]

并且，虽然一些成员国持续争论是否应对许可的客体进行限制，《多哈公共健康宣言》对此问题的态度非常清楚。具体来说，它指出"每个成员国都有授予强制许可的权利与决定授予该许可依据的自由"。[65] 的确，促进该宣言谈判的一个因素就是一些发展中国家顾虑到预期的强制许可会被认为违反 TRIPS。[66] 谈判历史进一步确认不应该在允许的客体种类上施加限制，因为这种限制事实上被提出过并被明确拒绝了。例如，适用于所有强制许可的半导体技术许可的附加限制就被美国提出。[67] 此外，虽

---

[60] TRIPS, art. 31 (i).

[61] *Ibid.* For example, Thailand considers a royalty rate of 0.5% of the total sale value to be compliant. *See, e.g.*, Khwankhom (2006).

[62] TRIPS, art. 31 (j).

[63] Whereas the general requirement for scope and duration of compulsory licenses is that 'use be limited to the purpose for which it was authorized,' for semiconductor technology, use 'shall only be for public non‑commercial use or to remedy a practice determined ... to be anti‑competitive' TRIPS, art. 31 (c).

[64] Watal (2001: 321).

[65] Doha Public Health Declaration, para. 5 (b).

[66] *See, e.g.*, Draft Ministerial Declaration (2001: pmbl) (noting the 'vulnerability of developing and least developed country members to the imposition or the threat of imposition of sanctions ... ').

[67] Watal (2001: 244).

然第 31 条最后版本的程序性要求大多都与 1990 年年初始版本相似,⑱ 但一个主要的区别在于初始版本包括一个可被许可的客体列表。⑲ 并且, 即便是这些限制也在第二稿中消失了。因此, 客体限制曾被考虑过但在 TRIPS 第 31 条最终条文中被拒绝了。

此外, 除与原来受所有国家影响的前几稿不同外, 最终稿第 31 条还与美国之前的提案不同, 该提案试图把强制许可限制在纠正违反竞争法或处理国家紧急状况中。美国试图区分其不赞成的强制许可与政府使用, 并希望在政府使用上有广泛的客体自由裁量权。美国谈判的立场是希望保证 TRIPS 不会改变现存的美国法, 其允许政府或政府许可的第三方使用任何专利权人的专利, 并且仅仅只承担合理补偿。⑳ 在谈判当中, 美国明确否认其法律仅限于政府抗辩, 并声称其没有对客体进行限制。㉑ 在说服其他成员承认政府使用和强制许可之间存在区别失败后, 两者被合为一个条款并且对客体没有限制。㉒ 虽然各个国家的谈判策略从技术上说并不是解释条约的补充记录, 但它显示了至少美国相信 TRIPS 第 31 条覆盖客体广泛。这与之前的解释以及美国与泰国针对泰国许可是否适当的争议的背景是一致的。

是否需要"全国性紧急状态" 考虑到 2001 年《多哈公共健康宣言》直接的声明, 对需要全国性紧急状态的持续误解需要进一步讨论。

---

⑱ Both require a presumption of negotiation with the patent owner prior to compulsory license, yet both waive this requirement in the case of a national emergency. *Compare* TRIPS, art. 31 *with* WTO (1990: para. 5A. 2. 1 – 5A. 2. 4) (qualifying language with 'except in the case of a manifest national e-mergency'). Both require consideration of the individual merits, limitation in scope to the initial purpose, nonexclusive use, supply predominantly for the domestic market, judicial review, as well as some type of remuneration.

⑲ In contrast to the current article 31, the 1990 draft stated that 'compulsory license may only be granted for the following purposes', Gervais (2003: 248). In particular, the six permissible subjects suggested as appropriate to compulsory licenses include a remedy of an adjudicated competition law, to address a national emergency, national security or critical peril of life, overriding public interest or the possibility of exploitation by the government or third parties, dependent patent, or failure to work an invention *see* Gervais (2003: 246 – 7).

⑳ See 28 U. S. C. 1498.

㉑ *See*, *e. g.*, United States Review of Legislation in the Fields of Patents, IP/Q3/USA/1, at 12 (May 1, 1998) (denying that 1498 was limited to activities within the national security sector and claiming that any 'noncommercial use by or for the government' would qualify).

㉒ Watal (2001: 320 – 21).

问题的一部分是《多哈公共健康宣言》提到了一系列不同的主题，这些不同的条款可能被混为一谈。例如，虽然其明确指出成员有决定许可依据的自由，但一个更加频繁被提起的条款——何时可以免去与专利权人的在先谈判——是在另一主题下提出的。具体来说，正如下一部分会详细讨论的，虽然在 TRIPS 第 31 条下没有限制可被许可的客体种类，一些特定的情况可以允许政府免于和专利权人的在先谈判。其中之一的情况——全国性紧急状态——在《多哈公共健康宣言》中被明确讨论。特别是，它澄清"每个成员都有权决定何为全国性紧急状态或其他极端紧急状态，并且公共健康危机，包括与 HIV 病毒/艾滋病相关的情况……和其他传染病可以表明全国性紧急状态和其他极端紧急状态。"⑦

过去涉及强制许可的情况可能强化一种强制许可仅限于全国性紧急状态的感觉，但这只是因为在该情况下使用的强制许可引起了注意的缘故。例如，巴西反复威胁要对治疗 HIV 病毒药物进行强制许可以解决艾滋病问题。确实，发展中国家为了解决艾滋病问题需要强制许可，而它们就是预测到这种强制许可可能遭到过分挑战，因此才通过《多哈公共健康宣言》向所有 WTO 成员寻求了一个明确的声明。⑦

在先谈判 下一个争论的问题是，一个国家（如果可以的话）什么时候在授予强制许可之前可免于与专利权人进行在先谈判。对泰国许可的批评表明，一些人相信在先谈判无论如何都是必要的。例如，专利权人 Merck 认为其在任何情况下都有权在政府依 TRIPS 颁发强制许可之前与之谈判。⑦ 本部分将基于对 TRIPS 的分析并从 TRIPS 条文本身论证这种论点是错误的。

TRIPS 第 31 条指出强制许可"只有在拟议中的使用者在此类使用前已作出以合理的商业条件获得权利人授权的努力，而该项努力在一段合理时间内又未获成功时，方可允许此类使用。"⑦ 然而重要的是，这并不是该条的结束。紧接着的下一句就指出"在发生全国性紧急状态或其他极端紧急状态或为公共的非商业性目的而使用的情况下，成员方可放弃

---

⑦　Doha Public Health Declaration, para. 5（c）.

⑦　*See, e. g.*, Draft Ministerial Declaration（2001）.

⑦　Kazmin Jack（2006：9）.

⑦　TRIPS, art. 31（b）.

上述要求。"⑦ 换句话说，在三种情况下 TRIPS 不需要与专利权人的在先谈判——全国性紧急状态、"极端紧急状态"或公共的非商业性目的使用。虽然讨论经常强调在全国性紧急状态下可以放弃在先谈判，但这只是不要求在先谈判的三种情况之一。

对于泰国的争论中，事实上有两个混为一谈的问题。第一，一些人存在错误的认识，认为全国性紧急状态总是必要的。然而，正如刚谈到的，虽然全国性紧急状态可能与强制许可有关，它从不曾是该种许可的必要条件。相反，它只有在一国希望放弃在先谈判的时候才有关。正如上一部分所认识到的，强制许可不仅限于全国性紧急状态也没有对客体的限制。第二，并且更为相关的问题是，泰国所授予的强制许可是否与在先谈判的要求一致。这里存在一个事实上的争议，即泰国是否曾进行过在先谈判。如果泰国谈判过，那么就没有必要考虑泰国的行动是否在三个免谈判的例外之中了。然而，考虑到这个谈判要求产生了很多的混淆，有必要进一步讨论以更好地了解这个要求。

假设之前泰国并没有和专利权人进行谈判，泰国是否符合免谈判而进行强制许可的条件呢？实际的许可指出它们是基于公共的非商业使用，属于免于在先谈判的三种情况之一。然而，为了区别这些免谈判的不同情况，本部分不仅会分析泰国是否因公共的非商业使用（包括其定义）而豁免谈判，还会分析泰国是否基于全国性紧急状态而豁免谈判。该许可可以通过两个不同的组别来讨论：抗逆转录病毒药物的许可和心脏病药物 Plavix 的许可。以下将先讨论全国性紧急状态构成的在先谈判例外，之后会讨论公共的非商业使用。

全国性紧急状态 第一个问题是是否任何一种许可都可以基于全国性紧急状态。对于抗逆转录病毒药的两个专利不存在太大的问题，因为艾滋病可以成为全国性紧急状态是全球的共识。在一致承诺的 2001 年《多哈公共健康宣言》中，WTO 成员特别地把艾滋病作为一个构成被允许的全国性紧急状态或极端紧急状态的例子。⑦⑧ 但是，一些争论出现在是否 Plavix 的许可也表明泰国相信有关心脏病的全国性紧急

---

⑦ Ibid.

⑦⑧ Doha Public Health Declaration, para. 5 (c).

状态。⑦ 泰国从未声称其如此认为，并且这种争论看起来是围绕基于其他在先谈判豁免的误解，即是否存在公共的非商业使用。下一节将明确考虑泰国对 Plavix 的许可是否构成公共性非商业使用，进而在 TRIPS 下与专利权人的在先谈判并不必要。就目前泰国对其许可的重审来说，虽然迄今为止对抗癌药物许可的新闻少了很多，对这些许可分析的深度应该是不变的。

公共的非商业性使用 根据国际法对诸如 TRIPS 解释的习惯原则，解释将使用词语的普通习惯含义。只有当词语意义模糊时，才能使用诸如先前草案之类的补充文本。并且，虽然补充文本可以用来确认含义，但此处，先前历史的影响微不足道使其不成为一个问题。

"公共的非商业性使用"的直白意思是什么呢？该词语没有在 TRIPS 或《多哈公共健康宣言》中定义。《多哈公共健康宣言》中缺少关于公共的非商业使用的定义就意味着 TRIPS 条文——虽然有限——便成为了分析的主要焦点，并应辅以任何普通习惯含义。

但问题仍然存在，什么是"公共的非商业使用"的普通习惯含义？很多 TRIPS 信息的来源都对这个定义范围未加太多注意⑧，但它们确实显示这个词可以被解释得很广。一本关于 TRIPS 的图书资料表明，"公共"一词可以广泛地指政府使用或为公益目的使用。⑧ 但什么构成"非商业使用"呢？一个私人公司的使用是否可以构成非商业性使用呢？哪怕它是为公益目的？一些人建议如果许可产品在没有利润下销售则商业企业可以满足要求，这使得它不构成典型的商业企业。⑧ 这种解释也得到该条款

---

⑦ *See*, *e. g.*, Gerhardsen (Feb. 16, 2007), (noting that Sanofi – Aventis was surprised by the Plavix compulsory license since lack of access would not constitute an 'extreme emergency'); *Bangkok's Drug War goes Global* (Mar. 7, 2007) (noting that 'heart disease isn't a "national emergency"'); Cass (Mar. 13, 2007) (suggesting that if treatment for heart disease is considered a national emergency, Thailand not only starts down a 'slippery slope', but also sets a 'dangerous precedent' for TRIPS that threatens 'all intellectual property').

⑧ For example, the Gervais book on TRIPS generally provides detailed analyses of provisions, but does not attempt to define public non – commercial use. Rather, its 'comment' concerning this term only addresses the fact that the right holder must be notified if it has reason to know that the technology is patented. *See* Gervais (2003: 251).

⑧ UNCTAD – ICTSD (2005: 471).

⑧ Watal (2001: 328); UCTAD – ICTSD (2005: 471). Moreover, one resource book goes so far as to say that the phrase is a 'flexible concept, leaving governments with considerable flexibility in granting compulsory licenses without requiring commercial negotiations in advance' UNCTAD – ICTSD (2005: 471).

目的的支持，至少对美国谈判人员来说，该条款意在保证美国继续授予政府的承包商实施专利技术的能力。[83] 在 TRIPS 的谈判过程中，美国指出这种能力不限于与国家安全有关的发明，并可以包括任何专利发明，虽然它最经常被用于制造诸如飞机和导弹之类的东西上。[84]并且，在短暂的炭疽恐慌中，美国曾考虑基于同一条款授予强制许可，使一家公司可以生产更多数量的环丙沙星抗生素以保证充足的供应量。此外，"公共的非商业使用"的宽泛解释还与《多哈公共健康宣言》要求的在 TRIPS 目的和原则下解读第 31 条一致。具体来说，TRIPS 第 7 条指出"知识产权……应当对……技术……传播作出贡献，对技术知识的生产者和使用者的共同利益作出贡献，并应当以一种有助于社会和经济福利……的方式进行。"[85] 在泰国的情况下，第三方将可以制造大量成本低廉的 HIV 药物以保证泰国公民可以按照法律获得必要的药品。基于以上的讨论，针对泰国 Plavix 许可的批评不能获得 TRIPS 的很好支持。例如，一些人认为 Plavix 许可是可疑的，因为它是由军事政权授予营利组织的。[86] TRIPS 明确允许政府可以许可第三方使用强制许可。此外，如果该使用为公益目的的，被许可人是营利组织并不必然排除这种许可是公共的非商业使用。那么该许可是由军事政权授予的这个事实又怎么样呢？一个政府的政治倾向是 TRIPS 下考虑的内容吗？在 TRIPS 第 31 条下没有关于什么类型的政府有权使用强制许可的规定，更不要说规定军事政权授予的许可要经过更严格的审查了。事实上，TRIPS 第 31 条的其他条文表明国家机关有裁量权，无论它是如何组织的。例如，决定什么构成允许的客体便处于国家政府权力范围之内。

强制许可作为 TRIPS 下一个不复存在的选择　虽然以上讨论表明泰国的许可在 TRIPS 下应当是允许的，但还有其他重要因素可能影响泰国

---

[83]　One commentator suggests that the phrase 'public non – commercial use' was coined to encompass the type of use that is permitted by the U. S. under section 1498. *See* Gorlin (1999：34).

[84]　United States Review of Legislation in the Fields of Patents, WTO, IP/. Q3/USA/1 (May 1, 1998), at 12 (denying that 1498 was limited to activities within the national security sector and claiming that any 'non – commercial use by or for the government' would qualify).

[85]　TRIPS, art. 7.

[86]　*See*, *e. g.*, *Lonely Thailand*, May 23, 2007 (suggesting that Thailand was 'exploiting vague language' in the context of suggesting that use by a military – based government can not constitute public – non – commercial use).

持续的许可，并且也会影响其他国家的效法。尽管泰国采取了一个前所未有的方式，发布了一个 90 页长的文件以解释其对抗逆转录病毒药和 Plavix 许可是符合 TRIPS 的，但争论并没有缓和。[87]

无新药 专利权人 Abbott 宣布，尽管泰国发布了解释报告，其也将撤回在泰国的 6 个新药注册。[88] 尽管有病患组织和医生对 Abbott 进行了广泛的谴责和抗议，Abbott 目前还没有就把泰国列入黑名单一事进行妥协，虽然它在公众压力下确实作出了妥协并注册了抗 HIV 药物 Alluvia。[89]

Abbott 的行为表明，授予符合 TRIPS 的强制许可可能会有带来一些意想不到的效果使药物的可获得性恶化。Abbott 不注册一些药物的决定不受 TRIPS 约束，因为 TRIPS 只约束某个国家是否提供专利权。它并不约束药物生产者是否必须寻求专利权或注册药物专利。[90] 然而，如果一个国家因为害怕 TRIPS 范围以外的报复而事实上排除使用 TRIPS 下的"灵活性"，那么这种灵活性就基本不存在了。毕竟，如果由只涉及五万少数人口的一个药物强制许可导致该国所有公民失去 7 种其他药物的话，那么强制许可的好处是什么呢？

虽然 Abbott 是三个被强制许可的专利权人中唯一一个采取报复行动的，这种出乎意料并且激烈的从泰国市场撤出其他药物的措施可能使泰国和其他国家在未来更谨慎地使用强制许可。撤出药物注册程序这种报复方式不受 TRIPS 或其他国际公约约束这一事实意味着像泰国一样的国家没有任何国际法依据去挑战 Abbott 的行为。

美国的报复 除了受到 Abbott 的报复之外，泰国可能蒙受因强制许可导致的更广泛的经济损失。特别是，最近由美国贸易代表署发布的

---

[87] Ten Burning Issues (Feb. 2007).

[88] *See, e. g.*, Gerhardsen (Mar. 3, 2007); Hookway and Zamiska (2007).

[89] Abbott's decision was not a positive one for public relations as it resulted in worldwide protests, as well as protests at the annual shareholder meeting. *See, e. g.*, Jaspen (2007).

[90] If a company does seek to sell a drug, TRIPS does require that the information submitted to the regulatory agency be protected from unfair competition under article 39. However, there is nothing under TRIPS that mandates a company to submit such information in the first instance.

《特别 301 报告》把泰国列在优先观察国中。[91] 列为观察国是美国可能采取单方经济制裁的第一步。

并且，把泰国列为优先观察国说明符合 TRIPS 并不能保证一个国家不受美国贸易法制裁。从技术上说，美国可以把它认为违反诸如 TRIPS 的国际贸易条约的任何国家列在名单中。然而，最近的报告没有给出泰国违反 TRIPS 哪个具体条款，这表明并没有这种条款被违反。反而这个报告指出那些许可造成了"严重关切"和"弱化专利保护的征兆"。[92] 虽然这看来有些奇怪，但《特别 301 报告》优先级列表背后的美国贸易法并没有要求事实违反国际法。[93] 相反，美国可以对任何外国政府给美国商业"造成负担或限制"的"不正当"行为启动程序。[94] 其他国家没有提供美国所需的知识产权法而被认为已经足够启动程序。美国原先曾经用这个程序强迫其他国家同意超出 TRIPS 要求的标准。虽然特别 301 报告可能与 WTO 不符并且事实上曾被 WTO 审查过，但美国没有因此顾及使用其贸易法。[95]

4. 迫近的问题

目前依照 TRIPS 进行的平衡公共健康利益和专利权利带来的问题可能只会更加严重。特别是，随着 WTO 成员范围的扩大，可以找到低成本仿制药的国家越来越少。TRIPS 向全面专利保护的变化将会成为发展中国家全球化艾滋病危机的一个特别考量。虽然诸如巴西之类的国家可以大量使用低成本仿制药治疗 HIV 病毒，但许多 HIV 病患已经对"一线"的 HIV 治疗药物有了抗性，必须需要新药，并很可能是专利药物。用以治疗抗

---

[91]　Office of the USTR（2007）. This report is an annual report by the United States Trade Representatives office concerning global intellectual property issues that is conducted pursuant to section 301 of the U. S. Trade Act of 1974. The report not only describes perceived deficiencies in the protection or enforcement of intellectual property, but also designates different priority status to countries. A country designated as a priority watch is given heightened attention over one that is merely listed as a watch country.

[92]　Office of the USTR（2007：12）. The same document claims that the United States 'is firmly of the view that international obligations such as those in the TRIPS Agreement have sufficient flexibility to allow countries . . . to address the serious public health problems that they face'.

[93]　See 19 U. S. C. § 2411（a）（1）. Although violation of U. S. rights under trade agreements may be grounds for retaliation under special 301, those are not the only grounds.

[94]　19 U. S. C. § 2411（a）（1）（B）（ii）.

[95]　Appellate Body Report, *United States Sections* 301–310 *of the Trade Act of* 1974, WT/DS152/R, art. 23（Dec. 22, 1999）.

药性艾滋病患者的"二线"治疗每年的花费将是非专利药物价格的7～28倍。⑨ 当这种药物被专利保护然而各国又出于 TRIPS 狭窄的解释或 TRIPS 之外的挑战被禁止使用强制许可，因此就出现了严重的公共健康危机。

印度持续制造仿制药的能力是一个突出的问题。目前，印度提供主要的 HIV 仿制药，但它是否能继续做下去却不清楚。印度在其专利法中有若干条款软化了 TRIPS 过渡期内对产品专利保护。如之前讨论的，一些仿制药制药商可以持续生产他们在 2005 年之前依照强制许可生产的仿制药，只要它们已经进行了"重大投资"并且只要印度允许它们这样做的法规不受 WTO 专家小组的挑战。在 2005 年对新药专利申请影响更大的可能是长期有效的印度专利法 3（d），其禁止对之前专利化合物的微小修改授予专利，除非能证明功效的增强。*Novartis* 一案的判决使这项条款继续有效，但考虑到这个条款对专利权人的显著意义，它可能在将来还将受到挑战。只要该法律仍然有效，印度专利局就有一个强大的武器拒绝旧 HIV 化合物专利变型的专利申请，除非申请人能证明其功效的增强。这使得印度仿制药工业继续能作为世界范围内发展中国家的主要供应商。⑨

此外，对于没有能力生产低成本药物的发展中国家来说，即使他们可以授予强制许可，这种授予也是有问题的。虽然从技术上说在 TRIPS 下有一个"解决方案"可以使这样的国家从其他国家处进口专利药，但这个解决方案牵涉复杂的程序，相比之下使强制许可的要求都显得逊色。⑨ 自从这种选择出现 4 年以来，只有两个发展中国家——卢旺达和尼泊尔，试图采用这个方案，但结果尚不清楚。⑨

平行进口 关于强制许可的争论还可以转移到是否允许平行进口上。有时这也被认为是是否承认国际专利权穷竭的问题。TRIPS 没有明确指出如果某专利发明已经在其他国家专利保护下销售，一国是否必须禁止该

---

⑯ Médicins Sans Frontières（2005）.

⑰ For example, prior to the *Novartis* court ruling, MSF suggested that if Novartis succeeded, Abbot's request to patent new forms of lopinavir and ritonavir would similarly be entitled to patents and thereby negatively impact access to medicine. *See* Médecins Sans Frontières（2006）.

⑱ WTO General Council Decision of Aug. 30 2003.

⑲ Gerhardson, July 20, 2007；MacInnis（2007）；Anderson, Feb. 20, 2008；Allen, Feb. 27, 2008.

专利发明的进口。而 TRIPS 只是说平行进口不应是 TRIPS 争端解决过程中的问题。[⑩] 此外，《多哈公共健康宣言》在技术上确认了各个国家使用这个原则的权利。特别是，它指出 TRIPS 意在"给予成员在不受挑战的情况下建立它们自己穷竭制度的自由"。[⑩] 然而，因为其他《多哈公共健康宣言》确定的"权利"已经被挑战了，例如各个国家决定什么是强制许可客体的权利，这个权利也可能受到挑战。

该争论的焦点是，一国是否可以排除另一国已被销售的专利商品向本国的进口。如果一国承认国际专利穷竭，这意味着它认为专利权人的专利产品在世界上任何地方的首次销售都会"穷竭"其权利。例如，如果一个专利产品在加拿大首次销售，当这个产品进口到印度时，且如果印度承认国际专利穷竭的话，专利权人就不能主张这项进口是侵权的。相对地，对一个不承认国际穷竭的国家如美国，一项专利产品在加拿大授权销售的事实，并不能阻止专利权人在美国边境行使其权利阻止该进口。

支持平行进口的人认为这是有益于消费者的，因为它使得药物可以在第二国以低价销售。从另一方面讲，制药公司主张平行进口是危险的，因为可能会有假冒问题。此外，即使平行进口来源于合法渠道，这些公司依然反对专利权穷竭，因为它们目前的商业模式依靠的是不同市场的价格歧视。如果消费者在全球范围内任意购买最便宜的产品，那么制药公司在不同国家设定的不同价格就无关紧要了。

在这个大多数国家都提供专利保护的世界中，平行进口的益处可能会减少，但不会全部消失。特别是，即使所有国家都存在专利保护，那也不意味着药物成本一定会统一。事实上，即便是在提供专利保护的发达国家，都存在极大的价格差距。这在很大程度上取决于一国政府是否要求药物低价销售。但无论原因如何，只要存在任何的价格差别，平行进口就有一些好处。然而，考虑到这个问题在 TRIPS 中的争论，如果一些国家试图更积极地采用这个选项，那么争论可能会继续。

三、TRIPS 以外

（一）TRIPS – plus 协议

在 TRIPS 签署之后的 10 年中，最显著的发展就是 TRIPS – plus 协议的

[⑩]　TRIPS, art. 6.

[⑩]　Doha Public Health Declaration, ¶ 5（d）.

增加，其要求成员接受超出 TRIPS 的知识产权保护标准。一般来说，这些都是在一个主要工业化国家（美国或加拿大）与一个发展中国家之间谈判形成的双边或地区自由贸易协定（FTAs）。⑩ 与 WTO 协议一样，这些后续协议包括了一些国家希望以更高的知识产权保护作为获得增加市场开放度的谈判条件。本部分特别突出分析自由贸易协定关于可专利性、专利权和数据保护的要求。⑩

可专利性 尽管 TRIPS 允许国家对可专利性的定义保有一定的灵活性以适应各国需求，之后的自由贸易协定还是侵犯了这种有限的灵活性。例如，尽管 TRIPS 允许各国对"新的"和"可专利"进行定义，一些 TRIPS – plus 协议明确限制了国家对这些词语定义的裁量权。一些协议明确指出一个已知化合物的新用途本身就是可专利的客体，进而废除了之前 TRIPS 下的灵活性。⑩ 另外，一些协议规定一个发明可以被认为有新颖性，即使它在专利申请以前被发明人所公之于众。⑩ 虽然这与美国专利法一致，但是它是一个更宽松的标准，会导致比 TRIPS 规定更多的专利，

---

⑩　To a lesser extent, there are also bilateral investment agreements that require intellectual property standards or condition trade benefits on the level of intellectual property rights in force. *E. g.* , Andean Trade Preference Act, 19 U. S. C. § 3202 (d) (9) (2000); Caribbean Basin Economic Recovery Act, 19 U. S. C. § 2702 (c) (9) . In addition, a committee under the auspices of WIPO is negotiating a draft treaty on standards of patentability, the Substantive Patent Law Treaty ('SPLT') . WIPO (2003); GRAIN (2002: 3) (noting that if successful, the SPLT 'could make . . . TRIPS . . . obsolete' to the extent that TRIPS only provides the minimum, whereas the SPLT 'will spell out the top and the bottom line') . However, discussions have largely stalled on that agreement. *E. g.* , WIPO (2004: ¶ 7) .

⑩　*See, e. g.* , Free Trade Agreement, art. 17. 9; Chile FTA, art. 15. 9; U. S. – Morocco. In addition, some agreements do not set specific requirements, but rather mandate adoption of the 'highest international standards' of intellectual property rights. *See, e. g.* , Euro – Mediterranean Agreement, art. 39; Eur. Cmty. – S. Afr. , art. 46, Oct.

⑩　*See, e. g.* , U. S. – Oman (2006), art. 15. 8 (1) (b) (stating that the agreement 'confirms that . . . patents [are] available for . . . known product [s] . . . for the treatment of particular medical conditions') ; U. S. – Korea FTA, art. 18. 8,], (stating that the 'Parties confirm that patents shall be available for any new uses or methods of using a known product') .

⑩　*See, e. g.* , United States – Panama Trade Promotion Agreement, art. 15. 9 (7) (noting that public disclosures by the inventor within one year of application shall not be considered in assessing whether the invention is novel or has inventive step); U. S. – Korea FTA, art. 18. 8 (7) (noting that public disclosures 'made or authorized by, or derived from, the patent applicant' within one year of the patent application shall be disregarded in assessing novelty and inventive step) .

并会对公共健康产生影响。⑩

国家评价可专利性的能力也在一些自由贸易协定中通过限制国家全面审查专利申请能力的方式受到局限。具体来说，一些自由贸易协定特别限定，第三方对授予专利提出的异议只能在专利授权后进行。⑩ 相反，TRIPS 只要求对已授权的专利给予强制执行的保护。因为印度不是任何自由贸易协定的签署国，印度可以允许第三方通过提交异议启动专利再审程序，无论是在专利授予之前还是专利授予之后。专利授予前的意义看起来特别重要。印度对 Glivec 专利的驳回貌似是由印度癌症患者援助组织所提交的一个授予前异议所导致的。⑩

专利保护期限　在许多 TRIPS - plus 协议中的专利期限都比 TRIPS 要求的申请之日起 20 年要长。特别是，许多协议都规定，如果在专利审查过程中有"不合理延迟"，那么则可以延长专利有效期。⑩ "不合理延迟"可能短至自提交申请之日起 4 年或申请审查之日起两年。⑪ 一些协议还允许因一些专利局之外的行为而延长专利期限。例如，在一些条约中，如果销售专利药物的销售审批导致有效专利期限"不合理地缩减"，则要求增加专利期限。⑪ 为这些专利药延长专利期限的理由是，销售审批是基于申请专利时尚不存在的临床数据，以至于这些销售审批一般无法在专利授予之前完成。因为专利药无法在没有销售审批的情况下销售，专利的

---

⑩　*See* 35 USC 102（b）（providing a grace period for disclosures that exist one year prior to the patent application）.

⑩　*See*, *e. g.*, US – Korea FTA, art. 18. 8（4）（noting that if opposition proceedings are provided to third parties, 'a party shall not make such proceedings available before the grant of the patent'）.

⑩　*See*, *e. g.* MSF（2006）.

⑩　*See*, *e. g.*, US – Oman FTA, art. 15. 8（6）（a）; Trade Promotion Agreement, U. S. – Peru（2006）, art. 16. 9（6）（a）; US – Australia FTA, art. 17. 9（8）（a）; US – Korea FTA, art. 18. 8（6）（a）（defining 'unreasonable delay' as including a period of more than four years from the date of filing of an application）.

⑪　*See*, *e. g.*, Peru TPA, art. 16. 9（6）（a）. Alternatively, others define unreasonable delay as four years from filing or two years from a request for examination, whichever is later. *See*, *e. g.*, Australia FTA, art. 17. 9（8）（a）; Oman FTA, art. 15. 8（6）（a）.

⑪　*See*, *e. g.*, Free Trade Agreement, U. S. – Singapore（2003）, art. 16. 8（4）（a）; US – Chile FTA, art. 17. 10（2）（a）; CAFTA, art. 15. 9（6）（b）; Korea FTA, art. 18. 8（6）（b）. Similarly, where countries allow marketing approval based upon approval in another country, a patent term extension may be required in some cases based upon a delay in that other country's approval process. *See*, *e. g.*, US – Singapore（2003）FTA, art. 16. 7（8）.

有效期限就会被缩短。⑫ 在 TRIPS – plus 协议中所要求的为销售审批而进行的专利期限延长，基本上为制药专利权人提供了超出 TRIPS 的保护，这种超出 TRIPS 的保护是 WTO 专家小组在"加拿大——制药产品专利保护"判决中所否定的。虽然这个判决的焦点是仿制药药商在专利期限内对行政审批中的专利发明的制造是否负有责任，但是在解决这个最终问题的过程中，专家小组认为制药专利权人没有一个"合法利益"可以使得他们把有效的专利期限等同于其他不需要审批就可以制造使用的那种发明的专利期限。⑬ 然而，对于那些 TRIPS – plus 的成员来说，这个专家小组的判决实质上无法应用。

有限的强制许可　自由贸易协定还超出 TRIPS 限制了强制许可。TRIPS 没有明确指出可以授予强制许可的情况，《多哈公共健康宣言》也意在把这个事项留给各国政府自由裁量，但目前正在谈判的 TRIPS – plus 协议却限制了发展中国家可以授予强制许可以使仿制药公司生产低成本型专利药的情况。⑭ 例如，新加坡协议把强制许可限制于救济反垄断行为、公共的非商业使用以及国家紧急情况。⑮ 此外，一些自由贸易协定完全忽略任何与 TRIPS 第 31 条可类比的条款。相比之下，专利权的唯一例外是与 TRIPS 第 30 条类似的条款，其只为专利权提供了有限的例外。⑯

就算是对于没有直接约束强制许可条款的自由贸易协定，其他条款也可能会阻碍专利发明的使用。特别是，如果仿制药公司因为依规定不能依靠专利权人的数据获得销售药物必要的销售审批，那么强制许可可

---

⑫　*See*, *e. g.*, Cong. Budget Office (1998：ch. 4) (noting that the average 'effective' patent term is about eleven to twelve years).

⑬　The panel noted that '[o] n balance ... the interest claimed on behalf of patent owners whose effective period of market exclusivity had been reduced by delays in marketing approval was neither so compelling nor so widely recognized *that it could be regarded as a "legitimate interest" within the meaning of Article 30*'. WTO Report, *Canada Generics*, para. 7. 82 (emphasis added).

⑭　In particular, the agreement stated that '[e] ach Member has the right to grant compulsory licenses and the freedom to determine the grounds upon which such licenses are granted', Doha Public Health Declaration, para. 5 (b).

⑮　Singapore FTA, art. 16. 7 (6) (a) (anticompetitive practices); Singapore FTA, 16. 7 (6) (b) (public non – commercial use or national emergencies).

⑯　*See*, *e. g.*, Korea FTA, art. 18. 8 (3), Panama TPA, art. 15. 9 (3) and Columbia FTA art. 16. 9 (3) (providing for 'limited exceptions' to the patent rights in a manner similar to TRIPS article 30, but without any mention of other uses similar to TRIPS article 31).

能就解决不了问题了。虽然 TRIPS 没有为专利权人提交给政府部门进行行政审批所需信息提供保护，但它只是反对"不公平商业使用"。[⑰]

在后续的协议中，数据保护的范围更加明确和广泛。TRIPS 没有给予任何时间上的要求，但大多数后续协议都要求除了信息的创造人之外任何都不可在 5~10 年内使用该信息。[⑱] 在这段时间内，专利权人事实上成为了唯一一个可能生产与销售专利药的个体，一个伴随的结果就是给消费者带来了高药价。并且，专利权人事实上的垄断可能会被增强。例如，在一个最近的协议之中，俄罗斯似乎同意对没有披露的检测数据给予至少 6 年的保护。虽然 TRIPS 明确要求只能出于防止不公平商业使用的目的保护该种信息，但这个协议还意味着这些数据不可以被用于公共非商业目的。[⑲]

虽然大型制药公司宣称数据保护是回收产生临床数据投资的必须要求，但如果仿制药公司不能依赖相似的数据，那么这些数据保护必然延迟了仿制药的出现。[⑳] 专利权人和数据建立人表示仿制药商没有被影响，因为他们可以建立自己的临床数据。然而，仿制药商基本上只有微薄的经营利润，因为他们并没有专利，却要在开放竞争的市场中销售仿制药，与其他仿制药公司和专利权人竞争。从公共健康的角度，允许另一家公司依靠已有的临床功效数据，而不是迫使它建立自己的昂贵数

---

⑰ TRIPS, art. 39 (3).

⑱ *See, e. g.*, North American Free Trade Agreement (1992), art. 1711 (6) (requiring member states to provide protection to test data for a 'reasonable' time, which is explicitly defined as lasting at least five years); Chile FTA, art. 17. 10 (1) (requiring five years of data protection for pharmaceutical products that use a 'new chemical entity'); Singapore FTA, art. 16. 8 (2) (requiring five years of protection for test data of pharmaceutical products – a category perceived as broader than new chemical entities); CAFTA, art. 15 (10) (providing five years of protection for pharmaceutical products); FTAA, ch. XX, subsec. B. 2. j, art. 1. 2 (providing for at least five years of non – reliance on test data for marketing approval); Oman FTA, art. 15. 9 (1) (a) (providing at least five years for pharmaceuticals and ten years for agricultural chemical products); Peru TPA, art. 16. 10 (1) (a) (providing at least five years for pharmaceuticals and ten years for agricultural chemical products); Australia FTA, art. 17. 10 (providing at least five years for new pharmaceutical products and ten years for agricultural chemical products).

⑲ *See, e. g.*, Office of the U. S. Trade Representative (Nov. 19, 2006); Russian Accession: New Potential Hurdle with EU (2006).

⑳ This is particularly significant given that developing and marketing a new drug costs an average of 800 million dollars and takes ten to fifteen years to complete. See INT'L FED'N PHARM. MFRS. & ASS'NS (2005).

据，会使仿制药商进入市场并在一个更低的成本上为消费者提供药物。⑫

一些自由贸易协定在专利数据保护期满之前过期的情况下允许专利权人继续保持商业垄断地位。⑫ 并且，其他自由贸易协定条款通过禁止在专利期限内依赖已提交的销售审批数据的方式延迟了非专利药的审批。⑫

禁止平行进口 除了限制强制许可外，一些国家利用 TRIPS - plus 协议获取了对平行进口的明确禁止。其中一些协议禁止发展中国家从销售价格最低的国家进口专利药物。亦即，它们禁止了平行进口并且拒绝了国际穷竭原则。例如，美国—新加坡和美国—摩洛哥自由贸易协定要求成员国为专利权人提供禁止违反销售协议的专利药物进口的途径，由此限制了平行进口。⑫

（二）相反的动向

虽然自由贸易协议在持续谈判中，但有些征兆表明趋势正在转变，或者至少代替的方法正在讨论和提出中。本部分着重介绍一些代替的方法。特别讨论到公众支持的转移和对自由贸易协议的审查。此外还重点导论了与 TRIPS - plus 协议相反的范例倡议。虽然这些相互竞争的范例距离它们以现在的形式被接受还有一定时间，但对这些方法的考虑可能有助于把注意力从权利不断增加的知识产权人那里转移。

自由贸易协定——趋势转变 一个值得注意的转变是一些原先谈判的自由贸易协定的广度可能会事实上受到限制。例如，美国贸易代表署发布了与发展中国家自由贸易协定的新贸易规则，致力于在鼓励创新和

---

⑫　In addition, it may be arguably unethical to even require patients to undergo duplicative tests where scientific protocol would require some patients be precluded from obtaining known therapeutic treatment if they were in a 'control' group.

⑫　See, e.g., Korea FTA, art. 18.9 (3); Columbia FTA, art. 16.10 (2).

⑫　See, e.g., Peru FTA, art. 16.10.3 (a); Columbia FTA, art. 16.9.6; Panama FTA, art. 15.9.6.

⑫　Singapore FTA, art. 16.7 (2) - (3); Morocco FTA, art. 15.9 (4); see also FTAA, ch. XX, subsec. B.2.e, art. 7.1 (technically permitting parallel imports, but requiring members to review their domestic laws 'with a view to adopting at least the principle of regional exhaustion' within five years).

公共健康权利之间达到更好的平衡。⑫ 虽然自由贸易协定的实际语言仍须国会（和其他国家）的制定和通过，但国会确实提供了一个双边协议的原则，包括目前包含在自由贸易协定中的附函应成为自由贸易协议文本的一部分。⑫ 并且，欧洲议会通过了一个决议，要求欧洲理事会避免就影响公共健康和药物可获得性的药物相关 TRIPS – plus 协议进行谈判，特别指出了数据排他权、专利延期和对强制许可理由的限制。⑫

知识获取——条约提议 另外的一个动向是人们提议建立条约以体现一个与 TRIPS 相反的准则。特别的是，目前提出了一个《知识获取条约》（A2K）意在确保知识产权拥有者和使用者之间的真正平衡。一方面，A2K 自其 2005 年首次提出之后就在持续讨论中。⑫ 虽然 TRIPS 包含了考虑平衡的语言，但迄今为止对 TRIPS 的解释严重向有利于权利人方向倾斜。另一方面，A2K 框架采用了一个最低标准框架，但与 TRIPS 目的相反。相比于 TRIPS 要求所有成员采取一定最低限度的保护，A2K 建议所有成员采取一定最低限度的获取标准。⑫

---

⑫　Letter to Susan Schwab from Charles Rangel and Sander Levin, May 10, 2007. The new rules are to apply to pending agreements with Peru and Panama; but not to Korea and Russia. Office of the United States Trade Representative (May 2007) (noting that modified provisions relating to medicines and health only apply to 'developing country partners'). In addition, the pending agreement with Colombia may ultimately join Peru and Panama, but is currently stalled because of violence against trade unionists. *See* Letter to Susan Schwab from Charles Rangel and Sander Levin, May 10, 2007.

⑫　The document states that parties '(1) would affirm their commitment to the Doha Declaration, (2) clarify that the Chapter does not and should not prevent the Parties from taking measures to protect public health or from utilizing the TRIPS/health solution, and (3) include an exception to the data exclusivity obligation for measures to protect public health in accordance with the Doha Declaration and subsequent protocols for its implementation'. Peru & Panama FTA Changes, at 8 (May 10, 2007: 8).

⑫　European Parliament Resolution of 12 July 2007 on the TRIPs Agreement and Access to Medicine, para. 11.

⑫　For example, Yale Law School has hosted two major conferences on A2K that brought together academics as well as activists. See Yale Access to Knowledge Conference, http: //research. yale. edu/isp/eventsa2k. html (last visited Feb. 16, 2007). Additional information about the substance of the conference and subsequent discussions is available on a wiki at http: //research. yale. edu/isp/a2k/wiki/index. php/Yale_ A2K_ Conference (last visited February 16, 2007).

⑫　Draft Treaty on Access to Knowledge (2005), arts 1 – 2. On the patent dimension, A2K echoes the Doha Public Health Declaration by reinforcing that TRIPS does not and should not prevent member states from adopting measures to protect public health. *See also* Draft Treaty on Access to Knowledge, arts. 1 – 3 (c).

    A2K 直接挑战了 TRIPS 下的专利保护客体范围以及专利权范围。例如，A2K 建议排除对高等生物的专利保护。⑬ 这与 TRIPS 第 27（3）（b）条以及很多工业化国家要求高等生物专利保护的法律直接相悖。关于专利权，A2K 建议了一个对"改进发明"侵权的避风港条款，以及药物和医疗技术的"顾恤使用"。⑬ 虽然"顾恤使用"一词可能陷入解释问题的泥潭，但其对促进公共健康的专利使用的建议是重要的，并且是国际框架中的新颖建议。事实上国内法允许的范围可能远低于顾恤使用。例如，美国不存在法定避风港，并且普通法上的实验使用例外被解释得很狭窄。⑬

    关于如何平衡健康问题和专利权这点也包含在《巴黎协定》的一个草案中，并在 2006 年 6 月跨大西洋消费者对话（TACD）中有所讨论。⑬《巴黎协定》的目的重申了 A2K 致力于提供平衡路线的目的。特别是，它宣称"科学依赖于对知识的获取"并且知识产权规则"不应该阻止试验使用"。⑬ 此外，它还阐述了与大多数 TRIPS - plus 协议对数据排他规定相反的提议。该提议建议"用以保护新药临床试验投资的方法不应当阻止政府提供可接受价格的药物或要求不道德或不必要的重复性人类试验"。⑬ 换句话说，被视作保护临床试验投资的数据排他性规则，不应当干涉公众对药物的获得。一个更困难的问题是如何达到这个目的，特别是考虑到 TRIPS - plus 协议可能已经干涉了公共健康。除了支持 A2K 的目标之外，该草案还支持了一个全球性公约以为药物研究提供财政支

---

⑬   Draft Treaty on Access to Knowledge, art. 4 - 1（a）（viii）.

⑬   Draft Treaty on Access to Knowledge, art. 4 - 1（b）（ii）, （iv）.

⑬   *E. g. Madey v. Duke Univ.*, 307 F. 3d 1351, 1360 - 62（Fed. Cir. 2002）. *But see Merck KGaA v. Integra Lifesciences I, Ltd.*, 545 U. S. 193, 202（2005）（providing a slightly expanded interpretation of a limited statutory provision exempting certain activity from the scope of infringement）. The lack of exceptions to patent infringement has been repeatedly noted as a problem, but despite repeated discussion of the issue, there has been no change thus far to the patent laws. *See generally*, *Eisenberg*（1989：1017）; O'Rourke（2000：1177）.

⑬   Draft Paris Accord, June 17, 2006. The TACD is comprised of over sixty U. S. and EU consumer organizations that aim to propose joint recommendations to their respective governments. *See* TACD, About TACD, http：//www. tacd. org/about/about. htm（last visited February 16, 2007）.

⑬   Draft Paris Accord, 2.

⑬   Ibid.

持，⑬ 特别是拒绝了传统的商业模式——跨国制药公司通过收取高价药来支持研究。⑬

　　最近，一些 A2K 的目标进入了世界知识产权组织（WIPO）的主流政治性讨论中。特别是，WIPO 成员国同意"在 WIPO 授权内开启对如何使发展中国家和最不发达国家易于获得知识和技术的讨论"。⑱ 并且，成员国同意 WIPO 应该"促进与知识产权相关的规范制定活动以支持一个强健的公共领域"。⑲ 虽然 WIPO 的讨论缺乏之前 A2K 提案的细节，但其对 A2K 原则的包含是值得注意之处，并且是向前迈出的重要一步。⑭ 尽管 WIPO 大会仍需通过该报告，但这个共识仍是一个重大的成就。一个报告认为这个讨论将"潜在地改写联合国机构的授权"。⑭

　　研究与开发——条约提议　在 A2K 提议的理想目标之外，存在一些其他激进的修改目前体制的提议以达到专利和公共健康之间的更好平衡。这些提议既包括促进健康研究的制度，也包括解决知识产权障碍的制度。例如，一些人建议建立全球性研发条约，要求各国采取各种机制以支持所有疾病的研究，而不是那些被制药商认为最有利可图的疾病。⑫ 一些提议主张各国应该根据其国家收入水平提供不同数额以支持研发。另一些则建议为扶植促进社会或公共利益项目的国家提供贸易信贷。其中一个最大胆的解决 TRIPS-plus 协议趋势问题的提议出现在 2005 年《医学研究和发展条约提案》中，其建议国家不仅发展出支持研究的其他方式，而且放弃存在于多种贸易协议中的争端解决和贸易制裁。取而代之的是各国利用条约框架以支持创新。⑬

　　最近一个有趣的发展是，世界卫生组织（WHO）决定在促进研发和

⑬　Ibid. (noting that '[g]overnments must support global agreements to share in the costs of evaluating new medicines').

⑬　Ibid. (suggesting that 'when possible and appropriate' the current system of stimulating research and development through high prices 'should be replaced with new systems that reward developers ... for improved health care outcomes').

⑱　See, e.g., Gerhardsen, June 14, 2007.

⑲　Ibid.

⑭　See WIPO Members Agree on Development Agenda, June 20, 2007.

⑭　New, June 18, 2007.

⑫　See, e.g., Hubbard and Love (2004).

⑬　Medical Research and Development Draft Treaty (2005: art. 2.3).

药物可获得性方面扮演更加重要的角色。在 WHO 年度峰会中，成员国通过了一项决议。该决议不仅鼓励 WHO 支持"希望利用 TRIPS 灵活性"的国家，还"鼓励发展出健康需求促动下研发的议案"，该种议案将包括一系列激励机制。⑭该决议很值得注意，因为在一个月之前，成员国还就 WHO 在 TRIPS 和促进研发的提案中所扮演的角色存在分歧。⑮

四、结 论

专利和公共健康平衡的最终篇章还未开启。然而，希望本文至少提供目前问题的轮廓，这些问题对于理解目前的框架和其他可能的框架是很有意义的。虽然 TRIPS - plus 协议和专利权积极执行的趋势令人担忧，但印度和泰国在这种环形下采取的大胆而创新的行动表明战斗距离结束还甚远。事实上，"平衡是必要的"这种理念已经获得了专利权人之外的利益相关者的注意，这使得未来将趋向更加"平衡"的一端。

References

International Agreements and Domestic Statutes

［1］ Agreement on Trade, Development and Cooperation between the European Community and its Member States, of the One Part, and the Republic of South Africa, of the Other Part, December 4, 1999, 1999 O. J. （L 311）3.

［2］ Agreement on Trade – Related Aspects of Intellectual Property Rights, April 15, 1994, Marrakesh Agreement Establishing the World Trade Organization, Annex 1C, Legal Instruments – Results of the Uruguay Round, 33 I. L. M. 1197 （1994）［TRIPS］.

［3］ Andean Trade Preference Act, 19 U. S. C. § 3202 （d）（9）（2000）.

［4］ Caribbean Basin Economic Recovery Act, 19 U. S. C. 2702 （1996）.

［5］ Euro – Mediterranean Agreement, February 26, 1996, Eur. Cmty. – Morocco, 2000 O. J. （L 70）2.

［6］ European Parliament Resolution on the TRIPs Agreement and Access to Medicine （July 12, 2007）, available at http：//www. europarl. europa. eu/oeil/FindByProcnum. do? lang = en&procnum = RSP/2007/2595.

---

⑭　World Health Assembly （2007） . Despite the resolution, the U. S. has disassociated itself from the decision. *See WHO Members Adopt Resolution on Pharmaceutical Innovation*, May 23, 2007.

⑮　*See, e. g. , WHO Members Divided over Plan for Promoting Pharmaceutical Innovation*, Apr. 25, 2007 （noting controversy over whether WHO should deal with TRIPS and bilateral trade agreements, as well as controversial funding mechnisms for pharmaceutical innovation）.

[7] The Indian Patents (Amendment) Act 2005. English text at: http: //patentoffice. nic. in/ipr/patent/patent_ 2005. pdf#search = % 22India% C20patents%

[8] Medical Research and Development Treaty (draft, February 7, 2005), available at http: //www. cptech. org/workingdrafts/rndtreaty. html.

[9] North American Free Trade Agreement, U. S. December 17, 1992, U. S. – Can. – Mex. , art. 1711 (6), 32 I. L. M. 289.

[10] Paris Accord (draft, June 17, 2006), available at: http: //www. cptech. org/a2k/ pa/ParisAccordjune17draft. pdf.

[11] Treaty on Access to Knowledge, arts. 1 – 2 (draft, May 9, 2005), available at http: //www. cptech. org/a2k/a2k_ treaty_ may9. pdf.

[12] Understanding on Rules and Procedures Governing the Settlement of Disputes, art. 22, April 15 1994, Marrakesh Agreement Establishing the World Trade Organization, Annex 2, Legal Instruments – Results of the Uruguay Round, 33 I. L. M. 1126 (1994) ('DSU').

[13] United States Judiciary Act, 28 U. S. C. § 1350 (2005).

[14] United States Patent Act, 35 U. S. C. § 271 (2000).

[15] United States Tariff Act of 1930, 19 U. S. C. § 1337 (2000).

[16] United States – Caribbean Basin Trade Partnership Act of 2000 (CBTPA), 19 U. S. C. § 2703 (2000).

[17] United States – Central America Free Trade Agreement (CAFTA) (2004), see http: //www. ustr. gov/new/fta/Cafta/final/index. htm.

[18] United States – Chile Free Trade Agreement Implementation Act, 19 U. S. C. 3805 (2004).

[19] United States – Korea Free Trade Agreement, U. S. – S. Korea, June 30, 2007, available at http: //www. ustr. gov/Trade_ Agreements/Bilateral/Republic_ of_ Korea_ FTA/Section_ Index. html.

[20] United States – Morocco Free Trade Agreement, 19 U. S. C. 3805 (2004).

[21] United States – Oman Free Trade Act, 19 U. S. C. 3805 (2004).

[22] United States – Panama Trade Promotion Agreement, U. S. – Pan. art. 15. 9 (7), available at http: //www. ustr. gov/Trade_ Agreements/Bilateral/Panama_ TPA/Section_ Index. html.

[23] United States – Peru Free Trade Agreement, U. S. – Peru, December 7, 2005, available at http: //www. ustr. gov/Trade_ Agreements/Bilateral/Peru_ TPA/Section_ Index. html.

[24] United States – Singapore Free Trade Agreement, May 6, 2003, US – Singapore, a-vailable at http: //www. ustr. gov/Trade _ Agreements/Bilateral/Singapore _ FTA/Section_ Index. html.

[25] Vienna Convention on the Law of Treaties, May 23, 1969, art. 31 (1), 331, 8 I. L. M. 679 ('Vienna Convention').

[26] World Trade Organization, *Declaration of the TRIPS Agreement and Public Health*, WT/MIN (01) /Dec/2 (November 20, 2001) ('Doha Public Health Declaration').

Cases and Panel Decisions

[27] *Madey v. Duke Univ.*, 307 F. 3d 1351, 1360 – 62 (Fed. Cir. 2003), *cert. denied*, 539 U. S. 958 (2003).

[28] *Merck v. Integra Lifesciences, Ltd.*, 545 U. S. 193 (2005).

[29] *Novartis AG v. Union of India* (Madras H. C., June 8, 2007).

[30] World Trade Organization, *Canada – Patent Protection of Pharmaceutical Products*, WT/DS114/R (March 17, 2000).

[31] World Trade Organization, *Canada – Term of Patent Protection*, WT/DS170/R (May 5, 2000).

[32] World Trade Organization, *Canada – Term of Patent Protection*, WT/DS170/AB/R (September 18, 2000).

Publications

[33] Allen, Jonathan, *India Mulls Overriding Patents in Test Case*, REUTERS, February 27, 2008, at http: //www. reuters. com/article/latestCrisis/idUSDEL86732.

[34] Anderson, Tatum, *India Considers Compulsory Licenses for Exportation of Drugs*, IN-TELL. PROP. WATCH (Feb. 20, 2008), at http: //www. ip – watch. org/weblog/index. php? p = 933.

[35] *Bangkok's War Goes Global*, WALL ST. J. ASIA, March 7, 2007.

[36] //709Bate, Roger, *India and the Drug Patent Wars*, Health Policy Outlook, AEI ON-LINE, February 7, 2007.

[37] Cass, Ronald A., *Thai Patent Turmoil*, WALL ST. J., March 13, 2007.

[38] Center for Policy Analysis on Trade and Health, Peru & Panama FTA Changes (May 10, 2007), at http: //www. cpath. org/sitebuildercontent/sitebuilderfiles/2007_ new _ trade_ policy_ details5 – 10 – 07. pdf.

[39] Commission on Intellectual Property Rights, Integrating Intellectual Property Rights and Development Policy 73 – 95, (Commission on Intellectual Property Rights 2002).

[40] Congressional Budget Office, How Increased Competition from Generic Drugs Has Affected Prices and Returns in the Pharmaceutical Industry, ch. 4 (1998), at http: // www. cbo. gov/ftpdoc. cfm? index = 655&type = 0&sequence = 0.

[41] Correa, Carlos M. , *Intellectual Property Rights*, *the WTO and Developing Countries* (Zed Books Ltd. 2000).

[42] Correa, Carlos M. and Sisule F. Musungu, Centre for Management of Intellectual Property in Health Research and Development, WIPO Patent Agenda: The Risks for Developing Countries, Trade – Related Agenda, Development and Equity (T. R. A. D. E.) Working Paper 12, South Centre (2002), at http: //www. mihr. org/? q = node/view/125, (last accessed September 27, 2007).

[43] Dreyfuss, Rochelle C. and Andreas F. Lowenfeld, *Two Achievements of the Uruguay Round: Putting TRIPS and Dispute Settlement Together*, 37 VA. J. INT'L L. 275 – 7 (1997) .

[44] Eisenberg, Rebecca S. , *Patents and the Progress of Science: Exclusive Rights and Experimental Use*, 56 U. CHI. L. REV. 1017 – 86 (1989) .

[45] Ferreira, Anne et al. , Letter from Five Members of the European Parliament to Novartis (February 9, 2007), at http: //www. cptech. org/ip/health/c/india/meps0209 2007. html, (last visited September 27, 2007).

[46] Gana, Ruth L. , *The Myth of Development*, *the Progress of Rights: Human Rights to Intellectual Property and Development*, 18 LAW & POL'Y 315 – 43 (1996) .

[47] Gentleman, Amelia, *Novartis Files Suit Against India Ruling on Drug Patents*, INT'L HERALD TRIBUNE, January 29, 2007, http: //www. iht. com/articles/2007/01/ 29/business/novartis. php.

[48] Gerhardesen, Tove, *Opposition Gains Support Against Novartis Patent Lawsuit in India*, INTELL. PROP. WATCH (February 15, 2007), at http: //www. ip – watch. org/ weblog/index. php? p = 535&res = 1024.

[49] Gerhardsen, Tove, *Drug Company Reacts to Thai License; Government Ready to Talk*, INTELL. PROP. WATCH (February 16, 2007), at http: //www. ip – watch. org/ weblog/index. php? p = 563&res = 1280&print = 0.

[50] Gerhardesen, Tove, Thailand *Presents Report on Compulsory Licensing Experience*, INTELL. PROP. WATCH (March 3, 2007), at http: //www. ip – watch. org/weblog/index. php? p = 563&res = 1280&print = 0.

[51] Gerhardesen, Tove, *Negotiators Agree to Add Access to Knowledge to WIPO Mandate*, INTELL. PROP. WATCH (June 14, 2007), at http：//www. ip – watch. org/weblog/ index. php? p = 654&res = 1280&print = 0.

[52] Gerhardesen, Tove, *Rwanda Pioneers Use of WTO Patent Flexibility for HIV/AIDS Medicine*, INTELL. PROP. WATCH (July 20, 2007), at http：//www. ip – watch. org/weblog/index. php? p = 696&res = 1280&print = 0.

[53] Gervais, Daniel, *The TRIPS Agreement：Drafting History and Analysis*, (Sweet & Maxwell 2003).

[54] Gorlin, Jacques, The Intellectual Property Institute, An Analysis of the Pharmaceutical Related Provisions of the WTO – TRIPS (Intellectual Property) Agreement (1999).

[55] GRAIN, WIPO Moves Toward ‘World’ Patent System (2002), at http：//www. grain. org/briefings_ files/wipo – patent – 2002 – en. pdf

[56] Helfer, Laurence, *Regime Shifting：The TRIPS Agreement and New Dynamics of International Intellectual Property Lawmaking*, 29 YALE J. INT'L L. 1 – 1086 (2004).

[57] Hookway, James and Nicholas Zamiska, *Harsh Medicine：Thai Showdown Spotlights Threat to Drug Patents*, WALL ST. J, (April 4, 2007).

[58] Hubbard, Tim and James Love, *A New Trade Framework for Global Healthcare R&D*, 2 PLOS BIOLOGY 147 – 50 (2004).

[59] International Federation of Pharmaceutical Manufacturers & Associations, A Review of Existing Data Exclusivity Legislation in Selected Countries (2005), at http：// www. ifpma. org/documents/NR2306/DataExclusivity_ JAN05_ revised. doc.

[60] //710Jaspen, Bruce, *AIDS Controversy Dominates Abbot Labs' Annual Meeting*, CHI. TRIB. , (April 27, 2007).

[61] Kazmin, Amy and Andrew Jack, *Thailand Breaks Patent for AIDS Drug to Cut Costs*, FIN. TIMES, (November 30, 2006).

[62] Khwankhom, Arthit, *Thailand to Break HIV Drug Patent*, NATION (November 30, 2006), available at http：//www. nationmultimedia. com/search/page. arcview. php? clid = 2&id = 30020346&date = 2006 – 11 – 30.

[63] Krohmal, Benjamin, KEI, Notes from March 16th 2007 U. S. Capitol Briefing on Thailand's Compulsory Licenses (2007), at http：//www. keionline. org/index. php? option = com_ content&task = view&id = 37 (lst visited September 27, 2007).

[64] Letter from Charles Rangel and Sander Levin to Susan Schwab (May 10, 2007).

[65] Letter by Henry Waxman to Novartis (February 13, 2007), at http：//www. keionline. org/misc – docs/liebermanplus4. pdf (last visited September 27, 2007).

［66］ *Lonely Thailand*, WALL ST. J. , May 23, 2007, commentary.

［67］ MacInnis, Laura, *Rawanda Launches Key Test of WTO Drug Patent Waiver*, REUTERS
（ July 20, 2007 ）, available at http: //www. reuters. com/article/healthNews/
idUSL2088068720070720.

［68］ Medecines Sans Frontieres, The Second Wave of the Access Crisis: Unaffordable
AIDS Drug Prices... Again（December 10, 2005）, at http: //www. doctorswithout
borders. org/news/hiv – aids/briefing_ doc_ 12 – 10 – 2005. cfm.

［69］ Medecines Sans Frontieres, A Key Source of Affordable Medicines Is at Risk of Drying
Up（December 20, 2006）, at http: //www. accessmed – msf. org/documents/Novar-
tis% 20Briefing. doc.

［70］ Ministry of Public Health and National Health Security Office of Thailand, The 10
Burning Questions on the Government Use of Patents on the Four Anti – Cancer Drugs
in Thailand（February 2008）, at http: //www. moph. go. th/hot/Second_ white_ pa-
per_ on_ the_ Thai_ CL_ % 5BEN% 5D. pdf.

［71］ New, William, *In a 'Major Achievement'*, *WIPO Negotiators Create New Development
Mandate*, INTELL. PROP. WATCH （June 18, 2007）, at http: //www. ip –
watch. org/weblog/index. php? p = 656&res = 1280&print = 0.

［72］ Novartis, Novartis Perspective: Improving Indian Patent Law Helps Patients and Soci-
eties（2007）, at http: //www. novartis. com/downloads/Novartis_ position – livec_
patent_ case_ india. pdf.

［73］ Ollier, Peter, *India's Patent Law Faces New Scrutiny*, MANAGING INTELLEC.
PROp. , Jan 28, 2008, available at http: //www. managingip. com/Article/1858239/
Indias – patent – law – faces – newscrutiny. html.

［74］ Office of the U. S. Trade Representative, Results of Bilateral Negotiations on Russia's
Accession to the WTO: Action on Critical IPR Issues（November 19, 2006）.

［75］ Office of the United States Trade Representative, Trade Facts – Intellectual Property
（May 2007）.

［76］ O'Rourke, Maureen A. , *Toward a Doctrine of Fair Use in Patent Law*, 100 COL-
UM. L. REV. 1177 – 250（2000）.

［77］ Reich, Arie, *The WTO As a Law – Harmonizing Institution*, 25 U. PA. J. INT'L &
ECON. L. 321, 362（2004）.

［78］ Reichman, Jerome H. , *Undisclosed Clinical Data Trial Under the TRIPS Agreement
and Its Progeny: A Broader Perspective* （2004）, at http: //www. iprsonline. org/
unctadictsd/bellagio/dialogue2004 – 2/bell4_ documentation. htm.

[79] *Russian Accession: New Potential Hurdle with EU; TRIPS – Plus IP Commitments with U. S.*, 10 BRIDGES WEEKLY TRADE NEWS DIGES*t* at 40 (2006), at http: // www. ictsd. org/weekly/06 – 11 – 29/index. htm.

[80] Shrivastava, Bhuma, *Roche – Cipla Row Test Case for Balancing Health Issues, Patents*, Live Mint, (Feb. 9, 2008), available at http: //www. livemint. com/2008/02/ 08230319/RocheCipla – row – testcase – for. html.

[81] Sixtieth World Health Assembly, Public Health, Innovation and Intellectual Property (May 24, 2007), at http: //www. who. int/gb/ebwha/pdf_ files/WHA60/A60_ R30 – en. pdf.

[82] *Thailand Giant Drugmaker Novartis (Thailand) To Give Free Cancer Drug to Thai Patients*, THAI PRESS REPORTS, February 4, 2008.

[83] *Thailand Health Ministry Change Could Mean Fewer CLs*, PHARMA MARKETLETTER, Feb. 8, 2008.

[84] *Thailand Public Health Minister to Review Thai Compulsory Licensing*, THAI PRESS REPORTS, February 11, 2008.

[85] //711Trans Atlantic Consumer Dialogue Website, at http: //www. tacd. org/about/about. htm (last visited February 16, 2007).

[86] UNCTAD – ICTSD, *Resource Book on TRIPS and Development*, (Cambridge University Press 2005).

[87] United Nations, ECOSOC, Substantive Issues Arising in the Implementation of the International Covenant of Economic, Social and Cultural Rights, Human Rights and Intellectual Property, UC Doc E/C. (December 14, 2001).

[88] U. S. Trade Representative, 2006 Special 301 Report, at http: //www. ustr. gov/assets/Document_ Library/Reports_ Publications/2006/2006_ Special_ 301_ Review/ asset_ upload_ file473_ 9336. pdf.

[89] Watal, Jayashree, *Intellectual Rights in the WTO and Developing Countries* 244, 320 – 21 (Oxford University Press 2001).

[90] *WHO Members Divided over Plan for Promoting Pharmaceutical Innovation*, 11 BRIDGES WEEKLY TRADE NEWS DIGEST 14 (2007), at http: //www. ictsd. org/weekly/07 – 04 – 25/story3. htm.

[91] *WHO Members Adopt Resolution on Pharmaceutical Innovation*, 11 BRIDGES WEEKLY TRADE NEWS DIGEST 18 (2007), at http: //www. ictsd. org/weekly/07 – 05 – 23/ story2. htm.

[92] World Health Organization, 60th World Health Assembly, *Public Health, Innovation*

and Intellectual Property, WHA60. 30 （May 24, 2007）, available at http：//
www. who. int/gb/ebwha/pdf_ files/WHA60/A60_ R30 – en. pdf .

[93] World Intellectual Property Organization, Substantive Patent Law Treaty, Standing
Committee on the Law of Patents, Tenth Session, SCP/10/2 （draft, September 30,
2003）.

[94] World Intellectual Property Organization. Standing Committee on the Law of Patents,
Tenth Session, SCP/10/10 （May 14, 2004）.

[95] World Trade Organization. Chairman's Report to the Group of Negotiation on Goods,
MTN. GNG/NG11/W/76 （July 23, 1990）.

[96] World Trade Organization, *Review of Legislation in the Fields of Patents*, *Layout – de-
signs （Topographies） of Integrated Circuits*, *Protection of Undisclosed Information and
Control of Anti – competitive Practices in Contractual Licenses*：United States, IP/. Q/
USA/1 （May 1, 1998） .

[97] World Trade Organization, Council for Trade – Related Aspects of Intellectual Property
Rights, *Ministerial Declaration*：*Proposal from a Group of Developing Countries*, IP/C/
W/312, WT/GC/W/450 （draft, October 4, 2001）.

[98] World Trade Organization, *Notification of Mutually Agreed Solution According to the
Conditions Set Forth in the Agreement*, WT/DS171/3, WT/DS196/4, IP/D/18/
Add. 1, IP/D/22/Add. 1 （June 20, 2002） .

[99] World Trade Organization, *Implementation of Paragraph 6 of the Doha Declaration on
the TRIPS Agreement and Public Health*, WT/L/540 （September 1, 2003） .

[100] *WIPO Members Agree on Development Agenda*, BRIDGES WEEKLY TRADE NEWS
DIGEST, 11 （2007）, at http：//www. ictsd. org/weekly/07 – 06 – 20/story1. htm.

[101] World Trade Organization, Understanding the WTO：The Organization：Members
and Observers （last visited February 15, 2007）, at http：//www. wto. org/english/
thewto_ e/whatis_ e/tif_ e/org6_ e. htm.

[102] Yale University, *Access to Knowledge （A2K） Conference* 2006, see http：//
research. yale. edu/isp/eventsa2k. html.

第二十五章　生物科技专利池与标准化

作者：乔治·A. 戈尔茨坦（Jorge A. Goldstein）*

译者：李子雍

一、引　言

基因诊断测试越来越多地被用在确定人类基因的特定突变（例如在人类基因 BRCA-1 中）上，用以衡量一些疾病的风险（如乳腺癌）。某一种疾病经常与数个基因突变有关，我们把这种情况称为聚突变关联。在聚突变测试中，某个疾病和各个单独基因突变的诊断关联测试经常含有属于不同专利权人的专利。这可能引起专利灌丛现象，使得潜在的市场进入者需要从不同的专利权人处寻找并得到许可，以对疾病进行广泛测试。但这种许可并不总是可以得到的。[①]

二、与遗传学诊断专利有关的问题

许多疾病都可以和人体内部诸如核苷酸顺序的遗传变异相关联，这种变异又称作单核苷酸多态性（SNP）。[②] 据国际基因组单体型图计划估计，在人类基因组中有接近 1000 万普遍发生的 SNP。[③] 在诊断中应用特定的 SNP 或者使用探测它们的探针都是专利保护的客体。所以，若要研究或测试某一与众多专利化的 SNP 或 SNP 片段相关的疾病，那么可能必须从若干专利权人处获得许可。在这种情况下，于众多突变、SNP 和诊断测试中调查并获得众多许可所产生的交易成本可以昂贵到令人望而却

---

* The author wishes to thank Christine Norris for her able assistance in the preparation of this chapter.

[①]　J. H. Barton, *Patents, genomics, research and diagnostics*, 77 ACAD. MED. 1339 (2002).

[②]　International HapMap Project, http: //snp. cshl. org/ (last visited June 27, 2007).

[③]　*Id.*

步的地步，并曾被形容成一个"噩梦"。④

遗传测试以及提供遗传测试实验室的数目在过去的 7 年中呈爆炸性增长。据估计，在 1999 年年末，大约有逾 200 家美国实验室提供超过 300 种疾病或健康状况的遗传测试。⑤ 至 2003 年年初在美国大约有超过 900 种遗传测试。⑥ 而到 2007 年年中，这个数字增长到 662 家实验室进行 1127 种疾病的临床测试。⑦ 人们可以很快察觉 SNP 专利产生的灌丛问题随着技术成熟将更加严重。专利堆叠问题在多重阵列检测技术领域显得格外明显。这种技术可以同时探测许多在某一组织中某一时间点同时表达的基因或蛋白质。2007 年 7 月，美国食品药物管理局颁布了一个并无约束力的推荐性意见，用以指导这种多重测试的销售审批。⑧ 例如，如果一个如 Affymetrix 的阵列生产公司希望开发一种芯片使用专有技术平台（如它们的 GeneChip ® ⑨）用于在测验中检测一种与 20 个突变有关的疾病，Affymetrix 或者它们的诊断实验室客户可能首先需要从在这 20 个突变中拥有专利的权利人处获得许可。这种许可和市场的问题导致 2002 年 Affymetrix 呼吁终止基因专利。⑩

另一些对于专利灌丛和堆叠的顾虑出现在诊断遗传学上。例如，据称基因专利阻碍或阻止了临床医生与医院为病患诊断一些疾病，也阻碍或延迟了对一些特定疾病变异的鉴定，由此影响了研究人员研发和改进

---

④ R. F. Service, *DNA analysis: will patent fights hold DNA chips hostage?*, 282 SCI. 397 (1998).

⑤ Sec'y's Advisory Comm. On Genetic Testing, Nat'l Inst. of Health, A public consultation on oversight of genetic tests: December 1, 1999 – January 31, 2000 (1999), available at http://www4. od. nih. gov/oba/sacgt/reports/Public% 20Consultation% 20Summary. pdf (last visited September 15, 2004).

⑥ F. COLLINS, WORLD ECONOMIC FORUM, A BRIEF PRIMER ON GENETIC TESTING (2003), *available at* http://www. genome. gov/page. cfm? pageID = 10506784 (last visited June 27, 2007).

⑦ See http://www. genetests. org/ (last visited June 27, 2007).

⑧ CTR. FOR DEVICES AND RADIOLOGICAL HEALTH, FOOD AND DRUG ADMIN. , US DEP'T OF HEALTH AND HUMAN SERVS, GUIDANCE FOR INDUSTRY AND FDA STAFF – PHARMACOGENETIC TESTS AND GENETIC TESTS FOR HERITABLE MARKERS (June 19, 2007), *available at* http://www. fda. gov/cdrh/oivd/guidance/1549. html (last visited June 27, 2007).

⑨ *See, e. g. ,* http://www. affymetrix. com/products/index. affx (last visited June 27, 2007).

⑩ T. ABATE, COUNCIL FOR RESPONSIBLE GENETICS, DO GENE PATENTS WRAP RESEARCH IN RED TAPE? (2002), available at http://www. gene – watch. org/programs/patents/red – tape. html (last visited June 27, 2007).

药物的能力。⑪ 相应地，很多方案也被提出以解决这个问题，包括强制许可⑫或一些美国立法的途径，比如对诊断测试豁免专利执行⑬或彻底废除遗传序列专利。⑭

正如我早前指出的⑮，使用谨慎建立的专利池是一种让该产业在合理许可费之内获得与诊断聚突变关联疾病相关的专利的合理且可能的方法。

三、生物制药与生物科技中存在的专利池

专利池是指两个或两个以上专利权人达成协议以把他们某些专利许可给对方和/或第三方的一种安排。⑯ 专利池在各个产业中都适用，从早期的缝纫机与飞机制造到软件与消费电子产品如 DVD、蓝光光盘和高清 DVD。⑰

一些评论人士建议用专利池解决生物技术中普遍存在的专利灌丛问题。⑱ 事实上，一些所谓的生物科技池已经建立或正在建立过程中。然而，笔者将论证，这些已建或在建的生物技术专利布局，没有任何一个符合传统专利池的要求。

（一）一站式消费专利池

以绿色荧光蛋白（GFP）为例，它是一种荧光介导分子，用于研发

---

⑪　*See generally*, D. G. B. Leonard, *Medical practice and gene patents: a personal perspective*, 77 ACAD. MED. 1388 (2002); M. K. Cho et al., *Effects of patents and licensing on the provision of clinical genetic testing services*, 5 J. MOLECULAR DIAGNOSTICS 3 (2003).

⑫　*See supra* note 1.

⑬　Genomic Research and Diagnostic Accessibility Act, Office of Legislative Policy and Analysis, H. R. 3967, 107th Cong. (2002), *available at* http://olpa. od. nih. gov/legislation/107/pendinglegislation/9gene. asp (last visited June 27, 2007).

⑭　Genomic Research and Accessibility Act, H. R. 977, 110th Cong. (2007), available at http://becerra. house. gov/HoR/CA31/Issues/genepatents. htm (last visited June 27, 2007).

⑮　T. Ebersole et al., *Patent pools as a solution to the licensing problems of diagnostic genetics*, 17 IP TECH. L. J. 1 (2005); J. A. Goldstein, et al., *Patent pools as a solution to the licensing problems of diagnostic genetics*, United States and European perspectives, DRUG DISCOVERY WORLD, Spring 2005, at 86.

⑯　US DEP'T OF JUSTICE & FED. TRADE COMM'N, ANTITRUST GUIDELINES FOR THE LICENSING OF INTELLECTUAL PROPERTY § 5.5 (April 6, 1995).

⑰　*See, e. g.*, http://www. mpegla. com (last visited June 27, 2007).

⑱　D. B. Resnik, *A biotechnology patent pool: an idea whose time has come?*, 3 J. PHIL. SCI. L. (2003), *available at* http://www6. miami. edu/ethics/jpsl/archives/papers/biotechPatent. html (last visited June 27, 2007); L. M. SUNG, GREATER PREDICTABILITY MAY RESULT IN PATENT POOLS (2004), available at http://www. ftc. gov/opp/intellect/020417lawrencemsung1. pdf (last visited June 27, 2007).

药物，以产生一个候选药物如何影响细胞环境中蛋白质分布、运输和功能的细节图。GE 医疗保健与一些机构，包括 BioImage A/S、Aurora Biosciences 和哥伦比亚大学，达成了战略合作以建立含有若干 GFP 专利的专利池。多亏了这个战略合作，GE 医疗保健成为众多专利的"一站式消费点"。[19] 另一个含有众多生物科技专利的源头是"stART 许可"，它是由 Geron 公司与 Exeter 生命科技合资建立的。stART 将积极并广泛许可这两个公司贡献的专利科技，包括在罗斯林研究所克隆多利羊中发展出的基本的核移植克隆技术以及在动物奶中产生蛋白质的技术。[20]

（二）人道主义专利池

在 2000 年左右，瑞士联邦理工学院的印戈·珀特里库斯（Ingo Potrykus）医生成功地通过遗传工程的方法增加了米粒中 β - 胡萝卜素的含量，而 β - 胡萝卜素是维生素 A 的先成物。该研究的结果是，这种米，现在称为黄金米，很有希望成为有流行性维生素 A 缺乏症患者的营养来源。该工作完成之后，珀特里库斯医生发现，如果要商业化这种大米，则需要从 40 个不同的组织获得 70 个不同的专利许可。他把他所拥有的专利权转移至 Astra Zeneca 公司（目前为 Syngenta 公司），它从第三方处获得专利权。Syngenta 再反向授予珀特里库斯医生一个人道主义许可，使得他可以向公共研究机构和发展中国家低收入农民进行再许可。受让人保留商业化的权利，在发达国家把黄金米作为营养品生产，虽然在本文写作时，它还没有商业化的计划。[21]

（三）独家专利池

2005 年，弗雷德·赫钦森（Fred Hutchinson）癌症研究中心、太平洋西北国家实验室、达纳·法伯（Dana - Farber）癌症研究所、南加州大学诺里斯（Norris）综合癌症研究所及医院、系统生物研究所、哈佛大学与麻省理工大学董事会以及德克萨斯大学 M. D. 安德森（M. D. Anderson）癌症中心成立了一个联盟，以进行对乳腺癌生物标记物探测的合作研究。

---

[19]　http：//www. bioimage. com/pdf/Patent% 20Portfolio% 20v4. 1. pdf （last visited June 27, 2007）.

[20]　http：//www. bioimage. com/pdf/Patent% 20Portfolio% 20v4. 1. pdf （last visited June 27, 2007）.

[21]　http：//www. goldenrice. org/Content2 - How/how9_ IP. html （last visited June 27, 2007）.

该计划呼吁将所有知识产权入池并提供给组织成员和第三方。[22] 另一个非典型肺炎（SARS）冠状病毒方面的专利池也已朝着类似目标迈进。若干在发现 SARS 病毒中有贡献的实验室同意把它们的专利入池以促进该领域的研发。[23]

（四）尝试型专利池

一些专利池仅仅是尝试而已，如 Essential Inventions 公司试图"英勇地"建立 5 个艾滋病毒治疗药物专利池，这 5 种药物含有分别属于 Glaxo Wellcome、Bristol – Myers Squibb 与 Hoffman La – Roche 的 5 个专利。这个尝试始于人们对艾滋病核心治疗药物可获得性的批评，并意在为世界卫生组织国家提供逆转录药物、医疗设备以及测试方案。[24]

总之，这些生物技术专利"池"的例子，无论是已经建立的或假想的，包括各种专利的松散的联合、一站式消费、"一公司购买所有的互补知识产权"和人道主义专利池，没有任何一个是经典意义上的专利池，例如消费电子设备的专利池，它们是基于标准化的，把由相互依赖的公司所持有的核心、阻碍和互补的专利入池。

四、建立遗传诊断专利池的重要概念

让我们现在定义一些在专利池中经常使用的术语。在建立专利池的过程中有四种基本的专利种类。互补专利指的是同一技术不同方面的专利，它们可以被一起使用但不互相构成替代。诊断领域的一个例子是覆盖同一疾病不同遗传关联的两个专利。竞争专利是在技术中构成相互替代的专利。我们领域中的例子是基因关联的专利与基于抗体免疫诊断同一疾病的专利。阻碍专利是执行一技术所必需的专利。例如在分离基因和其所有的片段中所使用的组合物专利。核心专利是指"没有技术性替代"并且对最终产品至关重要的专利。一个例子是囊性纤维 D – 508 变异的专利，这种变异是该疾病的关键变异。[25]

笔者的遗传诊断专利池概念遵循一个基本的原则：当就同一个疾病

---

[22] http：//www.fhcrc.org/about/ne/news/2005/10/04/biomarker.html（last visited June 27, 2007），and personal communications.

[23] J. H. M. Simon et al., *Managing severe acute respiratory (SARS) intellectual property rights: the possible role of patent pooling*, 83 WHO BULL. 641 (2005).

[24] http：//www.essentialinventions.org/ and personal communication.

[25] Tsui et al., US Patent 6, 984, 487 claim 7 (issued January 10, 2006).

有多个专利人拥有若干变异关联专利时，一个专利池应该只包含该疾病的一套聚突变关联。[26] 这种池的其他性质是：

* 专利池中应只含有疾病核心、阻碍且互补的突变关联专利，而不含有竞争性专利。

* 专利池中不能包含非 DNA 技术专利，例如芯片、软件、探测仪器或试剂，以避免一个池中出现多个平台。

* 专利池应该由独立专家建立并监控，并选择专利。

* 专利池成员获得的许可应为非排他许可。专利池成员有权利在专利池外就单独专利单独许可，以避免非法搭售行为。

* 专利池许可应对所有被许可人是非歧视的。

* 应该允许被许可人对专利池所作的核心改进进行狭窄范围的返许可。

* 通过建立一个"合理许可费"，专利池不会对下游市场使用入池技术形成排除竞争的效果。下游参与者包括参考实验室、临床医生、研究/临床实验室、芯片生产商和医院。

* 对实现我们目标最重要的一点，即应该建立一个标准，以确定哪种突变关联是目前疾病最发达的诊断方法所必要的，哪些关联不是。通过建立一个标准，独立专家委员会将更容易决定哪些专利属于专利池（覆盖标准的阻碍、互补或核心专利），哪些不属于（不能覆盖标准的竞争专利）。在消费电子领域中最成功的专利池（如 MPEG－2 与 DVD 池）都是由不同参与者拥有的核心和互补知识产权的集合。这些专利池基本上是围绕产业标准所组织的。这些标准告知所有的专利权人把核心和/或互补专利加入专利池。标准在某些方面比较随意并且也不是功能性的，比如 CD 光盘 120 毫米或者扫描频率 44.1kHz 就没有先验性的功能。消费电子制造商需要互相协助以建立它们的市场（如 CD 播放器要播放标准化 CD）。所以，这些制造商会互相合作，建立标准组织，再通过标准组织建立标准。

生物科技专利池的问题是，在这个领域是否可以达到建立相似标准的共识。笔者认为回答既是肯定的也是否定的。[27]

---

[26] *See supra* note 15.

[27] T. Ebersole et al., *Patent pools and standard setting in diagnostic genetics*, 23 NATURE BIO-TECHNOLOGY 1 (2005).

肯定的回答在于，在某些领域，如遗传诊断领域，是可以确定标准并达成共识的。否定回答在于，这些标准不同于那些用在高度独立的计算机电子产业中的随意性的产业标准。在遗传诊断领域，以医疗导向性上的"最佳操作"建立标准及专利池是有用的。这是因为在进行任何遗传测试之前，一个重要的问题是确定哪个变异对于诊断疾病或确定载体是显著的，进而确定在进行测试时，哪个突变组合应该被认为是"最佳操作"。

笔者相信，由政府部门，如国家卫生研究所（NIH）或世界卫生组织（WHO），或者医学组织，如美国医学遗传学协会（ACMG），颁布一个政策或一个协商一致的声明，将有助于产生专利池核心专利的法定标准。ACMG 经常颁布一些疾病测试的实验标准和指导。例如，2001 年它颁布了一个政策性声明，推荐一个由 25 个突变组成的"标准"面板，以确定囊性纤维化（CF）的载体，它包括所有等位基因频率 0.1% 的 CF 引发突变。[28] 此外，ACMG 在过去的 10 年中，颁布了若干政策性声明以及用于其他众多疾病遗传测试的重要变异的"标准"，这些疾病包括阿尔茨海默症、乳腺癌、海绵状脑白质营养不良症、结肠癌、凝血第五因子来登基因、X 染色体易损综合症、新生儿听力筛查、普莱德－威利综合征以及单亲二倍体。[29]

世界卫生组织是另一个国际生物标准权威机构，它着眼于国际生物和其他产品标准的发展和建立。最近它发布了由其认可的第一个人类遗传测试的国际标准，即莱顿第五因子（Factor V Leiden）。[30] 它包括一组含三个人类 DNA 样本的对照组，作为莱顿第五因子（03/254（FV wild type）；3/260（FVL homozygote）与 03/248（FVL heterozygote））实验室基因分型的对照材料。[31]

---

[28] W. W. Grody et al., *Laboratory standards and guidelines for populationbased cystic fibrosis carrier screening*, 3 GENETICS MED. 149（2001）; see also M. S. Watson et al., *Cystic fibrosis population carrier screening*: 2004 *revision of American College of Medical Genetics mutation panel*, 6 GENETICS MED. 387（2004）.

[29] http：//www. acmg. net/resources/policy – list. asp（last visited June 27, 2007）.

[30] http：//www. who. int/mediacentre/news/releases/2004/pr84/en/ （last visited June 27, 2007）.

[31] E. Gray et al., *Establishment of the first international genetic reference panel for factor V Leiden*, *human gDNA*, 96 THROMB. HAEM. 216（2006）.

很多其他疾病的遗传测试标准组都可以，而且很可能，在未来的几年中为科学界和医疗组织所确定。事实上，已经有一些疾病，它们有若干突变是经常被测试的并且被作为非正式的标准，但是它们需要被医疗组织接受为正式的标准。这些医疗组织可以在推荐基因诊断标准中扮演关键且重要的角色。一旦这些标准被它们接受，那么就会成为组建专利池的核心原则。并且，它们也可能成为解决专利池建立过程中所谓挟持问题的方法。

五、生物技术专利池中的挟持问题

挟持指的是，一个核心、阻碍抑或互补专利的持有人认为它可以单独行动，即它不向专利池贡献专利，而是自己就该专利的许可与被许可人进行双边谈判，以期待收取更高的许可费。[32] 笔者相信，建立相关疾病聚突变诊断测试的医疗导向性标准将降低专利权人进行挟持的倾向。尽管这样的标准不能与消费电子产业的随意性标准扮演同样的角色，但笔者的确认为如果是由受尊重的医疗权威所推荐的"最佳"测试的话，大多数（如果不是全部）的诊断实验室还是会愿意提供该种测试的。这些实验室单独行动的动机并不会很强，并且很可能决定把它们的专利许可给专利池。

另一个改善挟持问题的举动可能是最近（2006 年）美国联邦最高法院的 *eBay, Inc. v. MercExchange, L. L. C.* 案的判决。[33] eBay 是一个著名的在线拍卖公司。MercExchange 是一家在线服务公司，其持有一个在线拍卖的专利。[34] MercExchange 起诉 eBay，寻求永久禁令。联邦地区法院几乎自动地拒绝发放禁令。美国联邦巡回上诉法院驳回判决，并改判授予禁令，这个判决几乎也是自动的。美国联邦最高法院提审了案件，驳回了上诉法院的判决并发回重审，但美国联邦最高法院既不同意美国联邦巡回上诉法院的判决，也不同意地区法院的判决。在判决过程中，美国联邦最高法院表示依照美国专利法，禁令不能自动授予也不能自动驳回。

---

[32]　G. George, *What is hiding in the bushes? eBay's effect on holdout behavior in patent thickets*, 13 MICH. TELECOMM. & TECH. L. REV. 557 (2007).

[33]　*eBay, Inc. v. MercExchange, L. L. C.*, 126 S. Ct. 1837 (2006).

[34]　MercExchange, *Generating Changes in Dynamic Markets*, http: //mercexchange. com/index. html (last visited June 28, 2007).

在分析专利法是否应授予禁令的时候，应该符合在美国其他法律领域中判断禁令救济的传统的四因素标准。在四因素标准下，一个成功的原告必须证明：（1）没有救济它将受到不可挽回的损害；（2）法律上存在的救济（如金钱救济）不能赔偿这种损害；（3）考虑并且平衡原告与被告的困难，永久性禁令是公平正当的；以及（4）公众利益不会因永久性禁令而受到损害。㉟

因此，现在在法院决定授予专利案件中的永久禁令之前，公众利益和公平性都是法院经常要小心考虑的。在 eBay 判决之后，美国专利法中的永久禁令不再是自动的了。在某些案件中，金钱救济已经足够，不进行生产或许可的专利权人可能不再能获得禁令救济。因为公共健康是一项重要的"公共利益"，在健康科学中的专利权人如果不进行经营或积极许可专利，则它们在获得禁令时会面临困难。㊱ 持有核心或互补聚突变诊断关联专利的非经营性专利权人，作为潜在的挟持者，当其计划是否加入遗传诊断专利池或试图干扰专利池的建立并以诉讼威胁被许可人时，它们需要仔细考虑其中的不确定性。

六、结 论

尽管上文讨论了很多过去被称作"池"的生物科技专利共享安排，但专利池的经典定义和概念只是最近才被严格地应用到这个领域。特别是在诊断遗传学领域中，专利灌丛问题已经出现，并且仔细分析和应用完善专利池的概念是必要的。在建立遗传诊断专利池时，应考虑由国际医疗组织建立医疗导向性标准。这样的标准为专利是否覆盖标准提供了客观的判断，从而保证了专利池的法律接受性。医疗上可接受的标准的存在，也为潜在的挟持者们提供了一个"最佳操作"，促使它们加入专利池而不是单独行动。当与 eBay 案禁令标准结合来看，在美国遗传诊断中的一个被动的知识产权人很可能认为它们最好的策略是通过加入专利池而不是通过挟持来获得利益最大化。这种结果将提供不被专利灌丛干扰的最先进诊断技术，从而最终使公众获益。

㉟ See eBay, 126 S. Ct. at 1839.

㊱ There has not yet been a post – eBay decision of a lower court in the health sciences. In areas such as electronics, the lower court decisions after eBay have been mixed: some have entered permanent injunctions, others have not.

第二十六章 产业标准的专利化

作者：文森特·F. 基亚佩塔（Vincent F. Chiappetta）

译者：李子雍

一、概　　述

专利与产业标准是经济的双刃剑。适当的挥舞，则会增进市场的有效性，但如果部署不当，它们将成为垄断利益的有力引擎。当专利控制产业标准时，达到适当的平衡就是一个极为复杂而有挑战的任务。① 本章将考察法律效果的演变，进而获得"恰到好处"的结果。②

对标准中的专利问题，适当的法律回应有两个指导性因素。第一，专利与标准存在内在的冲突。标准一般注意广泛使用带来的利益，但在这方面，专利法却有意阻碍这个目标的实现。因此，它们共存的法律规定必须分清专利制度合理的竞争成本和超出合理范围的部分。第二，标准化可以通过不同途径实现——通过长期市场活动产生的事后方式，或者通过产业参与者有意联合或政府主导的事前方式。这些不同的来源产

---

① The same issues arise with regard to other kinds of intellectual property rights, such as copyrights on software code or trade – secret enhancements of related processes. *Cf.* Pamela Samuelson, *Questioning Copyrights in Standards*, 48 B. C. L. REV. 193 (2007) (discussing the capture problem when governments adopt privately drafted standards subject to copyright protection) . Patent law's uniquely powerful exclusionary right makes patent capture of particularly significant concern.

② *See, e. g.*, U. S. DEP'T OF JUSTICE & FED. TRADE COMM'N, ANTITRUST ENFORCEMENT AND INTELLECTUAL PROPERTY RIGHTS: PROMOTING COMPETITION AND INNOVATION (2007), http://www.usdoj.gov/atr/public/hearings/ip/222655.pdf [hereinafter Joint Report]; Mark A. Lemley, *Intellectual Property Rights and Standard Setting Organizations*, 90 CAL. L. REV. 1889 (2002) [hereinafter Lemley IP Rights]; Mark A. Lemley. *Ten Things To Do About Patent Holdup of Standards (and One Not To)*, 48 B. C. L. REV. 149 (2007) [hereinafter Lemley Ten Things]; Janice M. Mueller, *Patent Misuse Through Capture of Industry Standards*, 17 BERKELEY TECH. L. J. 623 (2002).

生了不同的实际上的问题及政策上的问题，所以任何一个法律途径都不是普遍适用的。

以下各部分将讨论法律如何区别在三种标准建立过程中由专利挟持所产生的适当的和过分的成本。首先将讨论市场孕育的标准（以下简称"市场标准"），它是专利法目标与达到标准化效率之间矛盾的最清晰的例子。当市场竞争力量自发地选择了一个有效专利作为最佳解决途径时，这就成为制度整体上的意愿。尽管专利挟持有明显的危害，但法律不应该提供特别的救济。法律干预的程度应该与反垄断法和专利滥用对任何其他获得及使用市场支配地位行为的规制相仿。

在市场标准的专利挟持中，"非特殊性"的法律回应是建立在适当的专利体制假设上的，它同时也需要专利体制的适当性。标准互动中内在的不可避免的成本产生了另一个有力的动因，使目前改革的目标成为，确保专利体现真正的创新价值，并且提供授权后机制以妥善纠正不可避免的错误。在标准的背景下，主张专利的"财产"权利应当避免产生人为的障碍，以便弥补公共利益的损失，获得强制许可甚至专利无效、不可执行等的这些救济。

产业竞争者通过标准组织进行合作的事前标准化（以下简称"行业标准"）需要法律扮演一个更活跃的角色，以积极促进知情的专家决策并同时限制机会主义。标准组织的私营机制提供了最好的制度安排，使参与、决策前的专利披露和特定情况下的成本、收益全面评估得到了最大化。合同法与侵权法应当限制使用推定责任的频率从而降低相关的法律风险与不确定性，并且应有效地实施标准组织的书面协议，达到实施其承诺的目的，以此鼓励标准组织的行为。关于推定义务问题，应该谨慎适用反垄断法与专利滥用法规以使它们的消极影响最小化。这需要在私人诉讼中谨慎地适用现有原则规定（原告的适格问题与"对竞争而非竞争者"的反垄断损害问题）而不是扩大适用以对每个标准组织的违约提供附加救济。政府措施应该限于解决参与者合谋滥用标准化过程和那些不容易被私人合同诉讼解决的给市场带来显著损害的行为。

政府标准的强制性特点要求不同的法律回应。政府制定标准的行为一般将会把标准采纳后的法律救济限制于传统的反垄断/专利滥用，这使得在标准建立过程中对意外专利挟持问题的注意成为关键。然而不像私有的标准组织，政府的标准化不能通过披露和许可义务有效地解决这个问题。强加这样的要求不仅会严重干涉宪法第一修正案自由言论/政府请愿的权利并产生严重的政府征用问题，而且还会引发激烈的政治反应。传统的公告和征求意见程序提供了一些帮助，从而能获得必要的信息。它们的用处可以被反垄断法上 *Noerr – Pennington* 案例政府情愿权的广义解读所增强，这个案例将允许对专利权人的虚假陈述追究责任。要求提供许可协议方案可以增加专利权人意图的信息以及在竞标中获得的专利许可条款信息。三个其他的"程序"工具可以进一步减小专利挟持风险：在定义标准时，将注意力放到"结果"上而不是技术手段上；在专利挟持发生后，把标准后的监督与调整体制化；并且最重要的是，在制定政府标准之前，谨慎地考虑是否行业标准或市场标准能更好地完成任务。

最后，适当的法律解决途径要求不能把眼光局限在一个法域之内。日益增长的市场关联性强调这项任务不是一方的行动。达到一个真正满意的结果必须不仅考虑标准制定国本国利弊，而且应考虑更广阔的国际经济与社会背景。

二、市场标准

纯粹由市场产生的标准从它们的性质上来说是"有效的"，并且在市场经济中是可取的。它们反映了消费者的需求，特别是买方对标准性价比的偏好。另外，市场标准源自三种相关的竞争，并随着时间自我修正。首先，它们出现于互相替代选择间的针锋相对的竞争。其次，当具体的某一标准产生时，供应商会继续降低价格并增强功能，以成为主要供应商。最后，现存的标准仍然会有可能通过模式创新而被取代。

当然，在现实中，无效性也是存在的。变革的壁垒可以严重妨碍市场标准下竞争环境的形成和演变。现存标准的沉没成本将减缓或阻碍向更新、更好选择的过渡。[3] 汽车的发动机就是一例。高度相关的制造、销售、支持以及学习曲线/熟悉性投资使市场变得非常抵触改变，即使是现存模式已经存在非常明显的问题。一个成功的替代品不仅必须在纯粹竞争意义上更具有投资价值，而且还必须事实上足够（并且令人感到）弥

---

③　Joint Report, *supra* note 2, at 35 nn. 11 – 12.

补生产者、销售者和消费者在目前体制中的巨大既有投资。

此外，市场标准的建立与演变可以受到网络效应的负面影响。④ 例如，当与其他用户或设备的互操作性（技术上的或其他的）是一个关键要求时，某一个替代品的价值将随着采用它的用户量的增加而增长。当某个产品达到一定的市场渗透度时，这个"网络"价值可以驱使它成为产业标准，而不论它本身的性价比好坏。并且一旦稳固下来，相同的网络效应就对它的竞争者产生实质性的阻碍，要求它们不仅提供更优越的性价比，而且提供额外的价值以抵消失去的网络价值。

微软公司的 Windows 操作系统的事实标准就很好地阐述了网络效应的机制与力量。随着 Windows 用户基数的增长，无缝整合这些用户的能力就成为了一个显著的购买考量，这最终超过了对其他产品实质的性价比。并且，用户数量的增加为周边厂商创造了市场机遇，包括独立的应用程序开发商、周边产品制造商，以及服务与支持公司。这些活动反过来又增加了这个平台的消费者"网络"价值，并且独立于其本身价值而存在。整体的结果就是它显著地阻碍了变革，并且大大增加了沉没成本。

虽然沉没成本与网络效应可以降低市场标准的效率（至少是短期的），但它们却不能构成法律诉求或特别干预的基础。正如美国法院在评价反垄断案件中长期以来所秉持的：竞争者仅仅通过其优质的产品、有效的运营与自然的优势所获得的胜利并无不当。⑤ 如果是相反结论的话，那么法律将会惩罚优质所带来的胜利，这个结果很难有利于鼓励作为经济效率核心引擎的竞争行为。因此，那些胜利必须作为市场体系不可避免的创造物而被接受。法律的干预需要更多针对那些通过损害消费者选择而产生或维持垄断力量的行为。⑥ 所以结果是，消费者在诸多竞争的可代替选项中选择的市场标准一般不应该受法律挑战。任何对主要供应商

---

④ *See*, *e. g.*, Mueller, *supra* note 2, at 634.

⑤ Judge Learned Hand's seminal opinion in *United States v. Aluminum Co. of Am.*, 148 F. 2d 416 (2d Cir. 1945), eloquently explains the reasoning briefly outlined in the text.

⑥ Requiring more than a demonstration of monopoly power – that the defendant also engaged in inappropriate exclusionary (predatory) behavior to obtain or maintain that power – is standard U. S. antitrust doctrine. *See United States v. Grinnell Corp.*, 384 U. S. 563 (1966). An illuminating discussion of what exclusionary/predatory activity entails can be found in *United States v. United Shoe Mach. Corp.*, 110 F. Supp. 295 (D. Mass. 1953), *aff'd per curiam*, 347 U. S. 521 (1954).

的替换或标准的改变都必须具有其优点——竞争者提供更低的价格或改进产品功能以足够克服任何阻碍改变的因素。

专利实质地影响了竞争性市场的结构。面对显著的公共产品问题，作为一个激励创新投资的手段，[⑦] 专利拥有者得到了强大的法律权利去阻止其他人在一定时间内使用被专利覆盖的发明。[⑧] 然而，仅仅存在专利和相关的排他性权利并不自动地产生市场支配力。[⑨] 要通过标准化或其他方式获得这种支配力，专利拥有者必须首先在市场中胜过其他替代的选择。[⑩] 所以从这个角度看，基于专利的标准与其他市场标准并无不同。

但是，当基于专利的选择变成事实标准的时候，的确会出现特殊的考虑。与其他市场产生的标准不同，专利权可以使权利人显著地妨碍标准内部的竞争，这可以通过许可条款限制第三方供应的价格、功能或可获得性（包括完全排除它们）来实现。[⑪] 这种"专利挟持"显著地增加了额外无效性的可能性，包括最糟糕的状况下出现唯一一个支配性的供应商/垄断者。虽然专利所控制的标准的确相对于其他可替代性选择具有脆弱性，但在专利有效期内，它只有在专利外技术提供足够的益处以弥补沉没成本以及网络效应带来的变革阻碍时才会被代替。

尽管这些潜在的显著负面效果存在，但基本的法律分析并没有改变。专利所控制的标准能反映消费者的偏好，这是它在竞争优势上的胜利。而且，从定义上，这样基于专利的市场标准反映了由市场所崇尚的创新。

---

⑦ *See*, *e. g.*, Vincent Chiappetta, *Defining the Proper Scope of Internet Patents*: *If We Don't Know Where We Want to Go*, *We're Unlikely to Get There*, 7 MICH. TELECOMM. & TECH. L. REV. , 289, 307 – 8（2001 – 2）（describing the regime's focus on overcoming the 'free – riding' disincentive to investment in innovation）.

⑧ U. S. law prohibits virtually all making, using, offering to sell or selling of the patent invention. See 35 U. S. C. § 271（a）. The term of a U. S. patent, consistent with international treaty obligations, generally extends for 20 years from the date of application. *See* 35 U. S. C. § 154（a）（2）.

⑨ The U. S. Supreme Court decision in *Illinois Tool Works Inc. v. Indep. Ink*, *Inc.*, 547 U. S. 28, 37 – 40（2006）, contains an interesting recent visitation of the proposition that patent exclusionary rights do not by themselves create a 'monopoly'. *See also* Joint Report, *supra* note 2, at 22.

⑩ Patents may actually create an impediment to a market victory on the merits by making buyers wary of the resulting control; at least if they think about it（*cf. Eastman Kodak Co. v. Image Technical Servs.*, 504 U. S. 451（1992））.

⑪ It has been argued that patent capture provides beneficial control over a standard by allowing the patent owner to prevent fragmentation（or 'forking'）, which undermines the uniformity benefits. There are, however, other less harmful ways to void this concern. See Lemley IP Rights, *supra* note 2, at 1963 – 4.

所以，结果导致的排他成本只是反映社会所意愿的专利议价；在这种情况下，这种议价鼓励了高产出的投资，并以许诺包括垄断利益在内的超额回报为激励机制。

在这种情况下，如果使用法律（反垄断法、专利滥用或其他法律）去限制或撤回这些许诺过的回报并且在相关标准中要求开放竞争，将会实质损害专利制度——一旦这种趋势被暴露后，现有的激励将全部消失。⑫ 不出意料，这就是 2007 年 4 月《司法部与联邦贸易委员会反垄断执行与知识产权联合报告》⑬ 的结论，它明确表示，专利权人拒绝提供许可（本身）并不产生反垄断问题：

> 单方的、无条件的拒绝许可专利的反垄断责任不会在专利法与反垄断保护的界面上扮演任何有意义的角色。拒绝向竞争者许可的反垄断责任会强迫公司主动联络并且积极帮助它们的竞争对手，这就导致了"产生与反垄断法目的相矛盾的结果（省略脚注⑭）。"而且，这种法律责任会阻碍专利权人实施专利的核心权利——排除他人的权利。⑮

同样地，美国法典 35 卷专利法第 271（d）（4）条明确把拒绝许可行为排除在专利滥用之外。⑯

---

⑫ Eliminating patent law merely to avoid patent capture is not a viable option; at least if one accepts the value of the investment incentives it provides. See Lemley Ten Things, *supra* note 2, at 151; Mueller, supra note 2, at 651 - 2. *See also* Chiappetta, *supra* note 7, at 291 n. 11.

⑬ Joint Report, *supra* note 2.

⑭ The omitted citation is to the U. S. Supreme Court decision in *Verizon Commc'ns Inc. v. Law Offices of Curtis V. Trinko*, 540 U. S. 398 (2004), which discusses the tension noted in the Joint Report quotation in the text, and which in dicta indicated that, as a consequence, an antitrust 'essential facilities claim' would be unfavorably received. *See* Mueller, *supra* note 2, at 656 - 7 (discussing the essential facilities doctrine in the patent capture context as well as noting that the European Union might be more receptive in connection with an abuse of a dominant position claim). *See also* Joint Report, *supra* note 2, at 27 - 31.

⑮ Joint Report, *supra* note 2, at 6.

⑯ Section 271 (d) (4) reads as follows: 'No patent owner…shall be…deemed guilty of misuse or illegal extension of the patent right by reason of his having... (4) refused to license or use any rights to the patent'. The U. S. Supreme Court has (arguably) read this statutory language as applicable only to patent misuse, but found it nonetheless provides important interpretative guidance in the antitrust context. *See Illinois Tool Works Inc. v. Indep. Ink, Inc.*, 547 U. S. 28, 42 (2006). *See also* Joint Report, *supra* note 2, at 25 - 6.

　　然而，成功的专利权人并没有得到完全的豁免。这种对专利标准"垄断"宽厚的法律处理默认了相关市场力量是正当获得并且合法维持的。以不正当方式获取专利（如在申请过程中故意隐瞒重要信息）可能会导致不公平行为的救济与 *Walker – Process*[⑰] 反垄断责任。前者将会禁止不当得来的专利的执行，进而允许与标准兼容的竞争性供应。[⑱] 但是，这个救济并没有排除先行者或其他基于市场的优势，它们可能来自不可执行前的专利。*Walker – Process* 反垄断责任[⑲]从某种程度上通过三倍损害赔偿减轻了这个问题，但是也并不会完全抵消由那些决定"冒险"的人所造成的市场损害。

　　并且，虽然有效专利的权利人（包括那些在专利申请过程中起草或修改权利要求以使其直接覆盖标准草案核心技术的人[⑳]）有权利排除他人使用发明，但是法律会积极地管理那些不当维持或扩展专利力量的行为。[㉑] 特别地，反垄断法阻止那些使用掠夺性的行为维持哪怕是正当获得的垄断力量。[㉒] 因为当专利实质上控制了市场标准后，被确认的垄断力量将会可能持续，[㉓] 反垄断法将限制专利权人的行为以使其不超出基于质量

---

　　⑰　*Walker Process Equip. , Inc. v. Food Mach. & Chem. Corp.* , 382 U. S. 172 (1965).

　　⑱　*See* , *e. g.* , *J. P. Stevens & Co. , Inc. v. Lex Tex , Inc.* 747 F. 2d 1553 (Fed. Cir. 1984), *cert. denied* , 474 U. S. 822 (1985).

　　⑲　*See* Mueller, *supra* note 2, at 654 – 5 for a discussion of the doctrinal requirements.

　　⑳　The Court of Appeals for the Federal Circuit has expressly found that drafting or amending claims to read on market activity is not inequitable conduct. *See Kingsdown Med. Consultants, Ltd. v. Hollister Inc.* , 863 F. 2d 867 (Fed. Cir. 1988), *cert. denied* , 409 U. S. 1067 (1989) . *But see infra* note 61 (discussing the potential liability for such actions when under a duty to disclose).

　　㉑　*See* Joint Report, *supra* note 2, at 30 – 31 (explaining the somewhat paradoxical point that while refusing to deal at all is generally exempt from antitrust law, once the decision to license is made implementation will be closely scrutinized for related competitive harms, citing *Motion Picture Patents Co. v. Universal Film Mfg. Co. et al.* , 243 U. S. 502 (1917)) . *See also* Joint Report, *supra* note 2, ch. 4.

　　㉒　*See* 15 U. S. C. § 2.

　　㉓　*Cf. In re Rambus* , Opinion of the Commission, 2006 WL 2330117 (F. T. C. 2006) (finding adequate sustained power in the relevant market for a Sherman Act Section 2 violation when patents controlled implementation of an industry – generated standard) . Section 2 also sanctions improper efforts to obtain monopoly power under a claim of attempted monopolization. However, attempt is likely only to apply very late in the standard – setting process, when the predicate dangerous probability of success (capture) exists. Additionally, such cases are extremely difficult to prove. *See infra* note 31 and accompanying text.

的竞争,㉔ 并防止专利权人运用专利权过分地巩固或扩大其对标准的控制。例如,专利权人可能会被禁止要求被许可人向其返授予标准相关的知识产权㉕或在没有任何正当理由的情况下在许可项目中拒绝与实施者进行交易。㉖ 除了三倍损害赔偿的威慑之外,相关的反垄断救济可以包括强制许可甚或是不可执行,以对竞争损害作必要的矫正。㉗

专利滥用原则则更加广泛,它禁止那些"过分扩大专利'物理或时间范围'的许可条款",㉘ 不论专利权人是否拥有垄断力量或拥有垄断力量的危险性可能。比如,限制专利过期后竞争的专利许可条款(包括在专利过期之后支付许可费)是被禁止的。从救济的角度来说,滥用原则可能也会为标准的可获得性提供更多优势,并阻止专利的任何执行直至滥用的负面效果消失。

然而,这些反垄断与专利滥用法律并没有排除一些专利权人严重限制产业标准中竞争的行为。例如,在专利有效期内对地域或产量的限制或收取高昂的许可费都可能是合法的,而且干脆不许可的行为是没有法律责任的。而且,攻击所有的而非明显滥用的许可条款在操作上可能适得其反。许可所产生的实际或感知到的风险会使专利权人严重偏向更加保险的不许可路线,进而消除所有竞争。

最后,要有必要提一下一个具体的行为,因为它在以下讨论的行业标准框架下有重要意义。有人可能主张,在市场正在选择标准的过程中,隐瞒潜在的专利挟持的这种行为需要特殊的法律对待,也许是基于谢尔

㉔ Microsoft discovered this inconvenient legal reality about acquired market power in connection with the monopoly it had obtained via the Windows operating system; antitrust law applied to its market activities despite (and arguably because of) its related copyright protection and rights to exclude. *See Microsoft Corp. v. United States*, 253 F. 3d 34 (D. C. Cir. 2001), *cert. denied*, 534 U. S. 952 (2001).

㉕ *See* Joint Report, *supra* note 2, ch. 4.

㉖ *See Verizon Commc'ns Inc. v. Law Offices of Curtis V. Trinko*, 540 U. S. 398 (2004); *Aspen Skiing Co. v. Aspen Highlands Skiing Corp.*, 472 U. S. 585 (1985) (imposing a duty to deal on a monopolist who had chosen to deal in the past).

㉗ Although not a fully litigated result, the settlement in Microsoft reflects this wide - reaching remedial approach, requiring Microsoft to make its interoperability protocols available to third parties. *See United States v. Microsoft Corp.*, No. 98 - 1232, 2002 WL 31654530 (D. D. C. 2002), *superseded by* 2006 WL 2882808 (2006).

㉘ *Windsurfing Intern. Inc. v. AMF Inc.*, 782 F. 2d 995, 1001 (1986) (citing *Blonder - Tongue Labs., Inc. v. Univ. of Ill. Found.*, 402 U. S. 313, 343 (1971)). *See* Mueller, *supra* note 2, at 671 - 3.

曼法第 2 条对企图垄断的规定。[29] 例如，当消费市场正在把包含专利的选择接受为事实标准时，专利权人可能故意放过其他与其竞争的侵权产品。一旦其成为事实标准之后，专利权人再进行起诉并排除侵权者，使得其价格可以抬高至垄断水平。虽然这种行为（也许）在道德上有所冒犯，但如果不考虑基于专利权人明确虚假表示的禁反言或欺诈主张或可能的懈怠主张，这种"埋伏"行为一般来说并不能支持法律救济。[30] 一个不主张专利权的专利权人，在面对强烈的竞争时，并没有足够的市场力量以引发反垄断责任，[31] 不主张专利本身也不构成专利滥用。那些专利权人将像其他夺取市场胜利的竞争者一样被对待，这意味着他们在法律上有权作出与他们专利相关的且他们认为合适的任何决定，来增强他们的竞争地位。只有当它们事实上获得了足够的市场力量来触动反垄断法时他们的行为才会受法律限制，该限制的程度也不应超过法律对其他潜在或实际垄断者的限制程度。

三、专利法的核心地位

基于以上的讨论，反垄断法与专利法的限制没有也不应该排除所有专利挟持带来的无效行为。因为法律惩罚只及于专利权人十分严重的行为，专利法体制的适当运作就成了工业标准法律集合体中关键的一部分，其成本直接与其产生的专利质量成比例。

因此，目前美国专利法在趋近新的平衡点的过程中正朝正确的方向前进。最近，对"发明"要求的调整获得了好评，它使得不当授予的专利数量得以下降，从而显著地降低了专利挟持的风险。国会、美国专利商标局与第三方不断地投入大量资源以及精力以增强在专利审查过程中

---

[29] 15 U. S. C. § 2. Enforcement of patent rights during this period would also be subject to attempt claims, but only if the other requirements of the cause of action can be demonstrated. *See infra* note 31.

[30] As the courts have noted, the antitrust laws are not a code of professional conduct for business; they exist to ensure vigorous (even no – holds barred) competition is not unduly impaired. *Cf. E. R. R. Presidents Conference v. Noerr Motor Freight*, 356 U. S. 127, 140 – 141 (1961).

[31] Attempt cases are notoriously difficult to win, requiring proof not only of predatory acts but a dangerous probability of success and specific intent to monopolize. *See Spectrum Sports v. McQuillan*, 506 U. S. 447 (1993). Thus even if a failure to enforce relevant patents was found to be a predatory act, liability would only attach if the patent holder then held a significant market share – generally requiring a showing in the 40 – 50% range – and, perhaps, a demonstration that non – enforcement was not motivated by other considerations, such as convincing the market to adopt the related standard on its merits.

对在先技术的辨识。在专利申请过程中，许多专利在权利授予前必须公开，这也增强了程序保障。此外，美国最高法院收紧了等同原则的范围[32]，并且最近放宽了本领域技术人员对改进的显而易见性的审查尺度，从而有效地提高了创造性门槛。[33]

其他改变也能降低专利战略布局增加的标准挟持的风险。虽然没有法律禁止申请人更改专利权利要求以覆盖核心标准的，[34] 但是，美国联邦巡回上诉法院间断性地使用专利说明书限制权利要求在申请过程中的修改，这显著地制约了修改专利以瞄准标准草案的能力。[35] 此外，自专利申请日（而非授予日）起算20年的保护期有助于产生加速申请的动机，这种动机也通过扩大适用"懈怠"原则与限制滥用继续申请的法律与法规得以加强。[36] 这也尽可能地减少了因等待不确定标准或等待标准被锁入专利的专利申请故意拖延。最后，从先发明制转变为先申请制也会进一步减少机会主义行为。[37] 特别是以提交申请日而非所主张的早前的发明日为判断新颖性的基础，标准的公布就会成为在先技术，从而切断所有后来的专利权利要求。

对于专利权自身来说，最近在侵权行为中"力量平衡"的变化，显著地缓和了"问题专利"对标准的挟持。那些希望提供合法产品的人，可以通过挑战并排除无效专利的方法实现目的。这种方法越来越易实行，所以人们并不需要赌上自己的企业。一般来说，提出确定之诉需要有对另一个诉讼（特别迫近的诉讼）有合理预期。但目前，专利权人声称的一种潜在行为（特别是实施标准的行为）的侵权可能性可以作为提出确认之诉的依据。这排除了被卷入实际侵权纠纷的风险。[38] 此外，在这种情

---

[32] *See Warner - Jenkinson Co. , Inc. v. Hilton Davis Chem. Co.* , 520 U. S. 17 (1997).

[33] *See KSR Intern. Co. v. Teleflex Inc.* , 127 S. Ct. 1727 (2007).

[34] *But see infra* note 61 (discussing potential liability if under an obligation to disclose).

[35] *But see* Mueller *supra* note 2, at 637 – 42 (arguing the Court of Appeals for the Federal Circuit may be moving in the 'wrong' direction, at least with regard to patent capture concerns).

[36] *See, e. g. , Symbol Technologies, Inc. v. Lemelson Med. , Educ. & Research*, 422 F. 3d 1378 (Fed. Cir. 2005); Lemley Ten Ideas, *supra* note 2, at 163 – 4.

[37] *See* Mueller, *supra* note 2, at 642 – 5.

[38] *See Sandisk Corp. v. STMicroelectronics, Inc.* , 480 F. 3d 1372, 1377 – 83 (citing *MedImmune, Inc. v Genetech*, 127 S. Ct. 764 (2007), for the proposition that the Article III case or controversy requirement does not require the plaintiff to 'bet the farm' by acting first, and also holding that on the facts not even the patent holder's stated intent not to sue eliminated the justiciable controversy).

况下，相关第三方也应降低挑战专利的难度，例如，将专利无效的举证责任从"清楚且有说服力"标准降低至"优势证据"标准。

最后，美国最高法院对 *eBay v. MercExchange* 一案㊴关于禁令的判决也为专利侵权案件的成本控制提供了重要契机。法院在适用禁令救济时，必须考虑传统的公平因素。在专利挟持的情况下，法院会将注意力集中在专利权人"财产权"之外的更大的公共利益之上。特别是，法院应当明确考虑给予市场价格下的强制许可救济，并且这种救济是否会增加符合标准产品的供应，从而更好地为公共利益服务。㊵

但是，对于市场标准来说，把强制许可应用到专利挟持上的做法还有很多不确定性。其中一种观点很有说服力，其认为强制许可本身与专利法的立法意图相矛盾：社会许诺以垄断利益换取发明人承担研发投资的风险，但当专利产生显著价值时，又要事后收回这种承诺。若欲避免这种消极结果，则必须谨慎关注其中的细微之处。当专利权人正在积极推广发明、提供符合标准的产品并最终锁住市场时，禁令救济与实现专利法目的之间存在着很强的关联。然而，当一个不实施专利的人，在其他生产者的行为创造了相关标准后，再试图行使专利权时，把救济限定于市场价格的许可则更加恰当。㊶ 这种救济手段可以防止专利权人利用专利体制进行"赌博"，等待标准被锁入专利后再主张权利，以禁令作为威胁，索取高额的"挟持性"许可费用。这种限制产生一种有益的选择机制，即专利权人或者选择通过竞争性生产（或是后文将讨论的为生产进行的许可或转让）来实现价值，或者选择当标准建立后基于专利贡献收取市场价格的许可费用（下文亦将讨论）。

这种"主动—被动"的分析方法，同样适用于标准产生后，以许可为目的的购买专利的行为。专利法意识到发明人所处的地位可能不利于他们自己实施发明，因此专利法明确授予了转让专利的权利，以作为发

㊴　547 U. S. 388（2006）.

㊵　Limiting automatic injunctive relief has the further positive effect of encouraging voluntary market – based licensing programs, giving such programs the significant allure of avoiding the costs and uncertainties of judicial enforcement, not the least of which is a judicial determination of the appropriate royalty rate. *See infra* notes 44 – 5 and accompanying text.

㊶　Justice Kennedy drew this distinction and the related potential for abuse point in his eBay concurrence. *See eBay*, 126 S. Ct. , at 1842（Kennedy, J. , concurring）.

明人收回投资的另一种方法。㊷ 因此，先于标准购买专利的行为一般应用以下原则：是否选择禁令救济取决于买方是否进行先于标准的积极实施行为，或是仅是为了以后以非生产者的身份进行许可。但是，在标准建立后，非生产者的购买行为一般以挟持性利润为目的。㊸ 对于这种购买者，默认的规则应当是市场价格下的强制许可。这种方法确保了发明人的转让价格反映了专利的实际市场价值，而不是反映标准建立后由于禁令威胁所附加的利润。

最后，并非所有专利对标准都产生相同的贡献。㊹ 这个事实在专利挟持问题中尤为明显。㊺ 当判断合理许可费用（与损害赔偿）时，必须仔细分析该专利所提供的贡献，以此判断它在相关标准中所扮演的角色。另外，"贡献"的程度也应是一开始给予禁令救济与否的考虑因素。一般来说，当专利权人所持的专利组合属于标准的核心内容时，就应当用禁令保护专利权人的实施行为。然而，当威胁来自次要的贡献者时，就应考虑基于公共政策的强制许可了。

四、行业标准

标准的价值毋庸置疑。正如《联合报告》中简明指出的：

> （行业标准）……被广泛地认为是当今经济发展的引擎。标准使得产品成本更低廉，也使得它们对消费者更有价值。它们可以促进创新，提高效率并增加消费者的选择空间；还能提升公共健康与安全水平；并且扮演了"国际贸易基石"的角色。㊻

㊷　*See* 35 U. S. C. § 261. Nor is it a legal violation merely to accumulate patents. *See Automatic Radio Mfg. Co, v. Hazeltine Res.*, 339 U. S. 827, 834（1950）（dicta）.

㊸　*Cf. In re Negotiated Data Solutions LLC*, 2008 WL 258308（F. T. C. 2008）（majority, in a three – two decision, expressing concern over patent assignment to nonmarket participant, resulting in exploitation of industry lock – in and requiring compliance with assignor's SSO licensing commitments by its assignee）.

㊹　Justice Kennedy's *eBay* concurrence notes the importance in infringementremedial determinations of considering the relative contribution of the patent to the actual product（in the instant situation, the standard）. *See eBay*, 126 S. Ct. at 1842（Kennedy, J., concurring）.

㊺　*See Lemley Ten Ideas*, *supra* note 2, at 151 – 4 and 165 – 7（noting the problems of patent royalty stacking and inattention to actual contribution）.

㊻　Joint Report, *supra* note 2, at 33.

许多生产者也意识到了标准的回报。生产者聚集在一起，通过一个已有的或特设的标准组织建立行业标准的情况已经越来越频繁。纯粹通过市场产生的标准是由消费者在市场上众多的选择中挑选出来的。与此不同，行业标准是相互竞争的生产者事先所决定的。其结果便是，虽然行业标准考虑到了消费者偏好，但它本身反映的是人为选择而非市场选择。

这种"事先行动"增加了错误的几率与成本。与在市场中长期回应消费者的需求与愿望而产生的标准不同，行业驱动下的标准化特别注重满足预计需求的标准的迅速广泛实施。这意味着沉没成本与网络效应会更加强烈地阻碍标准变化，把不正确的决策锁住，并无视市场最终对其他选择的偏好。[47] 虽然有这种风险，但主流观点（包括政府人员的观点）都认为集体的、由行业专家进行的标准化的净效果是由效率带来的显著利益。[48] 因此，法律一般把这种标准化中的善意错误视为产生积极效果的可接受成本，而不是采用监管介入与调控手段。

然而，故意滥用标准组织决策过程的行为会被区别对待。[49] 标准组织成员利用标准化过程强化其自身的竞争力的行为，会引发严重的法律后果。许多"标准"协议，诸如固定价格与串通投标，都构成本身违法的垄断行为，承担严重的民事与刑事责任。[50] 其他协议（例如参与者之间的过多的信息共享或标准化销售过程协议）可能由于促使不当行为或恶化市场问题而受到惩罚。[51] 对其他选择的协议排除，从而事实上同意采用某一标准，也会受到法律制裁。虽然这些行为有益于避免"支离破碎"的局面，从而保障了标准化过程的效率，但它们同时也可以给各种方案的竞争带来消极影响。因此，虽然标准组织可以合理地限制虚假或误导性的兼容声明，但除了极端的情况，要求他人只能采用某一标准是对交易

---

[47]　*See* Lemley Ten Ideas, *supra* note 2, at 154 – 5.

[48]　*See* Joint Report, *supra* note 2, at 34 and 55 – 6.

[49]　*See id.*

[50]　*See* Joint Report, *supra* note 2, at 37 and 55. It is, of course, necessary to prove the conspiracy. *See Golden Bridge Tech.*, *Inc. v. Nokia, Inc.*, 2007 WL 2688487（E. D. Texas 2007）（Sherman Act Section 1 violation by SSO participants, as all such violations, requires evidence excluding the possibility of independent action）.

[51]　*Cf. United States v. Container Corp. of Am.*, 393 U. S. 333（1969）; *Fed. Trade Comm'n v. Cement Inst.*, 333 U. S. 683（1948）.

的非法限制。(52)

标准组织的标准建立过程带来了特别的好处，也引起了严重的专利挟持问题。正如上文提到的，消费者没有考虑引入专利的后果，这使得市场标准中的内部竞争显著减少。标准组织提供的事前合作模式，在避免这个问题上，比市场标准有更大的优势。在发现专利的可能性上，以及在适当考虑专利对各种选择的影响上，行业参与者都比消费者拥有更大的优势。但是同时，合作的决策过程也显著地增加了专利挟持的可能。市场标准从产业竞争中逐渐产生。与此不同，标准组织协议使得标准迅速付诸实施。这种情况使消费者和竞争者同时被很快地锁入标准中。这让一些不诚信的专利权人(53)有机会促使整个行业在不知情的情况下接受其所控制的技术（或更露骨地说——实行专利挟持或埋伏）。(54)

这些好处与风险就要求标准组织寻找方法，在决策前最大限度地发现、评估专利的影响，并使之最小化，同时鼓励参与并限制机会主义。这种双重目标要求在特定情况下，在参与者的义务与其时间/资源付出和责任风险之间寻找一种合适的平衡。在促进这种结果的产生方面，法律就扮演了很重要的角色。它一方面为私人权利合约提供保证，另一方面则独立地监控并制约会给公共利益带来危害的、其他方法无法救济的行为。对于前者来说，合同法与侵权法使得标准组织能从其成员处获得标准所需的、可信并有效的信息与专利许可承诺。对于后者来说，适当适用反垄断与专利滥用原则可以为反竞争行为提供外部限制。这些反竞争行为往往因为参与者的共谋或因为无法进行民事诉讼而超出私人企业所能控制的范围。

---

(52) *See Allied Tube & Conduit Corp. v. Indian Head*, 486 U. S. 492 (1988), and *Radiant Burners, Inc. v. Peoples Gas Light & Coke Co.*, 364 U. S. 656 (1961); Joint Report, *supra* note 2, at 35 n. 10. *But see Golden Bridge Tech.*, *Inc. v. Nokia*, *Inc.*, 2007 WL 2688487 (E. D. Texas 2007) (when alleging a concerted refusal to deal – SSO participants in this case refusing to support a proposed standard – the plaintiff must offer evidence excluding the possibility of independent action).

(53) Including groups owning complementary patents or those holding patents being abetted by other participants with preferential licensing positions.

(54) *See* Joint Report, *supra* note 2, at 35. The practical viability of standards holdup is the subject of lively debate. Some, not unconvincingly, argue that the business penalties such behavior will trigger in future dealings with the victims makes such tactics unprofitable in the long run and, therefore, of little consequence. *See id.* at 40 – 41. The *Qualcomm*, *Dell*, *Unocal*, *Rambus* and *Negotiated Data* cases (discussed infra at notes 95 – 100 and accompanying text), however, provided ample evidence that although those considerations may reduce the problem, it is clearly more than theoretical.

　　要想保证合同法与侵权法为标准协议提供一个有益的平台，就需要注意它们的原则性要求。特别是这两种法律都只能对义务人与其相对人之间的违反义务的行为提供救济。在标准组织的情况下，这些法律义务可以从具体情形中推知。[55] 例如，加入组织会产生善意与公平交易义务，从而取代典型的各方之间的独立谈判关系。又或，侵权法中的欺诈原则不仅惩罚误导性陈述，还产生了推定的声明义务，从而使误导性省略也产生法律责任。然而，对推定义务的依赖是非常不明智的。这种依赖会产生极端的复杂性与高昂的实施成本，并产生不确定性甚至是其他的消极结果。推定的合同法与侵权法下的义务是由具体事实决定的。它要考虑到谈判各方对自己负责的公平与经济因素。所以，这些推定义务产生的诉讼请求只能有效地（并且昂贵地）处理极端行为——故意就重要信息进行欺瞒。虽然谈判对方有能力与专业水平发现这种信息，但该信息的重要程度导致了对披露的需要与合理预期。[56] 然而，同样重要的是，在法律上过于宽泛地承认推定义务（或更加常见的标准组织对推定义务的主张）会产生长期的不良影响。最乐观的情况是，这种义务使参与者有动机故意不对所持技术进行调查，回避"明知"这个法律要素，从而避免不披露的责任。最糟糕的情况是，它们内在的模糊性给那些善意的参与者也带来风险，以至于加入标准组织的人越来越少，这会损害所有人的利益。

　　因此，标准组织参与者的义务与责任最好在通常情况下在标准协议中明确定义。[57] 一个常见的承诺是要求参与者披露所有潜在相关的专利与申请，并且在特定情况下，也包括该参与者所知的、由其他人拥有的专利与申请。[58] 依赖公开的专利文件只能得到这些效果。并无方法可以发现

---

　　[55]　*See* Lemley IP Rights, *supra* note 2, at 1909 – 27 and 1935 – 6；Mueller, *supra* note 2, at 657 – 60.

　　[56]　*See Rambus Inc. v. Infineon Technologies Ag*, 318 F. 3d 1081（Fed. Cir. 2003）（reversing jury findings of fraud and breached duty to disclose）.

　　[57]　Obviously careful attention must be paid to ensuring these agreements are legally enforceable. *See* Lemley IP Rights, *supra* note 2, at 1909 – 11（discussing the enforcement problems when the obligation only appears in the SSO bylaws or policy statements）.

　　[58]　As noted at the outset of this chapter, patents raise the most significant concerns; however, other forms of intellectual property rights can pose problems. Many SSO undertakings, therefore, cover a variety of such rights. *See* Lemley IP Rights, *supra* note 2, at 1973（containing a survey/summary of SSO partici-pant undertakings and related requirements）［hereinafter Lemley Summary］.

未经公开的专利申请。更重要的是，对于公开文件的独立审查与分析将会是一个巨大的工程，而它所产生的最好结果也只是不确定的。明确的披露义务不仅利用了参与者本身的专家团队，而且还能揭示参与者是否持有替代技术中的专利或专利申请的信息。这种披露义务本身并不产生法律问题。[59] 它为标准组织提供了决策所必需的信息。这种明显的合理性使得反垄断法或其他法律问题的可能性都大大降低。

尽管披露义务有以上的优点，但它有两个严重的缺陷。第一个严重的缺陷与标准组织参与者的相关成本与风险有关。为了使披露能够提供有用信息，这种披露必须不只是一揽子的专利提交，而须是具体的相关分析。参与者必须谨慎地评估其专利组合以避免其责任。许多参与者都有大量专利[60]及重要员工，这需要可观的时间与资源进行搜索与询问。相关性判断需要对专利的权利要求进行复杂分析。而参与者本身对披露自身信息（包括在申请专利）[61]及对竞争者的顾虑，又为披露增加了复杂度。[62] 而且，专利组合、员工及标准方案的任何改变都会导致这个过程的重复。其结果便是，哪怕是看起来很直观的披露要求也会使参与者，尤其是核心参与者却步。

标准组织可以通过精心设计的披露要求来降低这些成本。但每种限制性要求都不可避免地降低了披露的有效性。例如，一个貌似合乎逻辑的限制就是只要求披露参与者本身的专利信息。但这种限制在非参与者所持专利信息方面产生了缺口，并且丧失了对参与者披露信息的交互审查机会。相似地，去掉明确的检索义务（正如很多标准组织已做的[63]）对结果信息产生了更多的影响。这种做法不仅显著地限制了数据，它还鼓励参与者"故意避免了解"相关信息。

第二个严重的缺陷是哪怕是最大范围的披露义务与相关性评估义务

---

[59] *See id.* at 1943 - 4.

[60] This is particularly true in patent - intensive industries. *See* Lemley Ten Ideas, *supra* note 2, at 151.

[61] The ongoing *Hynix Semiconductor* case against Rambus is, in part, based on Rambus' alleged drafting of patent claims in pending applications covering the standard which it did not disclose *See, e. g., Hynix Semiconductor, Inc. v. Rambus Inc.*, 2007 WL 3284069 (N. D. Cal. 2007) (containing a description of the complaint).

[62] Although disclosure can and should be covered by confidentiality provisions, that expedient does not eliminate the practical risks of giving such sensitive information to competitors.

[63] *See* Lemley Summary, *supra* note 59.

都难以在很多重要方面解决专利挟持问题。在最基础的层面上，就连最希望的"无专利"回应都有严重的隐患——最坏的情况就是违约。特别是这种义务在对抗不实陈述时存在严重的救济缺陷。[64] 合同法一般把救济限定在预期损失上。这对受损的潜在参与者来说可能是好消息，但对于专利权妨碍产业标准的竞争性实施时，这却并不能满足公共政策上的需求。禁反言与唯一性（金钱赔偿的不足性）是支持强制许可的理论性补充。然而，因为违约只涉及披露问题，而它并没有涉及任何许可义务，所以在法律上与实践上，强制许可的实施都会遇到阻碍。法院在以下两种条件具备之前不太可能提供强制许可作为救济：（1）如果当初恰当披露，则该标准只有在获得该专利许可或豁免的情况下才能形成；（2）被告有恶意（也即以获得个人利益为目的。因此这在非故意与过失的情况下不适用）。然而，就算法院有意提供救济，它也面临着很多实践问题。在决定适合的强制许可条件时，法院要解决"如果当初正常披露，会是什么后果"这个问题。[65] 这不仅要评估和确定该专利对标准的影响，而且需要确定其他因素（包括替代标准方案）在各个参与者达成共识时对可能采用的许可条件的影响。最后，因为合同法禁止惩罚性赔偿，这对意图缩小检索范围的参与者来说很难起到足够的吓阻效果。

除这些标准组织内部缺陷之外，依靠合同中的披露义务很难使非标准参与者受益。在标准组织内部成员间的合同义务，只有在缔约各方明确第三方受益的情况下，或第三方可证明正当信赖的时候，才能由第三方实施。[66] 当然，标准组织应当把第三方受益条款加入披露合同当中。标准参与者们一般都会反对这种开放结果的做法（比如这种条款会在之后的

---

[64]　As discussed *infra* (starting at note 72), these difficulties can be mitigated, if not entirely resolved, by modifying the disclosure undertaking. *See also* Lemley IP Rights, *supra* note 2, at 1917 and 1921 – 2.

[65]　*See In re Rambus*, *Inc.*, Opinion of the Commission on Remedy, 2007 WL 431524 (2007), currently stayed pending appeal (struggling with the 'what if' problems of how the standard would have come out had Rambus disclosed its patents); *In re Dell*, 121 F. T. C. 616 (1996).

[66]　Mueller, *supra* note 2, at 658 – 60. If obligations only run to the SSO, the other participants' reciprocal obligations will generally suffice to give them either third – party beneficiary status or support a reliance claim.

专利诉讼中被用做抗辩），更不用说这种条款的违约责任了。[67] 并且，就算是合同中包括第三方受益条款，它所能提供给第三方的不过是以上讨论到的、并不充分的救济而已，何况第三方的地位使得主张合同义务更加尴尬。

在没有明确的第三方受益条款时，标准组织外的第三方只能通过证明正当信赖才能主张禁反言权利。仅仅依赖标准组织内部的合同义务往往是不够的，还必须有些给予外部的正当信赖，比如在标准采纳后，标准组织对外公开的标准可获得性的声明。一方面，标准组织不太可能对公众做这种不明智的承诺；另一方面，受损第三人面临一个很高的举证责任来证明它对专利这种私权利的公共可获得性的正当依赖。就算是这种依赖可以被证明，它也将是一场壮烈的第三方诉讼，以穿过标准组织触及实际违约的专利权人，并获得实施标准的必要权利。这都显著地增加了诉讼成本并降低了胜诉可能性。

难以获得有效的合同救济并不是披露义务最严重的缺陷。大多数标准参与者都会善意地遵守披露义务进行披露，[68] 使标准组织的决策者始终知悉各种各样潜在的相关专利。确定专利只是专利挟持的顾虑而已。在没有进一步关于如何行使专利权的信息时，标准组织建立者面临着三选一的尴尬抉择。他们可以拒绝每一个被专利影响的标准，而不论它们的技术与市场优势。实践上，这个方法一定会排除大量抑或全部好的标准方案。并且，这些联合作出的不采纳决定会产生反垄断问题。虽然这可以对所有标准参与者适用，[69] 并且考虑到了增进标准化的效果，但是存在

---

[67]　Participants may also find the 'no outsider remedy' affirmatively advantageous as it limits competition, thus further intensifying their resistance to expanding third-party rights. Although a joint refusal to deal on that basis would be subject to antitrust attack, individual action is not.

[68]　They may do so because they honor their word or because of the practical and legal risks. *See supra* note 55 discussing the position that business reputation costs reduce the likelihood of opportunism.

[69]　It can be reasonably argued that if such undertakings are required before disclosures are made, the related 'veil of ignorance' precludes antitrust exposure because the undertaking cannot reflect concerted action targeting particular patent holders. *See* Lemley IP Rights, *supra* note 2, at 1946. However, that argument is of no avail when (as is very commonly the situation) before joining, prospective participants are aware of the SSO's likely standardization outcomes and others' patent positions.

可以达到同样目的的限制性更小的做法。[70] 参与者或者可以完全忽略专利的影响，使得未来任何的挟持效果在市场上体现。这种方法存在严重的功能问题。只考虑技术优势导致的显示结果就是该标准完全无法被广泛采用。这样一来，不仅是披露的积极效果完全不存在，而且它很有可能只产生消极影响。要求参与者明确披露相关专利，在无许可时，增加了故意侵权三倍赔偿的可能性。[71] 最后，标准建立者可以评估所披露专利的效果以及采用它们的成本以作出决策。虽然这种方式法律风险比较小，但在实践中，由于专利权人反馈的范围很广，这几乎是很难实施的。

最明显也是最常用的解决办法就是，不仅要求专利权人披露专利，还要求他们或者不主张专利权，或者把专利许可给任何实施标准的人。[72] 这种模式显著地增加了强制许可救济的可能性，因为不仅把违约与披露结合在一起，还把违约与许可结合在一起。并且，因为该条款包括并仅包括了实施标准的个体，因此它就可以保护标准组织外的实施者，并且也把可以主张权利的人限于这个范围，使得专利权人不会在其他无关标准的诉讼中面临同样抗辩。最后，虽然"不主张/许可"义务不能完全排除实践成本与强制披露的竞争性问题，它可以通过各个参与者各自的检索分析披露工作显著减少以上的问题。那些不打算使自身专利产生经济效果的人，可以干脆同意一揽子不主张权利的条款，从而避免内部检索成本，也避免了向其他人披露其的专利包。那些拥有相关专利的人可以把它们的检索、披露及"不主张/许可"义务限定在一个范围内，从而能够使其许可收入反映它们的研究投资与对公知技术的贡献。

虽然"不主张/许可"承诺比纯粹的披露义务更加受欢迎，它也产生了两个重要的问题，每个问题都有实践上和法律上后果。第一，该承诺要求专利权人放弃一些或全部专利带来的竞争优势，这使得义务的明确性变得很重要，也产生了相应问题。例如，标准可能定义一个交流协议，

---

[70]　Notably, as discussed below in the text, requiring undertakings to provide access to the related patents. *See Arizona v. Maricopa County Med. Soc'y*, 457 U. S. 332（1982）（striking down a particular implementation of an accepted pro - competitive justification based on the availability of alternative, less harmful ways of accomplishing that outcome）; Lemley IP Rights, *supra* note 2, at 1944.

[71]　Cf. Lemley Ten Ideas, *supra* note 2, at 164 - 5（even under a very relaxed standard of willfulness, prior knowledge is likely sufficient）.

[72]　*See* Lemley Summary, *supra* note 59.

以求互操作性最大化。这时，“不主张/许可”承诺的范围就成了问题：它是否只包括实现协议必要的技术，还是还包括利用该协议能实现的一些强化性功能技术？后者虽没有影响互操作性，但限制了有效利用该标准的可能性。

实践的考量与法律的限制支持较窄的实施标准所必要的技术。从实践上说，没有专利的企业往往希望避免或尽量减小持有“增强功能”专利的专利权人的市场影响力。作为回应，后者这种专利权人可能会拒绝加入或者会退出标准组织，因为它们觉得如此要求放弃专利权的竞争优势无法由标准化产生的收益所弥补。(73) 但是这种专利权人往往还持有标准最优方案的核心专利，所以获得他们的加入是很重要的。所以更好的做法是鼓励他们加入标准组织并获得核心专利，同时使他们获得开发未来改良技术的自由。“核心专利”的解释可以满足这种要求。同时，反垄断法也支持这种解释。联合的标准化行为的正当性只限于满足标准目的的必要，也即，互操作性。更大范围的联合则排除了改良技术研发的竞争积极性。(74)

典型的标准组织协议都反映了上述情况，它一般只覆盖实施标准必要的专利。对于这些在实施标准时没有商业上或技术上可行的替换的专利，要求专利权人或者是不执行专利权或者是进行许可。(75) 这种义务一方面把范围限制在被专利明确覆盖的标准要素上（因此也就是实施标准

---

(73) Despite the fact the undertaking is made prior to actual standardization discussions, participants will generally have a fair idea of how the core and improvement patent issue will affect them, making the conflict and concerns real.

(74) *See* Joint Statement, *supra* note 2, at 48 (noting a similar concern when monopsony power is used to coerce royalty - free licenses) and 53; *infra* notes 78 - 9 and accompanying text. Extending coverage to ‘improved implementation’ patents might be defended on the grounds it is essential to obtaining the necessary broad - based participation. *Cf.* FED. TRADE COMM. & DEP'T OF JUSTICE ANTITRUST GUIDELINES FOR COLLABORATION AMONG COMPETITORS, Section 3.36 (April 2000) (noting participant opportunism concerns as a justification for restraints on member competition). That argument is hard to sustain when, as will generally be the case, the SSO participants so ‘encouraged’ by limiting competition represent a significant share of the prospective licensee market and hold sufficient power to force adoption of an alternative standard. *See id*; *infra* notes 78 - 9 and accompanying text. *But see* Lemley IP Rights, *supra* note 2, at 1945 (noting the mitigating effects of the right not to participate on antitrust concerns).

(75) *See*, *e. g.*, IEEE and VITA standards patent policies described in IEEE Department of Justice Business Review Letter (April 30, 2007) and VITA Department of Justice Business Review Letter (October 30, 2006), respectively.

的必要专利[76]），另一方面又排除了有可替换技术的情况，从而鼓励了最大参与。应用到以上交流协议标准上，只有当在互操作性协议不存在可替换技术时，专利权人才必须承诺"不主张/许可"。如果专利仅仅关系到一个竞争性优势（如操作的速度），这个专利就不在承诺范围内。

第二，豁免执行或许可的承诺都没有很好地解决专利挟持问题。这种义务没有有效地量化实施标准的成本，这使得在比较中进行决策成为困难。更糟糕的是，它没有避免事实上的挟持问题。同意许可并不意味着会产生竞争性的许可费用和条款，哪怕是考虑到善意与公平交易的义务与反垄断法与专利滥用的限制。

一些标准组织通过要求成员进行免费许可来克服这个问题。[77] 虽然所有专利权人都会认为，免费并不是它们研发投资的适当回报，但有些情况会提供一些补偿使它们认为这是值得进行的。例如，在专利集中的产业中，免费许可可以代替个体之间的交叉许可谈判，清除相互之间的障碍。或者，标准化会使产品更具有吸引力，提高价格或扩大市场，这有可能让专利权人认为它们较高的专业水平与先行者效应会使它们击败其他的市场竞争者。

然而，在很多其他的情况下，免费许可会遇到很多阻力。非市场参与者不能把牺牲许可费看做避免交叉许可成本，或看做一种由其竞争优势所实现回报的投资。对于另一些专利权人，由于它们的规模与经济实力相对较弱，一旦放弃专利，它们可能会成为之后市场竞争的牺牲品。在实践中，这种顾虑限制了一些数量和种类的专利权人加入标准组织，从而使得标准化决策受到阻碍。

以牺牲专利权为参与标准组织的条件还会引起反垄断问题。[78] 免费许可要求可能会被作为潜在的被许可人联合起来强加非市场化条款的工具。一种合理化论点是，这种要求是避免专利挟持和进行竞争性实施的必要

---

[76]　Clearly, such an undertaking requires SSO participants to carefully consider how they frame adopted standards; that is, explicitly specifying what constitutes a fully compliant offering and, therefore, the patent holder participants' related obligations.

[77]　*See* Joint Report, *supra* note 2, at 47 (noting in particular that this is the approach taken by the World Wide Web Consortium).

[78]　*Id.* at 48; Lemley IP Rights, *supra* note 2, at 1944 - 7.

条件，并且专利权人保留着不加入标准组织的选择。然而，当标准组织参与者的市场力量到达一定程度，使得不参与变得不可能时，则零许可费就产生了拒绝交易与买方价格控制的反垄断法风险。⑦ 最后，除了这些困难之外，一个法律上免费的许可也并不能解决许可僵局问题，因为还有其他许可条件问题没有解决。⑧

"合理无歧视（RAND，有时也叫公平合理无歧视，FRAND）"许可要求显著降低了这些实践上的问题与法律风险。这种义务不仅适用于许可价格上，而且还适用于所有许可条款中。获得合理回报的权利缓解了非市场参与者与小厂商的顾虑。而且，这种许可费用使专利权人对被许可人产生了相对的竞争优势，从而更进一步增强了专利权人运用其行业领先地位和先行者效应的能力。在法律上，RAND 承诺依赖个体之间谈判产生的许可条款，这反映了排除专利挟持的促进竞争性的一面，从而满足了反垄断法合理原则下的要求。⑧

尽管有这些进步，但 RAND 许可并没有全部消除"条款"僵局问题。这种许可模糊不清的语言为不当行为创造了很多空间。⑧ 而且，就算是对善意的专利权人也可能产生不小的问题。它们可能主观上高估自己专利对标准的贡献，或持有真诚但是各不相同的对适当许可条款的理解，远远超出了许可费用的范围。讽刺的是，很多问题都由于 RAND 的存在而加剧了（如果不是由 RAND 产生的话），而标准组织者的初衷却是避免这些问题。⑧ 在标准化之前，一个创新专利的成功与否取决于它在市场上的

---

⑦　See *supra* note 75.

⑧　For an interesting listing of ways a patent holder could use other licensing terms to impair a licensee's ability to compete, *see* Joint Statement, *supra* note 2, at 46 n. 69. Such efforts would, however, remain subject to general antitrust and patent misuse limitations discussed in connection with market - generated standards.

⑧　*See* VITA Department of Justice Business Review Letter (October 30, 2006); Daniel G. Swanson & William J. Baumol, *Reasonable and Nondiscriminatory (RAND) Royalties, Standards Selection, and Control of Market Power*, 73 ANTITRUST L. J. 1 (2005). This outcome assumes, as the VITA Business Review Letter indicates, no independent violation exists (such as a buyer/licensee - side price - fixing conspiracy).

⑧　See Joint Report, supra note 2, at 47; IEEE Department of Justice Business Review Letter (April 30, 2007). See also Broadcom Corp. v. Qualcomm Inc., 501 F. 3d 297, 314 (3rd Cir. 2007) (noting the problem of determining 'reasonable' licensing terms, but finding it did not bar relief).

⑧　*See* Joint Report, *supra* note 2, at 47.

优势，从而把"合理性"的定义交给市场需求。但把专利放在标准当中就消除了竞争效果对其的调整，这或许是因为网络效应，或许是因为缺乏可替代技术。结果就是，标准产生了客观的市场力量。善意的专利权人可能会认为，"合理"的许可应该是高许可费用以及严格的许可限制，因为只有有限的供给才能使整个产业（这里并不是说专利权人）获得最大的投资回报。最后，很多交易成本会排除一些本可获得的许可，这些交易成本可能来自其他合理商业原因导致的许可人的不易接近性、许可人的懈怠或之前双方的不愉快交易经历等。

为 RAND 许可下的（由善意或恶意造成的）许可条款僵局寻求适当救济是比较困难的。[84] 标准组织本身并没有什么兴趣直接维护参与者之间达成的许可承诺（RAND 或者其他），[85] 而潜在的被许可人则面临令人望而却步的法律障碍。虽然违反 RAND 许可义务可以直接导致强制许可救济，但问题仍然是确定何谓合理许可。就算法院认为 RAND 条款应以客观方式确定（这本身就是不确定的结论），[86] 这也是一个旷日持久并且费用高昂的过程。虽然这并不是只存在于标准领域的独一无二的法律困难，也不是不可逾越的，[87] 但它的确严重地影响了成本、时间以及 RAND 条款的不确定性。这都使 RAND 解决专利挟持的效果大打折扣。

为了解决 RAND 的这些问题，标准组织可以要求参与者承诺一些特殊的许可条款，比如在先的对许可费上限的承诺。[88]这种方式从三个方面帮助了标准组织选择最佳标准方案。首先，它为标准组织的决策提供了在先的价格信息，使标准组织可以更好地在非技术本身层面比较各个选项。其次，它有效地解决了标准实施后所有可能地许可条款僵局风险，促进了标准内竞争。最后，在各种方案比较的竞争中，专利挟持的成本

---

[84] *See id.*

[85] *See id.*

[86] *See id.* at 46 n. 70.

[87] *See id.* at 46; *Broadcom Corp. v. Qualcomm Inc.*, 501 F. 3d 297, 314 (3rd Cir. 2007); Joseph Scott Miller, *Standard Setting, Patents, and Access Lock – in: RAND Licensing and the Theory of the Firm*, 40 IND. L. REV. 351 (2007); Swanson & Baumol, *supra* note 81; Damien Geradin & Migeul Rato, *Can Standard Setting Lead to Exploitative Abuse? A DiSSOnant View on Patent Hold – up, Royalty Stacking and the Meaning of FRAND*, SSRN database at http://papers.ssrn.com/sol3/papers.cfm? abstract_ id = 946792.

[88] *See* Joint Report, *supra* note 2, at 49; IEEE and VITA Business Review Letters, *supra* note 75.

得到降低。明确的许可条款使得专利权人希望通过更有吸引力的许可条款来使标准采用其技术，而它所降低的许可费用会通过数量（如果不采用数量就为零）以及市场份额得到弥补，这些结果可以由其较高的专业性、先行者效应与成本优势实现。结果便是，专利权人会尽可能地使它们的承诺较其他专利技术与非专利技术更加诱人，从而把各个竞争技术的价格差降到最低。

尽管有以上好处，在先的许可条款承诺会产生严重的实践与法律问题。[89] 从实践上说，产生与比较各种标准提案是一个耗费资源与时间的过程，它会显著改变建立标准的机制，从一个主要的技术过程变为一个需要商业与法律参与的过程。投资的增加与决策周期的延长可能阻碍标准的参与性，并且潜在上可能使一些有益的标准建立程序根本不会发生。然而，核心的问题是，这些标准所带来的利益减去其交易成本（如果有剩余的话），是否比信息不充分时形成的标准（其附带着标准采用后的许可谈判成本与竞争损失）更加有价值。也许一个成本折中的途径是平行的进行讨论，也即工程师同时进行商业与法律决策，或反之。

在法律上，专利权人明确承诺以特定的条件和价格许可，这会使法院采用强制许可救济，这在标准与无标准的情况下均适用。我们基本可以说，在 e - Bay 案件的个案判断原则下，标准组织中的承诺只适用于实施标准时的情况，因为这种承诺并没有考虑到其他情况下专利人的利益损害。如果适用于标准之外的情况，它所带来的现实风险则会损害专利权人参与标准的积极性。如果该协议的作用还及于标准之外的情况，那么它也会有反垄断法上的问题。与标准组织的免费许可要求不同，固定条件的许可最多被看成是专利权人的单方自愿要约，这本身并不构成问题。[90] 然而，之后的评估、谈判与最终接受或拒绝决策涉及所有标准组织成员，而它们之间一般是竞争关系。美国反垄断法认为这种行为应该适用合理原则及个案分析。[91] 因为这种许可义务可以通过事先的披露提供更

---

[89]　See Joint Report, *supra* note 2, at 49 – 56.

[90]　See *id.* at 54.

[91]　See *id.* at 37 and 52 – 3. The market power generated by standardization may constrain the actual licensing terms ultimately offered by the patent holder under antitrust law, but that is a separate matter. *See supra* notes 20 – 28 and accompanying text.

多信息、减少挟持风险、产生一个更好的成本更低的标准（这也限制了个体的力量与共谋⑫），善意的许可条款义务及其相关的标准组织讨论和决策一般会被认为是促进竞争的。⑬ 相似地，标准组织拒绝与某个不愿意参与开放竞争的专利权人（无论是标准内的还是标准外的）进行交易的行为，一般也会被认为是促进竞争的合理手段。因此，其他风险，包括其他有可能被本身违法原则覆盖的买方价格联合行为，使得标准组织采取 RAND 许可条款成为合理的选择。⑭

以上的讨论证明，标准组织的许可要求必须依照情况仔细设计。平衡获得信息、控制机会主义与参与者的成本与法律风险三者的关系是经验老到与知识丰富的参与者所能胜任的。法律应当促进而不是阻碍这个过程。法律可以通过对默示责任的限制应用和对明示许可有效救济达到减少消极效果的目的。合同法与侵权法的默认条款应该限制在极端的情况下应用。明示义务仍然应该被有效实施以使其信息提供功能最大化并减小机会主义，这种实施包括在违约时应用强制许可救济。

在校准法律的规范作用时，尤其应该细心审查。反垄断法的三倍赔偿对于抑制机会注义有很明显的效果，而其刑事责任又给本身违法的行为带来了极大的违法风险。并且，反垄断法的"市场效果"的效力触及很远，它有效地弥补了合同法对标准组织中违约行为在法力上以及救济途径上的限制。任何一个受损的个体都可以提起反垄断诉讼，不论它是否是标组织的参与者，并且反垄断法对市场行为的矫正特点使得强制许可（甚至不可执行）成为对专利滥用的可行救济。⑮

反垄断法的力量与灵活性在最近的案件中得到充分体现。在 *Dell*

---

⑫　This analysis differs from that applicable to many patent pools. Standard setting generally chooses ex ante among competitive patents, while a pool can involve ex post collective pricing decisions. *See* Joint Report, *supra* note 2, at ch. 3（noting the special concerns raised when pooled patents are substitutes rather than complementary）. *See also* Lemley IP Rights, *supra* note 2, at 1950 – 54.

⑬　*See* Joint Report, *supra* note 2, at 52 and 54 – 5.

⑭　*See* Joint Report, *supra* note 2, at 49 and 50 – 53.

⑮　*See*, *e. g.*, *Broadcom Corp. v. Qualcomm Inc.*, 501 F. 3d 297（3rd Cir. 2007）（permitting a private action for both attempt and monopolization under Sherman Act Section 2）and *Qualcomm Inc. v. Broadcom Corp.*, 2007 WL 2296441（S. D. Cal. 2007）（analogizing SSO undertaking breaches to inequitable conduct before the Patent Office and finding waiver/non – enforceability an appropriate remedy）.

*Comupter*案⑯与最终的 *Unocal* 案⑰中，联邦贸易委员会取得了被告的和解协议（两案分别为免费许可与不主张专利权），这都基于被告违约不披露的机会主义和由此造成的反垄断法上的违法行为（特别是联邦贸易委员会法第 5 条）。在正在进行的针对 *Rambus* 的诉讼中，*Rambus* 被诉违因违约不披露而反谢尔曼法第 2 条，⑱联邦贸易委员会拟采取有许可费的强制许可授予任何欲实施标准的潜在被许可人。⑲ 最近，一个很受争议的联邦贸易委员会判决认为，委员会依照联邦贸易委员会法第 5 条可以（通过和解协议）执行专利权人对标准组织的承诺以避免消费者的损失。⑳

这些案件说明了反垄断法如何填补其他法律的法律漏洞以避免专利的挟持行为。然而，就像法院曾经说过的，过分积极地适用反垄断法本身也会给市场行为带来消极影响。㉑ 反垄断法本身不确定性的吓阻性、耗时性与高昂的成本（不算最终的责任）可能过分地降低标准组织的参与性，或者阻碍一个最有效率的许可义务的采用。为了避免这些消极影响，反垄断法只有在明确必要的情况下才可救济那些极端的、其他途径无法救济的行为。

为了达到上述目标，法院在应用反垄断法时，必须区分对竞争本身的损害与对竞争者的损害，㉒ 这是反垄断法的重要判断标准。㉓ 这就使得原告必须不仅证明被告行为排除竞争者的效果，还必须证明它对整个市场的正常运作带来严重威胁。应用在标准中，是否适用反垄断法应该先

---

⑯　*In re Dell*, 121 F. T. C. 616（1996）.

⑰　*In re Union Oil Co. of California*, 2005 WL 2003365（F. T. C. 2005）（agreeing to non - enforcement of blocking patents as part of a decree permitting a merger with Chevron to go forward）.

⑱　See *In re Rambus*, Opinion of the Commission, 2006 WL 2330117（F. T. C. 2006）（finding the obligation to disclose in a 'fair reading' of the SSO policies）.

⑲　See *id.* and *In re Rambus*, *Inc.*, Opinion of the Commission on Remedy, 2007 WL 431524（2007）（currently stayed pending appeal）.

⑳　*In re Negotiated Data Solutions LLC*, 2008 WL 258308（F. T. C. 2008）. The two dissenters in the three - two decision argued that the decree went beyond the Commission's traditional application of its Section 5 authority.

㉑　See *Brooke Group Ltd. v. Brown & Williamson Tobacco Corp.*, 509 U. S. 209, 224（1993）; *Matsushita Electric Industrial Co. v. Zenith Radio Corp.*, 475 U. S. 574（1986）. *See also* American Intellectual Property ASSOciation Statement regarding the Federal Trade Commission decision in *Dell Computers* at http://www. ftc. gov/opp/global/aipla. shtm.

㉒　See *Brooke Group Ltd. v. Brown & Williamson Tobacco Corp.*, 509 U. S. 209, 224（1993）.

㉓　See *Broadcom Corp. v. Qualcomm Inc.*, 501 F. 3d 297（3rd Cir. 2007）（dismissing certain claims based on lack of standing and antitrust injury）.

判断是否有更加缓和的救济方法，比如从合同法上实施标准组织的许可义务。如果存在这样的替代选择，该案件就不太可能带来广泛的市场损害，继而就没有应用反垄断法的必要。

基于同样的考虑，政府的管制也应受到类似限制。最明显的需要政府介入的行为就是标准组织成员构成共谋的情形。当标准组织成员的目的不仅是收集信息和限制机会主义时，私人间的约束就难以满足要求。通过标准组织实行价格联合或共同抵制交易的行为应该受到法律的严格惩罚，以保持标准组织的正当性。[104]

当私人之间的合同无法控制市场损害时，政府的介入也获得了正当性。[105] 例如，如果标准组织只要求披露或 RAND 许可义务，则在没有违约的情况下一样有可能发生对市场有损害的专利挟持行为。或者，当标准组织的义务没有包含第三方权利时，非标准组织的参与者就很难提供一个有竞争性的符合标准的产品。又或者，非标准参与者的专利有可能产生专利挟持效果，因为它们不负有对标准组织的披露或许可义务。在这些情况下，政府（以及私人）的反垄断诉讼可能是唯一的有效救济途径。

在积极应用反垄断法时的一个严重问题是，当法院提供其他法律所不能提供的救济时，它仍然需要应用传统的反垄断法概念。因此，专利挟持违反反垄断法的条件仍然需满足明确（且困难）的举证责任，无论是在实际垄断中还是在垄断企图中。仅仅是机会主义式的干扰竞争的行为，它本身不道德程度比较低，不容易满足反垄断法的要求。

与反垄断法相同，专利滥用也提供了一个私权利救济机制，同时也有过分实施的风险。一个学者曾经提出过一个强有力的论点，即基于公共利益的考量，在标准中由机会主意引起的披露或许可违约行为和进而导致的专利挟持行为中，扩大适用专利滥用原则是有正当性的。[106] 这种应

---

[104]　Assuming, of course, an actual conspiracy exists. *See supra* note 51.

[105]　*In re Negotiated Data Solutions LLC*, 2008 WL 258308 (F. T. C. 2008). The two dissenters in the three – two decision argued that the decree went beyond traditional application of F. T. C. Section 5. Perhaps, most interesting is Commissioner Kovacic's statement in dissent that Commission action was not ordinarily appropriate when the harm could readily be avoided by the victims.

[106]　*See* Mueller, *supra* note 2, at 669 – 83 (arguing convincingly that the explicit Section 271 (d) (4) (*see supra* note 16) exemption for failure to license should not be applicable to patent capture resulting from breach of an SSO undertaking).

用专利滥用原则方式的好处是它可以解决一些反垄断法所触及不到的方面。然而，专利滥用原则会严重地打击参与标准组织的积极性，并且其导致的专利不可实施性。如果适用在没有共谋或市场力量的情况下，就算不打击参与性，也将会严重影响标准组织的决策。所以，平衡利弊后的选择是，把标准组织的救济行为限制在合同法与反垄断法内。[107] 专利滥用原则应该适用于那些基于专利权范围外的许可条件，而这个问题与违反标准组织义务是分开的。

五、政府标准

政府建立的标准可以像行业标准一样，提高市场的效率。然而更通常的情况是，它们体现的是其他政府考量，比如公共健康与安全、技术力量、消除市场进入障碍或达到特定的销售效果。在讨论如何在这种特殊情况下限制专利挟持之前，我们先分析在政府标准的情况下，专利挟持问题是可能如何恶化的。

与市场标准与行业标准不同，政府标准的专利挟持起源于政府规定整个产业都要符合某个标准要求。因为不符合是非法的，其他的可选技术无法改变需求并在市场上替代该标准。因此，潜在的竞争者如果不取得专利许可，就不能进入这个市场。对于许可来说，当政府单方的建立标准后，可用的法律依据就只有反垄断法（禁止通过掠夺性手段维持市场支配地位，但不包括拒绝交易行为）以及专利滥用（但它只适用于许可条款涉及专利权范围之外的情形）。因为它们都没有保证第三方有权获得专利许可，所以整个社会都必须承担垄断成本。

因此，降低专利挟持成本就必须着眼于政府标准的建立过程。就像产业标准一样，决策前的信息收集与专利效果评估就是避免社会成本的核心。虽然政府有很强的强制能力，但作为标准建立者来说，从实际上讲，它相比标准组织有很多劣势。政府的决策者，相比由产业内活跃的参与者组成的标准组织来说，缺乏对相关技术和专利环境的熟悉性。而且政府更有可能面临资源上的匮乏，从而加大收集必要信息的难度。

政府通过向产业专家施加信息报告义务，或通过政令要求政府标准

---

[107] Antitrust law can repair the related harms by taking a flexible and aggressive approach to remedies, including non-enforceability of patent rights, eliminating the need to rely on the misuse doctrine merely to obtain that result. *See supra* note 96.

中的专利不可执行或强制许可来解决以上困难，无论是从法律上还是从实践上，都是不可行的。这种政令面临着严重的宪法第一修正案"强迫言论与私人财产征用"问题，并且妨碍了专利法的鼓励创新目的。[108] 就连要求在立法的收集信息与听证过程中的披露义务都会面临行政诉讼的风险。除去法律与政策的考虑，它可能引发的政治反作用效果和相关的实施成本都会使实行变得不可能。结果就是，政府标准必须没有一般标准组织中专利权人的明确披露义务与许可义务。

但是，一些其他的法律与行政法规可以作为次优选择，降低政府标准中专利挟持的可能性。传统的公众通知与征求意见程序可以提供重要及有用的信息。专利权人自身没有动机披露他们自身可能造成挟持的专利。然而，其他相关方却非常热衷于披露类似专利，特别是这些隐藏的专利会构成他们的竞争障碍时。

有三个因素会降低这种信息披露的效果。第一，专家能力的要求、投入的精力、范围的广度和相关成本都会使一些相关专利得不到披露，从而导致了信息不完全。第二，讽刺的是，往往是这些不完全的信息就已经造成了政府信息处理超负荷，并且其中大量信息还是无用信息。好的信息、考虑不周的信息、有偏见的信息、自利的信息和无关的信息同时涌入，使得政府没有有效处理这些信息的途径。

对于信息不完全或过剩的问题，一个部分的解决方案是从这个产业内部、产业的"守门人"或公益组织处获得关键信息。但这些信息来源的问题是，它们的宣传性都太强，并且比较零碎。这个问题可以通过各个信息源的交互审查、信息跟进来解决，在法律上，则是对 *Noerr – Pennington* [109] 反垄断豁免应用一个重要的例外原则。*Noerr – Pennington* 原则适用于宪法第一修正案的政府请愿情况，在该情况下，哪怕是明确的追求反竞争结果，也会在反垄断法上获得豁免。而建议政府通过某项标准以获得垄断利润从一定程度上符合政府请愿的情况。然而，在 *California*

---

[108]　*See supra* note 12 and accompanying text (discussing the similar problem if patents were rendered enforceable because they interfered with access to a market generated standard).

[109]　The doctrine's name comes from the Supreme Court cases initially establishing the immunity described in the text: *E. R. R. Presidents Conference v. Noerr Motor Freight*, 356 U. S. 127 (1961), and *United Mine Workers v. Pennington*, 381 U. S. 657 (1965).

Motor Transport 一案中[110]，美国最高法院认为，尽管不道德的反竞争性游说可以在反垄断法上获得豁免，但行政或司法程序中的腐败行为可能造成反垄断责任。[111] 这里"腐败"一词意义很广，它可以包含故意向政府错误陈述相关专利信息的行为。虽然法院很热衷于请愿权，哪怕是在司法程序中，[112] 但是在与政府直接的交流中要求基本的诚实原则并非空前的，也并非不合适。在专利申请中的不公平行为原则就是一个例子。通过对故意虚假陈述以误导政府标准的行为施加反垄断责任可以限制这种机会主义以及由此产生的反竞争效果。

第三，也是最重要的，就像标准的披露义务一样，就算政府的征求意见过程确定了关键的专利挟持问题，它也不能很好地预测专利权人如何行动以及替代标准应如何被考虑。要解决这个问题，政府可以向标准组织学习通过披露特定许可条款的竞价过程。例如，政府可以不直接基于征求意见的结果确定标准，而是向所知的专利权人征求许可方式的提案。这个过程不仅能量化和比较各种现有方案的成本（并可能降低最终竞争的成本），还有可能发现更多的备选方案。并且，与标准组织不同，政府标准一般不用考虑反垄断法的限制，包括不用考虑拒绝与非参与者交易的问题。[113] 虽然这是个有用的方式，但它有很严重的不足：它为行政程序增加了很多成本并推迟了标准的出台时间。

除了这种信息收集与比较的方法外，专利挟持的可能和效果还可能通过其他政府标准所独有的方法降低：通过政府标准的目的调整标准的制定过程；标准通过后的监督与调整；还有最重要的，考虑在特定的情况下是否有更有效的其他方式。

正如本部分开始所提到的，与行业标准不同，政府标准的结果往往不与特定的技术手段挂钩。一个例子就是考虑互操作性的行业标准与考

---

[110]　*California Motor Transp. Co. v. Trucking Unlimited*, 404 U. S. 508 (1972).

[111]　*Id.*, at 512 – 13.

[112]　See *Professional Real Estate Investors v. Columbia Pictures Indus.*, 508 U. S. 49 (1993). Although that Court in that case protected a litigant's right to bring any objectively non – frivolous suit even for subjectively improper reasons, it did not address how such a litigant's affirmatively misleading a judicial decision – maker regarding relevant facts would affect the outcome – the more applicable analog to misleading a standard – setter.

[113]　They may, however, face discrimination claims. Additionally, although the federal and state governments are largely immune from antitrust liability, subordinate government subdivisions are not.

虑汽车燃油效率的政府标准。行业的互操作性标准必须精确地定义互通协议；相反，燃油效率标准要求达到特定目标等级。这表明政府标准可以用技术中立的语言描述，它可以把重点集中在效果（如每英里油耗）而不是手段上，这使它们不易受专利挟持的威胁。

但谨慎地选择语言也不能完全避免政府标准受到挟持。并不是所有政府标准都能避免用技术手段。例如，有些行业反映，政府所要求的效果只能通过现有的"最佳技术"实现。[114] 还有一些情况，效果要求很难被客观地量化。例如，疯牛病无法用现有的手段预防（甚或无法确诊），所以政府安全标准只能要求使用政府认可的检测手段。并且，如果不谨慎调整，目前在一些专利法的模糊领域（如商业方法专利领域）可能会遇到对以效果定义的政府标准的威胁。

增加政府标准制定者的标准后监控功能也能降低专利挟持成本。事实上，政府标准的强制性使这种做法更易于施行。在政府标准中，更改与移除后来发现的不必要专利技术或增加其他可选方案都相对简单。当发生巨大变化时，政府可以有很多手段应对。例如，使现行的方案退役、提供时间表、为行业提供补偿或干脆强制行业内部消化相关转型成本。当然，这种行政命令要考虑其积极与消极的社会政治后果。即使没有其他选择来降低挟持成本，也可采取一些行动使问题得到缓解。例如，可以依据 *eBay* 案的公共利益因素提供市场公允价格下的强制许可，作为政府标准情况下的救济手段。在极端的情况下，政府还可通过直接发布强制许可或专利权转让进行征用。这排除了专利权人的垄断利润，通过一个纳税人支持的竞争环境提供了成本低廉的解决方案。

也许在政府采取行动之前进行正确的判断是避免政府标准遭到挟持的最好方法。大多数政府标准不是为了提高市场的效率，它往往是为了设定一些政策底线，诸如安全标准。这是独立于市场本身的（短期）判断的。其结果就是，当政府标准不能用结果描述而必须用技术手段描述时，这本身就在提醒政府，这件事是否应由行业标准或市场自身来处理。

六、结论：具体情况的分析与国际影响

以上的讨论表明，孤立地看待"专利挟持"问题则会忽略专利与标

---

[114]　*See*, *e. g.*, 33 U. S. C. § 1311 (b).

准的复杂相互作用。这种孤立的分析方法没有考虑专利法鼓励创新与标准广泛推广之间的内在矛盾，也没有考虑"挟持"现象具体问题具体分析的重要性。由市场本身产生的标准中的"挟持"体现了竞争的选择，而其中专利的收益则正是体现了对成功的发明人的合理补偿（当然，其结果必须受到反垄断法和反专利滥用法规的制约）。在产业标准中的"挟持"则应受到更仔细的审视，它是反映了内部专家的决策，还是垄断或机会主义的表现？政府标准中的"挟持"则要放在公共政策的层面，考虑它是所求效果的必要条件（包括政治妥协）还是应用上的错误所致。并且，更基本的问题是，在这种情况下是否真的需要政府标准？所以，要根据问题的具体情况要求，不能用"一刀切"的法律去处理导致技术可获得性障碍的挟持"问题"。更仔细的分析证明，适当的法律手段不仅包括各种限制，而且还应包括对标准制定过程的正确引导，甚至包括保护"挟持"下的利益。

这种具体问题具体分析的方法，同样适用于其他国家和地区的决策者。他们可能更倾向保护标准中的专利利益或是持相反态度，但是他们的最终决策同样应该考虑专利与标准的内在矛盾和由此导致的张力，并应结合具体情况下的标准得出结论。⑱

这种普遍适用的分析方法对全球经济有重要意义。标准的益处和专利挟持的风险不单是某个孤立市场内部的问题。它们同样也存在于国际市场上。因此，对专利与标准问题的回应就应该不止基于某国本身的价值和目标去评估国内市场，而是需要考虑到国际间的衍生效果，包括国际一致性、可预测性的潜在积极作用与对国际销售的影响。⑲除却标准之外，标准化法规本身也需要进行标准化。但同样重要的还有通过特定的观点和从既得利益的角度去关注不正当的挟持行为。

---

⑱　For a European Union perspective, see Mauritis Dolmans, *Standards for Standards*, *available at* http://www.ftc.gov/opp/intellect/020522dolmans.pdf（2002）（noting the particular importance of standardization to the EU's market integration objectives）. The European Commission has recently indicated its intent to investigate both the *Rambus* and *Qualcomm* cases, which may provide interesting insights into the European Union view of, and legal approach to, such situations. For a comparative view from the U. S. perspective, see Brussels IP – Antitrust Conference: Abbott Comments on SSOs, *available at* http://www.techlawjournal.com/agencies/ftc/20070118_abbott.asp（2007）.

⑲　*Cf.* Vincent Chiappetta, *TRIP – ing Over Business Method Patents*, 37 VAND. J. TRANSNAT'L L. 181（2004）.